国家社科基金课题（06BZX040）

江西省社会科学院学术文库

RENWEN YANJIN GUANYILUN

"人文演进"观绎论

■ 赖功欧 著

中国社会科学出版社

图书在版编目(CIP)数据

"人文演进"观绎论／赖功欧著．—北京：中国社会科学出版社，
2015.1

ISBN 978-7-5161-5511-0

Ⅰ.①人… Ⅱ.①赖… Ⅲ.①新儒学—研究—中国—现代
Ⅳ.①B261.5

中国版本图书馆 CIP 数据核字(2015)第 018455 号

出 版 人	赵剑英	
责任编辑	韩国茹	
责任校对	闫 萃	
责任印制	张雪娇	
出　版	中国社会科学出版社	
社　址	北京鼓楼西大街甲 158 号	
邮　编	100720	
网　址	http：//www.csspw.cn	
发 行 部	010-84083685	
门 市 部	010-84029450	
经　销	新华书店及其他书店	
印　刷	北京君升印刷有限公司	
装　订	廊坊市广阳区广增装订厂	
版　次	2015 年 1 月第 1 版	
印　次	2015 年 1 月第 1 次印刷	
开　本	710×1000　1/16	
印　张	32	
插　页	2	
字　数	525 千字	
定　价	98.00 元	

《江西省社会科学院学术文库》总序

汪玉奇

繁荣和发展社会科学事业，是社会主义文化建设重要的组成部分。如果说，科学技术代表着一个国家的综合国力，而科学技术中包括社会科学，那么繁荣和发展社会科学就是提升和壮大综合国力的必然要求。站在这样的高度审视我们所从事的事业，审视我们所获得的学术成果，我们充满民族的责任感和时代的使命感。

江西自古以来文风鼎盛，在这片土地上，产生了一大批光耀中华史册的文化名人。辉煌的历史必然给历史的传承者提出一个责无旁贷的问题：学术薪火能否在一代又一代的传承中熊熊燃烧下去？江西省社会科学院作为全省社会科学的研究中心和最高机构，必须响亮而坚定地回答这一问题。

——我们要与时俱进，追踪社会主义现代化建设的新情况、新问题，为发展马克思主义、丰富中国特色社会主义理论体系奉献更多的创新性成果。

——我们要紧贴江西科学发展、进位赶超、绿色崛起的发展大局，探寻欠发达地区加速推进现代化的规律与路径，为省委省政府决策服务，成为真正意义上的智库。

——我们要精心整理和研究江西极为丰富的历史文化遗产，使其中的精华得以传承、弘扬和光大。

于是，我们勤奋，我们敬业，我们耕耘，我们收获。中华文明在很大程度上是文字铸造的文明，古往今来，中国的学者们都注重著书立说。在"十二五"开局之年，我们隆重地搭建"江西省社会科学院学术文库"，以此报效故园、报效国家、报效时代。

前　言

　　本书是一本研究现代新儒家人文思想的专著。在笔者看来，现代新儒家作为中国现代学术史中的一个流派，其人文思想既有对传统的接续，又有与西方思想及其他各种思想派别的碰撞激荡；这使得新儒家这一极富学术功底的特殊学术群体，视野开阔，富有探索精神，愿与时俱进。故其人文思想中最具理论魅力与义理价值的部分，即为"人文演进"观；可以说，"人文演进"观是现代新儒家人文思想资源中的一座富矿。

　　按本书的架构思路，设导论与上、下两部。"人文演进"的原理部分，放在"导论"中谈。然后上、下两部各有安排：上部主要论述除钱穆外的其他新儒家之人文思想，并将其置入新儒家如何以文化进化观应对现代化的主题之中，这一主题最能显现新儒家们既欲传承又想创新的心态。事实上，在现代化进程中，这一心态之所以具有代表性，其原因就在于当时的多重历史背景。首先，新儒家们的现代性思考，虽非全由"全盘西化"语境而激起；然而确切地说，新儒家的大多人物，又无不从中西文化的比较思维中获得自己的"现代"视角。其次，进化论的深入人心，也在一直不停地激荡着新儒家们的心灵。最后，现代新儒家与马克思主义的遇合，亦是马克思主义中国化历程中的大事；以往学界过多地强调新儒家对马克思主义的误解甚至拒斥的一面，其实，现代新儒家中的一些人物对马克思主义理论也有过客观平和的探讨。此外，当时的救亡与启蒙，也是一重特殊的历史背景。因而百年来几代新儒家，就是这样一直处于多重思想交叉演进的历史中。其时，即便被人们视为文化保守主义者、文化守成主义者的新儒家大师，也大多自视为文化进化论者。但须知，现代新儒家人物又都是极富文化自信与文化自觉的学术大师。这点，怎么强调都不过分。

　　本书"下部"以钱穆为主。下部又作一"前言"，目的在以简单概说导引出有逻辑层次的"绎论"，以将钱穆的"人文演进"观逐层呈现。而在必要的地方，则与其他新儒家人物稍作对比，以扩其视界、富其内容。钱穆以其一生精耕细作的学术经历与广博深厚的学术涵养，对中国历史文化与思想有深刻的体验与较到位的把握；然而更重要的是，他一直自认是个貌似守旧而实为维新的学者。因而，"人文演进"观在其整个思想系统中实有极重要位置。

虽然钱穆的"人文演进"观论述散见于各类题旨的文献与讲演中，但深入其思想中，则发现是可以理出逻辑线索的。此中最为关键的仍在钱氏本人一生都在努力揭示出中国思想文化演进的承续关系。熟悉钱穆文献的人都知道，钱穆极喜谈"演进"类的话题，是个喜作宏观史论且常以思想文化范畴来展开其全方位探讨的学者，这就大大强化了他对历史、文化、思想作深入的"演进"式探讨。因而，将钱穆视为中国"学术思想史"① 大家，是恰当的。这一定位，季羡林、严耕望、余英时等学者的把握均十分到位。而将钱穆列于"现代新儒家"人物中，则为钱穆本人所未许，原因诚如其弟子余英时所言，主要是钱穆本人不愿"造成有形的学术壁垒"，"这和他生平不肯树立'门户'的精神完全一致"。② 然而无论从学术史角度，还是从思想范畴划分，钱穆都应属于新儒家，在这点上，我完全赞同国内大多学者将钱氏列于现代新儒家范畴的做法。方克立先生在20世纪90年代初编辑"现代新儒学辑要丛书"时有一个说法："我们是采取了广义理解的'现代新儒学'和'现代新儒家'概念，即超越了新儒家学者之间的师承、门户之见，把在现代条件下重新肯定儒家的价值系统，力图恢复儒家传统的本体和主导地位，并以此为基础来吸纳、融合、会通西学，以谋求中国文化和中国社会的现实出路的那些学者都看作是现代的新儒家。"③ 本书对新儒家人物的选择不仅取方先生所说的那

① 对钱穆的这一学术定位，见于季羡林、严耕望、余英时等多位学者的说法。季羡林说钱穆："涉猎方面极广，但以中国思想史为轴心。"（季羡林：《人生絮语》，浙江人民出版社1996年版，第120页）严耕望谓钱穆："不论考评或通识论著，涉及范围皆甚广泛，如政治，如地理，亦涉及社会与经济，惟重心观点仍在学术思想。"（见李振声编《钱穆印象》，学林出版社1997年版，第2页）余英时的说法更为直接："钱先生的研究重点是中国学术思想史。"（见李振声编《钱穆印象》，学林出版社1997年版，第189页）
② 余英时：《钱穆与新儒家》，见李振声编《钱穆印象》，学林出版社1997年版，第195页。
③ 见方克立主编《现代新儒学辑要》丛书，中国广播电视出版社1992年版，总序第3页。

种"广义"概念，而且亦重视方先生所讲的新儒家是如何在"现代条件下"谋求中国文化出路的，故本书的"导论"及上下部，都可透见新儒家是如何以"人文"思想方案来应对现代的。当然作为思想方案本应有不断的对话互动。因而，方克立赞赏互动对话确为高明之见，他说："在国内，主张马列、西化、儒家人文思想三者互动也是一种值得赞赏的积极的姿态。"①

"人文演进"，虽仅属人文思想中之一"观"，然此"观"对新儒家却不可小视。大多现代新儒家人物都以此"观"而进至文化强国的理念，此诚为时代使然。新儒家们所处"现代化"进程如火如荼的时代，西方文化的冲击使他们苦苦思索中国文化的出路问题，钱穆言其一生都困于中西文化比较的问题中："东西文化孰得孰失，孰优孰劣，此一问题围困住近一百年来之全中国人，余之一生亦被困在此一问题内。"② 然而必须看到的是，传统儒家的人文道德观仍是钱穆这一辈新儒家们的思想根基。但无论如何，这一时代的儒者已初具文化进化的理念，并坚信物质、制度层面的文化都不足以真正强国；必须进入精神层面的文化，才能利国强国。所以，他们无不关注文化的方方面面的问题。然而这其中对"人文演进"范畴涉猎最多，谈论最广且最有兴趣的学者当为钱穆。

今天，文化强国已然成为我国的发展战略，而建设优秀传统文化传承体系的问题，也被提到议事日程上。优秀传统文化诚然凝聚着中华民族自强不息的精神追求和历久弥新的精神财富，并无可辩驳地成为发展社会主义先进文化的深厚基础。而新儒家们人文思想资源中的精髓，自然也是这传承体系中的一环。如何把握并客观对待，岂能等闲视之。本书契合了近年来我国关于文化自信、文化强国的价值指向，并在如何建设优秀传统文化传承体系及文明演进路向上作出了自己的思考。

笔者确信，21 世纪的今天，保持文化的自觉与自信，尤其对学人而言，已不是可有可无之事，而是你能站在什么样的高度来保持这一自觉与自信。中华民族的伟大复兴有待于此。

_____

① 方克立：《现代新儒学与中国现代化》，天津人民出版社 1997 年版，第 191 页。
② 钱穆：《八十忆双亲·师友杂忆》，生活·读书·新知三联书店 1998 年版，第 46 页。

目　录

下部：人文演进 寻绎披讨
（以钱穆"人文演进"观为主线）

导论 "人文"的界定、功能与取向

自人类进入文明社会以来，其历史变迁的过程，在深层次上都可视为一种文化过程，而文化的内核是"人文"。这点，古代中国的智者看得十分清楚。

在中国古代早期文献中就已经出现"人文化成"的理念。这一理念中"化"不仅有人的主动意愿，并深含以"文"而化入人心之意。请看《周易·贲卦·彖传》所言："文明以止，人文也。观乎'天文'，以察时变；观乎'人文'，以化成天下。"① 由此我们可知，所谓"人文化成"一说即源于此。王弼释为："止物不以威武而以文明，人之文也。"孔颖达疏云："用此文明之道，裁止于人，是人之文德之教，此贲卦之象。""'观乎人文以化成天下'者，言圣人观察人文，则《诗》、《书》、《礼》、《乐》之谓，当法此教而'化成天下'也。"② 中国古代先贤主"文德""教化"而重视"化入人心"的理念，充分显示出这些智者们是如何重视我们今日所言的"文化软实力"的；且先贤们已深刻地将武力胁迫的征服之力与文德教化之力相对比，张扬出以人文"化成天下"的人文价值观。儒家推崇王道而反对霸道，源于这一人文化成天下的理念；而这一理念最终成为中国文化的核心理念之一，此诚如唐君毅所言："儒家对于'人文化成'之学与教，亦实际上是中国文化之核心之所在。"③ 对于儒家而言，正是其文化核心中的"学"与"教"，在几千年的历史中，建构出了精微、广大而高明的道德文明体系——儒家之道，即由此"人文"而化成。

---

① 王弼注，孔颖达疏：《周易正义》，北京大学出版社 1999 年版，第 105 页。
② 同上。
③ 唐君毅：《关于东方人文学会》，见唐君毅《中华人文与当今世界补编》（二），广西师范大学出版社 2005 年版，第 743 页。

一　人文符号:"自然与人文之相通律则"

《周易》之所以将"天文"与"人文"置于两个并列的范畴，实因二者有着内在的同构基础；同构是"人文化成"的前提。同构一词，在哲学意义上是指事物之间对应关系所具有的相似性或相关性。这里的"天文"不可理解为天文学，而应理解为自然界本身。此外，我们还有必要先理解汉语对"文"的最早释义："文"通于"纹"，即纹理，是指交错而不乱的线条和色彩，同时又喻变化多样的修饰表现。进而言之，所谓"文"，正是一种"符号"及其交错而成的形象。钱穆解释道："人文二字怎讲？从中国文字之原义说之，文是一些花样……像化学上两元素溶合便化出另外一些东西般。在中国人则认为从人文里面化出来的应是'道'；故有夫妇之道，父子之道，修身齐家治国平天下之道。道都由'人文化成'，此即中国人传统观念中所看重的文化。"① 其实，文化的开端及其展演，奥秘就在于人所创制的人工符号及其组合变化之中，但这是基于天文、人文同构的创制。

《易传》作者如此解释道："古者包牺氏之王天下也，仰则观象于天，俯则观法于地，观鸟兽之文，与地之宜，近取诸身，远取诸物，于是始作八卦，以通神明之德，以类万物之情。"② 这里指的是远古时伏羲氏治理天下，从近处取法于人体之"象"，又从远处援取万物之"象"，创制了八卦符号，用来领会、贯通神明的德性并分类比拟万物的情状。须知其中奥秘就在"近取诸身，远取诸物"一句；通过"近取诸身，远取诸物"的考察、比拟与思考，从大自然的自身符号悟及"人为"符号的同构性及其意义，中国古人开始感觉并意识到"人文"符号的内在力量及其功能，因为人文符号可以成为真实世界的表征；正是通过人文符号，人才能逐步正确地认知现实而走向理想。所以钱穆的界定是："'人文'二字，指的是人群相处的一切现实及理想。"③ 钱先生洞见了中国古代智者是如

---

① 钱穆:《历史与文化论丛》，台湾东大图书公司1985年版，第70页。
② 《周易·系辞下》，见王弼注，孔颖达疏《周易正义》，北京大学出版社1999年版，第350—351页。
③ 钱穆:《中国文化丛谈》，九州出版社2011年版，第123页。

何利用人文符号推行教化来促使天下昌明的；无疑，这造就了人文演进的历程，并为世界打开了人文意义的大门。钱穆先生曾精辟地指出："易经一书，尤其是十翼便是古人用来探讨自然与人文之相通律则的。"① 自然、人文本有同构或相通之处，人方能以符号去比拟、表征其"相通律则"，钱穆此说十分到位。

这里，我们不妨再来看一下西方著名哲学家卡西尔是怎么认识自然与人工符号的："人不再生活在一个单纯的物理世界中，而是生活在一个符号的宇宙中"，"人不仅生活在一个符号的宇宙中，而且他自身也变成了相应的符号"。② 卡西尔所言"物理"符号，近于《周易》中所说的"天文"；但人不仅被"天文"这种物理符号所包围，也被人为的"人文"符号所包围，所以卡西尔得出结论说人是能够使用符号的动物。

从技术与功能的角度看，人文符号也就是人工符号，现代新儒家的代表人物唐君毅就相当有见地地指出过："工业机械文明之价值，吾将不由其表现吾人征服自然之精神以说，吾唯说其可使物力互相转化，物质互相变易，此即使分立之物力物质实显其纵横交错之文理。"③ 唐君毅正是立于《周易》义理的基础上而采"文理"一说的，在自然之"文理"基础上的人工"文理"之创造，正是《周易》倡导的取象于万物而沟通、比拟万物情状的人工符号之创造。

然而，我们要问，人为什么会有这种符号创造能力？西方不少文化人类学家与文化进化论者就试图回答这一问题。著名的"文化学"倡导者与人类学"新进化论"的代表人物莱斯利·A.怀特就倡言："符号能力是有机体的自然进化过程中产生出来的。"④ 他的结论是：

　　　一种新的、独特的能力，即使用符号的能力，是由生物进化自然过程中产生并存在于人之内的。符号表达的最重要形式是清晰分明的

① 钱穆：《中国学术通义》，台湾学生书局1984年版，第5页。
② ［德］卡西尔：《人论》，甘阳译，上海译文出版社1986年版，第33页。
③ 唐君毅：《中国文化之创造》，见张祥浩编《文化意识宇宙的探索》，中国广播电视出版社1992年版，第412页。
④ ［美］怀特：《文化科学——人和文明的研究》，曹锦清译，浙江人民出版社1988年版，第31页。

言语。清晰的言语意味着观念的交流；观念交流意味着保存传统，保存意味着积累和进步。符号才能的出现根源于一种新的现象秩序的起源：超机体的文化的秩序。所有文明的产生并永久存在都在于符号的使用。文化或文明仅是特定动物——人——的生物学的、保存生命活动所采取的特种形式。

人类行为是符号行为；假如没有符号，便没有人类。人种的婴儿只有当他被导入和参与文化活动时，才成为人类个体。文化世界的关键和参与文化世界的方式便是——符号。①

怀特在《文化科学》一书中强调人的生存方式是文化方式；正是由于符号，才使人从纯粹的动物转变为人类动物。据此，没有某种形式的符号交往，就全然谈不上文化。重要的是，他着力推出文化开端于"语词"这一想法。显然，对文化的进化本身来说，其所言：清晰的言语意味着观念的交流，观念交流意味着保存传统，保存意味着积累和进步——正是我们所说的"人文演进"过程中环环相扣的逻辑链。然而必须强调的是，符号作为一种人为创制的"人工物"，其目标必须符合自然规则，这在几千年前的《易经》中即已得到强调，如果说这只是中国古人的一种智慧的洞察或猜测；那么，从现代科学的角度，就无法不强调人工事物之目标与客观规律的统一了。

让我们来看看获诺贝尔经济学奖的美国著名认知心理学家赫伯特·A.西蒙对"人工事物"的看法："我们称为人工事物的那些东西并不脱离自然。它们并没有得到无视或违背自然法则的特许。同时，它们又要适应人的目标和目的。……人的目标变了，其创造物也随之而变。"② 西蒙强调了人工事物要符合于自然法则与规律，这与中国儒家人文通天文的"同构"的先见之明有一致之处。西蒙还区分了人工事物与自然物的四个方面以确定人工科学的范围：

1. 人工事物是经由人综合而成的（虽然并不总是、或通常不是

---

① ［美］怀特：《文化科学——人和文明的研究》，曹锦清译，浙江人民出版社1988年版，第37页。

② ［美］赫伯特·A.西蒙：《人工科学》，武夷山译，商务印书馆1987年版，第7页。

周密计划的产物)。

2. 人工事物可以模仿自然物的外表而不具备被模仿自然物的某一方面或许多方面的本质特征。

3. 人工事物可以通过功能、目标、适应性三方面来表征。

4. 在讨论人工事物,尤其是设计人工事物时,人们经常不仅着眼于描述性,也着眼于规范性。[①]

显然,西蒙是从现代科学的视角来揭示人工事物的"模仿"、"综合"、"表征"、"设计"等人为符号的特征,但他更深刻而缜密之处就在揭示了人工事物及人为符号不仅着眼于描述性,还必须着眼于规范性;从而表达出了人工创制是有着自然客观规则的。无论是卡西尔所说的"符号"、怀特所说的"进化自然过程"中产生的语词符号,还是西蒙所说的"人工物",都和《周易》立于人文、天文同构而取象于万物规则的"人文化成"观有着异曲同工之妙。"人文化成"一语被后儒时常引用至安邦经世领域,道理即在此。关键在于,儒家还自此开始了对人的生存方式、道德行为以至制度文明的高度关注与哲学思考,这是与其早期对"人文"符号的认识分不开的。要之,"人文化成"观意味着人是具有特殊能力的理性动物,他能创造并使用符号,以促成人工事物的完善,而这正是儒家以观念、信仰以及器物、风俗、制度来构成其特有文明的创造力所在。

二　人文功能:动态的"协调动进"

前述钱穆所言《易经》是"古人用来探讨自然与人文之相通律则",若我们进一步问:古人何以要探讨这二者的相通律则?生存,当然是为了人的基本生存,此诚为我们最为直接的答复;然进言之,我们则要更为理性地说:是为了人与人、人与社会、人与大自然的协调和谐相处。对于动辄言"人文演进"的钱穆来说,喜用一个新名词"动进"作表征,他尤喜在谈"文化生命"时用上"动进"[②]一语;甚而将这个新词与"协调"

---

① ［美］赫伯特·A. 西蒙:《人工科学》,武夷山译,商务印书馆1987年版,第9页。
② 钱穆:《中国文化史导论》,商务印书馆1994年版,弁言第7页。

一词联结，使其成为一个人文演进观中的动态概念："协调动进。"① 显
然，此中"协调"是"动进"的前提；只有协调了，才能更好地演进。
这正是《易经》倡导的"可大可久"的核心精神。诚如钱穆所言："在中
国一部古经典《易经》说：'可大可久。'这是中国人脑子里对于一般生
活的理想，也就是中国文化价值之特征。"② 钱穆曾断言：对抱持天人合
一观的中国古人而言，与外在世界的"融会协调，和凝为一。这是中国
文化精神最主要的一个特性"③。据此，钱穆以一个宏观史家的眼光概括
了中国传统文化的长处：

> 中国传统文化，其主要长处，在求自然与人文之融和协调，在使
> 人文演进之不背自然而绵延悠久。④

须知，这一说法不仅是对"人文演进"的取向性规定；还将"人文"
的基本功能指向了"协调"，这当然也是一种进化视角的文化概括。

无独有偶，法国著名学者莫里斯·迪韦尔热亦尝试在英国人类学家泰
罗的文化定义基础上对文化下一个定义："文化是协调行动方式、思维方
式、感觉方式的整体。它们构成能够确定人的集体行为的角色。"⑤ 在迪
韦尔热看来，正是具有协调功能的文化，确定了人在社会中的角色。他还
阐述了马林诺夫斯基的文化功能观点："马林诺夫斯基把他的观点概括如
下：'对文化进行功能分析乃基于如下原则，即在各类文明中，每个习
俗、每件物体、每种思想和每种信仰都要完成一个不可或缺的功能，都拥
有一项必须完成的使命，它们是有机整体的必要组成部分。'因此，一种
体系的各个部分都要对整个体系履行一种功能。任何体系都是功能的统一
体，体系的每个部分都具有一种功能，所有功能对体系都是有用的。"⑥
莫里斯·迪韦尔热强调了作为"协调"的文化之功能，而马林诺夫斯基

---

① 钱穆：《历史与文化论丛》，台湾东大图书公司 1985 年版，第 38 页。
② 钱穆：《中国文化史导论》，商务印书馆 1994 年版，第 237 页。
③ 同上书，第 205 页。
④ 钱穆：《双溪独语》，台湾学生书局 1985 年版，第 261 页。
⑤ ［法］莫里斯·迪韦尔热：《政治社会学——政治学要素》，杨祖功、王大东译，华夏出
版社 1987 年版，第 63 页。
⑥ 同上书，第 186 页。

作为文化功能学派的代表，其学说宗旨无非是说任何一种类型的文明，其中各个环节都在对整体的文化施行其相应的功能，而各环节之间、环节与整体之间，显然必须协调，才能"完成使命"。

钱穆曾极富启示意义地列举了孔子"仁与礼相协"之例："孔子生平，只讲得一个道理，即仁与智交融，仁与礼相协的道理。"① 可以说，仁如何相协于礼，正是孔子儒学思考的核心问题。两千五百多年前的孔子已清醒地意识到，周礼那套十分烦琐的标示血缘关系和等级差别的仪节规范和典章制度，必须注入新的精神——仁；质言之，内在的道德与外在的制度之协调，是整个社会和谐的前提。《左传》关于礼之仪与礼之质的争议，就反映了当时礼的僵化之流弊。而孔子正是从已经僵化的形式后面，发掘出了具有真正内在精神意义的相协原则——仁。因而孔子礼学，既有对旧有文明之继承，更应视作他自己对问题的深层思考与独有的创建，是在继承周代文明基础上对理想世界的一个新的构想。进言之，孔子是要以内在的"仁"的精神来贯注并协调礼的制度。诚然，此种调节，一方面其效应是使统治者与被统治者双方都有约束，不要过分，不要走极端而使矛盾激化，导致自我孤立与自我破坏；更重要的另一方面是作为统治者，不要无视人民的存在，而要以仁爱精神爱戴百姓。由此，这个礼之秩序与制度就不再是僵死的了。须知，将"仁"之精神贯注于礼之秩序与制度中，这是发展到孔子才出现的。孔子是首位中国文化中"仁"道文明思想的倡导人与发现人。

的确，"仁"可谓以协变之义为周公之礼画龙点睛。孔子也确实没有亦步亦趋地效法周代之礼。孔子在三代国家与社会二元一体的结构逐渐解体的晚周时期，将王道政制的基本精神承继下来，而把属于特定历史阶段之外在形式的典仪制度扬弃，提炼出仁的概念，使之由一种外在的社会制度转换为一种指导社会和个人相协之政治运作机制的基本价值原则。这是孔子的高明。今天看来，孔子仁礼相协的理性认识之意义，远不止是对周代以来逐步形成的社会政治秩序的高度概括与总结，从而在正名之下维护周礼；更重要的是为封建社会的稳定运行寻求一个可高度协变的"经国家，定社稷，序民人，得后嗣"的政治机制。孔子之后两千五百多年的

---

① 钱穆：《历史与文化论丛》，台湾东大图书公司1985年版，第311页。

历史文化演进，与孔子的这个思想开端是否有关系呢？

　　仁礼相协的人文协调功能，尤其体现在人与人之相敬—相通上，由相敬而更导致相通。文明之礼的仪表标志一个进步社会的个人素养，这种素养在尊敬他人之前提上，使人大大扩展了他与别人的交流并使其应付自如。唯其如此，孔子才将礼的学习和实践视为是一个人在社会上安身立命的基本条件。"不学礼，无以立"，是因其在当时历史条件下，确有这种人与人、人与社会交流并相协而行之重要性，孔子才如此谆谆教诲弟子的。而孔子本人也堪称身体力行之楷模。要知道，在孔子那个时代，只有少数人才能接受教育；礼的理性内涵，即体现在对放纵粗野轻率的抑制和对文明生活秩序的追求，而这种追求，则显然是在认识了仁与礼的内在关系的基础上才能达成的，否则人与人之相敬就无法真正实现。所以孔子强调："古之为政，爱人为大。所以治爱人，礼为大。"① 其实孔子即使主张祭祀之礼，也并非以久为鬼神存在之理由，毋宁说他更注重以此转向人伦关系、社会关系的通融调节，从而符合他的政治观点。相敬相爱才能通达和畅，孔子以此而提醒在上位者，要以礼让为国，以"出门如见大宾，使民如承大祭"之心情，实施政治的操作，避免滥施权威。"如承大祭"，才会有一种真正的"敬"的庄严与气氛。礼的原始表现，是一种非自觉的敬畏感；进一步的礼仪规定之根据，即在通过理性活动，认识到自身生命活动及其范围，从而对他人的活动与权利表示敬重。君主亦不例外，这是孔子的本意。所以他才会说古之为政，爱人为大；所以他才会崇尚天下为公的和谐的大同之世；所以他才会对管仲"不知礼"② 进行责问。《礼记·曲礼》以"毋不敬"③ 作为礼的内在精神，道出了礼之"敬"的严肃庄重之心境。孔子特别指出"上好礼，则民莫敢不敬"④，其意一方面是强调礼的"使民"之协调功能；另一方面又要求在上位者以身作则，推广礼仪。因为这是整个社会秩序得以正常的保证。这无疑需要仁与礼之间的真正协调，亦即我们前面讲过的仁内礼外的相协统一；故而孔子提出："人而不仁，

---

① 《礼记·哀公问》，见《四书五经》，线装书局2007年版，第164页。
② 《论语·八佾》，见《四书五经》，线装书局2007年版，第9页。
③ 《礼记·曲礼上》，见《四书五经》，线装书局2007年版，第97页。
④ 《论语·子路》，见《四书五经》，线装书局2007年版，第19页。

如礼何?"仁在,即礼在。孔子所提出的"仁",确实为周公制礼画龙点睛。在礼与仁的逻辑关系中,礼应是表达仁的恰当形式。仁又是要通过礼才能得到合适的表达,才是合理的。后来儒家拘守仪节,形成礼教,并且养成了只重形式,而不看内容的虚伪性,使礼越来越成为人们思维与认识的桎梏,并逐渐失去它应有的协变功能。

今天的人们,似乎很难明白"礼"在中国古人的生活中,如何占有那么重要的位置。其实在根本上,就是因为它本身即为一种社会运转的协调机制并保有极有张力的协变功能。《礼记·曲礼》有一段相当重要的话,可帮助我们理解儒家对礼的把握与理解:"道德仁义,非礼不成;教训正俗,非礼不备;分争辩讼,非礼不决;君臣、上下,父子、兄弟,非礼不定;宦学事师,非礼不亲;班朝治军,莅官行法,非礼威严不行;祷祠祭祀,供给鬼神,非礼不诚不庄。"① 对此,《礼记·乐记》有最好的诠释:"礼也者,理之不可易者也。"② 礼之所以为理之不可易,是因为礼乃"天地之序";因而它既是社会秩序的经纬,又是道德精神的统领。其"协"之功能就是由"序"这一结构机制所保证的。但归根结底,这一"序"对儒家来说,可从道德形上学角度得到论证。所谓"礼也者,理也"是自然而然的。因而"承天之道,以治人之情"③ 便成为建基于自然法则基础上的人间法则。儒家认为人道没有天道的支撑,就缺乏信仰基础而没有说服力。当然,儒家的形上思想,又从来都落脚于人间实践。总之,礼与理的逻辑连贯,是其"以德服人"从而实现其社会协变功能的前提条件,这点,我们要放在下一节着重提及。

诚然,一部人类发展史传达给我们的是:人类社会的演进趋向更高一级文明阶段前进时,必然会产生难以解决的类似二难悖论之类的问题,此时,越发需要文化的调节功能发生作用。对此,钱穆看得十分透彻:"摆在现代世界人类面前最重要的大问题,是在如何各自作文化反省工夫,如何相互作文化了解工夫,如何合力作文化协调与文化新生工夫。"④ 看来,钱穆确有十分强烈的问题意识,然而更为可贵的是他将其视点对准文化的

---

① 《礼记·曲礼上》,见《四书五经》,线装书局 2007 年版,第 97 页。
② 《礼记·乐记》,见《四书五经》,线装书局 2007 年版,第 147 页。
③ 《礼记·礼运》,见《四书五经》,线装书局 2007 年版,第 126 页。
④ 钱穆:《历史与文化论丛》,台湾东大图书公司 1985 年版,第 37 页。

协调功能。进而言之,钱穆以其宏观史家的洞察力拈出孔子仁礼相协一例,纯然是站在"人文演进"的文化视角,来考察个体自身的身心和谐及个体与群体相协的:"若使人类之自然心与文化心,小己个我与大群团体心,身生活物质人生与心生活精神人生,两相调协,各得满足,此始是人心全体之满足。此心始是人类之全心,此人生亦是全人生。小我之与大群,以安以和,以乐以足。此乃人生终极理想所在。亦人文演进途程中之最高指标。"① 能以此"人文演进"之视角,来关注个体自身的身心协调问题,并将此与人类群体关联起来,确实发自钱穆对中国思想与文化的深刻体验。

三　人文取向:道德理性

从中国古人对人文符号的深刻认识,到立于此对人文功能的发掘,再到道德理性的人文取向,我们可透见其逻辑理路的展演,因而本节须对人文价值取向作一论述。这种取向即为道德理性之目标。钱穆以其一以贯之的"人文演进"观,对中国传统文化中的人文取向,以"人文化成"之"道"而作一诠释。一方面,他以现代白话的"花样"二字解说人文之"文":"'刚柔交错,天文也。'这是天生的花样,是自然的花样。人类根据这一个自然花样来化成了一对对的夫妇,又从夫妇化成为家庭,再扩大地化成为国,为天下,这些不是自然,而是人文。但人文究从自然中演出。"② 另一方面,又释之以"道"这一中国哲学最具魅力的范畴:"道都由'人文化成',此即中国人传统观念中所看重的文化。"③ "道"这个字,在中国哲学中,乃具最大涵括力度之一范畴;然在钱穆看来,首先就要以中国《易传》中"人文化成"这一观念来对其作最为基本的诠释。只有人文化成之"道",才成其为"文化";而人文文化中的道德理性这一思维取向,就从这一人文化成之道的文化中得来。中国传统观念会"看重的文化",当然也会在中国两千多年来的人文演进中,形成一种道

---

① 钱穆:《中国学术通义》,台湾学生书局 1984 年版,第 158 页。
② 钱穆:《中国文化十二讲》,九州出版社 2005 年版,第 5 页。
③ 钱穆:《历史与文化论丛》,台湾东大图书公司 1985 年版,第 70 页。

德理性之基本取向。

说到这里，就要举出梁漱溟的"中国文化早熟"说了，此虽是梁氏对儒家道德理性早熟的揭示，但对我们这里所侧重的人文价值取向——道德理性，仍是个极重要启示。梁氏此说当然是相当深刻而有理论穿透力的一个论断。我们可从其晚年所著《人心与人生》中透视此说究何指：

> 只有古中国人理性早启，文化早熟，颇著见道德的萌芽。①
> 孔孟论调太高，只能期之于人类文明高度发达之共产社会。②

其实梁氏此说早见之于20世纪20年代即已发表的《东西文化及其哲学》，此处，我们只需见其最后论断即可，在相关章节中我们再作深论。要之，梁氏在其后著的《中国文化要义》中，确实更为深刻地道出了"早熟文化"亦不免有其"偏失"这一真谛，而在其晚年所撰《人心与人生》一书中，则更见其对此之彻悟。③

钱穆亦有类似之说，但未如梁漱溟思想之锐利而深刻，然钱氏之特色仍在"人文"二字上，钱穆坚认西方思想是以物通人，而中国思想则由人通物。他说："中国人所提前发展的是一套人文科学，最基本的修养工夫在尽其在我，尽己之性。从这一点发展出来，就可成为中国人讲的世界大同，天下太平。在世界未大同，天下未太平之前，每人仍可自尽己心，修养到最高境界，便即是圣人。"④ 可是，儒家这一套圣人之学，分明在钱氏本人的文化三层次中，尚未及于物质、制度两个层面，就提前进入了精神层面了。钱穆已然洞见这一套人文道德体系，是"提前发展的"人文思想；然其对中国文化那种温情脉脉的同情心，导致其未能深入地发掘

---

① 梁漱溟：《人心与人生》，学林出版社1984年版，第226页。
② 同上书，第227页。
③ 梁漱溟在此书的一个注脚中细述："古中国人文化早熟之说，愚发之五十年前（见《东西文化及其哲学》，至最近乃明确其在社会发展史上实属于马克思所谓亚洲社会生产方式。既另有文申说，请参看。此早熟之文化不免有其偏失，《中国文化要义》曾指出之：'中国文化最大之偏失就在个人永不被发现这一点上。一个人简直没有站在自己立场说话机会，多少感情要求被压抑、被抹杀。五四运动以来所以遭受吃人礼教等诅咒者，事非一端，而其实要不外此。'见《中国文化要义》第十二章）。"读者须知，此注脚实际道出了一个逐渐深刻的思想历程。见梁漱溟《人心与人生》，学林出版社1984年版，第226页注脚。
④ 钱穆：《历史与文化论丛》，台湾东大图书公司1985年版，第104页。

中国文化中何以在物质、制度二层面发展不足。钱穆曾坦言作为儒家核心学说的经学是"一种成圣之学"①。他始终深信孔孟儒家这套以"成圣之学"为标志的人文道德学说，在终极点上可达"天人合一"之境界："孔子说得淳厚，孟子加以明白发挥，直从人的心坎处加以发挥。所以说'爱人者人恒爱之，敬人者人恒敬之。'又说'尽心知性，尽性知天。'性是天生的，你是怎样能知道你自己的性？因此要尽你的心。自心不尽，天生给你的性，自己也不知道。尽了我心，可以知我之性，尽了我性，便可以知天。这叫做天人合一。天不独只生我一人，你就知人家同我一样，中国人讲的最高道理在这里，在从每人自己心上讲起，成己而后可以成物。"② 看来，中国儒家那套始于自心、自性的极具人文特色的"成圣之学"，钱穆已然视之为道出了"最高道理"。可以肯定的是，在钱穆眼中，"文化早熟"也罢，"提前发展"也罢，儒家的这套"成圣之学"的终极价值取向，在中国古代社会还是充分地作了展演并十足地发挥了其功能作用。所以，这里我们仍要接续上节思路。

上节所言钱穆看重孔子的仁礼相协，并视其具有人文化成的文化调协功能。其实在孔子的礼学中，不仅提出了一个仁的观念，同时也提出了一个"德"的观念。这里需要说明的是，孔子之前，周人已普遍具备"德"的观念，然孔子对其意义作了深刻的发挥。仁所涉者，虽为双方以上之关系，但在根柢上仍须起于个人道德修养；所以孔子要说克己复礼为仁。质言之，"德"则是一个带有更广泛意义的关涉公平、正义的概念，所以孔子对统治者须施行为政以德的原则，实为其德政的根本理念。此中深义为：统治者如能做到孔子弟子曾子所言"君子爱人也以德"③，就有了建立德政的基本条件。因而，《礼记·乐记》得出了："中正无邪，礼之质也"④ 的命题。这里所说"中正"即有正义、公正之意，它充当了礼的一个最有取向性的价值特征。因而所谓"礼也者，理之不可易者也"⑤，更是将无可辩驳的"公理"蕴含于礼中。正是由于这其中内含的公正、正

---

① 钱穆：《中国学术通义》，台湾学生书局1984年版，第6页。
② 钱穆：《历史与文化论丛》，台湾东大图书公司1985年版，第104页。
③ 《礼记·檀弓上》，见《四书五经》，线装书局2007年版，第103页。
④ 《礼记·乐记》，见《四书五经》，线装书局2007年版，第146页。
⑤ 同上书，第147页。

义，公理的特质，才使仁礼相协的人文化成的调节之功能有可能实现。深言之，礼成为普遍的客观外在之准则，是全面的约束；但没有仁与德，礼则是完完全全的外在的社会强制。孔子既要恢复周礼，就一方面要使礼治制度化、人伦秩序化；另一方面更要以仁和德的实质内容真正地贯注到礼的形式中。的确，孔子思想的核心是“仁”，然而仁的外在客观标准则是礼，克己复礼为仁是这一客观准则的最佳说明。克己复礼虽是一种全面的约束，但它要求人们自觉地约束，在既定位置上以礼的标准正确地处理上下左右的关系，如为父要慈，为子要孝，为友要信，为臣要忠，为君要善等。如此，社会个体成员道德境界的提高与整个社会文明政治秩序的稳定与推进，便无可置疑地成为一个和谐统一的相辅相成的协变过程。这一稳进机制体现的进步，正是礼的协调功能之实现；此功能之实现当然是靠礼所要求的每个社会成员恪守其位而尽心尽力，并赋予其一定的道德责任。果如其然，则功能之实现则不会发生紊乱，从而整个社会就相应地稳定和谐；反之，秩序不时地遭受破坏，则相应地社会就动荡不安。可见，内在的仁、德对外在之礼的可“协”性与统一性，不仅是对原有之礼的充实而已，在思想史上仍有其创造性的意义与价值。它是孔子对中华民族文明史的一大贡献。

究言之，不能以德服人，礼之秩序的协调功能与其取向的正义性就有可能遭到破坏，使其丧失公正裁决的功能，导致社会混乱。孔子再三强调统治者本人的公正素质。“其身正，不令而行；其身不正，虽令不从。”① “子帅以正，孰敢不正？”② 这是他透彻发挥“政者正也”③ 的有力论述，是其德治主义的根本原则。“苟正其身矣，于从政乎何有？不能正其身，如正人何？”④ 可见，统治者本身的公正特质，是使礼对社会生活起“化人”作用的根本前提，因为统治者本身的正，即有“德化”的化入人心之作用。下面这段话，再好不过地说明了这种作用：“君子之德，风；小人之德，草；草上之风，必偃。”⑤ 实质上，孔子对当时的政治现实，确

---

① 《论语·子路》，见《四书五经》，线装书局 2007 年版，第 19 页。
② 《论语·颜渊》，见《四书五经》，线装书局 2007 年版，第 18 页。
③ 同上。
④ 《论语·子路》，见《四书五经》，线装书局 2007 年版，第 19 页。
⑤ 《论语·颜渊》，见《四书五经》，线装书局 2007 年版，第 18 页。

冀望于从礼着手的"德化"之功能。"道之以德,齐之以礼"① 即是最好的概括。所以孔子强调:"为政以德,譬如北辰,居其所而众星共之。"② 孔子所崇拜的禹、文、武、成王、周公的共同特点便是"谨于礼",他认为:"圣人以礼示之,故天下国家可得而正也。"③ 看来,"国家可得而正"是由一系列由上而下的化入人心而导致人文化成之功能所保证的。

"德化"的人文功能之实现又要靠"义"之"协",孟子在这点上发挥尤深。义的调节性,在某种程度上决定着社会成员对礼的遵循。"夫义,路也;礼,门也。惟君子能由是路,出入是门也。"④ 在孔孟时代,礼的复杂而琐细,并不妨碍它正义的精神实质。也就是说,把握了礼的"义"之品质,于任何场合、任何时间对礼都会有相宜、相应的行动,日益做到一通百通。孔子的理性思维,使其高度关注义与利的相协性,他从来不反对利作为人们日常生活的基本所需。他所主张的"义然后取"⑤ 这一根本原则,是基于全体社会成员所普遍承认的一种合理性,而这种合理性又正是整个社会和公益需要的体现。只要不损害社会公益之利,正当的个人利益追求孔子是决不反对的。然而一旦相矛盾,取舍原则的"义然后取"便是一个协调而又能公正的社会政治原理了,这也正是我们所说的"德化"的社会公正协调功能。然而从社会风俗的角度看,它无疑又是社会风俗的自然定型;这里,潜移默化是其一大过程特征。当然这种潜移默化常常是通过我们所讲的"德化"功能完成的,是从协调功能到价值取向,通过"人文化成"的演进过程而逐渐实现的。

周公以德取天下,孔子以德而化天下,这已是中国文化史上交口赞誉的美事。钱穆将此概之以"文德"二字,诚如其所言:"周公何以必欲追文王以为天下之始祖?盖周公之意,将以昭示天下后世,得天下必当以文德,不当以武功。周之前有商,商之前有夏,方其临制天下,何尝不为天命所归。但天命不可长恃,天意常视民心归向而转移,民心所

---

① 《论语·为政》,见《四书五经》,线装书局 2007 年版,第 8 页。
② 同上书,第 7 页。
③ 《礼记·礼运》,见《四书五经》,线装书局 2007 年版,第 146 页。
④ 《孟子·万章上》,见《四书五经》,线装书局 2007 年版,第 54 页。
⑤ 《论语·宪问》,见《四书五经》,线装书局 2007 年版,第 20 页。

依则在文德。……后来的孔子思想，亦全从此项大纲目中演出。"① 可见，民心所依之"文德"，早已为孔子所承续而成为一种中国人文道德文化之演进。必须看到，此中意义之重大，相当于中国思想史上的一次凸显"人文"理念之觉醒。周推翻殷商而得天下，就是中国历史上最早的一次人文道德意识的觉醒与思想解放，是一个旧朝代的朽坏与另一个新时代的开始。殷商败德而失天下，周王朝则以德而取天下。它昭示了以德施治——德行与天命合一则天命有常的人文性格的德治观之最早形成。周人崇德的例子充分说明了中国传统德治观的一个基本特点——以德取位，德位匹配。这一思想被继承和延续下来，形成了德治主义的政治哲学。从"崇德"到"重贤"，即重视贤人，此乃逻辑理路之贯通。钱穆据此而指出："在中国历史上有一大值得注意者，即为中国人之重视贤人。远自尧、舜、禹、汤、文、武、周公以来，圣君贤相踞高位，有盛德，而臻一世于治平，此不论。及世之衰，踞高位者不必有盛德，有盛德者不必踞高位，而当时中国人已知重德尤甚于重位。"② 这仍是德位匹配观。圣君贤相"盛德"之内在价值，成为身居高位的合法性与合理性根据，故古人在评说官员业绩时，常说"德业"如何，好官则被称为"贤德"之士；而"德高望重"更是从古至今人们普遍接受的一个观念。其实这正是"德位匹配"观的历史演绎之结果。正如唐太宗在自己编撰的《帝范》中就表达过德狭不可以处广的理念，即谓德行狭小之人不可以处理大事。应该说，德位匹配的理念，实际上也是中国文化特别是儒家思想的一大特色；其结果，是在治政者身上安置了无限的道德责任。

作为"人文化成"的一个成功范例，我们必须说明的是，传统德治观并未全然否认法治的重要性，哪怕极端的德治主义者也多少注意到法治的作用；历史越往后，就越是如此。当然，中国文化在总体上确实形成了人文思想中"德主法辅"的理念。德，毕竟是作为历史文化的价值取向而占据了主体位置；德法兼施的必要性毕竟是建立在一主一辅的基础之上，在今人看来不可思议的事情在古代中国人眼中则是极其自然的。因为

---

① 钱穆：《讲堂遗录》（一），九州出版社 2011 年版，第 142—143 页。
② 钱穆：《晚学盲言》（上），广西师范大学出版社 2004 年版，第 83 页。

德对人与社会来说都是最终意义上的思维取向；之所以这样说，是因为没有它则一切人为事物都几乎不能成功。"立于德"、"辅于法"正是以德为前提、以法为规则的一种礼治；它当然不同于现代法治体系基础上的法治观。然而说中国传统文化中没有法律是无根据的。此诚如钱穆所言："如唐律，汇合先秦、两汉以来，历代法律菁华，为中国法系成熟之结晶品。……不仅为后来宋、元、明、清四代法律之蓝本，而且顺适行使于国外，东起日本，西达葱岭，北方契丹、蒙古诸族，南方安南诸邦，全都是唐律广被行使之地。"① 然必须看到的是，中国古代绝大多数思想家都主张以德为本，德成为一种最基本的价值取向；故中国古代有"德重如山岳"之说。这使得德在中国人心目中占据了不可动摇的地位。当然，在理论上，历代思想家们并非仅仅是先入为主地把其作为治国常道，而是在不断寻求它更为合理、更为深刻的依据。

这一依据首先体现在爱民保民的人文观念上，《尚书》一再申述爱民保民乃君王德行中最为重要的部分。一个政权只有在此前提下，才有资格去维持这个政权，不保民的政权必定丧失其合法统治的依据。其实在保民的背后还含藏着"服民"的道理。《尚书》即有推行仁惠、众民归附之说，而孔子《论语》中亦反复强调了一个客观道理——仁爱可以服众。如此看来，在中国古人的实用理性中，德行最深刻最重要的内涵是爱民保民，它成为一个政权权威性及其得以存在的依据与标准。孔子即认为人民的信赖是国家存在的必要条件，政府须获得人民的信赖以建立合法的统治。道德是人心服的最后根据。孔子的"修己以安百姓"实质上就是要统治者首先以修己求仁为职志。孟子的仁政思想中亦有以德服人，人民"中心悦而诚服"的思想，并提出了"保民而王，莫之能御"的保民德治观。孟子以民意为天意，则是孔子德治主义的进一步发展；其"民为贵"的著名思想命题，成为思想史上的不朽论断。后人所谓体察民情乃至体恤民情，多由孟子思想发展而来。汉代大儒董仲舒在寻求统治者道德依据时，认为统治者爱民保民，是其与天地相参的必要条件。其《春秋繁露·王道》篇言："元者，始也，言本正也；道，王道也；王者，人之始也。王正，则元气和顺，风雨时，景星见，黄龙下；王不正，则上变天，

---

① 钱穆：《中国文化史导论》，商务印书馆1994年版，第155页。

贼气并见。"① 故君王的"正心以正朝廷,正朝廷以正百官,正百官以正万民,正万民以正四方,四方正,远近莫敢不壹于正",就成了他设定的道德逻辑的贯通;当然,这大大加重了统治者的道德责任。到了宋明理学家那里,更在寻求道德依据的形而上理由时,强化了一种普遍的责任感。宋明儒者所拥有的民胞物与的胸怀,与其高深的心性哲学及其道德责任感统一起来了;值得赞叹的是,他们一直在孜孜寻求他们认为有必要提供的世人均认可的天理良心。明清以降,像黄宗羲这样强调法(制度)的重要性的思想家,亦认为合法统治所依据之法,须是为谋求人民福祉而设立的制度。统治者应有的德行是以天下苍生为念。由此看来,中国历史上的法治观大多由德治观变形而来,或者说,德治观中涵括了法治观。

其实,传统德治观最富启发的并不在道德为本的唯道德论中,而是在对道德功能作为淳风化俗的"人文化成"功能及价值取向的特殊敏感上。然而高悬在上的形而上本体论很难落实于道德实践的功能中。这正是一些颇具眼光的思想家如陆九渊、王阳明等极度强调知行合一的理由所在。以德化人、范导风气的"德化"、"风教"等概念再好不过地说明了传统德治观中最为精髓的思想。具有这种意识的思想家们感到不能仅仅在人性善的范畴中先验地指出人所必具的道德性,而是要从教化与陶冶的角度大大扩展道德实践之功能及其普遍性。通过道德教化与陶冶达至化民成俗的功效,儒家为政以德的理念正确指出了人民受道德典范感化的有效方式,其前提当然是统治者先修养自身,约束自己,从而教化天下。自身端正,不用下令,百姓也会顺行。端正自身以作表率,整个社会就会在潜移默化中转变风俗。司马迁亦主张道德化人,以礼乐精神陶养人格,从而信守"天下为公"的原则,他想从古今之变中找出不变的常理,以安立生活的常道。唐太宗在《帝范》中感触颇深地说:"得其人则风行化洽。"这是指得到合适的贤德之士就会仁风流化,教化普及。于是国君选贤正是要以其作为人民的表率。《尚书》谓君子所宝贵者唯有贤德之士,《韩诗外传》亦肯认圣人唯寻求贤德之士才能辅佐自己的价值诉求。《五经通义》倡言行礼乐,宣教化,以成就一种社会普遍的崇有德、彰有道的教化风尚。而

---

① 董仲舒:《春秋繁露·王道第六》,见《二十二子》,缩印浙江书局汇刻本,上海古籍出版社1986年版,第775页。

宋明理学家更极度重视道德风教作用，朱熹就深心祈盼那种以清德重望来师世范俗的理想世道出现；而陆九渊所说"成孝敬，厚人伦，美教化，移风俗"①，则可成为儒家道德教化的一种概括。中国传统文化在这方面的思想资源是十分丰厚的，各等人物，无不浸染于此种文化氛围之中；因而，就连科学家宋应星也深刻认识到淳风化俗的重要性，他说过一段极有启示意义的话："风俗，人心之所为也。人心一趋，可以造成风俗；然风俗既变，亦可以移易人心。是人心风俗交相环转者也。"② 可见道德人心、风俗之间的交相互动，早被中国古人所认识。故此，中国传统德治观十分看重化育、养育的陶化功能；所谓"人文化成"就着眼于道德的熏陶功能。进而言之，传统德治观清楚地看到了风化与陶冶的首要和根本作用不仅在发展出社会的良风美俗，更在于塑造个体美德，发掘个体潜在智慧并全面发展其人性，以达至人生与社会的互动，并促成人文历史的良性演进。

① 陆九渊：《陆九渊集·语录下》，中华书局 1980 年版，第 449 页。
② 见王咨臣编《宋应星学术著作四种》，江西人民出版社 1988 年版，第 46 页。

上部:张举人文　回应现代

（从梁漱溟到牟宗三）

　　以文化来复兴中华民族，是现代新儒家们的共同心志。他们当然没有忘记，他们所处的时代是"现代"。"现代性"的所有特征都在引发并激促他们作深层思考。新儒家的现代性思考，虽非全然由"全盘西化"语境而激起，但他们又无不从中西文化的比较思维中获得自己的"现代"视角。就实际处境而言，他们实一直处于进化论传播过程与马克思主义中国化的历程中。因而对他们而言，用"演进"的文化视野看待世界，是十分自然的。即便被人们视为文化保守主义者、文化守成主义者的新儒家大师，也大多自视为文化进化论者。其时，"进化"的异质文明语境与中国古代"生生"大化的生命观，以及时代启蒙、救亡之风波，共同地撞激起新儒家思想河床的浪花。然而，当我们进入到各位新儒家的思想深处，让我们大感惊异的是，很难用一种话语来概括他们的共同性，或许这是因其各自魅力源于不同的思想个性。若要抓住其共同特点，那就是他们都在不同程度地深究着中西文化与思想的内涵，而且都试图从比较中作出自己的"现代思想方案"，找出一条让中国文化持续演进的现代出路。

　　一语概之，他们都是在张举"人文"而回应现代。然而，摆在他们面前的共同的困境，无疑是个两难悖论。这让我们很容易理解为什么汉学家艾恺在其描述现代新儒家梁漱溟的评传《最后的儒家》中，要用这样一个显眼的副标题——"梁漱溟与中国现代化的两难"。如何理解这个"两难"，以及新儒家们如何应对他们所理解的中国现代化的两难，恰好构成本部分的核心话题。

第一章 梁漱溟:中国文化复兴的诉求

百年来,中国人民一直在讨论着中国文化的出路。而且,在百年来的"现代化"潮流中,新儒家学者一直持守着以文化来实现中华民族伟大复兴的诉求。梁漱溟(1893—1988)是其中一位最具创意的文化先驱。梁漱溟原籍广西桂林,生于北京,原名焕鼎,字寿铭,曾用笔名寿名、瘦民、漱溟,后以漱溟行世。他是中国现代著名的思想家、哲学家与教育家,同时又是著名的社会活动家与爱国民主人士。梁漱溟出身于"世代诗礼仁宦"的家庭,早年受过其父梁济(巨川)的影响。从其学术经历看,梁漱溟二十岁起潜心于佛学研究,后沉潜反思,重又燃起追求社会理想的热情;青年时代曾一度崇信康有为、梁启超的改良主义思想。辛亥革命时期,参加同盟会京津支部,颇热衷于社会主义理论,宣扬废除私有财产制。在那个"世人颇视书生为贬辞"的时代,梁漱溟却肯认"能保持书生本色者,为最上选",并深叹:"世有明德君子,必不以我为迂也。"①可见其骨子里的学者特色与淳朴人格。1917 年,其佛学研究成果得到蔡元培首肯后,应聘到北大执教。梁漱溟 1931 年与梁仲华等人在邹平创办"山东乡村建设研究院",其间极力倡导乡村建设运动。梁漱溟的儒学造诣极深,其"中国文化早熟"说及"伦理本位"说都颇具特色;而其思想影响力之大,使其成为中国现代新儒家的第一代代表人物。可以说,梁漱溟的定力、悟性及自信心都是世所罕见的;他确实始终"自信负有沟通古今中外学术思想之使命"②,故终其一生他都"写作甚勤"。代表作有:《东西文化及其哲学》、《中国文化要义》、《人心与人生》、《究元决疑论》、《唯识述义》、《印度哲学概论》、《中国民族自救运动之最后觉

---

① 梁漱溟:《谈佛》,见《梁漱溟全集》第四卷,山东人民出版社 2005 年版,第 491 页。
② 梁漱溟:《书信》,见《梁漱溟全集》第八卷,山东人民出版社 2005 年版,第 104 页。

悟》、《乡村建设理论》等。

"中国文化复兴"、"儒家之学复兴"、"第三期儒家思想开端"之类的话语，常见于梁氏的不同文献中。尤值一提的是，在其自视为一生最重要著作的《人心与人生》（该书是梁氏自《东西文化及其哲学》之后集几十年思考的最重要成果之一）中，梁漱溟作出了一个对人类文化前途的明确论断："所谓我对人类文化前途之一种论断何指？此指书中论断：人类社会发展在最近的未来，无疑地要从资本主义阶段转入社会主义阶段；随着社会经济这一转变的到来，近代迄今盛极一时向着全世界展开的西洋文化即归没落，而为中国文化之复兴，并发展到世界上去。"① 中国文化复兴实为梁漱溟内在心志的强烈诉求。不过，梁漱溟从未提及这"最近的未来"到底有多长的时段；而他关于复兴就在"最近的未来"的提法我们却是见过不少。

一 "早熟文化"对位于"未来文化"

梁漱溟虽未像钱穆那样动辄言"人文演进"，然其文化观仍可属之于文化演进观范畴，因其论从"身"到"心"的演进过程——生命与人心的进化，无不指涉并对应于社会历史演进的阶段。故梁漱溟谈历史文化喜用的词语依然多有"推演"、"演出"、"演进"等；然而，这是需要从其历史阶段对应不同文化类型的逻辑来理解并把握的。这里笔者宁愿用"对位"这一概念，因在梁氏理论系统中这种对应是有明确指谓的。此外，我们还要将其置入梁氏本人的中西印文化比较中才能充分理解其文化"对位"的重要性。梁漱溟文化观一大特色，就在基于中西印比较而凸显出儒家道德理性的早熟；固然，这一早熟首先就体现在对"人心的高度自觉"上。他多次发出如此感叹："奇怪的是中国人远在上古时代就发露了人心高度自觉的朕兆，三千年来独有其淡于宗教，远于宗教的传说，说长处，其长处就在此；亦就由此而衍出如前所说的那些社会特征。"② 所

---

① 梁漱溟：《人心与人生》，学林出版社1984年版，第79页。
② 梁漱溟：《中国——理性之国》，见《梁漱溟全集》第四卷，山东人民出版社2005年版，第332页。

以，中国文化就逐渐发展出了"以道德代宗教"的儒家思想，并从此有了较为发达的理性早熟的道德文化："宗教则归本于神，在儒家则归本于人。""理性早启，从而文化早熟。""根源仍然是一个根源，即周孔教化。"① 这些说法均为梁氏极富思想穿透力的命题性判断。那么，我们要问，周孔教化带来的理性早启，给中国文化留下了什么呢？此问之所以重要，乃在于理性早启的功能作用，可能会造就出一种文化类型。梁漱溟当然意识到了这点："三千年来周孔教化的影响作用所贻留给中国人的，要言之不外两面：启发一个人的理性自觉，从而远于宗教迷信和独断是其一面；另一面则培厚一家人彼此间的感情（父慈、子孝、兄友、弟荣等等），并由近以及远，类推之于家庭外的各种关系方面……这两面在周孔教化来说，原只是一事而非二。因它所重视者只在人心的情理，它所致力者亦只在此。"② 周孔教化造就了理性早启的、非宗教的、重人间关系情理的道德文化。

然而，极为重要的是，梁漱溟将古代中国这一理性早熟的道德文化类型，对位于中国"未来文化"的发展。究其实，他是亟欲以此而实现中国的文化复兴：

> 文化之早熟（如我所屡屡阐说），正为世界未来文化之预备。其中如古道家之学，古儒家之学之复兴正不在远。③

古代中国早熟的道德理性文化，原是"世界未来文化"的一种预备！明眼人当能洞见其用心在将中国的"早熟文化"类型对位于"未来文化"的历史阶段。因早熟的道德理性，在物质、制度层面均未得到充分发展，所以才成为早熟的；它是一种未能在历史逻辑通道中"渐次开发"的文化。梁漱溟一贯坚持的观点是："如我夙昔所论，以希腊罗马开头而发展下来的西洋文明，代表着正常发展史，即是循从社会生产力步步升进而整个社会文化随之发展的好例，如古印度文明，如古中国文明则恰似早熟儿

---

① 梁漱溟：《中国——理性之国》，见《梁漱溟全集》第四卷，山东人民出版社 2005 年版，第 336 页。

② 同上书，第 336—337 页。

③ 梁漱溟：《人心与人生》，学林出版社 1984 年版，第 256 页。

童，身体发育未充而智慧早开者。"① 然中国文化虽早熟，但仍可从中见出"人类理性的伟大"。诚如其所言："中国的伟大非他，原只是人类理性的伟大。中国的缺欠，却非理性的缺欠（理性无缺欠），而是理性早启，文化早熟的缺欠。必明乎理性在人类生命中之位置，及其将如何渐次以得开发，而后乃于人类文化发展之全部历程，庶得有所见。又必明乎中国之为理性早启文化早熟，而后于此文化不可解之谜乃无复疑滞，并洞见其利病得失之所在。"② 显然，梁漱溟强调了必须"明乎理性在人类生命中之位置，及其将如何渐次以得开发"，才能真正把握他的类型与阶段的对位。那么，我们要问，理性，究在人类生命中处于什么位置呢？

梁漱溟将"理智"与"理性"置于两个相对的范畴。理智的出发点是"身"，理性的出发点是"情"；所以"计算之心是理智，而求正确之心便是理性"③。显然，其所言"求正确之心"有极强的针对性，是从人伦关系而言的，涉及人情上的理，用梁漱溟本人的话语即"情理"。而"理智"相对着的则是"物观上的理，不妨简称'物理'"④。梁氏断言："西洋偏长于理智而短于理性，中国偏长于理性而短于理智。"⑤ 他进一步解释说："正义感，即是正义之认识力；离开此感情，正义就不可得。一切是非善恶之理，皆同此例。……物理之理，恰好不然。情理，离却主观好恶即无从认识；物理，是不离主观好恶即无从认识。物理得自物观观测；观测靠人的感觉和推理；人的感觉和推理，原是人类超脱于本能而冷静下来的产物，亦必要摒除一切感情而后乃能尽其用。因此科学家都以冷静著称。但相反之中，仍有相同之点。即情理虽著见在感情上，却必是无私的感情。无私的感情，同样地是人类超脱于本能而冷静下来的产物。"⑥ 这一深入的对理智、理性的分判，导致梁漱溟得出了下列命题：

---

① 梁漱溟：《试论中国社会的历史发展属于马克思所谓亚洲社会生产方式》，见《梁漱溟全集》第七卷，山东人民出版社 1989 年版，第 270 页。

② 梁漱溟：《中国文化要义》，上海人民出版社 2005 年版，第 268 页。

③ 同上书，第 111 页。

④ 同上书，第 113 页。

⑤ 同上。

⑥ 同上书，第 113—114 页。

必须摒除感情而后其认识乃锐入者，是之谓理智；其不欺好恶而判别自然明切者，是之谓理性。①

显然，一是针对着物理，另一是针对着伦理而言的。西洋文化与中国文化二者的不同，也就由这里开始。梁漱溟如此说道："西洋人从身体出发，而进达于其顶点之理智；中国人则由理性早启，其理智转被抑而不申。盖就身体是图生存之具来说，理智是身体的顶点，犹兵器之有锋刃；必用到理智方得尽其图存之能事。……西洋自古艳称'爱智'，其科学正由哲学衍来。中国后世之无科学，即为其古代无哲学，哲学只是西洋所有物，亦犹乎科学只是西洋有之。在古中国，哲学只不过是其道德实践之副产物，在古印度则为其宗教实践之副产物，皆未尝独立自存。"② 这里实际上可发掘出一重大命题：中国哲学是道德实践的副产物。无论如何，这里还透露出梁漱溟对历史唯物主义存在决定意识原理的一种肯认："理是产生于两力之上的，是由事实发展面逼出的。不是人类理性演出来历史，倒是历史演出来人类理性。"③ 那么，我们要问，作为道德实践副产物的中国哲学，其道德"理性"又是如何演出来的呢？对此问题，梁氏必简要作答曰："中国恰好是先自动地承认了旁人。……在情如一体之中，时或忘了自己而只照顾旁人。周孔因之以为教化，就推演而成中国之伦理社会。"④ 中国道德型文化涵育出的"伦理社会"，此处已洞然揭出。这个"推演"，当然是一种人文演进，是周孔以道德理性为教化的人文演进。这里我们倒可看看钱穆是如何呼应梁氏这一"早熟"说的："世俗只懂讲利，文化到了高处才懂讲'义'。中国古人说'义者利之和'。两利、群利，利与利得以相调和，不冲突，便是义。"⑤ 在钱穆，文化是要讲层次的，低层面当然要讲利益，其次要讲制度，高层次就是道德精神层面了，故要讲义。问题是中国儒家一开始就站得很高，利益、制度两个层面还没来得及充分展开，没有发展成熟，就立于山峰之最高点了。这当然是

---

① 梁漱溟：《中国文化要义》，上海人民出版社 2005 年版，第 114 页。
② 同上书，第 239—240 页。
③ 同上书，第 218 页。
④ 同上。
⑤ 钱穆：《中国文化精神》，九州出版社 2011 年版，第 163 页。

"早熟"现象，钱穆自谓是深受梁漱溟影响之人，对梁氏"早熟"之说，当为熟知。如此看来，就历史演进阶段来说，梁氏的"早熟"论与钱氏的"高处"论，亦有异曲同工之妙。

实际上，梁氏所谓"早熟"，又源于理智、理性之分；而历史的逻辑展演，在梁漱溟眼中，则只是证实他的文化类型的分判罢了。对此，他作出的文化类型与历史时段的"对位"是有根据的，这一理念，贯穿于他最早期与最晚期的著作中：

> 《东西文化及其哲学》之所为作，即在论证古东方文化如印度佛家、中国儒家，均是人类未来文化之一种早熟品；因为不合时宜就耽误（阻滞）了其应有的（社会）历史发展，以致印度和中国在近代世界上都陷于失败之境。但从世界史的发展而时势变化，昨天不合时宜者今天则机运到来。其关键性的转折点即在当前资本主义之崩落而社会主义兴起。此一转变来自社会经济方面，却归根结果到人类心理上或云精神面貌上起变化。[①]

至此，我们可全然透见其文化类型与历史时段"对位"的逻辑演绎了。诚然，其复兴中国文化之志是其价值取向；忽此，则难在整体上把握其说。要之，上段引文更言及"社会历史"，此诚为梁漱溟受马克思、恩格斯历史唯物主义思想之影响而言者。以下，我们就要进入梁氏大文化观中的这一不可脱节的思想演绎。

二   进化观与人类社会历史的演进

在梁漱溟的早年成名作《东西文化及其哲学》中，对西方思想中的宇宙论、本体论、唯物史观及其进化论倾向，就已看得十分清楚："自从希腊哲学的鼻祖泰理斯起，就来研究宇宙的本体问题——研究宇宙是由什么材料成的，或说是水，或说是火，或说是气，种种。等到文艺复兴以后，他们既重走第一条路向，所以近世哲学还是一元多元、唯心唯物等等

---

①   梁漱溟：《人心与人生》，学林出版社 1984 年版，第 80 页。

问题，仍旧接续古代的形而上学，总想探讨宇宙之本源、究竟。……大家都说东方哲学多为人事的研究，西方哲学多为自然的研究——杜威先生亦曾说过这话——是不错的。并且也就因为西洋人这种研究哲学的态度；根本的使其哲学成功唯物的倾向。"① 宇宙之"究竟"，当然涵括了宇宙的演进；而进化论的发明，则显然是在"唯物倾向"基础上得出的。无怪乎晚年的梁漱溟坦言："如我今资藉于达尔文、马克思以来的学术，对人心与人生得有所窥见，有所说明者，盖亦由东方古学有以启发之。"② 现代思想与古代思想的激荡，让这位新儒家代表人物成为一个文化乐观主义者。下面这段话，尤可表征其为一个乐观的进化论者：

> 我们若把全人类历史作一整体看，略去各地各时那些小情节不谈，则前进之大势自不可掩。那么，演进论经修正后还是可以讲的。据说人类学界，近年又有"新演进论"出来。他们没有了不可免的定律，而却有某种发展的原则或趋势，可以指出。
>
> 其实，以我看人类文化前途，正应该把旧演进论之同途同归观念修改为殊途同归就对了。
>
> 到世界大交通，而融会贯通之势成，今后将渐渐有所谓世界文化出现。在世界文化内，各处自仍有其情调风格之不同。复次，此世界文化不是一成不变的；它倒可能次第演出几个阶段来。③

据此，他尤其看重达尔文与马克思对宇宙与人类历史演进观念的启示："达尔文马克思先后所启示于吾人者，有其共同处，亦有其不同处。其共同处则昭示宇宙间万物一贯发展演进之理，人类生命实由是以出现，且更将发展演进去也。其不同处，泯除人类与其他生物动物之鸿沟，使吾人得以观其通者，达尔文之功也；而深进一层，俾有以晓然人类所在不同于物类，亟宜识取人类生命之特征者，则马克思（和恩格斯）之功也。

---

① 梁漱溟：《东西文化及其哲学》，见《梁漱溟全集》第一卷，山东人民出版社1989年版，第402页。

② 梁漱溟：《人心与人生》，学林出版社1984年版，第144页。

③ 梁漱溟：《中国文化要义》，上海人民出版社2005年版，第40页。

设非得此种种启示于前贤，吾书固无由写成。"① 此中透露出，梁氏对宇宙、对人类历史，均持乐观的进化论思想。须知，此话是在其自视为可代表其成熟思想的《人心与人生》一书中所说。

然而，通达才能乐观。即便在第一代新儒家人物中，梁漱溟也算得上高明通达的儒者；他本人就极为崇仰通达高明之人，因而他不仅不排斥现代进化论，也不排斥马克思主义。在与艾恺的对谈中，他说："高明的人通达无碍。所以像是宋儒吧，就有点排佛，排斥道家，在我看就是不够通达。通达的人呢，无碍，没有滞碍，什么事情都看得很通。有碍，是你自己在那里给自己设了妨碍，原来是可以不必的，高明人他就超出来了。宋儒像朱子他们，朱熹他们，有不少儒者都排佛呀，排道家呀。"② 所谓"妨碍"，其碍原来是自己所设；有碍则无法通达。而通达之人才能乐观待世，梁漱溟就自认是一个乐观的文化论者。正是站在这一立场上，我们可看出他对马克思主义的基本态度："我是乐观的，我觉得那个马克思主义很好，它比那个空想的社会主义高明。"③ 梁漱溟进一步向艾恺解释道：马克思主义之所以叫科学的社会主义，是因为它持有一套客观发展的逻辑。而正如艾恺在《最后的儒家》中所指出："梁漱溟对西方社会发展的总的分析实际上是一种准马克思主义的分析。……梁漱溟是赞成历史唯物主义的。"④ "梁漱溟坚信无论中国还是西方都要通过社会主义来解决现存的社会问题和经济问题。"⑤ 梁漱溟与艾恺就现代化问题也有深入的对谈，正如梁氏对自己的定位：是个乐观派。故当梁氏问起艾恺什么是现代化时，艾恺说：现代化是一种使人类失去他们本性的过程；还说现代化带来的是使人的善良本性逐渐消失。梁漱溟当即说道："如果是带来，已经不是今天的事情了，带来很久了。可是尽管受到一定破坏，但是还是有没有

① 梁漱溟：《人心与人生》，学林出版社1984年版，第4页。
② 艾恺采访，梁漱溟口述：《这个世界会好吗：梁漱溟晚年口述》，东方出版中心2006年版，第25页。
③ 同上书，第19页。
④ ［美］艾恺：《最后的儒家——梁漱溟与中国现代化的两难》，王宗昱、冀建中译，江苏人民出版社2004年版，第128页。
⑤ 同上书，第99页。

破坏的地方。就是这些点将来有变动，也不一定就叫破坏。"① 当然，梁漱溟同时也承认现代化带来的危机，要通过国家从教育入手来加以关注。而对现代科学，他则格外赞赏："实验的科学是一定要试验，一定要实验室，一定要出来考察，要做许多的实践。"② 他宣称自己很喜欢爱因斯坦的相对论，认为爱因斯坦不把时空分开是对宇宙观真有所悟。这充分看出，梁漱溟确实是一个重实际而又不空谈理论的儒者；正是基于此，才有了他的一套乡村建设理论与实践。而艾恺也正是基于传统儒家知行合一的原则来评价梁漱溟的："他不同于中国现代的知识分子，从不'坐而论道'；他总是思考着社会问题，一有所悟便去力行。""他四处寻求理解和支持，以实现他心目中的为人之道和改进社会之道。""一百年后回顾 20世纪中国的思想家，或许只有他和少数几个人才经得住时间的考验，而为历史所记住。"③ 今年，距梁漱溟到北京大学执教已近百年。无论是作为思想大师，还是作为著名活动家，梁漱溟留下的宝贵遗产，其影响力岂止穿透百年。

而真正要从整体上把握梁漱溟的演进观，则首先要从他的"宇宙生命"观入手："说宇宙大生命者，是说生命通乎宇宙万有而为一体也。"④而在这个不断进化的大生命体中，"人类生命是宇宙大生命从低级生物发展出来的顶峰"⑤。可见，梁漱溟已然相信宇宙大生命到人类生命是个不断进化的过程。当然，对梁漱溟而言，进入到精神的进化即"心"的进化，才有了实质性的"道德"意义。而进入到理性的道德层面，则需有对生命的"自觉"程度，梁漱溟对人之生命从自发到自觉，有自己独特之见解："人心即从原始生物所萌露的一点生命现象逐渐发展到末后而见，其特征则在有自觉。一切生命现象都出于自发；自觉是自发的积累突变升高。身先而心后，自发在前，自觉在后；从生物进于人类，见其如是；人类个体生命的发育成长过程，所见亦如是；人类社会生命的发展程

---

① 艾恺采访，梁漱溟口述：《这个世界会好吗：梁漱溟晚年口述》，东方出版中心 2006 年版，第 292 页。

② 同上书，第 139 页。

③ ［美］艾恺：《最后的儒家——梁漱溟与中国现代化的两难》，王宗昱、冀建中译，江苏人民出版社 2004 年版，中文版序言。

④ 梁漱溟：《人心与人生》，学林出版社 2006 年版，第 51 页。

⑤ 同上书，第 216 页。

序所谓社会发展史者，正亦犹是。"① 当然，首先是要从生物进化史去看这一身心的发展：

> 从生物进化史看去，总是心随身而发展的，身先而心后，有其身而后有其心。②

有了对生命、对心的自觉，才会有人类道德现象的出现。正是因为"人类生命原从物类生命演进而来，即有其类近一般动物之一面，又有其远高于任何动物之一面"③。而人真正不同于动物之处，就在他有对道德的自觉，就在他有道德理性。所以，梁漱溟深心发问道："敢问道德之真如何？""德者，得也；有得乎道，是谓道德；而'道'则正指宇宙生命本性而说。"④ 可见梁氏的这一道德观内在地关联着他的宇宙生命观。必须看到的是，梁漱溟正是立于进化的现代观立场上，才断然说："科学的社会主义家马克思、恩格斯资藉于科学论据以阐发其理想主张，不高谈道德而道德自在其中。'因为在理论方面，它使伦理学的观点从属于因果性的原则'。"⑤ 这似乎也使他的宇宙生命观有了几分辩证唯物主义的色彩："万象差别不善观其通，固然不可；翻转来，泯没其差别又何尝可以行？这就是要唯物辩证主义的宇宙观。宇宙从无机而有机，而生物，而动物，而人类……总在发展变化着；发展变化是起于内在矛盾的，其间由量变而达质变——亦称突变或云飞跃——便显见出由低升高的许多阶段区别来。阶段大小不等，而涵小于大；区别则从量到质，通而不同。宇宙发展愈到后来，其发展愈以昭著，愈以迅速，前后悬绝不可同语。"⑥ 这已是用量变、质变的现代唯物主义辩证观来认识宇宙生命的发展了；此外，梁漱溟不但能够接受达尔文的"生存竞争论"，更在某种程度上迎合了柏格森的

① 梁漱溟：《中国——理性之国》，见《梁漱溟全集》第四卷，山东人民出版社 2005 年版，第 332 页。
② 梁漱溟：《人心与人生》，学林出版社 2006 年版，第 217 页。
③ 梁漱溟：《中国——理性之国》，见《梁漱溟全集》第四卷，山东人民出版社 2005 年版，第 332 页。
④ 梁漱溟：《人心与人生》，学林出版社 2006 年版，第 216 页。
⑤ 同上书，第 218 页。
⑥ 同上书，第 125—126 页。

自由创化论。梁漱溟也极为强调人类心灵的自由发展，他坚信人是生物界中争取得最大活动自由者，而在他看来，所谓自由活动就是其活动非所预定者。这种典型的现代基础上的人心自由进化观，导致他得出结论说："人类实已超出生物甚远，而有其无限之可能；因之，其问题亦无限。因而不能把人类活动，历史发展，限定在一个或几个问题上。若把人类活动，历史发展，限定在一个或几个问题上，那简直是笑话！他不晓得人类历史愈到后来，或人类文化愈高，便愈远于其生物性。"① 作为一个现代儒者，能有此种追求"非限定性"的"无限可能"的自由发展，是极其深刻而富有远见的。

可以预言，无论历史的走向如何，梁漱溟进化、自由的演进思想印迹是不会磨灭的。尽管20世纪他已被人们视为文化守成论者，甚至是最为逼近中国传统的儒者；然而在现代新儒家人物中，若论观念的先进性，对马克思主义基本原理和柏格森的创造进化论也能诚心悦服，非梁漱溟何人可属之？艾恺写下《最后的儒家》，仅就此书名而言，亦可见出其感叹之深。为了印证他所仰慕的这位"最后的儒家"，他于20世纪80年代初，不远千里从美国特来华专访了梁先生，从而有了这本《这个世界会好吗：梁漱溟晚年口述》，更让我们亲切地听见了这位长者的真实心声。艾恺在此书的序言中如此对梁漱溟做了个总体评价："就作为一个历史研究者的角度看来，我认为就算再过一百年，梁先生仍会在历史上占有重要的地位，不单单是因为他独特的思想，而是因为他表里如一的人格。与许多20世纪的儒家信徒相比较起来，他更逼近传统的儒者，确实地在生活中实践他的思想，而非仅仅在学院中高谈。梁先生以自己的生命去体现对儒家和中国文化的理想，就这点而言，他永远都是独一无二的。"② 梁漱溟一生的心血思虑都聚焦于两个问题上，这就是中国的社会问题与人生问题。诚如艾恺所言："他四处寻求理解和支持，以实现他心目中的为人之道和改进社会之道。"③ 可以想见，处于那样一个特定时代，梁漱溟以其

① 梁漱溟：《中国文化要义》，上海人民出版社2005年版，第203页。

② 艾恺采访，梁漱溟口述：《这个世界会好吗：梁漱溟晚年口述》，东方出版中心2006年版，序第4页。

③ ［美］艾恺：《最后的儒家——梁漱溟与中国现代化的两难》，王宗昱、冀建中译，江苏人民出版社2004年版，序言第3页。

极为敏感的思想触角，汲取历史唯物主义与进化论的营养，并以此来勾勒从生命到社会的演进。

生命体的进化

受现代进化观的影响，梁漱溟极为看重人类生命的特殊性，他在其晚年写下的《人心与人生》中，专门辟出一章节来谈"人类生命之特殊"。当然，他立于其"演进观"视角来考察并思索从生物到人类社会发展的历史。在他看来：

> 人类生命是宇宙大生命从低级生物发展出来的顶峰。……发展前进不已者今唯人类耳。①
>
> 宇宙为一大生命，生物进化与人类社会之进化同为此大生命之开展表现，抑且后者固沿自前者之势而来。②
>
> 社会演进是生物演进之继续。③

他认为整个宇宙就是一个偌大的生命体。而从生物的进化史来看，从生物的出现一直到人类社会的出现乃至进化，此一脉相续而来，都是这个偌大生命体无止境的创造而已。换言之，一切生物，不过都是这个大生命体的自然表现而已。所以他的结论是："说宇宙大生命者，是说生命通乎宇宙万有而为一体也。"④ 但，梁漱溟想着重说的并不在此，而是要揭示出人类生命之特殊性。他极为睿智地说道："生命发展至此，人类乃与现存一切物类根本不同。现存物类陷入本能生活中，整个生命沦为两大问题的一种方法手段，一种机械工具，寝失其生命本性，与宇宙大生命不免有隔。而唯人类则上承生物进化以来之形势，而不拘拘于两大问题，得继续发扬生命本性，至今奋进未已，巍然为宇宙大生命之

---

① 梁漱溟：《人心与人生》，学林出版社1984年版，第216页。

② 梁漱溟：《勉仁斋读书录》，见《梁漱溟全集》第七卷，山东人民出版社2005年版，第652页。

③ 梁漱溟：《思索领悟辑录》，见《梁漱溟全集》第八卷，山东人民出版社2005年版，第44页。

④ 梁漱溟：《人心与人生》，学林出版社1984年版，第51页。

顶峰。"① 陷于本能必失其生命本性，而这个"本性"，在梁漱溟那里乃极为重要的与宇宙相通的前提，失去本性意味着与宇宙大生命体有隔而不通。梁漱溟深信："生命本性则趋向乎通。生物进化即从局向通而发展，亦即向于灵活主动而不断地争取。"② 这一强调：生物进化即是从局向通而发展，实质上是强调："唯人类生命根本不同，只见其进未见其止，其通灵之高度谁得而限定之耶。"③ 这是高度夸赞人类生命的独特性，而这一独特性恰似使进化如有目的、有计划地前进。如其所说："生物进化初非有目的有计划地前进，第从其一贯争取灵活若不容已之势而观之，恰似有个方向耳。然在进程中始终未曾迷失方向者亦唯脊椎动物有人类出现之一脉。其他物种所以形形色色千差万别，正不妨说是种种歧误之先后纷出。"④

究其实，所谓"通"、所谓"灵活"、所谓"不隔"、所谓"恰似有目的有计划"等，无非是在预示着"心"的进化之出现。因而，梁漱溟讲生命体的进化，最终仍落实在心的进化上了。不过，他仍愿以生物进化的角度来说明"心"的出现："从生物进化史看去，总是心随身而发展的，身先而心后，有其身而后有其心。"⑤ 对深信辩证法的他来说："事物的发展总是渐次量变而有突然质变。依重理智于后天之人心出现，正是一绝大突变，其特征在人心之能静，在其有自觉于衷。"⑥ 须知，对梁漱溟来说，心的进化表征了生命体进化的一个最高峰。他的结论是：

> 如我所见，所谓生物进化原只进化得个心。⑦
>
> 自极低等之生物以至人类，从心之作用极微极弱而之极著极强，于是吾人可以了解心之为心为何如一物。⑧

---

① 梁漱溟：《人心与人生》，学林出版社 1984 年版，第 51 页。
② 同上书，第 54 页。
③ 同上书，第 55 页。
④ 同上书，第 53 页。
⑤ 同上书，第 217 页。
⑥ 同上。
⑦ 《梁漱溟全集》第七卷，山东人民出版社 1989 年版，附录第 981 页。
⑧ 同上书，第 983 页。

心之进化，为自由腾出空隙之一事也。①

　　最终，在梁漱溟心目中，心之进化与发展，也即是求最大自由之扩张。然心之进化仍是从有形的机体机能演进而来的："人心是从全部机体机能不断演进而来……无形的人心之出现，实缘此有形的演进。"② 此中"机体机能"的"演进"，岂离得开人文演进？所以他接着说："有些宗教家贱形体而贵精神，甚至敌视此身，殊非通人之见也。独中国儒家之学旨在'践形尽性'，其言曰'形色，天性也；唯圣人然后可以践形。'此非谓人果能充分发挥人类身心所有作用，便是圣人乎？"③ 践形尽性是要通过"践形"而达到"尽性"，也就是说，"心"的生活是有可能通过践形来提升境界从而达到精神自由之生活；但心常"陷于身"也同样是可能的。故梁漱溟说道："心是灵活向上的。人心要缘人身乃可得见是必然的；但从人身上得有人心充分表见出来，却只是可能而非必然。现成的只此身，人心不是现成可以坐享的。此即是说：心寻常容易陷于身中而失其灵活向上。"④ 这就逻辑地引出了"向上"的道德生活。因为"人或向上或堕落，大有可以进退伸缩者在。此其所以然就在身心两极之分化。人之一言一动乃至一念之萌，皆来自身心无数次往复之间。头脑心思大大发达了的人类，自是应当心主乎其身的，但事情却不必然。往往心从身动，心若无可见者。必若心主乎此身，身从心而活动，乃见其为向上前进；反之，心不自主而役于此身，那便是退堕了。"⑤ 显然，对梁漱溟而言，进入到精神的进化即"心"的进化，才有了实质性的"道德"意义；他深心发问道："敢问道德之真如何？""德者，得也；有得乎道，是谓道德；而'道'则正指宇宙生命本性而说。"⑥ 可见，梁氏的这一道德观逻辑地关联着他的宇宙生命观。

　　有必要指出的是，正是在谈到身与心的关系时，梁漱溟又一次高度赞

① 《梁漱溟全集》第七卷，山东人民出版社 1989 年版，附录第 985 页。
② 梁漱溟：《人心与人生》，学林出版社 1984 年版，第 31 页。
③ 同上。
④ 同上书，第 218 页。
⑤ 同上书，第 217 页。
⑥ 同上书，第 216 页。

扬了马克思："科学的社会主义家马克思、恩格斯资藉于科学论据以阐发其理想主张，不高谈道德而道德自在其中。'因为在理论方面，它使伦理学的观点从属于因果性的原则'。"① 他以为这正是马克思主义的高明之处。

社会形态的发展及其个体自由与社会发达之辩证

对梁漱溟而言，生命体与"心"的进化，必然地关联着社会形态的发展：

> 人的社会亦即建筑于人心之上，并且随着社会形态构造的历史发展而人心亦将自有其发展史。
>
> 说人心是总括着人类生命之全部活动能力而说，人的全部活动能力既然从生物演进而得发展出现，且"还在不断发展中，未知其所届"，是则必有其发展史之可言。但社会形态的发展古今较易比观而得。②

在人心与社会的对应关系上，梁漱溟再次使用了"演进"概念。而从历史演进的视角看，他以为："马克思所谓社会发展史分五阶段之说，是就社会生产方式次第升进以为分判，而社会生产方式不同，则决定于财物（主要是生产资料）归谁掌握享有——氏族共有，或奴隶主享有，或贵族僧侣享有，或资本家享受，最后为社会公共所有。"③ 但由于梁氏的这种历史演进观同时也是一种人文演进观，因此，他深信："唯在今后历史发展出共产主义社会中，人乃归其原初自主地对物活动焉。心为主动，物为所动，一切活动莫非出乎此心而有资于物。社会发展五阶段者，人对物的关系先后转变不同之五阶段也，即从而显示着人类心理活动的发展变化史。"④ 纯然地将社会发展五阶段，相应于人对物关系之五个阶段，从而去透显人类心理的变化史，这种说法虽不能完全界定为唯心主义，但确

---

① 梁漱溟：《人心与人生》，学林出版社 2006 年版，第 218 页。
② 同上书，第 252 页。
③ 同上书，第 254 页。
④ 同上。

实是以一种人文演进的视角去看待历史发展的；是张扬"心"的人文史
观。

基于这种人文观，梁漱溟批评了他那个时代的那种单向进化论的社会
演进观。他深信："这样的社会演进观，实由十九世纪人类文明之突飞猛
进，及达尔文进化论之影响，使得一些学者兴奋忘其所以，急于要寻出普
遍定律，以解释人类是怎样由低级粗陋的原始生活，进步到灿烂的十九世
纪文明顶点。"① 他以为这造成了几种迷误见解，一是不分种族不分地域
地将人类看成相同的；二是对各种不同型的文化亦持大同小异说；三是以
为历史为直线前进的；四是舍弃突变论、偶然论、超越论的循序渐进
观。② 此说深含辩证思维的色彩。

社会形态发展的理念，又深刻地内含着梁漱溟的个体自由与社会发达
之辩证的思想。此处特显光辉的是他对西方科学民主的根本认识。所以此
处我们亦要特加关注。

在《东西文化及其哲学》中，他指出："西方的学术思想，处处看
去，都表现一种特别的彩色，与我们截然两样，就是所谓'科学的精
神'。"③ 同时，他极富批判眼光地提示：几千年来维持中国社会安宁的就
是尊卑大小四字："中国'治人者'与'治于人者'划然为两阶级，就生
出所谓尊卑来了，也必要严尊卑而后那条路才走得下去；西方一个个人通
是'治人者'，也通是'治于人者'，自无所谓尊卑上下而平等一般了。
于是这严尊卑与尚平等遂为中西间之两异的精神。"④ 但究竟是什么造成
这种"严尊卑"与"尚平等"的不同呢？

梁漱溟晚年在与艾恺的对谈中，多次提到了中西伦理之间的不同处。
他以为中国自孔子以后，是为了伦理而伦理，纯粹的一种伦理，既不是神
的系统，也不是法的系统；这造成中西文化特色实质性的不同。在梁的眼
中，中国文化的特色体现在极端重视人与人之间的关系，恰好与西方那种
个人本位、自我中心的特色相反。其实，中西文化如何看待个体与整体的

---

① 梁漱溟：《中国文化要义》，上海人民出版社 2005 年版，第 38 页。
② 同上书，第 38—39 页。
③ 梁漱溟：《东西文化及其哲学》，见《梁漱溟全集》第一卷，山东人民出版社 1989 年版，
第 362 页。
④ 同上书，第 363—364 页。

关系，是造成其特色不同的深层原因。梁漱溟至少是以哲学的直觉洞察到这一点，而且在其早期著作中就看得出他的这一发现。这确实是令人钦佩的。梁的犀利笔法，让人至感尖刻：

> 照中国所走那条路，其结果是大家不平等，同时在个人也不得自由。……在西方人那条路便不然了。他那条路本来因要求权利，护持自由，而后才辟出来的，而即走那条路也必可以尊重个人自由。[①]

对西方人的这种权利意识与尊重个体自由的理念，梁漱溟做了更为深入的分层阐述："第一层是公众的事大家都有参与做主的权；第二层便是个人的事大家都无过问的权。"[②] 用现代术语说，一是参与权，二是隐私权；内在的价值取向当然就是平等与自由。然而梁漱溟分明洞见了更为深层的内涵，这就是个体意识，"人"的观念。所以他说："必要有'人'的观念，必要有'自己'的观念，才有所谓'自由'的。而西方人便是有了这个观念的，所以他要求自由，得到自由。大家彼此通是一个个的人，谁也不是谁所属有的东西；大家的事便大家一同来作主办，个人的事便自己来作主办，别人不得妨害。所谓'共和'、'平等'、'自由'不过如此而已，别无深解。他们本也同中国人一样屈伏在君主底下的，后来才觉醒，逐渐抬起头来，把君主不要了，或者虽还有，也同没有差不多，成功现在这个样子，而中国也来跟着学了。这种倾向我们叫他：'人的个性伸展。'因为以前的人通没有'自己'，不成'个'，现在的人方觉知有自己，渐成一个个的起来。然则两方所以一则如此一则如彼的，其根本是在人的个性伸展没伸展。"[③] 其实，"没伸展"根本缘由是没生发出个体意识来，也许根本就没有生发个体意识的土壤，或有些许土壤而生发出些许个体意识，也很快就被埋没了。无论如何，梁漱溟在此能反复提到"个性伸展"就很了不起了。总之，个别精英的"觉醒"是远不够的，还须有大多或整体的觉醒，对一个民族才是真正的幸事。所以他倡言"宪政"

---

① 梁漱溟：《东西文化及其哲学》，见《梁漱溟全集》第一卷，山东人民出版社1989年版，第364页。
② 同上书，第365页。
③ 同上。

建设，并专门写下《宪政建筑在什么上面?》一文，还自作界定："宪政之'宪'，便是指相互要约共同了解下所确定者而言。'立宪'云云，便是有所确定之意。这种确定，有时是一种成文法，通常称为'宪法'。"①他视宪政为大众愿意信守奉行的那种政治，是人类理性演进之产物。

其实，真正让人叫绝的是，梁漱溟关注到了"个性伸展"与"社会发达"的关系。从学理上说，这实质上就是个体与整体的辩证关系。可以说，梁漱溟极为敏感而深刻地觉察到：

> 西方的社会不可单看人的个性伸展一面，还有人的社会性发达一面。……且可以说个性伸展与社会发达并非两桩事，而要算一桩事的两面。一桩事是说什么？是说人类之社会生活的变动，这种变动从组织的分子上看便为个性伸展，从分子的组织上看便为社会性发达。变动的大关键要算在国家政治这层上，——就是指从前的政治是帝制独裁现在变为立宪共和，由此而人的个性伸展社会性发达起来，至今还在进行未已。我们试来看，从前人都屈伏在一个威权底下，听他指挥的，现在却起来自己出头作主，自然是个性伸展了，但所谓改建"共和"的，岂就是不听指挥，亦岂就是自己出头作主？还要大家来组织国家，共谋往前过活才行。这种组织的能力，共谋的方法，实是从前所没有的，现在有了，我们就谓之人的社会性的发达。……个性伸展的时候，如果非同时社会性发达，新路就走不上去；新路走不上去，即刻又循旧路走，所谓个性伸展的又不见了。个性、社会性要同时发展才成，如说个性伸展然后社会性发达，实在没有这样的事。所以谓个性伸展即指社会组织的不失个性，而所谓社会性发达亦即指个性不失的社会组织。②

此中竟用上了现代科学的新名词"分子"，分子与组织机体的关系，就是个体与整体的关系；梁漱溟实在是很能跟得上现代步伐的思想家！而

---

① 梁漱溟：《宪政建筑在什么上面?》，见《梁漱溟全集》第六卷，山东人民出版社 2005 年版，第 479 页。
② 梁漱溟：《东西文化及其哲学》，见《梁漱溟全集》第一卷，山东人民出版社 1989 年版，第 366—367 页。

此中更为精彩的是他看到了个性、社会性发展的"同时性"，并十分到位地作了"个性伸展即指社会组织的不失个性"，"社会性发达亦即指个性不失的社会组织"的辩证统一之阐述——亦即视为"一桩事的两面"。所以梁漱溟干脆概括说："总而言之，据我看西方社会与我们不同所在，这'个性伸展社会性发达'八字足以尽之，不能复外，这样新异的色彩，给他个简单的名称便是'德谟克拉西'。""因此西方人的伦理思想道德观念就与我们很不同了。最昭著的有两点：一则西方人极重对于社会的道德，就是公德，而中国人差不多不讲，所讲的都是这人对那人的道德，就是私德。"① 在公德私德概念上，竟有如此鲜明的区分。而概括度更大的也许是下面这句话："他的政治是德谟克拉西的政治，也是科学的政治。他的法律是德谟克拉西的法律，也是科学的法律。"② 20 世纪 20 年代的梁漱溟就能觉悟及此，实在让现在的理论工作者汗颜！

正是有了充分而深刻的个体与整体之辨，他的乡村建设也有了理念基础："乡村建设的组织必须依靠人民自己，而不是一个依靠外力维持的组织。每一个成员必须使自己意识到组织的需要，意识到团体中个人之间及其利益之间的关系。"③ 注意！梁漱溟强调了最终依靠的是"人民自己"，显然，这种依靠必须深入到每一个个体的意识中，个体必须充分意识到他们之间及其与整体组织的关系。这种观念，原来在他的《东西文化及其哲学》中早有雏形了，原有如此深刻的个体整体关系的哲学系统在支撑。善哉！而理念与实践的一致，乃至身体力行，知行合一，这本是梁漱溟本人的最大特色。而现在我们知道了，其乡村建设的不易，不仅在时事维艰；且仅凭其一精英思想到位，大多人无法跟上，何能前行？但无论如何，梁漱溟此举极受国人尊重，且评价颇高。笔者以为，唐君毅给出的评价较为到位，他说梁先生"从事乡村建设运动。此是承宋儒如吕氏乡约，朱子设社仓，陆象山、王阳明皆重治乡里之事的精神下来，而注意到中国之问题，要从社会之下层起，而政治经济与礼俗文化，则要配合为用，以

---

① 梁漱溟：《东西文化及其哲学》，见《梁漱溟全集》第一卷，山东人民出版社 1989 年版，第 369 页。

② 同上书，第 370 页。

③ ［美］艾恺：《最后的儒家——梁漱溟与中国现代化的两难》，王宗昱、冀建中译，江苏人民出版社 2004 年版，第 151 页。

重新建设中国。他之为学、做人、做事,三者并重,是真正之儒者之典范。……梁漱溟先生注意到中国农村之建设,同时注意到如何使中国之礼俗文化,与农村之经济行政之建设相配合。这是使中国文化礼俗落实的伟大思想。"① 这段话中多次指出梁漱溟"注意到",无非是强调梁的思想与其实践是如何匹配、如何具有现实针对性。应该看到,梁漱溟的深刻问题意识,正是其理论之来源;而他坚持将理论付诸实践,则更是其传统儒者知行合一之特色所在。

三 复兴中国文化与融通中西文化

梁漱溟真可谓是个时刻不忘复兴中国文化的儒者。在经过中西印文化的深入探究与比较后,他声称:"我觉得中国之复兴,必有待于礼乐之复兴。"② 但同时,他也清楚地看到了中西融合的必然趋势与前景:"人类历史走到今天,已让中西两方面渐往融合里去。"③ 在艾恺对他的访谈中,当艾恺问他:"你觉得中国是可能促成某种程度的东西文化的协和、调和?"梁漱溟果断作答:"事实上已经在往这个方向走了。特别是在中国,不能不吸收外国的科学,不能不吸收外国的文化。"④ 可见,对中西文化,他是主张沟通调和、辩证融通的;之所以如此,是由于人都具备最基本的"理性"。他说:"因为中国人与西洋人同是人类,同具理性;所以彼此之间,到底说得通——我们的理他们承认,他们的理我们也承认。"⑤ 此话亦足见梁漱溟的通达与高明,他不仅深信人类理性及其进化,对"文化"本身的相通无碍性,亦有其界定:"生物界中种与种是隔的;文化界中一国一国却是通的。"因而"自近百年世界

① 唐君毅:《中华人文与当今世界》(二),广西师范大学出版社 2005 年版,第 589—590 页。
② 梁漱溟:《朝话》,见《梁漱溟全集》第二卷,山东人民出版社 2005 年版,第 122 页。
③ 梁漱溟:《乡村建设理论》,见《梁漱溟全集》第二卷,山东人民出版社 2005 年版,第 279 页。
④ 梁漱溟:《答:美国学者艾恺先生访谈记录摘要》,见《梁漱溟全集》第八卷,山东人民出版社 2005 年版,第 1157 页。
⑤ 梁漱溟:《乡村建设理论》,见《梁漱溟全集》第二卷,山东人民出版社 2005 年版,第 279 页。

大交通以来，彼此刺激，互相引发，各处文化愈来愈相接近，可能最后通为一体。其间除高下悬绝，濒于消灭者不计外，大体上又皆有不容不进之势"①。可见，在他眼中，文化的演进确有"不容不进之势"，且有共进而最后"通为一体"之可能。然而，不同类型之文化也确需有高明而通达眼光的"文化人"来打通；如果说，在第一代新儒家人物中梁漱溟确为高明通达的儒者；那么，这不仅体现在他极为崇仰历史上曾有的通达高明之人，更体现在他辩证通融的文化演进观上——他承认人类发展有"无限之可能"。也正是具备这种融通而超越的精神，使梁漱溟认为复兴中国文化与融通中西文化都是可能的："文化上恒必有其相连相通之道，而后人类乃得成社会而共生活。"② 通达才能无碍，无碍才能超越。至此，我们或以为梁漱溟果然通融，果然是个大讲"世界文化"的儒者；诚如此，然而我们须知，梁氏从根柢上是更为看重文化的相异之处的；毋宁说，在同与异的辩证中，他对"异"、对"特殊性"更为倾心。请看他如何说："世界交通，民族文化之差异当减至其可能之最小限度，而仿佛有所谓世界文化者。然精察之，仍必各自有其风气色采，必无一道同风之事；此意往尝晤泰戈尔相与榷论之，彼此所见雅契也。"③ 此当为一种文化异同之辩证，融通虽有必然性，然保持自身特色仍极重要。他甚至讥讽那些不能察觉出"异"处的学者为浅识之人："浅识之人每不能深察两方文化之异，存偏见者或更以大同小异之说诡乱之，昧者乃固执人类文化不当有什么不同，横以一方文化之所经历衡论夫一切，强流派之分，作阶梯之现。"④ 无"异"不成形，无"异"则无基本特色；而不辨毫厘之差，或有千里之谬，故毫厘之异，也须深辨之。中国文化自有其起点、途径、取向、目标。对梁漱溟而言，不同文化的相遇，虽有必融通之处，但仍须精察、深察相异之处，在此基础上对双方才都有更好的演进之途。

　　复兴中国文化是要具备种种条件的。从其与艾恺诚实的对谈中，

---

　　① 梁漱溟：《中国文化要义》，上海人民出版社 2005 年版，第 40 页。

　　② 同上书，第 266 页。

　　③ 梁漱溟：《勉仁斋读书录》，见《梁漱溟全集》第七卷，山东人民出版社 2005 年版，第 653 页。

　　④ 同上书，第 652 页。

我们分明看到他晚年持守的理念：立于全球的中国，是不能违反世界潮流的；它只能往前走。他认为：物质文明阶段，不仅对中国极其需要；而且中国已经没有走资本主义之路的余地，它不能不走社会主义的道路。因而在他看来，共产党在中国的出现并成功，是非常合理而不奇怪的。在更深的理论层次上，则如艾恺所肯认："梁漱溟坚信无论中国还是西方都要通过社会主义来解决现存的社会问题和经济问题。"① 然而这里必须指出的是，梁氏锐利而辩证的眼光也使他察觉了现代化所带来的问题，尽管他在与艾恺就现代化问题的深入对谈中将自己定位为乐天派。他极其敏感地告诫说：国家必须及早通过教育方式来加以关注并解决。

此处不能漏过的是梁漱溟对复兴中国文化而亟须建树的科学观。首先，他确信："科学非他，就是人的精确而有系统的知识。"② 而中国人的讲学问详于人事、忽于物理，他以为这是世所公认的。他十分干脆而明白地说道："西洋一路正是产生科学之路，中国之路恰是科学不得成就之路。明白说：西洋有物的观念，而中国没有。""西洋自古艳称'爱智'，其科学正由哲学衍来。中国后世之无科学，即为其古代无哲学，哲学只是西洋所有物，亦犹乎科学只是西洋有之。在古中国，哲学只不过是其道德实践之副产物，在古印度则为其宗教实践之副产物，皆未尝独立自存。"③ 这种十分大胆的断言，其实在梁氏的思想系统中出之自然，这是需要通读梁氏全部著作才可能把握的。然而即使如此，也很难想象，像梁漱溟这样的新儒家阵营中的传统坚守者，会对现代科学中的"实验"格外赞赏，这无疑是其辩证通透的思维所致。然而我们从中还可透见，梁漱溟确实是一个重实际而又不空谈理论的儒者。他甚至倡言："社会科学还是要顺着自然科学之路，尽可能地作客观研究。"④

中华民族的复兴，当然需要科学社会主义理念的支撑。从梁漱溟演进的历史观中，我们还可透见其晚年对科学社会主义的赞成态度：

---

① ［美］艾恺：《最后的儒家——梁漱溟与中国现代化的两难》，王宗昱、冀建中译，江苏人民出版社 2004 年版，第 99 页。
② 梁漱溟：《中国文化要义》，上海人民出版社 2005 年版，第 236 页。
③ 同上书，第 239、239—240 页。
④ 梁漱溟：《中国文化要义》，世纪出版集团 2005 年版，第 237 页。

　　马克思主义所主张之科学的社会主义，其有别于空想的社会主义者，盖为其所主张不徒从主观理想要求而来，更且指示出客观事实发展前途趋归于此，具有道德与科学的一致性，理性与理智的合一性，所以完全正确。从乎此种社会发展观点我们即可准以评价一切礼俗制度。①

　　那么，梁漱溟是如何向艾恺解释他的这一理念的呢？他如此说道：马克思主义之所以叫科学的社会主义，是因为它持有一套客观发展的逻辑；而且这一发展的逻辑涵盖了人类发展的无限可能性。这就难怪艾恺要在《最后的儒家》中坦然出言："梁漱溟对西方社会发展的总的分析实际上是一种准马克思主义的分析。……梁漱溟是赞成历史唯物主义的。"②

　　梁漱溟多次表示自己对人类远景是乐观的："越进步，越文明，人彼此情感上容易相通，容易增进彼此的了解。将来在资本主义之后出现了社会主义，恐怕更是这样。所以往人类前途看，应当是乐观的。"③ 所以他坚信，中华民族的复兴，当在不久的将来。他一生先后作过多次类似的宣称："如旧著《东西文化及其哲学》之所预测，古中国文化在世界最近的未来即将复兴。"④

　　最后我们想说的是，对梁漱溟这样一个一生以中国传统"知行合一"风范，来严格要求自己的学者来说，既预测中国文化的复兴即在不久之未来，则必以实践而对应之。这就有了他的乡村建设的试验。诚如其在《乡村建设理论》中所说："我们必须知道：中国此刻不是一个平常的时期，乃是一个文化转变、社会改造的时期，我们此刻的社会，须要赶快进步，并且须要是一个有方向的进步，尤其是内地乡村。本来往前进这件事

　　① 梁漱溟：《人心与人生》，学林出版社 2006 年版，第 170 页。
　　② ［美］艾恺：《最后的儒家——梁漱溟与中国现代化的两难》，王宗昱、冀建中译，江苏人民出版社 2004 年版，第 128 页。
　　③ 艾恺采访，梁漱溟口述：《这个世界会好吗：梁漱溟晚年口述》，东方出版中心 2006 年版，第 142 页。
　　④ 梁漱溟：《试论中国社会的历史发展属于马克思所谓亚洲社会生产方式》，见《梁漱溟全集》第七卷，山东人民出版社 2005 年版，第 269 页。

情，是谁都会的，进是天然的事情。"① 持文化进化观的梁漱溟，乐观地看到前进的必然性并说"进是天然的事情"，是毫不足怪的；关键在他省悟到对中国来说这个不平常时期，实乃"文化转变、社会改造"的重要时期。而更为重要的是他提出了要有"一个有方向的进步"，诚然，他是将这个进步方向的始点确定在"乡村建设"上了。须知，他对中国乡村建设的难度、复杂性甚至系统性，也是早有估计的；然而，他能处之泰然，并从学理上以"进化"的原理来看待之。如他在谈到乡村组织慢慢充实起来时，就意识到这一组织有渐渐开展、分化成至少四层——乡长、乡农学校、乡公所（总干事）、乡民会议的必要性。他说："这是因为事实上有了分的必要，不得不开展、分化了，所以才分为四个。很多事情都是如此——由简而繁，此乃进化的道理。在严几道先生译的《天演论》上有这两句话：'由简而繁，由浑而分'。天下事莫不如此。"② 梁漱溟的这种处事态度及眼光，是一般人很难学到的；在面对新事物时，他总是乐观待之，并以极高的学理眼光审视、判断之，再以专业学者的知识剖辨、分析之。自然，以此而看待乡村建设之试验，在学理上他就是以"人类文明"的形态而设定他的价值取向的："我们是在求正常形态的人类文明，那么，从乡村入手，由理性求组织，与创造正常形态的人类文明之意正相合。因为乡村是本，都市是末，乡村原来是人类的家，都市则是人类为某种目的而安设的。"③ 他自信找到了几个根本的原理原则，这就是：像中国这样的国家，是集家而成乡，集乡而成国的；所以最好的入手处就是乡，乡是最为适当的范围。而在方法论上，他亦省悟到要有一条入径，这就是他说的自下而上、由散而集之方法。对此，他冷静而乐观地宣称："现在我们是从乡村起手求组织，是自下而上，由散而集，正合乎常态，合乎人类的正常文明。这样的一个人类文明，就完全对啦！"④ 冷静在理性地注意到入手的方法。而下面这一宣称，则可谓是热情而乐观的了：

① 梁漱溟：《乡村建设理论》，见《梁漱溟全集》第二卷，山东人民出版社 2005 年版，第363 页。
② 同上书，第 362 页。
③ 同上书，第 317 页。
④ 同上书，第 318 页。

这有高度文明的老大民族一旦维新成功，其所创造贡献于人类的决非等闲可比；他一旦从失败中翻过身来，其前途光荣伟大而恒久，也不可限量。①

梁漱溟当然明白所谓"决非等闲可比"也罢，"不可限量"也罢，其前提，首在"翻过身来"、"维新成功"。于是，他以十分罕见的理论勇气与阔大的精神境界，倡导一种超越精神，把中西文化中的"伦理义务本位"与"个人权利本位"超越掉，其谓"迈越乎此，而向上提高直接为人类社会未来文化辟造新局，方有自己的出路"②。实为一种大仁大勇而向上超拔的精神境界，其乐观的文化演进观，终在为"未来文化辟造新局"的尾声中唱响。

---

① 梁漱溟：《乡村建设理论》，见《梁漱溟全集》第二卷，山东人民出版社 2005 年版，第 196 页。
② 梁漱溟：《中国——理性之国》，见《梁漱溟全集》第四卷，山东人民出版社 2005 年版，第 483—484 页。

第二章　熊十力:"翕辟成变"
的人文进化观

熊十力（1885—1968），别名漆园老人，湖北黄冈人。青年时代曾参加过"日知会"等反清革命团体，后在武昌起义时参加过光复黄州活动。1917年，又赴广州参加孙中山领导的"护法运动"；失败之惨痛经历，使其对当时军阀官僚之贪淫侈靡、卑屈苟且，国民之昏然无知，感愤极深。故下决心离开政治，发奋"专力于学术，导人群之正见"；从此开始了他专事哲学研究之人生历程。熊十力曾在北京大学任教，并在四川复性书院讲过学。一生代表著作有《新唯识论》、《原儒》、《读经示要》、《体用论》、《明心篇》、《佛教名相通释》、《乾坤衍》等。熊十力被人们视为现代新儒家开山祖师，其思想自成体系，学说影响深远；著名的新儒家第二代代表人物唐君毅、牟宗三、徐复观等人，是其亲授弟子。《大英百科全书》称誉其为"中国当代哲学之杰出人物"。

笔者在本章开篇首先要提示的是，熊十力对"人文"概念自有其解释，且这一解释亦自有其"演进"之内涵。诚如其在《原儒》中对《周易·序卦传》所阐明："人文二字，见《易·系辞传》。人群由愚而进于明，由闭塞而进于开通，由简单而进于复杂，由蛮野狭陋而进于智慧，与合群公德，及声明文物之盛，是人道之至文也，故曰人文。初民时代，却无人文可言。"① 闭塞到开通、简单到复杂、野蛮到智慧，这就是人文进化的演变、创进之路。故我们在熊十力的学术语系中，常见其"翕辟成变"、"创进"、"变动不居"、"刚健日新"（仅一"创"字，他的自行组词便有"肇创"、"善创"、"创悟"、"创辟"、"创化"、"创获"等）演进系列概念，就毫不足怪了。而综观其一生学术经历，他更是个动辄言

---

① 熊十力:《原儒》，中国人民大学出版社2009年版，第113页。

“孔子《大易》”而以《大易》原理为创化基源的儒学大师。本章旨在以其“生化刚健”、“文明创进”等理念，揭示其哲学系统中的人文进化观。故此处还要指出：熊十力相信孟子称孔子为圣之时者，“盖谓其能随时善创，不狃故常耳”①。这当然与孔子自称“述而不作”难相符契。然作为持人文进化理念的熊十力，他极为看重的却是“文化创造功能”②，他主张文化的根柢在思想，并坚认仁心本体可创造并生化出整个人文世界。在他眼中，文明的特征，主要体现在人文演进中富于政治与文化的优越创造力上，而文明的根本特长则在“礼义”二字，这自然是以中国文化来作表征的；因“礼义”为中国文化中最具特色之观念与制度创造。如其所言：“文者，文明。野者，野蛮。文明者，非徒以其知能大进，富于政治与文化各方面优越之创造已尔，而其特长在有礼义。”③ 他以中国历史文化，尤以儒家经典《春秋》阐述的“升平世”为例，得出一个命题：“凡有礼义之民族，即皆是文明民族。”④ 据此，他以孔子的诸夏夷狄之分为“文野与礼义之有无为判断标准”，从而断言：“故《春秋》之所谓文明者，不唯知识创进而已，必须崇道德而隆礼义。”⑤ 可见，他对文明的界定标准，一是“知识创进”，二是“崇德隆礼”，缺一不可。

　　然生当现代，面临西方文化的强力冲击，他一方面力主不要为物质世界所异化，并全身心地投入到重建儒学价值系统的本体论中，以此而张扬中国文化的主体性，表现出极强的文化自信；另一方面，他又以极富开阔的文化视野而主张中西融合，由此而表现出高度的包容心和文化自觉。固然，他的这一中西文化融和说，是要以中国文化返己之学立本的。故他极称努力求知，依自性而起大用，才能真正无逐末之患；若一心外驰而不见本原，则无有归宿，其害不可胜言。据此，他宣称中西学术，合之两美，离则两伤。由此看来，简单地视其为复古主义者，是轻率的。岂但如此，深入其文献后，我们甚至可说他是一个具有先进“革命”理念，持开物成务、日新又新之理想从而极力反对“儒奴化”的新儒家代表人物。其

---

① 熊十力：《读经示要》，中国人民大学出版社 2006 年版，第 341 页。
② 熊十力：《论六经·中国历史讲话》，中国人民大学出版社 2009 年版，第 31 页。
③ 熊十力：《读经示要》，中国人民大学出版社 2006 年版，第 361—362 页。
④ 同上书，第 362 页。
⑤ 同上书，第 197 页。

反复申言："孔子《诗》言革命，于《春秋》言升平、太平之治，皆造时义也，惜其理想不得实现。"① 其力主"翕辟成变"的进化观，渊源极深。面对这样一位人物，我们当然需要重新评价。

一 融《周易》与进化论为一体而开创 "进进不已"的人文观

　　熊十力的文化观，是一种融会佛儒、融会中西的人文进化观；其对中国文化远景有一基本设想："其必有待于中、印、西洋三方思想之调和，而为未来世界新文化植其根。"② 而熊十力深信《大易》之理，正是融通中西的根基所在，故其言："《大易》正是融会中西之学。"③ 这里，必须注意的是，熊氏一直倡言，《周易》为群经之首，五经之原。他说："《大易》本五经之原，《易》义不明，余经更何可说。"④ 要之，《周易》之"翕辟成变"原理，构筑了生化无穷之"演进"本体论，并开创了其进化创新观。那么，什么是"翕辟"呢？简要地说：翕辟是宇宙间的两种动势：辟是伸张猛进的，翕则是收摄凝聚的；二者同时俱现、同时运作而构成宇宙间变动不居、生生不息的"恒转"动势。此其一。其二，作为本体之功能，翕辟又是互相依赖的，翕以显辟，辟以运翕（辟主宰翕，翕顺从乎辟，实则表征心主宰物）；辟的势能是无所不在的，而翕的势用则落实在成型而有方所。最后，作为宇宙间流行无碍的整体，翕辟相反相成："一翕一辟是相反相成的整体。"⑤ 而这一相反相成的依据仍在"恒转"之动："依恒转故，而有所谓翕。才有翕，便有辟。唯其有对，所以成变，否则无变化可说了。"⑥ 熊十力以为"变化"的深层的哲学原理就在《大易》的基本法则："本来，《大易》谈变化的法则，实不外相反相成。他们画出一种图式，来表示这相反相成的法则。每卦列三爻，就是一

---

① 熊十力：《论六经·中国历史讲话》，中国人民大学出版社 2009 年版，第 95 页。

② 熊十力：《佛家名相通释·撰述大意》，东方出版中心 1985 年版，第 310 页。

③ 熊十力：《十力语要》（二），辽宁教育出版社 1997 年版，第 308 页。

④ 熊十力：《读经示要》，中国人民大学出版社 2006 年版，第 310 页。

⑤ 熊十力：《新唯识论》，中华书局 1985 年版，第 323 页。

⑥ 同上书，第 318 页。

生二，二生三的意思，这正表示相反相成。从何见得呢？因为有了一，便有二，这二就是与一相反的。同时，又有个三，此三却是根据一，而与二相反的。因为有相反，才能完成其发展，否则只是单纯的事情，那便无变动和发展可说了。所以，每卦三爻，就是表示变化之法则，要不外相反相成一大法则而已。"① 可见，熊十力又借助了老子的一生二、二生三、三生万物之旨，来解说《大易》相反相成之变化法则。一与二是相对而相反的两者，而正因为有了这个相对而相反的一与二，从而新生出"三"。此中亦可透见黑格尔矛盾辩证法的意味，此不赘言。要之，一与二，只是"故物"般循环往复，则如何生出三？在黑格尔那里，"矛盾"才是事物取得质的发展的关键所在，而熊十力则将"创新"作为"变动不居"的进化之"盛德"。总之，没有创新之变，相反相成之说，将成落空之说。

　　熊十力曾以对答的方式钩玄提要地解说道："或曰'世运一泰一否，是万化之情，无往不复，乃循环之论也，斯与进化论相反欤？'答曰：否，否。世之言循环者，以为今之所见，于古为重规。后之所呈，于今为叠矩。以此言循环，则宇宙唯守其故，往复不已，仍是故物。而无创新可言矣。《大易》之义，岂其如是？夫以事物之相言，则刹那生灭，元无实质，不容暂住。是其创新无已，谓之进化可也。……《大易》本明刚健日新，与变动不居之盛德，岂可以循环论之曲见，妄测《易》义哉？"② 须知，刚健日新与变动不居的"盛德"，关键就在"创新"二字；因而，一与二若仅为循环往复而无辩证发展，岂能创生出"三"？在中国文化中，三为多，三生万物，故"盛德"乃生万物之盛德。故上述"创新无已，谓之进化"全然可视为熊氏一思想命题。进言之，熊十力指出循环论并非真正的演进观，不仅依据《大易》原理，亦依据历史事实，故断言循环往复绝非进化演进。熊十力甚而指责循环论是反进化论的："若误计否泰迭乘，为反进化之循环论，则其不究理道，而暗于《易》义已甚矣。且进化无终极也，造化固时时毁其成功，而创新不已。人群进化亦无终点，即无圆满之止境。"③ 熊十力反复言及"进化"二字，甚至倡言

---

① 熊十力：《新唯识论》，中华书局 1985 年版，第 316 页。
② 熊十力：《读经示要》，中国人民大学出版社 2006 年版，第 307—308 页。
③ 同上书，第 308—309 页。

"人群进化"，此分明可见进化论的影响早入其骨髓，这无疑导致他将《周易》演进观与现代进化观结合起来；这当然涉及他的中西之辨。他曾感触极深地说道：

> 今日文化上最大问题，即在中西之辨。能观异以会其通，庶几内外交养，而人道享，治道具矣。吾人于西学，当虚怀容纳，以详其得失。于先哲之典，尤须布之遐陬，使得息其臆测，睹其本然，融会之业，此为首基。①

这里我们特别要关注他所强调的中西"融会之业"。须知，正是这一融会之业，使熊十力建构了他的"进进不已"、"生生化化"的日新"演进"之本体论：

> 本体不只是虚寂而已，乃纯善、刚健、进进不已者。唯其如此，故非一成不变之死物。其自身是备万理、具万德而含有无限的可能，故生生化化无穷竭也。②

我们可将熊氏的"本体乃刚健进进不已者"作为本论题中一重要命题来看待，这样似能更好地理解其本体论中含藏的"演进"所"具万德而含有无限的可能"之根本精神。熊氏持无限发展之"可能性"理念，当然与现代进化观有一致之处。熊氏大谈"进化"，不仅显示了其与现代科学意识的通融，更为深刻的是其以进化观反对中国古代那种解释世界而模式化的循环论。他甚至尝试将易理基础与现代社会发展阶段论结合："《大易》本明刚健日新，与变动不居之盛德，岂可以循环论之曲见，妄测《易》义哉？……世运进化，似有若干阶段之殊。如狩猎之社会，是一阶段。农业社会，又是一阶段。过此以往，可推知也。而每一阶段中，各有其所谓否或泰即最后达于吾人理想之大同世界。"③ 此论不仅可透见

---

① 熊十力：《十力语要》（二），辽宁教育出版社1997年版，第308页。
② 同上书，第309页。
③ 熊十力：《读经示要》，中国人民大学出版社2006年版，第308—309页。

出其所受现代进化论与唯物史观的历史演进论之影响，更呈现出熊氏所持是一种较彻底的进化观；因其不仅以此反对循环观，而且坚持了进化无止境的观念，又以"人群进化"的范畴来对应之。值得注意的是，熊十力还以"突化"、"创进"、"演进"等现代进化观范畴来认识人类社会的进化发展，这是十分难能可贵的。

必须看到的是，熊十力毕竟是以其新唯识论来构建其新本体论的。不过，有意思的是，这种新本体论最终虽可视为一种心本体论，但却是一种丝毫不排斥物质"演进"的本体论。熊氏首先肯定："物界演进约分二层：一、质碍层。质即是碍，曰质碍层。自洪蒙始启，无量诸天体，乃至一切尘都是质碍相。……质碍层所以现似重浊，而无生活机能者，惟以组织过简，故精神潜伏于物质中而不得发露。……二、生机体层。此层依质碍层而创进，即由其组织特殊而成为有生活机能之各个体，故曰生机体层。此层复为四：曰植物机体层，曰低等动物机体层，曰高等动物机体层，曰人类机体层。凡后层皆依据前层而起，但后层究是创进与前层异类，此其大较也。"[①] 这里，熊氏不仅洞见了"精神潜伏于物质"的潜能；也清楚地描绘了生机体的逐层演进秩序。他不仅用了"演进"这一范畴，更用了"创进"这一范畴，这大概与柏格森的影响有关。有此二范畴，他当然可以十分肯定地说道："余相信宇宙间事理只有本隐之显，决不会从无生有。……物质之组织过于粗笨，不适于精神之运用也。物界发展至生机体层，而精神吐露渐至盛大者，此非本无今有，乃从隐之显也。"[②] 从"隐"过渡到"显"，绝非无中生有。但我们不要忘记，这种演进必至"心"本体的出现而止。故熊十力着力强调的是："不可曰宇宙肇开，惟独有物而无心也。夫心者，大有而无形。……故心之发现也，必待物质组织逐渐精密，而后得盛显其作用。"[③] 由此，熊十力得出的结论是："物界发展到生机体层，心作用始著见，至于人类则大明之心体益盛显，而无亏蔽矣。"[④] 这里，"心体"范畴终于凸显出来了。当然，我们在这里更想强调的是其本体观中的演进论与潜能论因素：

---

① 熊十力：《原儒》，中国人民大学出版社 2009 年版，第 294—295 页。
② 同上书，第 295 页。
③ 同上书，第 294 页。
④ 同上书，第 295 页。

推观宇宙发展则先有质碍层诸大物,而后生机体出现,可见万物在大用流行不已中,若隐然有前进之目的。

宇宙太初,质碍层始成,则已伏有发展生物之目的矣。①

因而,在熊十力看来,"人智日进"、"文化日高"② 均为人文演进中自然而有的,因为这一进化历程已使"心体益盛显"。须知,开发、崇仰心之本体,才是熊氏进化观之价值取向。

二　"知行合一"之精神与"开物成务"之实践

作为现代新儒学的开山人物,熊十力在其一生的学术经历中无不强调并倡导儒家的知行合一,他将知行合一看成是儒家的"真精神",甚至主张哲学就是知行合一之学。他如此深切地说道:"哲学之为学,是阳明所谓知行合一之学。若知而不行,必非真知。不足谓之学也。儒学精神,确是如此。……今人受西洋影响,不患知见不开,却缺乏宋、明儒实践精神。"③ 可见,这里实际上是在强调一种切己的"实践"精神。质言之,儒家的"真知"绝非止于学知的层面,更在于行知的层面;行而后有验证,行而后可证实,实践是检验真理的标准。因而,"知"而未进入到"行"的实践层面,必非真知。尤其对现代人来说,打开其"知见"层面,不是难事;但要让他进入到实践层面,体认真知从而富于"实践精神",则是难事。鉴于此,他极其反对清代那种徒以考据之琐碎知识是尚的风气:"士之所学,唯是琐碎无用之考据。人皆终其身而无有玩心高明之一几。学则卑琐,志则卑琐,人则卑琐。习于是者,且三百年。其不足以应付现代潮流而措置裕如,固其势也。严又陵尝曰:学术之弊,至于亡国。吾于清代汉学风会,有余怛焉。"④ 在他看来,唯以纸面的考据琐碎知识是尚,则必将使士子习于浮浅而无深远之虑;这如何应付"现代潮流"?熊氏的忧虑不无道理,他甚至举出严复之说,无非是要以传统的知

---

① 熊十力:《原儒》,中国人民大学出版社 2009 年版,第 298、299 页。
② 熊十力:《读经示要》,中国人民大学出版社 2006 年版,第 335 页。
③ 同上书,第 190 页。
④ 同上书,第 188 页。

行合一之精神，接通现代的开物成务之实践。

于此可见，熊十力绝非腐儒。其深究本体论的心性之学，虽是他的整体思想体系的根本基础，但他却能由此而生发出一套极具现代性的经世科学观念来。究其实，熊十力本就是一位极其注重"经世济民"实用之学的儒者；所不同者，是他坚认中国古人早有实用之学。如其所言："经济者，为讲求实用之学。古人经济一词，其涵义极宽。本经世济民之义，今以计学而翻为经济，则其义已狭。……博考典章、制度与军事、边务（赅外交）吏治、律例，乃至河工、海防、农桑、盐铁、荒政等等，分门研究，以备当世之用，是谓专长。"① 此中诸多分类，当为现代的开物成务的实践之学。而"开物成务"一语，则早出现在《周易·系辞上》了。熊十力对此多有论述，容稍后再作展开。

熊十力自谓："迄中年以后，重玩《大易》，始悟生生不息真机。"② 而在熊十力看来，生生不息的宇宙原理如不能体现为一种积极进取的社会实用之学，就不能真正成为《大易》的根本基础。质言之，若无积极而实用的进取精神，社会就不能持续性向前发展。这一根本理念已成为熊十力建构本体论的思想基础而体现在其深探《周易》的系列论述中，所以其晚年感叹："余平生之学，颇涉诸宗，卒归本《大易》。七十年来所悟、所见、所信、所守在兹。"③ 而"七十年来，誓以身心奉诸先圣，确如老农挥过血汗来"④。然而，我们却分明洞见了其中那种开物成务、开拓进取的人文演进观。诚如其所说："思想不得开拓，而以无用取容。儒学精神，至此剥丧殆尽。而可与欧洲文艺复兴时代相比拟耶？"⑤ 此一问，似有千钧之力从至深之处发出。

熊十力以"突化"、"创进"等范畴来认识人类社会的进化发展，诚然与其高扬人的主体性观念关系密切。如其所言："天道无有一刹那不是突化，天之化常新而不用其故也……天道复显其突化之功，乃大生、广

①　熊十力：《十力语要》（一），辽宁教育出版社1997年版，第191页。

②　同上书，第75页。

③　熊十力：《新唯识论（壬辰删定本）赘语和删定记》，见《体用论》，中华书局1994年版，第4页。

④　熊十力：《甲午存稿》，见《体用论》，中华书局1994年版，第31页。

⑤　熊十力：《读经示要》，中国人民大学出版社2006年版，第188页。

生，而为新物所资始也。夫物唯任天而自无突化之功，人类由其生机体发展，其灵性得以显现，故人道能法天之突化，不为形役，以发扬其灵性生活之无限性。"① 必须再次指出的是，熊十力之所以十分强调作为一种智慧资源的《周易》，实因其在根柢上认识到："中国一切学术思想，其根源都在《大易》。此是智慧大宝藏。"② 深言之，则是其看准了《大易》中不仅蕴有的一种积极刚健、自强不息的思想基础；而且可从中寻求到高扬主体性并落实于开物成务之实学的思想原则，这是他一生中最感欣慰的事，其实这也正与他那刚健向上的个性恰相符合。据此，他还批评宋明理学家丢失了孔子的根本精神："宋明诸大师于义理方面（孔子哲学方面）虽有创获，然因浸染佛家，已失却孔氏广大与活泼的意思。故乃有体而无用，于物理、人事，少所发明；于社会政治，唯诵说古昔。"③ 可见，他所追求的是一种对物理人事、社会政治都有所创获的实学精神。

何以理学家在浸染佛家后会失却孔子精神呢？熊十力以为佛家在根本上"以寂静言体，至于四时行百物生的意义，彼似不作此理会。缘他出世主义，所以不免差失"④。理学家耽溺于以静言体从而失却了孔学精神。据此，熊氏还作了更深入的历史追究："汉以后考据之儒，只拘守书册中之训诂名物，而不复探索自然，科学无从产生者以此。而圣学之全体大用，一无所窥，唯作书蠹生活。"⑤ 他断言汉代以后的中国二千多年之格局，全由汉代开出，故凡涉社会、政治、文化者，均可溯源于汉代。然正是这一历史演进的视角，使其更加大了批判的力度：

　　　　向、歆、班固之鄙农家思想，适自彰其鄙耳。而宋儒于此，绝不注意何耶？使农家思想，得灌输群众。……天文、算术、地理、医药诸学，及机械与水利工程等，汉以前已甚精。秦、蜀守李冰之工程，至今称巧莫能阶，当有承授，非偶然能精妙及此。又如汉世方士之炼

---

① 熊十力：《论六经·中国历史讲话》，中国人民大学出版社 2009 年版，第 83 页。
② 熊十力：《新唯识论（壬辰删定本）赘语和删定记》，见《体用论》，中华书局 1994 年版，第 12 页。
③ 熊十力：《十力语要》（一），辽宁教育出版社 1997 年版，第 65 页。
④ 同上书，第 119 页。
⑤ 熊十力：《读经示要》，中国人民大学出版社 2006 年版，第 147 页。

丹或炼金，为化学之始。此等知识，当自战国时人已有之。机械，如墨子木鸢，即飞机之始。而公输之巧，见称《孟子》等书。宋儒皆不知提倡，诸子百家之绪，悉从湮绝。此与宣圣系《易》，主张智周万物者，岂不显相悖逆哉？①

如此称扬历史演进中的技术发明，将道士的炼丹亦纳入此内，这可能多少受了李约瑟的影响。然而此处让我们感到不过瘾的是，熊氏并未深入到细节中作深化之论，而总是重新回到《大易》智周万物的抽象之论。当然，这与其并非科学家而难以深入有关。熊十力毕竟是个现代的形而上哲学家。故此，他反复强调《大易》言乾元，是依健动的势用而显示之；并始终以这种"大用流行，德健化神"理念，用之于物理人事、社会政治均有创获之实学之中，他确信这能给人类以无限光明。此外，在熊十力看来，这一学理依据还必定要寻求至孔子的敦仁之学上。把孔子的仁学作为其整个学说的核心部分，在这点上，熊十力和其他思想家别无二致。然而关键的是，熊十力把作为基础部分的刚健日新之德，生生不息之机与敦仁之学紧密连接并贯通起来，并以"仁"为生命动力。这就是熊十力颇具眼光的地方了。

在这里，他仍从孔子《易传》入手："吾儒以《大易》为宗。易道刚健，刚健，非不虚寂也。无形无象、无染污、无作意，曰虚。寂义亦然。虚寂故刚健，不虚寂则有滞碍，何刚健之有？但以刚健为主而不耽溺于虚寂，故能创进日新，而无颓废与虚伪之失。横渠'易道进进也'一语极堪玩味。非刚健，则无以言进进也。孔孟之学，皆以刚为主。《论语》：'刚毅木讷近仁'。唯刚，乃得为仁也。仁体呈现时，私欲不得干之。此可见乾德刚健，故《易》家言乾为仁。"② 这里要注意的是，熊十力所指"虚寂"绝非佛家"空万有之相以归寂灭之体"③，虚寂不等于寂灭，这是一个十分重要的区分。然而"虚"毕竟又涉及道家的基本理念；熊十力非常合理地利用了它并将其援入儒家《易》道刚健之论域，从而从逻

---

①　熊十力：《读经示要》，中国人民大学出版社 2006 年版，第 174 页。

②　熊十力：《十力语要》（二），辽宁教育出版社 1997 年版，第 304 页。

③　同上。

辑上完善了儒家以刚健为主而创进日新的仁学。这里，一个重要的前提是
"不虚寂则有滞碍"，滞碍则无刚健。然其主旨在倡导一种不耽于虚寂而
能创进日新的刚健之德，故其结论是：唯刚才能得仁。孔子学说的核
心——仁学，正是在"乾德刚健"的理论基础上建立起来的，熊十力认
为这才是本来的孔子面目。故此他多次批评朱子的"以柔训仁"。他说：
"《论语》《大易》同以刚健言仁。《朱子语类》以柔训仁，便杂于佛老，
失《易》旨也。"① 熊十力以人文刚健之易理批评朱子的训义，确有道理，
因其前提条件是十分确定的：唯刚，乃得仁。

　　究其实，唯刚得仁一说，正是熊十力理论颇富特色之所在，也是其对
孔子认识最为深刻的地方，因而在其大部分著作中都可看到其从各个视角
的论述，显得完密而系统。他充分认识到："孔子言仁，以仁德生生，众
德之源也。"② 同时他也深刻地感到，要把握这种"仁德生生"的理论逻
辑，必须从孔子《大易》"乾之为仁"的理论中寻找依据。熊十力对孔子
仁学的认识，确有超过汉宋诸儒的地方。恐怕这不仅体现在"仁是积极
性"③ 的命题上，同时也体现在他的仁之实现，须有返己之功的理论上。
熊十力说："返己之学，唯孔子造其极，立大中至正之准。余是以归心
焉。"④ 同时认为："为道必返己，众圣皆同。……吾儒返己，在不违仁，
实现我与天地万物为一。"⑤ 这就在指出了返己与不违仁的必然关系后，
进一步深入到"与天地万物为一"的命题上，尽管该命题来自大程子程
颢，但熊十力在其"体用不二"、"天人合一"的原则上进行了新的整合。
他曾明确指出：儒者说仁为本体，却是即用而识体。"吾儒体用不二、天
人合一，此为探究宇宙人生诸大问题者，不可违背之最高原理也。"⑥ 而
孔子的敦仁之学，在熊十力眼中本身即是"遍被人天"的核心，所以他
进一步指出："孔子敦仁日新之道，足以遍被人天而莫可违。"⑦ 一方面熊
十力是从"人天"的角度透视孔子的敦仁之学，另一方面他为求得更合

① 熊十力：《十力语要》（二），辽宁教育出版社1997年版，第304页。
② 熊十力：《存斋随笔》，见《体用论》，中华书局1994年版，第700页。
③ 熊十力：《明心篇》，见《体用论》，中华书局1994年版，第212页。
④ 同上书，第284页。
⑤ 同上书，第224页。
⑥ 同上书，第284页。
⑦ 同上。

理的解释而提出了"仁心流行"、"仁心常是周流乎全体"的说法，从而为仁者与天地万物为一的理论提供了一个更合理的框架。熊十力深信：仁心常是周流乎全体（全体谓天地万物），不堕于小己之私欲。于此，正可认识吾人生命与天地万物的生命本来无二别。孔子敦仁之学，其骨髓在是也。所以，熊十力极为强调个体与天地万物为一，而"周流乎全体"的仁心是其唯一中介。指出孔子敦仁之学的骨髓在此，则是熊十力的洞见。最终，熊十力认为孔子仁学的目的在"以存仁立乎其大，即是于天地万物一体处认识大生命，认识自性，认识大我，而破除世人执形骸为小己之大惑"①。熊十力视孔子敦仁之学为其理论之核心部分，实在是透悟出孔子之学，唯求仁为宗，深远极矣。故熊十力极称："洪惟孔子之内圣学，明示吾人皆固有其与天地万物所共有而各足之大宝藏。……吾人须以自力开拓内自本因，发扬光大，贵其不已。"② 然唯有洞识仁体，才能涵养性灵而开拓内自本因。由此，熊十力坚称体认的本体论方法与"知行合一"的儒家精神为中国哲学的根本路数。

在现代，内圣之学能否开出外王之学并达至"开物成务"，成为现代新儒学的心结；深入接触过熊十力文献的人当知，熊氏是谈现代科学及科学与哲学比较一类话题较多的现代儒家学者；然而，熊十力又确实是把孔子当作了第一位倡导开物成务的外王之学的儒家开创者。他甚至不无夸张地说："科学于人生大道，所发明者何限，其影响于人类精神者甚大且遍。"③ 在他看来，儒学若不能达至开物成务，就将失去它的现代作用。

熊氏哲学的这种人文动力性格，过去我们似乎关注得太少。

"辟草昧而进文明。"④ 这正是熊十力以人文演进观对二帝三王治起衰乱之中的表彰之语。熊十力亦以此种人文演进观评价孔子："今考孔子倡导格物，如裁成天地，辅相万物等论，宏深至极，则古之艺学有以启之也。"⑤ 熊十力说，孔子 50 岁之前，曾专力于诗书艺礼四部之学，而这四部之学，乃是自尧、舜、禹、汤、文、武、周公千余载积累、辗转、演进

①　熊十力：《存斋随笔》，见《体用论》，中华书局 1994 年版，第 701 页。
②　熊十力：《原儒》，中国人民大学出版社 2009 年版，第 193 页。
③　熊十力：《读经示要》，中国人民大学出版社 2006 年版，第 127 页。
④　同上书，第 380 页。
⑤　熊十力：《原儒》，中国人民大学出版社 2009 年版，第 247 页。

而来。于此，熊十力更认识到孔子的高明与完善之处，就在于既重视格物、重视知识，又本乎良知。"夫唯孔子，格物而本乎致良知。良知是人所本有，须将良知推扩出来，用在事物上，便是格物，而知识由此成。吾人若无良知，便与木石无异，何能格物？何有知识？故良知是知识之本也。"① 可见良知是个根本的大前提，所以熊十力强调："吾儒之内部生活，唯恒时保任良知作主，绝不屏斥知识。"② 对熊十力来说，既要保任良知，又不屏斥知识，二者缺一不可。他以为孔子原本就是要人们利用本心之明，向事物上发展。"吾人须以自力利用此明几，而努力去逐物，辨物，治理物，才得有精确的知识。"③ 同时他批评程、朱解《大学》格物，而终不肯研究格物之术。

可见，即便是谈孔子的内圣外王之道，熊十力亦是从《周易》哲学基础立脚："孔子既发明《易》道，于是以其旧所习实用之学与《易》理相融会，而大倡内圣外王之道。"④ 在熊十力看来，内圣外王亦成己成物之道："孔子之《周易》哲学，本是内圣外王一贯之学。然虽一贯，却不妨说有成己成物之两方面。"⑤ 他据此而断言："内圣则以天地万物一体为宗，以成己成物为用；外王则以天下为公为宗，以人代天工为用。"⑥ 看来，体用不二之原理在这里同样适用。其实，熊十力"以人代天工为用"的说法，正是对人天合一、体用不二有着极深体验而得出的结论，可归入他的"以天化摄归人能"⑦ 的理论中，实际上是与他多次强调的《大易》中圣人成能之思想完全一致。进而言之，熊十力对孔子《周易》哲学本为内圣外王一贯之学实有一番辩证的体认，这正是他不同于他人之处；这一辩证的深刻之处即在既分又合，既合又分："内圣成己，对成物而假说为内。外王成物，对内圣而假名为外。实则内外不可分，己与物本一体。"⑧ 显然，二者是相对而言；然理论上的解析则有必要说"外王之学

---

① 熊十力：《明心篇》，见《体用论》，中华书局 1994 年版，第 246 页。
② 同上书，第 250 页。
③ 同上书，第 256 页。
④ 熊十力：《原儒》，中国人民大学出版社 2009 年版，第 21 页。
⑤ 熊十力：《乾坤衍》，见《体用论》，中华书局 1994 年版，第 520—521 页。
⑥ 熊十力：《原儒》，中国人民大学出版社 2009 年版，第 104 页。
⑦ 熊十力：《十力语要》（二），辽宁教育出版社 1997 年版，第 408 页。
⑧ 熊十力：《乾坤衍》，见《体用论》，中华书局 1994 年版，第 520 页。

在成物"，故"不妨说有成己成物之两方面"①。这种辩证的眼光，曾使他认识到"自然之化不能无过失"，故要以《大易》中"范围天地"之精神以人代天，"范围者，以人工制裁之，使其无过失"②。当然，站在人天合一的角度，熊十力不会忘了说："随万物性能之所短所长而扶助之、改造之、补救之、操纵之、导其长以扩大之，违其短而勿令留存。"③ 尽管如此，过多强调以人代天，仍与中国哲学的总体精神不够吻合。在一些地方，我们总能或多或少看到孔学熊化的迹象。然面对现代世界，熊十力难免常发出"改造世界"的声音，此固然亦为其开物成物之实学使然。

　　然而这对熊十力来说则涉及一个最为实质的问题——承不承认"开物成务"是一种进步。以熊十力这样对《大易》自强不息有极深体认且个性富有积极进取精神的新儒家，答案是极其明确的，岂止承认而已，实是极度张扬："'夫《易》何为者也？夫《易》开物成务，冒天下之道，如斯而已者也。'……开物者，物字有二义：一，人与天地万物，通名为物。二，物字亦得专用为人之代词。由后义言，庶人知能未启，当开导之，使愚者日进于明，柔者日进于强，是谓开物。由前义言，开发自然界无限物质，满足人群之需要，是谓开物。成务者，人群当时时创成其已往所未曾发起之事物。《上传》第五章云：'富有之谓大业'，人能体现天行之健，而富有创造力，故屡成大业。'日新之谓盛德'，人之智虑、德行，乃至一切制作，如群纪、政制及器械等等，皆日新而不守其故，是德之盛也。"④ 有了这种"满足人群之需要"的现代性进步意识，因而几乎在他所有类型的文献中都可看到他对外王的"王者，往义"的释义。"王者往义，群生共向往太平之道，而其功力无止境，故曰往也。圣学归根，在天地万物一体处立命，外王学之骨髓在此。其创化、敷治，极于裁成天地，辅相万物，又曰位天地，育万物。其道广大，其智广大，其规模宏阔，其前识深远。"⑤ 他再三告诫人们外王的"王字不是帝王之王，切勿误

① 熊十力：《乾坤衍》，见《体用论》，中华书局 1994 年版，第 521 页。
② 同上书，第 520 页。
③ 同上。
④ 熊十力：《原儒》，中国人民大学出版社 2009 年版，第 110 页。
⑤ 同上书，第 23 页。

会"①。在这样一种主导精神下，他肯认西方科学在开物成务上所取得的成就，笔者以为这正是其高明之处。熊十力对孔子以高度智慧祖述帝尧之言"天工，人其代之"② 深为赞叹；同时对现代科学的发展，亦深心佩服："科学成绩之著见于近世者，亦不愧智夺天工之誉。"③ 而对中国科学的不发达，他亦常归之于帝王专制："中国科学思想废绝，盖由帝王专制之毒。"④ 此说发自一个深有文化自信的新儒家，确为惊人之论。而批判锋芒尤力者在揭示"二千年来，由停滞以近于衰退，亦未可自讳其短"⑤。从科学未能持续发展而批判帝王专制，再从演进之眼光看历史如何衰退，以致得出无须护短之结论，此中全然可看出其思想的超拔之力。

最终，熊十力从人文演进的视角认定原始儒家是讲究现实世界之实效的，因此内圣而外王必然是未来大道："孔子主张裁成天地，辅相万物，如此作去，自有实效的。"⑥ 他认为孔子能很好地正视现实世界，不离现实而别寻真的自己，不离格物而专务内证，慧极于裁成，德备于辅相，可谓至矣尽矣。所以在孔子，灵性生活与开物成务是统一的，人生观与宇宙观是一体的。这充分预示了儒家的未来发展仍有巨大潜力，是未来正道。熊十力还颇有见地地指出：开物成务，必落实在民生上，而"民生在群，群必有分。分者，万物各得其所。易言之，物各尽其能，各足所需，各遂其志，各畅其性，无彼有余而此不足之患，是谓有分"⑦。这一民生观，看来是很高境界的能达至"各尽其能，各足所需，各遂其志，各畅其性"的民生观。前提当然仍在开物成务。故熊十力的结论是：孔子学《易》后倡导格物，智同乎万物而道济天下。因而他赞扬孔子的内圣外王，开物成务之道是万古常新之大道，并"终为人类所托命也"⑧。

开物成务的目标最终落实在实现天下大公的远大理想。几乎和所有儒家学者一样，熊十力喜标举儒家的天下大公与太平之道，认为这是孔子的

---

① 熊十力：《乾坤衍》，见《体用论》，中华书局 1994 年版，第 520 页。
② 熊十力：《原儒》，中国人民大学出版社 2009 年版，第 12 页。
③ 熊十力：《明心篇》，见《体用论》，中华书局 1994 年版，第 230 页。
④ 同上书，第 224 页。
⑤ 熊十力：《读经示要》，中国人民大学出版社 2006 年版，第 142 页。
⑥ 熊十力：《明心篇》，见《体用论》，中华书局 1994 年版，第 197 页。
⑦ 熊十力：《原儒》，中国人民大学出版社 2009 年版，第 46 页。
⑧ 同上书，第 24 页。

真正理想："孔子理论在太平大同。"① 而且他认定：孔子的社会思想，就在合天下为一家，使万物各得其所。故此他盛赞孔子此道必为后世开新运："洪惟孔子，创作《春秋》、《礼运》、《周官》诸经，废统治与私有制，而倡天下为公与天下一家之大道。制度、仪文，一切随时更化；改革旧礼而为后世开新运。"② 从开物成务而言及历史发展的"随时更化"而"为后世开新运"，至此，我们当从中透视熊十力的历史观，此处略举几例。由汉文帝和汉景帝开创了中国历史上的第一个盛世：这一时期社会稳定，社会经济得到较大发展，物质财富丰富，社会安定和谐，故而被史家称为"盛世"。然而此盛世来之不易，透过汉初几代皇帝的"更化"之理政特色亦可见一斑。熊十力以为：高帝开豁，惠帝仁厚；至文景二帝，则休养民力、轻徭薄赋、恭俭治国，故有此盛世之来也。熊十力曾极称："文帝玄默恭俭。三代而下，以学者陟帝位，文帝称首焉。……景帝贤明，无改父道。国家元气深厚。文景二帝含育之效也。"③ "文帝平生恭俭，自是三代哲王以后所仅见者，可为万世法也。"④ 恭俭者，德之基，开物成务的理政之本，故当为万世法也；此评价不可谓不高。然文帝可为柏拉图眼中之"哲王"否？在熊十力看来当为无疑。其以文帝为中国古代学者型皇帝之首，且为三代哲王之后所仅见者。相反，"秦皇以一统之局，而用愚民之术。焚书之事，近人虽多为之曲辨，然民间挟书有禁，直至汉惠而后除之。此犹得曰秦皇未尝以愚民为事耶。夫抚广土众民者，则莫急于开民智，养民力，作民气，使其练达于集团生活之中。由地方以达中央。人民皆得表现其力量，而后可为大一统之雄国矣。今秦皇唯用愚民政策，开此乱端，而汉以来君主尽率由之。周制外朝询万民与学校教民之政，乃至一切良法美意，至秦而茫然以尽。秦皇可谓万世之罪魁矣。"⑤ 秦始皇不开民智，不养民力，不作民气，而一意施其"苛政"；万世罪魁由此而起！故此，"秦皇之夷六国也，疾如飘风。而其自亡也，亦如狂风

①　熊十力：《十力语要》（二），辽宁教育出版社1997年版，第66页。
②　熊十力：《原儒》，中国人民大学出版社2009年版，第50页。
③　熊十力：《论六经·中国历史讲话》，中国人民大学出版社2009年版，第201页。
④　同上书，第202页。
⑤　同上书，第198页。

不终朝!"① 言其"自亡",乃十分到位之语。一切失去民心的统治王朝,无不步入"自亡"之终途。"狂风不终朝"的秦王朝,有一系列的历史教训与启示,然"民心"当列其首。而对被人们视为"积贫积弱"的宋代,熊十力亦自有其评价:"及皇宋肇兴,太祖以宽柔宁乱,提倡文教。诸大儒崛起,追复晚周儒学,明夏礼以革胡俗,复人性于兽习之余。可谓吾民族复兴之几矣。然宋祖鉴五代之祸,切于防弊,而武事不修;谨于守成,而开扩不足。诸老先生又吸收佛家禅学。正心诚意之功有余,格物致知之功,终嫌其短。虽辨章王伯,而颇近迂谈。孔门由求治兵理财之略,尚非其所敢企。况孔为东周,孟挞齐楚之伟抱,岂彼可得而几乎。宋始厄于辽,继辱于金,终则覆于元。其所以自立之道未备,虽欲保固神州,而莫由也。"② 这个总体评价是较到位的,谓其"武事不修;谨于守成,而开扩不足",更谓其"自立之道未备",实为开物成务之不足也。熊氏此论可帮助我们理解宋代何以衰微至"积贫积弱"之境地。以如此开物成务的"民本"取向评价历史,到底可看出熊十力那颇具穿透力的新儒家眼光!

三　倡言以改革推进科学、民主及社会公正

下面这两段话,我们可看出熊十力倡言以改革推进科学、民主及人类道德进步之思想大略:

> 自科学发达,物理大明,而人事得失,亦辨之极精,不道德之行为改正者多,如男女平等及民主政治与社会平均财富,此等大改革,皆科学有补于人类道德行为之大端也。然此但就道德发见之形式上说,固赖科学知识进步而后用于前。③
>
> 余以为辛亥光复,帝制告终,中国早应有一番文艺复兴之绩,唯所谓复兴者,决非于旧学不辨短长,一切重演之谓。④

---

① 熊十力:《论六经·中国历史讲话》,中国人民大学出版社 2009 年版,第 198 页。
② 同上书,第 228 页。
③ 熊十力:《十力语要》(二),辽宁教育出版社 1997 年版,第 309 页。
④ 熊十力:《论六经·中国历史讲话》,中国人民大学出版社 2009 年版,第 113 页。

如此赞扬现代科学民主"此等大改革"，这在现代新儒家人物中亦属少见；由此可理解熊氏为何高度赞扬辛亥革命推翻帝制是中国历史上的一大壮举。而他所标举的"文艺复兴"，其根本实质还是要张扬《周易》中开物成务、日新又新之理想。故此，新中国成立后，他还对新中国文化教育方针提出了许多建设性意见，保持了一以贯之的儒家社会主义乌托邦观念。让人更难以想象的是，他甚至提出了马列主义宜中国化一说："余以为马列主义毕竟宜中国化。毛公思想固深得马列主义之精粹，而于中国固有之学术思想似亦不能谓其无关系。以余所知，其遥契于《周官经》者似不少。凡新故替代之际，故者替而新者代兴，曰替代。新者必一面检过去之短而舍弃之，一面又必因过去之长而发挥光大之。新者利用过去之长而凭藉自厚，力量益大，过去之长经新生力融化，其质与量皆不同已往，自不待言。"① 可见其对新、旧有一番深刻的辩证见解。旧中创新，以旧见新，其实质仍在新，这在他的文献中处处可见。如谈《周官》便深寄民主理念于其内："《周官》本为民主主义，如欲实行之，必须提醒民众，完全为民主之治而后可，今莽、绰、安石在帝制积弊之下而盗袭《周官》一二节为文饰，宜其不可通也。"② 可以肯定地说，民主理念导致他激烈地反对儒的奴化，所谓"奴儒"、"儒奴化"，都是他提出的概念，其卓见之深刻尤在透过几千年历史而洞见其弊害："二千数百年所谓儒者，若概斥为奴，似难过，然平情深究，不谓其奴化之深不得也。""民主思想、民族思想一向被奴儒埋没，无从启发。"③ 这里我们再清楚不过地看到了熊十力对民主思想的推崇，然而须知，这是从对"奴儒"的深刻批判中得到的。了解到这点，我们便不难理解熊十力为何要斥"清儒奴化最深，无正义感"，"汉世伪儒学，弃孔子之微言。而发扬封建思想以护帝制，思想锢蔽，至后汉而极矣"。④ 据此，熊十力甚至以十分锐利的审视眼光，深入地进行了中西对比："西洋社会与政治等等方面许多重大改革，而中国几皆无之。因中国人每顺事势之自然演进，而不以人力改造故也。此等

---

① 熊十力：《论六经·中国历史讲话》，中国人民大学出版社 2009 年版，第 120 页。
② 同上书，第 79 页。
③ 同上书，第 115、117 页。
④ 同上书，第 113、114 页。

任运自然的观念，未尝绝无好处，但弊多于利。"① 在新儒家人物中，熊十力是极主张扬人的主体力量的一位卓越人物；而能深入到中西社会政治的改革来认识问题甚至赞扬西方的重大改革，并以此而批判中国思想中的因任自然观念所带来的弊端，则既显示了其特有的见识，更显现了其宽广的胸怀与理论勇气。这无疑与他深究并洞察了历史演进走向有关，如其所言：

今世界大通，政体已更……要之，今后治制，当使人民得以发抒公共意力，斯无疑矣。……近时唱本位文化者，又于中外都无所知，而虚骄终无以自树。②

很难想象，熊氏对持"本位文化"者亦发出了批判之论；我们禁不住要问：熊氏本人非"本位文化"论者？看来，此问非到位之问，因其确可属之于本位文化论者，但有个前提，是个极主中西融会且持文化演进观的中国文化本位论者。

由此，我们看到熊氏进入了"自由"论域。然即便谈自由问题，熊氏亦不离前述那种"自创"、"自强"、"自动"之论，且以此融进改革社会制度之类话题："自由是相对的名词，在限制之中而有自强自动自创，以变更不合理的限制余裕，这才叫自由。若是无限制，又从何见自由。社会底种种模型，固然制限了我人底生命，但是我人如果不受他底固定的不合理的限制，尽可自强起来，自动起来，自创起来，破坏他底模型，变更他底限制，即是另造一个新社会，使我和我底同类都得扩新生命。如此，岂不是人生有大自由么？又曰：中土圣哲是主张人生有自由，如《易》与《中庸》说圣人范围天地，曲成万物，及位育参赞等功用，你看他主张个人自由的力量多么大？……我们若是把个人屈伏于社会，使得大家凑成一副死机器，便与宇宙变动不居的生机大相违戾，是大不幸的事。"③ 说熊十力是主张革命、改革的理论家绝非虚言。他甚至深入个体意志自由

---

① 熊十力：《十力语要》（一），辽宁教育出版社 1997 年版，第 168 页。
② 熊十力：《读经示要》，中国人民大学出版社 2009 年版，第 142 页。
③ 熊十力：《十力语要》（二），辽宁教育出版社 1997 年版，第 308—309 页。

的论域中作一探寻："各个人任他底意志和思想技能自由的充分发展，即是各方面都无欠缺，成功一个发育完全的社会，如何不好？又曰：如果抹杀了个人的自由，则社会里之各分子，其最大多数变成机件，将由一部分特殊势力崛起而摆弄之，刍狗万物，莫此为甚。又曰：社会每为暴力劫持之，以凌烁个人，使个人敢怒不敢言，是极悲惨事。"① 这里，熊氏已然深入到个体与社会的辩证思理来探讨意志自由问题了。尤其可值一提的是，他决然反对个体作为社会一"分子"，只是被动地成为机器中的一"机件"从而丧失其主体的根本自由；他甚至用了"死机器"这样的颇富刺激性的词语来反对压抑个体，盖因在熊氏眼中，社会被"暴力劫持之"，个体则将彻底丧失其自由权利。此论当然深刻尖锐，而作为一个儒者，是否有些激进？诚然，他也深刻地洞见了"道德的本质，即所谓天性是也"。"才放纵时，便违天性便已不是自由也。……真正自由，唯是天性流行，自然恰到好处。何至侵犯他人？"② 所以他要将天性、本心不容已的"责任心"与自由联系起来，并宣称：人类终古不得复其天性中自然之善，而互相攻夺，无可幸免，终必自毁而已。这当然纯是儒家本色之语了。

在熊十力看来，孔子当然是个社会改革家。孔子"与民同患"的"忧患意识"必然地联系着孔子社会改革的思想。熊十力以极具原创性的目光审视了这种内在而必然的逻辑关联："圣人与民同患，将有大变革，与其望时而待，不如应时而勇于创，使时势随人力而转也。"③ 正因其与民同患，故 "凡不便于民生之制度，欲改造之。……通其变，使民不倦。……惟通变，故民不倦"④。熊十力由此而看到了孔子六经中均蕴含着强烈的与民同患的基本意识。而以熊十力的思维视角，首先是要从《大易》的思想源头去寻找这种根基，他通过深入的思想考证，别开生面地得出了一个结论："孔子曰：'吉凶与民同患'。此孔子《周易》所由作也。"⑤ 把孔子作《大易》的根本缘由归于"吉凶与民同患"，这确实显

① 熊十力：《十力语要》（二），辽宁教育出版社 1997 年版，第 309 页。
② 熊十力：《论六经·中国历史讲话》，中国人民大学出版社 2009 年版，第 168 页。
③ 熊十力：《原儒》，中国人民大学出版社 2009 年版，第 112 页。
④ 同上书，第 113—114 页。
⑤ 熊十力：《体用论》，中华书局 1994 年版，第 374 页。

示了熊十力不同于大多新儒家的独特思维,作为孔子易学的一个基本出发点,"与民同患"确成为孔学的一个根柢,"《易·系辞传》曰:'吉凶与民同患',即此一言已括尽六经外王根柢"①。他颇有启发地提示,同人民吉凶与共才能长久维持社会之运转、人群之公道;而其前提正如《易》杂卦传所明示的那样:革,去故也;鼎,取新也。圣人所以领导下民而不忘忧患。看来"与民同患"完全可作为一个命题而纳入孔学的思想系统之中。为究实这点,熊十力又在春秋衰世中找寻必要的论据,诚如他所言:"春秋季世承三代衰敝之后,天子诸侯大夫三层统治之乱制势临崩溃。孔子早已见得分明,周流列邦,与民同患,晚而著六经,以呼号革命,为万世开太平之大道。"② 在熊十力的诸多论述中,孔子确成了一个革命家,这当然有些夸张;然而指出孔子在乱世之中独立不羁,与民同患,无疑是一种到位的见解。毋庸讳言,六经所作,均与"与民同患"的基本思想内在而深刻地关联着,就连《诗经》的删定亦是如此。"圣人与民同患。……圣人视天下群黎疾痛,若在己身,此诗教所由重也。"③至于孔子作《春秋》的动机,在熊十力看来,其取向终为天下劳苦庶民。而《周官经》亦被熊十力视为表达"民本位"、"民主政体"政治思想的著作;甚至"《周官》为民主之制,不独朝野百官皆自民选,即其拥有王号之虚君亦必由全国人民公选"④。从而有了民选、公选观,此可谓发前人所未发。再来看其纵论之语:

> 《周官》之政制,已推翻王权而为民主共和政体,此民主政体之经济制度则破除私有制而为群众共同生活之均产制,是乃以经济与政治互相联系、互相促进,但其间主动力却在政治为民主,否则政权不属人民,将欲革除旧社会不均之经济制度而创立新制,必不可几也。
>
> 横览中外史乘,革命所由兴,民主政体所由建立,实原于众庶不堪统治者与财富阶级之剥削,于是奋起革命,克奏肤功,得有民主成

---

① 熊十力:《原儒》,中国人民大学出版社 2009 年版,第 41 页。
② 熊十力:《体用论》,中华书局 1994 年版,第 468 页。
③ 熊十力:《原儒》,中国人民大学出版社 2009 年版,第 66 页。
④ 同上书,第 165 页。

功之善果。据此，则促成政治民主之主因当属经济无疑也。……吾人之伟大革命行动，若略析言之，原于吾人固有政治创造功能者一，原于吾人固有经济创造功能者又一，原于吾人固有文化创造功能者复是其一。凡诸种种功能，皆潜在于吾人内部生活之深渊，不由外铄，不从他得，此乃吾人所不容不自信者。吾人固有各种创造功能，虽或因外缘障碍不易显发，然诸功能潜滋暗长、恒无损失，及遇刺激既深，终必现起，革命大业、民主善治，皆是吾人各种创造功能之显发，不容不论。……《周官》全经主旨，只从政治、经济、文化诸方面之互相联系处着眼，但以主动力归之民主政治，其取义极平实，而确不可易。①

　　这里不仅大谈"革命"，且内在地将经济与政治关联起来，更将政治民主建立的首要原因归于"经济"，此似亦受到过马克思的影响。熊十力还宣称：政治民主实为经济、文化等方面改革之根本动力，而这确为《周官》之本义。然而由此理路而入，熊氏的那种反奴儒、倡民主之论，就绝非一时之情绪激越而有。他一而再再而三地强调《周易》乾卦的"群龙无首"是民主自由："《易》之为书，首明民主自由。乾曰：'群龙无首'，即其义也。"②看看他对"无首"的解释："在共同生活之结构内，各各皆得自主自由，互相比辅，至赜而不乱，无有野心家敢挟私侮众者，故不须首长，故曰无首。"③而从其对商鞅、韩非、管子等人的大力赞扬，我们亦可清楚透见其抑君权、倡民主的内在心志："商鞅韩非，亦怪杰也。蜀汉昭烈读其书，叹为益人意理。以二子之才，如能抑君权、倡民主，学术思想自由，有评判而无禁绝，政治上本之以敦仁隆礼，持之以明法绝私，行之以严威实干，振六国衰颓之俗，开三代未有之运，岂不妙哉！……《淮南》所存'法原于众'一词，明法由民众公意制定，当是正宗遗意。《管子书》或成于战国之际，必为齐人宗管氏者所为。其书以

---

　　①　熊十力：《论六经·中国历史讲话》，中国人民大学出版社 2009 年版，第 56、56—57页。

　　②　熊十力：《十力语要》（一），辽宁教育出版社 1997 年版，第 152 页。

　　③　熊十力：《论六经·中国历史讲话》，中国人民大学出版社 2009 年版，第 30 页。

法家而兼融儒道，论治则优于孟子远矣，汉以来颇不重视，惜哉！"① 如此一位现代儒家的心性学大师，竟谓法家之治国理念远优于孟子，真让人感慨系之！

此外，熊氏坚认中国古代自有其科学思想，且渊源有自："吾国古代科学思想发达已盛，虽古籍沦亡，而汉人已言八卦与《九章》相表里，是《九章算术》发明在鸿古代，岂非奇迹！《易经》为囊括大宇、包罗万象之哲学大典，虽完成于孔子，而实由羲皇本之数理以造其端，岂不神哉！天文、地理、博物、医药、工程诸学，古代并精。……科学亡绝，咎在专制，非中国从古无科学也。"② 质言之，熊氏以为中国的一切学术、思想之源头均在《易经》。而且他认识到："孔子倡导科学之识解可谓深远至极。《春秋》一经本与《大易》互相发明。"③ 如此看来，他俨然以孔子已然具备了"科学识解"了。实则熊氏是将孔子的"博学于文"亦融入其宽泛之科学观了。由此，他大大批判了宋儒只谈心性的狭隘："宋儒识量殊隘，只高谈心性，而不知心性非离身、家、国、天下与万物而独存。博文之功，何可不注重？孔子言'博学于文'，此文字非谓书籍，盖自然与人事皆谓之文，如天文、人文等词是也。博学者，即于物理、人事、须博以究之之谓。学字有二义：曰效，曰觉。此处学字是效义。效者仿效，如自然科学的知识只是发见自然现象之公则，不以意见诬解，即有仿效义。"④ 这里，不仅出现了"物理"概念，更得出了"自然科学知识只是发见自然现象之公则"的命题。然而须注意的是，他将其与孔子的"博学于文"内在地关联起来了；而且，天文、人文范畴，自然、人事概念，都已容纳其中。熊氏是在十分宽泛的意义上，联结起中国古代科学思想与现代科学观的。这自然是一种现代儒者的识见与胸怀，因而他大力赞扬"西洋人尝有一种猛厉辟发之力随在发见，若不可御者"，"西人远在希腊时代，即猛力向外追求，虽于穷神知化有所未及，而科学上种种发明，非此无以得之也"⑤。最后一语实乃发自内心之深长感叹。

①　熊十力：《论六经·中国历史讲话》，中国人民大学出版社 2009 年版，第 110—111 页。
②　同上书，第 111 页。
③　熊十力：《原儒》，中国人民大学出版社 2009 年版，第 111 页。
④　同上书，第 86—87 页。
⑤　熊十力：《十力语要》（二），辽宁教育出版社 1997 年版，第 308 页。

立于现代社会，熊十力关注到了社会公正的重要性。他亟欲凸显"公道"；以为即使太平盛世，亦须公道作保证："公者，私之反也。公道行，而普天之下，无有一人得自私者，所以为大道。《周官经》全部是一均字。均者平义。平其不平，所以归于公也。"① 他眼中的公道，乃大均至平之道也。而只有在公、均、平之道行的前提下，才有"天地位，万物育"的最终境界出现。如其所言："公、均、平之道行，而天地位，万物育。圣人为万世制法，千条万绪其要在公、均、平而已矣。"② 而所谓天地位者，实指天地各循其序而不乱；所谓万物育者，则指万物发育而不相残害。

而达于公道的必由之路则在培养内在的仁义之心，唯有内在仁义及良知的"推扩"，才有外在之公道可言："《春秋》特提出义以与仁并言者，此意深微至极，广大至极。"③ 因而在他看来，《春秋》之所以崇仁义，要在体仁，而后能泛爱万物。当然，儒家的治政目标取向在太平之治；而这个"太平之治必天下之人皆安于仁义，始可常保其泰也"④。他举以《易》中的《泰卦》，并以泰者，通也、安也；不通即不安来解释之。据此，他极力反对假公济私、言行不一者：凡托于公道，而所行与之相反者，皆谓之乱贼。熊十力以哲人的睿识将以仁义为基础、以公道为前提而达至的"大同之化成，太平之运至"这一系列理论的内在逻辑联结起来了。其最终理想当然是孔子的"天下一家"。当然，以他演进的眼光，他希企从"进进"而达到"突跃"的质变："盖社会发展，由蒙昧而进进，终乃突跃而至于全人类大同太平。人类以格物之功，而能开物、备物，变化裁成乎万物，利用安身，驯至与天地合德，与日月合明之盛，而人道尊严极矣。"⑤ 虽然他一方面有"突跃"的概念，但另一方面他亦仍看到"渐隆"的过程。熊十力以此而传达出"升平之治渐隆，而近乎太平，则大地万国，统治阶级早已消灭。国界、种界与社会从过去传来之一切畛

---

① 熊十力：《原儒》，中国人民大学出版社 2009 年版，第 139 页。
② 同上书，第 163 页。
③ 同上书，第 132 页。
④ 同上书，第 131 页。
⑤ 同上书，第 116—117 页。

域，无不化除务尽"① 的大同境界，也让我们知晓他极其向往的理想所在。据此，他还极其痛恨国际上的强权政治，并以其锐利的思想锋芒指责一些国家及其族类中的顽劣之徒，利用权力悖逆天下为公之道。

最难能可贵的是，熊十力始终是站在广大人民的立场上来进行大公之道的探索的。在精研儒家《春秋》等经典文献后，他有一断言："孔子《春秋》之旨在消灭阶级，不许有君主、贵族统治天下庶民，此非无据之臆说，当于《原外王》中举其证。"② 故其坚持"天下为公，必荡平阶级"③ 之论，当知，此种立场与视角的一致，亦使他颇为赞成孔子的均贫富之原则，当然他反复强调的前提是人人在团体生活中各尽其能，则自然贫富均矣。他以为均平在孔子那里是一种原理：利害与共，休戚相关；生产统筹，有无互通。故一切悉本均平之原理。此外，他对"公"也有自己的定义：天下人一律平等，各得自由，互相和爱，互相扶助，是为公。天下之利，天下人共开之，共享之，是为公。故孔子"于《周官经》特建掌百工之冬官，专发展工业，以是为富邦国、养万民、生百物之唯一途径。此在今日，似为人人皆备之常识，然在二千数百年前有此远见，非上圣其能若是哉？"④ 可见要达至"天下大公"之境界，是须以"富邦国、养万民、生百物"为"唯一途径"的。进言之，在他看来：圣人之作《周官》，又乃深知贫富、智愚、强弱种种之不均，而竭尽全力为人道之故也。故其全经之蟠际天地，经纬万端者，一切皆惩不均之穷，而变之以一切皆均。故他认为《周官》之道，必为亨通可久之道。然而历史告诉我们，"一切皆均"往往只是一种空想而已，而是否"一切皆均"才为亨通可久之道，也是值得探讨的。不过，"亨通可久"至少为我们提供了一个有价值的视角。此外，"至平"则恒静；恒静则乏力，缺乏内动力则何以"鼎新"？如此看来，熊十力的"至平"之论，似多少与其张扬的"健动"之整体思想有些矛盾。

熊十力坚信："孔子始倡天下为公之论，后哲理论愈精，规制愈密，

① 熊十力：《原儒》，中国人民大学出版社 2009 年版，第 129 页。
② 同上书，第 79 页。
③ 同上书，第 104 页。
④ 同上书，第 157 页。

今后人类当共跻于大道无疑也。"① 这种随时间推移而"共跻于大道"的信仰，在当今世界实在是值得提倡的一种理想主义。事实上，熊十力认为："孔子之高远理想，终当实现。辅相者，人类皆本平等与泛爱之精神，互相扶助。大公至平，物各畅其性，群道大亨。"② 熊十力始终是本着"各畅其性"即人人得尽量发展其天赋之力、人人可自由发展其力的前提，而极力倡导孔子的大公至平的理论的。同时，熊十力也提及："至《论语》言，'自古皆有死，民无信不立'。尤为千古言治者之金科玉律。人而无信，则终古无太平大同之希望。"③ 可见，"信"亦是达于太平大同的一根本原则。

熊十力虽有时看似锋芒毕露，然在对未来发展的演进观中却极持"稳进"之态度，这深刻地关乎其价值取向：既不自卑，又不护短；既倡言外在制度改革，又注重内在精神修持；既重视现代科学技术，又不以科学为万能。故其言："科学于人生大道，所发明者何限，其影响于人类精神者甚大且遍。此固有识所共知，无须深论。余固不肯轻视科学，但亦不敢以科学万能。余以为人类如欲得真幸福，决非可仅注意外部，如环境与制度之改良。而内在因素，实至重要。所谓内在因素者，必性命之理得，而后嗜欲不淫。嗜欲不淫，则万物相安于各适。"④ 这就又回到了中国文化"各得其所"的理念了；所以熊氏强调德慧为最高之智慧，德慧即是本体之发用。作为现代新儒家代表人物，熊氏毕竟凸显的是心性之学，而其卓识处在坚认此心性之学是明天人、穷造化、彰道德之根本的人文之学。因而另一方面，熊氏对演进中的"日新无穷"、"随时变易"，又是倡言再三："《春秋》立三世义，与《易》之《鼎》《革》二卦，互相发明。革，去故也。鼎，取新也。《系辞传》曰：'变动不居。'此虽言天化，而人治实准之。三世义者，明治道贵随时去故取新，度制久而不适于群变，故宜随时变易，以有功也。《易》曰：日新之谓盛德。富有之谓大业。乘时兴变，故德业富有日新而无穷也。三世者，通万世无穷之变，而酌其大

① 熊十力：《体用论》，中华书局 1994 年版，第 139 页。
② 同上书，第 146 页。
③ 熊十力：《十力语要》（一），辽宁教育出版社 1997 年版，第 66 页。
④ 熊十力：《读经示要》，中国人民大学出版社 2006 年版，第 127 页。

齐。"① 这里，我们又回到熊氏的改革理念了；这实际上是所有新儒家在现代化浪潮冲击下，不断思考、不断回答的现代文化演进观中的带有价值取向之问题。

然通观其论，熊十力确立意颇高地求中西之通："科学哲学，宜采西洋。尽性至命，要归儒术。"② 可见其在思想方法上尽管多有采择西学之处，但价值旨归，终立于儒家。其实，熊十力最为担忧的是："西化之真，无从移植得来。"而"固有之长，早已舍弃无余"。③ 站在儒家的立场，他要说："人不成人，胡言西化?"④ 而放眼世界，他又对晚明以来学子之心态卑琐极为激愤："其不足以应付现代潮流而措置裕如，固其势也。……故思想不得开拓，而以无用取容。儒学精神，至此剥丧殆尽。而可与欧洲文艺复兴时代相比拟耶?"⑤ 从熊氏这一深长浩叹中，我们大概也能感觉到他那点"现代"脉动了吧。然而，在熊十力这样的大儒身上，我们毕竟看到了一种两难境遇，熊氏希企立定传统脚跟而融通中西之学，从而在整体上把捉现代世界之动向；而现代史的逐页打开，却是此般地无如其意，尽管他是那样尽力地在学理中每每强调人文"作为"，乃至欧洲的"文艺复兴"也被其反复张言。

现在，我们可以这样概括说，在 20 世纪的现代新儒学复兴中，重建儒家心性之学而不废现代人文演进之路，可作为熊十力其人其学的基本定位。因而本章的最后，我们仍要以这位儒者面对现代世界所作的"演进"大愿作结："夫量宏而后可蓄德，志正而后可虚心，识远而后可强学，勇沉而后可有为。"⑥ 笔者以为，熊十力此四语，亦可为当代学人的励志之语。

---

① 熊十力：《读经示要》，中国人民大学出版社 2006 年版，第 341 页。
② 同上书，第 213 页。
③ 同上书，第 130 页。
④ 同上书，第 131 页。
⑤ 同上书，第 188 页。
⑥ 同上书，第 130 页。

第三章　张君劢:树立中华民族的文化自信

张君劢（1887—1969），出生于江苏嘉定，6 岁入私塾。儒医兼商人的家庭，从小滋养了他温和虔敬的性情；张君劢读书悟性过人，12 岁即奉母命考入上海"广方言馆"接受教育。正是在这里，他接触并大量阅读了译书局翻译的书，也正是这些西方典籍极大地开阔了他的学术视野。一位博洽的国文教师袁观澜（希涛），让张君劢接受了政治制度方面的启蒙；而广方言馆所授策论，更使张君劢得到撰写政论文章的训练。《资治通鉴》、《日知录》和《曾文正公全集》都成为他阅读的重点。1902 年，16 岁的张君劢考中秀才；1906 年赴日本留学，其间张君劢以立斋的笔名，翻译了《穆勒约翰议院政治论》一文，并在《新民丛报》发表，此为英国著名政治思想家穆勒（密尔）的名著《代议制政府》的摘译。1910年，张君劢毕业并获政治学学士学位，回国后经清廷最后一次殿试被授予翰林院庶吉士，正式成为中国末代翰林。然心系国家政治命运的他，不久即参加了梁启超阵营的政治活动，并在梁启超的安排下，于 1913 年赴德入柏林大学攻读政治学博士学位。梁启超曾以《中国三少年》为题，对民国初年三个年轻有为者表示赞赏，其中一人即为张君劢。张君劢留学德国期间，正值第一次世界大战；早期的学问，在此却成了他做一个出色政治观察家的基础，并促成了他后来 1918 年的二度留学德国。这一时期的留德对其哲学学术路向的形成，至关重要，张君劢曾回忆说："从倭（伊铿）攻哲学，并读哲学史与其他有关哲学之书。这次见面可以说是我从社会科学转到哲学的一个大关键。"[1] 当然，此期的张君劢又曾系统研究

---

① 张君劢：《我从社会科学跳到哲学之经过》，见张君劢《中西印哲学文集》（上），台湾学生书局 1981 年版，第 67 页。

过《魏玛宪法》，并于 1921 年撰写了《国民政治品格之提高》一文，深入比较了中西政治异同。他坚信拯救中国须以西方的"理性政治"取代中国的"武力政治"，并须首先建立一个理想的政党，此即其"理想的政党成，则理性政治之实现必矣"理念之建树，亦即其后来组党活动并成为"中国国家社会党"、"中国民主社会党"等党魁之萌始。这里需要强调的是，张君劢始终坚持要解决中国的问题，首先要清理中国的文化遗产，培育适于中国式宪政的国民。他的儒学研究，特别《新儒家思想史》的撰写，实为此而立基。综观张氏一生，实为一个既热衷政治活动从而实践儒家"兼济天下"理念，同时又始终坚持学术研究、希企以学术指导实践并力倡儒学复兴的新儒家代表人物。此诚如他自己主张的：不因哲学忘政治，不因政治忘哲学。

　　然而张君劢获得现代"新儒家"的盛名，是在 1958 年与牟宗三、唐君毅、徐复观三人联名发表那篇极为著名的《为中国文化敬告世界人士宣言》之后。唐君毅对其评价甚高："中国现代思想界中，首将西方理想主义哲学，介绍至中国，而立身则志在儒行，论政则期于民主，数十年来，未尝一日失所信者，当推张君劢先生。"① 这个评价特别是其中所言的"期于民主"、"未尝一日失信"，应当说十分到位地传达出了张君劢面对现代化的心态、理念；而言其在中国现代思想界"首将西方理想主义哲学，介绍至中国"，则实为推崇之语。因而，仅视其为复兴儒学的新儒家是不够全面的。的确，他极度强调树立"民族自信心"而"自创文化"②，但他也十分清楚地看到了真正能建树起文化自信是有前提条件的，这一前提就在"造成以精神自由为基础之民族文化"③。他对中国文化的演进及文化瞻望，建基于此。

　　如果说，承负着学术与政治的双重使命，确为其特色所在。那么，其早年即可见出的颇具现代意识的人文思想，就聚焦在"立宪"二字上。这里必须指出的是，早在 20 世纪 20 年代，张君劢就极富卓识地预见到制度确立之于现代化的重大意义："目前吾们国家最重要的事项，

---

　　① 唐君毅：《经济意识与道德意识》，转自黄克剑《张君劢小传》，见刘梦溪主编"中国现代学术经典"《张君劢卷》，河北教育出版社 1996 年版，第 2 页。
　　② 张君劢：《明日之中国文化》，中国人民大学出版社 2009 年版，第 85 页。
　　③ 同上书，第 85—86 页。

是确立吾们的政治经济制度，这就是大家所希望的中国近代化。"① 就此，他还十分尖锐地提出：须将他国的制度来源思想搞清楚，而大可不必以模仿他人为能事。事实上，这位曾一度被人号为"玄学鬼"的张君劢，一生还在不遗余力地倡言民主与科学；然而，必须看到的是，这是一种基于本位文化的倡言。所以，一方面，他极力倡言"中国现代化"；另一方面，又极力倡言"儒家思想复兴"；他以为这二者丝毫不矛盾。1965 年，他参加韩国高丽大学在汉城举办的"亚细亚近代化问题国际学术大会"时，所提交的论文即《中国现代化与儒家思想复兴》②。诚如其所言："'现代化'一词所指的则是从旧到新的一种改变，或对新环境的一种适应。……儒家思想的复兴适足以导致一种新的思想方法，这种新的思想方法将是中国现代化过程中的基础。我的看法是：儒家思想的复兴有助于或者是中国现代化的先驱。人们甚至可以说，在中国人心目中根深蒂固的儒家思想足可为导致中国现代化的基本方法。"③ 概言之，张君劢将其一生的奋斗都摄入了他对中国文化远景之瞻望中。他在《明日之中国文化》中断言：

> 吾人研求三四千年中，中印欧民族生活之经过，于是得一结论曰：以精神自由为基础之民族文化，乃吾民族今后政治学术艺术之方向之总原则也。④

如此倡导"精神自由"，甚至将其作为文化发展价值取向之"总原则"，这似有些像西方学者的口吻了。而其对议会政治的赞赏，甚至用马克思（尽管他对马克思多有误解）来支持自己的观点："马克思于英国十小时工作法案通过后，对于英议会与资产阶级大致赞赏之辞。可知议会政治自有改造社会之功用。"⑤ 这就更不像"玄学鬼"的口吻了。须知，张

---

① 张君劢：《中西印哲学文集》（上），台湾学生书局 1981 年版，第 194 页。
② 同上书，第 578 页。
③ 张君劢：《中国现代化与儒家思想复兴》，见刘梦溪主编"中国现代学术经典"《张君劢卷》，河北教育出版社 1996 年版，第 688 页。
④ 张君劢：《明日之中国文化》，中国人民大学出版社 2009 年版，自序第 1 页。
⑤ 张君劢：《中西印哲学文集》（上），台湾学生书局 1981 年版，第 161 页。

君劢晚年反复宣称自己"不敢自逸"① 的重要理由，即在国家政治与学术
二途。显然，在张君劢的观念中，文化之复兴与政治之前途，是一而不二
的内在连续性整体。如此，我们就不难理解为何张氏在抗战前后就有了
《民族复兴之学术基础》、《明日之中国文化》的演讲与著作集了。

一　文化自信与"自创文化"

张君劢强调民族自信，是建基于他对儒家思想的深刻认识上的，他坚
信儒家精神可以解决"现代"发展带来的诸多矛盾，他写下《现代世界
纷乱与儒家哲学的价值》一文，看来是极有针对性的："儒家的精神，可
以解决现代的矛盾。'道并行而不悖'。在西方，不但没有不允许思想的
自由发展，而且认为思想非自由不可。然而我们看到实际上历史的事实，
一种有力的思想，常常压倒了其他无力的思想。不过，儒家的精神，'道
并行而不悖'，天下许许多多的见解，可以存在，互不斗争，谁也不必打
倒谁。东、西、南、北无论走那一条路，彼此不会有矛盾和冲突的发
生。"② 确实，张君劢深信有了"道并行而不悖"这一儒家的根本精神，
加之儒家的知行合一观，还有儒家的形而上思想，不但可以有效诊治现代
病，且可以解决各种矛盾。应该看到，张君劢在儒家思想基础上强调民族
文化自信，张君劢丝毫不亚于其他新儒家人物。这也是他为何要下大工夫
著《明日之中国文化》而"求吾国文化之出路"③ 的宗旨所在。当然，
他没有忘记自己是一个人文学术的研究者，因而，对中国文化之出路问题
的探求，就远不只是人文价值取向的事了；明客观之理而达自救之目标，
就成为他的心志所在："一方认定各种文化之客观的研究为目前要务，他
方仍不忘求药自救之目的。"④ 这显然是韦伯所讲的事实与价值之二者，
张君劢所要做的就是将这二者统一起来。然确立自信的价值取向显然更为
急切，诚如其在《明日之中国文化》中所言：

---

① 张君劢：《中西印哲学文集》（上），台湾学生书局1981年版，第160页。
② 张君劢：《现代世界纷乱与儒家哲学的价值》，见张君劢《中西印哲学文集》（下），台
湾学生书局1981年版，第819页。
③ 张君劢：《明日之中国文化》，中国人民大学出版社2009年版，凡例第3页。
④ 同上。

今后文化之各方面，如政治、如学术之改革，其根本问题，在于民族之自信心。民族而有自信心也，虽目前有不如人处，而可徐图补救；民族而失其自信心也，纵能成功于一时，终亦趋于衰亡而后已。①

但，要真正确立起这种民族的文化自信，谈何容易。张君劢分明看到中国"秦后之两千年来，其政体为君主专制，养成大多奴颜婢膝之国民。子弟受大家族之庇荫，依赖父母，久成习惯。学术上既受文字束缚之苦，又标'受用'、'默识'之旨，故缺少论理学上之训练，而理智极不发达。此乃吾族之受病处，而应有以补救之者。凡图今后之新文化之确立者，宜对于此总病根施以疗治"②。施治必须准确到位，张氏将其病根定位在"专制"二字。据此，他的文化施治方案不仅有针对性思路，还有一个总纲："若但曰科学救国也、实业救国也，或曰德谟克拉西救国也；但表示其欣羡欧西近日之优长，而于此优点之所由来，未加深考焉。吾人以为今后吾族文化之出路，有一总纲领曰：'造成以精神自由为基础之民族文化。'"③ 可见，科学、实业、民主治国都是总纲中的思路、方法与步骤，总纲须有一个总体目标，这就是通过国民性的改造，达于以精神自由为基础的中华民族文化。无怪他要借德国哲学家菲希特谓民族精神可转弱为强之语，伸张吾中华民族："能自创文化。"④

然而，文化自信也罢，自创文化也罢，这一切均建立在培养独立自由之人格的大前提上。

张君劢从学理上论述道："精神之自由，有表现于政治者，有表现于道德者，有表现于学术者，有表现于艺术宗教者。各个人发挥其精神之自由，因而形成其政治、道德、法律、艺术。在个人为自由之发展，在全体为民族文化之成绩。个人精神之自由，各本其自觉自动之知能，以求在学术上、政治上、艺术上有所表现，经精神自由之表现，在日积月累之中，以形成政治、道德、法律，以维持其民族之生存。故因个人自由之发展，

---

① 张君劢：《明日之中国文化》，中国人民大学出版社 2009 年版，第 85 页。
② 同上。
③ 同上书，第 85—86 页。
④ 同上书，第 85 页。

而民族之生存得以巩固，此之谓民族文化。"① 就精神自由之体现来界定什么是"民族文化"，而这一界定对张氏学理的逻辑贯通十分重要。既然这样一个"民族文化"如此重精神自由，那么，它必定是注重创新的，由此而有了张氏的"自创文化"一说。然而，文化的创新是否与传统文化不相容呢？果如此，与张氏复兴儒学的宗旨就根本相悖了。所以，旧传统"必有待于精神之发展"，因为："无新精神之发展，则旧日传统亦无由保存。何也？旧传统之不能与欧西文化竞争，证之近百年之历史已甚显著，今后必须经一番新努力，以求新政治之基础之确立，而后旧传统反可因新努力而保存，而不至动摇。否则新者不能创造，而旧亦无由保存。此言今后文化者所当注意之点也。"② 这里的内在逻辑是：新的不能创出，旧的也就无法传承；传统因创新而得以延续。

其实，这正是文化演进的必然逻辑。

张君劢曾在概述自己学术思想的一篇重要文章中，谈到其一生有个志愿，在勉为读书明理之人。然其在"结论"部分深为感叹地说："居今日思想自由学说纷拏时代。求其为明理之一人，谭何容易？其在政治学上，有个人与国家，自由与权力之争。其在经济学上，有自由放任与计划统制，资本主义与社会主义之对立。其在社会学上，或侧重进化中之制度，或侧重职能。此各派之所以为说，各有应于时与地与人事之需要，初非逞其胸臆而快意一时而已。其在哲学上更有所谓唯心唯物一元多元机械论与目的论，或曰唯实主义实用主义与自然主义等门户之见。人事研究之者，贵乎博学慎思明辨，即乐于信奉一家之言者，初不可盲从一派之言，应求其正反两面而知彼此长短。尚能更进一步，将其互不相容者而融铸于一炉之中，宁非青出于蓝而胜于蓝之一大妙事。譬之物理界中机械主义之适用，自不可贸然进而入于生物界，目的论自有其至大至正之理由，而不容抹杀。政治学上既有个人与国家，惟有尊重自由，乃能养人之所以为人，亦惟有尊重秩序与权力乃成其所以为国。此我所谓两说之相反者非不可以相成者也。"③ 这段话再好不过地说出了张氏治学欲将不同学说"融铸于

---

① 张君劢：《明日之中国文化》，中国人民大学出版社 2009 年版，第 86 页。
② 同上。
③ 张君劢：《中西印哲学文集》（上），台湾学生书局 1981 年版，第 60 页。

一炉"之心态，他颇有信心地认定这是"青出于蓝而胜于蓝之一大妙事"；当然，这基于其深信学说乃可相反而相成的基本理念。说到这里，笔者以为要整体地把握张氏的学说，非读此文不可。张氏此文已明确指出："所谓主义，各有正反两面，应比较应参相互证。"① 此中还透露出两层重要信息：对于对立之学说，张氏是持不偏颇两端的态度；第二层信息是笔者极欲强调者，这就是张氏对自由人格理念之凸显，强调在个体一端，"养人之所以为人"，"惟有尊重自由"。此诚如其在《再论人生观与科学并答丁在君》一文中所言：

> 欧美百年来文化之方针，所谓个人主义，或曰自由主义；凡个人才力在自由竞争之下，尽量发挥，于是见于政策者，则为工商立国。②

此种洞识，对新儒家人物来说，即便发现，也难得肯认。但在张君劢的文献中则比比皆是，这与张氏在现代化历程展开过程中不断吸吮西学精髓有极大关系，可以说张氏关于养成个体自由人格之主张，即在现代化过程中逐步确立而成，此确为难能可贵也。然此中缘由即张氏在根本上持文化进化观："以全部文化史论，谁为文化史上之先登？以古代论，最著者有埃及巴比伦，继之而起者有希腊罗马，在东方者有中国与印度。研究文化史者总不能离此数国。譬如一村庄中，在科举时代，有一举人或进士，则此举人或进士即为某一村中之人望；在现时村庄中众望所归者为大学生，为留学生。此可见'文雅'原素在文化史中之重要性。人食人总不如不吃人肉的好；无文字总比不上有文字的好。文化之可贵者在此。而文化离不了'文'者，其原因亦在此。"故"那一民族智识先发达，即那一民族先有发明，即先有文化，而且占优胜地位"。③ 这实质上已是十分鲜明的文化进化论了。

张氏另一难能可贵处，在其能立于现代市民社会或现代民主国家之视

① 张君劢：《中西印哲学文集》（上），台湾学生书局 1981 年版，第 60 页。
② 张君劢：《再论人生观与科学并答丁在君》，见刘梦溪主编"中国现代学术经典"《张君劢卷》，河北教育出版社 1996 年版，第 652 页。
③ 张君劢：《明日之中国文化》，中国人民大学出版社 2009 年版，第 148、147 页。

角，来发挥其自由人格之理念："社会上、政治上能发展个性，爱自由，此为市府国家或现代民主国家之共同点。"① 而作为一生事业未离"立宪"二字的张君劢，之所以极其推崇个体自由人格，终亦未离此二字："后来各国宪法上有所谓信仰自由、思想自由之规定，即由此而来。我所谓理性与人格之发展者，此其一。"② 故其在如何确立未来"中国文化方针"中大胆放言：

> 据我看来中国旧文化腐败已极，应有外来的血清来注射他一番。故西方人生观中如个人独立之精神，如政治上之民主主义，如科学上之实验方法，应尽量输入。如不输入，则中国文化必无活力。③

张氏此论，非极端之论，而乃感触极深之语！试想，如无个体之真正的独立自由，岂能有整体之真正活力。故其深赞西方学者洛佛尔之言："以个人纳入家与国中而为其一员也，皆为中华人之种族的与国家的历久长存之大因，中华文化与其制度所以具有不可破坏之活力者在此。"④ 此虽为赞扬西方学者能洞见中国文化将个人融入整体的优长之处，而张氏本于养成个体独立自由人格之观念，又接着展开了对中国文化此方面弊病的批判："处二千年帝政之下，思想言论绝无自由，所凭之以为研究之对象者曰圣经、贤传，莘莘学子又埋首于科举帖括之业，以得一第为荣，则吾国学术之销沉，何足怪乎？"⑤ 这种深刻的批判，不仅很到位，而且十分尖锐。然而在学理上，是基于其对个体与整体即个人自由对民族生存的关系上的：因个体发挥其精神之自由而形成政治、道德、法律、艺术之文化——在个体固为其自由之发展，而在全体为民族文化之成绩。故民族之生存亦因个人自由之发展而得以巩固。在张氏看来，一个民族的整体文化就是在这一个体与整体的关系中形成的。然而，这完全是站在二者关系之统一上而立言的。问题在个体若未能真正实现其精神自由，整体（国家

---

① 张君劢：《明日之中国文化》，中国人民大学出版社 2009 年版，第 149 页。
② 同上书，第 153 页。
③ 同上书，第 137 页。
④ 同上书，第 100 页。
⑤ 同上。

民族）之长存如何能延续？可见，这仍是一种理想而已。张氏未必于此全无所见，故其更深一层的论述是："吾人亦知各个人之自由，非在衣食足仓廪实之后，不易说到。各个人在寒无衣饥无食中而谈精神自由，犹之缘木而求鱼。然西方正以其尊重各个人自由之故，在昔日有所谓救贫法，在今日有所谓劳动保险；可知中惟其尊重个人自由，乃能为人民谋衣食，与衣食既足而后人民自由亦易于发展之说，初非背道而驰。西方因尊重各个人自由之故，自法国革命以来，乃有自由平等之学说。其在宪法上，则有生命财产言论结社自由之保护。且为公民者，皆有参政之权利，一切设施，无不以民意为前提。"① 可见其不仅熟识立宪制度，亦深知西方人权之说；且能证之以中国古代衣食足仓廪实之论来展开其个体自由之说。

张君劢还十分敏锐地觉察到自由与责任的内在关联："命令之下之道德，而非出于个人精神上之自由也。吾国人之立身行己，与乎处于政府之下，皆曰有政府之命父母之命在，而不觉其为应有之责任。此命令式之政治、命令式之道德与夫社会上类此之风尚一日不变，则人之精神自由不离乎团体，不离乎国家。团体国家之行动与法律，所以保护个人；个人各尽其尽力，即所以维持团体。故其守法、其奉公，皆出于各人固有之责任，以自效于团体之大公，而非有惮于他人之威力也。此自动之精神不存在，即责任之心无由发生；而求如西方人之于自己工作、于参与政治、于对外时之举国一致，皆能一切出于自动，不以他人之干涉而后然者，吾将何以致之乎？"② 自由与责任的辩证统一，道德的自动自觉，这其实都是个体自由的必备条件；张氏固然有儒家学说为其基础，但不能不看到西方自由精神对于他的触动。身处现代化浪潮之中，他其实早已感到若不培养中国人之个体独立自由人格，是无法适应于这个时代了；而责任之心无由发生，其前提则在"自动之精神不存在"。

要言之，张君劢反复提及的个体人格之养成，不仅是把脉时代而有自己的深痛感觉，更根本的理由仍是在学理逻辑与历史发展的一致：宗教改革、文艺复兴、科学兴起、民主政治，"此四大事背后，有其一贯之精

---

① 张君劢：《明日之中国文化》，中国人民大学出版社 2009 年版，第 87 页。
② 同上。

神，即个人理性与人格之发展"①。因而，在此，我们仍要将张氏的"总原则"作再次提示："以精神自由为基础之民族文化，乃吾族今后政治学术艺术之方向之总原则也。"② 这一精神自由观，决定了张氏整个人文观的形成。

二　中西"汇为一大洪流"的文化演进观

张君劢在《新儒家哲学之基本范畴》中宣称：

> 盖惟有采西方学说之长，而后吾国学说方能达于方法谨严，意义明确，分析精到，合于现代生活，亦惟有以吾国儒家哲学为本位，而后本大道并行万物并育之旨，可集合众家之说，以汇为一大洪流，兼可以发挥吾国慎思明辨而加上笃行之长。③

可见张氏虽以中国儒家哲学为本位，却丝毫不排斥西学，甚而以采西学之长为发展我固有学说之前提条件，可见其在基本理念上是持一种中西"汇为一大洪流"的文化演进观。此中更可透见的，是其真正地服膺西学中的科学精神，而求"达于方法谨严，意义明确，分析精到，合于现代生活"之目标。张君劢十分认肯现代社会的"进步"意义，并认定这一进步是要通过思想方法与科学精神来达到的。他曾深有感触地说："假令我们今后不在思想上求活跃之方法，在科学，哲学方面，便一定没有进步。"④ 据此，他强调要追究西方科学精神的来由："科学精神，在法国十九世纪之初，便完全确立，后来德国将此种研究方法移到德国去，不及数十年，不但能如法国一样，而且更能胜过法国，这内面的内幕，我们应该调查，换句话说，我们应注意科学发展的总关键，

① 张君劢：《明日之中国文化》，中国人民大学出版社 2009 年版，第 152 页。

② 同上书，自序第 1 页。

③ 张君劢：《新儒家哲学之基本范畴》，见刘梦溪主编"中国现代学术经典"《张君劢卷》，河北教育出版社 1996 年版，第 666—667 页。

④ 张君劢：《中西印哲学文集》（下），台湾学生书局 1981 年版，第 1010 页。

而不应该单注意分门的研究。"① 总体看，前述张氏所言"采西方学说之长"而"合于现代生活"，其论不仅有学理之依据，更有历史事实之依托："盖今日西方制度，是起于文艺复兴之后，已有了四五百年的历史，生活是日日在改进中，制度时时在演进。我敢说，生活观念不变更，新制度是不会随之而起的。"② 这里再一次强调了制度的"演进"要与现代生活观念相应。

值得提出的是，张君劢还别出心裁地提出了"智识力"、"道德力"、"思想力"等概念，尤其将"思想力"概念与思想学说创造联系起来："思想力这件事，时而注意这一方面，时而注意那方面，是不可思议的，我们应该培养他，训练他，使他认识问题，然后进一步能发现公例。哥白尼因旧天文学之基础，而发见地动之说，克魄雷又以哥白尼学说为基础，而发见行星轨道椭圆说，乃至于康德折衷英国经验派与大陆派理性主义之学说，而有所谓批导哲学，可以说这都是思想家特出的与创作的产物。假定我们不知道培养这种思想，而但喊'发达科学'，恐怕科学终是不能发展的。"③ 思想力是可以训练的，而缺失培养训练，则无从创造，更无从发达科学。张君劢是十分注重"思想力之培养"④ 的，他曾专门撰写了《养成民族思索力》一文，文中称我们这个时代为"大时代"，而在这一大时代中，"怎样接受西洋文化把东方改良起来，这是普遍的任务。在普遍任务之下，我想不外二点。（一）学理上怎样研究，（二）事功上对国家如何贡献"⑤。这全然是一副以西洋文化为参照系而来改良东方的腔调了，甚至强调到"普遍任务"的高度。或许是在谈到"学理"与"事功"上，非得如此这般说法而容不得"以儒为本"了。

事实上，张君劢非常重视学理研究的原则、门径与方法，他以为中国思想虽以实有之学即"万物之有"为大体方向，但较西方远为逊色，特别就精密程度而言。他颇有眼力地指出："就有之为有之学问分科言之，所谓天文地理生物植物社会国家等学，自西方输入以来，方始有之。此由

---

① 张君劢：《中西印哲学文集》（下），台湾学生书局1981年版，第1011页。
② 张君劢：《明日之中国文化》，中国人民大学出版社2009年版，第174页。
③ 张君劢：《中西印哲学文集》（下），台湾学生书局1981年版，第1010页。
④ 同上书，第1009页。
⑤ 张君劢：《中西印哲学文集》（上），台湾学生书局1981年版，第192页。

于吾国但知有六艺，而自然界之分科迄未确立。……第二、学术必以逻辑数学为基本。吾国逻辑之学在东西交通以前，不视为应用之于思辨，治学方法中不知有定义，又不立每一学问之界限，因而每一学问之基本概念不具备，亦即每一学问之系统未由建立。现代科学以数学为基础，大而日月星辰，小而原子电子，何一物能离乎质量速度之计算。吾国物理学者于原子学说之发明，亦能追随世界科学之后。然西方探幽索隐之工，岂吾人所能企及乎？第三、吾国传统向重道德轻智识……因此实验事物之知识之淹没者二千余年之久。今后苟不以外界事物为研究对象，而但求之于口辩与文字考证之中，则名为注重科学，而反以害之。第四、儒家之于智识，对于一草一木，非不知注意，然在吾国既无教会之组织，因而缺少对于智识之迫害之刺激。蒲罗诺之焚烧，格里雷氏取销学说之要求，正所以促进欧人对于自然界之研究，而与吾国之不闻不问者正相反矣。此四者即年来国人所提出科学所以不发达之答案。而依我言之，名数二者之不发达，思想之不精密为其总因也。今后所以补救所以奋起之法，惟有侧重科学，此为全国人之公意，无俟烦言矣。"① 这里不仅谈到了学术的基本前提在逻辑，且概念之"定义"、学科之界限、学问之系统，都是学术的基本原则。此中尤为深刻的是提出了中国"科学所以不发达"的问题，并果决地作出了自己的答案：名数二者之不发达与思想之不精密系统。实际上，张君劢不仅看到了科学的核心是在名数——逻辑与数学二者，同时更洞察到科学的正确结果须通过实验来检验。他如此说道：

　　现在大家皆知尊重科学，而科学之最要特性即在其正确性，一步一步地求其数字的表现，再试之于实验，以求其答案。国人在思想上最笼统、最广泛，你和他谈数字，他表面上不便反对，而实则终不相信。②

中国传统思维的"笼统"性、无边际的"广泛"性而不求诸验证，

---

　　① 张君劢：《新儒家哲学之基本范畴》，见刘梦溪主编"中国现代学术经典"《张君劢卷》，河北教育出版社1996年版，第674页。
　　② 张君劢：《明日之中国文化》，中国人民大学出版社2009年版，第174页。

正是张氏批判所在，其实这也正是张氏每每强调要采西学之长补己之短的根本所在。

张君劢还常以文艺复兴后的欧洲与希腊时代为线索来展演欧洲文化之特点，并追究了其以自然界为对象而长于寻求知识，以论理学为标准而深入事理物理的缘由。他深信："那一民族智识先发达，即那一民族先有发明，即先有文化，而且占优胜地位。"① 这显然是持文化进化观而得出的结论。基于此，他极为强调学问的态度，倡言学问的真精神在追求真理，而这种追求真理之精神并非以太平安乐环境为前提。他曾作出了一系列的发问："我要反问一下，世界上科学与哲学思想的发动是不是一定要等到国家太平，人民生活安居乐业之后呢？试问英国哲学家活跃时代，像浩（霍）布士、洛克等人是不是生活在英国内乱时代，逃来逃去，自己国内不能住，要逃到法国去呢？再问德国的大哲学家康德，其所处之时代又如何呢？乃至我们的孔子、孟子，他们的著作思想是在太平中成功呢，抑或在乱世中成功？"② 他甚至赞扬美国哲学的创造性："美国人对于哲学有一种志气，有一种创造性。"③ 于是，他深心冀望："儒家哲学与西方哲学之交流与互为贯通，不独可以补益东方，或者可以产生一项交配后之新种也。"④ 这既展现出他一种识量，更体现出他一种冀望哲学创造的深层心理。当然，这一切都是以其肯认他人之长、谦受他人之学为前提的。

三　现代化标志及民主政体的探究

牟宗三曾如此评价张君劢关于"民主政体"之政治意识："对于民主政体建国的政治意识，一生信守而不渝，梁任公而外，惟张君劢先生能之。他能保持西方理想主义之正音，他能毅然肯定宋明理学之价值。"⑤ 牟宗三认为民主政体的出现，即便在西方也有一历史文化的长期酝酿与演

---

① 张君劢：《明日之中国文化》，中国人民大学出版社 2009 年版，第 147 页。

② 同上书，第 129 页。

③ 同上书，第 128 页。

④ 张君劢：《新儒家哲学之基本范畴》，见刘梦溪主编"中国现代学术经典"《张君劢卷》，河北教育出版社 1996 年版，第 667 页。

⑤ 牟宗三：《中国数十年来的政治意识——寿张君劢先生七十大庆》，见牟宗三《生命的学问》，广西师范大学出版社 2005 年版，第 39 页。

进才达至的；而对中国人来说则是全新的，因其全新，而其难实行也是无疑的。新的政体要在中国知识分子的意识里生根并形成习惯，如从自家的生命里发出，是十分难做到的。所以牟宗三的历史哲学就是一种强调"文化生命"的哲学；有生命才有活力。张君劢正是这样一个极度重视民族文化"活力"的儒者。他意识到：有活力斯有文化，无活力斯无文化；故前述张君劢倡举"智识力"、"道德力"、"思想力"等概念，均在其所张举的"活力"范畴内。然须知，张氏言文化的高明之处，又在其能与政治、制度关联起来，如说："文化为物，发之自内，由精神上之要求，见之于制度文章。"① 由内而外，文化必见之于制度上。由此，张君劢更进一步指出："据我看来中国文化腐败已极，应有外来的血清剂来注射他一番。故西方人生观中如个人独立之精神，如政治上之民主主义，如科学上之实验方法，应尽量输入。如不输入，则中国文化必无活力。"② 此中明确指出了西方文化中的个人独立精神与政治上的民主主义。说到底，张君劢诸多的"活力"概念，其思维指向之一还在"好政治"上。他以为："一国以内，先要人民的智识力，道德力充实，然后才有好政治，如果不然，天天空口希望好政治，是无用的。我因为怀疑于民元以后的政治，所以时常心上要求一种最基本的方法，对民族之智力、道德与其风俗升降之研究，时常感觉必要。可以说因为国内政治恶浊，迫得我采取一种思考的态度。"③ 正因为他对现代政治有诸多期许，所以他才对民主政治的价值取向作出了方法论的思考。

其实，更值得称道的是，张君劢进一步从其大文化观视角思考了现代化的标志是什么？在张君劢看来，这一标志不仅在科学，也在民主。他如是说道："一般地说，科学与民主的标识被用来作为现代化的标识。"④ 既然民主是标识之一，那就值得从学理与历史二者去深究了。张君劢在欧洲留学的经历，不仅究心于欧洲的哲学史、科学史，亦究心于其历史、政

---

① 张君劢：《欧洲文化之危机及中国新文化之趋向》，见张君劢《中西印哲学文集》（上），台湾学生书局1981年版，第225页。

② 同上。

③ 张君劢：《我从社会科学跳到哲学之经过》，见张君劢《中西印哲学文集》（上），台湾学生书局1981年版，第67页。

④ 张君劢：《中国现代化与儒家思想复兴》，见刘梦溪主编"中国现代学术经典"《张君劢卷》，河北教育出版社1996年版，第689页。

治，这使他将"民主政体的兴起"亦作为欧洲走向现代化的里程碑之一："人们翻开欧洲现代史，便发现将欧洲引进现代的是若干知识界领袖。下列名词如文艺复兴、科学发展、宗教改革、专制君主及民主政体的兴起，都是欧洲走向现代化的里程碑。"① 重要的是，张君劢能够深入到这些知识界领袖人物的思想深处，从而作出了自己的判断："在宗教方面，我不得不提一提新教领袖路德……他为良心自由也为人权奠立基础。……在政体方面，我要提出初期中的布丹、亚尔秀夕斯与格老秀斯，以及后期中的霍布斯、洛克与卢梭。他们的社会契约与自然权利说导致了立宪政体与民主政体的制度。"② 张君劢洞察到：正是思想家与知识界领袖人物的学说，才真正导致了立宪政体与民主政体制度的确立；作为人类历史上具重大价值的文艺复兴、宗教改革等一系列事件，其催生并直接导致了现代化特征的产生。基于此，他确认："我觉得，基本上，人的理智自主是现代的真正动力。这从不同领域的不同方式中都看得出来。在宗教方面，它叫做良心自由；在哲学与科学方面，它叫做理性论与经验论；在政治与经济方面，它叫做人权与自由竞争。"③ 可以说，张氏对民主思想与民主政体的深究，从这里开始。

张君劢甚为看重穆勒所强调的一国之政体须匹配于一国国民之性情，方能运转；他以为此学说甚为适合中国改良立宪派的主张。故于早年张君劢就已撰写过《论今后民党之进行》一文，文中倡言国民教育，提高国民素质，使国民真正成为现代公民。一方面，张君劢是从现代化标志的学理上探究了民主的合理性；另一方面，张君劢更从历史透视欧美宪政，此仅举一例："英国宪政维持几百年而不隳，尽管世界潮流日在变动之中，英之宪政还是有毅力地有活气地进行下去。尽管有独裁者攻击他，他依然表现他的成绩。遇有对外战争之日，他能集中权力以渡过难关，此乃其所以能历久而不敝。此就政治上言与我中国不同者一。"④ 历史的透视，让他感触极深。他曾如此浩叹：

---

① 张君劢：《中国现代化与儒家思想复兴》，见刘梦溪主编"中国现代学术经典"《张君劢卷》，河北教育出版社1996年版，第689页。

② 同上书，第690页。

③ 同上书，第691页。

④ 张君劢：《明日之中国文化》，中国人民大学出版社2009年版，第178页。

　　自十九世纪之初以迄今日，中国之名教、纲常、政治、经济，与
夫学术，无一不投之于"穷通变久"之大洪炉中，求其有推陈出新
之一日，此目为主变法主革命与改造学术思想者之先见，非今人所得
而否认者也。然同一变也，何以在日本如是其轻而易举，在吾中国如
是其酷而虐；何以在印度推翻大英帝国三百年之统治，不见有流血之
惨，且保存英人所传授之议会政治而措之裕如，而在吾国所谓议会无
一次不有名无实……天之所赋与于吾国者，在十九世纪之前，如彼其
富厚，而今日之遭遇，如彼其惨酷，此百思不得其解之一事，其能因
难索解而漫然置之乎？①

　　张氏对议会政治的热衷实出于其民主理念，所以他得出一个让人难以
接受但又不得不正视的结论："当欧洲自现代化以来，生活上有了改变与
谋求进步之时，中国恰正相反。"②他认定晚明以后，中国即步入了一个
思想活力没落之时代："王阳明及其弟子去世之后，中国思想界的活力便
没落了。……这乃是停滞时期，在这个时期中，儒家思想的陈腐表现又出
现了。"③此论虽让人难以接受，但却不乏精彩之处。因在张氏眼中，欧
洲步入近现代的标志，与其自然权利说导致的立宪政体、民主政体制度的
确立是相应的。

　　质言之，张君劢是将自然权利基础上的"民主政体"，与帝王政治基
础上的"君主专制"，作为了一对对立范畴，这相当鲜明地呈示出其立
场："天赋人权照我上面所说，即是人人有其尊严的地位。这学说最初发
生的时候，完全系针对君主专制政体而起。"④然而我们要说的是，对这
位新儒家来说，他更多的是探讨了西方民主政体的思想来源而已。

　　张君劢由此立场，而将其思维理路延伸至西方的民主政治，并深究到
文艺复兴后的"新人生观"，他声言："谈到民主政治，不能不推源于民

① 张君劢：《中西印哲学文集》（下），台湾学生书局1981年版，第1393—1394页。
② 张君劢：《中国现代化与儒家思想复兴》，见刘梦溪主编"中国现代学术经典"《张君劢
卷》，河北教育出版社1996年版，第691页。
③ 同上书，第692页。
④ 张君劢：《欧洲文化之危机及中国新文化之趋向》，见张君劢《中西印哲学文集》（上），
台湾学生书局1981年版，第247页。

约论以后之政治思潮。此科学、此思潮，不能不推源于西方文艺复兴后之新态度或新人生观。其一脉相传的史实，可分四点来说：（一）宗教改革；（二）文艺复兴；（三）科学兴趣之重兴；（四）民主政治运动。"① 事实上，张氏已然洞见此种新人生观的确立，与路德宗教改革有深刻的内在关联："路德提出良心上之自动自发说，要求信仰与行为之一致，对于有权力之教会以极大打击，而当时欧洲人心因此得一大刺激，自不待言。由路德自身而推及于一般社会，致后来各国宪法上有所谓信仰自由、思想自由之规定，即由此而来。我所谓理性与人格之发展者，此其一。"② 张氏将民主自由深究到马丁·路德的宗教改革，是确有理据的；而这个理据就在其所说的"理性与人格之发展"上。这里我们仍要作一回溯，张君劢早在《新民丛报》上发表其处女作《穆勒约翰议院政治论》时，可以说就开始了他对议会政治的学理探讨，而这一探讨又与他结识梁启超而开始的立宪政治活动是分不开的。

这一章的最后，笔者想举出与张君劢、牟宗三两人有关联的一句话，此话即针对政体而言的"中国以前只有吏治而无政治"。学界多将此语作为牟先生所言，但事实上，牟宗三在为张君劢做七十寿辰时写下的《中国数十年来的政治意识——寿张君劢先生七十大庆》一文中明确指出："君劢先生尝谓予言，中国以前只有吏治，而无政治。此语对吾影响甚深。吾乃知以前君主专制之不行，与乎民主政体之进步。凡吾今日对于政治所有之一点知识，皆先生之所赐。目击而道存，固胜于读坊间之政治学也。"③ 以牟氏此语作结，意在让读者领悟张君劢政体说深意之所在。

---

① 张君劢：《明日之中国文化》，中国人民大学出版社 2009 年版，第 152 页。
② 同上书，第 152—153 页。
③ 牟宗三：《中国数十年来的政治意识——寿张君劢先生七十大庆》，见牟宗三《生命的学问》，广西师范大学出版社 2005 年版，第 39 页。

第四章　冯友兰:"开来"、"继往"而力探 "新性"的人文变革观

　　冯友兰（1895—1990）字芝生，河南唐河县人。是中国当代著名哲学家、教育家、现代新儒家代表人物。冯友兰7岁即接触了《诗经》、《论语》、《孟子》、《大学》、《中庸》等儒家经典，后阅读过黄宗羲《明夷待访录》等带有民主主义色彩的文献，又对形式逻辑发生兴趣，并由此而引起了对哲学的浓厚兴致。1915年9月，冯友兰考入北京大学，开始接受较为系统的哲学训练。北京大学作为新文化运动的发源地，让冯友兰眼界大开；而在北大领略胡适和梁漱溟二先生风采并受益于其教诲，则是他学术之路的开始。当时胡氏与梁氏各据讲坛而展开的东西方文化大辩论，确给冯友兰莫大启迪，尤其是对冯氏以后的中西哲学之探讨与中西文化关系之思考，影响巨大。其时，各种思想与流派可谓风云际会；它们之间围绕中西文化问题展开的全面而深入之较量，至今看来颇具学术史意义。而对冯友兰来说，当时中国文化的出路与中国向何处去等问题，确是他最为关心、持续思考与深入探求的所在。他自谓生活在不同的文化矛盾冲突的时代，并在《三松堂学术文集》自序中坦言：六十多年间所讨论的问题，就是以哲学史为中心的东西文化问题。纵观冯友兰一生的学术探究及思想的演变，确实是围绕着中西文化问题这一主轴而展开哲学求索的。冯友兰毕生以复兴中华传统文化、弘扬儒家哲学思想为己任。前期治学旨趣在中国传统哲学，后期则重在以"六经注我"的精神，运用西方新实在论哲学重新诠释、阐发儒家思想，并以其为复兴中华民族之思想基础。他以"接着讲"的思路而著《新理学》等"贞元六书"，实已构成一套完整的新儒家哲学思想体系，

"是对于中华民族的传统精神生活的反思"①；其作为冯氏哲学思想成熟的标志，也成为他一生治学之最高成就，并由此而奠定他作为"现代新儒家"的基础。其代表作早期有《人生哲学》、《中国哲学史》；中期有《新理学》、《新事论》、《新世训》、《新原人》、《新原道》、《新知言》，合称《贞元六书》；后期有《中国哲学史新编》（七卷本）等；其所有著述被编为《三松堂全集》。

在现代新儒家人物中，冯友兰以其特殊的留学经历，具备了其同时代学者难以具备的特殊视角。杜威的实用主义及美国哲学界的新实在论，都对他发生过较大的影响；就在他求学美国哥伦比亚大学期间，杜威曾给冯友兰写过推荐信（奖学金申请推荐信），信中说："冯君这个学生是一个真正学者的材料。"这让冯友兰大受鼓舞，冯友兰在以后的回忆中深情地说道："我没有得到这项奖学金，但是这句话使我获得鼓舞和信心。倘若杜威教授今天还在，看到这个学生还没有完全辜负他的赞许，也许会高兴吧。"② 可以说，正是冯友兰的西学训练，使他有了独特的观照中学的视角，从而使其面对现代化浪潮而建树起自己独有的现代人文观。概言之，这是一种立于"开来"、"继往"的逻辑连续性基础上的人文变革观。何以说"人文现代观"？因为这是一种涵括"人生境界"的现代观，而人生境界说之于冯友兰，则无疑源自其中国文化的深厚功底。当然，我们千万别忘记的是他的人文意识与现代意识是融为一体的。他的现代意识一点不比其他新儒家来得弱："科学的进展突破了地域，中国不再是孤立于'四海之内'了。她也在进行工业化，虽然比西方世界迟了许多，但迟化总比不化好。说西方侵略东方，这样说并不准确。事实上，正是现代侵略中世纪。要生存在现代世界里，中国就必须现代化。"③ 他深信是中古文化与近代文化之实质性差异，造成了东西文化之不同。因而，从中古演进到近现代，乃历史之必然；中国必须服从这一必然的演进规律。基于这一认识，他甚至严厉批判民国初年人注重玄谈从而延迟了中国工业化二十年：

---

① 冯友兰：《三松堂自序》，见鲍霁主编《冯友兰学术精华录》，北京师范学院出版社1988年版，第421页。

② 冯友兰：《三松堂自序》，见《三松堂全集》第1卷，河南人民出版社2001年版，第54、306页。

③ 冯友兰：《中国哲学简史》，北京大学出版社1985版，第35页。

"民初人之注重玄谈，使清末人的实业计划，晚行了二十年。此即是说，使中国的工业化，延迟了二十年。但中国之必须工业化的趋势，是客观底情势所已决定，人在此方向的努力或不努力，可以使此趋势加速或放慢，但不能使之改变。"① 应当看到，这种强调"客观情势"论调，是深含唯物史观规律意识的。

这里必须提及的是，在冯友兰一生的学术历程中，确实是在构筑一个中西哲学交融的哲学体系，对此，柴文华有一评价："笔者一直以为，冯友兰的哲学体系是中西哲学相互融合的范例之一，他借鉴维也纳学派的逻辑分析方法，对中国哲学特别是程朱理学的范畴、观念进行了形式化的洗练，从而建构起被维也纳学派取消的'空灵'的形上学。可以说，冯友兰的哲学是一个不中不西、亦中亦西的体系，体现了融合中西哲学的积极努力。"② 诚然如此，但我们此处还要强调的是，冯友兰应该说比其他新儒家对马克思主义投以了更多的关注，这不仅体现在其后期所著的《中国哲学史新编》的那篇长长的"全书绪论"中，也散见在其他文献中。冯友兰深刻认识到："马克思主义发现了自然、社会和人的思维的发展的一个总规律，辩证法。这个规律也就是研究自然、社会和人的思维的发展方法。"而"社会的发展的最后动力是生产力的发展"③ 这一原理，尤其是他本人也不断加以阐述过的。而从其对生产方式变革及经济建设规律的认识看，他对历史唯物主义恐不只是同情而已；他非但强调产业革命对中国现代化的决定性作用，还坚信中国要摆脱被人欺负的历史，就必须加入到现代化的行列中。

新中国成立后，他还曾明确提出："现在的中华民族是靠马克思列宁主义、毛泽东思想团结在一起的。"当然，他与其他新儒家对传统文化作为前提的承认仍是一致的，所以他接着说："但这是在原有的中华民族之基础上更进一步地团结。孔子和儒家在中国历史上所起的团结中华民族的作用，是不能否认，也是不应否定的。"④ 应该说，这位受过中西学熏陶的新儒家

① 冯友兰：《新事论：中国到自由之路》，生活·读书·新知三联书店 2007 年版，第 67 页。
② 柴文华：《现代新儒家文化观研究》，生活·读书·新知三联书店 2004 年版，第 49 页。
③ 鲍霁主编：《冯友兰学术精华录》，北京师范学院出版社 1988 年版，第 529、528 页。
④ 同上书，第 543 页。

代表人物，其整体思想呈现出人文精神基础上的古今、中西交融之特征。

一　涵括"人生境界"的现代人文观

说冯友兰的人文观是一种涵括"人生境界"的现代人文观，首先可从哲学层面看，此即冯氏强调的如何由哲学而达至理想人生："中国思想如何对未来世界哲学可以有所贡献。我只讲两点：一点是哲学使用的方法，一点是由哲学达到的理想人生。"① 可见他对中国哲学之于未来世界，充满了一种理论自信；而这种自信源于中国思想中"理想人生"境界之深刻内涵。从历史文化层面看，我们说冯友兰的人文观是一种涵括"人生境界"的现代人文观，其意则更有两层，一是其人文观中不仅有"现代"因素，且强调进于"自然"的"社会"因素。如其所说："用《新事论》的说法说，资本主义还不是彻底的以社会为本位的社会……中国现在是以社会为本位的所有制前提，进行工业化，这样的工业化成功了，以社会为本位的制度就更加健全，中国的社会主义社会的基础就更加巩固。这就不仅是'中国到自由之路'而已。"② 可见其将社会因素强调到何等程度。二是其"人生境界"的分层递进，有鲜明的人本主义价值取向。他在《三松堂自序》中就强调：人生于自然界中，然而又是社会的一员；自然与社会是他生活的两重环境。而他的人生境界说就始于这两重环境。他说："人在生活中所遇见的各种事物的意义构成他的精神世界，或者叫世界观。这种精神世界，《新原人》称为'境界'。各人的精神境界，千差万别，但大致说，可以分为四种。一种叫自然境界，一种叫功利境界，一种叫道德境界，一种叫天地境界。"③ 我们知道，20 世纪 40 年代冯友兰所著的"贞元六书"，是其新理学思想框架的构成；其中完成于1942 年的《新原人》，已完整地提出了人生四境界说。这里，我们还要从冯先生弟子涂又光 1986 年翻译的、冯氏于 1948 年为美国《哲学评论》杂

---

① 冯友兰：《中国哲学与未来世界哲学》，见鲍霁主编《冯友兰学术精华录》，北京师范学院出版社 1988 年版，第 550 页。

② 冯友兰：《三松堂自序》，见鲍霁主编《冯友兰学术精华录》，北京师范学院出版社 1988年版，第 436 页。

③ 同上书，第 439 页。

志"东方哲学讨论"专栏所作的一篇论文说起，此文是日本一学者收集而推荐给涂又光的。原文名为《中国哲学与未来世界哲学》，文中断言20世纪初以来"中国的混乱，是中国社会性质由中世纪向现代转变的一个方面。在这场转变中，造成了新旧生活方式之间的真空，传统的生活方式已经古老废弃，新的生活方式仍然有待于接受。这样的真空，十分不便于实际日常生活，但是很有利于哲学，哲学总是繁荣于没有教条或成规约束的人类精神自由运动的时代"①。此中"真空"说的提出，实为冯友兰的卓见。更为可贵的则是冯氏以其敏感的思想触角，对这个"新旧生活方式之间的真空"以及发展演进得很快的变革世界有了自己的把握，从而导致他在此论文中大胆提出了"中国思想如何对未来世界哲学可以有所贡献"的设想，他提出："我只讲两点：一点是哲学使用的方法，一点是由哲学达到的理想人生。"② 众所周知，此"理想人生"，就是冯友兰再次提出的最具创意的人生四境界说："从最低的说起，它们是：自然境界，功利境界，道德境界，天地境界。"③ 四境界说所涵括与表征的中国人文思想是极为深远而丰富的。笔者以为，其时的冯友兰已然深刻地认识到：中国文化与哲学要为世界作贡献，就必须做到，立于现代的科学世界，发掘富含中国传统思想中的人文因素。而四境界说，就代表了这一"中国哲学对人生的启示"，用现代术语说，这一人生启示有着鲜明的以人为本的价值取向。诚如其所说：

　　　　中国哲学对人生启示的就只是这个公开的秘密。它不过是将人生当作一个自然的事实，努力在精神上改进它，以求使之尽量地好。这里并非简单地是一套道德说教或宗教教条，如有些人设想的。这里是一种年代久远的尝试，要改变日常生活的意义和价值，使之具有在最好意义上的最高价值。这说明为什么，通贯中国历史，哲学能指导精神生活而毫无超自然主义，又能指导实际生活而不低级庸俗。中国若能对未来世界哲学作出贡献，那就是这个公开的秘密：就在日常生活

---

① 冯友兰：《中国哲学与未来世界哲学》，见鲍霁主编《冯友兰学术精华录》，北京师范学院出版社1988年版，第549页。

② 同上书，第550页。

③ 同上书，第556页。

之内实现最高的价值。①

　　此中值得注意的是，人生作为一个"自然的事实"，诚然有"改进"的可能，而中国哲学的价值就在促使人们"努力在精神上改进它"；更为重要的是，冯先生看到了这一精神层次的演进是"一种年代久远的尝试"，绝非一蹴而就。可见，此"尝试"同时也是一种文化演进的过程。因而，若要立于现代社会而以中国哲学来对人生作指导，那么，四境界的人生层级的演进，也就必然地要列入社会文化演进的范畴之中了。何以见得？只要认真读了提出境界说一书的《新原人》之"自序"，就十分清楚了。自序开篇即显示其鲜明的人文取向："'为天地立心，为生民立命，为往圣继绝学，为万世开太平。'此哲学家所应自期许者也。况我国家民族值贞元之会，当绝续之交，通天人之际、达古今之变、明内圣外王之道者，岂可不尽所欲言，以为我国家致太平，我亿兆安心立命之用乎？虽不能至，心向往之。"② 此足见其人生境界说之创，原是有着极为深厚的人文大愿的。故其谓"阐旧邦以辅新命"，实可见出其鲜明的人文价值取向；而"极高明而道中庸"，则进一步表征了其心志在将哲学本体论落实于社会文化的演进问题上。

　　可见，冯友兰的人文观，确有一条社会、人生、文化的逻辑通道。故称其现代观为一种"现代人文观"可乎？

　　作为曾获美国普林斯顿大学、美国哥伦比亚大学名誉文学博士并确立了新实在主义哲学信仰的冯友兰，在其新理学体系中建构一种自己独有的现代人文观，乃是十分自然的事。值得一提的是，西方的教育非但没有使其"西化"，反而成了他把新实在主义同程朱理学结合起来并建立起新理学的基础性要素。在他眼中，现代化不是欧化，"现代化可，欧化不可"③。诚如其所说："在现代，我们有许多新底东西，新底观念，以及新底见解，因此亦有许多新名词，新说法。我们现在底人说底或写底言语

　　① 冯友兰：《中国哲学与未来世界哲学》，见鲍霁主编《冯友兰学术精华录》，北京师范学院出版社 1988 年版，第 560 页。
　　② 冯友兰：《新原人》，生活·读书·新知三联书店 2007 年版，自序第 1 页。
　　③ 冯友兰：《新事论：中国到自由之路》，生活·读书·新知三联书店 2007 年版，第 115页。

中，有新名词，新说法，乃是因为我们是现代底人，并不是因为我们是欧化底人。……我们说：'民主政治是最好底政治。'这话亦是以前所没有底，但这话与'人为万物之灵'，同是道地底中国话，不是欧化底中国话。这是就所谓新东西及新观念说。就我们现代人的思想说，我们现代人对于事物，观察较清，分析较细，自然有许多分别，以前人所未看到者，我们现在看到了。……若说这段话是什么化底，我们说它是现代化底。"①其实这段话所透露出的，不仅仅是冯友兰对欧化、现代化的基本理解；更重要的是，其所举例的那句话"民主政治是最好底政治"，其中所涵括的现代意识，竟然超越了 70 多年后的当代人。当代学人似乎更为理性，他们宁愿说：民主政治是次好制度，没有最好。

此处我们不能不进一步看到的是，冯友兰谈文化，其基本逻辑是建立在"类"与"特殊"这一前提下的，所谓"别共殊"，正是他的逻辑分析方法。他在根本上认为，文化确有"特殊底"与"类底"分别。而一种文化，你若从"特殊"之视角去看它，那就是不可说也无法学的；因为它是一个个体，一个特殊；而你可学的只是某个个体的某个方面，因而所学的属于某类之某性。因此，类文化当然是可说的。他举例说，人们说西洋文化优越，其实并非它是西洋的，而是从类的特性说它是近代或现代的："若从类的观点，以看西洋文化，则我们可知所谓西洋文化之所以是优越底，并不是因为它是西洋底，而是因为它是某种文化底。于此我们所要注意者，并不是一特殊底西洋文化，而是一种文化的类型。"因此，"各类文化本是公共底。任何国家或民族俱可有之，而仍不失其为某国家或某民族。"②所以，以类型观文化，我们的文化自一类转向另一类，如从中古文化类型，转向现代文化类型，当然是必要的了。《新事论》之所以标一副题"中国到自由之路"，可想而知，是理所当然的一种人文演进了。而其在《新世训》中所强调的生活方法，不仅阐述了人生必须遵循的生活基本规律，更强调了作为"共相"的生活方法。而《新原人》开篇第一章内容即为人生意义之"觉解"，更呈现出他涵括人生境界的现代人文观。

---

① 冯友兰：《新事论：中国到自由之路》，生活·读书·新知三联书店 2007 年版，第 112 页。

② 同上书，第 12、13 页。

二　以制度演进呼唤社会"新性"

冯友兰在《三松堂自序》中用极肯定的口吻说："中国要补课。就补课这方面说，中国现在所面临的问题，基本上还是从上个世纪末年遗留下来的问题，那就是工业化。《新事论》的副题是《中国到自由之路》。这条路就是工业化。"① 然工业化的"自由之路"需要制度的支撑，冯氏对此亦有见地，我们稍后再作展开。此处我们当知，冯友兰之所以要创作《新事论》，最根本的理据就在将工业化视为现代社会的"新事"；冯友兰的人文观颇有"新性"内涵。他喜用自己特有的语言——"新性"，性字前加一新字，自然就成为他的哲学理念了；他的许多著作冠以"新"字，亦与此相关，如从1939年到1946年7年间冯友兰连续出版了六本书，称为"贞元六书"：《新理学》（1937）、《新世训》（1940）、《新事论》（1940）、《新原人》（1942）、《新原道》（1945）、《新知言》（1946），六本书取名的第一个字全为"新"字。由此"贞元六书"，冯友兰创立了"新"哲学思想体系，从而使他成为中国当时影响最大的哲学家之一。而改革开放后所撰写的七卷本《中国哲学史新编》，仍冠以一"新"字。诚如其在《中国哲学史新编·自序》中所言："中国是古而又新的国家。《诗经》上有句诗说：'周虽旧邦，其命维新。'旧邦新命，是现代中国的特点。我要这个特点发扬起来。"②

显然，冯友兰所论说的"新性"，不仅是从逻辑原点上说，更是从一国、一民族及社会改革层面上说的：

> 就逻辑上所谓性说，一个体如有一新性时，此新性与其个体其时之情，总有不合。……一国或一民族如在任何方面需有改革，此一国或民族即需有一新性，此新性与其原有底情，亦必有不合。自守旧底观点看，这些改革即是"不合国情"。③

---

① 冯友兰：《三松堂自序》，见鲍霁主编《冯友兰学术精华录》，北京师范学院出版社1988年版，第437页。

② 冯友兰：《中国哲学史新编》第一册，人民出版社1962年版，自序。

③ 冯友兰：《新事论：中国到自由之路》，生活·读书·新知三联书店2007年版，第128页。

　　"新性"与旧情不合，这是从逻辑层面上的推说；但若说到具体的一国或一民族的改革，"不合国情"一词就凸显出来了。眼光锐利的冯友兰，又是如何看待改革与"不合国情"的呢？接着上面那段话，冯友兰继续说道："照以上所说，对于任何个体，一切底新性，既是'新'性，当然对于'旧'情，均有不合。就一国或一民族说，一切任何底改革，在其初均不合国情。不合乎国情者，在其初行时，一国或一民族的人，自然都觉得不惯。在此方面说，守旧者之反对任何改革并不是没有理由底。"① 乍一看，此论很像哈耶克的守旧论；但对深谙国史又深通西学新实在主义的冯友兰来说，并非如此简单。这关涉到他"开来"、"继往"的人文观。

　　冯友兰是依据社会"新性"来论述其开来、继往观的，他说："一个社会如有一新性，其有新性，虽在一方面是不合旧情，但在又一方面，亦须根据旧情。若其完全无根据于旧情，则此社会压根不能有此新性。一社会如有一新性，就其在一方面是不合旧情说，这是'开来'，就其在又一方面须根据旧情说，这是'继往'。"② 一个社会进步的"新性"，绝非凭空而来；它必然是由这个社会原有基础而来，而这个原有基础用冯友兰的说法就是"旧情"。所谓"开来"，必含"新性"；所谓"继往"，必据"旧情"。这事实上就是事物连续性发展的辩证展开，而这个连续性，首先是体现在时间上的。冯友兰认为："若专就时间方面说，所有历史上底事情，都是在一方面继往，在一方面开来。历史上底一件事情，其前必有事，其后必有事。专就时间方面说，对于其前底事，它都是'继'，对于其后底事，它都是'开'。此即是说，历史上底一件事情，对于其前其后底事，都有时间上的连续。"③ 倘若仅就时间来谈继往开来，尚未涉及事物的性质，冯友兰洞明此点，他深论道："所谓继往开来，不是就时间上底连续说，而是就事情间底实质上底连续说。连续既是连续，其间当然免不了时间的成分……我们说，一个社会如'有'一新性，'有'字须特别注重。我们可以讲许多派别底社会哲学，我们可以讲许多套底社会制度，

──────────

　　① 冯友兰：《新事论：中国到自由之路》，生活·读书·新知三联书店2007年版，第128—129页。

　　② 同上书，第131页。

　　③ 同上。

我们可以想许多底社会改革，但这些哲学等，如在某社会的旧情方面，不能得到相当底根据，则对于某社会都是空谈。"① 对于那种无补于社会的空言，冯友兰是极力反对的。他之所以强调这个"有"字，旨在突出这个社会"原有底实力"。冯友兰如此说道："社会决不是空言所能变革底。它的变革靠实力，改变一个社会底人须在相当底范围内，有一个社会原有底实力。从这些原有底实力，生出新实力。有如此底新旧实力，它方能推动一个社会，使之变革，使之有一新性。"② 可见，"变革"二字，是其中关键；变革是使一个社会"有一新性"的前提条件。冯友兰的高明之处在于：他十分注重从原有实力生出新实力这一辩证的连续性发展。

然而，一个社会的变革，毕竟有革命与改良之分。"革命"，在性质上是剧烈的社会变革；即使是这种剧烈程度的革命，我们仍须看到其既有"开来"的一面，亦须看到其有"继往"的一面：

> 社会上底变革，其剧烈者我们称之为革命，照上面所说，革命亦须有根据于是情。就革命的结果说，它能创造出一种新局面。就革命的动力说，它须根据于一种旧实力。就其须根据于一种旧实力说，它是继往。就其能创造出一种新局面说，它是开来。开来的充分底意义，革命最能将其表出。所以普通说到革命，大都注意到它的开来的意义。但若忽视了革命亦是继往，则对于社会上底变革，亦不能不有误解。③

此中的精彩之处，就在用开来与继往的辩证过程来表征"革命"这一范畴。然而需要注意的是，冯友兰注重"新性"的哲学及依此而展开的关于开来、继往之变革或革命等范畴，显然属之于抽象的学理层面，由抽象而进入具体的层面，最佳的例子莫过于冯氏从开来、继往的变革所达成的"制度"层面。

必须看到，以现代制度演进的实例，来支撑其注重社会"新性"的

---

① 冯友兰：《新事论：中国到自由之路》，生活·读书·新知三联书店 2007 年版，第 132 页。

② 同上。

③ 同上。

原理，这其实是冯氏的深刻之处。对此，冯友兰确有见地：

> 英美及西欧等国所以取得现在世界中城里人的地位，是因为在经济上它们先有了一个大改革。这个大改革即所谓产业革命。这个革命使它们舍弃了以家为本位底生产方法，脱离了以家为本位底经济制度。经过这个革命以后，它们用了以社会为本位底生产方法，行了以社会为本位底经济制度。这个革命引起了政治革命，及社会革命。有一位名公（指马克思）说了一句最精警底话，他说：工业革命的结果使乡下靠城里，使东方靠西方。①

从家本位的经济制度过渡到社会本位的经济制度，这实际上就是一种制度演进；当然用冯友兰的话来说，只有通过这种制度演进，才可能有真正的社会"新性"出现。质言之，这就是以制度演进呼唤社会"新性"。

而说到"演进"二字，可以说冯友兰这一代的学者无不受到西方进化论的巨大影响。这里我们仅举一段冯氏说过的话足矣："在清末，达尔文，赫胥黎的《天演论》，初传到中国来，一般人都以为这是一个'公例'，所谓'天演公例'。……所谓'天演公例'，是就事物之天然状态说者。就人说，所谓文明，本是人对于其所在之天然状态之改变。如果事实上有在天然状态中之人，则此种人是野蛮底。"② 冯友兰确实觉察到：若从文明自身的演进过程看，天然状态过渡到社会状态乃具有一种发展的必然性逻辑在其中；而在此中发掘制度的重要性，本可从世界文明史的实例中拈出。故冯氏特举出英美及西欧产业革命一例，以见出经济制度之先进性与重要性。冯友兰还觉察到产业革命即工业革命，而工业革命必将要深入到农业文明中："产业革命，亦称工业革命。有许多人对于所谓工业革命，望文生义，以为此所谓工业是与农业，商业，对立者，工业革命只是在工业方面底革命，对于农业等，并无关系。这是完全错误底。所谓工业革命，不但在工业中，即在农业中亦有之。此所谓革命者，即以一个生产

---

① 鲍霁主编：《冯友兰学术精华录》，北京师范学院出版社 1988 年版，第 178 页。
② 同上书，第 165 页。

方法，替代另一个生产方法。"① 这里，"替代"一词极为关键；替代须通过制度演进过程来达到，而制度演进及转变的发生总是处于某一过渡时期中的。冯友兰十分清醒地看到了产业革命在中国现代化进程中的决定性作用，这不能不说是他的高明之处。

冯氏已然注意到"过渡时代"的重要性，并将其与制度演进关联起来，这一思维取向的表征，实际上是冯氏此论最具魅力处。70 多年前，他就一再告知我们中国处于一个过渡时代与转变时代："中国现在所经之时代，是生产家庭化底文化，转入生产社会化底文化之时代，是一个转变时代，是一个过渡时代。我们在这个时代底人，有特别吃亏的地方。在比较固定底社会中，如果它所行者是那一种文化，则它自有一套制度，在各方面都是一致底。但在一个过渡时代的社会中，在此方面，它已用这一套制度，在另一方面，它还用那一套制度，于是此社会中之人，学会了这一套制度者，在那一套制度里，即到处碰钉子。"② 实质上，制度演进也仍属于文化范畴，故冯友兰说这种演进是"转入生产社会化底文化之时代"，此种说法无疑加重了"人文演进"的意涵，尽管这里说的是过渡时代中多种制度交叉碰撞所带来的文化困局。然而不能不看到的是，这种多种制度的同时存在，作为一种历史文化之发展规律，也给人们带来了更大的自由空间："在这个过渡时代中，我们可亲眼看见许多不同底制度，不同底行为标准，同时存在。……因此，我们的行为，可得到很大底自由。"③ 当然，趁着这个"方便"的自由，也"有些'混水摸鱼'、'趁火打劫'底人，利用这个特别方便之门行事，一时照着这一套社会制度，一时又照着那一套制度。而其所照着者，都是合乎他自己的利益底。……在这个过渡时代，特别有一种做不道德底事的机会，如以上所说者，此则是事实"④。真是一针见血！冯氏所言，直到今天我们仍常见——过度的利益诉求，何其坚深而不可拔。今日中国，仍未超越于这一过渡时代。冯友兰坚信："我们是提倡所谓现代化底。但在基本道德这一方面是无所谓

----

① 鲍霁主编：《冯友兰学术精华录》，北京师范学院出版社 1988 年版，第 191—192 页。

② 冯友兰：《新事论：中国到自由之路》，生活·读书·新知三联书店 2007 年版，第 54 页。

③ 同上书，第 55 页。

④ 同上。

现代化底，或不现代化底。有些人常把某种社会制度，与基本道德混为一谈，这是很不对底。某种社会制度是可变底，而基本道德则是不可变底。"① 然在笔者看来，过度的利益诉求，反衬出制度建构的重要性；而道德规范的可操作性照样须置入制度构架内，才有更大的合理性。中国传统文化却早已习惯于将道德与法制分成两橛。无论如何，冯友兰也洞见了过渡时期中败德者对不同制度采取为我所用的弊病所在。

冯友兰还进一步深入到制度与文化的关系中，实际上，制度的演进在深层次上也就是文化的演进。冯友兰用了一个"势"字，合乎新势，乃文化发展所需；反之，则成文化发展之阻碍。他说："某种社会制度，在某种势下，本来是使文化可能所必需底。但于某种势有变时，某种社会制度，不但不是文化可能所必需，而反成了文化进步的阻碍。对于文化的进步说，如某种社会制度，成了阻碍，则对于个人的自由说，某种社会制度，即成了束缚。所谓把人从某种社会制度中解放出来者，即解除此种社会制度的束缚，而去其阻碍也。解除此种社会制度的束缚，并不是不要社会制度，而是要另一种制度。此种新社会制度，因其合乎新势，所以不是一种束缚、一种阻碍，而是文化可能所必需。"② 实际上，这里深含着一种文化发展的价值取向在内。文化的演进方向总是有其价值取向的，当新的社会制度能够对应这一取向，也就是"合乎新势"时，正是这一文化发展取向之所需，也就是制度恰能对应于这一文化的价值内涵。冯友兰此中所谓"势"，恰好表征了时代的价值取向之所在。如其所说："一时代有一时代精神。所谓时代精神，即是一时代在精神方面底风尚，人不知不觉地随着它走者。就其不知不觉说，这所谓精神及风尚，即是偶像；领导这些精神底人，即是偶像中底偶像。"③ 应当说，冯友兰对时代"新势"是敏感的，在他那样的年代，他似乎较早地触碰了理论前沿的"自我"范畴，他向人们传达出这样的信息："在近代底社会中，人已发现了'自我'。"④ 现在的问题是，需要对这一发现"自我"的文化有一个类型的界定。

① 冯友兰：《新事论：中国到自由之路》，生活·读书·新知三联书店 2007 年版，第 172 页。
② 冯友兰：《新原人》，生活·读书·新知三联书店 2007 年版，第 109—110 页。
③ 冯友兰：《新事论：中国到自由之路》，生活·读书·新知三联书店 2007 年版，第 97 页。
④ 同上书，第 97 页。

　　冯友兰说："若从类的观点，以看西洋文化，则我们可知所谓西洋文化之所以是优越底，并不是因为它是西洋底，而是因为它是某种文化底。于此我们所要注意者，并不是一特殊底西洋文化，而是一种文化类型。……若从类的观点，以看中国文化，则我们亦可知我们近百年来所以到处吃亏者，并不是因为我们的文化，是中国底，而是因为它是某种文化底。于此我们所要注意者，亦并不是一特殊底中国文化，而是某一种文化类型。"①每一文化固然是特殊的，但我们从逻辑上则须从类的观点来看待这一特殊事物。基于此，"所以近来近代文化或现代文化一名已渐取西洋文化之名而代之。从前人常说我们要西洋化，现在人常说我们要近代化或现代化。这并不是专是名词上改变，这表示近来人的一种见解上底改变。这表示，一般人已渐觉得以前所谓西洋文化之所以是优越底，并不是因为它是西洋底，而是因为它是近代底或现代底。我们近百年来之所以到处吃亏，并不是因为我们的文化是中国底，而是因为我们的文化是中古底。这一个觉悟是很大底"②。可见，从类型上看，一为近代或现代的，一为中古的，其差别不言而喻。冯友兰称这一见地为很大的觉悟。而其所言"吃亏"的个中缘由，亦正在于此。无怪乎冯友兰要强调制度层面的重要性了。

三　从"贞下起元"到"旧邦新命"的民族复兴大业

　　冯友兰撰写"贞元六书"时，正值抗日战争时期，他坚信中华民族必胜，并称当时情形为"贞下起元"；其意为难关将过，曙光在前，所谓冬尽春来是也。新中国成立后的冯友兰，已然将"贞下起元"一说发展为"旧邦新命"的理念。此一演变，据于他通透的历史感——对古老中国古而又新的的强烈文化信念。如果说，"贞下起元"偏重于对民族生命之信心而充满"一阳来复"之激情，"旧邦新命"则以历史文化演进的理性而倡举现代中国的特征，即现代化与建设社会主义事业。所以他自谓"旧邦新命"这几个字，现阶段中国历史足以当之："《诗经》有一首诗说，周虽旧邦，其命惟新。我把这两句诗概括为'旧邦新命'，这几个

---

①　冯友兰：《新事论：中国到自由之路》，生活·读书·新知三联书店 2007 年版，第 12 页。
②　同上书，第 10—11 页。

字，中国历史发展的现阶段足以当之。'旧邦'指源远流长的文化传统，'新命'指现代化和建设社会主义。阐旧邦以辅新命，余平生志事，盖在斯矣。"① 此实为其强烈文化信念之表征。

　　然而，"旧邦新命"，由旧而新，毕竟是一种历史时代的转变，而转变又意味着有所扬弃，扬弃则可能造成新旧之间的"真空"；冯友兰以其深刻的哲学观透视了这一真空，并将其价值指向聚焦于"人类精神自由的时代"，诚如其所说："本世纪初以来，中国的社会、政治局面尽管看来混乱，可是中国的精神生活，特别是哲学思维，却有了伟大的进步。这并不出人意外。中国的混乱，是中国社会性质由中世纪向现代转变的一个方面。在这场转变中，造成了新旧生活方式之间的真空，传统的生活方式已经古老废弃，新的生活方式仍然有待于接受。这样的真空，十分不便于实际日常生活，但是很利于哲学，哲学总是繁荣于没有教条或成规约束的人类精神自由运动的时代。"② 这样一个从哲学视野中得到的"人类精神自由的时代"，让身在其境的冯友兰抓住了一个很好的个案实例——辛亥革命。前面论述了冯友兰如何从注重"新性"原理过渡到具体的制度层面，现在，我们来看看冯友兰又是如何以特殊的个案来证实抽象到具体两个层面的合理性的。可想而知，对冯氏所处时代而言，最贴切而合乎"演进"逻辑之例，当然是辛亥革命。

　　诚然，将辛亥革命视为中国现代化的步骤，当然显示了冯友兰的理论卓见。他十分坚定地认为："建立中华民国底辛亥革命，就一方面说，是中国近代化所经底步骤，就又一方面说，是自明末清初以来，汉人恢复运动的继续。就其是中国近代化所经底步骤说，这个革命是开来。就其是自明末清初以来汉人恢复运动的继续说，这个革命是继往。就这个革命对于以后底影响说，这个革命完全可以说是中国现代化的一步骤。"③ 口气的坚定，跃然纸上。同时，冯友兰还认识到辛亥革命之初提出的驱除鞑虏、

---

　　① 冯友兰：《新事论：中国到自由之路》，生活·读书·新知三联书店 2007 年版，"出版前言"第 3 页。
　　② 冯友兰：《中国哲学与未来世界哲学》，见鲍霁主编《冯友兰学术精华录》，北京师范学院出版社 1988 年版，第 549 页。
　　③ 冯友兰：《新事论：中国到自由之路》，生活·读书·新知三联书店 2007 年版，第 133 页。

恢复中华、建立民国、平均地权四句口号，后来发展为三民主义。值得一提的是，冯友兰还十分细致地注意到："在清末的时候，卢梭的《民约论》一类底书，固然是为一般人所传诵或所暗中传诵，但更引起人的情感底，是明末遗民的著作。在这一类底著作中，有些兼有所谓提倡民权的意思，如黄梨洲的《明夷待访录》等书。这些书自然更是风行一时，或暗中风行一时。我并不认为，专靠这些书，即能引起清末底革命。不过在这些思想的流行上，我们可以看出当时底革命的方向。"因而冯友兰断言："辛亥革命有长久底、历史底背景。"① 冯友兰分明看到了黄宗羲提倡的民权在当时有多大的号召力。

　　更让人惊讶的是，在谈到辛亥革命时，冯友兰还十分自然地联系到英美的议会政治，并由此而透视了经济制度与政治制度的关系。他如此说道："普通民主国的议会政治，如英美所行者，是一个社会的经济制度在某一阶段内所能行底一种制度。……一个社会行了这一种经济制度，虽不必行这一种政治制度，但如不行这一种经济制度，必不能行这一种政治制度。在不行这种经济制度底社会里，若有人主张行这种政治制度，其主张即真正是不合国情，其言论是空言无补。"② 不必多言，这里受到马克思经济基础、上层建筑论的影响是至为明显的。从辛亥革命论中引申出的结论是如此的精彩：

　　　　所谓民主政治，即是政治的社会化。政治的社会化，必在经济社会化底社会中，才能行。③

　　可见，经济基础是必要的前提条件；有了经济社会化的因，才会有政治社会化——民主政治的果。究其实，这是马克思主义的根本原理。而冯友兰从辛亥革命这一中国现代化必经步骤来透视这一原理，从而成为马克思主义中国化的理论果实之一。综观之，冯友兰不仅深刻地认识到民主政治与现代化进程密切相关，而且，他坚信社会主义目标的实现，毫无疑问地须以社会化的经济制度为基础。

---

　　① 冯友兰：《新事论：中国到自由之路》，生活·读书·新知三联书店 2007 年版，第133—134 页。
　　② 同上书，第134—135 页。
　　③ 同上书，第135 页。

第五章 方东美:中国哲学智慧的复兴

我们仍采广义的说法,将方东美(1899—1977)列入现代新儒家人物中。方东美是安徽省桐城县(今枞阳县)人,名珣,字德怀,后改为东美,曾用笔名方东英。方东美与桐城派始祖方苞及明代著名思想家方以智有旁系宗亲关系。他幼年时即丧父母,是依赖其兄长抚养长大的。方东美十六岁时毕业于桐城中学,1920年毕业于金陵大学后,次年即赴美留学,获得威斯康辛大学哲学硕士学位。1924年,他通过了博士学位考试,回国即任职于武昌大学(武汉大学前身),在此结识熊十力。1925年,他应聘国立东南大学(中央大学前身)教授,后一直执教于中央大学。1948年,任台湾大学哲学系主任。方东美学术生涯大致可分3个阶段:1936年之前,是受传统文化浸染而开始有追求西方哲学意向的第一阶段,第二阶段为1966年夏以前,此期特征为由西方逐渐返回到东方;1966年夏后,进入较为成熟的第三阶段,有中西交融的气度恢宏、境界开阔之特征。其代表作有:《科学哲学与人生》、《中国人生哲学》、《生命情调与美感》、《华严宗哲学》、《哲学三慧》、《中国哲学之精神及其发展》、《生生之德》、《新儒家哲学18讲》、《中国形上学中之宇宙与个人》、《从宗教、哲学、与哲学人性论看人的疏离》等。方东美的学术历程,呈现出一种以弘扬中华文化的精神价值为宗旨、以开放胸襟贯穿古今的极高境界,他把原始儒家、原始道家、大乘佛学及新儒学,作为中国哲学的四大传统来对待。他还曾自我评价:从家庭传统来看,是儒家;从气质上看,是道家;从宗教启示上看,是佛教徒;而从教养上说,则是西学的。与同时代有志青年学子一样,方东美在受到西方科学和民主思潮巨大冲击后,开始反思中国传统文化的缺陷,并作出了自己的哲学架构以应对之。1920年杜威来南京的讲演,给方东美年轻的心灵留下了极其深刻的印象,方东美代表中国哲学会南京分会,向杜威博士致欢迎词。

　　方东美极为崇尚原始儒家，认为原始儒家在形而上层面，有着直透宇宙大化流行的思想创造力；而对宋儒的"道统论"，则持反对意见。他极为深刻地认识到：现代世界因高度物质化而开始丧失真正的宗教精神和哲学智慧，他由此而力主落实儒家的人生价值，充实并提升生命意义，达到救治人类之目的。他的"机体主义"理念，融通中西，统合儒道；作为一种思想模式，具有创生不息、绵延长存、变化通达的文化"演进"之义。方东美文化哲学的核心概念是"创进"，他喜用的概念是创进、绵延，这与新儒家整体的人文演进观并无本质的不同。他比较了古希腊文化、近代欧洲文化、中国文化与印度文化，西方文化虽给他带来巨大的思想激荡，但他丝毫未存抵触情绪，而是亟欲建树一种以科学文化为基础、以真善美为核心价值取向的艺术、哲学、宗教三者合德之理想文化。

　　要之，面对西方文化的侵蚀，方东美一方面主张对自身文化要有深度的自觉，一方面倡言在外来文化的刺激之下，中国哲学智慧一定会出现再度复兴。他对中国哲学远景之乐观，常让人倍感振奋。

一　"外在的刺激使内在的创造冲动再生"

　　可以说，就方东美的学术经历看，他属于那种早期即接触到西学而深受"外在刺激"的学子。1921 年方东美因受金陵大学校长波尔德温赏识，到美国威斯康辛大学深造，师从该校研究柏格森和怀德海的权威学者；中途转俄亥俄州立大学一年而专修黑格尔哲学。1924 年，方东美以论文《英美唯实主义的比较研究》获得博士学位。而此前，他就在金陵大学出版过译作《实验主义》，并发表过《詹姆士底宗教哲学》、《唯实主义的生之哲学》、《柏格森生命哲学》等论文。此中完全可透视出其所受的西学熏陶之经历。黎东方曾这样评价他说："方先生贡献了他的一生最美好的时日，从事于使得西方了解中国人的思想，也把儒道和大乘佛教综合起来，再建立了中国哲学，吸引西方各种哲学的精华，使得它更完美。"[①] 正是这种中西融通的学术经历，使方东美在《哲学

<hr />

　　①　黎东方：《国际方东美哲学研讨会闭幕辞》，见《方东美先生的哲学》，台湾幼狮文化事业公司 1989 年版，第 19 页。

三慧》一文中对希腊文化、近世欧洲文化、中国文化作出一论断:希腊文化是契理之文化,其要在援理证真;近世欧洲文化是尚能之文化,其要在驰情入幻;而中国文化是妙性文化,其要在挈幻归真。① 可见其在受到西学熏陶后的深刻理解与融通工夫,当然,没有开阔的胸怀,是难以做到如此高境界的融通的。然而更为重要的是,方东美是将西方文化也同样视作复兴中国文化之宝藏的;而且他坚信,在受到西方文化刺激后,中国文化会出现更高层次的哲学智慧。可以说,此种信念正代表了他那一代新儒家人物的心声。

方东美曾在《中国哲学精神》一文中如此说道:"清朝中叶以后,哲学死了。……清代哲学表面上看来是死了,其实它是受到新刺激,在一两百年来,会再有新的高潮,决非肤浅的西化论者所能预料。外在的刺激使内在的创造冲动再生,所以中国一定会再有高度的哲学智慧。这是我的简单的看法和希望。"② 尽管他将这种中国哲学智慧之复兴说成是自己的一种看法与希望,但显然,这种希望是建立在坚定的文化自信心上的。他常对学生说,学哲学的人第一课是先请他坐一次飞机,为什么? 因为在飞机上可由高空俯视大地从而看到一个光明灿烂的世界。不然,稍不如意,便由痛苦经验去误解、诅咒世界,而"由太空视地球,却是五颜六色,辉煌美丽。学哲学的人如果只认识此世之丑陋、荒谬、罪恶、黑暗,就根本没有智慧可言。应该由高空以自由精神回光返照此世,把它美化;在高空以自由精神纵横驰骋,回顾世界人间,才能产生种种哲学和智慧"③。这种对哲学智慧的极度强调,使其在西方文化的强力冲击下,十分冷静而理智地张扬工业化中的"人本主义"旗帜,他说:"只靠接受西洋科学技术是不够的,必须启发我们固有的人本主义的伦理理想,及东方圣哲(如释迦摩尼和耶稣一类人)苦心救世的宗教热诚,于事始克有济。"④ 这正是我们在本章最后一节要专门谈的方氏华严宗哲学。

---

①　刘述先:《方东美先生哲学思想概述》,见罗义俊编《评新儒家》,上海人民出版社1989年版,第467页。

②　方东美:《中国哲学精神》,见蒋国保编"方东美新儒学论著辑要"《生命理想与文化类型》,中国广播电视出版社1993年版,第234页。

③　同上书,第235页。

④　同上书,第10页。

不要小看了方东美的"外在的刺激使内在的创造冲动再生"一说，正是外缘的力量，促使了内在的冲动。方氏极尽心智地创制了儒、墨、道关于"宇宙创进历程"的几幅图，此中首列原始儒家的参赞化育图示。这一图示极富启示意义，在在表征着人类参赞化育的宇宙"创进不已"①之历程。由此可见，"创造冲动"既缘于外在刺激，更深刻地基于自身文化的根源。不看到这点，就无法理解方氏对中国哲学智慧复兴的愿望。方东美在《中国人生哲学》一书中，就十分到位地探讨了中国古代思想中的天地"化育之理"：

> 生命为元体，化育乃其行相，元体是一而不是局限于一，故判为乾坤，（一动一静），分别展现出天地的创造力与化育力，前者永远是动态的，后者则是静态的，这两种运作力量相并俱生，方能普遍完成生命而万象成焉。另外，生命的元体在创进中显其大用，故流为阴阳，一翕一辟，相薄交会，所以成和而万类出焉。生命乃是贯通天地人之道，以乾元的创造力发坤元的化育力，然后浃化于万有生命中，据以奔进无穷，直指不朽，这就是"化育"的精义。②

这是基于《周易》对生命元体的基本理解，旨在透见天地乾坤之创造力与化育力；须知，方东美"机体主义"的文化观也建基于此。当然，一方面是传统文化的浸染，另一方面我们则不能不看到达尔文进化论之影响；正是这两者，共同造就了他的文化演进观。下面，我们可以看到他是如何将达尔文"演化论"用之于"文化历程进展"的。

二　进化论之于"文化历程之进展"

相比其他新儒家人物，方东美"机体主义"的理念使其对达尔文进化论有更为深切的理解。他虚怀若谷地旷观古今：

---

① 方东美：《中国人生哲学》，台湾黎明文化事业公司1980年版，第178页。
② 同上书，第131页。

　　旷观古今，科学之进步俨然成一全整的条贯：开普勒发明天体运行三大定律，牛顿即据以计算万有之摄力；牛顿有力学之厘订，瓦特即据以发明蒸汽机，促成近代工业大革命；达尔文演化论一出，而社会组织之源流，文化历程之进展，一一得其真诠，于是人类学，社会学及其他文化科学上之发见，日新月异而岁不同；迈克耳孙，莫雷一有测光之实验，而爱因斯坦的相对原理遂得所凭依，引起新物理学之产生。凡此数例俱能证明科学上长足的进步显有不断的线索。①

　　显然，方东美不仅十分严谨地关注到了科学进步历程中的逻辑线索，尤其道出了进化论之于"文化历程之进展"而"得其真诠"的关键所在。质言之，这就是在提示文化之演进，与科学技术发展一样是有其内在逻辑线索的，且是不断接续下去的。这是极其难能可贵的理论洞察力。然而我们不能不说，这种洞察力实源于对儒家生命观的体验。诚如其言："孔子赞易，于宇宙生命之玄秘，更是洞见其几微。天地之所以广大，即在其生生不已。天德施生，如云雨之滋润，人物各得其养以茂育；地德成化，如牝马之驰骤，人物遍受其载以攸行。天之时行，刚健而文明，地之顺动，柔谦而成化，天地之心，盈虚消息，交泰和会，光辉笃实，其德日新，万物成材。"② 无疑，这种"天德施生"、"其德日新"的中国哲学智慧中的生命观，对其接受并融通进化论，是一不可缺失之思想基础。

　　而方东美"机体主义"理念纯是中西融通之产物，且中国哲学智慧更超越于西方思想中的机械论。他颇有见地地指出："希腊思想家是将表面的现在视为永恒，面对自然界的流变只从量上来解释，视之为机械过程的分合，我们中国人却不同，'自然'充满了生机，'自然'饱含着价值，在自然界中，任何变化过程必然也涵蕴着质的变化，而且在变迁发展中充满盎然新机，因此，自然界与人类生命全体交融互摄，在文化的创造过程中，自然界乃是助力，而不是阻力。"③ 此论已深刻地揭示了整体生命观中自然与人文的互动。只见"阻力"而不见"助力"，那是西方文化的一

---

　　① 方东美：《哲学的缘起与意义》，见蒋国保"方东美新儒学论著辑要"《生命理想与文化类型》，中国广播电视出版社1993年版，第26页。
　　② 方东美：《中国人生哲学》，台湾黎明文化事业公司1980年版，第54页。
　　③ 同上书，第100页。

种弊害，因此西方文化将人与自然劈成对立两橛，"而我们中国文化可称
'妙性文化'"①。好一个妙性文化！诚然，没有生命机体观"淋漓宣畅生
命的灿溢精神"②，何来妙性？

须知，这种机体主义理念对新儒家们的"人文演进"观弥足珍贵。
方东美多次提起过他对司马迁的佩服之情："我常佩服司马迁，他在讨论
秦汉以来经济、社会的历史变迁时，他确认如果历史不能循创造的过程而
向前拓展，就必然形成历史的堕落！"③他深为认肯司马迁这一史观，在
他的文化哲学中，正是因为历史的演进并非"直线"式，所以要强调
"创进"式的文化演进，不然历史就可能倒退。

三　生命的广大、和谐与平等

方东美不仅深入中国哲学中一探"化育之理"，更具思想价值的是，
他还对"中和之理"作了较为系统的研究与阐述。他的深度解读，得出
的结论是：中和之理是中国精神最高深的妙谛。"中"所体现的是"不
偏"的精神，"和"则展现出"相应"的关系。他让人们在下列特征中领
悟中和原理：一是"一往平等性"；二是"大公无私性"；三是"同情体
物性"；四是"空灵取象性"；五是"道通为一性"。④这完全是从系统因
素来考察中和原理的。这里我们要特别指出的是，在方东美看来，一种文
化若不具备"中和"精神，也将失去"变通"法则，从而无法长久持续
地"演进"。故他在探讨了"化育之理"、"中和之理"后，紧接着探讨
了"旁通之理"。他立于相当高度向人们标示出：整个宇宙大易之用，大
化常道之行，只有在"旁通"原理下才能真正领悟；而这一旁通原理有
四种特性：一是生生条理性，二是普通相对性，三是通变不穷性，四是一
贯相禅性：

---

①　方东美：《中国人生哲学》，台湾黎明文化事业公司 1980 年版，第 102 页。

②　同上。

③　方东美：《中国哲学精神》，见蒋国保编"方东美新儒学论著辑要"《生命理想与文化类
型》，中国广播电视出版社 1993 年版，第 440 页。

④　方东美：《中国人生哲学》，台湾黎明文化事业公司 1980 年版，第 132—133 页。

要言之,《大易》在其普遍创进中展现"道"的历程,据此以显示天地交泰,完成万类生命,正因为它能包容一切,纤微无憾,所以《易》之大用堪称"广大悉备",旁通统贯。①

这种旁通原理在《易经》一书中剖析最为精辟,《易经》一书的深意限于篇幅未能在此细说,但是其中却有三个根本要义应该注意。从逻辑来看,《易经》是一个演绎系统,用一系列严谨的法则来推论易卦的构成;从语意来看,《易经》是一个完备语言文字系统,很精细的说明卦爻辞中的变通法则;从哲学来看,《易经》又是一个动态的本体论系统,根据生生不息的原理,说明"时间之流"中的一切变迁发展;此外它更是一个通论价值的系统,根据广大和谐的原理讨论至善的起源与发展,所有这些要义都可以证实"旁通"这根本原理。②

此中尤须注意者,即方东美所言的从哲学视角看,《易经》作为一个动态的本体论系统,其在时间之流的所有演进,根据的正是"生生不息的原理"。没有这一原理,文化的演进就无从谈起。据此,方东美在学术上最为看重的是原始儒家,他相信原始儒家才是中国文化建设的源头活水。而在儒家的经典文献中,他又特看重《周易》与《尚书·洪范》,《周易》是创造之源,《洪范》是传统之基。《周易》作为中国文化精神的表征,就是以不断创造的"生生之德"为特点,而这一特点恰恰是中国文化精神中的核心智慧所在。

综观方东美的整个学术历程,方东美又何以对华严宗情有独钟?又何以标举"华严"一宗为中华佛教之代表?这仍是因其认识到非如此不足以显扬中国哲学智慧的"广大和谐性"。方东美说:"特举'华严'一宗为代表,其主要理论系统极能显扬中国人在哲学智慧上所发挥之广大和谐性。至少就理论上言之(历史上或未必尽然),华严哲学可视为集中中国佛学思想发展之大成,宛若百川汇海,万流归宗。"③ 华严宗恰恰符合了

---

① 方东美:《中国人生哲学》,台湾黎明文化事业公司1980年版,第135页。
② 同上。
③ 方东美:《中国哲学精神》,见蒋国保编"方东美新儒学论著辑要"《生命理想与文化类型》,中国广播电视出版社1993年版,第221页。

方东美心目中文化演进之预设理想，他充分利用了比较研究，特别是中、西、印的比较研究。方先生对印度及西方的宗教、哲学都有相当深度的把握，对相关资料了如指掌，运用起来得心应手。如柏拉图、亚里士多德、斯宾诺莎、黑格尔、怀特海等思想巨匠，常常出现于他的笔下；他尤为欣赏怀特海及其机体主义哲学，认为他的哲学最能相应于华严宗的整体圆融无碍的哲学。他同时又结合儒、道思想，透过儒、道精义来研究华严宗。方先生常常是儒释道三教并提，而从不执着一方，相比于同时代的其他思想家，他的视域确实要宽阔很多，心胸也开放得多；这当然与他亟欲倡导一种"广大和谐的生命精神"① 有关。要之，他相信他对儒道与大乘佛教华严宗的综合，代表了一种文化哲学的演进及发展方向。

所以华严宗在方先生的眼中，最终所代表的是大乘终教；不仅仅是终教，更是顿教；又不仅仅是顿教，同时又是圆教。而作为文化演进历程的圆教，则表征着人心目中的价值取向。方先生还用了一个儒家词汇"无入而不自得"，即是说，到了"华严三昧"这种禅定境界，能够内外贯通，上下贯通，主客贯通，时空贯通，从而产生圆融和谐、无碍自在的大圆满解脱门，你的个体生命，无论投射在家庭、社会、民族、国家，都可处于任运自在的境界中。所以任何人都不可忽视自己，小看自己，只要你真正能把渺小的个人，点化而提升到伟大智慧的本体，就可兼天地，备万物；内在精神才可真正获得自由。最终，在方东美眼中，华严宗代表了是一种涵括真善美高超理想的超越性宗教，从而显现出文化展演的理想境界。

然而，未来文化的远景若要落实在"生命的广大和谐性"上，在方先生看来，还必须通过发挥艺术的理想，透过艺术与道德，再把生命提高到神秘的精神境界——宗教精神境界。由此，他再次深入到儒家的文化理念中："儒家的主张是'志于道、据于德、依于仁、游于艺'。就是文化总体须有高度的形上学智慧，高度的道德精神之外，还应该有艺术能力贯穿其中，以成就整体文化。"② 看来，方东美不仅注重文化演进的总体目

---

① 方东美：《中国人生哲学》，台湾黎明文化事业公司1980年版，第169页。
② 方东美：《中国哲学精神》，见蒋国保编"方东美新儒学论著辑要"《生命理想与文化类型》，中国广播电视出版社1993年版，第236—237页。

标及价值取向，同时也关注到方法论，而对他来说，方法是"成就整体文化"演进方向的。一旦艺术上对美的追求，道德上对善的追求，宗教上对神的信仰都出现了，这个精神意义就构成了的新世界，在《华严经》中叫"正觉世间"。方先生充满激情地说："在这个正觉世间中已不再是黑暗的世界，而是一个光明的世界，已不是迷惑颠倒的世界，而是充满了真理的世界。在那个世界没有丑陋、没有罪恶，因为一切已经转化成最高的精神价值，有如最高的艺术理想，最高的道德理想，最高的科学哲学的思想。在正觉世界里面都透过智慧的方式，使所有玄想领域的种种价值均被显现出来，这就叫'正觉世间'。"① 在他眼中，文化的演进是必然如此的。

若从方东美的"诗意情调"或"生命情调"来看他的广大、和谐、平等之道，则不能不提到他对《庄子》自由、超越理念的崇仰，尽管这是精神范畴内的自由与超越："庄子《齐物论》里，要把真正的自由精神，变成广大的平等，普遍的精神平等。"② 实际上，这是在"道通为一"的精神境界中才能实现的自由与广大平等，其前提在将"小我"转化为"大我"。问题是，这种"小我"到"大我"的转化，依然是在精神范畴内实现的。然而方东美确实高超地洞明并统贯地把握到了庄子的这一精神："庄子整个精神在于完成一种寓言化的大思想体系，藉着讥讽世俗的妄动和无聊，以辩明精神解脱的重要，及彻悟理想生命的崇高意义。我们必须扬弃了小我的拘限，以求生命高扬，达于精神的逍遥境界。他的主张是：生命的崇高在于经验范围的拓宽，价值观念的加深，使我们的精神升华和道体合一，使我们把人世的快乐和天道的至乐打成一片。"③ 精神与道体合一的超越境界，当为庄子自由逍遥的最高境界；此诚为方东美对庄子的根本认识。当然，我们仍然不要忘记，方东美也同样看到这需要人类超越来自自身的物质、身体等一切限制，但他相信中国人有这种"特别

---

① 方东美：《华严宗哲学》上册，台湾黎明文化事业公司1981年版，第16页。
② 方东美：《原始儒家道家哲学》，见《方东美先生全集》，台湾黎明文化事业公司2005年版，第321页。
③ 方东美：《从比较哲学旷观中国文化里的人与自然》，见《生生之德》，台湾黎明文化事业公司1979年版，第273页。

本领"，能够将障碍性的"沾滞"而"点化成极空灵、极冲虚"① 之境界；他将此视为打破"藩篱"、提神于"太虚"，最后达到"廖天一处"② 的最高境界。像方东美这样极具诗人气质的思想家，即便在新儒家人物中，也是少见的。

① 方东美：《中国人的人生观》，台湾幼狮文化事业公司 1988 年版，第 39 页。
② 方东美：《原始儒家道家哲学》，见《方东美先生全集》，台湾黎明文化事业公司 2005 年版，第 307 页。

第六章　贺麟:返本开新的文化哲学

　　贺麟（1902—1992），字自昭，出生于四川金堂，是个深受儒家思想熏染的学者。他1919年考入清华学堂，1926年先后赴美国、德国留学，学习西方古典哲学。1931年回国，任教于北京大学，遂"成为中国学者研究西方哲学、尤其是德国哲学的领军人物"[①]。同时，作为现代新儒家代表人物之一，他信奉宋明理学的本体论与良知说。留学期间，对黑格尔哲学有相当深度的研究，后翻译过黑格尔的《精神现象学》等著作。《朱熹与黑格尔太极说之比较观》一文，是其试图融通德国古典哲学与中国传统儒家思想的一种尝试性探讨。此外，他对杜威哲学也有一定程度的了解。他曾自述说："因为那时我初到美国，在奥柏林大学教导我的教师多是杜威一派的，比较注重从生理学、心理学和人类学着手去讨论道德、人生观等哲学问题。"[②] 从他所引用的杜威文献中，我们可看到其中就有《达尔文学说对哲学的影响》，可见当时进化论对他的影响之深。

　　贺麟有较为系统的文化观，称得上是一种以儒家学说为基础的"返本开新"的文化观。陈来在最近的一篇文章《新儒家之后，儒学何为》中，对贺麟有个总体性评价："贺麟则强调'以儒家思想为体，以西方文化为用'，或者说'以民族精神为体、以西洋文化为用'，对儒学复兴进行了系统设计。……贺麟在当时表达了这种文化自觉，他认为：'中国当前的时代，是一个民族复兴的时代。民族复兴不仅是争取抗战的胜利，不仅是争中华民族在国际政治中的自由、独立和平等，民族复兴本质上应该是民族文化的复兴。民族文化的复兴，其主要的潮流、根本的成分就是儒

---

① 何晓明：《返本开新——近代中国文化保守主义新》，商务印书馆2006年版，第247页。
② 贺麟：《哲学与哲学史论文集》，见《哲学与哲学史论文集》，商务印书馆1990年版，序言第1页。

家思想的复兴、儒家文化的复兴。'‘儒家思想的命运是与民族的前途命运、盛衰消长同一而不可分的’。"① 显然，陈来不但强调了贺麟的"文化自觉"，而且指出了这一自觉中最核心的价值所在，这就是儒家思想的复兴与儒家文化的复兴。陈来当然特别看重这其中的"儒家文化"概念。而柴文华则以"创建新的民族文化"来表征其价值指向："贺麟的‘儒家思想新开展’所展示的是他的中国现实文化观和未来文化观，试图在融合中西文化精神的基础上创建的民族文化。"② 这里既提出了贺麟的现实文化观与未来文化观的源头——儒家思想的新开展，更重要者，则在提示出中西文化融合基础上的民族文化之创建。

此外，值得一提的是，贺麟倡导"学治"即"学术治国"的概念；这源于他学术文化的视角与思维。他曾十分恳挚而沉痛地说："老实说，中国百年来之受异族侵凌，国势不振，根本原因还是由于学术文化不如人。而中国之所以复兴建国的展望，亦因中华民族是有文化敏感、学术陶养的民族，以数千年浓厚的文化基础，与外来文化接触，反可引起新生机，逐渐繁荣滋长。"③ 故其倡言："我愿意提出‘学治’或‘学术治国’的观念以代替迷信武力、军权高于一切的‘力治’主义。""我愿意提出‘学治’来代替申韩式的急功好利、富国强兵的法治。申韩式的法治实即厉行严刑峻罚，剥削人民的苛政。"④ 因而，他亦十分强调德治必须以学治为基础；要有以真理与学术作基础的真正德治，就要在整个民族生活中形成崇尚真理、尊重学术的爱智氛围与学术文化。

一　乐观的文化进化观

贺麟和他那一代文化人一样，无不受到达尔文进化观的影响，从而又将这一进化观烙印在其对文化的认识上。故在总体上，我们能看出他的乐观的文化进化论思想。当然，这与他融通中西从而逻辑地得出"文化乃

---

① 陈来：《新儒家之后，儒学何为》，《人民日报》2013 年 12 月 22 日。
② 柴文华：《现代新儒家文化观研究》，生活·读书·新知三联书店 2004 年版，第 55 页。
③ 贺麟：《文化与人生》，上海人民出版社 2011 年版，第 26 页。
④ 同上。

人类的公产"① 一理念，有极大关系，可以说，这一理念，是其文化进化观之前提。这里需要指出的是，其实贺麟并不赞成"中国本位文化"观，这对某些认为贺麟实为中体西用者的学者来说，确须对贺麟思想重加考索与确认。让我们首先来看看贺麟自己是如何宣称的：

> 我们无法赞成"中国本位文化"的说法。因为文化乃人类的公产，为人人所取之不尽用之不竭的宝藏，不能以狭义的国家作本位，应该以道，以精神，或理性作本位。换言之，应该以文化之体作为文化的本位。不管时间之或古或今，不管地域之或中或西，只要一种文化能够启发我们的性灵，扩充我们的人格，发扬民族精神，就是我们所需要的文化。我们不需要狭义的西洋文化，亦不要狭义的中国文化。我们需要文化的自身。我们需要真实无妄有体有用的活文化真文化。②

这就要考究他所谓"文化的自身"、"真实无妄有体有用的活文化真文化"了。这里我们尤其要强调的是，不主张中体西用，并不等于其不主张要以中国儒家精神为体；对贺麟来说，这是要严加区别的。在贺麟看来，儒家之道德理想及其宗教精神仍将对人类社会发生积极作用，并具备普遍的哲学意义。因而在他那篇发表于1941年被称为"20世纪上半期现代新儒家的理论宣言"③ 的《儒家思想的新开展》一文中，就明确主张科学可引进，民主则可从儒家传统之民本、民治主义开出。这一话题我们还要放在稍后说。

让贺麟深感痛惜的是：

> 中国数千年来大都在"退化观"的思想笼罩之下，一般人大都把黄金时代放在远古，认为历史的演变，总是一代不如一代。所谓魏碑不如汉碑，唐碑不如魏碑，宋碑不如唐碑，这种种退化的看法，使

---

① 贺麟：《文化的体与用》，见贺麟《哲学与哲学史论文集》，商务印书馆1990年版，第354页。

② 同上。

③ 何晓明：《返本开新——近代中国文化保守主义新》，商务印书馆2006年版，第246页。

得我们无论在政治上、道德上、文学艺术上，都觉得今人不如古人，后人不如前人。①

　　所以在他看来，要抱进化观实在不是一件容易事。因为从中国历史上看，今不如古的客观现象亦多有存在；而这铁一般的事实也确让人们难以勉强去以所谓乐观进化论来解释历史。然而，贺麟强调的是，要以长远的历史眼光看文化的多方面："历史是长久的，文化是多方面的。受过进化论洗礼的历史家，当不难寻出历史发展的线索，看出逐渐进化的阶段。"②显然，这其中的要义即在历史现象的表层，发掘出真正的历史深层之线索，从而以进化观划分出历史阶段。这当然是一种乐观的文化进化观！据此，在退化观与进化观二者之间，可以说他是极主进化观的；当然，此中更深一层的理由还在进化观是让人"创进"的。诚如其所说："退化观有使人沉滞不思上进的影响，进化观有鼓励人努力创进的效力，恐怕谁也不能否认吧。"③

　　当然，也要从思想、学理上去透视这一真理。贺麟曾自述说，他写过一篇关于"自然目的论"的文章，其意在表达他对怀特海老师教诲之感激。他还这样说道："最重要的是，怀特海教授提出，达尔文进化论创立以来，人们多推演出'生存竞争和自然淘汰'的悲观可怕的结论。怀特海欣赏亨德森的《自然的适合性》一书，并且有所利用改造，从而正确回答了'生存竞争和自然淘汰'的悲观说法。按照亨德森的看法，自然物并不都是达尔文所说的'生存竞争'，更为重要的是存在着互相适应的一面。怀特海倾向于亨德森的观点，他认为'有机体能创造自己的环境'，及'人增强了对环境的适应能力'。但怀特海还认为，'高等有机体还能主动地适应和控制环境'，因而在这一点上，他又和亨德森所谓环境与有机体互相适应或配合及自然的适合性是有区别的。"④ 从中我们可看到他对进化论合理性依据的寻求，尤其是对怀特海"适应能力"说的接

---

① 贺麟：《文化与人生》，上海人民出版社 2011 年版，第 116—117 页。
② 同上书，第 117 页。
③ 同上。
④ 贺麟：《哲学与哲学史论文集》，见《哲学与哲学史论文集》，商务印书馆 1990 年版，"序言"第 4 页。

受。可以说，正是在这一学理追究过程中，贺麟培育出自己对进化论的乐观态度。诚如其所言："假如一个人能够在变动生长的过程中，看出发展的阶段，进步的程序，他就会养成一种逐渐向上、日新不已的乐观态度。近代西洋进化思想的盛行，不论是达尔文生物学上的进化论，或是黑格尔辩证法和逻辑上矛盾进展的进化论，都带有强烈的乐观色彩。"① 贺麟是黑格尔原著的翻译者，他深知黑格尔螺旋式上升的辩证观是其逻辑学基础，故他称其为"辩证法和逻辑上矛盾进展的进化论"，这其中深刻的哲学基础就在，矛盾是事物发展源泉，是绝对理性的表现；因为在黑格尔那里，逻辑学的真理不仅反映出了矛盾，而且矛盾就是绝对理性本身之规律，故矛盾自身就成为了事物前进的源泉。这里，我们以为最重要者，是贺麟所透见出的无论是达尔文的生物进化论，还是黑格尔的矛盾辩证的历史观，均为一种具备强烈乐观色彩的进化论。

其实，贺麟是在告诉我们，对中国和世界的未来要有信心，有希望。他称："'信心观'实际上也可以说是'希望观'。一个人对于自己和别人的前途乃至世界的将来有信心，也就是说他具有希望。对于将来的无穷的信心与希望，自然会形成对于世界与人生的乐观的看法。"② 不错，信心与希望当然会带来乐观，但信心又何从而来呢？贺麟深究其内涵而指出："乐观又可以叫做'信心观'。所谓信心包含三方面，就是对自己有信心，对别人有信心，对天道或宇宙法则有信心。……所谓相信天道，就是相信天道是公正的，相信在全宇宙的法则里，善人终必战胜恶人，理性终必战胜无理性，公理终必战胜强权。有了这种由体验、由学养而达到的信心，就是乐观态度的出发点。"③ 显然，贺麟是在学理上，逐层上升到了相信"天道"的最高层面；而有了这种由学养而达至的信心，当然就有了乐观的最深刻之基础。

但我们仍要追问：我们为什么会相信天道是公正的？我们怎样相信天道是公正的呢？这里，贺麟给出了一个判断性命题："至圣至仁就是至乐观之人，未有不仁的人而会成为真正的乐观论者。"④ 然而这只是一个确

---

① 贺麟：《文化与人生》，上海人民出版社 2011 年版，第 116 页。
② 同上书，第 115—116 页。
③ 同上书，第 115 页。
④ 同上。

定性的判断而已，仍须追寻出为什么仁者、圣者会成为乐观者。看来，贺麟仍是从儒家的"恻隐之心"即同情心来解答这一问题的："人类最高尚、最纯洁、最普遍，且与快乐最不可分的情绪，就是'爱'或'仁爱'，也可以说是同情心或恻隐之心。人生最真纯的快乐，既出于仁爱，则在此意义下，人生真正的乐观应是'仁爱观'或'同情观'。一个人用同情的了解、仁爱的态度，来观察人生、欣赏事物，就是真正的乐观。谚语常说'为善最乐'，其实亦可说是仁者最乐，仁爱为快乐之本。"① 此中的逻辑关联，是将"乐观"内在地联结于"仁爱"或人类最普遍而纯真的"同情心"，中国早期儒家特别是孟子，是最深刻而透彻地探讨并彰显过这一"恻隐之心"的。从这里我们完全可看出，贺麟为什么最终会将新时代中"儒家思想的新展开"，作为其理论宣言了。

二　"道德的进化"与"理想、现实的合一"

道德不是一成不变的，道德也是进化的。贺麟不仅承认这一事实，且十分中肯地说："近代的人受了达尔文进化论的洗礼，特意用进化论的逻辑或方法，去搜集、整理、组织、解释道德方面的事实，则其所整理出来的事实之符合进化的理论与理想乃自然之理。"② 他以人类的婚姻为例，考察道德的"演化之迹"。他曾专门写有《道德进化问题》一文，其中一节为"事实上道德现象的演化——以婚姻的演化为例"。让我们首先来看看他是如何界定"道德事实的进化"的：

> 道德事实与自然事实不同，自然事实的变迁，即使有条理有秩序，但亦无所谓进步。而道德事实乃人的意识活动精神生活的产物。人的意识是有理则的，人的精神是有理性、有理想，有向上奋勉的驱迫力的。研究道德事实的进化，直不啻考察人类意识的奋斗，精神的努力，以自求发展实现的阶段与业绩，因此道德事实不仅是表出演化

---

① 贺麟：《文化与人生》，上海人民出版社 2011 年版，第 114 页。
② 贺麟：《道德进化问题》，见贺麟《哲学与哲学史论文集》，商务印书馆 1990 年版，第338 页。

之迹，必且表出进化之迹。换言之，人类道德史上，若果有一星星点点进化或进步之可言的话，则此星星点点的进步，必是这有理性的动物，精神上奋斗努力，自求进展的收获。①

可见，在他眼中，进化亦代表着进步，尽管可能是"星星点点的进步"，但仍是理性人精神生活之表征。这里我们需要注意的是，贺麟是强调"道德事实"这一范畴的，他不是在讨论虚构道德征象；这是他研究道德进化问题的重要前提。而若讨论事实，则事实是否合于理论，又是对理论的考验。贺麟清醒地认识到："逻辑或理论本来是解释事实，整理事实，指导事实的方式或原则，所以真的理论必是合于事实的理论，真的逻辑必是合于事实、有充实内容的逻辑。因此可知，关于道德进化的理论，或逻辑上道德进化的阶段的分析，只要理论是正确的，必定是合于道德事实的，所谓先经验而经验弗违，亦即此意。"② 诚然，正确的理论确实是"先经验而经验弗违"的，但正确的理论本身可能是艰难的、反反复复的实践中抽绎、上升出来的。所以贺麟不仅直接从不同人类婚姻阶段的"道德事实"中揭示其"自然之理"，更从德国著名哲学家费希特、黑格尔的理论中寻绎其理论轨迹，从而作出了自己的总结："概括地说，逻辑上道德进步的历程，已如上文所述，是由无自觉以进于自觉，由无理性以进于理性，由漠视人格以进于尊重人格的道德。但受过辩证逻辑训练的人，便知道道德进步的历程究不是直线式的那样单纯的进展，而乃是经过正反的矛盾而进展的。换言之，道德的进步必是征服恶的或超过不道德的而达到的功绩。"③ 显然，其所谓"正反的矛盾而进展"一说，即来自黑格尔的辩证法。贺麟概括了黑格尔所提示的社会道德进化的五个层次：一是由忠国家与孝祖先的两相冲突而进入到忠于君主的帝国时代；二是由服从专制君主与持个体自由的两相矛盾而进入到自由平等时代；三是由无限度的自由平等的民主进入共同立法、共同遵守制度的宪治；四是由宪治进入而为德治；五是由德治而进入到艺术宗教哲学等文化学术基础的社会生

① 贺麟：《道德进化问题》，见贺麟《哲学与哲学史论文集》，商务印书馆 1990 年版，第338—339 页。

② 同上书，第338 页。

③ 同上书，第326—327 页。

活。贺麟深以为："黑格尔这种的分析，鲁一士称之为道德逻辑平行论，又称为逻辑与历史或逻辑上的矛盾进展与人文进化的平行论，实甚切当。盖因黑格尔的事实是具有逻辑的必然性的。而他的逻辑是符合人类文化变迁演化的事实的。"① 注意，这里两次提到了"人文进化"、"人类文化变迁演化"，足见贺麟的文化进化观视角。而这一视角足以让他得出逻辑理则的道德进化观：道德的进化必系由无自觉而进入到自觉；由无理性进入到理性；由蔑视个体人格而进入到尊重个体人格。然而事实上，这是人类理想逐步展开、逐步实现的理想境界。

贺麟由此而谈到"理想"层面："进步或进展是一理想。是意识的努力或精神的奋勉所达到的收获。所以进步是循理想的活动，是逻辑的，是合于理则的。"② 但重要的是："真正的理想，同现实应当是合而为一，不可分离的。"③ 强调理想与现实合一，乃贺麟理论旨归。然现实往往与理想矛盾而背离，这就需要有"应付现实"的理据。贺麟以为：

> 假如我们不愿意和现实妥协，为现实所束缚，又不愿意陷于幻想梦想，逃避现实，那么我们必须要应付现实、改造现实、征服现实。但是要达到这一个目的不能不有理想。第一，因为理想基于人类的本性。理想出于理性，人类是理性的动物，理想是构成人格的要素，人类所以异于禽兽，伟人所以异于常人，全看理想的有无和高下。人类能够凭借他的理智，构成一理想的世界，以提高其生活，改造现实，征服现实。在一个人用理想来指导他的行为的时候，也就是他发挥他最高的灵性以实现其自身的时候。第二，因为自由是人格的本质。要有自由的人，我们才承认他有人格。同时争取自由，争取政治、社会、宗教、经济上一切的自由，是西洋人近代的根本精神。然而理想是争取自由最不可缺少的条件。无理想就无自由的标准。行为合于理

---

① 贺麟：《道德进化问题》，见贺麟《哲学与哲学史论文集》，商务印书馆 1990 年版，第 331 页。

② 同上书，第 325 页。

③ 贺麟：《文化与人生》，上海人民出版社 2011 年版，第 107 页。

想，就是自由，不合于理想，就是不自由。①

　　这里需要注意的是，贺麟的逻辑理路：一是在"从理想基于人类的本性"切入，二是在"自由是人格的本质"；所以他将"理想"与"自由"两个范畴内在地关联起来，得出的结论自然是"理想是争取自由最不可缺少的条件"。当然，贺麟也看到，在实践中要真正达到"理想与现实合一"的境界，谈何容易！一方面，他认识到这需要意志修养及精神上的努力；另一方面，他还提出了"要有反抗现实的力量"一说："就行为方面而论，要求理想与现实的合一，我们须要有反抗现实的力量。现实是盲目的，不合理的，我们应当要有力量来反抗它，反抗貌似消极，然而与逃避不同。反抗现实不外下列几种途径：第一，以历史的教训、将来的目标，来反抗目前现实的压迫。历史上圣贤所昭示我们的是理想的，而我们所企求的将来的目标，也是理想的。这就是以理想反抗现实。就时间上言，是以过去和将来，反抗现在。第二，以关于全体的理想，来反抗当前部分的压迫。引诱人的富贵、威迫人的武力，都是当前部分的事实，而社会的福利、人民的公益、世界的公理、理性的律令，乃是关于全体的理想。只有对于全体的理想，有了真切的认识，才能够收反抗部分的效果。第三，以人格的尊严、良心的命令，来反抗外界现实的压迫。凡是不合理想、违反良心、妨害人格的现实事物，都要拒绝承认和签字，这是以内反抗外，理想属内，现实属于外。必须先反抗不合理理想的现实，不为它所束缚压制，以争取理想的抬头，进一步才可以积极地本理想以改造现实、征服现实，达到理想与现实的合一的境界，举凡百折不回，失败后不灰心，不丧气，仍然鼓起勇气，奋斗不懈的革命精神，都基于理想反抗现实。"②他称这种看法为乐观的看法，并指出乐观的态度，大都基于理想。这里我们仍有必要强调的是，他强调反抗现实的三层理据：历史之教训、全体之理想、人格之尊严与良心之命令，实与他的儒家圣贤观内在地、逻辑地关联着。因而，我们下面一节，必定要落实在贺麟所昭示的儒家思想上。

　　①　贺麟：《文化与人生》，上海人民出版社 2011 年版，第 107 页。
　　②　同上书，第 109—110 页。

三　儒家思想的新开展与中华民族的复兴

贺麟始终认为：百年来中国的危机，根本上可说是文化的危机；西洋文化的大规模输入，对中国文化特别是儒家思想，是一个绝大考验。而对贺麟个人而言，中西文化的学养，早已陶熔出他极鲜明的价值取向，这就是以复兴中国文化为职志。他深以为民族复兴须有文化复兴的基础，也就是说，中国文化的复兴，首在复兴儒家思想。故他坚认："儒家思想在中国文化生活上失掉了自主权，丧失了新生命，才是中华民族的最大危机。"① 进言之，复兴儒家思想又绝非简单地回到儒家，而是要在新的时代"华化西洋文化"。所以他主张说："中国文化能否复兴的问题，亦即华化、中国化西洋文化是否可能，以民族精神为体、以西洋文化为用是否可能的问题。"② 当然，他坚信："就民族言，如中华民族是自由自主、有理性有精神的民族，是能够继承先人遗产，应付文化危机的民族，则儒化西洋文化，华化西洋文化也是可能的。"③ 正是在这般乐观的基调上，他宣称：

> 中国当前的时代，是一个民族复兴的时代。民族复兴不仅是争抗战的胜利，不仅是争中华民族在国际政治中的自由、独立和平等，民族复兴本质上应该是民族文化的复兴，儒家文化的复兴。假如儒家思想没有新的前途、新的开展，则中华民族以及民族文化也就不会有新的前途、新的开展。换言之，儒家思想的命运，是与民族的前途命运、盛衰消长同一而不可分的。④

但接下来，则有何为主体，如何"华化西洋文化"的问题。所以贺麟进一步强调说："如果中华民族不能以儒家思想或民族精神为主体去儒

---

① 贺麟：《儒家思想的新开展》，见贺麟《文化与人生》，上海人民出版社 2011 年版，第 12 页。

② 同上书，第 13 页。

③ 同上。

④ 同上书，第 12 页。

化或华化西洋文化，则中国将失掉文化上的自主权，而陷于文化上的殖民地。让五花八门的思想，不同国别、不同民族的文化，漫无标准地输入到中国，各自寻找其倾销场，各自施展其征服力，而我们却不归本于儒家思想而对各种外来思想加以陶熔统贯，我们又如何能对治这些纷歧庞杂的思想，而达到殊途同归、共同合作以担负建设新国家新文化的责任呢？"① 儒家思想的主体，就这样被贺麟隆重推出了，而且担负着"华化西洋文化"之重任。当然，中西文化碰撞对儒家的重大考验，贺麟甚至提到了"生死存亡的大考验"、"大关头"这样的高度，实在让人有些吃惊；又说儒家思想如不能通过此考验就会"消亡、沉沦"，确有些言之过激："西洋文化的输入，给了儒家思想一个考验，一个生死存亡的大考验、大关头。假如儒家思想能够把握、吸收、融会、转化西洋文化，以充实自身、发展自身，儒家思想则生存、复活而有新的发展。如不能经过此考验，度过此关头，它就会消亡、沉沦而永不能翻身。"② 言之凿凿，似能预见其局面；然而事实如何呢？贺麟说这话时是 20 世纪的 1941 年，至今已有70 多年了，这期间中华民族几经灾难，即便是"文化大革命"这样的文化摧残，儒家思想照样延续下来了，在海外甚至有发展壮大的势头。事实上，作为一种传承了两千多年的思想体系，它必然地包含有合理内核与思想精髓；一时的危机，决不代表它会"消亡、沉沦而永不能翻身"。当然，贺麟的担忧亦不无道理，儒家思想如长久沉寂而不能发扬光大，不能为民族文化的复兴提供契机，不能在时代条件下有新的展开，那么，它被时代所抛弃的可能性还是存在的。所以，实质的问题是，如何就儒家思想的内涵，在新时代条件下，作出新的展开。

　　贺麟以为，儒家思想大致包含了三个大的层面：一是在"理学"层面可格物穷理、寻求智慧；二是在"礼教"层面可磨炼意志、规范行为；三是在"诗教"层面可陶养性灵、美化生活。如此，儒家思想的新开展，是合情合理的、自然而然的。当然，他仍希企以西洋的哲学而有理致地发挥儒家的思想；同时，又吸收基督教的精华逻辑地充实儒家的礼教；此

---

　　① 贺麟：《儒家思想的新开展》，见贺麟《文化与人生》，上海人民出版社 2011 年版，第14 页。

　　② 同上书，第13 页。

外，还须领略西洋的艺术以发扬儒家的诗教。由于"儒学是合诗教、礼教、理学三者为一体的学养，也即艺术、宗教、哲学三者的谐合体。因此，新儒家的开展，大约将循艺术化、宗教化、哲学化的途径迈进"①。需要提及的是，贺麟虽极重儒家的道德价值，但他认为，决不能忽略了宗教价值与科学艺术价值，如其所言："依我们看来，我们仍不妨循着注重人伦和道德价值的方向迈进，但不要忽略了宗教价值，科学价值，而偏重狭义的道德价值，不要忽略了天（神）与物（自然），而偏重狭义的人。"② 如此展开儒家的思想，就成为一种较系统的展开了。注意！贺麟此处可谓独具慧眼地提出了"狭义的道德价值"一说，笔者以为这是他确有深刻体验之处。一旦步入狭义的道德价值，而忘忽了真、善、美作为一种文化的体系性存在，就很可能泯灭人的灵性与创造力。那么，我们要问，什么是"狭义的道德价值"呢？这要从他的另外一篇也几乎具有宣言性质的极重要文章《新道德的动向》中去透见："那过去抱狭隘的道德观念的人，太把道德当作孤立自足了，他们认为道德与知识是冲突的，知识进步，道德反而退步。他们认为道德与艺术是冲突的，欣赏自然，寄意文艺，都是玩物丧志。他们认为道德与经济是冲突的，经济繁荣的都市就是罪恶的渊薮，士愈穷困，则道德愈高尚。此外道德与法律，道德与宗教，举莫不是冲突的。中国重德治，故反对法治。中国有礼教，故反对宗教。简言之：只要有了道德，则其他文化部门皆在排斥反对之列。这种道德一尊的看法，推其极则将认为道德本位的文化，根本与西洋整个文化，与西洋近代的物质文明，与希腊的科学的求知精神，与希伯来的宗教精神，与罗马的法治精神，皆是根本不相容的。"③ 抱狭隘道德观，必致道德于偏枯迂拘之地步而违逆人性。据此，贺麟以孔子的诗乐文艺观，一反这种偏枯拘执而狭隘的道德观。他强调说："旧道德之所以偏于枯燥迂拘，违反人性，一则因为道德尚未经艺术的美化，亦即礼教未经诗教的陶

---

① 贺麟：《儒家思想的新开展》，见贺麟《文化与人生》，上海人民出版社 2011 年版，第16 页。

② 贺麟：《五伦观念的新检讨》，见贺麟《哲学与哲学史论文集》，商务印书馆 1990 年版，第 363 页。

③ 贺麟：《新道德的动向》，见贺麟《哲学与哲学史论文集》，商务印书馆 1990 年版，第355—356 页。

熔，亦可谓为道德未能契合孔子所谓'兴于诗，游于艺，成于乐'的理想。不从感情上去培养熏陶，不从性灵上去顺适启迪，而只知执着人我界限的分别，苛责以森严的道德律令，冷酷的是非判断。"① 作为一个深具传统学养的哲学家，贺麟竟反复强调性灵、真性情，甚至提出有"意趣"的"乐生"观，倡导"解除礼俗的束缚，争取个人的自由，发展个性，扩充人格，实为今后新道德所必取的途径"②。须知，这是他对建设"新道德"的一种价值取向。这一价值取向当然建基于融通中西的真善美的哲学基础之上。

　　另一方面，贺麟还提倡一种真正的基于大智慧、大悲悯的"宗教的或道德的信仰的养成"，这即便在他那一代新儒家中，也少有此说。然而贺麟却从中透见到："真正的伟大的宗教的或道德的信仰的养成，多是出于大智慧、大悲悯，出于真知灼见和理性的直观。每每须经历过极大的忧患、极深的怀疑，有看破一切、超出世俗的襟怀的人，如大宗教家、政治家、诗人、哲学家、科学家，才能达到深刻的宗教或道德的信仰。这种信仰是建筑在深厚的爱人类与爱智慧的两大基石上，绝非科学和无神论所能动摇。"③ 此中"道德信仰"一说，极似梁漱溟提出的儒家以道德代宗教一说。而倡导"爱人类"、"爱智慧"，则是宗教道德信仰建立的基石。这里需要提及的是，贺麟将宗教与迷信从根本上区别开来了，他以为迷信是起于愚昧，是未开化民族的表征；而信仰乃基于知识，唯受有科学教育洗礼与启蒙开导之文明人，方足以言信仰，因而科学知识反可增强人们的信仰力量。这种理念，恐怕也是他饱受中西思想熏陶而持有的。

　　然而，重要的是，我们仍须从其乐观的文化进化观视角，来切入其对儒家思想复兴的推出策略。一方面，贺麟有极深的儒学修养，饱含着热切的对于儒家道统的续统意识，甚至力举"自尧舜禹汤文武成康周公孔子以来最古最旧的思想"④ 大旗；另一方面，他则极主阳明"动的哲

---

① 贺麟：《新道德的动向》，见贺麟《哲学与哲学史论文集》，商务印书馆 1990 年版，第 356 页。

② 同上书，第 357 页。

③ 贺麟：《信仰与生活》，见贺麟《文化与人生》，上海人民出版社 2011 年版，第 97 页。

④ 贺麟：《儒家思想的新开展》，见贺麟《文化与人生》，上海人民出版社 2011 年版，第 11 页。

学"，凸显其"力行精神"，以图对儒家思想作"新开展"。必须看到的是，他首先是为着应对新的时代危局，而倡言"以儒家思想或民族精神为主体去儒化或华化西洋文化"。此主体"儒家思想或民族精神"，对于民主、科学，既须引进，又要与儒学各于"独自领域"发展；且须从儒家传统之民本、民治主义开出西方民主精神。同时，他也认为儒家本有的法治精神，亦几近于西方民主；同样，西方民主亦有契合儒家所谓王道之处。

如前所述，《儒家思想的新开展》一文被视为"现代新儒家的宣言书"①，应该说，此文确表现出对于儒家道统的续统意识。诚如其文开篇所言："在思想和文化的范围里，现代决不可与古代脱节。任何一个现代的新思想，如果与过去的文化完全没有关系，便有如无源之水、无本之木，绝不能源远流长、根深蒂固。文化或历史虽然不免经外族的入侵和内部的分崩瓦解，但也总必有或应有其连续性。"② 看来，他是十分强调这种统绪传承的。然而什么是儒家的传统思想？贺麟认为这就是自尧舜禹汤文武成康周公孔子以来的古代思想。但重要的是："就其在现代及今后的新发展而言，就其在变迁中、发展中、以适应新的精神需要与文化环境的有机体而言，也可以说是最新的新思想。在儒家思想的新开展里，我们可以得到与古代的交融，最新与最旧的统一。"③ 好一个新旧统一，且是"最新与最旧的统一"！然此种统一岂能一蹴而就？从方法论上说，总还得有个切入点。这点我们在下面还要稍作展开。贺麟诚然意识到这点，故指出如果在"文化上有失调整，就不能应付新的文化局势"④。实质上，他所说的"调整"，又首在"适应"二字上。也就是他指出的，是针对在变迁中、发展中、改造中以适应新的精神需要与文化环境的有机体而言。这当然是一种符合"中国现代的文化动向和思想趋势"的"儒家思想的新开展"。故其又继言："广义的新儒家思想的发展或儒家思想的新开展，

---

① 中国社会科学院哲学研究所西方哲学史研究室编著：《贺麟先生百年诞辰纪念文集》，中国社会科学出版社 2009 年版，第 21 页。

② 贺麟：《儒家思想的新开展》，见贺麟《文化与人生》，上海人民出版社 2011 年版，第 11 页。

③ 同上。

④ 同上。

就是中国现代思潮的主潮。"① 当然，这一主潮同时也就是"源远流长、根深蒂固"的、"有其连续性"的、"自尧舜禹汤文武成康周公孔子以来最古最旧的思想"的"新开展"。

然而重要的是，儒家思想的新开展之主旨，必落实于现实问题的解答之中。"只要能对儒家思想加以善意同情的理解，得其真精神与真意义所在，许多现代生活上，政治上，文化上的重要问题，均不难得合理合情合时的解答。……如果无论政治、社会、文化、学术上各项问题的解决，都能契合儒家精神，都能代表中国人的真意思、真态度，同时又能善于吸收西洋文化的精华，从哲学、科学、宗教、道德、艺术、技术各方面加以发扬和改进，我们相信，儒家思想的前途是光明的，中国文化的前途也是光明的。"② 这无疑是站在儒家的立场，予以合理、合情、合时而得其中道的新解答；在他看来，儒家思想的新开展，在根本上也就是民族文化复兴的新机运。

最后，我们必须再度提及的是，贺麟认定中国文化前途的光明前景，认定儒家思想新开展是民族文化复兴之新机动，同时又意识到切入点主要是从哲学、宗教、艺术等方面来发挥儒家思想，这一切当然都是其中西融通的进化文化观所使然。如前所述，贺麟对儒学有一个基本界定："儒学是合诗教、礼教、理学三者为一体的学养，也即艺术、宗教、哲学三者的谐合体。因此，新儒家思想的开展，大约将循艺术化、宗教化、哲学化的途径迈进。"③ 所以这个迈进途径，必须使儒家精神中包含有科学精神，使儒家思想足以培植、孕育科学思想，而不致与科学思想混淆不清。故其又深入而言："今后新儒家的兴起，与新诗教、新乐教、新艺术的兴起，应该是联合并进而不分离的。"④ 此中，我们分明看到贺麟对新儒家兴起的前景是充满信心的，当然，他没有忽视具体方法等问题。

对于文化范畴下各不相同的领域，贺麟深感要让其得到独立的发展。他认识到："不用说，欲求儒家思想的新开展，在于融会吸收西洋文化的

---

① 贺麟：《儒家思想的新开展》，见贺麟《文化与人生》，上海人民出版社 2011 年版，第11 页。

② 同上书，第 23 页。

③ 同上书，第 16 页。

④ 同上。

精华与长处。西洋文化的特殊贡献是科学，但我们既不必求儒化的科学，
也无须科学化儒家思想。因科学以研究自然界的法则为目的，有其独立的
领域。没有基督教的科学，更不会有佛化或儒化的科学。一个科学家在精
神生活方面，也许信仰基督教，也许皈依佛法，也许尊崇孔孟，但他所发
明的科学，乃属于独立的公共的科学范围，无所谓基督教化的科学，或儒
化、佛化的科学。"① 贺麟的高明之处，实际上就在既提到"独立"，又提
到"公共"；文化领域内各个不同范畴，既须独立发展又属之于公共范
围。自然，儒家思想自有其指导人生、提高精神生活、发扬道德价值的特
殊效准的，无须以自然科学的律则去牵合，但它当然要符合总体上的科学
精神、逻辑与理性，这是没有问题的。只是在各个领域的特殊层面，无须
附会、曲解、牵合，否则将会混淆不清而产生冲突。这是在方法层面上须
加以注意的地方。

　　和大多新儒家人物一样，贺麟深信儒家传统之民本、民治主义可开出
西方民主精神。对中国传统的儒家法治，他有个极为特殊的看法："儒家
的法治，亦即我所谓诸葛亮式的法治（参看下面《法治的类型》一文），
则与之不同。它是法治与礼治、法律与道德、法律与人情相辅而行、兼顾
共包的。法律是实现道德的工具，是人的自由本性的发挥，绝不是违反道
德、桎梏自由的。西洋古代如柏拉图，近代如黑格尔所提倡的法治，以及
现代民主政治中的法治，都可以说是与儒家精神相近，而与申韩式法家精
神相远的。"② 注意，这里贺麟提出了一个重要命题：法律是实现道德的
工具，是人的自由本性的发挥。这就将道德与自由本性内在地关联起来
了。可以说，大多新儒家仍是持这种"为仁由己"的道德自由观的。但
将"法治与礼治、法律与道德、法律与人情相辅而行、兼顾共包"起来，
则颇有贺氏特色。然而贺麟确实是将现代法治与儒家民治主义联系上了，
此即儒家"'天视民视、天听民听'和'民贵君轻'等说的真精神"，与
"美国罗斯福总统的许多言论，就代表我所谓儒家式的民主政治"。此外，
在他看来："美国的大政治家中如华盛顿、富兰克林、林肯皆有儒者气

---

① 贺麟：《儒家思想的新开展》，见贺麟《文化与人生》，上海人民出版社 2011 年版，第
14 页。

② 同上书，第 20 页。

象，美国政治特别注重道德理想，比较最契合儒家所谓王道。"① 这里，笔者特别要指出，在谈到复兴中国文化问题上，贺麟与钱穆极其相似的一点是，他们都以极为崇敬的心态推出了孙中山：

> 至于在中国，孙中山先生则无疑是有儒者气象而又具耶稣式品格的先行者。今后新儒家思想的发挥，自必尊仰之为理想人格，一如孔子之推崇周公。他的民权主义，即可以说是最能代表儒家精神的民主政治思想。三民主义中的民生主义最根本，于将来最关重要。以民族主义于抗战建国，推翻异族，打倒帝国主义，影响最大。以民权主义体系最完整，思想最精颖，表现其生平学问经验与见解最多。他对于权与能的分别，对于自由平等的真意义的注释，皆一扫西洋消极的民主主义和道家的自由放任的自然主义的弊病，而建立了符合儒家精神，足以为开国建国大法的民权主义。而且，他在创立主义、实行革命原则中，亦以合理性、合人情、合时代为标准，处处皆代表典型中国人的精神，符合儒家规范。……足见他革命建国的事业，是符合儒家合理、合情、合时的态度的，而他所创立的主义亦是能站在儒家的立场而作出的能应付民族需要和世界局势的新解答。②

一言以蔽之，在儒家思想新开展与中华民族的复兴事业中，孙中山最能代表其理想人格；而孙中山的三民主义思想，亦是最能代表时代需求的新方案与新解答。这就达到了贺麟最终所谓"返本开新"——"内圣""曲折"地开出"新外王"；也就是既承续传统儒学之"灵根"，又吸纳近代西学的民主、科学思想，从而在儒家"道统"中真正发掘中华民族现代化事业的文化源泉和精神动力。

综论之，贺麟对儒家思想的新开展中最为关注的焦点即为"新道德的动向"，贺麟即主要走上"穷则变"的路子，倡言一个"新"字尤其倡言一个"变"字，"而这变动的方向，显然只能往博大深厚之途：是从学

---

① 贺麟：《儒家思想的新开展》，见贺麟《文化与人生》，上海人民出版社 2011 年版，第 21—22 页。

② 同上书，第 22 页。

术知识中去求开明的道德，从艺术陶养中去求具体美化的道德，从经济富裕的物质建设中去求征服自然，利用厚生的道德，从法治中去为德治建立健全的组织和机构，从道德中去为法治培植人格的精神的基础，从宗教的精诚信仰中去充实道德实践的勇气与力量，从道德的知人工夫进而为宗教阶段的知天工夫，由道德的'希贤'进而为宗教的'希天'。如是庶道德不惟不排斥其他各文化部门，而自陷于孤立单薄，且可分工互助，各得其所，取精用宏，充实自身。而西洋文化的介绍与接受，亦足以促进道德的进步"①。看来，贺麟最终还是把儒家思想的开展，落实在以真善美为基础的新道德建设上了。如我们在本章一开头所指出的，贺麟是始终不忘学术文化救国的一个开明知识分子，其学术特点在总体上呈现为一种返本开新的文化哲学。这当然也是他那一代新儒家学者的基本特色之一。

---

① 贺麟：《新道德的动向》，见贺麟《哲学与哲学史论文集》，商务印书馆 1990 年版，第 356 页。

第七章　徐复观:中国文化的 "现代疏释者"

徐复观（1903—1982），湖北浠水人，名秉常，后由其师熊十力改名为"复观"，义取《道德经》中"万物并作，予以复观"一说。1982年卒于香港九龙。早年考入湖北省立第一师范学校（武汉大学前身），后到日本留学。回国后，参加政治活动多年。40岁以后，始逐渐步入学术之途。作为"现代新儒家"的代表人物之一。他集一生之学力，对儒家思想与中国传统文化问题、中国知识分子的性格及历史命运问题作出了系统而深入的探讨；他始终立足于中国文化的土壤，关怀中华民族的命运，为研究、传播中国传统思想、文化作出了重要贡献，成为与唐君毅、牟宗三齐名的"现代大儒"。其学术涵盖文、史、哲及艺术等诸多领域，人称其有王船山般的博大气象。徐复观一生著书十余种，三百多万字，主要有《两汉思想史》（三卷）、《中国人性论史》（先秦篇）、《学术与政治》（甲、乙集）、《中国经学史的基础》、《徐复观杂文》（六集）、《中国艺术精神》、《中国知识分子精神》、《中国思想史论集》及《中国思想史论集续篇》、《石涛之一研究》等。

徐复观最重要的学术贡献，即在以儒家思想为主线，对中国文化作"现代的疏释"，从而揭举并阐扬蕴含其中的中国人文精神。熊十力"亡国族者常先自亡其文化"[①] 的教诲，曾深刻地触动过他，使其觉悟到文化价值观的重要性；他肯认做学问的勇气源自熊十力。徐复观做学问，十分重视历史线索的传承线路；朝代、文本、人物，能加以考索的，他一定严加考索，能详细的尽量详细。在新儒家人物中，喜用"演进"、"历史演进"之类词语的，除了钱穆，当数徐复观。此处略举其《两汉思想史》

---

① 徐复观：《中国思想史论集续篇》，上海书店出版社2004年版，"自序"第3页。

中批评许倬云一例："考古学上，在两种层积之间，因人口的聚散和新人口的移入，而在层积中间保存了一片空白，因而两层间并无直接传承关系，这是很寻常的现象。要把两个层积不同的文化连接起来，只有在遗存实物上找证据。许君不仅没有这样作，并且对'客省庄的西周文化遗存'的实况，一字不提。我所以不造成跳过殷商文化，直接跳到龙山文化上去找西周文化基础的作法，因为这样便抹煞了历史文化的传承关系，因而也抹煞了历史演进的真正内容。"① 这里我们要提请大家注意的，只是徐复观对历史演进传承关系与逻辑线索的极度关注而已。

一　人文精神的跃动

徐复观专门写有《中国人性论史》（先秦篇），他将先秦时期的"人性论"置于中国思想起源及发展的核心位置，中国古代的人性论，在他那里，有了一种文化视角的透视，从而成为民族精神形成的文化源头与动力。他在该书的序中称："我的想法，没有一部像样的中国哲学思想史，便不可能解答当前文化上的许多迫切问题……于是，我想，是否在历史文化的丰富遗产中，先集中力量，作若干有系统的专题研究；由各专题的解决，以导向总问题的解决，会更近于实际？我之所以著手写人性史，正由此一构想而来。"② 看来，其《中国人性论史》写作的根本缘由，仍在针对"文化"问题：

> 人性论不仅是作为一种思想，而居于中国哲学思想史中的主干地位；并且也是中华民族精神形成的原理、动力。要通过历史文化以了解中华民族之所以为中华民族，这是一个起点，也是一个终点。文化中其他的现象，尤其是宗教、文学、艺术，乃至一般礼俗、人生态度等，只有与此一问题关连一起时，才能得到比较深刻而正确的解释。③

---

① 徐复观：《两汉思想史》卷一，台湾学生书局1985年版，第362页。
② 徐复观：《中国人性论史》（先秦篇）序，台湾商务印书馆1969年版，第1页。
③ 同上书，第2页。

可见，徐复观是在寻求一种人性论问题的文化阐释。中国古代思想中的人性论，不仅居于中国哲学思想史的主干地位，且成了民族精神的源头；因而，所有文化现象，都要与人性论问题关联起来，才能有合理而深刻的解释。他在《中国人性论史》一书中，专辟一章谈"周初宗教中人文精神的跃动"，不仅追溯到周初的宗教文化中，且确立了一个人性论的前提条件。他非常肯定地说道："中国的人性论，发生于人文精神进一步的反省。所以人文精神之出现，为人性论得以成立的前提条件。中国文化，为人文精神的文化，现时固已成为定论。但此处得先提醒一句，中国的人文精神，在以人为中心的这一点上，固然与西方的人文主义相同；但在内容上，却相同的很少，而不可轻相比附。中国的人文精神，并非突然出现，而系经过长期孕育，尤其是经过了神权的精神解放而来的。"① 徐复观一生都在张扬这种来之不易的人文精神，称其为"人文精神的跃动"。当然，这一"跃动"是孕育于宗教中的跃动。他深以为人类文化都始于宗教，中国古代当然也不例外。他试图揭示宗教文化中那种能够诱发人的自觉的意义："文化形成一种明确而合理的观念，因而与人类行为以提高向上的影响力量，则须发展到有某程度的自觉性。宗教可以诱发人的自觉；但原始宗教，常常是由对天灾人祸的恐怖情绪而来的原始性地对神秘之力的皈依，并不能表示何种自觉的意义。"② 那么，周初那个时期，人文精神又是如何孕育而跃动的呢？徐复观为此作了相当深入的考察："从甲骨文中，可以看出殷人的精神生活，还未脱离原始状态；他们的宗教，还是原始性地宗教。当时他们的行为，似乎是通过卜辞而完全决定于外在的神——祖宗神、自然神、及上帝。周人的贡献，便是在传统的宗教生活中，注入了自觉的精神；把文化在器物方面的成就，提升而为观念方面的展开。以启发中国道德地人文精神的建立。"③ 原始宗教的崇拜，在中国古代就是一种祖宗崇拜、自然崇拜与上帝崇拜；殷、周的区别就在一种自觉的道德人文精神的确立。周初的文化，当然是承接殷商文化而来；而殷人的宗教文化，主要是祖宗神崇拜这一文化支配的。即便是对天、帝

---

① 徐复观：《中国人性论史》（先秦篇），台湾商务印书馆 1969 年版，第 15 页。
② 同上。
③ 同上书，第 15—16 页。

的崇拜，也都是以祖宗崇拜介入的。徐复观深信，周人祖宗"配天"的观念，就来自殷卜辞中"宾于帝"的观念："周初的天、帝、天命等观念，都是属于殷文化的系统。"① 然而，"人类精神的自觉，并不一定受物质成就的限制。周之克殷，乃系一个有精神自觉的统治集团，克服了一个没有精神自觉或自觉得不够的统治集团。先厘清了这一点，才能对《尚书》中周初的文献，作顺理成章的了解"②。

那么，我们要问，这一人文精神的内核是什么呢？徐复观极富洞察力地指出，正是富有忧患意识的周人，最终成了胜利者。他确然说道：

> 周人革掉了殷人的命（政权），成为新地胜利者；但通过周初文献所看出的，并不像一般民族战胜后的趾高气扬的气象，而是《易传》所说的"忧患"意识。忧患意识，不同于作为原始宗教动机的恐怖、绝望。……"忧患"与恐怖、绝望的最大不同之点，在于忧患心理的形成，乃是从当事者对吉凶成败的深思熟考而来的远见；在这种远见中，主要发现了吉凶成败与当事者行为的密切关系，及当事者在行为上所应负的责任。忧患正是由这种责任感来的要以己力突破困难而尚未突破时的心理状态。所以忧患意识，乃人类精神开始直接对事物发生责任感的表现，也即是精神上开始有了人地自觉的表现。③

此可谓徐复观深掘其精神表象背后的深层内核而得出之结论，更可贵是的他将其与"责任感"关联起来，从而更凸显出"自觉"这一人文精神的特性。以徐复观的独特视角来观照这种责任感，即个体之责任涵摄人类之责任，诚如其所言："生命之扩大，同时即系由自然的、生理的生命所形成的制约性之解除，于是对自己之责任感同时即涵摄着对人类之责任感，自己向上的努力同时即涵摄着希望人类向上的努力……自己向上，系出于自反自觉的不容自已之心；希望人类之向上，也同样出于自反自觉的

---

① 徐复观：《中国人性论史》（先秦篇），台湾商务印书馆 1969 年版，第 19 页。
② 同上书，第 19—20 页。
③ 同上书，第 20—21 页。

不容自已之心。"① 可见，徐复观的逻辑视角已然透见了：由个体到整体，须有一"由自然的、生理的生命所形成的制约性之解除"理性自觉的过程，而这一过程中是什么导致个体自然生命的制约性解除的呢？是"德性"，是由一个个体生命在对自身作出反省后而有了"耻"、"悱"、"愤"等诸多"不安"之念，从而开始突破自己生理制约后才显现出的德性。徐复观强调说："德性突破了自己生理的制约而为对人的责任感，人的痛痒休戚同时即是己的痛痒休戚，于是根于对人的责任感而来的对人之爱，自然与根于对己的责任感而来的无限向上之心，浑而为一。"② 徐复观极为看重中国历史春秋时期的这一德性之"转换"，因其深深关联着中国文化的"人文主义性格的构建"，这一构建正代表了周公的最大成就；而《论语》中的"仁"，则是这一转换与构建过程中的真正"枢机"。徐复观如此评价说：

中国文化，大约从周公已经开始了人文主义性格的构建。礼乐是人文主义的征表，而这恰是周公的最大成就之一。……经过此一转换，中国文化的道德性格才真正地建立了起来。而转换的动力、枢机，乃至目标，就是《论语》上所说的仁。《论语》上所说的仁，是中国文化由外向内的反省、自觉，及由此反省、自觉而发生的对人、对己的要求与努力的大标志。③

这既是一种历史的眼光，也是一种逻辑的透视，更是一种价值的判断。所以我们在下一节中就要顺其思路，而进入到他所说的作为人文主义性格表征的礼乐文化当中了，按他的说法，在周初有了人文精神的跃动之后，紧接着一个"以礼为中心的人文世纪"出现了。

二　以礼为中心的人文世纪的出现

有了周初宗教文化中人文精神的跃动，相伴而来的是以礼为中心的人

① 徐复观：《中国思想史论集续篇》，上海书店出版社 2004 年版，第 239 页。
② 同上书，第 237 页。
③ 同上书，第 235 页。

文世纪的出现；这在徐复观的历史文化逻辑中，乃自然而然的一种"转化"，这种转化源于对"人文"的肯定："周初以天命为中心的宗教的转化，正是从迷信中脱皮出来的转化。其次，所谓超迷信的意义，应当是对于现实生活中的人文的肯定，尤其是对于人生价值的肯定、鼓励、与保障；因而给与人生价值以最后的根据与保障。同时也即是以人生价值，重新作为宗教的最后根据。"① 实质上，徐复观提到的作为宗教最后根据的"人生价值"，正是中国古代以人格神为基础、以天命观为核心的宗教文化，演进到以人文精神为核心的人文文化的一种重要中介；没有这种人生价值中介的过渡，也就很难演进出真正的"人文"特色。据此，他断言："宗教与人生价值的结合，与道德价值的结合，亦即是宗教与人文的结合，信仰的神与人的主体性的结合；这是最高级宗教的必然形态，也是宗教自身今后必然地进路。这正是周初宗教的特色、特性。"② 徐复观试图以中国古代《诗经》、《尚书》等文献为探针，来发现这种人文演进之路："古代以人格神地天命为中心的宗教活动，通过由一部《诗经》所主要代表的时代来看，其权威是一直走向坠落之路；宗教与人文失掉了平衡，而偏向人文方面去演进。"③ 徐复观以历史学家那种十分严谨的治学态度，并以文献学、考证学的方法来一一计算经典文献中某重要概念出现之次数，并以这些概念演变的意义，来透视这一"人文演进"的路数。类似的论述在徐复观文献中比比皆是，此处仅举一例："天与天命的名词，常常互用。《诗经》上大约有一百四十八个天字。其中有意志的宗教性的天，约有八十余处。在这八十余处中，将天命与政权相结合而存戒惕之心的，其思想与《尚书》今文各篇，可以互相印证，这大体是《大雅》，《周颂》中的早期的诗。到了《大雅》后期的诗，如《板荡抑》等诗，已开始对天的善意与权威发生了怀疑；但对之仍存有敬戒之心。……上面这些诗，对于天的权威，还都留有余地；《诗序》说都是周厉王时代的诗（西纪前八七八—八四六），大概是可信的。这一时期，是表现天的权威坠落的开始。"④ 利用这一文献学考证，徐复观十分自信地认定：《诗·小

---

① 徐复观：《中国人性论史》（先秦篇），台湾商务印书馆 1969 年版，第 36—37 页。
② 同上书，第 37 页。
③ 同上。
④ 同上书，第 37—38 页。

雅》中所言的"天",几乎可说是已然权威扫地;而周初所承继之宗教观念,至此也可说是完全瓦解了。据其考察,《诗经》中的"命"字,也有80多个,而其中天命或与天命同义的则出现过40多次,绝大多数是吟咏西周而与文王有关之诗。这一系列甚为细致的考察,使其得出结论:"西周厉幽时代,天命权威的坠落,一方由现实政治所逼成,同时也受到人文之光的照射。在一种明确的意识下,体验到天命已经坠落,因而逼向人文精神更进一步的发展。"① 人文之光的照射,逼出人文精神的发展。显然,这种"人文之光"的出现,是以人格神意味的宗教观念日益趋向淡薄为前提条件的。而"人文"的表征,则是礼乐。

徐复观认真考查了"礼"字的源起与意义演变,他认为:"在谈到春秋时代的人文精神以前,先应考察一下关于礼的问题。许氏《说文》'礼,履也,所以祀神致福也。从示从豊,豊亦声'。徐灏《说文解字注笺》'礼之名起于事神,引伸为凡礼仪之礼……豊本古礼字',此殆为一般所承认的通说。……祭祀有一套仪节,祭祀的仪节,即称之为礼。周初取殷而代之,尚未定出自己祭祀的仪节,便先沿用殷代所用的仪节,这即《洛诰》所说的'一肇称殷礼'。许氏仅以'事神致福'为言,实嫌笼统。祭祀的仪节,是由人祭祀的观点所定出来的,这便含有人文的意义。"② 那么,我们要问,在由人祭祀的仪节中,是如何含有人文意义的呢?对此,徐氏作了十分详细的阐发:"礼乃包括祭祀中之整个行为,非仅指行礼之器;故'礼'字乃由豊字发展而来;但'礼'字除了继承'豊'字的原有意义而外,实把祭祀者的行为仪节也加到里面去了。从上引甲骨文的上下文看,很难承认甲骨文中的'豊'字,即可等于周初文献出现的'礼'字。故礼字固由豊字而来,但不可即以豊为古礼字。因为从豊到礼,中间还须经过一种发展。由此不妨推断,殷人虽有祭祀之仪节,但其所重者在由仪节所达到的'致福'的目的,而不在仪节之本身,故礼之观念不显。……到了周公,才特别重视到这种仪节本身的意义。于是礼的观念始显著了出来。礼的观念的出现,乃说明在周初的宗教活动中,已特注重到其中所含的人文的因素。但此人文因素,是与祭祀不可

---

① 徐复观:《中国人性论史》(先秦篇),台湾商务印书馆1969年版,第41页。
② 同上书,第42页。

分，这是礼的原始意义，而为周初文献所可证明的。"① 此中最为紧要者，不仅在说明周初宗教本身所含之人文因素，尤在说明礼的原始意义乃与祭祀密不可分。

徐复观进而指出：周公制礼，其内涵已走出祭祀仪节本身，而包含了政治制度及一般行为准则。这其中，徐复观又以相当犀利的眼光看到了"彝"对礼的重要性所在，他指出《洪范》中有"彝伦攸敍"、"彝伦攸叙"的话语出现，而《尚书》中也出现不少"彝"字。对此，他明确指出："归纳起来，包括有常字的意义，如'彝酒''彝训''彝训''彝教'者是。有的是法典、规范的意义，如'殷彝''非彝'者是。"② 由此，他得出的结论是："周初的所谓彝，完全系一'人文'的观念，与祭祀毫无关系。周初由敬而来的合理地人文规范与制度，皆包括于'彝'的观念之中，其分量远比周初的礼的观念为重要。这是远承《洪范》的'彝伦'观念而来的。春秋时代所称的'周公制周礼'，惟'彝'的观念足以当之；而周初以宗教仪节为主的礼的观念，决不足以当此。"③ 如此看重"彝"这一观念的意义，实因由彝而向礼的转移扩充，深刻地意味着宗教向人文的转换；徐复观深以为，其时之所谓"礼"，再加上抽象的"彝"的观念之总和，而终成人文精神之显著表征。至此，徐复观再度强调："礼在诗经时代，已转化为人文的征表。则春秋是礼的世纪，也即是人文的世纪，这是继承诗经时代宗教坠落以后的必然地发展。此一发展倾向，代表了中国文化发展的主要方向。"④ 可见，徐氏确然是从文化演进的线索来发掘中国古代的人文因素的。

徐复观还喜用"转换"、"演变"等词语来阐释"礼"之人文进路：

概略地说，周公所制作的礼乐，一方面因当时阶级的限制，只限于贵族而不能下逮于庶人，另一方面，即使对贵族自身而言，礼乐在生活上，也只有分别和节制与调和的作用，这是外在人文主义。通过人生的自觉反省，将周公外在的人文主义转化而为内发的道德的人文

---

① 徐复观：《中国人性论史》（先秦篇），台湾商务印书馆 1969 年版，第 42—43 页。
② 同上书，第 44 页。
③ 同上书，第 44—45 页。
④ 同上书，第 47 页。

主义，此种人文主义，外可以突破社会阶级的限制，内可以突破个人
生理的制约，为人类自己开辟出无限的生机、无限的境界，这是孔子
在文化上继承周公之后而超过了周公制礼作乐的勋业。……经过此一
转换，中国文化的道德性格才真正地建立了起来。①

　　孔子对礼乐文化的弘扬，徐氏不仅用了"转换"一词来指证其对中
国文化道德性格建立之功劳；更用"文化摇篮"、"平民精神"、"人格升
进"等概念，来表征孔子对礼乐文化所作的"价值转换"②的伟大贡献。
他极为深刻地指出："孔子与礼的关系，主要在透过形式以发现形式中所
含的价值，再反过来以价值评定其形式的得失。由此以作礼的精神转换，
由此转换而使'不下庶人'的礼，成为万人万世行为规范之礼。"③ 如上
节所述，这一价值的核心当然是"仁"这一观念。而这显然与周公制礼
有质的区别。在徐复观看来，周礼的基本特质，只是在"尊尊"与"亲
亲"这样两个含有矛盾性的基本要求下，所取得的某种谐和。"尊尊"是
一种权势支配的关系，而"亲亲"这一相互亲爱的感情关系则能给权势
以制约，从而有了一部分的合理性。而孔子所做的价值转换的工作，则全
然是一种道德理性的提升，使得"此时的诗礼乐，成为一个人格升进的
精神层级的复合体。即此一端，便远远超越了春秋时代一般贤士大夫所能
达到的水准"④。在他看来，春秋这个时代，正是封建政治由盛而衰从而
是一个解体的时代；而"礼"在这一时代成为十分重要的转换媒介。而
孔子的礼，可谓突破了其时"身份"、"血缘"制度的封建政治之枷锁。
这点，徐复观反复强调要从历史演进的视角来看待："应了解孔子对礼居
历史演进与保存的具体条件下，他不能不'从周'，这是一个起点，否则
徒为挂空之论。但他在从周的起点上，层层深入，而把'郁郁乎文哉'
的'文'，作了价值的大转换，作了价值的大升华，以达到前面所说的无
体之礼。今人却一口咬定孔子的从周，即是孔子的封建，这不是出自对中

　　① 徐复观：《中国思想史论集续篇》，上海书店出版社 2004 年版，第 235 页。
　　② 徐复观：《中国经学史的基础》，台湾学生书局 1969 年版，第 8 页。
　　③ 同上书，第 13 页。
　　④ 同上书，第 8 页。

国文化的恶毒动机，即是出自对中国文化的了解过于浅薄。"① 质言之，孔子的"大转换"与"大升华"，是在真正把握住了礼的核心精神才有的，这一核心精神就是可用现代术语阐释为"道德地自觉向上的精神"的"仁"。诚如其所言：

> 孔子由对礼的恭敬的精神的把握，把礼与仁融合在一起，并以礼为实现仁的工夫。《论语》上的"仁"，就我的研究，是"道德地自觉向上的精神"。"爱人"是此种精神所发的作用。②

此为徐复观所作的高度总结，当然也是一种价值评判。其所谓"以礼为中心的人文世纪之出现"，当然是以这一"道德地自觉向上的精神"为基础的。

三　"变以体常，常以御变"——儒家　"常道"与现代自由民主之价值

如前所述，徐复观对中国思想的研究，极为看重历史文化背景，即历史文化的动态演进、变化与发展。如其所言，先秦时期人性论的出现，即人文演进发展之结果："总结地说一句，没有春秋时代人文精神的发展，把传统地宗教，彻底脱皮换骨为道德地存在，便不会有尔后人性论的出现。"③ 在徐复观的思想史探讨中，经常是在深入思想线索本身的展开中，去深究其合理性演变过程；可以说，这种以概念、范畴、语词变化为思想线索的追踪，与历史背景的追索一样，常常花费了他大量的时间与精力。由此，他十分重视思想文化的"变"与"常"之关系，这成为其重要特色之一。对徐复观而言，探讨历史，丝毫不意味着忽视现在；相反，历史意识的强或弱，决然代表了一个民族生命力的强或弱。而他自己所作思想史研究，就具有一种希企通过透显传统文化精神尤其是儒家文化中的生命

---

① 徐复观：《中国经学史的基础》，台湾学生书局 1969 年版，第 18—19 页。
② 同上书，第 17 页。
③ 徐复观：《中国人性论史》（先秦篇），台湾商务印书馆 1969 年版，第 61 页。

价值观来补救现时之弊的救世精神。据此，"变"与"常"的关系，就显得特别重要了。

徐复观尝言："变以体常，常以御变，使人类能各在其历史之具体的特殊条件下，不断地向人类之所以成其为人类的常道实践前进。"① 这里极为重要的是，"变以体常，常以御变"成为人类前进之常道的方法论前提。"变以体常"的"变"，本身不是目标，而是手段。而"常以御变"的"常"，则是作为原则而存在的。正是在变与常的动态关系中，他预设了"基层文化"与"高层文化"两个层面的文化。"基层文化"虽为一种低次元传统的无自觉性之文化，却起着维系社会最为基本的固常运转；而高次元传统的文化，却有追求创新及个性发展的自觉意义。他信心十足地眺望到这一远景："高次元传统的自觉，是把过去、现在、未来，连在一起的。是把个人与社会连在一起的。是把一个民族和世界连在一起的，不如此便不会有此自觉。在连在一起的思考、体验中，基层文化中落后的东西，高层文化中过于突出的东西，都会得到淘汰与折衷。其中符合于人类两种相反相成的需要的东西，都在高次元传统的精神、理想提示统摄之下，各得到应存的地位，以形成新的秩序，亦即形成新的传统。人类文化在安定中进步，既表现在传统自身，是在不断地形成之中。因此可以了解，由高次元传统之力所形成的传统，对过去的承传，同时即是对过去的超越。"② 显然，这里他以十分辩证的眼光洞察到高次元文化的形成，既是对已有文化的接续，同时也是一种超越。没有承传就没有超越，无"常"则无"变"。所以，他坦言人类文化是在安定中进步的，过去现在未来是无法分开而连在一起的。在徐复观眼中，那种文化"自觉"，就自觉在以一种更高的精神、理想境界，创成一种"新的秩序"，从而形成"新的传统"；然而，创新之变，是无法离开固有之常的。

据此，徐复观十分强调历史文化所带来的启示与教训：

> 由历史文化所求得的启示，教训，随各人研究的态度，深度而有不同，这是可以作具体讨论的；但谁能抹煞人类自身的这种自然地要

① 徐复观：《政治与学术之间》，台湾学生书局1985年版，第47页。
② 徐复观：《徐复观文录选粹》，台湾学生书局1980年版，第99—100页。

求和研究者所应当负的责任？人类的文化，人类由文化所建立的生活型式和态度，都是由历史积累而来。反历史文化，只是把人类带回原始野蛮时代。我们目前在政治上迫切需要民主自由，但我们只有从历史文化中才能指出人类在政治上必须走向自由民主的大方向，才能断定民主自由的价值。从逻辑中推不出自由，推不出民主，作不出自由民主的价值判断。逻辑的自身，不是从天上掉下来的，也是历史文化的产物。历史文化，是以时间为其基底；时间之流，总是在变的；研究历史文化者是要从历史文化中看出它变的方向，在变的方向中，寻找变的某种程度的原则，以为人类抉择行为的资助。①

　　徐复观当然不是在作一种元哲学层面的研究，其所说逻辑自身亦为历史文化之产物，显然是在价值取向层面的文化探求，是在价值层面强调人类的责任，在价值层面指出：自由民主乃历史文化发展之必然政治趋向；这对他来说是毫不含糊的。然而，更为重要的是，他据此而推出变与常的关系，强调要"寻找变的某种程度的原则，以为人类抉择行为的资助"。其所言"原则"即为"常"，是儒家思想中的常道理念。无疑，这个可指导现实的常道原则，是要追究到中国文化中去的。所以他一方面承认新文化运动中所提倡的科学民主有积极意义，另一方面则十分痛恨那种自断血脉、自绝慧命的种种做法。此处，我们可举出他在《〈民主评论〉结束的话》一文中所说："在南京时候，常和牟宗三、唐君毅诸位先生谈道：中国的问题，最根本的还是文化的问题。因文化的虚脱混乱，以致中国的知识分子，完全迷失了自己的本性。"② 他坚信中国传统文化特别是其中的儒家学说，同现代的科学民主完全不相悖；关键是如何把握常与变的关系，从而在儒家传统中透显出现代的科学民主，让儒家思想重放光辉。

　　这里，我们还要特别提到徐复观对中国文化的极具特色的界定："中国文化，一忧患之文化也。"③ 这实际上就是一个命题；命题是包含有判断内容信息的。这里的"忧患之文化"即是对整体中国文化特征的一种

---

① 徐复观：《政治与学术之间》，台湾学生书局1985年版，第529页。
② 徐复观：《中国知识分子精神》，华东师范大学出版社2004年版，第69页。
③ 同上书，第60页。

基本判断。在徐复观一生的研究中，他一直持守这一观念；此毋庸赘述，这里我们要拈出其一篇充满"忧患"文化观的文章，即写于钱穆先生六十寿辰的纪念文章《忧患之文化——寿钱宾四先生》。徐复观在这篇充满深情与理致的文章中提出，正是具备忧患之道的中国文化，才使其成为人类最悠久之文化：

> 　　中国文化，一忧患之文化也。《大易》乃吾族由自然生活进入人文生活之纪录，故实吾族文化之根源。《系辞》曰："作《易》者其有忧患乎？"又曰："明于忧患与故。"故乾坤之后，受之以屯蒙。屯蒙者，忧患之象也。乾坤既以易简知天下之险阻；而屯则"动乎险中"，蒙则"山下有险"，"君子以果行育德"。屹立于忧患之中，不畏怖堕退，且即挺身以担当一世之忧患而思有以解消之，于以保生人之贞常，延民族之命脉，中国文化之所凝铸而绵续者，盖在乎此矣。是故忧患乃人类之所同；忧患而"吉凶与民同患"，乃中国文化所特著。①

　　《大易》之道，当为中国文化之常道，而此中徐复观尤提出《易》道中的忧患之道——"吉凶与民同患"的常道原则，强调此为"中国文化所特著"；旨在显扬此为中国文化的最为基本的特征。文中，徐复观极力呼吁并声张："忧患之文化，乃立足于义之所当为，心之所能安，不复计较现前之得失利害。盖在忧患有所计较，将见无一事之能作，无一路之可通，其势不归于消沮废坠不止。惟有投身于忧患激流之中，上承万圣千贤之心血，中闻父老兄弟之呼号，下念子孙绵演之命脉，而一本无穷之悲愿以弥纶贯通之，其为力初或甚微，然造化之机，固于此而一转矣。此《易》之所谓'一阳来复'也。"② 只要持守忧患精神，变易转化之机终将来临；而文化绵延演化，亦依此《易经》中"一阳来复"之道也。所以徐复观和所有新儒家人物一样，大力张扬："中国文化，在数千年无数之忧患中，亦仅能延绵吾族生命之存在，使不致如古巴比伦、埃及、希

---

① 徐复观：《中国知识分子精神》，华东师范大学出版社 2004 年版，第 60 页。
② 同上书，第 61 页。

腊、罗马诸民族，淹没于历史巨浸之中；炎黄子孙，于此而认取先圣先贤苦心宏愿之迹，斯亦可矣。至科学之发展，物质之享受，乃当前孝子贤孙之所应有事，何可以祖宗未能预为准备之于数千百年之前，而遽欲锯宗杀祖乎？"①　如此，祖宗之常道便与现前的科学统一起来了，统一之前提就在谨持忧患意识而演进之。因而，徐复观断言："忧患之文化，固人类中最能悠久之文化也。"②　悠久就悠久在有忧患意识之常道。因此，徐复观始终坚持其儒家传统与现代科学并行不悖之说。

要之，只要能真正把握"变"与"常"的合理关系，人类文化中的三大支柱：道德、艺术、科学是可以很好地统一的。这大概是徐复观执意要写一部《中国艺术精神》的宗旨所在。读了该书的"自序"，我们确感这是他亟欲完成的学术工作之一。而他对中国文化的反省批判，尤其是对专制政治的深刻批判，更让我们感到他对"变易"之道的把握与创构。以其"变以体常，常以御变"之哲思，来概括他的文化观，大概是可以贴近其理念的。

---

① 徐复观：《中国知识分子精神》，华东师范大学出版社 2004 年版，第 61 页。
② 同上。

第八章　唐君毅:"中西会通"的新人文主义

在新儒家代表人物中，唐君毅（1909—1978）是个大力倡导"新人文主义"①的道德理想主义者。唐君毅是四川宜宾人，出身书香门第，自幼受传统文化熏陶，其父唐迪风有很深的儒学造诣，又曾师从过佛学大师欧阳竟无；其母亦颇有文史之才，且对唐君毅的教育严格有方。儿时的唐君毅就能背诵《老子》，十岁时背诵《说文解字》；少儿的成长及就读时期基本上是在成都、重庆渡过的。1926 年他进京求学，就读于中俄大学，稍后又转入北京大学，1928 年入中央大学（南京大学）哲学系，亲聆方东美教诲，打下较深的西学功底；又在此听熊十力先生讲"新唯识论"而忝列其门墙，从此与熊十力结下深厚的师生情缘。可以说，整个青年时代，他受梁启超、梁漱溟、熊十力、方东美学术影响最大。在人格上，他则最倾心于梁漱溟；而哲学思想的定型，则与熊十力关联较深。唐君毅曾任教于华西大学、中央大学、金陵大学，任过江南大学教务长。1949 年与钱穆一同受聘华侨大学，后赴香港与钱穆、张丕介一道筹办新亚书院，志在延续中国文化之慧命。唐君毅一生著述颇丰，大致可分为四个阶段：第一阶段主要有《道德自我之建立》、《人生之体验》、《心物与人生》、《文化意识与道德理性》及《人生之体验续篇》等，基本属人生哲学范畴；第二阶段主要有：《中国文化之精神价值》、《人文精神之重建》、《中国人文精神之发展》、《中华人文与当今世界》等，多属之于中国文化与人文精神范畴；第三阶段主要有六大本的《中国哲学原论》，其中有《导论篇》、《原性篇》、《原道篇》、《原教篇》四个分册，属之于中国哲学史

---

① 唐君毅:《宗教精神与现代人类》，见张祥浩编"唐君毅新儒学论著辑要"《文化意识宇宙的探索》，中国广播电视出版社 1992 年版，第 267 页。

范畴，该著奠定了唐氏在当代中国哲学界的崇高地位；第四阶段主要有《哲学概论》与《生命存在与心灵境界》，是其本人自创体系的晚年巨作与其毕生学术的一大总结。其思想历程是在道德自我反省、重建人文精神和诠释传统哲学这样三个阶段后，止于"一心通三界九境"的人文精神世界中；并在中西文化比较中，以对整个人类文化成果大判教方式结尾。可见其始终未离中国思想文化的发展及其现代价值，唐君毅始终坚信：中国文化中的人文主义精神，是复兴中国文化的根本基础。综观其思想历程，中西思想文化之比较，贯穿始终，是时常引发其灵思的话题；这诚然与年轻时代深受梁漱溟《东西文化及其哲学》震撼相关，然更与其复兴中国文化之心志相关。

如此看来，我们就有必要先看看唐君毅在"西化"大潮下是如何反思中国文化的，唐氏曾极其沉痛地发问："吾人若承认，中国近百年来，至少在表面上，中国文化乃以西方文化之袭入，而一步一步退却，为西方文化所征服。于是可使吾人生数问题：一、中国文化精神，究竟是否有其永久不磨之价值，中国文化历史何以有数千年之久？二、中国文化究竟有何缺点？如无缺点，何以近百年来，至少自表面观之，中国社会之变革，乃由西方传来之文化思想为领导？又何以中国现在沦至如此悲惨之国际地位，人民遭遇如此深之苦难？三、中国近百年对于西方文化之一切接受，是否皆是必须且应当？西方文化真有价值之处何在？究竟哪些方面是中国人所当接受，而当进一步尽量接受者？当接受之理由何在？接受之态度当如何？四、中国人对西方文化之接受，是否必须先破坏中国文化之传统？或只须以其所长补吾人之所短？如吾人须接受西方文化，以补吾人之所短，是否即是将二种原来不同之文化精神重新加以综合，以创造中国之新文化？抑依中国文化精神之自身之发展，亦本当发展至一如是之综合阶段？五、中国当有新文化之面目，大体是如何？中国近百年之变乱的历史，是否表示中国民族活力之衰弱？中国民族是否真有能力创造新文化？如何证明其有此能力？又中国近百年之变乱历史中，中国社会文化是否有真正之进步，其进步之处何在？"[1] 这一系列令人震撼的发问，已然证明

---

[1]　唐君毅：《宗教精神与现代人类》，见张祥浩编"唐君毅新儒学论著辑要"《文化意识宇宙的探索》，中国广播电视出版社1992年版，第383页。

唐君毅面对席卷而来的西化浪潮，开始了自己的现代性思考。唐氏中年时代即已作出了较为系统的中西思想文化比较研究，并终生持续着这一思考。然而他毕竟是现代新儒家中的道德理想主义者，他的所有思考，仍不失为一个真正人文主义者的反思。唐氏的特色在融宗教于人文。这一思维在他的道德理想主义精神的研究中得到了进一步的深化：

> 此儒家之教包涵宗教精神于其内，既承天道以极高明，而归极于立人道，以致广大，道中庸之人文精神所自生。故谓儒家是宗教者固非，而谓儒家反宗教、非宗教，无天无神无帝者尤非。儒家骨髓，实唯是上所谓"融宗教于人文，合天人之道而知其同为仁道，乃以人承天，而使人知人德可同于天德，人性即天命，而皆至善，于人之仁心与善性，见天心神性之所存，人至诚而皆可成圣如神如帝"之人文宗教也。①

这种"使人知人德可同于天德"而人皆至诚的尽性成德观，当然是一种深具理想主义思想特质的道德观。唐君毅特重"圣贤之德"，因其具有一种感召力。他强调说："天德流行之圣贤之心灵生命，乃直以人格世界、德性世界，为其心灵所对之境。""此中，人之智足以知不同之人格之德性，是为高明；一一加以爱敬，是为博厚；不见四海之隔，是为广大；不见古今之别，是为悠久。此高明之心自配天，博厚之心自配地。天地者，宇也。悠久则配古今。古今者，宙也。人有此高明、博厚、广大、悠久之心，足涵广宇悠宙，于一切人格世界之德，皆能知之而爱之敬之，于其德之表现于其心灵、生命、精神之存在者，见其洋洋乎如在其上，如在其左右者，即圣贤之心之所以成其圣贤之德也。"② 儒家素来重圣贤之德，其实最为深刻的学理根据即在人能尽性成德，首在圣贤之德承天道而立人道的巨大魅力之传导性。唐君毅自己就是一个身体力行而能传导出人格魅力的儒者楷模。

① 唐君毅：《中国文化之精神价值》，台湾正中书局印行 1979 年版，第 53 页。
② 唐君毅：《生命存在与心灵境界》，见刘梦溪编"中国现代学术经典"《唐君毅卷》，河北教育出版社 1996 年版，第 687 页。

　　而在现代科学面前，唐君毅依然举起了儒家思想大旗。他认为儒家的精神内涵不仅体现在重利用厚生上，而且“本当涵摄科学与宗教”。[①]因此，只有肯定科学与宗教的客观地位，才能真正显示儒家文化的“人文化成”之极致，才能以人文演进的正道救治人类物化而下堕之趋势，而这也恰恰是人类文化演进之远景。在唐君毅看来，这种文化发展的远景，就是涵摄科学与宗教的新人文主义，这点我们将在本章第三节展开来谈。

一　现代：人类文化思想反省的时代

　　与现代新儒家其他人物一样，唐君毅不仅深受进化论思想影响，也深入西方思想中研读过众多关于文化史著作，尤对现代文明之弊端感触颇深。他以为现代是人类文化发生巨大变动之时代，“故现代，也是人类文化思想之一大反省的时代。由此反省，人可以看见西方现代文化之进步，胜于其古代与中世之文化及东方文化之处，也可看见西方现代文化之种种的毛病与危机。人类如果真要有前途，我相信其未来之文化之形态，将不止不同于西方之古代与中世，与东方之文化之过去，也将不同所谓西方之现代文化之形态。此种新文化之形态之形成或创造，待于现代人对东西文化之过去与现在之长处与短处，皆有一公平的观察与了解，再对其一切长处，求真实加以综括的贯通，于其短处则加以救治。所以我们固然应当知道现代西方文化，胜于西方之古代与中世之处及东方文化之处；我们也须对西方现代文明之弊端，与西方之古代中世及东方文化之长处，求深切的了解，而不须讳言西方现代文明之弊端之所在”[②]。其言“观察与了解”、“综括的贯通”，目的全然在揭出弊端之后的“救治”。而“现代”，作为人类文化思想之大反省时代，在唐君毅看来，是人类文化演进中极其重要的关口；因此，了解并把握这一时代的基本文化特征，是文化演进与人类进步的必要条件。唐君毅十分精辟地指出：“当前人类文化的问题有两个特性，这是以前世界文化问题上所没有的，至少没有这样显著。这两个特

---

　　① 唐君毅：《宗教精神与现代人类》，见张祥浩编“唐君毅新儒学论著辑要”《文化意识宇宙的探索》，中国广播电视出版社1992年版，第266页。

　　② 唐君毅：《史华泽论现代文明生活之弊端》，见唐君毅《青年与学问》，广西师范大学出版社2005年版，第100—101页。

性是什么呢？第一个特性比较简单，就是现代之文化问题完全是世界性的，并牵涉到全面之文化。世界上已有之各种不同文化的系统，在这个时候发生许多冲突和各种错综的关系，这种情形是以前所没有的。……第二个特性是就第一特性中特别再提出一点，即由现代之文化问题不限于纯文化思想方面，且包括现实的社会、政治、经济之各方面；进而，在现代中各种纯粹文化思想力量，遂与各种现实的社会、政治、经济之力量互相结合，互相利用，以求扩张，而加强其冲突，加深其问题。"① 这显然是一种大文化观，它强调了现代文化是世界性的文化，且是涵括了政治、社会、经济等多层面因素的大文化观。面对这样一个大文化观，中国思想能作出什么样的贡献呢？综观唐君毅的文献，他可谓是反复指明：中国思想与西方思想根本不同之处，就在中国思想很早就对"人"的观念特加关注，而西方与印度所特加关注的是"神道"。因而中国很早就有高明的道德理想主义与人文修养理论，就此，唐君毅说："我们说，中国人传统的人文修养，是要把小人修养成大人。但这个'大人'的意义，不同于今所谓伟大人物。今所谓伟大人物，恒是含有英雄性和威胁性的。中国之'大人'一词却不然，如'夫子大人'，'父亲大人'之类，全不带英雄与威胁性。此所谓'大'的意义，是指'心量'的大，和'德量'的大。"② 唐君毅以为，人如何把自己变"大"，这里面大有学问。中国传统人文主义思想中的"立人极"观念，就有"大中至正"之深意。在他看来，人之胸襟和德量变大，则人的智慧自然会增加；而人的智慧增加，则人的力量自然更强大，从而其创造性也更大。这当然是中国文化中特有的道德修养的自觉观念，而正是这一道德自觉，导致了中国文化中"立人极"的道德理想主义思想的出现。按唐君毅的性之所近，即便在涉猎西方思想中，他也是最喜欢德国的理想主义者的，请看他在给徐复观的一封信中所说："穆勒、杜威、罗素诸人亦不能不说是大学者，介绍其学于中国弟无异辞。但弟终觉其之思想之根基殊浅。其影响于中国数十年之思想之效固有，然终不足使人精神有安身立命处。故弟在西方近代思想

① 唐君毅：《中华人文与当今世界》（二），广西师范大学出版社 2005 年版，第 377—378 页。

② 同上书，第 418 页。

中亦不愿承认穆勒、杜威、罗素为吾人之模范而常提到近代德国之理想主义者。"① 可见,中西思想中特别是德国哲学的理想主义,对其影响至为深远。

如此看来,唐君毅在历史哲学中特创一"知识社会学"范畴,而将马克思、斯宾格勒列入此一范畴的思想家,就丝毫不奇怪了;他甚至以为马克思的"改变世界"可作为此范畴中的学说而存在。② 唐氏曾在谈到历史观与辩证法这一话题时,更以肯定的口吻说过:"历史之不断升进论,此在中国之历史哲学及黑格尔马克思,以及斯宾格勒之哲学,及一切之历史观中皆多少具有之。然此各种辩证法之意义,虽皆不同,但皆同可谓为要求人之思想由一面移至其能补足之之一面,以升进于全面之思想之认识,并接触全体之实在或真理之方法。"③ 这里的点睛之笔在最后一句,即谓辩证法是一种全面认识事物的思想方法,用唐君毅的界定,是"接触全体之实在或真理之方法"。所以,他能够非常客观地看到"辩证法在西方近代,乃由黑格尔之应用,及以后马克思之应用而流行"④。更难能可贵的是,唐君毅深入马克思主义唯物史观的发展线索中作一探寻:"唯物哲学从他的历史看来,我们可以说机械唯物论到马克思的辩证法唯物论是第一次发展;马克思死后,恩格斯继承马克思的哲学继续研究是第二次发展;到二十世纪之蒲列哈诺夫、波格达洛夫、德波林是第三次发展。每次发展都是添加一次人类的重要,理想的重要。共产主义的思想家,也许不承认我所谓第二次第三次的发展;然而他们的著作确乎表示此种发展无疑。机械的唯物论不谈人改变环境,而马克思谈人改变环境。马克思不大谈必然的世界向自由的飞跃,而恩格斯常谈必然的世界向自由的世界飞跃。"⑤ 唐氏显然注意到了马克思主义原理中历史发展的必然性观念,从中我们多少可看出唐氏对马克思主义的认同。这里显然不仅涉及历史发展

---

① 唐君毅:《中华人文与当今世界补编》(二),广西师范大学出版社 2005 年版,第658 页。

② 唐君毅:《哲学总论》,见唐君毅《哲学概论》(上),台湾学生书局 1985 年版,第 50—51 页。

③ 同上书,第 205 页。

④ 同上书,第 204 页。

⑤ 唐君毅:《二十世纪西洋哲学之一般的特质》,见唐君毅《中西哲学思想之比较论文集》,台湾学生书局 1988 年版,第 415—416 页。

线索，而且有多层次的学理分辨。不管其几次发展的分辨合理与否，唐君毅花费了大量精力于此确属不争之事实。可见其不但对整个西方哲学有较为系统的探究，而且对马克思主义哲学也有着十分浓厚之兴趣。从其对必然世界、自由世界之分疏而言，其深度已显非一般。

在唐氏的"新人文主义"思想中，确有对自由平等问题的颇为细密而深入的探讨。唐君毅以其独有的思路看到：在中国讲自由平等，不能像美国那样仅保持欧洲古典式文化宗教传统，而必须"由尊重中国古典式之文化传统，以保我们之超越向上之精神，我们之价值差等之意识，以运之于我们之平等自由之观念中，而成就中国之民主政治的实践。否则我们决无路可走"①。此话已说到非常严重的程度了，即必须走中国式的民主政治道路，否则无路可走。须知，唐氏此话原有其前提，其一就是中国文化中自有其民主观；另一前提则是中国与美国的现实情况确实不同："此中国之情形，与美国情形最大之一不同，是中国不似美国之建国之由西至东，在前面有可开辟之大地，容人民之以科学技术之运用，与相配合，以自由发展各种事业，促成一平面扩展之现代文明。由此而欲中国人在短期内有美国式之自由平等之生活享受，绝无可能。"② 地大物博的地理环境，当然是人施展才能、发展事业之平台，从而亦成为现代文明之一大条件。此论与钱穆的自然环境决定生活方式从而形成文化型③的说法，实有异曲同工之妙。以唐君毅"新人文主义"视角看，人的价值，并非只以其所享受的民主自由而定其高下，而应以其所创造者定其高下；所创造者越多，人的价值越高；中国人未能有美国式民主生活之享受，并非中国文化之缺点。所以他宣称：仅在这一点上羡慕他人，决无丝毫价值可言。要之，关于中国特色的文化问题，其实早在新儒家的思想学说中作过诸多的探讨。而唐氏特重者在一是如何保持优良传统，二是在肯定传统价值观基础上，走出一条中国特色的民主理想的实践之路："中国之民主之理想的实践，必须重肯定传统之价值差等之观念，而以中国传统式社会组织之原理，为一根据。因唯此方可真实成就中国之民主政治之实践，而亦可将现

---

① 唐君毅：《中华人文与当今世界》（二），广西师范大学出版社 2005 年版，第 491 页。
② 同上。
③ 钱穆：《中国文化史导论》，商务印书馆 1994 年版，弁言第 2 页。

代式之社会组织与民主政治，再向前推进一步，以开拓人类社会政治之更高远的前途。"① 中国式民主理想的实践之路，要由优秀的传统价值观指导，这样才能在"现代"这样一个新时代中，真正开拓人类社会政治的高远前途。

不仅是如此这般的具体研究，唐君毅亦将此上升到形上哲学的高度来展开，并以此作一对比："西洋哲学最重要之第四问题为形而上学中人在宇宙是否自由之问题。自一义来说，这问题可谓西洋哲学之中心问题。……康德以为人在他道德的补足中可以表现其自由，这自由也是对他所谓服从因果律的自然说的。柏格逊以为人在生命的向上发展中可表现其自由。这也是对他所谓向下的物质之机械性说的。中国哲人之问人的自由如何表现，则并不问人的自由如何自不自由的自然中表现。西洋哲学家那样不自由的概念，中国哲人简直不了解。"② 如此对中西自由观作一深度比较，而且得出如此结论，对唐君毅这样的新儒家来说，并非易事。

尤其难能可贵的是，唐君毅探讨了个体自由及其与社会组织、国家的关系，并强调了个体被尊重是前提条件："社会国家组织之健全，必须以个人之被尊重为条件；则我们可从重社会国家之心理动机，过渡至重个人。换言之，即只要我们之理智真见得个人与社会国家之组织互为工具手段或条件之关系，则我们必兼重此三者。"③ 可以说，在整个儒家文化中，如此将个体之被尊重置于前提条件的位置，是极少见的；而将个人、社会、国家三者的关系视为互为工具手段之关系，至少也是新颖而深刻的。显然，贯通中西文化的现代思维取向，在其中起了决定性的作用。

然而，在现代世界中唐君毅感触最深的还是中国近百年来面对西方文化，而如何走出自己的文化演进之路。他有太多的由衷之言："百年来中国之与其学术文化，何以会在西方科学文明之冲击之前，飘摇战傈，而使中国人亦不复能了解其自己，主宰其自己，而自己成了自己的谜与世界的谜。"④ 在这样一种巨大的文化冲击面前，他号召中国知识分子"必须互

① 唐君毅：《中华人文与当今世界》（二），广西师范大学出版社 2005 年版，第 492 页。
② 唐君毅：《论中西哲学问题之不同》，见唐君毅《中西哲学思想之比较论文集》，台湾学生书局 1988 年版，第 73—416 页。
③ 唐君毅：《中国人文精神之发展》，台湾学生书局 1985 年版，第 197 页。
④ 同上书，第 107 页。

相勉励，以激发其志气，为中国民族、中国文化求开启一新的生机"①。
这当然是唐君毅的一种文化自觉，而此自觉来自他对时代的深切之感，他
实是有感于"现代"这个大时代，正是可求开启中国文化新生机从而复
兴中国文化之时代：

> 现在的时代，的确是一大时代。此创造之可能的条件，则系于我
> 们之是否能有通古今之变，于解决百年来中西文化之冲击中，所产生
> 之一切的矛盾冲突之深情大愿。②

这里是在探讨现时代前提下，复兴中国文化的基本条件问题，唐君毅
认为两个基本条件是必须具备的，一是能通古今之变，二是在冲突矛盾面
前能发心立志；然后才谈得上"开启"、"复兴"，这实际上是在作"思想
方案"之准备工作。为什么我们要说唐君毅有自己的思想方案？此恐远
非唐氏常有"花果飘零"之类有深叹而已，感叹之后的复兴之心志及对
中国优秀传统文化体系之重构，才是具备实质性"思想方案"的匹配行
为，其所谓人文精神之重建、新人文宗教观之建立、道德理想主义体系的
推出，都是其思想方案系统要素之呈现。如其在《人文精神之重建》一
书中指出："民主、自由、和平、悠久是人类人文社会之四大理想。除此
以外，如平等、公道、安全、功利、福利等理想，在本书系统中，可说是
次要。"③ 此中已有理想的两个层面之分。再深入下去，则当有人文世界
之展开。请看唐氏的安置："人类人文世界之全幅开展，必当兼包含宗教
科学艺术文学哲学之大盛。宗教求神，科学求真，艺术求美，文学求诚，
哲学求慧。神真美诚慧，皆可分别成一纯粹的文化理想，与民主自由和平
悠久等并列。"④ 实际上，真善美三大范畴，在这里已被唐君毅分解成
"神真美诚慧"五大范畴。然而须知，唐君毅此一分殊，其根源及其核心
理念仍在儒家的道德理想主义，所以我们下一节要专讲他如何推出这一思
想方案。这里，还是先让我们看看唐君毅如何感叹于儒家之衰微而亟欲其

---

① 唐君毅：《人文精神之重建》（二），广西师范大学出版社 2005 年版，第 223 页。
② 同上。
③ 唐君毅：《人文精神之重建》（一），广西师范大学出版社 2005 年版，自序第 12 页。
④ 同上，第 13 页。

发展的心态："近百年来儒家之学与教都衰微了，但唯其衰微，所以亦更需要有新的发展，此发展中当然包含中西文化或东西文化之融合。"① 唯其衰微，更须发展。此中深具一种涵天盖地通贯古今之气概。确实，唐君毅不仅在现时代条件下常常发问，也在不断地尝试着拿出自己新的思想方案，他在总体上希冀以一种人文主义的态度，使科学、民主、道德宗教几者并行不悖。其言曰："科学之发达，民主建国之事之成功，及宗教性信仰之树立，乃并行不悖，相依为用者。而中国数十年来流行之思想，盖罕能灼见其所以能并行不悖，而相依为用。"② 这已然证明唐君毅现代性思考独立性及其对自身文化的批判深度。这或许是由于唐氏中年时代即已作出了中西思想文化的比较研究，并终生持续着这一思考之故。然其对现代新儒家人物来说，已属难能可贵。我们愿以唐君毅自己的一段话作本节之结语："综合来说，今天最圆满的人文主义思想，必须是中西会通的人文主义之思想，以解除现代世界中之文化的偏蔽。但人必须先求自己能够立起来，才能谈得到去反抗或对治文化上的任何偏蔽。"③ 未来世界的文化演进，就建立在这种"中西会通"的人文主义思想基础上。

二　推出道德理想主义的思想方案

如果说，唐君毅确实意识到未来世界的发展，与"中西会通"人文主义思想之内在关系极为重要；那么，唐君毅正是基于这一认识而推出了他的道德理想主义思想方案。在新儒家人物中，唐君毅可说是最具理想人格也最推崇人文道德思想的代表。质言之，唐君毅的新人文道德观，是在中西会通基础上涵摄科学与宗教的道德观。诚如其所言："是以人文之概念涵摄宗教，而不赞成以宗教统制人文。"④ 这一界定，不仅决定了唐氏新人文主义的现代价值取向及基本内涵；两句话中后一句尤透显出唐氏颇

---

① 唐君毅：《中华人文与当今世界补编》（二），广西师范大学出版社 2005 年版，第 743 页。

② 唐君毅：《中国人文精神之发展》，台湾学生书局 1985 年版，第 7 页。

③ 唐君毅：《中华人文与当今世界》（二），广西师范大学出版社 2005 年版，第 422 页。

④ 唐君毅：《宗教精神与现代人类》，见张祥浩编"唐君毅新儒学论著辑要"《文化意识宇宙的探索》，中国广播电视出版社 1992 年版，第 267 页。

具现代性的道德理想主义思想特质。因而，我们这里仍要从他的道德理想主义思想的现代性特质切入。

首先必须指出的是，唐君毅道德理想主义，是在他对普遍人性所共有的"良知"及"人人所能共知共行的道德"① 观上建构起来的，这可谓是其道德价值观的最根源处。他深以为一切主义、一切宗教、一切思想流派，都会有共同之处，这就是"一切人之自然心情之中莫不有大体上共同的良知，这更随处可以证明，不必一一多说"。"一切宗教，同样不能否认仁爱正义之德。""一切社会政治上的主义……都同样不能否认道德。"② 道德，当然是人性深处的共同之点；人无道德，社会即不能正常运行，人类亦无和平基础。故不讲这一共同之点，人类文化的发展会走畸形之路从而导致人类的毁灭。故此，唐君毅十分恳痛地指陈："如果人类不愿共同毁灭，人类必须回头再去发现、建立人与人之共同的地方，去发现、建立人与人之共同的人性、人道，以为人类和平的基础。"③ 他分明看到了人类文明演进之远景，必定是建立在共同人性基础的道德之上的。

唐君毅的这一总体道德观，导致他十分严密地构建了系统的道德学说，而"道德自我"与"道德意识"，就是这一系统中的两个核心范畴。这位"仁者型"的现代儒者深信自己对"'道德生活纯为自觉的依理而行'一义，有较真切之会悟"④。故凡其涉及道德本体论、道德理想主义、道德人格之建立、道德理性与文化意识等论述，无不以"道德自我"与"道德意识"两个核心范畴为其理论支撑。可以说，强烈声张中国文化与哲学中的道德属性，已成为唐君毅一生的学术使命。而且，作为一个时代感受力特强的现代知识分子，他尤其"对文化及道德之问题，于世书俗说，多所未安"⑤。所以他花费了大量笔墨来深究道德问题，甚至"不惜取西方哲学著作之体裁，缴绕其辞，碎义析理"⑥。事实上，这位学贯中西、身体力行的现代儒者，对西方思想中道德体系亦颇为推崇，诚如其所

---

① 唐君毅：《中华人文与当今世界补编》（二），广西师范大学出版社 2005 年版，第711 页。

② 同上。

③ 同上书，第 710 页。

④ 唐君毅：《中国文化之精神价值》，台湾正中书局 1979 年版，自序第 5 页。

⑤ 唐君毅：《文化意识与道德理性》（一），广西师范大学出版社 2005 年版，第 1 页。

⑥ 同上。

说："西方之道德哲学之系统，由亚里士多德、斯宾诺萨、康德、菲希特及少数功利主义者直觉主义者，与现代之自超越价值论观点论道德之哈特曼，及自文化论道德之斯普朗格，愚皆颇致推崇。"① 他冀望以"道德自我"与"道德意识"作为整个文化之核心并由此入手，来为中西文化理想之融通建立一理论基础，如其所言：希望中国未来之文化能由本以成末，而西方文化更能由末以返本。质言之，这是作为现代新儒家代表人物的最为典型的一种价值取向——现时代的价值取向。

良知与"道德自我"

唐君毅以为道德的共识是不难的，而难在真诚的实践。而他同时也意识到，理解并认识什么是"道德自我"，对道德的践行有十分重要的作用。儒家的道德实践，就源于对道德自我及良知的信仰。所谓"道德自我"，是指能以道德理性自觉地支配自己的"自我"，唐君毅认为，支配自己是比支配世界更伟大的工作；他用"良知"来界定"道德自我"，并坚认"道德自我"是整个道德生活之基础，而自觉的道德生活才能真正造就出道德自我的人格。质言之，自觉地支配自己，从而能超越现实自我，才能建立起道德自我的核心观念。另一方面，唐君毅又将道德自我的根源追溯至形上的心之本体。唐君毅是个罕见的深具道德信仰的现代儒者。他确信人有至善的心之本体，这是其道德理想主义的一个思想前提；显然，这个前提源于中国儒家思想中对道德本身的信仰——儒家"以道德代宗教"② 的思想特质，其前提条件就是必须使道德自身成为一种信仰。有信仰并非就等于宗教，就如我们信仰科学一样。（然而道德自始便与宗教有着不可分割的内在关联，这是事实，我们在后面再谈这一话题。）唐君毅说："我相信我的心之本体，即他人之心之本体。因为我的心之本体，它既是至善，它表现为我之道德心理，命令现实的我，超越他自己，而视人如己，即表示它原是现实的人与我之共同的心之本体。"③ 唐君毅是从现实的"我身"表现中，觉解有一超越的心之本体，并推知

---

① 唐君毅：《文化意识与道德理性》（二），广西师范大学出版社 2005 年版，第 438 页。

② 梁漱溟：《中国文化要义》，上海人民出版社 2005 年版，第 175 页。

③ 唐君毅：《道德自我之建立》，广西师范大学出版社 2005 年版，第 87 页。

现实的他人身中，也有一超越的心之本体。其实，这里我们既可看出他对儒家性善论的直接承继，也可从其所言"命令"二字中看出康德实践哲学的影子；他坦言："在根本观点上是中国之儒家思想。"① 同时也指出康德的道德"无条件命令，在西洋道德哲学史上，有划时代之意义，从此而划定理想主义与功利主义道德哲学之分水岭"②。然而此处我们要追问的是，如何从"我的心之本体"推论出"即他人之心之本体"，唐君毅的理据是："从现实世界上看，我始终是与人平等相对的存在。我的认识活动，遍到他人，他人之认识活动，亦遍到我。我与他人在现实世界中，以认识活动互相交摄，而在超越的心之本体处相合。"③ 这纯然是从现实世界平等之人的认识活动中，存在着互融互摄的情形出发的；也就是说，人在特定的认识活动中，都能有"视人如己"的痛痒相关的情境发生。故"我从现实的我身中，了解有一超越的心之本体在表现，便可推知，现实的他人身中，亦有一超越的心之本体表现。而我之如此推知，乃本于将我对于现实世界中之人身、我身之认识，及对于超越的心之本体之信仰，二者合起来之结果"④。唐君毅谓其推知不仅是从现实的人的认识活动中得出，还深层地存在着对于"心之本体之信仰"；质言之，这也就是对道德良知的信仰。须知，这其实是儒家道德理想主义最为根本的特征之一。

　　在唐君毅看来，至善的心之本体是恒常而真实的，它的存在的最重要根据就在它的超越性，是对现实世界的超越。他说："我曾从一切道德心理之分析中，发现一切道德心理，都源自我们之能超越现实自我，即超越现实世界中之'我'，所以超越现实世界之'心之本体'中，必具备无尽之善；无尽之善，都从它流出。同时我深信，心之本体必是完满，因为它超临跨越在无穷的时空之上，无穷的时空中之事物，便都可说是为它所涵盖，它必然是塞满无缺。"因而，"我复相信我之心之本体是至善的、完满的。因为我明明不满于残忍不仁之现实世界。我善善恶恶，善善恶恶之

---

① 唐君毅：《文化意识与道德理性》（一），广西师范大学出版社 2005 年版，第 4 页。
② 唐君毅：《人生之体验》，广西师范大学出版社 2005 年版，第 6 页。
③ 唐君毅：《道德自我之建立》，广西师范大学出版社 2005 年版，第 87 页。
④ 同上。

念，所自发之根源的心之本体，决定是至善的"①。后面这段至为重要的话，我们完全可将其简化为"善善恶恶之念源自至善的心之本体"。然而就逻辑决定关系而言，超越性决定了它的完满性，没有对现实世界的超越，也就决然不存在什么理想的完满性了。至于超越性本身该怎样界定呢？唐君毅对此深具慧解地将其界定在思想的"延展"即思想之"能"上，他指出："我由心之思想，便知此心体超临于时空之上。……我的思想，可与无限的时空，平等的延展，而在延展的过程中，时空永只为思想之所经度。我思想的'能'跨越其上而超临其上。……我的思想之'能'，既然跨越在时空上，则此'能'所依之体，必超临时空之上。在时空之上者，其本身必不生灭，因为生灭只是时空中事物的性质。"② 至善之心体由此而确立。至此，我们实可将唐氏"道德自我"之前提概之为至善的心之本体。

唐君毅曾如此真情而动人地描述过他的良知呈现及与圣贤人物的神交默契："记得当时我一人从两廊两庑之董仲舒、周濂溪、程明道、程伊川、朱子、陆象山之神位前走过。本来对于他们的思想，我在教室中都能分析的讲解，一讲数小时，是不难的。但当时却觉他们之思想与为人，都似化为一句话，或一种精神气象，一一更迭呈现于心。然而其间，却并无连属关系，都是迥然独立的。在不满廿分钟的时间，二千年儒家中的贤哲，都好似一一与我觌面相见。这一种精神上的感受与体验，不是世俗之所谓宗教的崇拜……如实说，乃是一种与历史阶段的人物神交默契的生活。"③ 他称这一种生活虽只是偶然才有，但只要呈现一点，即顿觉心灵之天门真正开了，许多道理是"直接呈现昭显"。这和其师熊十力所言良知是呈现的而不是推理出来的，如出一辙。唐先生就是这样一位以其一生的真切之道德实践与理论探索，而最终获得了其极为珍视的道德体悟之践行者。他深有感慨地说过，他"对'人生之精神活动，恒自向上超越'一义，及'道德生活纯为自觉的依理而行'一义，有较真切之会悟，遂

---

① 唐君毅：《道德自我之建立》，广西师范大学出版社 2005 年版，第 86 页。
② 同上书，第 81 页。
③ 唐君毅：《中华人文与当今世界》（二），广西师范大学出版社 2005 年版，第 551—552 页。

知人之有其内在而复超越的心之本体或道德自我，乃有人生之体验"①。可知唐君毅彻悟而得道之不易。需要指出的是，唐君毅在这里相提并论地提到了"超越的心之本体"与"道德自我"，而道德自我是唐氏的一个常用概念——人生价值的实现取决于道德自我的实现。《道德自我之建立》是一部体悟极深的理想主义道德观专著，其需要把握的一个关键理念为：道德自我之根源即形上的心之本体。

人禽之辨与道德之教

唐君毅常说中国之道德伦理思想中最重要者，就在人禽之辨。对此，他依然从中西文化的比较视角作一对照："人禽之辨，是中国先哲数千年来一直念兹在兹之教。究竟人禽之辨在那里？在西哲多喜欢说：人是理性的动物，或说人是最像神的，或说人是能造工具的动物，人是有语言文字或能以符号表意的动物。说法很多。中国先哲之说法，也不全一致。但是，大体来说，中国先哲讲人禽之辨，总是合情理之说。人之异于禽兽者，在其有仁义礼智。仁义礼智，见于恻隐、羞恶、辞让、是非之心。此心乃既见至理也见至情。此外，中国先哲又喜自人伦人道人文等上讲人禽之辨，而不大从人神之想像，也少专自人之能造工具等上，讲人禽之辨。这即表示中西文化精神之重点，不必全同。"② 一句话，人禽之辨，也就是中国儒家的道德之教；换言之，道德之教始于此处。人有仁以至能爱家人、国人、天下人；人有义以至生发出公平正直之心，其正义感无所不运而以实现社会理想，这都是通过人禽之辨而后有"道德自我"才开始的。所以唐君毅强调指出："人与禽兽不同所在，在其开始点虽可谓几希，然而此几希一点，即壁立千仞。人的世界之无尽的庄严、神圣，与伟大，皆自此几希一点而流出。"③ 诚然，正是在此"几希一点"基础上而展开的儒家性理、性情之道德学说，成为中国道德文化——"人皆可以为尧舜"的最具特色之所在。

那"几希之一点"在唐君毅看来，在逻辑上就是"道德意识"之起

---

① 唐君毅：《中国文化之精神价值》，台湾正中书局印行 1979 年版，自序第 5 页。
② 唐君毅：《青年与学问》，广西师范大学出版社 2005 年版，第 74 页。
③ 同上书，第 76 页。

点。道德自我也即是"道德理性自我"，而对道德理性自我，作为"能判断吾人之活动之善不善而善善恶不善之自我，即吾人道德理性自我，亦吾人之良知"①。此良知就是一种道德意识。"良知"之所以可界定道德自我这一概念，正在其随时能保持一种"是非"即善与不善之判断。人能作道德判断乃基于人有道德意识，而道德意识又源于道德个体最初而最为内在的善不善之观念。所以，"吾人最初之自觉的善不善之观念，乃所以判断吾人之活动之方式者"②。由此，必须建立起真正的道德意识。唐君毅对道德意识的解说，就内在地关联着道德理想与道德自我等概念：

> 在道德意识中，吾人固亦时有一道德理想，欲其实现于我之行为生活。然此理想乃我自心所建立，乃我自己对自己之所命。此理想在道德意识中，就其为昭临于吾人之现实自我之前，并有普遍性言，固亦当称为一客观之理想。然此客观理想，乃我心之所建立，乃我自己对我之所命。我之如是建立理想以自命，宛若求此理想之自上至下而贯彻于现实自我之中。故吾人复可自觉此理想为内在吾人之整个道德自我者。③

人有一道德理想而求其实现，这就是一种道德意识。道德生活是不可缺少这种意识的，因为它是一种"反省"，是对善行或过失的觉察，由反省而迁善改过，这才是一种真正的道德生活。唐君毅洞察道："在吾人有一道德理想而求其实现时，乃是求其实现于我之行为生活中。故当吾人有道德理想之际，同时即有一对我行为生活中过失或善行之觉察。道德生活之核心，恒为一以道德理想对证我现实之行为生活而生反省，由反省而迁善改过。……道德生活中真正用力之所在，唯在时时保此道德理想之昭灵而不昧，自作不断之反省，'才动即觉'，使此心常得迁善而改过。"④ 此中所言"才动即觉"，要求有一种随时持有的极高的道德意识，在这样一个前提下，所谓迁善改过，才能得以实施。而这种道德生活也才是富有内

---

① 唐君毅：《文化意识与道德理性》（二），广西师范大学出版社 2005 年版，第 453 页。
② 同上。
③ 同上书，第 443 页。
④ 同上。

容的道德生活。由此,我们可以想见现代人如政治教条般的道德教条的灌输,怎能让人像唐君毅所说的那种"时时保此道德理想之昭灵而不昧"呢?基于"才动即觉"的不断之反省,唐君毅又作出了一个新的命题:道德生活之本质即为反省的。他的原话是:"故道德生活之本质,吾人以为乃反省的。"① 反省之所以作为道德生活之本质,是因为人虽是理性的道德自我,但同时也是随时会犯"过"与"不及"的错误的。因而,迁善改过的反省之道德意识,首先体现于对过与不及行为的调整上:"当过时,亦须有道德意识,以抑制吾人之过。当不及时,须有道德意识以激发吾人之生命力量,而持续吾人文化活动。"② 这里之所以说"持续吾人文化活动",乃因唐君毅是将道德意识作为一切文化意识之基础,道德活动涵盖并成就其他一切文化活动,而决非文化活动的一种。也就是说,人类文化的演进及一切思想文化成就,都须以"道德自我"作为唯一的衡量尺度。这点在唐君毅的思想体系中是至为重要的,是怎么强调都不过分的。

对唐君毅的"道德自我"之建树,黄克剑有一恰如其分的评价:"当他在《道德自我之建立》中说'一朝直接接触了道德价值之全体,你可突然与自然世界截断而与心之本体合一'时,则几可说他已经步着阳明学派的余韵,辅以程朱理学的慧解,接上孔孟之道的正脉了。"③ 这里笔者想强调的是,"余韵"也好,"慧解"也好,"正脉"也好,其最为核心之处即在道德个体的"反省",道德生活中的自我反省是道德自我建立的最为必要的条件。作为道德生活本质的反省,之所以是必需的,其实更重要的理由是:"人之道德,主要者为表现于人与人间者。表现人与人间之道德,乃以安顿人与人间之关系为事……表现于人与人间之道德,其类甚多,而其重要者亦为仁义礼智四德。"④ 这实际上是从发生学的角度探讨了道德之起源,我们可将其简括为"道德起源于安顿人与人之间的关系"这一命题。唐君毅认为:"原始之仁爱,正为人我各为独立个体人格

---

① 唐君毅:《文化意识与道德理性》(二),广西师范大学出版社 2005 年版,第 444 页。

② 同上书,第 446 页。

③ 黄克剑:《唐君毅先生小传》,见刘梦溪主编"中国现代学术经典"《唐君毅卷》,河北教育出版社 1996 年版,第 5 页。

④ 唐君毅:《文化意识与道德理性》(二),广西师范大学出版社 2005 年版,第 458 页。

之观念未自觉显出时，而首先显出之德性。故人之根本德性为仁爱。"①
站在儒家的立场，他深心认为人之最初的仁爱，唯中国儒家见得最真。
"中国儒家言仁爱，恒只言仁不用爱字，其义甚深。依儒家义，人最初对
人之仁，可不表现为有所事之积极之爱，而只表现为浑然与人无间隔之温
纯朴厚，或恻隐不忍之心情。"② 在唐君毅看来，仁作为人之根本道德，
就在一浑然与人无间隔之温纯朴厚之心情中，有对他人之活动的忘我的承
认或默契，并对他人之生命活动之受阻抑而不得畅遂，有一不安或不忍之
情；故在仁之最初表现中，尚无自觉的人我差别之观念。据此，唐君毅尤
其重视仁德。他不仅揭示出原始道德为仁，并洞见了"依原始之仁之表
现，而有原始之义之表现。依原始之义之表现，而有原始之礼之表现"③
这样一个逻辑序列。当然其理据即在人与他人相遇时之原始道德意识，最
初只是浑然的与人无间隔之仁，次为克治私欲，但同时承认人我差别的义
之意识。而原始之礼则表现为孟子所言的辞让。这里可透视出的是，仁心
仁性对道德自我实现的重要意义。而宋明儒讲道德之学，即以此仁心仁性
为教化之旨。唐君毅常提及儒家之教与其他宗教之不同，并非儒家无信
仰，而是一种道德信仰，由此信仰而建立起了极具中国特色的道德教化，
而道德教化旨在"建立其为贤为圣之人格于天地之间"④。此即儒家道德
教化之特性。

　　依唐君毅的逻辑建构，真正的道德人格的形成，成于道德自我的建立，
而道德自我之建立则有赖于个体的道德意识，道德意识是整个道德生活的
重中之重，其所以为重中之重，正如前面所提及唐氏所说的，它能"恒为
一以道德理想对证我现实之行为生活而生反省，由反省而迁善改过"。迁善
即为仁，整个儒家的伦理道德体系之核心其实就在一个"仁"字，故中国
儒家的道德教化又被称为"仁教"，而仁教当然始于孔子，正如唐君毅所
说，孔子"施教是教人为仁人"⑤。"儒家之学，祖述尧舜，宗师仲尼，亦原

---

① 唐君毅：《文化意识与道德理性》（二），广西师范大学出版社 2005 年版，第 459 页。
② 同上。
③ 同上。
④ 同上书，第 431 页。
⑤ 唐君毅：《青年与学问》，广西师范大学出版社 2005 年版，第 85 页。

有宗旨：如求仁——仲尼以之设教，后儒以之为学。"① 从中我们可以透见，始于人禽之辨的道德自我及道德意识，最终在儒家那里形成了系统的道德之教。"我们可说儒家之教，是一信天人合德之人道教人格教或人文教。"② 因而，依唐氏的价值取向，他亟欲以此人文道德之教而开发人类精神，故笔者以他的一段极富道德情结的话作为此处结语：

> 我们之努力发展人类精神，乃是取资于那内在的无穷的人类精神之自身，开发那内在无穷的人类精神之自身。然而我们永取之不尽。我们愈取资，愈开发，愈感它之无穷，愈觉它之伟大。我们愈觉它之伟大，我们遂愈觉我们小。于是我们对它赞叹，对它崇拜，向它祈祷，望它使我们更大些。使我们更能接近它。我们渴求与它合一，到它的怀里。这就是我们的宗教信仰，我们发现了我们的"神"。③

这一极富个人体验的道德信仰之词，为我们理解何以儒家的宗教精神与宗教情怀在根本上就是一种对道德本身之信仰，找到了一个很好的切入点。

"孝悌为仁之本"与尽性成德

唐君毅反复强调儒家"孝悌为仁之本"的人伦原理。实际上《论语》中孔子弟子有子所说的"孝悌为仁之本"这句话，早已成为了儒家伦理学的一个命题。唐君毅对此认识十分透彻，他以为唯儒家能真知父子兄弟之情为天性，其伦则为天伦，所以要以孝悌为仁之本，为百行万德之本；亦唯在中国文化中，能将此父子兄弟之天伦之义，推及于一切人伦关系中。前述唐氏言仁，即在人与人相通而无间隔之朴厚，此中可发掘的是仁的"感通"功能。唐君毅对此确能上透精神生命原理来认识这一问题，他说："此儒家之所以重此孝悌之道者，则以其知此人之生命之存在之仁心，初即表现于对其所自生之父母祖先与同为父母或祖先所生之兄弟之生

---

① 唐君毅：《中华人文与当今世界》（二），广西师范大学出版社 2005 年版，第 430 页。
② 唐君毅：《青年与学问》，广西师范大学出版社 2005 年版，第 85 页。
③ 唐君毅：《人生之体验》，广西师范大学出版社 2005 年版，第 95 页。

命之感通之中。……故人之生命中之孝悌之心,乃人生命中之心灵,自超越其已有之自然生命,以返本上达,至于其生命之原之心。此心即初见于赤子之爱亲敬长之情之中,而于此赤子之爱亲敬长之情中,即见有人之心灵生命,有一能自超越之天性。故孝可为人之自然生命之升进为一具百行万德之精神生命之始,而为儒者所特重者也。"① 唐氏此中论返本上达,乃从自然生命而透入精神生命,实为高明之见。唐氏深信:"然人之笃于伦理而孝悌忠信者,其德性则有客观之意义与价值。而人之能仁民爱物,泽被群生,而立德立功于世者,其人格亦更有客观之意义与价值。此世间之孝子贤妻,忠臣烈士,一乡之贤,千古之圣,即合以形成各有其德性之人格世界。对于人格世界中之人格知崇敬,而自求有以效其行事,承其遗志,而以向上奋起之心,与之相接,世人之道德情操中,固多有之。"② 此中完全可以透见唐氏之道德价值取向即在人之尽性成德,即"合以形成各有其德性之人格世界",他充分认识到,作为中国"文化神髓"的成就道德人格的心性之学,上通天道,下通人性;故人皆尽性成德乃其全部道德理想主义的理论旨归。

作为一个颇具宗教情怀的哲人,唐君毅在其重要代表作《中国文化之精神价值》的自序中,开诚布公地坦陈:"吾于中国文化之精神,不取时贤之无宗教之说,而主中国之哲学、道德与政治之精神,皆直接自原始敬天之精神而开出之说。故中国文化非无宗教,而是宗教之融摄于人文。"③ 他论证了孔子如何自觉地把原始宗教的天道化为"仁"道,他以为儒家的人文道德观比其他宗教要深刻,孔孟仁义道德学说立,而人皆知修德而人德可同于天德。在天人合德的儒家思维取向中,唐君毅试图把可通于宗教精神的心性之学,放在一重要位置上,他以为不了解心性之学,即不了解中国文化,心性之学是中国文化之神髓,又是中国思想中所以有天人合德之说的真正理由所在。由唐君毅起草并与牟宗三、张君劢、徐复观联名于 1958 发表的著名的《为中国文化敬告世界人士宣言》,明确提出:"心性之学,乃通于人之生活之内与外及人与天之枢纽所在,亦即通

---

① 唐君毅:《生命存在与心灵境界》,见刘梦溪编"中国现代学术经典"《唐君毅卷》,河北教育出版社 1996 年版,第 683 页。

② 同上。

③ 唐君毅:《中国文化之精神价值》,台湾正中书局 1979 年版,自序第 7 页。

贯社会之伦理礼法，内心修养，宗教精神，及形上学等而一者。""中国儒者所讲之德性，依以前我们所说，其本原乃在我们之心性，而此性是天理，此心亦通天心。此心此性，天心天理乃我们德性的生生之原。"① 在他看来，此心性之学的前提乃在人性即天性，人德即天德；人性之善与天命之善通。人能尽性成德，故能赞天地之化育。宋明儒就主张性理即天理，人之本心即天心，人之良知即天地万物之灵明。可见，在终极意义上，宗教精神可通于心性之学。唐君毅的结论是：孔孟思想，进于古代宗教者，不在其不信天，而唯在其知人之仁心仁性，即天心天道之直接显示，由是而重立人道，立人道即所以见天道。实质上，正是孔子才自觉地使原始宗教的天道化为"仁"道。孔子教人此仁，是教人效法天之"四时行百物生"之德；天之道为无私，健行不息而有此四时行百物生，故人应当在最大程度上承之以立人道。故从终极价值而言，尽性成德，在根本上是唐君毅道德理想主义的思维取向之所在。唐氏晚年最后一部著作《生命存在与心灵境界》，即有较浓厚的宗教意味，其中多含唐君毅本人的宗教体验。然而他毕竟将人生九境中的最高一境献给了儒家，而该书亦成为一代大儒唐君毅祈向"天德流行"境的心志之宣吐。而从中细审其"人文宗教"观之系统演绎，唐氏仍是以儒家的人文道德观为核心，并极力张扬儒家的人文道德理念的。

事实上，人们对于道德的无条件责任，最早就是以某种神圣的宗教体验为前提的，而这种前提性的宗教体验，则又是后来发展出人类更为深入的无限道德责任感之基础。可见二者的互融互摄造成了二者的互为前提。正如法国著名社会学家涂尔干指出："任何道德都被融入了宗教性。甚至对于世俗心灵来说，义务和道德律令也都具有了威严神圣的特性。"② 然而由于宗教与道德互涵互摄的特征，宗教生活又源于"良知的融合"。涂尔干正是从宗教生活之源上溯到道德良知："在所有教义和宗派之上，都有一种同人类一样古老的、永不枯竭的宗教生活之源；这种生活来源于良知的融合，一整套共同观念的融合，在一项工作中共同协作

<hr>

① 牟宗三、徐复观、张君劢、唐君毅：《为中国文化敬告世界人士宣言》，见封祖盛编《当代新儒家》，生活·读书·新知三联书店 1989 年版，第 21、24 页。

② 涂尔干：《人性的两重性及其社会条件》，见涂尔干《乱伦禁忌及其起源》，上海世纪出版集团 2006 年版，第 185 页。

的融合，道德鼓舞和激励作用的融合，所有人类共同体都把这种作用强加在它们的成员身上。难道这还不是我们能够达成共识的命题吗?"① 这一深层的互涵互摄的逻辑导致涂尔干得出的结论为:个人道德信仰的确立，是个人从社会那里获得能够将他神圣化的道德信仰。这当然是从文明进化史的角度透见了"社会"对"个人"的意义。

而唐君毅也注意到，要深入到更高的层次来把握尽性成德的道德观，须从道德与宗教二者的关系之视角出发，才能更好地解释其合理性。于是，他以中国思想中最为内核的理念——天人合德，来逻辑地进行解说:"至于纯从中国人之人生道德伦理之实践方面说，则此中亦明涵有宗教性之超越感情。在中国人生道德思想中，大家无论如何不能忽视，由古至今中国思想家所重视之天人合德、天人合一、天人不二、天人同体之观念。此中之所谓天之意义，自有各种之不同。在此一意义下，此天即指目所见之物质之天。然而此天之观念，在中国古代思想中，明指有人格之上帝。即在孔孟老庄思想中之天之意义，虽各有不同，然无论如何，我们不能否认他们所谓天之观念之所指，初为超越现实的个人自我，与现实之人与人关系的。"② 显然，道德伦理的关系，被唐君毅视为是必然地含有宗教的超越性意义的。由此，他强调:中国学术文化的实质性问题在，中国古代人对天之信仰，如何贯注于后来思想家关于人的思想中，而成一天人合一之类思想的;从而中国古代文化的宗教方面，又如何融合于后来之人生伦理道德方面及中国文化之其他方面。

承天道而立人道之人文意识，导致他将其道德理想主义思想方案落实在其文化观的建构上;唐君毅称他的文化"本原"观即孟子的性善论:"扩充孟子之人性善论，以成文化本原之性善论，扩充康德之人之道德生活之自决论，以成文化生活中之自决论。此即一方与宗教家之谓'人尝知识之果而知羞耻以穿衣，乃人之降落之本'之文化本原之性恶论，及自然主义者之以为文化源于自然本能、自然欲望、自然心理之文化本原的

① 涂尔干:《现时代的宗教情感》，见涂尔干《乱伦禁忌及其起源》，上海世纪出版集团2006年版，第128页。

② 牟宗三、徐复观、张君劢、唐君毅:《为中国文化敬告世界人士宣言》，见封祖盛编《当代新儒家》，生活·读书·新知三联书店1989年版，第15页。

性无善不善论相反。"① 此中其文化观建构起始点与西方性恶论文化观起始点的不同,关键还在,我们从中不难透见这位深具卓识的道德理想主义者,对时代文化的感触及其批判是多么的深重。早在 1943 年他就相当尖锐地指出:"当今之世,唯物功利之见,方横塞人心,即西方理想主义已被视为迂远,更何论为圣为贤成佛作祖之教。"② 然而无论处于何种"花果飘零"的境地,他似乎都看到了道德理想主义之价值取向的终将胜利。故其在深涵道德体悟的《人生之体验》一书中深长感叹:"善最后是要胜利的。你真如是信仰,你将不会感觉世界永远充满罪恶了。"③ 毋庸赘言,新儒家的道德信仰,在唐君毅身上是体现得最为淋漓尽致的。然其文化观之建构路数,远非感叹可了事。所以在其将孟子性善论作为其"文化本原"之逻辑起点后,就有一个逻辑线索的贯穿问题,此在哲学思维上,即为哲学"路数",我们还是看看他自己是如何陈述这一思维路数的:"孔子统六艺之文化于人心之仁。……孔子以后,孟子重义利之辨、人禽之辨,偏重在讲人生。荀子则特偏重讲文化,文与野对、文与质对、文与自然对。故荀子反自然、重人为,而以自然之性为恶。……宋明理学家用心之重点,在依性与天道以立人极、明道德。其对社会文化之重视尚不足。……王船山之论礼、乐、政教,尤能力求直透于宇宙人生之本原。……而我今之论文化,即直承船山之重气重精神之表现之义而发展。然吾人之言心与性理,则仍依于朱子与阳明之路数,此即本书所承中国儒家思想者也。"④ 他所言"本书",即指他的《文化意识与道德理性》一书。其思维路数,对我们理解他的人文宗教观之建构,是大有帮助的。

三　涵摄科学与宗教的新"人文宗教"观

本章开头部分即已提及唐君毅如何以其人文主义视角审视科学与宗教,他在根本上认为:"宗教精神与科学精神乃同根并长出而分化为二者。其所以同根而将分化,乃由其原有矛盾。分化而矛盾暴露则二者相激

---

① 唐君毅:《文化意识与道德理性》(一),广西师范大学出版社 2005 年版,第 14 页。
② 唐君毅《人生之体验》,广西师范大学出版社 2005 年版,第 15 页。
③ 同上书,第 43 页。
④ 唐君毅:《文化意识与道德理性》(一),广西师范大学出版社 2005 年版,第 5—6 页。

相荡，相反相成，而科学与宗教即开为明显之二支文化。故宗教与科学之冲突，亦即科学与宗教成长之条件。"① 此论深刻之处即在揭示出宗教与科学之分化，其矛盾所助成二者的"相激相荡、相反相成"之成长。从中，他省悟到中国古代历史中缺乏宗教精神与科学精神之冲突，从而使宗教与科学不易发展。当然，在他看来，中国古代的"宗教精神科学精神皆向道德精神艺术精神同化"②，这一总体上的价值取向之发展，导致中国古代的道德与艺术特为发达。唐君毅深明此中奥秘，并基于人类文化的精神价值与意义，以人文概念涵摄宗教，建立了贯通宗教与科学领域的一个基本范畴——人文宗教。这一人文宗教观的现代性及其价值是不言而喻的。然而唐君毅的这一理念，又立基于儒家思想，有着十分丰富而深刻的历史文化之思想内涵。须知，作为现代新儒家的代表人物，唐君毅宗教观的最大特征是将宗教置于人类文化的整体范畴中予以考量，他由此而构建了新"人文宗教"③ 观，并着力于将"宗教融摄于人文"④ 并孜孜于探寻宗教的心性论思想基础，其目的是要以中国传统的人文思想来完善"大德大量"的宗教性道德。

而对本书的"人文演进"主题而言，我们更需要发掘的是唐氏东西文化比较视野下的新人文宗教观，还是来看唐君毅"东方文化之生命精神之真正复兴"之视角：

> 此真正之复兴系于对此东方人之何以能在一时如此倾心摄受西方文化之反省，由此反省而认识东方人之生命精神之内具一极广大之能摄受一切之空间。而东方人实先依此空间以摄受感通自然、人间神灵，以创造其特殊之文化，而此文化，乃本质上优胜于西方之人神对立、人与自然对立、人与人平等对立之文化者。由此自觉，则依其今日之倾心摄受西方文化，亦只是表现其生命精神之摄受量之一历史阶段中之事，故不可弄假成真，而竟忘其文化之生命精神

---

① 唐君毅：《中华人文与当今世界补编》（一），广西师范大学出版社 2005 年版，第112 页。
② 同上。
③ 唐君毅：《中国文化之精神价值》，台湾正中书局 1979 年版，第 53 页。
④ 同上书，第 7 页。

之本原所在，与其本质上的优胜于西方文化之处。则在当前之情势下，东方人对西方文化尽可一面放开胸怀加以摄受，而愈摄受则同时愈自觉其生命精神之空间量之大，亦同时愈自觉依其对自然、人间神灵皆能摄受感通而创造成之东方之艺术、伦理、宗教——总而言之即东方之礼乐文化——之优胜，则对西方文化之摄受与对东方文化之性质与价值之自觉，可并行不悖，而东西文化于此即可得一真实贯通之道路了。①

文化复兴来自文化自觉，此中多次言及的文化"自觉"，实源于唐君毅的文化价值取向，这一根本的取向，致使其有了"本质上的优胜于西方文化之处"，而此优胜中最为关键的当为优胜于西方那种"人与自然对立"的文化。这里必须提及的是，此段话的最后，唐氏已提高到文化道路这一范畴了，此不可不谓是其高明通达之处。文化自觉—文化道路—文化复兴，唐氏俨然以一系统观来倡言其复兴中国文化之志。

人文宗教观的提出

在唐君毅之前，梁漱溟、熊十力、钱穆等一批堪称人文主义思想的大师，已开始以儒家之视角建构其宗教观，并始具人文宗教之意识；然其中以唐君毅从人文主义视角来发掘、阐扬宗教精神及其价值，为最有深度之体系理论。唐氏自称"唯是站在一求人类文化生活之充实发展之立场，以论究此问题"②。在根本上，他视文化现象为精神现象，文化即人的精神活动之表现或创造。因而他的新人文宗教观要着重说明的是："宗教精神之价值，宗教精神对于人类文化之必需。"③ 可见，唐君毅的出发点正是在文化精神之内涵中，这构成了他的人文宗教观的基本前提。诚如其所说："由民族之宗教思想，最可知其文化精神之内容。"④ 这最终导致他纳

---

① 唐君毅：《中华人文与当今世界补编》（二），广西师范大学出版社 2005 年版，第827—828 页。

② 唐君毅：《宗教精神与现代人类》，见张祥浩编"唐君毅新儒学论著辑要"《文化意识宇宙的探索》，中国广播电视出版社 1992 年版，第 267 页。

③ 同上书，第267—268 页。

④ 唐君毅：《中国文化之精神价值》，台湾正中书局 1979 年版，第 29 页。

宗教意义于人文化成之“文化之必需”的价值内涵中。“人文化成，则一切人之文化皆在内，宗教亦在内。”① 然最为关键的是，儒家的人文化成，是一种“顺道”，何谓“顺道”？在唐君毅看来，人与世界的隔离是谓“逆道”；而中国儒家则总体上有天人合德、天人合一之理念，与自然无隔离。此作为一种信仰系统之起点，“依中国儒家尽心知性以知天之教，则人之求与此形上实在相遇，又不须于自然世界、人文世界，先取一隔离之态度。人诚顺吾人性情之自然流露，而更尽其心，知其性，达其情，以与自然万物及他人相感通，吾人即可由知性而知天。于是此与形上实在相遇之道，非逆道而为顺道”②。而须知，“知天”之终极目标，与科学是丝毫不“逆道”的。故其言：“夫道，一而已矣，而不讳言宗教。并于科学精神、国家法律、民主自由之概念，渐一一得其正解。”③ 可见其宗教观，实为一极具现代价值之人文宗教观。

但要看到的是，对于如此一个极度倡导道德理想主义的儒者而言，唐君毅又正是基于人类文化的精神价值与意义，而极力反对从实用的功利观点去看待宗教，他理性地认为这一出发点是不能透入宗教之核心的。他确有见地地指出：“以为真宗教精神即求神扶助时，并以祈祷神相助为宗教生活之主要内容时，人根本误解了宗教精神，而过着一堕落的宗教生活。……然一般人以宗教信仰，保障人之世俗事业之成功之意味更强，却更代表一宗教精神的平凡化与衰落。”④ 由此，他十分恳切地强调，如果宗教在文化中之地位，因为功利化、世俗化而日益降低，则不复再有它本应具有的尊严，以致根本失却在文化中的地位。从而导致他坚称：我们的新人文主义，要为宗教精神辩护。

唐君毅的“人文”观，在逻辑建构上实有系统之五种要素，此即“神真美诚慧”之构架，我们这里有必要再次展示他的这一构架：“人类人文世界之全幅开展，必当兼包含宗教科学艺术文学哲学之大盛。宗教求神，科

　　① 唐君毅：《宗教精神与现代人类》，见张祥浩编“唐君毅新儒学论著辑要”《文化意识宇宙的探索》，中国广播电视出版社 1992 年版，第 265 页。
　　② 唐君毅：《中国文化之精神价值》，台湾正中书局 1979 年版，第 450 页。
　　③ 同上书，自序第 5—6 页。
　　④ 唐君毅：《宗教精神与现代人类》，见张祥浩编“唐君毅新儒学论著辑要”《文化意识宇宙的探索》，中国广播电视出版社 1992 年版，第 271 页。

学求真，艺术求美，文学求诚，哲学求慧。神真美诚慧，皆可分别成一纯粹的文化理想，与民主自由和平悠久等并列。"① 固然，有此一构架，唐君毅人文宗教观在逻辑立论上，就保持了"以人文之概念涵摄宗教，而不赞成以宗教统制人文"② 的思想原则。这决定了他必然要将宗教精神及其文化作为人类文化所需之前提，从而在文化上肯定宗教之客观地位，他特别是从中国文化这一坐标系来肯定其地位的。因此，"此一肯定，完成了中国文化之发展，显示出人文化成之极致；此与西洋未来文化将以宗教精神之再生，理想主义之发扬，救治人类物化之趋向，两相凑泊。正是人类文化大流，天造地设的自然汇合之方向所趋"③。实质上，唐君毅人文宗教观之所以要确立一个中国文化特别是儒家文化的视角，来观照整体的宗教文化及其精神，其至为深刻的原因在他深以为儒家的生生观念及天人合德的精神，正可对治乃至拯救人类物化之趋向。他自信未来的宗教，必然是一种人文宗教观；而"儒家之人文精神本包含亦当包含一宗教精神"④。可见其从逻辑立论到逻辑架构，都有一基本的儒家思想之支撑。

尽管中国文化中"天人合德"的宗教道德智慧，是唐君毅人文宗教观的理念核心部分，但他仍能从社会文化及物质生存之层面而达于此智慧。此论诚为唐氏之慧眼洞识："个人依儒者之道以尽心知性知天，至诚如神，觉此心即天心，人即天人，另无外在之神，固是一精神之极高境界。……然而对社会文化说，则人们必须先存在于物质世界，才能学贤圣。而对物界之了解与加以主宰，均表现人类精神活动之展开。利用厚生，即所以充实人之自然生命力，以从事文化道德之生活者。愚夫愚妇之求神化之向往，皆可以平衡其一往追逐物欲之趋向。而一般人真要识得人心天心原来不二，人性中有神性，亦恒须先视天心或神为外在，对之有崇敬皈依之宗教意识。则儒家之圣贤学问，在社会文化上，正须以科学与生产技术之发达，宗教之存在，以为其两翼之扶持。"⑤ 这一涵具科学的新

　　① 唐君毅：《人文精神之重建》（一），广西师范大学出版社 2005 年版，自序第 13 页。
　　② 唐君毅：《宗教精神与现代人类》，见张祥浩编"唐君毅新儒学论著辑要"《文化意识宇宙的探索》，中国广播电视出版社 1992 年版，第 267 页。
　　③ 同上书，第 266—267 页。
　　④ 唐君毅：《人文精神之重建》（一），广西师范大学出版社 2005 年版，自序第 15 页。
　　⑤ 同上书，第 5—6 页。

人文宗教观，是以科学与宗教为两翼的，在唐氏看来，这实际上就是人类精神活动从"物界"开始的逐级自然展开。当然，唐君毅并未停留于此，他在此基础上上升到形而上层面。他以儒家的道德形上学而得出：人的存在为一种"道德性与宗教性之存在"，并认为中国文化精神中之宗教性成分，是中国伦理道德之内在精神生活上的根据。正是有了这一内在根据，使得"在中国，则宗教本不与政治及伦理道德分离"①。那么，如何理解他的宗教与伦理道德的不分离呢？在唐君毅看来，首先要注重两者"同来源于一本之文化"②。正是同一性的本源决定了中国民族之宗教性超越感情，以及宗教与伦理道德之合一而不可分。

唐君毅的早慧，使其在一开始的学术生涯中就关注到，要深入到更高的智慧层次来把握人文宗教的系统，才能更好地解释它的合理性。于是，他以中国思想中最为内核的观念——天人合德，来逻辑地进行解说，如在《为中国文化敬告世界人士宣言》中就强调指出："至于纯从中国人之人生道德伦理之实践方面说，则此中亦明涵有宗教性之超越感情。在中国人生道德思想中，大家无论如何不能忽视，由古至今中国思想家所重视之天人合德、天人合一、天人不二、天人同体之观念。此中之所谓天之意义，自有各种之不同。在此一意义下，此天即指目所见之物质之天。然而此天之观念，在中国古代思想中，明指有人格之上帝。即在孔孟老庄思想中之天之意义，虽各有不同，然无论如何，我们不能否认他们所谓天之观念所指，初为超越现实的个人自我，与现实之人与人关系的。"③ 显然，道德伦理的关系，被唐君毅视为是必然地含有宗教的超越性意义的。由此，他强调：中国学术文化的实质性问题在，中国古代人对天之宗教信仰，如何贯注于后来思想家关于人的思想中，而成一天人合一之类思想的；从而中国古代文化的宗教方面，又如何融合于后来之人生伦理道德方面及中国文化之其他方面。故唐氏在其晚年极富宗教意识的著作《生命存在与心灵境界》中如此宣称："由儒、释、道三教所形成之传统文化，其根底在道

① 牟宗三、徐复观、张君劢、唐君毅：《为中国文化敬告世界人士宣言》，见封祖盛编《当代新儒家》，生活·读书·新知三联书店1989年版，第15页。
② 同上书，第14页。
③ 同上书，第15页。

德宗教境界。"① 而这一思维继在他的儒家人文精神的研究中得到了进一步的深化：

> 依儒家之教义，人之所信仰者是什么其实是次要，只有人之本身最是重要的，人之信仰中所表现之善良的心，是最重要的。儒家之教义，亦只是要人之充极其善良的心之量而表现之。②

注意，此中"人之信仰中所表现之善良的心是最重要的"，可视为唐氏探究儒家人文宗教的一个新命题的提出，而这一命题又可看成是他"融宗教于人文"的哲学思想之结晶；其鲜明的价值指向就在："人人皆能在实际生活上，充极其善良的心之量，而表现之，而使人成为真人，亦即成为儒者。"③ 要之，他的整个宗教研究都未脱离"人本身"，其重大意义在凸显并强化了人的道德主体之地位。唐君毅曾专门写有《儒教之能立与当立》一文，文中点出了儒学本有之宗教意义及价值："但中国之儒学原有宗教意义，先秦之礼教有祭天、祭祖，亦祭有功烈之人与贤圣，即可称为一宗教。但儒学亦不能限于此一方面。今将此一方面特加重视，更连于身心之修养道德之实践，以成一宗教，自是于儒学及世间之其他宗教，两皆无害，而有弘扬儒学及补益其它宗教之益。"④ 唐君毅一方面欲凸显儒学原有的宗教意义，另一方面，则借此而强调身心修养之道德实践。

进言之，唐君毅认为，孔子的道德哲学在中国文化演进中发挥了极大作用。"原始之宗教既经孔子之融化，乃本人德可齐于天之思想，再与庄子游于天地之思想相与合流；而渐有与天地比寿，与日月齐光之神仙思想。而后之佛学之所以为中国人所喜，亦因佛学始于不信超绝之梵天，而信人人皆可成佛，而如神，如梵天，如上帝。则中国以后道佛之宗教精神，亦孔子天人合德之思想之所开，人诚信天人合德，而人德可齐天，则人之敬圣贤之心，敬亲之心，亦可同于敬天之心。此即后来之宗教精神之

---

① 唐君毅《生命存在与心灵境界》，见刘梦溪编"中国现代学术经典"《唐君毅卷》，河北教育出版社 1996 年版，第 906 页。
② 唐君毅：《中华人文与当今世界》（二），广西师范大学出版社 2005 年版，第 462 页。
③ 同上。
④ 唐君毅：《中华人文与当今世界补编》（二），广西师范大学出版社 2005 年版，第 801 页。

所以于天帝崇拜之外，大重对圣贤祖先之崇拜之故。孔子信天敬祖，后人则敬孔子如天，而或忘单纯之天。"① 这里传达出的十分重要的学术信息是"中国以后道佛之宗教精神，亦孔子天人合德之思想之所开"；实质上，孔子是自觉地把原始宗教的天道化为"仁"道。孔子教人此仁，是教人效法天之"四时行百物生"之德；天之道为无私，健行不息而有此四时行百物生，故人应当在最大程度上承之以立人道。同时，唐君毅又指出，世界上一些宗教家，皆重祈祷，而低级之祈祷又夹杂私求与私意，将偏私之心，注入于上帝，而使上帝成一偏私之上帝。如其求而不得，则生哀怨之辞，而孔子不重人对于天之祈求，故能"不怨天"。站在唐君毅的"融宗教于人文，合天人之道而知其同为仁道"的立场，显然孔子的人文宗教要深刻得多。所以唐君毅再三强调：孔子之教立，而人皆知修德而人德可同于天德。最终说来："由孔孟之精神为枢纽，所形成之中国文化精神，吾人即可说为：依天道以立人道，而使天德流行（即上帝之德直接现身）于人性、人伦、人文之精神仁道。"②

在天人合德之宗教智慧的思维框架中，唐君毅又试图把通于宗教精神的心性之学，放在一重要层次上，他以为不了解心性之学，即不了解中国文化，心性之学是中国文化之神髓，又是中国思想中所以有天人合德之说的真正理由所在。他明确指出："心性之学，乃通于人之生活之内与外及人与天之枢纽所在，亦即通贯社会之伦理礼法，内心修养，宗教精神，及形上学等而一者。"③ 在他看来，此心性之学的前提乃在人性即天性，人德即天德；人性之善与天命之善通。人能尽性成德，故能赞天地之化育。宋明儒就主张性理即天理，人之本心即天心，人之良知即天地万物之灵明。可见，在终极意义上，宗教精神可通于心性之学。唐君毅的结论是：孔孟思想，进于古代宗教者，不在其不信天，而唯在其知人之仁心仁性，即天心天道之直接显示，由是而重立人道，立人道即所以见天道。

唐君毅所言："在兼通天地人的意义下，孔子是可以涵摄耶稣、释迦

① 唐君毅：《中国文化之精神价值》，台湾正中书局 1979 年版，第 57—58 页。

② 同上书，第 478 页。

③ 牟宗三、徐复观、张君劢、唐君毅：《为中国文化敬告世界人士宣言》，见封祖盛编《当代新儒家》，生活·读书·新知三联书店 1989 年版，第 15 页。

与科学之精神的。"① 说明他早已洞明儒家以道德代宗教且涵具科学精神的思想特质的。一方面，他深信儒家的性善说，但另一方面他也察觉到儒家对人生负面因素未能真切地揭示出来。据此，他的人生论，充分体现出援佛入儒的特征；他肯认佛教视人生为空苦，是发人所未发。他在《宗教信仰与现代中国文化》一文中以佛教为例指出："佛教所最重之观念，实为苦之观念。""佛教之兴起，其根本动机，明在拔苦，故四谛以苦谛为首。由欲拔苦，乃求苦之因于罪业之集结。而罪业之原始，则不在众生之有原罪，而在众生之依无明无知而起之妄执。故在佛教之精神中，苦之观念为凸出者。佛菩萨之大慈大悲，皆直接由悲悯众生之苦而引起。而苦之因，最后即在无明。故佛教之拔苦之道，重在得智慧，以自罪业解脱。"② 这一对佛教的总体认识涵括了佛教的兴起、佛教的核心理念乃至佛教的智慧、因果、解脱等系列观念。这里必须强调的是，唐氏的人文宗教观，始终是将历史观念与"现代中国文化"甚至"现代人类"联系起来的，读者只需多观其论文题目即可。

据此，唐君毅确信："佛教有一不可代替之价值与地位。"③ 这种对佛教存在的价值的基本认识，乃基于其无可替代的地位；而这一界定是在其另一论文《宗教精神与现代人类》中得出的，可见同样是在现代价值取向下获得的结论。质言之，在唐氏眼中，佛教这一不可替代的地位，不仅被几千年的历史已然证明之，更因其观念的意义，对人类当下的生存有实实在在的帮助。故唐君毅深以为："佛教虽无神，仍当说为一宗教。人类思想中，重苦难、重智慧、亦重悲愿者，唯佛教能充类至尽。"④ 这个界定是十分到位的，人类有史以来，在所有宗教与其他思想派系中，只有佛教才最能承当人类的悲愿、苦难及智慧。然而我们要问：为何只有佛教才能对悲愿、苦难及智慧充类至尽呢？对此，唐君毅亦作了学理逻辑的解说，而这一解说的合理性则在宗教与道德的合一

① 唐君毅：《人文精神之重建》（一），广西师范大学出版社 2005 年版，第 6 页。
② 唐君毅：《宗教信仰与现代中国文化》，见张祥浩编"唐君毅新儒学论著辑要"《文化意识宇宙的探索》，中国广播电视出版社 1992 年版，第 249 页。
③ 唐君毅：《宗教精神与现代人类》，见张祥浩编"唐君毅新儒学论著辑要"《文化意识宇宙的探索》，中国广播电视出版社 1992 年版，第 253 页。
④ 同上。

上。诚如其在批评西方宗教时所言，西方宗教终归于以道德为手段而成功利主义之说，"此皆不如佛家之由圆满善行而成佛圣，其圣体即无异神体，更利乐有情，穷未来际，加以普度者，其智慧之高，慈悲之深，更为能合宗教境与道德境为一者"①。显然，这种"合宗教境与道德境为一者"的解说，是一种基于学理逻辑的深层解说，是为寻求佛教无可替代之价值地位的逻辑基点。唐先生在其最有学术价值的那部《生命存在与心灵境界》中，充量地展现了他的宗教情结，而此情结多基于他对佛教的认识。

　　然而，唐先生是个真正的哲学家，无论对宗教、文化、哲学，他的论述都可见出价值与学理的统一，这是唐先生作为一个哲学家的最大特点，这一特点导致他对佛教的"超越性"有极其深刻的认识："然在佛教中，则一方深切认识一切众生之苦痛之可悯，然却又不直接去求一超现实之神，助人拔苦，乃进而超越此求神之心之本身，以转而正视世间之一切苦，生起一自上而下之悲心，进而以智慧透入苦之原——即众生之妄执，以拔苦。而此智慧之透入苦之原，即智慧之穿过苦痛，而超越苦，以求绝苦之原。此智慧能超越苦，而求根绝苦之原，便使在佛家之思想中，苦与苦之超越与根绝之观念，同时特为凸出。"② 必须强调的是，这里实际上有两个层面的"超越"，一是超越"神"；二是"超越此求神之心之本身"，达到了超越求神之心的境界，才是佛教智慧的核心价值所在。唐氏这一论述亦可见出其慧根之深。

　　唐君毅断言："对此佛家之超越的信仰，吾亦以为其可建立，亦当建立。然其最切近之根据，唯在吾人当下之道德生活或生活之理性化之本身之必求相续，而能相续。吾人当下之道德生活，或生活之理性化，既必求相续而能相续，则极至于成圣成佛，以普度有情之事，亦必求相续，而亦能相续。凡相续之事，即皆不知其未来之限极，而为无有穷尽者。吾人只须真知此道德生活，必求相续，而能相续，则顺其必求相续，而能相续之

---

　　① 唐君毅：《生命存在与心灵境界》，见刘梦溪编"中国现代学术经典"《唐君毅卷》，河北教育出版社 1996 年版，第 776 页。
　　② 唐君毅：《宗教信仰与现代中国文化》，见张祥浩编"唐君毅新儒学论著辑要"《文化意识宇宙的探索》，中国广播电视出版社 1992 年版，第 250 页。

志愿，所发出之思想信仰，亦为必自求相续而能相续者矣。"① 此中最须把握的是其所言"相续"而"无有穷尽"的"未来之限极"观，即佛教观念中"穷未来际"的"圆满与悠久之精神"②。这正是我们下面要谈的一个话题。然而，我们无论如何也不能忘记的是，在唐君毅看来，佛教信仰的究竟之合理性仍是："人之道德生活之终极的意义之所在。佛家则以此人之道德生活可疑无量劫之善恶因果，以消除生命中之罪恶染污，而圆满善行，以成佛成圣，更利乐有情，穷未来际，以普度众生，为人生之终极，而更有如法相唯识宗等之理论，以证成之；并以此信仰，为人于依理性以作推论时，亦不容不信者。"③ 可见，佛教信仰之内核，正是人类道德生活之终极意义所在，而其因果可经无量劫而穷未来际。唐君毅对佛教因果关系的深度探究，内在地关联着儒家的道德"悠久"之历史意识。

唐君毅将佛教因果观中的"圆满与悠久"之内在精神置于人类道德心灵与道德生活的中。他如此说道：

> 然吾今之意，则于此佛家所言之生命之永存，三世之善恶因果，以及佛之普度有情之事业之无穷，皆唯视为吾人当下之道德生活之外围的超越的信仰，而唯以此信仰，作消极的去除对人之道德生命，道德生活中之种种断见之用；并谓此诸信仰之根原，唯在吾人之当下之道德生活必求相续，人之道德心灵之必赏善罚恶等。则此类超越的信仰，皆唯是本吾人当下道德生活、道德心灵所原具之涵义，所推扩而出之信仰，亦只是此生活、心灵所放出之一纵摄三世、横照三千大千世界之一智慧之光。此光辉之中枢，则只在此当下之道德生活、道德心灵之自身。与其所面对之境，处处求真实感通，而不只缘此心灵所放射出之超越的信仰，以作想像思辨之玄想，而忽此当下之境对吾人所命之义所当为，而失其当下与境感通之德。④

---

① 唐君毅：《生命存在与心灵境界》，见刘梦溪编"中国现代学术经典"《唐君毅卷》，河北教育出版社 1996 年版，第 774 页。

② 唐君毅：《宗教信仰与现代中国文化》，见张祥浩编"唐君毅新儒学论著辑要"《文化意识宇宙的探索》，中国广播电视出版社 1992 年版，第 253 页。

③ 唐君毅：《生命存在与心灵境界》，见刘梦溪编"中国现代学术经典"《唐君毅卷》，河北教育出版社 1996 年版，第 776 页。

④ 同上书，第 776—777 页。

　　唐君毅既看重佛教的"生命永存"及其与"三世善恶因果"之内在关联，同时又将这一信仰置于人类道德心灵及道德生活的当下之境的感通之中，他坚信：信仰的超越性本于道德生活的当下之境。所以佛教智慧之光之中枢，就在道德心灵及其生活之自身。一语概之，"永存"不离"当下"。唐君毅以为："人诚能默存此一信仰于心，亦可涵摄此一切超越的信仰而无遗也。"① 其要只在"感通"二字，然一切不离善恶因果。用唐先生的人文宗教观之话语系统，此因果正从上述"人之道德心灵之必赏善罚恶"而来。在《生命存在与心灵境界》这一重要著作中，他已深入到"佛家之因缘义"、"善恶染净之因缘与超凡入圣之可能"、"业识不断及三世中之善恶因果义"、"佛家之无量世界之理解"、"佛家之三世义之理解"等一系列话题，他对佛教因果观的理解确已达到一定的高度。

　　唐君毅谈因果关系，已超越于佛教教理，他甚至从现代科学的物理学视角来探讨；当然，作为新儒家代表人物，儒学的根柢，使他谈及佛教因果时常自觉地关联儒家的"生化"、"乾坤之道"等范畴。如其《生命存在与心灵境界》这一重要著作中的第九章，便设有"因化果生之意义与乾坤之道……"一节，此中涉猎了三论宗及唯识宗的因果观，然而他认为此佛教二宗的因果观尚未能涵括传统中国思想中的"生化"之义。诚如其所说："此三论宗之说，言不生等义，乃纯自因果之相承之现象观，而不知因果之自有功能，以成生化。故与法相唯识宗之言功能者为对反，复不足摄中国固有思想中生化之义。"②

　　在其《中国文化之精神价值》中，唐先生还专设一章为"中国之宗教精神与形上信仰——悠久世界"，意在把宗教精神与悠久之形上信仰结合起来。"久"作为一个哲学观念，在儒家的经典文献《易传》、《中庸》中即已正式提出，所谓"可大可久"及"悠久成物"，须知，儒家此种观念无不建基于道德理念之上，或者说，它本身即为一种道德观。然而此"久"之观念如何与宗教精神发生联系，实为一个根本性的难题。我们知道，中国上古的天命靡常的宗教思想中，同时含有天之

---

　　① 唐君毅：《生命存在与心灵境界》，见刘梦溪编"中国现代学术经典"《唐君毅卷》，河北教育出版社 1996 年版，第 777 页。

　　② 同上书，第 259 页。

降命于谁要视其德而定的观念，这必然以宗教方式强化了道德观念。周代 800 年之久，即被人视为是德治时代。唐君毅指出，"求久"是中国古人一种自觉的思想，中国整个民族文化之所以能久，则由于中国人之各种求久的思想。唐君毅认为：自周代起，即已自觉地存宗祀、重祭祀，此乃兼有宗教道德与政治之意义。然而最为关键的是，人们坚信："在宗教精神、宗教经验中，则尽有人相信其可能，或能证实一超越的圆满悠久价值之境界之存在者。"① 可见，"圆满悠久"是作为一永恒之宗教道德价值观的核心的。

"悠久"，不仅应作为一个民族、一个国家的历史意识与价值取向，同时又可作为所有个体自身求久而精神不朽的意识。唐氏并不赞成那种缺乏人格力量与精神境界的"求不朽"。"吾人之所以必肯定宗教要求为所当有者，即以人之肯定神，求神与不朽，实际出于为自己之动机外，尚有一更崇高之动机，乃纯出于对人之公心者。此即由于吾人之求保存客观的有价值人格，或对亲人之情，而生之望他人人格或精神永存不朽之心，并肯定一超个体宇宙精神生命之存在以护持人类之心……福佑国家民族与天下万民之心。"② 显然，这是一种具有超越精神的"悠久"意识的人文宗教观。

以中国的儒、道二家为例，唐君毅进一步深入论述了这种更高精神境界的悠久意识。"在中国社会人文之环境下，依儒道二家之人生智慧，中国人之宗教信仰，必然不免淡薄，盖无可疑。吾人亦可依儒、道二家人生智慧，而谓人之不求信宗教，不求神与不朽者，可有一较一般信宗教者，求神与不朽者，有更高之精神境界。盖一般人之信宗教，恒多出自为自己之动机。……此实常夹杂一自私心。则儒、道二家，不为自己而求信神求不朽，而专以舍己救世为事，或当下洒落自在者，实可表现一更高之精神境界，此乃决无可疑者。"③ 显然，唐君毅认为儒道二家在这方面的智慧，远高于一般人那种出于一己之利的求神与不朽的"悠久"意识。而他之所以深深赞赏佛家那种悲愿，实出于其所言佛教之价

---

① 唐君毅：《宗教精神与现代人类》，见张祥浩编"唐君毅新儒学论著辑要"《文化意识宇宙的探索》，中国广播电视出版社 1992 年版，第 242 页。

② 唐君毅：《中国文化之精神价值》，台湾正中书局 1979 年版，第 445—446 页。

③ 同上书，第 444—445 页。

值无可替代。从其所言："此佛教之悲愿，亦依于人之求价值之实现与生发之超越的圆满与悠久之精神要求以起。"① 可以看出唐先生是看重佛教那种"圆满与悠久之精神"，实因其十分符合他的人文宗教观的内在逻辑。

科学时代也要为宗教精神辩护

这里，我们仍要从唐君毅人文宗教涵摄科学与宗教这一结论出发："中国古代儒家精神，原是即宗教、即道德、即哲学者，亦重利用厚生者，本当涵摄科学与宗教。"② 故其人文宗教观的一大特征，即在不废弃科学的前提下来护卫宗教，并大力提倡悲悯恻怛的宗教精神之重建；甚至以充满情感的色彩而诉求"为宗教精神辩护"。故此，他基于现实的考量而特别强调："在这个时代，如果人们之宗教精神，不能主宰其科学精神；人之求向上升的意志，不能主宰其追求功利之实用的意志，人类之存在之保障、最高的道德之实践、政治经济与社会之改造、世界人文主义之复兴、中国儒家精神之充量发展，同是不可能的。"③ 此中，人文主义文化之复兴与儒家精神之发展，内在地关联起来了。此外，应该看到，比起其他新儒家的代表人物，唐君毅从人文宗教的角度考量现代科技，亦是颇为深入的。他不仅承认科学的利用厚生之价值，也认为科学理智的运用可间接开拓人之心量，又可使中国人之理智力得以不卷曲于人事关系中而化为世故心、猜疑心、作伪心等。从人文宗教价值观出发，唐君毅的结论为："必须在社会文化上肯定科学与宗教之客观地位。"④

如前所述，科学与宗教，唐君毅视其为儒家人文观之两翼。他认为："儒家之圣贤学问，在社会文化上，正须以科学与生产技术之发达，宗教之存在，以为其两翼之扶持。中国古代儒家精神，原是即宗教，即道德，

① 唐君毅：《宗教信仰与现代中国文化》，见张祥浩编"唐君毅新儒学论著辑要"《文化意识宇宙的探索》，中国广播电视出版社 1992 年版，第 253 页。
② 唐君毅：《人文精神之重建》（一），广西师范大学出版社 2005 年版，第 6 页。
③ 同上书，第 7 页。
④ 唐君毅：《宗教精神与现代人类》，见张祥浩编"唐君毅新儒学论著辑要"《文化意识宇宙的探索》，中国广播电视出版社 1992 年版，第 266 页。

即哲学者，亦重利用厚生者，本当涵摄科学与宗教。然后代儒者，因要特重人而不免忽略其中之宗教精神，并忽略对物界之了解与加以主宰之事；乃未能充量发展此儒家原始之精神。为充量发展之，显天地人三才之大用，正须在社会文化上肯定科学与宗教之客观地位。此一肯定，完成了中国文化之发展，显示出人文化成之极致。"① 可见，充分显示天地人三才之大用，充量发展原始儒家开物成务的人文化成之精神，必然要肯定两者的客观地位。

在补偏救弊的意义上，科学与宗教的价值更是可以统一而决不相悖的。可惜，这一内在价值尤其是真正的宗教精神价值，并没有被人们所真正认识。所以，"对现在之时代言，则真正的宗教精神之价值之普遍的被认识，尤有迫切之需要"②。唐君毅之所以极力反对以追求功利的实用意志主宰世界，又因其所说的宗教精神，实是一种悲悯恻怛的至善精神；而现代科技，就必须在至善精神的范导下得以发展，不然，人类所蒙受的将不是福而是祸。这种至善的宗教精神，必然地导致中国文化由"正德"而过渡至"利用厚生"。正如他所说：正德与利用厚生之间，少了一个理论科学知识之扩充，以为其媒介；则正德之事，亦不能通到广大的利用厚生之事。同时他亦认为，西方之哲学、宗教、道德之分离，缺少中国的心性之学，亦可能是西方文化中之一缺点。

唐君毅主张在现时代，"不仅对物界之安排之科学与生产技术，将被重视，而宗教之独立地地位之肯定，亦不可少。……耶稣与释迦，是直接对治下坠而物化之文明，物化之人生的。所以我们的新人文主义，不特不能反对宗教，而且要为宗教精神辩护。虽然我们仍是以人文之概念涵摄宗教，而不赞成以宗教统制人文。在兼通天地人的意义下，孔子是可以涵摄耶稣释迦与科学之精神的。然而至少在补今日之偏，救今日之弊的意义上，我们对于耶稣与释迦，决不当减其敬重"③。唐君毅在晚年特别思考了科学在现代生活中的深刻意义，他认识到从中国儒家发挥天地人的意义上，亦当有科学的一席之地，同时他又极力"反对当世之以科学抹杀宗

① 唐君毅：《宗教精神与现代人类》，见张祥浩编"唐君毅新儒学论著辑要"《文化意识宇宙的探索》，中国广播电视出版社1992年版，第266—267页。
② 同上书，第268页。
③ 同上书，第267页。

教者”①。他认为只有孔子是可以涵摄耶稣、释迦与科学精神的，这是一个大胆而崭新的想法。

唐君毅始终坚持，只要人类文化不亡，人总不能全部物化。人须有上升而求至善之宗教精神，以直接挽住下堕而物化之人类命运。可以说，他正是从这一角度来思考构建他的人文宗教观的。在总体上，唐君毅认为人类应发展出一真正的宗教情感及其精神，以共同思索人类的整个问题。这种深厚的宗教情感中，应包括对不同民族，不同文化之本身之敬重与同情，及对于人类之苦难有一真正的悲悯与恻怛之仁。人类一切民族文化，都是人之精神生命之表现，而以一种真正的宗教大情感为前提，必能使各种文化互相并存，互相欣赏，而相互融合最后达至天下一家。这种心态所涵容的宗教精神是显而易见的。

创立新的人文宗教，这是唐君毅的一种理想与愿望。“吾理想中未来之中国文化，亦复当有一宗教。宗教之创立，亦必俟宗教性人格，不可由哲学以建立。然而宗教人格之出现，必先有社会宗教精神之氛围。……夫然故哲学虽不可建立宗教，而可期望宗教。高级宗教，必信一宇宙之绝对精神实在。”② 唐君毅的新人文宗教观极度强调宗教中的绝对精神，视人文精神特征为宗教之基本标志，所以他对中国无宗教之论，一直不予首肯。“世之论者，咸谓中国无宗教，亦不须有宗教。然如宗教精神之特征，唯在信绝对之精神实在，则中国古代实信天为一绝对精神生命实在。孔孟之精神在继天，又知天即在人中，故以尽心知性立人道为事业。”③

既然精神特征之于宗教如此之重要，故唐君毅不仅反对邪教，亦鄙视个人主义的宗教情绪。“因而此宗教精神，不得陷于个人主义，而与吾人之一切社会伦理文化之意识，可相辅而兼成。此宗教精神，乃直接依吾人注重于‘人与人精神之贯通’中，于人伦人文世界中见天心，而置人间于天上之宗教精神。”④ 这段话再清楚不过地点明了其“人文人伦”的儒家旨意，他认为儒家那种“肫肫其仁”才是宗教精神的真对象，也是他

---

① 唐君毅：《宗教信仰与现代中国文化》，见张祥浩编“唐君毅新儒学论著辑要”《文化意识宇宙的探索》，中国广播电视出版社1992年版，第259页。
② 唐君毅：《中国文化之精神价值》，台湾正中书局1979年版，第530页。
③ 同上。
④ 同上书，第539页。

的新宗教观的核心所在。

在唐君毅的理想境界中，人文宗教的精神表现与其他宗教均不同。"精神之表现为广大之人伦人文世界，以求精神之四达并流，上际于天，下蟠于地，则人伦人文之世界推开，而神境亦推开，神境匪遥，而复迢迢在天矣。神境迢迢在天，而人伦人文世界，亦与神俱上，则人间境界皆天上化，皆有相而无相，无相而若有相矣。人间天上化，而吾人宗教精神之对象，即不只为一神，而为一神之自开其涵盖仁爱之量，而举人伦人文世界之全体，亦即人所在宇宙之全体于其怀。"① 唐氏的人文宗教精神毕竟是竖立在天人合一的基础上，又毕竟是以儒家的仁爱精神为核心的，因而，实质上他的人文宗教观始终未脱儒家的思想框架。加之他一味强调的是"精神"二字，显示出高超的人文境界，但却始终让人感到无所着落。不过他向往的宗教精神，还包含对人文世界人格世界之崇敬，包含对人文世界中已成一切宗教精神与圣哲之崇敬，力求无所不包，所以"正当聚孔子、释迦、耶稣、穆罕默德，与无数圣贤于一堂"②。在他看来，这才是人文宗教观应有的大德大量。

综观唐君毅的人文宗教观，虽基于儒家的人伦思想，却早已超越了儒家安身立命的理念，建立了教化的一般思想。究其实，他是要立于现代而"建立为一涵宗教性而又超一般宗教"③ 的新宗教观。他不仅从纯哲学理论，更从现代人生需要及社会文化的发展观点去肯定宗教之价值。在很大程度上，他试图建立的一种新人文宗教观，实质上仍可视其为"道德宗教观"；而从思想质地上看，这一人文宗教更具备佛教的那种基本特质。看得出来，他之所以高度赞扬梁漱溟先生，缘由在此："只有一梁漱溟先生是承认宗教之极高价值的。彼以为佛法真能满足宗教之二条件，即神秘与超绝。故唯佛法为真宗教。"④ 唐先生自谓以其一生的艰难人生体验，钟情于宗教而倡言"人文宗教"；唐先生对佛教的深刻认识，其挚友牟宗三所言最到位："滴滴在心头，而愧弗能道。""关于道德宗教之体验，并

---

① 唐君毅：《中国文化之精神价值》，台湾正中书局 1979 年版，第 538 页。
② 同上书，第 541 页。
③ 唐君毅：《宗教信仰与现代中国文化》，见张祥浩编"唐君毅新儒学论著辑要"《文化意识宇宙的探索》，中国广播电视出版社 1992 年版，第 234 页。
④ 同上书，第 235 页。

世唯唐君毅先生为精湛。"①

"全幅开展的人文世界"

唐君毅在《科学世界与人文世界》一文中，如此展示了他的"人文世界"：

> 我理想的世界是全幅开展的人文世界。人文中包括政治经济，但人文之主要内容是艺术、文学、宗教、道德、科学、哲学。政治经济只是人文之最外部的一层、最表面的一层。或正因其为最外部最表面，所以人才易认识其重要性，而易以政治经济之范畴来看文化、看人生、看世界。这种看法的流行，使人把人文的世界，越看越肤浅了。②

这里要强调的是，唐君毅心目中的"人文世界"，是"以德性为中心而全幅开展的人文世界"③。这是他的一个基本的前提性界定；唐氏认为在这样一个世界中，每一个人之生活的重心所在，就在对真理的了解、美的欣赏、道德之善的实践上；果如此，则真可与天合德、与神灵默契。因而这是一个以德性为中心而全幅开展的人文精神之世界，此中有无限之空间。可以说，"人文世界"这一领域确实是唐君毅着力最多，取得成果也最为丰硕的领域。故其友人牟宗三将其一生高度总结为"文化意识宇宙中的巨人"。而这般宽广的领域，我们自然难以面面俱到，故我们只择其与现代人文精神及"演进"观有关联者。如前述的唐氏之结论：现代人类所面临的社会问题，不但要用科学来解决，同时也要用宗教来解决，所以他提出了未来"人文宗教"的设想，并构建起其独特的道德理想主义思想体系。这里我们仍要拈出具有经世演进意义之一例，即其立于现代视角对船山进步思想的探究；进言之，唐氏对船山思想中特重"外王"的实学精神，就基于文化历史演进观之把握上。唐君毅是能立于现代而整体

---

① 曾昭旭：《唐君毅先生之生平与志业》，见封祖盛编《当代新儒家》，生活·读书·新知三联书店 1989 年版，第 322 页。
② 唐君毅：《人文精神之重建》（一），广西师范大学出版社 2005 年版，第 21 页。
③ 同上。

把握船山学并直透船山精神的儒者。其对船山学的探究主要体现在三个方面：承宋明儒而补其不足；开六经生面；涵润中国历史文化之全体。

从时代演进特色中透视人物思想，是治中国思想史的必然归趋。唐君毅在历史脉搏的跳动中把捉到，晚明清初的儒者，无不因历史的巨大演变而极度重视建制立法，以明外王之学。他以为："明儒阳明之学，至末流而弊。其弊盖在言心性而遗经世之学。……故明末儒者，无不重经世致用之学。"① 船山哲学，承宋明儒而深契于张载，他不仅对程、朱、康节有所弹正，更重矫王学之弊。此中缘由之一，是其时风已偏重经世致用。然而我们必须看到，这其实表征着一种极为深刻的历史转向，并决定着一个时代的思维取向；而一个时代的思维取向，又体现出这一时代的总体精神特征。唐君毅正是从"精神所注"而洞察到船山所处时代的历史动向："至明末清初之大儒，如王船山、顾亭林、黄梨洲等，则其精神所注，皆由内圣之学转至外王之学。其中如船山、梨洲，虽亦深究理学中问题，然皆意在以内圣之学为立本之资；至言达用之学，则宗在经史。"② 这里已然传达出船山的"达用"之学，是以内圣之学为本的。而这正与唐君毅本人的理念最为相契；他们处于不同的时代而似乎有着类似的现实情境。故唐君毅对船山心领神会："船山本其哲学思想之根本观念，以论经世之学，承宋明儒重内圣之学之精神，而及于外王，以通性与天道与治化之方而一者，惟船山可当之耳。"③ 此评价不可谓不高。船山是唐君毅一生最为折服的哲学家之一，其缘由就在船山是能内圣而及外王，通心性天道与治世之道而一之，从而能承宋明儒而补其不足的旷世大儒。

熊十力、牟宗三、唐君毅三位新儒家巨匠，都十分看重王船山，此恐非仅在开新外王一端。牟宗三对此曾评价熊师："熊先生早年深契王船山（而且到老无微词），但苦无一统系之轨范。"④ 这里特揭举唐君毅的船山论，正取其义理深到且有其"统系轨范"。唐君毅以其广博的学术胸怀与思想史通识，十分到位地揭示了船山对宋明诸儒的接续而有进于诸儒之处。与他人不同的是，他清醒地意识到船山即便对自己最为相

---

① 唐君毅：《中国哲学原论》（原教篇），中国社会科学出版社 2006 年版，第 334 页。
② 唐君毅：《中国哲学原论》（导论篇），中国社会科学出版社 2005 年版，第 182 页。
③ 唐君毅：《中国哲学原论》（原教篇），中国社会科学出版社 2006 年版，第 334 页。
④ 牟宗三：《生命的学问》，广西师范大学出版社 2005 年版，第 90 页。

契的"张横渠之正学"，也能"取横渠之言气，而去横渠太虚之义"①。其实思想史上最伟大的思想家，即为这种既能上承历史而揭其深义，又能兼具批判眼光从而不断出新的颇具"现代性"之思想家；船山即为这种思想家："在朱子之后儒中，其重在以气说太极，谓太极为阴阳之混合，而具乾坤健顺之理者，则以王船山为巨擘。后之颜元之言太极，亦相类似，而不如船山之宏大而真切。船山之以阴阳二气之混合说太极，乃重在更由二气之流行，以畅发宇宙人生历史之日新而富有之变化，有非成型之理之所能限者。故人亦惟当即事以穷理，而不可立理以限事。……船山虽力主人不可立理以限事，固未尝不谓阴阳之混合，及此阴阳二气之流行，涵具乾坤健顺之理，而主'乾坤并建'。船山固亦未尝否认此使一切宇宙人生历史之日新富有之变化得'成为可能'或'根据'，之乾坤健顺之理之自身，为万古不易，而不加以建立也。是知船山之言太极，虽以气为主，而其言或有进于朱子之处，然亦非与朱子之言太极必然相冲突者也。"② 这段话中最具实质性的内涵不仅在提示船山"有进于朱子之处"，更在展现出船山不以"成型之理"限制"日新而富有之变化"的先进理念，其先进性尤在"不可立理以限事"一语。此中鲜明的对比性即在：朱子善言成型之理，即理在先而成绝对之主导地位；而船山则更重由阴阳二气之流行，而畅发宇宙人生历史日新而富有变化的相继之理。必须指出的是，唐君毅以极其阔大的学术气度，反复提示船山此论并不与程朱陆王有必然冲突，诚如其所言："船山所立之新义，皆由于其重在本客观之观点，以观理或道之相继的表现流行于人与天地万物之气中而来。此与程朱陆王之自另一观点所立之义，亦无必然之冲突。船山之所以重此理之相继的表现流行于气，则由其学之上承横渠之学之精神，而又特有得于易教之故。其言易道之别于先儒者，要在以太极只为一阴阳之浑合，力主乾坤之并建，以言宇宙人生历史之日新而富有之变。"③ 这里透露出的重要信息，是船山创立新义而有别于宋明先儒，不仅在其重客观之精神，在根柢上还由于其"特

---

① 唐君毅：《中国哲学原论》（原教篇），中国社会科学出版社 2006 年版，第 334 页。

② 唐君毅：《中国哲学原论》（导论篇），中国社会科学出版社 2005 年版，第 306—307 页。

③ 唐君毅：《中国哲学原论》（原性篇），中国社会科学出版社 2005 年版，第 316 页。

有得于易教之故"。此中尤其值得注意的是,唐君毅已然洞见了船山言宇宙人生历史之日新之变,与其力主之"乾坤并建"是有着深刻的内在关联的。

客观上,船山之学对宋明儒确有补其不足之功,唐君毅对此多所陈述,此中他亦反复提及船山的"客观"态度。他以为船山之所以有重客观的思维取向,实质上是为矫宋明儒者过于偏内"乃重取客观的观点",唐氏从宏观的思想史着眼而得出结论是:"当明清之际,能上承宋明儒学之问题,反对王学之流,亦不以朱子之论为已足,而上承张横渠之即气言心性之思路,又对心性之广大精微有所见,而能自树新义,以补宋明儒之所不足者,则王船山是也。"① 然而必须看到的是,唐先生同样也立于思想史之视角而多次提及:并非船山之新义一立而程朱陆王之义可废也。故其更愿以"充实扩展"之类的术语来表述船山与宋明儒的关系。唐氏重要著作《文化意识与道德理性》的自序中有一个总体评价:"明末顾黄王诸儒,乃直承宋明理学家之重德性之精神,而加以充实扩展,由'博学于文'以言史学,兼论社会文化之各方面。其中王船山之论礼、乐、政教,尤能力求直透于宇宙人生之本原。"② 就船山如此广博而达至"社会文化之各方面"而言,似不仅有补宋明儒不足之功,而且也确当得起儒学史上孔子、朱子之后的集大成者。

必须看到,唐君毅的评价始终如一地保持了儒学史的视角。他说:"宋代儒学初起,乃以经学开其先……至明末王船山出,得承此宋初重春秋之传统,而重经史之学。宋明儒学始于重春秋,终于重春秋,实有一保存华夏文化之民族精神贯注其间;其学说理论的背后有一真实生命的要求。"③ 唐君毅以为,船山哲学涉猎极其广博,从天道论至人性论,从历史哲学至经世哲学,从伦理学至性命学,从宇宙论至人文化成论。故此他指出:船山于中国之学术文化各方面,经史子集四部之典籍,皆有所论述;而尤邃力于六经之训释。在唐君毅看来,船山虽与顾、黄二人同向经世方面用心,而从思想史视角作一评价,唯船山当得起最具通识的哲学

---

① 唐君毅:《中国哲学原论》(原性篇),中国社会科学出版社 2005 年版,第 317 页。
② 唐君毅:《文化意识与道德理性》(一),广西师范大学出版社 2005 年版,自序二第 5 页。
③ 唐君毅:《哲学论集》,台湾学生书局 1990 年版,第 552 页。

家。他曾在一部"不是为人写的，而是为己写的"书中深长感叹："王船山大气磅礴，开六经生面。"① 船山开六经生面，于其自题画像的堂联："六经责我开生面，七尺从天乞活埋"中亦可见一斑。须知，能开六经生面，固有其对六经的详解授义；而于理论上亦当有不断的新的建构。故船山于四书作有读大全说，《周易》作有内传、外传、大象解，《诗》亦作有广传，《尚书》则作引义，《春秋》则有世论家说，《左传》有续博议，《礼记》则更为章句。晚年又作《读通鉴论》、《宋论》等著作。然而，船山"开六经生面"的建构毕竟承宋明儒而来，其直接源头为宋明儒。

　　而就六经而言，唐君毅则特别看重船山的《读四书大全说》一书，这当然与他在根本上极其重视儒家的心性之学有关。他说："今观船山于读四书大全说等，言人之率性修道之功，亦未尝不本于此性之内原涵具善与道以立论。"② 唐氏的高明之处在于，他既高度赞扬船山的"开六经生面"而不断"自出新义"；而同时更看重船山的学有所本，毕竟，内圣之学为立本之资。至言达用，则宗在经史——这就是唐先生揭示的船山精神。唐先生曾断言：船山之学，归在论史。这不仅可从船山的《尚书引义》，更可从其评价历史人物是非得失的大著《读通鉴论》、《宋论》等书中可见出这一旨归所在。然而船山哲学体系的建构，则是从《易经》入手的。从起点到终点，这之间的内在关联何在？此中我们还是要先看船山所得易理精神之所在，唐君毅于此反复强调的是："船山之言之进于汉宋诸儒之言易者，则在其不以太极为至高之一理或元气，而以太极为阴阳之浑合，而主吾人方才所提及之乾坤并建义，以说理气之关系。其意是谓二气虽浑合为太极，然不可视此二气为一气之所分，或一理之所生。船山之旨，乃重在言乾坤阴阳之恒久不息的相对而相涵，以流行表现，即以说理之相继的表现流行于气之事，而缘是以畅发宇宙人生之日新而富有，以成一相续之历史之一面。故船山之学，归在论史。"③ 进而言之，船山极富时代色彩的"事理观"，亦基于其历史观，唐君毅的这一看法，实质上已揭示出船山历史观中的"事理"内涵。唐氏由衷地推崇船山："中国由明

---

①　唐君毅：《人生之体验》（导言），广西师范大学出版社 2005 年版，第 1、14 页。

②　唐君毅：《中国哲学原论》（原性篇），中国社会科学出版社 2005 年版，第 317 页。

③　同上书，第 321 页。

末至清之思想家，最能了解事理之所以为事理者，莫如王船山。依于上所谓事理之本性，凡论事理皆当分别论，又当论事之承续关系，事之顺逆成败之故。船山最能兼擅此三者，而又能本仁义礼智等性理，以义断史事之是非。……但船山此类之言，亦只是在从历史之观点或事之观点看理，而后能立。"① 综括地说，唐君毅已然察识到船山最为著名的离器无道、离事无理之观念，唯从"事理"立场方有立论根据，唯落实于历史演进，才是最终的理论旨归。这不能不说是唐氏深探船山学说而得出的高论。

六经中的礼诗乐，船山多所涉猎，其礼诗乐论均与其重气、重才情之论相关。唐君毅如此评价道："曷言乎船山之重气而表现才情之诗乐，在文化中之地位确定也。盖诗之意义与韵律，与乐之节奏，固皆表现吾心之理。然徒有理在心而欲显之，不足以成诗而成乐。于此，须显理，兼达情方有诗乐。盖情原于心有所期，有所志而又与具象会。"② 而对于船山的礼论，唐君毅审之尤细。他说："曷言乎一重气而船山哲学中礼之分量重也？上述之祭祀，亦在礼中。今当泛论礼，皆为人德行之表现于形色；则不重形色之气，礼之分量自不得而重。……威仪者，礼之昭也。其发见也，于五官四支，其握持也惟心，其相为用也，则色声味之品节也。……中庸曰，礼仪三百，威仪三千，船山四书义训注曰：礼仪经礼，威仪曲礼。礼仪必见于威仪，威仪即礼仪也。"③ 唐君毅的高超还在透见了船山言礼乐之极者，治之于视听之中，而得之于形声之外。声入心通，全气皆心，全气皆理，船山是真知诗、礼、乐相异而相通的大儒。

唐君毅更以其特有的学术敏感而洞察到船山"尚情才"之论的价值所在，他以为船山"尊生"而重情才，实由其重性之客观地表现于气之流行而来。重要的是，他仍从儒学的发展趋向而看重船山此论："船山继尊理尊心而言尊生，更尊此理之表现于生命之气之情才。……此即必先有程朱陆王之尚德之教，树立于先，方宜有此船山之尚情才之论，继之于后。然尚德之教既立，则自亦当更言如何使此德有充量之表现，则亦不能不有此船山之尚情才之论。此中先后贤者所言之轻重之不同，正所以成其

① 唐君毅：《中国哲学原论》（导论篇），中国社会科学出版社 2005 年版，第 39 页。
② 唐君毅：《中国哲学原论》（原教篇），中国社会科学出版社 2006 年版，第 420 页。
③ 同上书，第 418—420 页。

为一圣教之相继，以成此儒学之发展者也。"① 尚德之教一立，要使此德有"充量"的表现，就不能不尚情才；故此尚情才之论正是圣教之相继而成就了儒学的整体性及其历史发展。在唐君毅看来，这也正是船山之尊生尊气与尊情才义的价值所在。

这里我们想强调的是，船山的六经之论，唐先生最为看重的是其"开六经生面"从而对儒学史发展特具近现代意义的新论。

唐君毅立于现代角度，发掘船山"日新富有"的现代人文理念，并以此而把握到船山精神涵润中国历史文化之全体。唐君毅于《中国哲学原论》（原教篇）专辟二章以论述"王船山之人文化成论"，实则此论亦为唐氏船山论中最富特色的二章。此章开篇唐氏即点明："船山之学，得力于引申横渠之思想，以论天人性命，而其归宗则在存中华民族之历史文化之统绪。"② 唐氏命名此章为"人文化成论"，其深意既在涵括船山所涉人文历史领域之广，更在其承上启下之"文化统绪"四字上。故唐氏于船山一生著作陈述罗列之后，深切感慨而言："吾人但就其所著书之体类以观，即知其精神所涵润者，实在中国历史文化之全体。秦汉而还，朱子以外，更无第二人足以相拟。象山阳明良知之教，高明则高明矣。然徒以六经注我，而不知我注六经，终不能致广大。……唯复知我注六经，乃上有所承，下有所开，旁皇周浃于古人之言之教，守先以待后，精神斯充实而弥纶于文化之长流。此乃朱子船山精神之所以为大也。"③

中国是最早对"人文"加以考察并得出这一概念的国家。儒家的"人文化成"观之所以值得我们高度关注，不仅是由于它从基本的原理入手，更由于它是对经验观察的一种抽绎与提升；对此，唐君毅与船山似心心相印，他十分明确地指出："故朱子之言理，阳明之言心，于论道德为足者，于论文化历史，则皆未必足。"而"王船山则不然，王船山之学之言理言心，固多不及朱子阳明之精微。盖犹外观之功多，而内观之功少。然船山之所进，则在其于言心与理外，复重言气。……船山言心理与生命物质之气，而复重此精神上之气，即船山之善论文化历史之关键也"④。

① 唐君毅：《中国哲学原论》（原性篇），中国社会科学出版社 2005 年版，第 319 页。
② 唐君毅：《中国哲学原论》（原教篇），中国社会科学出版社 2006 年版，第 410 页。
③ 同上书，第 410—411 页。
④ 同上书，第 412—413 页。

唐君毅以其特有的洞察力透见到：善论文化历史之关键，除了须把握儒家心性义理，还须把握"气"论，尤为重要者是"精神之气"。以船山之深刻与广博，当得起以此气论而广涉乎人文化成之各领域者；这是唐先生的结论，故其以"船山精神涵润中国历史文化之全体"一语概括船山，实为中的之论。

唐氏坚认：船山之所以力主乾坤并建，宗旨毕竟落实于宇宙人生历史之日新而富有之人文演变。他深中肯綮地阐述船山此论"如乾之既继坤以更起，而坤亦自寄于新起之乾。日新富有，相依而进，日生者日成，日成者亦日生，但有新新，都无故故，方可见此天地之盛德大业也"①。此亦即人文化成之深义所在。更有进者，船山"缘是而其命日降、性日生之说，乃得以立，而更有其人之精神之死而不亡之义"②。死而不亡之义究何在？其对人文化成之大业有何意义？对此，唐氏自有卓见：

> 人之性命日生日成，其日新富有，相依而进，故船山又有死而不亡之义。船山谓人亡之后，其气或精神，非一逝而不还，恒能出幽以入明，而感格其子孙；圣贤英烈之逝，即以其精神，公之来世与群生。③

此日生而日成，日新而富有而"相依而进"之人文演进，其精神可大往大来于此世界，这真正造就了世间人文化成之大业。所以唐君毅极赞船山重精神之"气"，即为船山善论历史文化的最关键之处。唐氏以人文化成之演进视角进一步阐释了船山所以重乾坤并建之旨："船山所谓乾坤并建义，乃谓此天地之健皆存乎顺，天地之顺皆存乎健；天地之阳皆存乎阴，天地之阴皆存乎阳……与此阴阳乾坤之德，乃时在日新中，一切生人之命之性之德之道，亦时在日新之中，以益归于富有之实义者也。"④日新而富有，合以成事业，有此理念乃有船山之精神，乃有船山精神涵润中国历史文化之全体也。

---

① 唐君毅：《中国哲学原论》（原性篇），中国社会科学出版社 2005 年版，第 322 页。
② 同上书，第 316 页。
③ 同上书，第 322 页。
④ 同上书，第 324 页。

而更为重要者，则是唐君毅极为出色而到位地论述了船山以一生学力凝结而成的"历史文化意识"①。如其所言，这一历史文化意识的价值所在，能使"我之心量日宏，我之气得真浑合于天地古今之气，使我之为我之特殊个体之精神，与天地古今中其他特殊个体之精神，融凝为一，使我之精神真成绝对不自限之精神；然后我此心此理之为一普遍者，乃真贯入一切特殊之个体，成真正具体之普遍者也。斯义也，阳明朱子之哲学中，实尚未能具有之，而船山则深知之"②。所谓"具体之普遍"，实为黑格尔揭示具体真理与普遍真理关系时作出的一个新命题。而在唐君毅的眼中，船山与黑格尔不期然而同之"具体之普遍"，其最为紧要的精神实质即在以"我此心此理之为一普遍者，真贯入一切特殊之个体，成真正具体之普遍者也"。实际上，这也就是成就普遍的人文化成之大业的一个根本前提。此为船山亦为唐君毅的根本理念。眼光之同、精神之同，此所以船山、君毅为不同时代之大儒也！然而他们都同为自己的时代注入了"现代"精神。

须知，以此"具体之普遍"，我们便能很好地透入并理解唐君毅为何要极力倡言"所谓文化教育道德之进步，乃所以改进个人"③。没有个体便没有整体，个人全面而自由的发展，才是整体全面而自由发展的前提；此为马克思主义的自由观。君毅、船山同具此现代性深识，然唐君毅更为深重的感觉当在个体基础上的人类发展之趋向，他似乎担忧这一趋向或路子走歪，所以他要说："人类的精神之向外扩展膨胀，如吹胰子泡，在泡上花纹，次第展开，若兴趣无穷，而实际上内部之空虚愈来愈大。"④ 据此，他大力强调知识分子的时代责任，从而成为一真正意义上的精神创造者与施与者，此处笔者想说的是，唐君毅所说"真正精神上的施与者与创造者"，其实也正是他自己的最好写照："如何成为真正精神的施与者、创造者，我想还可有许多话可说，多少工夫可作。吾思之，吾重思之，我相信，我们一切知识分子之病痛之免除，系于知病痛，而由反求诸己以互

---

① 唐君毅：《中国哲学原论》（原教篇），中国社会科学出版社 2006 年版，第 414 页。
② 同上书，第 415 页。
③ 唐君毅：《文化意识与道德理性》（一），广西师范大学出版社 2005 年版，第 245 页。
④ 唐君毅：《中华人文与当今世界补编》（二），广西师范大学出版社 2005 年版，第 581 页。

相赦免中，互相施与中，另长出一积极的通贯古今、涵育人我的精神，而此精神表现之形态，则不能全同于过去，而须兼照顾到由中西社会文化之相遇所发生之新问题的文化要求。而且须转化一切由西方传入而表面与中国儒家思想不同而冲突的思想，以为展开儒家精神之用……"① 显然，其所谓"转化"，当为"创造性转化"，才能落在为我所用上。

然处在"现代"这一时段的知识分子，要能真正"知"其病痛之所在，要能切实观照中西文化遭遇中的新问题，更要能创造性地"转化"不同思想，才能真正地成就现代之"用"。质言之，唐君毅不仅强调文化演进中的创造，更以其道德理想主义价值取向指出，只有在人类"共致其良知"而终达其悟境之前提下，才能创造未来的光明历史，此诚如其发自肺腑之言：

> 人以其思想智慧旷观人类社会与历史时代之一切事件之后，亦还有一物他忘了用思想智慧去了解，即人们自己之良知为人类社会历史时代之一切事之最后之根源所在。所以阳明说其良知之说由百死千生中得来。他是在被迫害到山穷水尽之石棺中悟到良知，现在的人类要真悟此良知，亦要经百死千生同被迫害到山穷水尽之大石棺中，方能真正悟到其为一切人类社会及历史事变之最后的根源。亦只有人类之共致其良知，才能创造其未来之光明的历史。②

不是个别精英的良知，而是历尽磨难的人类群体的良知，才有开创世界未来光明前景之可能。以唐氏此语作结，可启吾人深思。

---

① 唐君毅：《中国人文精神之发展》，台湾正中书局 1988 年版，第 258—259 页。
② 唐君毅：《中华人文与当今世界补编》（二），广西师范大学出版社 2005 年版，第 805 页。

第九章　牟宗三:努力开出"新外王"
的文化生命观

　　牟宗三（1909—1995），字离中，生于山东栖霞，祖籍为湖北省公安县。1927 年，牟宗三考入北京大学预科，两年后由预科直接升入哲学系。此期兴趣集中在《易经》和怀特海哲学。1932 年大学三年级时，正式师从熊十力，开始契悟关于生命的问题。1933 年毕业，完成第一部学术著作《从周易方面研究中国之玄学及其道德哲学》。后于华西大学、中山大学、金陵大学、浙江大学等校任教，主要讲授逻辑学和西方哲学。1949年去台湾并任教于台北师范大学、台湾东海大学，主要讲授逻辑、中国哲学等课程。1958 年，对牟宗三的学术生涯来说是关键的一年，他与唐君毅、徐复观、张君劢联名发表现代新儒家的纲领性文章《为中国文化敬告世界人士宣言》，自此学术影响渐大。此后不久即去香港，任教于香港大学、香港中文大学新亚书院，主讲中国哲学、康德哲学等课程。在他的学术研究中，康德、怀特海、柏格森、杜威、达尔文等西方学者，都对他产生过重要影响，此中又以康德哲学为最；学界多谓其为打通"以儒学理解康德与用康德哲学理解儒学"之学者。牟宗三 1974 年退休后专任新亚研究所教授。1976 年又应台湾"教育部"客座教授之聘，在台湾大学哲学研究所等处讲学。牟宗三自谓一生学术得益于熊十力师与友人唐君毅，称熊师使其提撕生命而不坠，启发慧解又多来自唐君毅；他们是志同道合而毕生致力于弘扬民族精神、复兴中国文化的现代大儒。牟宗三主要著作有《心体与性体》、《中国哲学十九讲》、《从陆象山到刘蕺山》、《历史哲学》、《政道与治道》、《现象与物自身》、《佛性与般若》、《才性与玄理》、《道德的理想主义》、《中国哲学的特质》、《圆善论》等 28 部；另有《康德判断力之批判》、《康德的道德哲学》、《康德纯粹理性之批判》等 3 部译作。

　　"第三期儒学"这一概念是牟宗三首先提出的，作为为复兴中国儒家文化作出巨大贡献的新儒家代表人物，牟宗三的哲学成就代表了中国传统哲学在现代发展的新水平，其影响力达于欧美世界。故英国剑桥哲学词典誉其为"当代新儒家他那一代中最富原创性与影响力的哲学家"。牟宗三立于现代儒学发展之角度，倡言儒学的"第三期发展"。何谓"第三期之发展"呢？用牟宗三的话来说，作为中国文化主干的儒学尽管有着极高深的思想和形上原则，但又不仅仅表现为一思想一原则，而是始终与社会生活和日常生活相连贯的。换句话说，儒学既以历史文化为其立言根据，又反过来为历史文化的现代发展所运用。问题是，自满清入关特别是鸦片战争以来，儒学遭到了前所未有之厄难，民族生命一直未能复其健康之本相。因此，按照牟宗三的观点，如想求得中国问题之解决，必须立于现代而复兴儒学。

　　正是在进化论广为传播及西方各种思潮涌入之时代背景下，牟宗三一方面以积极之姿态肯认科学民主的先进性；另一方面，他力主以儒家的使命"开新外王"（儒家内圣外王之学，内圣即是内在于每一个人都要通过道德实践做圣贤工夫，外王即外而在政治上行王道）。显然，此"新外王"一说，旨在把科学民主的内容包纳进来。因而牟宗三将德性主体转出知性主体，称之为"良知的自我坎陷"；这一著名的牟氏命题，极受当代学界重视，牟宗三的主旨是在现代要使中国人不仅由其心性之学，以自觉其自我之为一道德实践的主体，同时当求在政治上，能自觉为一政治的主体，在自然界、知识界成为认识的主体及实用技术的活动之主体。要知道这实际上是上通千古、下开万世的大事业，也只有熊十力的弟子能有这种气魄与心志。正是强烈的现代意识，促使其写下了《历史哲学》一书，并提出了"良知的自我坎陷"的命题。牟宗三希企得到一种兼具中西哲理的历史哲学眼光，《历史哲学》一书甚至辟出一章专谈"平等与主体自由之三态"；他还强烈地感受到，对中国而言，须有政治上自觉地站起来而成为有个性的个体。

一　立于现代而复兴儒学

　　牟宗三曾这样评述他与唐君毅是如何在学术上为复兴中国文化开路

的："唐先生书多重在正面疏通中国文化之精神与价值，使人对于中国文化有恰当之理解，纠正五四以来之否定主义，而我……则重在批抉中国文化之症结，以期荡涤腥秽，开出中国文化健康发展的途径。此两方面互相配合，遂有《中国文化宣言》（为中国文化敬告世界人士）之作。"① 可见，当时他与唐君毅、徐复观、张君劢联名发表的那篇现代新儒家纲领性文章《为中国文化敬告世界人士宣言》，其对中国儒家思想中"心性"之学的开掘，他是何等看重。其实，牟宗三自己花费十年工夫写下的《心体与性体》一书，也可视作其为复兴儒家而作的奠基之作。他将"心体"这一道德本心实践的体证呈现，视为"性体"，性体与宇宙本体通而为一，不仅是道德实践之根据，也是宇宙生化创造之根据；因而是绝对和普遍的形而上实体。这是牟宗三在儒家心体与性体基础上作出的深刻的"道德的形而上"思考，此思考引发了对道德、宗教之间的融通，而这一融通又同于其他新儒家人物如钱穆、唐君毅的"人文宗教"观。牟宗三在其《心体与性体》中如此说道："'成德'之最高目标是圣、是仁者、是大人，而其真实意义则在于个人有限之生命中取得一无限而圆满之意义。此则即道德即宗教，而为人类建立一'道德的宗教'也。"② 由对心体与性体的开掘，到"即道德即宗教"的儒家道德宗教之建树，呈现出牟宗三立于现代而复兴儒学的心路历程；其启示意义就在如何运用这一儒家本有之宗教性资源，来彰显"文化生命"演进之意义。现代新儒家第三代代表人物之一的杜维明，虽与牟的思维进路不同，但在近期对儒家宗教性资源的研探中，也对儒家的宗教向度作了系统深入的阐发。对此有兴趣的读者，可参考三联书店所编的"哈佛燕京学术系列"第二辑中《儒家与自由主义》③ 一书，其中有曾明珠整理的《儒家与自由主义——和杜维明教授的对话》一篇；另需参考的则为杜维明本人之《儒学的超越性及其宗教向度》④。此处不赘言。

---

① 牟宗三：《客观的了解与中国文化之再造——当代新儒学国际研讨会主题演讲》，见《当代新儒学论文集·总论篇》，台湾文津出版社1991年版，第2—10页。

② 牟宗三：《心体与性体》（上），上海古籍出版社1999年版，第5页。

③ 哈佛燕京学社、三联书店主编：《儒家与自由主义》，生活·读书·新知三联书店2001年版。

④ 杜维明：《儒学的超越性及其宗教向度》，见《杜维明文集》第4卷，武汉出版社2002年版，第529—549页。

笔者在此想强调的是，牟宗三显然十分清醒地看到了，要立于现代而复兴儒学，非要深刻地反省自身文化不可。对他而言，这种反省有一个不可缺失的参照系即西方文化，近三百年来的参照尤其重要。他曾深为感叹地说：

> 清代三百年是中国民族最没出息的时代。在明亡之时，中国文化在世界上的地位仍很优越，西方在十七世纪以前，无论科学技术、哲学、艺术均不及中国，至少并不高于中国。可是在文艺复兴以后，科学技术、哲学、艺术大大地发展了。瓦特发明蒸汽机，开出技术科学，掀起工业革命。牛顿以前的西方科学是纯理科学，此时又有技术科学的新发展，于是物质生活水平迅速提高。至今西方科学早已取得领导世界的地位。政治方面，有人权运动。宗教方面，有宗教改革。可知十七世纪后的西方在文化各方面，都是突飞猛进，日新月异，是一个开展畅通的时代。反观中国此时，沉沉昏睡，民族生命歪曲了、衰弱了，逼使考据学得到畸形的发达，而文化生命亦歪曲了、迷失了。因此，在清末西方列强相继侵略之时，显得不堪一击。中国的文化生命民族生命的正当出路是在活转"生命的学问"以趋近代化的国家之建立。中国第一次面对西方，是在南北朝隋唐时代，面对的是印度的佛教文化（对中国说，印度亦可说属于西方）。而现在第二次面对的是西方的科学、民主与基督教的文化。科学与民主，尤其是民主，是近代化的国家之所以为近代化者。我们须本着理性、自由、人格尊严的文化生命来实现它。科学，须有求知的真诚来引发。这两者虽在历史上首先出现于西方，然我们之作此，严格言之，实无所谓西化，尤其无所谓"全盘"。就算是因它首先出现于西方而属于西方，亦只算是先进后进之别，我们借鉴它，学习它，仍然是各自作各的本份内的事，不能算是西化。①

这段十分重要的话，代表了牟宗三对待中西文化的基本态度，他之所以不赞成提"西化"，实乃因民主、科学、自由、人格尊严等等，都具有

---

① 牟宗三：《中国哲学的特质》，上海古籍出版社 1997 年版，第 89—90 页。

人类普遍性特质。此中尤为重要者，在他极为大胆地提出了文化的"先进后进之别"，故学习西方是"本份内的事"。这里我们仅举其对黑格尔评价之一例："黑格尔在其《历史哲学》里面从中国的政治社会结构，即从宪法处，说中国文化发展的缺陷，却说得很对。其他都不对。黑格尔说中国人没有主观的自由，没有主观的自由就是没有个体的自觉，所以不是一个公民，公民的意义没有出现。中国人有天民、黎民、庶民、羲皇上人，没有公民。公民有义务有权利，每个人是个个体，有权利，同时有义务。权利就是那些基本人权，这是个现代化的观念。西方近三百年的文化就是创造这个，就是自由民主，这贡献很大。"① 如此立于"现代化的观念"来评价西方人权的创造性贡献，如此强调个体、强调"公民"的现代意义，这在新儒家中实属罕见。基于此，牟宗三还深论道："黑格尔说中国人没有'主观的自由'。什么叫'主观的自由'，就是通过个体的自觉，你那个自由才能显，不通过个人的自觉，那个自由摆在那里，永远不能和我们面照面，那就是潜伏在那里。"② 这显然是在强调一种对自由的充分的个体自觉意识，但儒家的自由毕竟是一种道德自由，并未特别伸张个人权利。然值得一提的是，他用了"潜伏"的自由这一观念；既是潜伏的，当然是要你将其张扬出来，这就需要你有一定的"自觉"程度了。事实上，对中国历史文化的深刻反省，导致牟宗三作出了这样的论断："在东方通过大皇帝一切政治典章制度的合理的安排，在西方是要通过个体的自觉来奋斗争取的。……中国只有治权的民主，没有政权的民主，安排合理也没有用。这个自由光是合理安排没有用的，一定要通过每一个个体的自觉、奋斗，这样你才能成一个公民……一定要成为公民，要成公民就要通过个体的自觉，就要有主观的自由，就是这个自由要面对我这个心灵的自觉而呈现。这个在辩证中就叫做'FREEDOM FOR ITSELF'。"③ 前面用了"潜伏"这一概念，他似乎觉得不够；要说透，就须用上"未法律化的"概念，如其所说："中国的百姓是在潜伏状态中的自由民，即是未法律化的自由民，用现代的名词来说，即不是有明确权利义务的公

① 牟宗三：《四因说演讲录》，上海古籍出版社1998年版，第63页。
② 同上书，第64页。
③ 同上书，第65页。

民。"① 自由与法律的关联，显现了牟宗三的睿智；而凸显个体的自觉与奋斗，更显示了他的深刻。

对此，他继续反省中国文化："历来儒者都不满意家天下，这问题尤其在亡国时特别明显，而一直得不到解决。君主专制虽由法家开出至秦汉大一统而完成，但在西汉二百年多年间，家天下的君主专制仍未成定型，至少在舆论、一般人的意识中尚未成定型。……但每至亡国时，尤其亡于异族时，这问题总会出现，因为家天下究竟是不合理的。讨论这种问题要靠理学家、思想家、文史家是不行的。……一如现在我们反省中国的文化。以前曾屡屡次次反省，可见这是个高级的问题。"② 但时时反省仍是必要的，特别在文化转型期尤其如此。牟宗三显然看到："理学家向往三代的王道，顾、黄、王批驳家天下，但却又想不出表更好的办法来，由此可见政治形态想向前进一步是非常困难的。从尧舜到夏商周三代是贵族政治，经过法家的工作而成为君主专制，一直维持到辛亥革命。"③ 可想而知，政治形态的转型在任何国家、任何时代都是极其困难的。难能可贵的是牟宗三对法家对社会转型开出的政治格局评价甚高："在中国历史的发展中有三个主要关键：第一个是周公制礼作乐；第二个是法家的工作完成了春秋战国时代政治社会的转型；第三个是由辛亥革命到现在所要求的民主建国。由此可知法家的工作及其所开出的政治格局的意义是很重要的，因此需要仔细的了解。"④ 法家开出的政治格局是"废封建，立郡县"，牟宗三以为这是法家配合春秋战国时代政治社会之转型要求而完成的。法家人物在他看来，有很强的现实感，自有其长处，亦能担当时代重任；但毕竟不能在"文化生命"上长久立住。因而，只有儒家的道德理性的思维路数落实下来，落实在政治思想上，中国的文化生命才有真正长久演进之价值。据此，他在深探"政治如何能从神话转为理性的"（此为其专著《政道与治道》的第七章题目）后，得出结论说：如果顺儒家政治思想"理性之内容的表现"之路数，把政治世界之最高律则展示出来。不过以下三条：

---

① 牟宗三：《中国哲学十九讲》，上海古籍出版社 1998 年版，第 65 页。
② 同上书，第 177 页。
③ 同上书，第 178 页。
④ 同上。

一、政道上确立推荐、普选（“天与”、“人与”）之“公天下”观念（随政权而言治权而言政道）。

二、治道上确立“让开散开，物各付物”、“就个体而顺成”之原则（随治权而言治道）。

三、道德上确立“先富后教”、“严以律己，宽以待人”之教化原则（此含政治上的教化之限度及政治与道德之分际）。

此三条所具备的政治意义，我名之曰“民主之内容的意义”。①

显然，这是要以儒家哲学的原则落实在“政治世界”而展示出来，但将其最后确立为“民主之内容的意义”，则是大可商讨的。然无论如何，这总归是一条复兴中国文化的思维路数，且牟氏在这一思维场中进行了长期之思考。他思考的结果是大家所熟知的通过“自我坎陷”、“转一个弯”、“委曲”等曲折之路（这点我们只有在后面详论之），从而在复兴儒家文化时纳入现代科学、民主之内容。就此而言，当然缺失中西比较之视角。

而以中西比较的视角来反省中国文化，更使牟宗三在总体上希企建构新的“文化生命”系统来面对现代中国的问题。而对待中国文化前景，他似乎比其学兄唐君毅更为乐观，唐氏有更深痛的“花果飘零”之感；而他却一直看好中国文化历来就有的“高度融摄能力”。他颇为乐观地说道：“在积极的进取方面，中国民族具有独特的优点，那就是消纳外来思想外来文化的高度融摄能力，从而我们亦可说中国是一大海绵，仿佛对什么都能吸收接受。试看人类的历史，有哪一个民族真能如此？中国二千年来的历史正好比长江出三峡。弯弯曲曲好像总在郁闷着。然而实可说是大酝酿。一出三峡，便直通大海了。”② 此中实有一种大气魄涵盖其中，更有一种乐观精神通贯其内；于是，他“坚定其理想主义之立场”而仰首瞻望：“中华民族终当尽其性，克服磨难，以屹立于天壤间。”③ 此实为其立于现代而复兴儒学之职志的最好体现。然作为一个哲学家而言，他不仅

---

① 牟宗三：《政道与治道》，广西师范大学出版社 2006 年版，第 109 页。
② 牟宗三：《中国哲学的特质》，上海古籍出版社 1997 年版，第 85 页。
③ 牟宗三：《生命的学问》，广西师范大学出版社 2005 年版，第 35 页。

要有此职志、此眼光，更需要落实下来做一番学人的功夫，这也是他后来常批评其他学者有才气而无学养的缘由所在，也是他下决心要对中国儒家哲学特别是二程、朱、陆到刘蕺山作系统、详尽的分判与阐释的原因。

这里，笔者不得不提及一位"导读牟学"而颇有心得的学者——罗义俊，他的一段较为到位的导读："牟先生认为中国文化自始着眼的重点即是生命，关心生命的妥当安排，要以理性来调护、润泽生命。这就是要使生命往上翻。儒、释、道无不如此。儒家讲性理，道家讲玄理，佛教讲空理，都是生命的学问。这是中国人几千年学问的精华，是中国文化内部核心处的智慧方向。但生命不只要往上翻，还有往外、往下的牵连，顺此牵连而有各种具体而特殊的问题，如政治、社会、经济等等。所以，一个文化只有性理、玄理、空理，只有生命的学问是不够的，还应有逻辑、数学与科学，应有知识的学问，以适应处理具体而特殊的问题之需要。两者都要，不能互相取代。中国文化的缺陷在没有把逻辑、数学与科学发展到学问的阶段，也就是说中国的文化心灵表现在知识的学问上，是消极的。而这正是西方文化的精彩所出，同时又是现代中国人所努力追求的。但要能生根，我们的头脑、心态就须自觉地自我调整。这自然是要在文化基本核心处与西方文化相，也就是中西哲学会通的问题了。"① 可见，牟是有此文化自觉的，其自觉即表现在看出西方文化精彩之处与自身文化的缺陷之处，而自觉地调整心态，做中西哲学会通的功夫。不过问题在，自家的长处——生命学问的发达，可能正是自家短处——没有把逻辑、数学与科学发展到学问体系的所在。或许，长处即短处，很难有万全之策，此在文化上亦然如此。不过，以上罗义俊这段导读，仍然是我们下面进入其"文化生命"范畴的最好门径。

二　"文化生命"的开掘

牟宗三曾自谓是经过了对五四新文化运动自毁民族之根、自塞文化之源的沉痛反省与批导后，并在抗战以及内战等国难与个人困厄遭遇而引发

---

① 《分判与会通——读牟宗三先生〈中西哲学之会通十四讲〉》，牟宗三：《中西哲学之会通十四讲》，上海古籍出版社1997年版，第227页。

之"客观悲情"中，才正视了生命的学问，从而自觉地认同并接续熊十力的生命与智慧方向。可以说，他是在个体与人类统一这个高度上来认识生命学问的："有这样的生命学问，而且真能开出生命的途径，个人的与民族的，甚至全人类的。自辛亥革命以来，很少有人注意这种学问。道德价值意识的低沉，历史文化意识的低沉，无过于此时。是表示中华民族之未能尽其性也。只有业师熊十力先生一生的学问是继承儒圣的仁教而前进的，并继承晚明诸大儒的心志而前进的。就我个人说，自抗战以来，亲炙师门，目击而道存，所感发者多矣。深感吾人之生命已到断潢绝港之时。乃发愤从事文化生命之疏通，以开民族生命之途径，扭转清以来之歪曲，畅通晚明诸儒之心志，以开生命之学问。此《历史哲学》、《道德理想主义》、《政道与治道》三书之所由作也。"① 在"发愤从事文化生命之疏通"意义上，牟宗三与熊十力的精神相契绝非偶然，牟宗三还有一段话，可作明证："假定没有抗战这大事出现在中华民族身上，又假定我没有遇见熊先生，我究竟是不是现在这个我，是很难说的。恐怕我在北大毕业出来后，也和其他人一样，很自然的便跑到'中央研究院'的系统里去了。由于有抗战这件大事，那是民族的生死斗争；但这还只是客观的因素，光是这个并不够，还是要碰见熊先生，我才是现在这个我。"② 正是熊先生的引领，使他复归于中国哲学而承接光大儒学慧命，此正应了他所谓"一切从此觉情流，一切还归此觉情"③。"此后至今，则归宗于儒家、重开生命之学问。"④ 这是他在《关于"生命"的学问》一文中的回首。

　　如此看来，"文化生命"作为牟宗三哲学系统中的核心范畴之一，就十分自然了，他正是以此来透视中国文化与历史并把握其核心线索的：

> 我们可说两个哲学传统的领导观念，一个是生命，另一个是自然。中国文化之开端，哲学观念之呈现，着眼点在生命，故中国文化所关心的是"生命"，而西方文化的重点，其所关心的是"自然"或

---

① 牟宗三：《生命的学问》，广西师范大学出版社 2005 年版，第 34 页。
② 牟宗三：《熊十力先生追念讲话》，见《时代与感受》，台北鹅湖出版社 1984 年版，第 255 页。
③ 同上书，第 188 页。
④ 牟宗三：《生命的学问》，广西师范大学出版社 2005 年版，第 35 页。

"外在的对象"，这是领导线索。①

中西文化的起始，就有了"生命"与"自然"的分别，且这一分别一直导引着中西双方文化的不同演进之路。应当看到，牟宗三在此基础上，又构建起一套对历史文化演进之路的"理解模式"和独特的概念体系；这理所当然地导致其最为关心"中国文化的动脉如何继续前进"②，无怪牟宗三亟欲在其文化观中加入科学民主的新内涵，使其文化观具备生命之动感，从而在如何演进中具有了世界史的现代意义。但儒家的道德视野仍占据其核心层面。他极力强调：作为中国文化生命特征的"综和的尽理精神"未尝不可开出西方那种"分解的尽理精神"。他的文化生命观及其在此基础上建立的历史哲学是一个在西方文化冲击下的反省及吸取王夫之、黑格尔理念的独特产物。作为一个具有文化使命感的现代儒者，牟宗三能够站在现代立场上来展开"从儒家的当前使命说中国文化的现代意义"这一话题，而这一话题，也正是其《政道与治道》一书的新版序言，这一序言的开篇他就提及"关于现代化的基本观念即基于此书"③，而儒家的当前使命就在"开新外王"④。须知，牟宗三所谓"开新外王"，亦即其所谓"现代化"的标志："新外王要求'藏天下于天下'、开放的社会、民主政治、事功的保障、科学知识，这就是现代化。"⑤ 将开放、民主、科学全都罗列在内，可见其观念之先进性；然重要的却是可行性路向，如果仅仅把现代观与文化观直接地关联起来，事实上是很难行得通的。

在牟氏的根本理念中，"文化"之所以有生命，须以一国历史之不断延续演化为其依托。因而，历史哲学在其整个体系中占有相当重要的地位；况且，《历史哲学》曾是其搁置心头、构划多时的一部著作——他希冀衔接大哲王夫之而从中国历史中挖掘出更为深层的意义蕴含，从而构建一套历史哲学的原理。这是一套围绕"文化生命"这一核心范畴的原理。

---

① 牟宗三：《中西哲学之会通十四讲》，上海古籍出版社 1997 年版，第 11 页。
② 同上书，第 25 页。
③ 牟宗三：《政道与治道》，广西师范大学出版社 2006 年版，新版序第 1 页。
④ 同上书，新版序第 8 页。
⑤ 同上书，新版序第 15 页。

通观其《历史哲学》，能贯穿一如而又最具哲学意味的范畴，莫过此"文化生命"。他由此而搭起了一个独特的历史观景台；"文化生命"成为其整合中国历史事件的一种理论视角。从总体上看，其"文化生命"视界下的中国历史，"价值客观化"这一内涵极具现代思想意义，然其核心思想仍置于儒家道德心性哲学框架之中，舍此则很难理解他贯穿始终的思想脉络。牟先生的好友、新儒家的另一代表人物唐君毅就认为牟宗三的《历史哲学》旨在"昭明吾华族之文化精神命脉之所在，兼示其发展之理则"；他高度评价牟先生是"继船山之遗志，面对西方之学术文化之冲激，重新自觉中国之历史文化之道之理之所在，为中国之历史文化，作一哲学的说明"；并谓牟先生的历史哲学视"民族生命为一普遍之精神生命"。① 牟先生的确是能遥契船山之历史精神的，虽在不同时代，他却和船山同具一种厚重的历史感："船山亦云害莫大于浮浅。"② 而唐君毅先生则是最早领会并深刻悟解牟先生何以要从历史文化入手来建立其历史哲学之原理的。

如果把"生命"原则作为牟宗三整个哲学思想体系的最根本原则，那么，"文化生命"范畴作为其历史哲学的前提性基础就是十分自然的了。然而，究竟如何理解牟先生要一以贯之地用"文化生命"范畴来把握中国历史呢？在其晚年的大多著作中我们都可找到确切答案："中国文化在开端处的着眼点是在生命，由于重视生命、关心自己的生命，所以重德。德性这个观念只有在关心我们自己生命问题的时候才会出现。"③ "德性"在"文化生命"中核心位置，是牟先生建立历史哲学原理的一个根本大前提。了解这点，才能入其历史哲学之堂奥。

当然，我们仍要从牟氏历史哲学成立的客观依据出发，特别是要从牟宗三对历史意义的整体把握入手。历史有意义吗？如果历史犹如自然现象，那么它仅仅从属于机械变化的物理范畴；其意义何能超出"自然法则"？但如果历史是可任由人"打扮"的少女，那么处于不同时代、不同条件、持不同立场而抱不同目的的人去撰写历史，岂不使历史纯然成一主

---

① 唐君毅：《中国历史之哲学的省察》，见牟宗三《历史哲学》附录一，台湾学生书局1988年版，第8页。

② 牟宗三：《圆善论》，台湾学生书局1980年版，序言。

③ 牟宗三：《中国哲学十九讲》，上海古籍出版社1997年版，第43页。

观意志之产物？其意义又作何解呢？看来，对历史进行"统贯"性解释的"历史哲学"之成立，必定要有它的客观依据，而这正是牟先生在其《历史哲学》自序中所作的严格界定："事理是历史哲学可能之客观依据。"当然，这一界定又是建立在对中华民族"特有文化生命"之把握的前提之上的，在牟宗三看来，中华民族是最具有原初性的民族，这一原初性当然体现在它能向生命处用心。不过，向生命处用心，并不等于抹杀客观的价值世界："就在如何调护安顿我们的生命这一点上，中国的文化生命里遂开辟出精神领域：心灵世界，或价值世界。道德政治就是属于心灵世界和价值世界的事。"① 究其实，牟先生是要将生命的精神世界与客观的价值世界（政治制度）统一起来，从而在历史中看出"事中有理"。"事理"范畴的基本意义即在于此。

然而必须指出的是，牟宗三重视事理，同时又反对那种迂腐的道德观上的"空有向往"。他如此阐说这一理念："空有向往，而不知正视政道问题，就客观制度上（政道之制度）思所以实现其公天下之公者，而只知于治道上以言古先圣王之德。此中国儒者'理性之内容表现'之不足也。"② 在牟宗三看来，没有"理性之内容"的落实而开出"民主政体"，从现代意义上来讲，当然也就失去了历史的客观价值及其"文化生命"演进之意义；此中所谓客观价值及意义，实质上就是一种历史"理性自觉"下落实的制度客观化，如政治法律制度的客观化。事实上，他的制度之客观意义的说法，又是确有历史眼光的："一个氏族社会，无论在母系制或父系制，很可以只是一个氏族群之简单的现实生活，即只是聚族而居，而不能进到组织上之政治的意义，即只有在一氏族之现实生活内之主观意义，而没有国家政治式的客观意义。"③ 事实上，"客观价值"及其实现在牟宗三的历史哲学原理中，始终具有相当重要的地位。

然而，"事理"是历史哲学的客观依据，又究竟怎样界定"事理"本身呢？牟先生将"事理"作为与"物理"相对的范畴；物理事件或物理现象均为科学研究的对象。而"事理"则是中国特有的一个古老观念，

---

① 牟宗三：《历史哲学》，台湾学生书局 1988 年版，第 164—165 页。
② 牟宗三：《政道与治道》，广西师范大学出版社 2006 年版，第 148 页。
③ 牟宗三：《历史哲学》，台湾学生书局 1988 年版，第 17 页。

如刘劭《人物志》就有"法制正事，事之理也"之说法，其实这就是对"事理"的一个界定。牟宗三依此而解释道："事理就是法制政事之理，此当属于政治哲学及历史哲学。"① 牟宗三进而对历史哲学进行界定：历史哲学就是以事理为对象而予以哲学的解释。当然，历史哲学也无法脱开"情理"，"事理是客观地或外部地说者，情理是主观地或内部地说者。……吾人可把情理统摄于事理之中，通内事外事合而为一，统名曰事理。以这种事理为对象而予以哲学的解释，便是历史哲学"②。所以"历史哲学单只以事理之事为对象，而不以物理之物为对象"③。由此可见，事理的"理"才是历史的"意义"——客观价值之所在。牟宗三批评现今治史者大都缺乏历史意识，只记得一大堆材料，而无法理解历史之意义；他进而认为，轻视历史哲学，实则为一种"自我否定"；而这种轻视事理之"理"的缘由，大都又是因为人们把历史性的事理"予以物化"之结果。归根到底，历史是不能以机械物理事件的因果关系而"观"之的。因为理解历史的关键在人的活动，而人的活动"均有一理念后面支配。理念就是他们活动底方向。因此，了解历史是要通过'理念'之实现来了解的。而历史性的事理之事是在表现理念底活动行程中出现的，因此，它们的意义是在其表现理念底作用上而被看出"④。牟宗三的高明之处在他洞察到理念的实现过程有时是相当复杂而曲折的，甚至有负面效应出现的情况。譬如说，儒家"只从治者个人一面想，要求其为仁者，那是政治被吞没于道德，结果是政治不得解放、道德不得解放"⑤。这种道德吞没政治的提法可谓大胆，且在其他新儒家思想阐述中难得一见。

然而牟宗三确实是在"理"的层面揭示出儒家亦有其短之一面，在其《政道与治道》第八章"理性之内容的表现与外延的表现"中，他甚至在"结语"中如此揭儒家之短："我以上从治天下方面，说明'理性之内容的表现'上'仁者德治'一观念之不足：一、可遇而不可求；二、'人存政举，人亡政息'，不能建立真正的法治；三、只从治者个人一面

---

① 牟宗三：《历史哲学》，台湾学生书局 1988 年版，三版自序第 2 页。

② 同上。

③ 同上书，三版自序第 3 页。

④ 同上书，三版自序第 4 页。

⑤ 牟宗三：《政道与治道》，广西师范大学出版社 2006 年版，第 120 页。

想，担负过重，开不出'政治之自性'。由此三点，再加上得天下方面'推荐'、'天与'一观念之不能立起，遂迫使我们必须进到'理性之外延的表现'。"① 这当然是指责儒家在治国者身上安置了无限的道德责任，让治国者道德负担过重而开不出现代民主。重要的是牟将其看作儒家道德理性观念本身内在之缺陷——"理性之内容的表现上'仁者德治'一观念之不足"，从而导致其外在表现不足。可见，牟宗三的历史哲学与政治哲学，重在强调客观意义之实现，"如其为事理之事而观其历史的意义，这个意义便是它的理。因此，历史性的事理之事之意义就等于一事理之事在表现理念上的作用"。而"理念是超越的"②。但同时他充分意识到所谓超越性只能以"一般性"与"公共性"而规定之，这的确显示了牟宗三强调的客观精神。

不过要看到的是，在以上强调客观精神之基础上，牟宗三还进一步强调辩证精神："超越的理念之贯注于集团生命之活动中，即事理之事中，而被表现，方使事理之事有意义，有理。这个理（意义）是辩证的，不是机械的物理之理（因果律）。事理底可能是通过事理之事之辩证地体现理念而可能。"③ 因而，他强调：独一无二是"有历史性的事理"之事的特质，它没有机械重复之可能。事理由此而成为辩证之理，它可通贯于具体之事中，但却不是分类而归纳所达到的某种物性的了解。牟宗三极为赞赏那种"通晓"事理的"辩证的直觉"，它是一种"具体的解悟"，是通达情理的具体智慧；在牟先生眼中，只有孔子、老子、庄子还有儒者中的王船山等人才具有这种智慧，故能通历史，从而使"究天人之际，通古今之变"成为可能。最后，牟得出结论："事理是历史哲学可能之客观根据，而辩证直觉之具体解悟则是其可能之主观根据。""故历史判断即是辩证地通晓事理之辩证的判断。"④ 他因此而批评那种只是现象主义地了解历史事象，或对历史事件作经验主义的知识判断的做法，因为那不是真正的"历史判断"。

所谓"具体的解悟"以至通达情理的具体智慧，对儒家从道德理性

---

① 牟宗三：《政道与治道》，广西师范大学出版社 2006 年版，第 120 页。
② 牟宗三：《历史哲学》，台湾学生书局 1988 年版，三版自序第 5 页。
③ 同上。
④ 同上书，三版自序第 7 页。

的内涵而开出治国安邦之途径，是极其重要的。所以牟宗三在根柢上认识到："尚书大禹谟说：'正德利用厚生'。这当是中国文化生命里最根源的一个观念形态。这一个观念形态即表示中华民族首先是向生命处用心。"①牟宗三以为个人生命与历史生命在整体上都属于文化生命。因而他观历史的两个基本切入点，一是须将自己置身历史之中，二是从历史"实践"过程观历史："吾人看历史，须将自己放在历史里面，把自己个人的生命与历史生命通于一起，是在一条流里面承续着。又须从实践的观点看历史，把历史看成是一个民族的实践过程史。把自己放在历史里面，是表示：不可把历史推出去，作为与自己不相干的一个自然对象看。从实践看历史，是表示：历史根本是人的实践过程所形成的，不是摆在外面的一个既成物。"②其实这两个切入点亦可视其为一，因为牟宗三始终认为只有置身历史并从历史实践过程来观照，才能充分理解一个民族历史活动的"理想"所在。因而我们可称其为生命理想原则；否则，必将会把历史视作一自然对象。据此，理想原则丝毫不与我们前面所说的"历史客观依据"相悖。相反，在牟宗三看来，从客观实践中观历史，其前提正是不将历史视作自然物："吾人不将历史推出去作一自然物看，而摄进于客观实践中，而吾人亦处于此客观实践中而观历史，则此义之为真理乃必然者。"③牟宗三提出的"三统说"——道统、学统、正统，就是文化生命在历史的"客观实践中"演绎之结果。

牟宗三曾专门写有一文《略论道统、学统、政统》，其原委，按牟氏所说：是就中国文化生命之发展并关联当时社会之症结而开出这一"三统说"的，其义理构架，在其《历史哲学》及《政道与治道》中已可见出。"道统"此处无须多作解释。要之，"学统"在开出"知识之学"，此乃"文化生命开展之必然要求，心灵开展之必然要求。此内在地迫使着孳生出'知识之学'来，是自己文化生命发展中固有之本分事，不是西化。此'学统'一名之所以立"④。而"政统"概念呢？牟宗三所谓"政统"不是"正统"概念，其"政统"乃是他自己所创发："至'政

---

① 牟宗三：《历史哲学》，台湾学生书局1988年版，第164页。

② 同上书，第1页。

③ 同上书，第13—14页。

④ 牟宗三：《生命的学问》，广西师范大学出版社2005年版，第55页。

统'一名，则弟所私立。……弟提'政统'一词，意指'政治形态'或
政体之发展而言今日民主建国乃理之所当然而不容已，且是历史的所以然
而不可易。……弟提'政统'一名，即在使人正视客观实践中之客观精
神，正视客观实践中政体发展转变之统绪，正视今日民主建国之不可
易。"① 这就接上了前述所谓"客观实践中而观历史"。按牟宗三的说法，
"政统"一词之所以立，其核心就在"民主政体与科学是共法，不是西方
所独有，虽然从他们那里先表现出来"②。然而此中更为关键的是，"三
统"之说内在地关联着"文化生命"这一前提，唯其如此，人们才能看
到历史的理想的"光明面"，而这恰恰是牟宗三最为珍重的。诚如其所
说："光明以何而确定？以一个民族的实践活动中之理想而确定。只有从
实践中才能抒发理想。若把历史推出去作一个'外在体'看，而不知其
为一实践过程所形成，则必看不出有理想，只是一大串平铺的事实。"③
问题在于如何使"理想"这一价值判断成为有客观依据的价值判断，其
实这正是牟宗三一生的理论追求。当然，牟宗三并非没有看到人的"动
物性"一面，但他十分强调人的实践无论怎样的曲折，最终总要趋向光
明的。"人虽有动物性，而他的本愿总是向上。人总是以好善恶恶，为善
去恶，为本愿，这是人人所首肯的。没有人甘心为恶，以向恶性为本愿。
动物性本身无所谓善恶。……历史是人的实践形成的，动物性的发作，夹
杂，驳杂，与夫本愿的提不住扭不过，那必然是有的。但人总有一个向上
向善的本愿，这是一个正面的标准。本愿与'动物性的发作及本愿之提
不住'这两方面合起来就形成现实发展中的历史精神。"④ 这里值得我们
注意的是他所提出的由对立两方面合成的"历史精神"范畴（实质上它
大致相当于恩格斯所说的历史"合力"，而恩格斯的"合力"要更为复
杂）。牟宗三认为它"有类于中国以前所谓运会。观念形态中的真理，在
潜移默化之中，在曲折宛转之中，总要向它自身的固有目的而趋。这就是
历史精神"⑤。他深刻认识到一个民族的生命会凝成一个普遍的精神实体，

---

① 牟宗三：《生命的学问》，广西师范大学出版社 2005 年版，第 53 页。
② 同上书，第 55 页。
③ 牟宗三：《历史哲学》，台湾学生书局 1988 年版，第 1 页。
④ 同上书，第 3 页。
⑤ 同上书，第 2 页。

有了这个精神实体，在民族生命的集团实践中，才能体现出它的理想。而理想是观念形态的，观念又成为实践的方向与态度。"这个观念形态就是这个民族的'文化形态'之根。由文化形态引生这个民族的'文化意识'。是以在实践中，同时有理想有观念，亦同时就是文化的。这个文化意识，在历史的曲折发展中，有时向上，有时向下，有时是正，有时是反是邪。这种曲折的表现就形成一个民族的'历史精神'。此亦叫做'时代精神'，或'时代风气'。"① 观历史而见不出这种"历史精神"，就无法深入到一个民族的生命灵魂之中。

故此，牟宗三申言："吾人所不自量力者，欲自疏导中西文化生命中而引发科学与民主，成立人文教以为立国之根本。"② 须知，将科学与民主从中西"文化生命"中发掘出来，不仅是牟氏的学术目标，更是其价值取向；他甚至将此置于"立国之根本"的高度。要之，笔者并非因为"文化生命"在其《历史哲学》中出现频率极广而将之置于核心范畴。要知道，牟先生毕竟是哲学家，他的历史哲学显然重在哲学、重在阐发某种原理。在该书自序中，他就表明是要由普通所周知的历史大事件来通观时代精神之历史途程，即通观大体，得历史文化之真相。贯通民族生命，文化生命，以指导中华民族新生所必由之途径。可想而知，要立于现代而贯通历史文化真理，最能相对应的哲学范畴当然是"文化生命"！船山的历史哲学之所以得到他的重视，就在于船山能以一种文化精神实体而通透历史。所以他以一个哲学家身份强调船山之书乃史家必读。然而牟宗三想做的恐不止于此。"吾不悖于往贤，而有进于往贤者，则在明'精神实体'之表现为各种形态。吾于此欲明中国文化生命何以不出现科学、民主与宗教，斯民具备者为何事，将如何顺吾之文化生命而转出科学与民主，完成宗教之综和形态。此进于往贤者之义理乃本于黑格尔历史哲学而立言。"③ 几乎在牟宗三的所有著作中，都究心探讨过何以中国"文化生命"这棵大树，始终未能结出科学民主的果实？这确为他的一个心结，也是他一生孜孜不倦的心力所在。这点我们要在后面再作展开。

---

① 牟宗三：《历史哲学》，台湾学生书局1988年版，第2页。
② 牟宗三：《生命的学问》，广西师范大学出版社2005年版，第68页。
③ 牟宗三：《历史哲学》，台湾学生书局1988年版，自序第4页。

　　然而，没有生命主体的感通，"文化生命"的健康成长就成为空谈了。因而，儒家"万物一体"之说，在这里就起到大作用了。牟宗三以为程颢从仁心之感通说万物一体，阳明以良知之感应说万物一体，无疑是在体现"圣人或大人与天地合德，与日月合明，与鬼神合吉凶，乃必然如此。'感应'或'感通'不是感性中之接受或被影响，亦不是心理学中的刺激与反应。实乃是即寂即感，神感神应之超越的、创生的、如如实现之的感应，这必是康德所说的人类所不能有的'智的直觉'之感应。（康德不承认人类能有此种直觉，但良知之明觉，仁心之感通就含有这种直觉，这是哲学之最大而又最本质的差异点。）"① 尽管这里用到了宗教的"即寂即感，神感神应"之说，但毕竟是在说道德主体的感通。从这一"感通"而达至圣人境界的"与天地合德"，这与唐君毅所体悟的"天人合德"实有异曲同工之妙。说到底，牟宗三是将"道德主体"的"感通"作为中国文化生命其精髓所在。道德主体——人类那颗道德向上的心，始终贯穿于人类的历史实践活动中；反之，没有这个道德主体，也就没有什么文化生命了。"史家所称述，首要观念在修德爱民。"② 这是牟宗三从观念形态考察中国文化生命所得结论。"在此客观实践中，（即政事措施中），首先所注意者，不能不为修德安民。是以中华民族之灵魂乃为首先握住'生命'者。因为首先注意到'生命'，故必注意到如何调护生命，安顿生命。故一切心思，理念，及讲说道理，其基本义皆在'内用'。而一切外向之措施，则在修德安民。故'正德，利用，厚生'三词实概括一切。用心于生命之调护与安顿，故首先所涌现之'原理'为一'仁智之全'，为一普遍的道德实在，普遍的精神实体。"③ 必须指出的是，这段话中的"道德实在"、"精神实体"作为历史哲学之原理，在牟先生的"文化生命"系统中均成为奠基性范畴，而文化生命则为覆盖性范畴。牟宗三在把握中国历史的文化精神时一直持有这样一种观念："中国之文化系统，则自始即握住生命之中心，归本落实而显亲和性。此则一往为内在的，仁的系统。摄智归仁，仁以统智。以仁为体为中心，故曰仁的系统

　　① 牟宗三：《从陆象山到刘蕺山》，上海古籍出版社2001年版，第159页。
　　② 牟宗三：《历史哲学》，台湾学生书局1988年版，第4页。
　　③ 同上书，第12—13页。

也。……生命之根以及亲和性俱由此出。而国家政治法律亦均直接纽结于其上而为直接之显示。"①

牟先生倾其全力地从中国思想史中挖掘出一个"尽"字，这是极可注意的；质言之，他是为了更为深入地发掘中国文化生命之根，从而充分合理地解说中国历史的文化生命范畴。所谓尽情、尽理、尽性、尽才——王者尽制，圣人尽伦，尽心知性知天；中国古代圣哲在这一个"尽"字上做尽文章，而牟先生则尤其认为在这一"尽"上，民族的文化生命遂得以延续。因为在这个"尽"字上，主体精神与绝对精神得以成立，也只有在这个"成立"之前提上，方谈得上"尽"。所以在牟先生看来，用它来体现中国文化生命的普遍原理是理所应当的。而"知性，在中国文化生命中，尚未至独成一域而有所尽之境地。即'思想主体'始终未磨练出。知性不能独成一域而有所尽，科学固不能出（逻辑数学亦在内），而思想亦平庸而乏味。思想虽乏味，而智慧，则独高。中国之人格世界，其生活是智慧之全幅表现"②。文化生命的内涵在其历史哲学体系中是如此重要，以至他十分注重一种健康的文化生命，如果"稍不能至，则生命堕落，僵化而为物气"③。他甚至曾批评司马迁："然司马迁尚未能及于其文化生命之荡漾与文化理想之提揭。"④ 可见，牟宗三崇尚的是文化生命荡漾与文化理想高超之境界。如"通体是仁心德慧之孔子"，在其眼中，就纯粹为"通体是一文化生命，满腔是文化理想"⑤。孔子使仁贯通着礼，从而能体现出牟宗三所说的"绝对精神"。

无疑，在牟宗三那里，绝对精神虽具形上意义，但绝非"隔离地悬挂在天上"，他坚定地认为："通体是精神即通体是德慧。扩而大之，由其文化生命文化理想而观其文化意义，则郊社之礼，所以通天也，由此而印证绝对精神，禘尝之礼，所以祀先也，由此而贯通民族生命：尊个人祖先，民族祖先，则民族生命即是一精神生命，由此而印证客观精神。……绝对精神不是隔离地悬挂在天上，而是与地上一切相契接，与个人生命民

---

① 牟宗三：《历史哲学》，台湾学生书局 1988 年版，第 38 页。

② 同上书，第 81 页。

③ 同上书，第 85 页。

④ 同上书，第 86 页。

⑤ 同上书，第 89 页。

族生命相契接。其根于仁而贯通着礼所印证之绝对精神是一充实饱满之绝
对。"① 牟宗三坚信以仁义为根基的文化生命，正是一道德的形上原理；
正如孔子由周文而点出仁义，而成为一超越之理想的形上原理。故孔子
"德配天地，道贯古今"。为此，他深赞孔子《春秋》是："严于义而深于
情者也。于此，可见孔子之悲怀。此皆其文化生命文化理想所不容已者
也。'仁'者，生命之真几也。"② 牟宗三进而论道：客观而超越之义理必
由仁心之无间而涌现。孔子之后，孟子的精神表现就树立了客观之意义，
他的生命已客观化，他由孔子满腔是文化理想而转化为"通体是德慧"。
荀子的文化生命则转而为"通体是礼义"了，这便是制度化的"外转"，
所谓"统礼义，一制度"也。这正是我们下面要展开的关于"综和的尽
理"与"分解的尽理"精神之话题。

　　牟宗三认为，西方文化生命最具特征者，在"分解的尽理之精神"，
而中国文化生命则为"综和的尽理之精神"与"综和的尽气之精神"；然
而关键在于：中国的文化生命未尝不可再从本源处，通过转折而开辟出
"分解的尽理之精神"，这当然有待中西文化会通的途径。他说："中国之
文化生命，首先表现出'道德主体'与'艺术性主体'，而表现此两主体
之背后精神，一曰'综和的尽理之精神'，一曰'综和的尽气之精神'。
由前者，有'道德的主体自由'；由后者，有'美的主体自由'（即黑格
尔所谓'美的自由'）。然而'知性主体'则未出现，因而精神表现之
'理解形态'终未彰著。是以，就纯哲学言，儒家学术发展至宋明理学，
只完成'道德形上学'，而理解之先验原理则未触及。就历史发展言，逻
辑、数学、与科学，未出现，而国家、政治、法律，亦未达其完成之形
态。在学术方面逻辑、数学、科学，在集团生命之组织方面，国家、政
治、法律，此两系为同一层次者，而其背后之精神俱为'分解的尽理之
精神'。而此精神之表现必依于'知性主体'之彰著，精神之'理解形
态'之成立。此恰为中国之所缺，西方文化生命之所具。"③ 那么，牟宗
三的"分解"究为何意呢？我们只能就牟氏自身思想之理路来解释：在

① 牟宗三：《历史哲学》，台湾学生书局 1988 年版，第 91 页。
② 同上书，第 96 页。
③ 同上书，自序第 5 页。

牟宗三那里，分解就是"智的观解"；它有"抽象"、"偏至"（有抽象便有舍象）、"使用概念"等三义。而分解之"尽理"自是以逻辑数学科学为主，其覆盖面则可扩延至"超越而外在之理"。从这里亦可看出发源于希腊的西方文化生命首先把握的是"自然"。但"何以说民主政治其背后的基本精神也是'分解的尽理之精神'？盖民主政治之成立，有两个基本观念作条件：一是自外限制，或外在地对立而成之'个性'。此与尽心尽性尽伦尽制之内在地尽其在我所成之道德的圣贤人格不同。二是以阶级的或集团的对立方式争取公平正义，订定客观的制度法律以保障双方对自的权利与对他的义务"①。进一步说："所谓尽理，在对立争取中，互相认为公平合于正义的权利义务即是理，订定一个政治法律形态的客观制度以建立人群的伦常以外的客观关系，亦是理。"② 显然，中国文化的"综和的尽理之精神"，则是对"生命"而言的，这正是和西方文化不同的特质所在。中国文化一开始把握的就是"生命"。因而，牟先生的"综和的尽理之精神"，指的就是上述由尽心尽性而至尽伦尽制，实质上亦可视为由个人的道德实践，"直贯至社会礼制与所谓外王"。

　　要之，牟宗三《历史哲学》之宗旨即在融合"综和的尽理之精神"与"分解的尽理之精神"，在更高的哲学层次上将二者整合为一新的文化生命——中国文化的"圆而神"与西方文化的"方以智"的和谐远景。牟先生的历史哲学已然将"世界历史"进程视为一种必然，不过，它是以中国的道德精神之生命本体为前提的；自然，牟宗三亦时刻谨记着另一面："如无分解的尽理之精神，鲜能客观化其气而依法律基础以延长之。"③ 值得高度关注的是，牟宗三在其《历史哲学》的最后即"关于历史哲学——酬答唐君毅先生"中，已提出了"世界历史"之概念，并从近代化国家之建立与法律等客观实践之进程，作了较为充分的论证。这无论如何也是具有进步意义的。

　　我们无可回避的是牟氏对中国历史"综和的尽气之精神"之评价，虽然它在牟宗三那里不具本体位置，但无疑仍是不可缺少之一环。由于尽气

---

① 牟宗三：《历史哲学》，台湾学生书局 1988 年版，第 172—173 页。
② 同上书，第 173—174 页。
③ 同上书，第 197 页。

为天才，尽性为圣人，"尽气"之独特意义由此而显；这似乎有点卡莱尔"英雄史观"之意味。牟先生极称刘邦时代为"天才时代"，刘邦及其集团尽有"天才之表现"。刘邦超出"明于礼义"者，正在其原始生命之灿烂；他以豁达之才，无所假借，从而能拆散任何"习气机括"而"适事应理"。在牟宗三眼中："惟天才为能尽气。惟尽气者，为能受理想。"① 天才的风姿、气象皆天所授，因而只要能"客观化其生命"，他们就能成就大事业。刘邦身边的张良、韩信等，均为能呈天资而服善、好简易而从理者，故能客观化其生命而成大事业。不过刘邦等人虽能客观化其生命，却仍是天才似的"尽气"，而并非"分解的尽理之精神"。虽然能"尽气"者，在不自觉中亦有近道（理）者，但最终要达到王船山概之以"慈、俭、简"之道，恐还是需要有那种"分解的尽理之精神"的。按王船山所言："慈也，俭也，简也。三者于道贵矣。"② 此外，我们须提及的是，牟宗三的所谓尽心、尽性实质上属之于"尽理"之范畴，相应于树立"道德主体"；而尽情、尽才，则属之于"尽气"之范畴，相应于"艺术性主体"；在这里，牟宗三有十分精彩的论述："故尽才者必露才，尽情者必过情，尽气者必使气。携其才以傲世，深于情以悲笑，挥其气以排庸俗。要皆生命凸出，而推荡物化之堕性者也。惟尽才者，必赖生命之充沛以尽之。尽情尽气者亦然。……是故尽才尽情尽气，皆有限度。其英华必露，莫知其所自而来，莫知其所由而去。其一时之精英，皆足以垂光万世。"③ 实质上，牟宗三在这里抽绎出的是一种中国社会历史中的"人格世界"。牟本人亦提及这点。

如果说王船山历史观是一种以道德为基础的"天命史观"，则牟宗三的历史观可称为同一基础上的"尽理之精神史观"。这实际上是牟宗三在其哲学层次上对中国历史的一种独特之"理解模式"，而我们的任务则在把握他的这一"理解模式"。牟宗三对历史的理解模式自有其一套独特的概念体系，其首要者在集团生命、民族生命、精神生命、精神实体、文化生命等。牟宗三之所以要将历史视作一民族之实践过程，其实并非否定个体之精神理想；恰恰相反，他以为正是由于个体的人有精神理想，从而使

---

① 牟宗三：《历史哲学》，台湾学生书局 1988 年版，第 150 页。
② 王夫之：《宋论》，中华书局 1964 年版，第 25 页。
③ 牟宗三：《历史哲学》，台湾学生书局 1988 年版，第 80 页。

得个体之生命为一精神生命。由个体生命精神之于实践过程相续集合为集团生命、民族生命，从而蕴集、凝成为一个整体的普遍之精神生命，这普遍的精神生命必然地蕴含那种超越的普遍之精神实体。实际上，牟宗三撰著历史哲学与政治哲学，就是要从历史中抽绎出一种普遍的精神实体，并以这一理想的精神实体来引导未来的历史发展。他不惮其烦地反复述说的"尽"字，无非是一通达理想实体的桥梁。

深言之，牟宗三重"客观之道"，其目的无非还要应对新时代之复杂性。"没有客观的了解，没有真知灼见，到这种复杂的时代一来，你无能反应，你没有办法。"① 牟宗三一个很好的说法是："一个人要当一个人看，是要他能站起来才有客观性，要能站起来是要靠'礼'，此'礼'由何出？礼由心出，'礼'是形式，而人能客观化是靠由心所发出的形式——'礼'。"② 这可作为我们理解牟先生制度客观化的一个诠说。值得关注的是，牟宗三终始一如的对道德本体的诚敬，也始终影响着他对中国历史事件的整合。他是否也要借历史做一道德训诫呢？

确实，时代变迁使现代新儒家受到前所未有的心灵震颤。牟宗三感受尤深，如何在护养中国文化生命之根的前提下，也让西方文化的理性之根生长于中土大地，这就需要积极的调整——自觉地进行自我调整，但必须是在中国文化生命精神的整合之下。这正是牟宗三的一种睿识：一种文化不能只讲性理玄理的生命学问，必须有科学知识的学问，以应对复杂时代之需要。

牟宗三的《政道与治道》与《历史哲学》，之所以成一经一纬之关系，源于其前者将后者未能系统化的思问，俨然构建为一哲学体系，从而解答中国文化中政道、事功与科学之问题。其中对君主专制的深刻批判亦是从"文化生命"这一范畴切入的。牟宗三一针见血地指出："在中国以往君主专制之政治形态下，政权在皇帝，这根本不合理。因为有此根本不合理，故政权之行使与取得未有一定之常轨，故治乱相循，而打天下（革命）乃为政权更替之唯一方式。儒家于此始终未能有一妥善之办法。如是，结果其唯一把握不放者即在相德化此代表政权之皇帝。德化皇帝之

① 牟宗三：《四因说演讲录》，上海古籍出版社 1998 年版，第 110 页。
② 牟宗三：《中西哲学之会通十四讲》，上海古籍出版社 1997 年版，第 115 页。

归宿是落在治道上，而对于政道则不提。这是以治道之极来济政道之穷，故治道乃成单线地、一条鞭地发展至最高之境界。因此君主专制之形态实即圣君贤相之形态。"① 治乱相循，是中国历史之常态，不少有志于中国历史研究的学者，欲探索其内在规律，牟宗三将其归为专制政治形态之不合理。他亦看到儒家对此的解决之道，只在"德化皇帝"，这也就是中国民间之所以会形成极为普遍的"父母官"理念之来由。进言之："中国以前是一文化单位，不是一国家单位，它是一天下观念；而政治方面则只有吏治而无政治（因政道无办法故）；而法律则只是维持五伦之工具、赏罚之媒介，其本身无独立之意义。是以国家、政治、法律皆未以架构形态而出现，而自理上言之，君相实可越过这一套而直接自其德或道以化行天下，是即表示亦可不需通过国家、政治、法律这些架构而即可安稳天下也。"② 如此宣称中国仅是一文化单位而非国家单位，如此批判中国只有吏治而无政治，甚至如此指责中国之法律仅为维持"五伦之工具"，实多有不同于钱穆之处。然唯其如此，才可能出现牟氏旨在转出民主政治的"坎陷"之说，这点我们在后面再详说。总之，从《政道与治道》到《历史哲学》，意在建构一种内圣通向外王的极富理想之客观价值观，在方法论上，则是通过坎陷而"转一个弯，而建立一个政道、一个制度，而为间接的实现：此为外王之间接形态"③。其终极价值是儒家之光明"常道"。诚如其所说："吾书如其有贡献，即在完成此'历史之精神发展观'，恢复人类之光明，指出人类之常道。任何事业不能背弃此光明与常道而可以有价值。"④ 所谓客观价值，也就体现于"常道"之上。其实，中西方思想家们的历史哲学，无非就是要揭示这种具有客观价值的"常道"。牟宗三的努力其本身是有价值的，他本着儒家的智慧而拈出的"文化生命"这一范畴，也理所当然地成为其历史哲学的最重要特征。作为一个新儒家代表人物，他始终如一地保持儒家本色，并坚信如不能本儒家智慧来畅通中国文化生命的演进之路，则民族生命将无法健康发展，复兴中国文化亦将成空谈。故这一节的作结之语，笔者的选择如下：

---

① 牟宗三：《政道与治道》，广西师范大学出版社 2006 年版，第 42 页。
② 同上书，第 43 页。
③ 牟宗三：《历史哲学》，台湾学生书局 1988 年版，第 192 页。
④ 同上书，自序第 6 页。

不能通过历史陈迹而直透华族文化生命之源，不得谓能接通华族
之慧命。接不通慧命，不得谓为有本之学，其学亦不能大；不得谓为
真实之中国人。①

至此，读者当能理解本节何以要以牟氏的历史、政治哲学来展开其
"文化生命"之论了。

三　民主与科学：开新外王

牟宗三一生著作等身，其《政道与治道》、《历史哲学》、《道德的理
想主义》三书，并称为"三新外王学"，其为历史、社会、政治哲学范畴
之名著。

然在总体上，我们须知，牟宗三谈政道与治道，仍基于其深沉的文化
生命感，这正是中国哲学与中国文化之本色所在：

> 文化生命不能摧残太甚，一个民族是经不起这样摧残的。就好像
> 一个人得些小病是无所谓的，生长中的痛苦是不可免的，但是大病就
> 不能多患。又如一个人的命运不能太苦，人受点挫折、受点艰难困苦
> 是好的，但是挫折太多、苦难太重，就会影响人的生命。②

牟宗三举例说唐末五代就是中国历史上最黑暗的一个时期，其根本缘
由在文化生命的歧出，歧出的标志在无廉耻；故宋明理学作为儒家思想发
展的第二阶段，就是要扭转这个歧出而重新转向儒家的主流——其转折点
即在道德意识的复苏。然而重要的是："儒家的学问原讲'内圣外王'，
宋明儒则特重'内圣'这一面。'内圣'是个老名词，用现代的话说，即
是内在于每一个人都要通过道德的实践做圣贤工夫。……可是儒家原先还
有'外王'的一面，这是落在政治上行王道之事。内圣外王原是儒家的
全体大用、全幅规模，《大学》中的格致诚正修齐治平即同时包括了内圣

---

① 牟宗三：《生命的学问》，广西师范大学出版社 2005 年版，第 122 页。
② 牟宗三：《政道与治道》，广西师范大学出版社 2006 年版，新版序第 6 页。

外王；理学家偏重于内圣一面，故外王一面就不很够。"① 因而，开新外王就成了儒学第三期即现代新儒家的使命了。

　　谈到新儒家使命，我们就有必要列出牟氏下面这段关乎中国文化现代意义的重要言论："中国文化的现代意义，亦即其本身的现代化，首先即是要求新外王。王道有其具体的内容，而不只是笼统地说仁义道德。黄梨洲曾云：'三代以上，藏天下于天下；三代以下，藏天下于筐箧。'这是一句原则性的话，不是笼统浮泛地说的，而且相当的深刻，且有真切感。这句话在今天看来，仍然有意义，而且意义更为显明。'三代以上，藏天下于天下'，以今天的话说，即是个'开放的社会'；'三代以下，藏天下于筐箧'，即是家天下，以天下为个人的私产。黄梨洲又云：'三代以上有法，三代以下无法。'三代以上有法度，这个法乃是'藏天下于天下'的保障，这种法治是多么的深刻，这才是真正的法治，法家所讲的法比起来是差远了。三代以下没有真正的法度，有的只是皇帝个人的私法。"② 这完全是从中国文化的现代演进，来看法治的现代意义的。此中以黄宗羲之口吻来批判"家天下"，是极有力度的。而其中提及的"新外王"，则显然是一种现代意义的界定。

　　让我们先来看看这一"新外王"的现代化规定。"外王"究何指？用牟宗三的话讲："外王即是外而在政治上行王道。"③ 牟氏十分清楚地看到：儒家的理性主义在当今这一时代，只有实现新的外王，才能充分地体现出来。那么，"新外王"的根本宗旨又何在呢：

　　　　今天这个时代所要求的新外王，即是科学与民主政治。事实上，中国以前所要求的事功，亦只在民主政治的形态下，才能够充分地实现，才能够充分地被正视。④

　　牟宗三继续解释道："要求民主政治乃是'新外王'的第一义，此乃新外王的形式意义、形式条件，事功得靠此解决，此处才是真正的理想主

① 牟宗三：《政道与治道》，广西师范大学出版社 2006 年版，新版序第 7 页。
② 同上书，新版序第 15 页。
③ 同上书，新版序第 8 页。
④ 同上书，新版序第 11 页。

义。而民主政治即为理性主义所涵蕴；在民主政治下行事功，这也是理性主义的正当表现。这是儒家自内在要求所透显的理想主义——理性主义的理想主义。另一面则科学，科学是'新外王'的材质条件；亦即新外王的材料、内容。科学的精神即是个事功的精神，科学亦是卑之无甚高论的。……今天的社会进步，往前发展、要求新知，亦属应当的要求。儒家内在的目的即要求科学，这个要求是发自于其内在目的的。"① 至于为什么儒家内在地就有科学的目的在内，牟宗三的论据则仍在儒家的道德动机上，他以为要贯彻这一内在的动机与目的，当然需要讲求科学合理性了。而以现代的视角看，牟宗三显然注意到科学作为新外王的材质条件："必得套在民主政治下，这个新外王中的材质条件才能充分实现。否则，缺乏民主政治的形式条件而孤离地讲中性的科学，亦不足称为真正的现代化。一般人只从科技的层面去了解现代化，殊不知现代化之所以为现代化的关键不在科学，而是在民主政治；民主政治所涵摄的自由、平等、人权运动，才是现代化的本质意义之所在。假如在这个时代，儒家还要继续发展，担负它的使命，那么，重点即在于本其内在的目的，要求科学的出现，要求民主政治的出现——要求现代化，这才是真正的现代化。"② 这里，俨然对"现代化"作了一系列的前提规定了，然而其价值取向显然是落在"民主政治"这一范畴上。

据此，我们可看到为什么牟对儒家的微词多集中在"理性之内容的表现"上，为什么牟宗三也会有如此惊人之语："儒者的政治理想不易实现，即使实现，亦是暂时的，而不可传递，则现实上即只有循环革命与造反。此是中国历史文化上一个最严重的问题。儒家'仁者德治'一政治理想不是不对，而是不够。"好一个"不是不对，而是不够"！这分明可透见牟的用心良苦，他彻悟的不仅是"对于治者的德性既要求如此其高，其担负又如此其重"，更洞明了如此"则人民对于国家、政治、法律，即成为无担负者，或至少亦担负过轻"③。一方面，是"一切责望都集中在治者个人之德上，这担负太重了，几乎无人能合此格"④；另一方面，则

① 牟宗三：《政道与治道》，广西师范大学出版社2006年版，新版序第11页。
② 同上书，第12页。
③ 同上书，第119页。
④ 牟宗三：《政道与治道》，广西师范大学出版社2006年版，第118页。

实际地造成了民主的不出现，因为人民对政治无须担当。所以最重要的是，牟宗三于此中看到了"民主政治"的实现，是要靠制度化——客观格局来形成的。而所谓制度客观化及客观格局之形成，正是牟宗三所说的"订定一个政治法律形态的客观制度以建立人群的伦常以外的客观关系"①。牟先生似乎特别强调绝对精神必须落实于历史的客观政治格局中，同时又十分崇仰一种荡漾文化生命的精神实体；然而深刻的理性精神似乎让他特别关注制度的客观化问题。应该说这是在他的历史哲学与政治哲学中苦心着意、花费笔墨最多的内容之一。实质上，他对政治、历史哲学所作的"文化生命"向度之沉思，虽一方面表现为对传统（特别是王夫之历史哲学思想）的有意识接续；另一方面，也是在更为重要的层面上，其思想可视为是在西方文化冲击下而蕴蓄已久的产物。

　　正是在中西思想文化的比较中长久蕴蓄，使牟宗三不仅在康德与儒学之间畅行自如，而且对西方思想世界中从古希腊到现代的民主政治，都加以了关注。如在探讨道德理性时，他就显然注意到了西方"自古希腊以来，论道德是着重在正义与公道"②。得出这一结论是需要眼力的。牟宗三甚至也关注了罗马时期人文主义思想家西塞罗以及后来的神学家圣托马斯的"自然法"。尤难能可贵的是，西方"自然法"范畴的近现代展开，他也把握在手。如其所说："进入近代后，霍布斯、洛克等人则是以经验主义的态度讲人类的自然状态与自然法：霍布斯由自私自利的生物本能看人的自然状态，由此进而讲自然法与自然权利（即天赋权利）；洛克则从好的倾向方面看人的自然状态，由此进而讲自然法与自然权利。至于卢梭，则以浪漫主义的情调，歌颂自然（人的原始自然状态），贬斥人为，宣扬人生而自由平等。这些思想家是要建立人类'原始的自然的平等性'。"③ 对这一天赋人权的自然法思想线索之把握，牟确经过自己的消化吸收而作了详细论述。然而在中西对比的视角下，他当然要通过对古代中国历史的深入考察来作同一主题的发掘，他断言儒家是："天理、人情、国法，三者互相渗透。"④ 这造成了中国文化中一种事实上的客观政治格

① 牟宗三：《历史哲学》，台湾学生书局 1988 年版，第 173 页。
② 牟宗三：《政道与治道》，广西师范大学出版社 2006 年版，第 127 页。
③ 同上书，第 130 页。
④ 牟宗三：《政道与治道》，广西师范大学出版社 2006 年版，第 120 页。

局。此中可透视出，两种文化、两种思路而得出的两种格局。牟宗三从历史哲学的高度概括说："客观的政治格局之形成系于君、民、士之形式的客观化。所谓形式者，即尚未得其'真实的客观化'之谓。真实的客观化系于国家政治一面的'主体自由'之出现。此方面之主体自由必以通过自觉而有理想之向往为根据始可能。在此自觉中，对于君之超然性与对于民之客观性，皆有一种合法的限制与保障。如是，法律始有其客观意义，而国家政治之形态得以形成，社会获得一种内在的稳定。"① 其实牟宗三的从中国历史的发展中抽绎出"形式客观化"这一命题，是有其特定内涵的，它是指在社会转型期尚未获得稳定时，各阶层如庶民、士在脱离原有社会共同体时所获得的形式上的政治地位而言；然而它并不具有真实之客观意义，因缺乏正面之理想，其政治格局的真实客观化就成为一句空话。这当然是牟宗三在他所持有的客观价值判断下的一种自认。看得出来，牟宗三在这方面之所以看重荀子，其理由即在荀子深具的理性主义精神："根本精神，则在其深能把握住理性主义之精髓也。此精髓即在其是逻辑的，建构的。故荀子一方重礼义之统，一方能作'正名'也。理智之心之基本表现即为逻辑，此是纯智的。逻辑之初步表现即在把握共理，由之而类族辨物，故荀子喜言统类也。由此基础精神转之于历史文化则首重百王累积之法度，由此而言礼义之统。"② 而他将"知性主体"之出现，精神表现的"理解形态"之成立，都视为荀子的功绩，而不是战国时期名家的功绩；这当然是有他的道德作为"智的本源"之理由。然牟宗三深感遗憾的地方是：荀子开出的知性主体及其"理解形态"，其进步意义之于科学知识一面，后来没被承续下来，此乃为历史之大不幸。

　　由"正面理想"这一进路，牟宗三更认识到：主体精神若不能彰著其客观意义从而获得一种本质性的客观成果，那么它就仅仅是潜伏的，没有突出精神之本质。正如："仁且智的'道德的精神主体'亦不能永远是个人的，道德的。若只如此，则破裂所显之精神主体即不能通出去，精神即停滞于孤明而为非精神，而为不明。所以它必须要披露于个人以外之社会及天地万物而充实其自己，彰著其自己。即，必须要客观化其自己，且绝对

① 牟宗三：《历史哲学》，台湾学生书局1988年版，第104页。
② 同上书，第122页。

化其自己。客观化其自己，即须披露于国家政治及法律。依此，国家政治
及法律即是精神之客观化，而为客观精神也。精神必须客观化，吾人始有
国家政治一面之'主体的自由'。"① 可见，国家政治法律作为制度范畴，在
哲学原理上内在地与"主体的自由"相关联。牟宗三在这里所使用的"客
观化其自己"是其独特语体系中一个特有意味的概念，其意义是不言自明
的。事实上，强调客观化，无疑是对现代进步的一种儒者的积极回应。

这里，我们不能不提牟先生著名的"良知坎陷"说。"坎陷"一词在
牟的著作中实有多种不同的表述方式，有时说成"良知坎陷"或"良知
自我坎陷"，有时又被说成"道德理性之自我坎陷"。实质上，牟宗三是
要通过"理性的自我坎陷"，即让理性的运用表现来否定自身，并逆转为
自己的对立面，从而变成理性之体现，以实现追求科学与民主之目标——
从对立面矛盾的辩证否定及发展，来达到目标。由此看来，用"坎陷"
一词似不如用"转化"、"转出"或"辩证转化"等概念更为恰贴。实际
上在牟的文献中已多用"转出"来表征"坎陷"一语之内涵，且述之明
确："道德的实践，经过思想主体之转出而通于自然以致其广大，复须转
出客观精神来，以通于历史文化以致其人文方面的广大。道德人格，圣贤
人格，是独体的：有主体精神与绝对精神（天地精神），而不显客观精
神。此须良知天理从独的道德人格中之道德主体再委曲自己降下，来转而
为'政治的主体'，要自觉地成为一个'政治的主体'。这一步自觉也是
对于良知本觉的神智妙用之否定，因这个否定而成为政治的主体与政治的
对方之客体。在这种主客体的对立中，国家政治法律才能积极地建立起
来，因而能实现客观的价值，这就是义道之客观的实现。这是一种客观精
神。"② 此中已多次言及的"转出客观精神"从而成为一"政治的主体"，
实质上就是在通过"良知的坎陷"的"委曲降下"，从而通过"否定"
而成为一政治的主体。其所谓"委曲"、"否定"、"转出"等说法，意在
辩证的否定，还是用了黑格尔的辩证发展观来强调在中国文化中如何转化
出政治主体自由，牟宗三的深刻与高明之处是凸显了"自觉"二字，这
需要对"辩证发展"有真正的把握。因而在总体上，以牟宗三的辩证发

---

① 牟宗三：《历史哲学》，台湾学生书局 1988 年版，第 117—118 页。
② 牟宗三：《生命的学问》，广西师范大学出版社 2005 年版，第 184 页。

展眼光看，只有通过这一真正"自觉"的道德主体之实践，始能真正获得民主科学价值的"客观的实现"。而如要实现客观的价值，就必须在这样一种矛盾的曲通形态下完成。据此，牟氏已然彻见："这其中之重要关键是在：以往的精神表现是停在独体的道德人格中，没有转出政治的主体自由，而成为政治的主体。……所以人的良知天理，精神本体，必须在不断的转进中，保持其创造性与活泼性。……这种冷静与委曲，亦是良知之用，亦是良知天理合该如此。这在精神表现之辩证发展中，必然要贯通地有机地发展出来。"① 对天理"合该如此"者，当然要有一种自觉的警醒，所以牟氏干脆明白点出了"自觉的坎陷"一语。

这"自觉的坎陷"一说，就出现于牟氏对制度客观化构造的具体论述中："精神不能一味守其孤明，不能不落实而外用。惟在落实而外用中，始能转现实而构造之。然此必有仁义悃诚之本，即所以提撕之者，而后始可谓精神之外用。此种外用，名曰精神之冷静。亦曰自觉的坎陷。即转为理解。然本无此本，则只是外驰而下落，亦即是堕落。精神在此种堕落中，遂不见其为精神，而只见其为物化。"② 如此提出"自觉的坎陷"，实为一种极有深度的反思；而在价值取向上，就是要以内圣而开出新外王——民主与科学。对牟宗三而言，道德理性开出科学、民主，决非将道德凌驾于其他人类活动之上，或以之为一切之主宰。事实上，牟宗三对实现客观精神的转化过程中之"物化"——精神堕落，是极有警觉而又体验极深的，这亦导致他对中国历史上法家的基本态度，他以为法家"不本于光明理性之客观化，而乃系于急切之功利，主观之私欲。故此种法上无根下无着者。上无根，故必归于权术。下无着，故必重吏，督责刻深。此中国法家，虽可以偷一时之便，而终不可以成治道也。欲由之而建制成化，必为昧于政治"③。可见，他仍然保持了道德是源、是根的基本理念，特别对牟先生来说，道德是一个理所当然的绝对前提。他甚至有"道德宗教"一说，如在其《道德的理想主义》一书的结尾处俨然写道：

① 牟宗三：《生命的学问》，广西师范大学出版社 2005 年版，第 185 页。
② 牟宗三：《历史哲学》，台湾学生书局 1988 年版，第 136 页。
③ 同上书，第 137 页。

在整个人生内，整个人文世界内，以下三套，无一不可：

一，科学：此代表知识，并不能成为一个生活轨道上。

二，民主政治：此是政治生活的轨道，而不是一切生活的轨道。

三，道德宗教：此可以产生日常生活的轨道，亦为文化创造之动力。①

此中强调的是，科学、民主、道德宗教，在人文世界中缺一不可。其中所谓"道德宗教"也就是他常张举的"人文教"。从中还可进一步看到牟宗三在方法论上，是十分讲究道统与政统关系的，这就是既要以中国文化的道德理想主义为本，又要在现代政治中开出科学民主的"新外王"。从另一方面讲，也就是只有在保存好道统的前提下，才能合理地开出政统。他认识到："近代化的国家政治法律不能建立起来，儒家所意想的社会幸福的'外王'（王道）即不能真正实现；而内圣方面所显的仁义（道德理性），亦不能有真正的实现，广度的实现"，此乃缘于"民主政治之实现就是道德理性之客观的实现"。因而，"我们若真知道道德理性必须要广被出来，必须要客观化，则即可知民主政治即可从儒家学术的发展中一根而转出"。② 这就让我们看到了这样一幕，牟先生在长期的科学民主"价值客观化"思考中，逐渐对法家也有了态度上的改变，特别是对前期法家。正如他指出的："在中国历史的发展中有三个主要关键：第一个是周公制礼作乐；第二个是法家的工作完成了春秋战国时代政治社会的转型；第三个是由辛亥革命到现在所要求的民主建国。由此可知法家的工作及其所开出的政治格局的意义是很重要的，因此需要仔细的了解。"③ 他以为法家的意义在使元首、士、民鼎立的三端都取得客观的地位。从周公到先秦法家再到现代的辛亥革命，他以为这是中国历史演进中有代表性的转型时期。他告知人们：如何看待由辛亥革命带来的中国现代历史演进的曲折性："现代化的经济政治不是由修身齐家直接可以推展出来的，这就表示从修身齐家治国平天下，这其间有个曲折，是个间接的转进。……在

① 牟宗三：《道德的理想主义》，台湾学生书局 1985 年版，第 259 页。

② 同上书，第 155—156 页。

③ 牟宗三：《中国哲学十九讲》，上海古籍出版社 1997 年版，第 168 页。

以前的君主专制以及宗法社会之下，修身、齐家、治国、平天下是直接的延续，而且也可以用在皇帝的身上。皇帝的治国平天下，也要从修身齐家做起。现在的高度现代化的政治，则非修身齐家可以直接推展出来的，这中间有一个间接的曲折。"① 我们从前述"坎陷"的辩证发展过程，已然看到了这一曲折的"推展"。

本章的最后，我们仍须再度点出牟宗三开出新外王的文化生命观主题，其中生命历程的辩证发展，诚然就是一种人文演进之过程。必须看到，牟先生既要从主客体辩证的原理高度上建构其政道与治道，就无法避开"道"的范畴与"人文化成"之演进命题，特别在涉及"人为系统"及其客观化问题时。正如他所说："道成就一切有。是乃以人为之'礼义之统'而化成天而治正天也。故曰人文化成。故全宇宙摄于人之行为系统中，推其极，人之道亦即天之道也。（天与自然人俱为被治。）"② 这段话已初步具有"人化自然"与"自然人化"之文化演进意味。尽管牟氏"文化生命"之演进，多有其系统术语中所谓"间接的曲折"、"转折上的曲通"、"委曲"、"转一个变"等，但让我们从中更能看清：作为一个高度自觉的中国文化的复兴者，他对中国文化中道德主体的良知自觉及辩证"转出"现代民主科学之演进历程，是极刻意强调的。

---

① 牟宗三：《中国文化的省察》，台湾联合报社 1983 年版，第 37 页。
② 牟宗三：《历史哲学》，台湾学生书局 1988 年版，第 125 页。

下部：人文演进　寻绎披讨

（以钱穆"人文演进"观为主线）

前　言

　　在下部内容中，我们将主要以钱穆（1895—1990）的"人文演进"观为核心线索，展显其内在逻辑的合理性，并在必要时与其他新儒家人物的相关思想作一对比。

　　钱穆，字宾四，1895年生于江苏无锡，为吴越国太祖武肃王钱镠之后。幼年丧父，家境清贫。他七岁入私塾，十岁入无锡荡口镇果育学校，1907年，入常州中学堂。钱穆自幼关心国家与民族命运，且善思能文，少儿时期遇到颇多良师，受益匪浅。在果育学校时，钱伯圭师以《三国演义》的开篇之语，启以民族文化意识，使钱穆铭刻在心并发奋以中国历史文化为终身学术之职志。1912年，钱穆始为乡村小学教师。1918年由上海商务印书馆出版的《论语文解》，为钱穆的首部著作。1930年，因发表《刘向歆父子年谱》而成名，此作是针对康有为《新学伪经考》而发的，特受顾颉刚看重。钱穆因这一成名之作而又受顾的推荐，故被聘为燕京大学国文讲师。钱穆居北平八年，先后在北京、清华、燕京、北师大等名校任教。抗战时期，辗转任教于西南联大、武汉大学、华西大学、齐鲁大学、四川大学、江南大学等高校。其间撰写《国史大纲》，以人文演进之视角叙写历史源流并阐扬民族文化史观，学界推其为中国通史最佳著作。1949年与唐君毅去香港并创办新亚书院，于1967年起定居台湾。钱穆一生为学兼涉四部，著作等身，可谓是自学成才而从中国乡间走出来的一位大学问家；而作为我国著名历史学家，他同时还是著名国学大师与现代新儒家的代表人物。台湾出版的《钱宾四先生全集》收录钱穆全部著作，共54册；其代表作品主要有：《先秦诸子系年》、《国史大纲》、《两汉经学今古文平议》、《中国历代政治得失》、《中国近三百年学术史》、《中国历史研究法》、《中国历史精神》、《国史新论》、《中国史学名著》、《中国文化史导论》、《中国文化丛谈》、《民族与文化》、《文化学大义》、《湖上闲思录》、《人生十论》、《国学概论》、《古史地理论丛》、《庄老通辨》、《朱子新学案》、《宋代理学三书随札》、《秦汉史》、《论语新解》、《中国学术思想史论丛》、《中国思想史》等。

　　近年来，钱穆的文献在大陆多家出版社多次印行出版，2011 年九州出版社已出齐钱穆先生全集"新校本"。这使学界对其人其学的了解愈加全面；然而，若要深刻地把握其历史学文化学中内涵最丰富的"人文演进"观，则无疑要深入其文献中此一理念的早、中期发展线索之中，并努力去理解他何以越到晚年，越要申言自己一生为学虽似守旧而实求维新的那种牵挂心头的志念。这里，我们列举一段钱穆《中国历史精神》一书的"前言"，看看他少儿时期在读到梁启超《中国不亡论》一文所受到的心灵震颤，对其一生立志复兴中国文化有何其重大影响："记得在四十四五年前，我尚为一小孩子，那时候便常听人说中国快要灭亡了，快要瓜分了，我们中国就要做印度、波兰之续，被西方列强瓜分。……恰巧在那时，我读到了一篇文章，——梁任公先生的《中国不亡论》。——他认为中国是决不会亡国的。我读了这篇文章，无异如在黑暗中见到了一线光明，刺激我、鼓励我，中国还有前途，民族还有将来，我们中国人的人生还有其意义和价值。但我在那时一般的悲观空气弥漫局面之下，还不能真切相信梁先生的话。……但对梁先生中国不亡这四个字，开始在我只是一希望，随后却变成了信仰。我认为中国不仅不会亡，甚至我坚信我们的民族，还有其更是伟大光明的前途。证据何在呢？我敢说，我这一个判断，固然是挟着爱国家民族的情感的成分，然而并不是纯情感的，乃是经过我长时期理智的检讨，而确实有其客观的证据的。这证据便是中国已往的历史。所以我自己常说，我此四十多年来对中国历史的研究，并不是关门研究研究某一种学问，而是要解决我个人当身所深切感到的一个最严重不过的问题。"[①] 一个刺激、一个问题、一个心结，在一生的学术探讨中得到属之于自己"当身"的解决。这是一个被他自己打开了的文化之结，被

　　① 钱穆：《中国历史精神》，台湾东大图书公司 1984 年版，前言第 1—2 页。

其以一生问学而"实求维新"的"人文演进"之论，打开的心结。

此心结打开的过程，一直持续到钱穆逝世前两年，也就是 1988 年 94 岁生日那天，他给自己早年出版的《国史新论》写下了"再版序"，在这一序言中，我们再度看到了他在其他文献中亦表示过的基本态度："余之所论每若守旧，而余持论之出发点，则实求维新。"① 此中为什么如此强调其持论之"出发点"？当然是在申言一种基本态度。而这种态度则绝非一日、一时、一地之随感而发，此实乃长期深探中国历史文化蕴集而成。作于 1950 年的该书初版自序中，钱穆就对百年中国的动荡变化发出了深长浩叹："中国近百年来，可谓走上前古未有最富动荡变进性的阶段，但不幸在此期间，国人对已往历史之认识，特别贫乏，特别模糊。作者窃不自揆，常望新时代之需要，探讨旧历史之真相，期能对当前国内一切问题，有一本源的追溯，与较切情之考查。寝馈史籍，数十寒暑，发意著新史三部：一通史，就一般政治社会史实作大体之叙述。一文化史，推广及于历史人生之多方面作综合性之观察。一思想史，此乃指导历史前进最后最主要的动力。"② 可见其发愿著通史、文化史、思想史实乃深心感触于百年动荡之实情，而发挥出自身"探讨"、"推广"、"指导"的一己之力，从而让国人产生对自己历史文化的真正认同自信。同一书，两个序所作的时段已相差 38 年整，心态未变，思想未变，深度则有变。笔者以为，只有理解了他基于对中国文化自信之上的这一态度，我们才能更进一步知晓其为何动辄言"演进"。其实，钱穆的好友、同事唐君毅，很早就认识到钱氏"演进"一题的价值了，其言恳挚深切："至对中国文化问题，则十年来见诸师友之作，如熊十力先生、牟宗三先生之论中国哲学，钱宾四、蒙文通先生之论中国历史之进化与传统政治……皆以为可助吾民族精神之自觉。"③ 唐氏此评价，已然涵具一种超越的"文化自觉"之意识与眼光，在 20 世纪 50 年代初期作此评价，可谓先进之论。

此外，最值得注意的是钱穆晚年对孙中山先生的大力张扬，他以为孙中山的整套主张既符中国国情，又融凝了一些西方较先进的理念；三民主

---

① 钱穆：《国史新论》，生活·读书·新知三联书店 2001 年版，再版序第 1 页。

② 同上书，自序第 1 页。

③ 唐君毅：《中国文化之精神价值》，台湾正中书局 1979 年版，自序第 6 页。

义在他看来是"汇合了世界近代新政治思想的三大潮流"①,"孙中山虽采用了西方的民主政治,而在理论和精神上,都把来变通了"②。当然,其他如唐君毅、牟宗三、贺麟等人,也都能看到孙中山思想的先进性,这彰显了现代新儒家其"人文演进"观的一个思想动态。

本书"上部",我们已将梁漱溟到牟宗三等诸多新儒家在现代化浪潮中如何张举人文、应对现代的理念及其思想方案,逐一呈现出来;而在下部,我们将以钱穆的"人文演进"观为主线,逐层寻绎、辗转披讨其演进之论。

何以在下部要以钱穆为主?最重要的理由是本书既名之为《"人文演进"观绎论》,当然要以有较完整而系统"人文演进"观内容的人物及其思想线索为主,而在现代新儒家人物中最符契此条件者只有钱穆其人。钱穆动辄言"演进",与熊十力动辄言"孔子《大易》"、梁漱溟动辄言中国"文化早熟"一般,都成为其思维场中的核心学术语汇。而钱穆的演进话题集中在"人文演进"一范畴上,"人文演进"又理所当然地展现在历史、文化两大领域中。事实上,钱穆不仅是历史学家,又实为一文化学大师;综观钱穆文献目录,可得此大观;而深入钱氏全部文献中作一深研,则可探其文化学真源。钱穆其人,不仅有极富"人文"的历史观,更有极富"历史"的人文观;其"人文演进"理念即在此基础上形成的。人文文化,在钱穆那里,岂止是谈得多而已;实是其探究最深、最有体会、最有见解之领域。在 1950 年后的 40 多年中,钱氏本人的有关中西文化比较的文章达近百篇,文化史及文化学方面的专著亦达 10 部之多。钱穆更倡言建立"文化学"学科,他深信这一学科将成为学术思想中一主要科目。可以说,在现代新儒家以至于在整个中国现代史学界,研究文化并以此为职志者,非钱穆莫属。可惜这点在当代学界中并未有人提及,然实际情形确实如此。

在此下部前言中,有必要谈及以下几点认识:一是学界多认为钱穆对中国文化一往情深,这种"温情与敬意"导致他只看见中国文化的优长之处,故其多有美化中国文化之论。诚然如此,但又并非全然如此。一方

---

① 钱穆:《中国历史精神》,台湾东大图书公司 1984 年版,第 36 页。
② 同上书,第 37 页。

面，持孟子"知人论世"的态度，让他多对中国历史及人物有同情的理解；然此正如清代焦循所说："古人各生一时，则其言各有所当。惟论其世，乃不执泥其言，亦不鄙弃其言，斯为能尚友古人。"① 喜"尚友古人"正是钱穆的特色之一。然而另一方面，他也常持现代眼光而在整体上透见中国文化的缺陷并发现其中一些弊处，甚至在一些细节之处，也能较到位地点出要害。这点我们在后面会逐步看到。而就整体眼光而言，钱穆说过："中国文化，自犧农黄帝唐虞商周两千年长时期演进，迄于春秋战国时代，人文日进，而其中所附带而来之种种病痛，亦积累日深，曝著日显。"② 所以，对文化而言，虽"人文日进"是必然规律，且在整体上呈进步趋势；但演进过程中亦有弊病积累所带来的新问题或有兴亡起伏的复杂历程，这点显然钱穆是看清楚了。不然，他就不会对百年来中国文化痛感至切："至于中国文化，远的不说，至少在此一百年来，早已病痛百出。除非中国文化，有一彻底的新生，中国近百年来种种失败，种种苦痛的历史，也将继续推演；而且将愈演愈深，愈演愈烈。"③ 所以我们要看到钱穆总体的演进观实亦涵括历史中常有的退化现象，他常论及于此。而像汪荣祖所言："钱穆固标出船山喜言变动与宇宙演化之妙，谓王氏人文进化之说，'闳辟深博'。惟船山之演化观，不仅演进化，也演退化，道出文化有兴亡起伏之迹，实为一'石破天惊'之论（引者按：此指萧公权《中国政治思想史》对船山'也演退化'之评价），惜钱氏未及见之。"④ 可见汪氏实未通读钱穆全部文献，钱穆即使未读及萧公权专著，但亦是常感叹历史演进与"演退"现象，并常有历史痛感。此种痛感终使钱穆生出种种问题意识，而钱穆又是常以问题意识来切入现当代文化研究的，如说："今天的中国问题，乃至世界问题，并不仅是一个军事的、经济的、政治的、或是外交的问题，而已是一个整个世界人类的文化问题。一切问题都从文化问题产生，也都该从文化问题来求解决。"⑤ 文化

① （清）焦循：《孟子正义》，见余嘉锡《古书通例》，上海古籍出版社1985年版，第15页。
② 钱穆：《双溪独语》，台湾学生书局1981年版，第177页。
③ 钱穆：《文化学大义》，九州出版社2011年版，第2页。
④ 汪荣祖：《钱穆论清学史述评》，见汪荣祖《史学九章》，生活·读书·新知三联书店2006年版，第154页。
⑤ 钱穆：《文化学大义》，九州出版社2011年版，第1页。

是根，一切病痛及问题都必追究到文化根源而求得真正之解决。基于此，钱穆强调对自己文化传统的自信与自重。他立于"复兴中华文化"的立场上说："我们可以说，我们国家在近几十年来遭受种种困厄灾祸，其最大原因，正为国人失却自信，不自尊重，把自己文化传统看得太轻了，甚至对自己文化产生一种轻蔑而排斥的心理，这是一切原因中之最大主要的原因。"① 复兴与创造并不矛盾，痛感弊病与饱含深情亦无矛盾，唯其饱含深情，才能真见出其对中国文化亟欲加以创造性重建之职志。

但更显钱穆睿智之处，则在其对文化个性特征的洞见上："文化与历史之特征，曰'连绵'，曰'持续'。惟其连绵与持续，故以形成个性而见为不可移易。惟其有个性而不可移易，故亦谓之有生命、有精神。"② 诚然，一种文化有其个性特征，而此个性特征中当有优长又有其短缺之处，此本需有一种辩证眼光去看待。此特拈一例以透见其中之义，钱穆向谓中国文化是偏艺术性而西方文化是偏科学性的，但他又同时会以一种"大科学观"辩证地包容之。如对中医学，他就判断说："惟中国医学亦偏艺术性，及从人身生理学上发明演进。而西方医学，则从人体物理学上发明演进。彼此大不同，但究竟同是一科学。"③ 既然双方都在大科学范畴下，则你有你的演进之路，我有我的演进之路，各不相妨而共同前进。故其特加强调："我们的文化前途，要用我们自己内部的力量来补救。西方新科学固然要学，可不要妨害了我们自己原有的生机，不要折损了我们自己原有的活力。能这样，中国数千年文化演进的大目的，仍然可以继续求前进求实现。"④ 在钱穆看来，将某一具个性之文化强求其朝某一趋向而"全盘化"，是绝难做到的。这就是常有人提起的整体论——把脏水泼出时，会把婴儿也整个地泼出。钱穆本人对此也早有察觉："文化必得成为一整体。若要保留一部分自己的，取法一部分外来的，此非有大智慧人之深切研究不可。"⑤ 所以，他主张在去除自身弊病时，不要把自己的基本特色也丢弃掉。这是我们对钱穆文化观要说的第二点认识。

---

① 钱穆：《中国文化十二讲》，九州出版社 2011 年版，第 2 页。
② 钱穆：《国史大纲》，商务印书馆 1996 年修订第 3 版，第 911 页。
③ 钱穆：《中国文化史导论》，商务印书馆 1994 年版，第 255 页。
④ 同上书，第 255—256 页。
⑤ 钱穆：《历史与文化论丛》，台湾东大图书公司 1985 年版，第 345 页。

　　第三点认识是：作为历史学家，钱穆持"除却历史，无从谈文化"①
的历史文化观，是十分自然之态度。此实因"中国文化，表现在中国已
往全部历史过程中"②。他当然不是简单地罗列历史现象，作为一个文化
学家，他能在历史中寄寓文化生命；而又在文化演进规律中发掘有内在价
值之历史事实。钱穆在《国史大纲》的最后部分，如此呈示文化、历史、
政治无可分离这一理念："一民族所自有之政治制度，亦包融于其民族之
全部文化机构中而自有其历史性。所谓'历史性'者，正谓其依事实上
问题之继续而演进。"③ 政治包融于文化之中而有其历史展演。如此，历
史文化怎可喊几句口号就可打倒？ 一个民族的历史文化政治中原是有
"文化生命"存于其中的。据此我们可理解，他的《中国历史精神》、《从
中国历史来看中国民族性及中国文化》、《中国历代政治得失》等，实质
是谈文化生命的历史"演进"之专著。钱穆一生都在强调作为一个中国
人，必须真正了解自己的历史与文化，他深信："一个全不了解自己历史
的民族，决不是有好大出路的民族。今天大家正又热烈地要讲民主，中国
若要真民主，也不在学西洋，该回头来认真学学中国自己的老百姓。在今
天中国老百姓身上，却保存有中国五千年历史的旧传统与真精神。这是中
国历史活生生的生命之具体的表现。"④ 其言"活生生的生命"，即是
"文化生命"，是人文演进中不可或缺的文化生命。

　　第四点认识是：钱穆虽对中国文化深存同情，且时常对中西文化作比
较之论，然钱穆并非那种厚此必薄彼之学者，事实上，他更多地强调各自
保持自身特色而发展个性，而不多作双方高下之论。如其所言："在理论
上，我很难讲中国文化高过了西方文化。也可以说，西方文化未必高过了
中国文化。因为两种文化在本质上不同。……将来的世界要成一个大的世
界，有中国人，有印度人，有阿拉伯人，有欧洲人，有非洲人……各从所
好。各个文化发展，而能不相冲突，又能调和凝结。我想我们最先应该做
到这一步。我不反对西方，但亦不主张一切追随西方。我对文化的观点是

---

① 　钱穆：《中国文化史导论》，商务印书馆 1994 年版，弁言第 6 页。
② 　同上。
③ 　钱穆：《国史大纲》，商务印书馆 1996 年修订第 3 版，第 911 页。
④ 　钱穆：《中国历史精神》，台湾东大图书公司 1984 年版，第 17 页。

如此。"① 须知，这是晚年 86 岁时的鲜明表白②，实际上这在整体上并未去判定中西双方的优劣、高下；个中缘由乃因其极度强调文化特殊性即文化本质之所在，因而各有其路，各作展演即可。有时涉及具体领域，钱穆也依然先来一句申说不作优劣高下比较之语，如在《中国历史精神·中国历史上的政治》中就表示："我们先从西洋史上的政治来和中国的作一个大体的比较，不是比较其优劣，而是比较其异同。"③ 可见，这是其极主文化个体性的理念所致。当然，这丝毫不碍其常作高调宣示要保持对中国文化保持自信心。说到他对中国文化之自信心，则必须指出，在应对西方文化时，他确有其基本立场，这一立场就是通过自家文化中的孔孟儒学之血脉来焕发出民族活力，从而复兴中国文化。故钱穆对新文化运动之批评，实质在批其不注重自身特质而"徒劳无功"。他强调的是"有积累，才有开新"。"毁废一切积累，此是彻底破坏、彻底消灭，那里是开新?"④ 究其实，强调从积累中开新，是一种哲学辩证；其中透露的信息是，从来就没有一种无根基、无来源的创新，积淀越厚，创新越富。而在文化史的长河中，这已是反复被验证过的史实。

最后要谈的一点认识是，学界早有钱穆为文化保守主义者的定论，此诚然有其根据，因钱穆确对中国历史文化抱持"同情地理解"之基本立场。但此问题有很大的复杂性，读者也许须稍加耐心地粗读本书整个下部，才能有些自己的认识。应当看到，钱穆终其一生，从未停止过如其所说的"求前进、求实现"⑤，"常望新时代之需要，探讨旧历史之真相"⑥ 之人文价值诉求。而其在方法论上，似更追求

① 钱穆:《从中国历史来看中国民族性及中国文化》，九州出版社 2011 年版，第 28—29 页。
② 这一表白，是 1978 年香港中文大学新亚书院成立"钱宾四先生学术讲座"，钱穆本人所作讲演中阐述的重要观点。该演讲后整理成为《从中国历史来看中国民族性及中国文化》，是早年《中国文化史导论》精神基调之继续，旨在通过中国历史，经由中西文化比较而求对中国之民族性及中国民族所展演之文化，有更为深切的认识。钱穆自谓:"此实余近三十年向学一总题。"
③ 钱穆:《中国历史精神》，台湾东大图书公司 1984 年版，第 19 页。
④ 钱穆:《中国文化精神》，九州出版社 2011 年版，第 189 页。
⑤ 钱穆:《中国文化史导论》，商务印书馆 1994 年版，第 256 页。
⑥ 钱穆:《国史新论》，生活·读书·新知三联书店 2001 年版，自序第 1 页。

"自然"渐变,"变得天衣无缝",而不是"知变而不知化"[①]。看到这几点,对钱穆是否文化保守主义这一问题的复杂性,我们就多少会有些释然了。

---

① 钱穆:《中国文化精神》,九州出版社 2011 年版,第 38、39 页。

第十章　从"草昧"到"文明"的人文演进

现在，我们要全力展现钱穆"人文演进"观的内在逻辑理路。

钱穆"人文演进"观的早期学术渊源可追溯至他对船山思想的承续，在 20 世纪 30 年代初，钱穆任教于北京大学时所撰写的《中国近三百年学术史》专论船山一章中就已十分明确地提出了"人文进化"之理念："船山论学，始终不脱人文进化之观点。"① 这是其逻辑理路中的最为鲜明的早期线索。后在其一系列著作中，他不仅大谈人文演进，也据此而深入具体地在其重要文化学著作如《文化学大义》及《历史与文化论丛》中创发了著名的"文化三阶层"② 说，此说本身即深具"人文演进"之内涵，其对海内外诸多学者的文化论之启示性是显而易见的。

这里，笔者尤感重要的一部文献，是钱穆于 1972—1973 年为台湾阳明山华冈文化学院历史系硕士、博士班研究生授课后整理而成的《双溪独语》，据钱先生讲，此期学生们都是到他的寓所"素书楼"来上课的，楼对外双溪。学生们听后深感所讲内容，并非钱先生自谦说的只引经据典、述而不作，而似为"一人之独语"③，故最后定名为《双溪独语》。此时，钱先生正在编订他的八大册"中国学术史思想史论丛"，未及完编，而双目失明。这时的他已年届 85 岁。然而一代中国史学、文化学大师，仍接续着他学术思想的心路历程，开始了其口述学术之生涯。本章标目为"从'草昧'到'文明'的人文演进"，正是受启发于钱穆在《双

---

① 钱穆：《中国近三百年学术史》，商务印书馆 1997 年版，第 127 页。

② 钱穆：《文化学大义》，九州出版社 2011 年版，第 7—22 页；《历史与文化论丛》，台湾学生书局 1985 年版，第 6—17 页。钱氏"文化三阶层"主旨在界定作为阶梯与"人文演进三段落"而存在的"物质人生"、"社会人生"、"精神人生"。钱穆认为第二阶层可以包含第一阶层，而第一阶层则包含不到第二阶层。第一阶层的人生是求存在，第二阶层求安乐，第三阶层则在求崇高。

③ 钱穆：《双溪独语》，台湾学生书局 1981 年版，双溪独语序第 1 页。

溪独语》中一开始就推举出的一对范畴"草昧时代"、"文明社会"①。这一对举的范畴，可以说总体上涵括了钱氏人文演进观的内在历史逻辑线索。这里另一个很好的佐证，是熊十力的一个关于文明演进的说法："辟草昧而进文明。"② 此命题与钱说如出一辙。

　　然而笔者以为，仍须对钱穆的文明观、文化观先作一初步的了解，才能更好地展开后面内容。

一　文明与文化

　　先来看看梁漱溟对文明与文化的看法："文明与文化略有不同；许多人往往混用。比较来说：创造已成之局面谓之文明，多少是具体些，而文化常指抽象的方式。"③ 如此界定，梁氏自然视印度文明之特点为宗教发达，西洋近代文明之特点在其具有对付自然的优越力，而中国传统文明之特点则在其社会秩序依靠的是早熟理性的"自力"。这一对文明与文化的区别，显然与钱穆以"偏内偏外"的区别有根本的不同。

　　本书以钱穆人文演进观为主线作为"下部"，钱穆对文明与文化的基本界定，是我们深入其"人文演进"观的前阶。钱穆在其重要代表性著作《中国文化史导论》中，一开始就着意透露了他对文明及文化概念的基本理解。

　　和梁漱溟同样，钱穆以为国人对西方翻译过来的"文明"、"文化"两词，每多混用。在他看来，此二概念虽可从大体上指人类群体生活而言，但实质上：

> 文明偏在外，属物质方面。文化偏在内，属精神方面。故文明可以向外传播与接受，文化则必由其群体内部精神累积而产生。④

---

① 钱穆：《双溪独语》，台湾学生书局 1981 年版，第 1 页。
② 熊十力：《读经示要》，中国人民大学出版社 2009 年版，第 380 页。
③ 梁漱溟：《中国文化的特征在哪里?》，见《梁漱溟全集》第五卷，山东人民出版社 2005 年版，第 697—698 页。
④ 钱穆：《中国文化史导论》，商务印书馆 1994 年版，弁言第 1 页。

可见，其对文明的界定，是对应并定位在"物质"的层面；而对文化的界定，则对应并定位在"精神"层面。钱穆进一步举以西方工业机械之例，认为欧美人发明的工业机械，可以作为其"文明"之表征，即"近代欧美人之文明"，当然同时亦可视为其一种文化精神；但"此等机械，一经发明，便到处可以使用。轮船、火车、电灯、电线、汽车、飞机之类，岂不世界各地都通行了。但此只可说欧美近代的工业文明已传播到各地，或说各地均已接受了欧美人近代的工业文明，却不能说近代欧美文化，已在各地传播接受。"① 为什么只能说欧美文明在传播，而不能说欧美文化在传播呢？须知，这种说法只是在钱氏界定系统中适用，因其上述界定有个极其重要的前提，这就是："当知产生此项机械者是文化，应用此项机械而造成人生的形形色色是文明。文化可以产出文明来，文明却不一定能产出文化来。由欧美近代的科学精神，而产出种种新机械新工业。但欧美以外人，采用此项新机械新工业的，并非能与欧美人同具此项科学精神。"② 可见，是文化精神这一内核，决定并产生出外在的文明方式；而外在的文明方式却不能决定内在文化精神的产生。钱穆虽然并未明白说出这层意思，但其说法是十分明白的。所以，可以用一个命题来确切表征钱穆对"文明"的界定：文明即文化精神之外在表征。这一命题中，文明就确可像钱穆所讲的那样，是一种可以随时传播的外在表层的东西，反过来，精神内核的传播，就绝非轻而易举了。钱穆又举出电影一例，就更恰贴地说明外在物质形式层面的东西，可以很快流传；但演员的内在艺术精神之意涵，则各有异趣而彰显不同风情，因其属于"文化精神"的范畴。

但，文化的精神内核，为什么不易或不能传播与被接受呢？钱氏的《中国文化史导论》并未解答这一问题，该书作于1948年，其时钱穆正在无锡的江南大学教书。而我们在钱穆稍后于《中国文化史导论》，即于1950年所撰的又一专门对文化学作系统讨论的著作《文化学大义》中，得到了关于"文化生命"的十分明确之答案："'文化'与'文明'不同，文明是物质的；文化是生命的。文明可以传播，可以模仿；文化则须

---

① 钱穆：《中国文化史导论》，商务印书馆1994年版，弁言第1页。
② 同上。

自本自根，从自己内部生命中培植生长。"① 此中关键在拈出了"文化生命"这一范畴——文化就是一种生命，它具有自己的个性特征。既如此，生命中个性特征这一内核怎可模仿？怎么传播？它完全是自本自根的，就如基因般是自身内部成长的密码。所以中国文化中有"脱胎换骨"、"变化气质"一类的成语，说的是你若要下决心变化自己，绝非随便能做到的。这也正是我们常讲的学一种文化，表层的物质易学到手，中间层次的制度层面也可学到，至于核心的精神层面的东西，就很难学到了。而事实上，百年来中国文化学西方的科学技术，的确是最快的；而制度层面的东西，恐怕就要费以时日了。但在钱穆等国学大师们看来，精神层面的文化，不仅不必学西方，而且我们要自信，要自本自根地把握住自己。甚至如："说到政治清明和社会公道的本身，那就是我们自己内部的事，这些却不能专去向外国人学。好像花盆里的花，要从根生起。不像花瓶里的花，可以随便插进就得。我们的文化前途，要用我们自己内部的力量来补救。西方新科学固然要学，可不要妨害了我们自己原有的生机。不要折损了我们自己原有的活力。能这样，中国数千年文化演进的大目的，大理想，仍然可以继续求前进求实现。"② 钱穆反复说自本自根一类的话题，其主旨就在从根生起，才有真正的生机与活力，"插花"与"生根"的区别就在此；质言之，内在的生机与活力才是文化生命演进的动力所在。

钱穆又以"人文化成"的种种"花样"来解读"文明"二字："那'文'字正如现代白话说'花样'。……至于'文明'二字，用中国古人讲法，是说那些花样要使它明显化。如男女分别，要它表现得明显，并能停止在那明显的花样上，则莫过于创出婚姻制度，便是文明。故文明实即是人文。《小戴礼》说'情深而文明'，是说男女情深，那夫妇关系便更明显。野蛮黑暗未开化的社会，可以无夫妇，可以夫妇关系不明显，只因夫妇相互情不深，而不能停止在他们的夫妇关系上。这些是中国古人观念，至今已两千多年。我们可以说，西方有西方人的观念，即其想法和看法。中国有中国人的观念想法。从这些观念上想法上和看法上的不同，慢

---

① 钱穆：《文化学大义》，九州出版社 2011 年版，第 65 页。
② 钱穆：《中国文化传统之演进》，见《中国文化史导论》，商务印书馆 1994 年版，第 255—256 页。

慢就形成为东西文化之不同。"① 可见，"文明"又实有文化之"固化"
之意味，其言"停止在……"即是固化或稳定在某种状态、形式之义。
文化若是一个"人文化成"的动化过程，则须将其种种化成之花样固化，
而得到一个结果；其结果就是文明之各种形式。有了这文明形式，才能将
文明人与野蛮人区别开来。深论之，钱穆还将文化之"化"，能否化得
"鲜明"、让人"感动"，来作为文化与文明之界线："文只是色彩或花样；
花样色彩配合得鲜明，使人看着易生刺激，生感动，这就是'文明'。如
夫妇情深，在他们生活中所配合出的花样叫别人看了觉得很鲜明，很感
动；父子情深，在他们生活中所配合出的花样也叫人看了觉得很鲜明，很
感动。若使父子、夫妇，相互间无真挚情感，无深切关系，那就花样模
糊，色彩黯澹，情不深就文不明，对人心无感动。这是中国古书里讲到的
'文化'、'文明'这两项字眼的原义。此刻用来翻译近代西方人所讲的
'文化'、'文明'，也一样可以看出中国人所讲偏重其内在，而西方人则
偏重于外在，双方显然有不同。"② 内"化"必外出，"化"之力度越大，
则外出之"鲜明"愈让人"感动"；这才有文明形式的出现了。然其底蕴
仍在"人心之感动"，故曰"情不深就文不明"。钱穆常称中国文化为
"内倾"③ 之文化，根柢在此。熟读钱穆文献可知，钱穆的文化观，乃极
重"人文化成"与"情深文明"二语；此二语一出自《周易》，一出自
《礼记·乐记》。

　　正因"文化"内含"人文化成"之动的过程，所以，新儒家们大多
喜用"文化生命"之活力来表征文化。不仅钱穆，唐君毅、牟宗三亦如
此。其实，钱穆用生命来表征文化，《中国文化史导论》中也已有过。如
在此书的弁言中就已有"文化俨如一生命"④ 的提法，而被钱氏本人视为
可作为"《中国文化史导论》的总纲领"⑤ 的《中国文化传统之演进》一
文中，钱穆就说得十分清楚："譬如一人的生活，加进长时间的绵延，那

---

① 钱穆：《中国文化十二讲》，九州出版社 2011 年版，第 5—6 页。
② 钱穆：《历史与文化论丛》，台湾东大图书公司 1985 年版，第 71 页。
③ 同上书，第 70 页。
④ 钱穆：《中国文化史导论》，商务印书馆 1994 年版，弁言第 6 页。
⑤ 钱穆：《中国文化传统之演进》，见《中国文化史导论》，商务印书馆 1994 年版，附录第
256 页。

就是生命。一国家一民族各方面各种样的生活，加进绵延不断的时间演进，历史演进，便成所谓'文化'。因此文化也就是此国家民族的'生命'。如果一个国家民族没有了文化，那就等于没有了生命。因此凡所谓文化，必定有一段时间上的绵延精神。换言之，凡文化，必有它的传统的历史意义。"① 如果文化是生命，当然是有精神的生命，而有精神的生命，又必有其绵延演进的历程。要之，文化又须以整体观即从人类群体生活之综合体来看待："文化既是指的人类群体生活之综合的全体，此必有一段相当时期之'绵延性'与'持续性'。因此文化不是一平面的，而是一立体的，即在'空间性'的地域的集体人生上面，必加进一'时间性'的历史的发展与演进。文化是指的'时空凝合的某一大群的生活之各部门、各方面的整一全体'。"② 这是从时空整合、集体人生的立体综合观来透视文化及其绵延演进之特性，此乃因人类生活的每个方面必然相互搭配、渗透从而凝成一整体。绵延之"文化生命"又必形成传统从而具有个性特征。钱穆又颇有见地地以"传统"、"个性"、"种"来形容文化生命与文化精神："文化是传统的、生命的，有个性，像有一个种，在其内里则必然附带有一番精神。凡属生命，必然有这番精神。"③ 此中所言"种"不就是文化精神传承的基因吗？生命之"种"是决定其精神风貌的。这已涉入人文演进观中的核心层次——文化精神了。

那么，我们要继续问：文化精神又从何而来？钱穆由文明、文化的界定而导绎出其极为著名的文化之"自然环境决定论"：

> 各地文化精神之不同，穷其根源，最先还是由于自然环境有分别，而影响其生活方式。再由生活方式影响到文化精神。人类文化，由源头处看，大别不外三型。一、游牧文化，二、农耕文化，三、商业文化。游牧文化发源在高寒的草原地带，农耕文化发源在河流灌溉的平原，商业文化发源在滨海地带以及近海之岛屿。三种自然环境，决定了三种生活方式，三种生活方式，形成了三种文化型。此三型文

---

① 钱穆：《中国文化传统之演进》，见《中国文化史导论》，商务印书馆 1994 年版，附录第231 页。

② 钱穆：《文化学大义》，九州出版社 2011 年版，第 4 页。

③ 同上书，第 10 页。

化，又可分成两类。游牧、商业文化为一类，农耕文化为又一类。①

此中对自然环境之于文化的决定性作用，表露无遗。其实在其早年的《国史大纲》中对此就早有见地："一民族文化与历史之生命与精神，皆由其民族所处特殊之环境、所遇特殊之问题、所用特殊之努力、所得特殊之成绩，而成一种特殊之机构。"② 这已十分清楚地点出了一民族的历史文化之生命精神，由其所处之环境及其面对之问题所决定。事实上，"各地文化精神之不同，穷其根源，最先还是由于自然环境有分别，而影响其生活方式。再由生活方式影响到文化精神"③。而这自然环境不仅是地理，还包括气候、物产等。所以钱穆进一步说："大抵人类文化，最先还是由于自然环境之不同，尤要的如气候物产等之相异，而影响及其生活方式。再由其原始的生活方式之不同，影响到此后种种文化精神之大趋向。"④这里再度点出文化——生活方式——精神趋向，都由自然环境决定。这让我们似乎看到钱穆俨然是一种自然环境决定论者了，但实际并不全然如此。这点要待笔者全面铺开其文化论述，读者方能看清一二。钱穆倒是确有些像法国史学家费弗尔，此人亦特关注历史地理之于文化的探讨，尤重地理环境如何影响人文风尚，然其同样不是一个地理环境决定论者，而是认为其必经经济社会诸因素而中介于人文文化。我们知道，钱穆晚年亦有经济史专著，而对社会史之于人文文化的演进，则一直非常关注。

前述钱穆对文明、文化的界定中，钱穆已十分明确地将文化对应在"属精神方面"。那么，上引这段"环境决定论"的重要言论中所确定之"三型"或"两类"文化，其精神取向又何在呢？钱穆以为游牧、商业一类文化源于自然环境之"内不足"，而正因为其"内不足则需向外寻求，因此而为流动的，进取的。农耕可以自给，无事外求，并必继续一地，反复不舍，因此而为静定的，保守的"⑤。环境的不足造就了游牧商业文化中的一种流动而进取的精神，反之，环境能够自给则造就了农业文化中一

---

①　钱穆：《中国文化史导论》，商务印书馆1994年版，弁言第2页。

②　钱穆：《国史大纲》，商务印书馆1996年修订版，第911页。

③　钱穆：《中国文化史导论》，商务印书馆1994年版，弁言第2页。

④　钱穆：《文化学大义》，九州出版社2011年版，第24页。

⑤　钱穆：《中国文化史导论》，商务印书馆1994年版，弁言第2页。

种静定保守的精神。这里特别要说明的，是钱穆并非说静定保守精神，就缺失了文化演进的向度了；恰恰相反，钱穆崇仰的正是这一文化中"可大可久"的"和平"演进精神。这点我们要稍后再作展开。

文化既是生命，则必有其体现，所以钱穆说："文化是生命，生命可分两大项，一是'事业'，一是'性情'。所谓事业，乃指凡属生命之一切活动言。而此一切活动，则无不本于性情，附于性情，而归宿于性情。事业是外露的，性情是内蕴的。事业与人共见，性情惟我自知。除却此两项，生命更无所余。"① 生命之体现无非是这一内一外，内是性情，外是事业；两者本不可或缺。钱穆十分看重这向内的重性情的中国文化传统，以为这其中有一种儒家的"自得"精神，即"我心已尽，得之在我"。钱穆又深信此中"有更高更深一层的教训在"。② 然而，是否正因其太深，而常人难入其里呢？且通过"事业"来表现"性情"，不是一种很好的途径吗？不过，钱穆确认重性情与重事业这两种文化是各有特点的："人类文化，也可分此两种。一是注重事业，张开向外；一是注重性情，蕴藏在里。张开向外的，便要着重一切物质条件，重工作，重功利，重外边的形貌。我可称之曰'外露的文化'。若能从内部性情心灵方面来讲究，这就含蓄在内部，我可称之曰'内蕴的文化'。"③ 他坚称性情才是人生中最真实的本质，人的生命以及其一切活动，最后的本质是人的性情。但我们要问，这性情又从何而出呢？钱穆举出了《孟子》中的例子："《孟子》书里又举一个例，说人死有葬礼，本不是先天所有，乃是慢慢由文化进步而来。从前人不懂得葬，后来人懂得，似乎是一种知识。但知识也只是我们一种活动，一番事业，而中国人更看重性情。"④ 钱穆说这其中是人动了"恻隐之心"而导致人类有葬礼的开始；而作为一种由"性情"发出的文化，就是一种礼乐文化。钱穆说："一个死尸拿去葬，不免要哭一番，不免有多人在旁边看，大家哭了，忽然有人吹着笛子，来和哭声相配合。如此便在送葬时有了一套音乐，于是有礼复有乐，这叫做'礼乐'。开始是人类一番恻隐之心，有了这礼和乐，慢慢儿一两千年整个社会传下，那时

---

①   钱穆：《中国文化精神》，九州出版社 2011 年版，第 121 页。
②   同上书，第 119 页。
③   同上书，第 129 页。
④   同上书，第 125 页。

人类的性情，就变成精细，哀伤中也夹带进'和悦'，人生便更堪回念和恋惜。"① 这种礼乐文化，在人文历史的演进中不断精细化，从而最终成为人类的道德文化。据此，钱穆概括说："照孟子说法，我们因有了此恻隐、羞恶、辞让、是非之心，就发生出所谓仁、义、礼、智许多花样来。我们可以简单说一句，因为人的性情，开始产生礼乐。有了礼乐，才完成了道德。道德回到最先，还是我们的性情。"② 如此"许多花样"的发生，就是人文文化的开始；可见，人类的道德及其伦理秩序，到底是源于其内在性情的。

　　钱穆又从中国文字中的"道"字，来解读"文化"这一观念："中国人对文化二字的观念，常把一'道'字来表达。道，便是指的人生，而是超出人生一切别相之上的一个综合的更高的观念，乃是指的一种人生之'共相'。政治要有道，外交也要有道，军事也要有道，法律也要有道，一切别相人生，都要有一道。男女相交也要有道，就是结婚为夫妇。成了夫妇以后，夫有夫道，妇有妇道。养了儿女，父母有父母之道，儿女有儿女之道。中国人这个'道'字，可说即相当于近代西方人的'文化'二字，而实已超出之。如说'大道之行也天下为公'这一句话，如翻成现代语，'大道之行'四字，即是说世界人类已共同到达了一个最合理想最伟大的文化境界。'道'不能仅照字面翻说一条路，把'大道'二字说成现在语，实该说作'理想文化'一语乃恰当。由此可知中国人讲的道，实已超出了西方人所讲的文化，而中国人三千年前早已如此讲了。西方人现代物质文明方面的发明，只在两三百年以内。有了'文明'二字，才有'文化'二字。可是中国人在三千年前便有了'道'之一字，这足证明中国民族之伟大，亦即是中华文化之伟大。"③ 钱穆还进一步看到，中国人的"道"，与西方人的文明、文化是有区别的；西方人的文明、文化，只讲的是人生外相，而中国人称此为"象"，也即是现象之意，是表现在外人所共见的，亦所谓"形而下"的。所以钱穆深论道："更深一层讲，近代西方观念，似乎只认为

---

① 钱穆:《中国文化精神》，九州出版社 2011 年版，第 126 页。
② 同上书，第 127 页。
③ 钱穆:《中国文化十二讲》，九州出版社 2011 年版，第 6—7 页。

有了火车、轮船、电灯、电话，种种物质文明之发现，便可把全世界人类化成一体，化成为天下了。但中国人观念，则注重在人类内心相互间之'感通'上，认为如把男女化成夫妇般，如此推去，才能把世界人类大群化成一体，成为一个天下。所以他们说'文化传播'，我们则说'大道之行'，在此一观念之分歧上，便形成了中西文化之两型。"① 内心相互间的感通，其实是"人文化成"的先决条件；在文化上体现为以内化外，从内到外，这是中国文化之特点。"道"正可兼内外而通之。可见，从文化之动态，到文明之形式，即从动到静、从内到外，"道"都可涵盖并顾及。所以说："中国人讲道字，不仅讲了文化之外表，并已讲到文化里面深处，即其意义与价值之所在。若只从外表讲文化，最多是讲了文化形态，生活式样。譬如穿衣、饮食、住屋、走路等等，可有各种不同的式样，此各种不同的式样，即见文化之不同。但文化固是同中有异，尤贵能懂得其'异中有同'。各民族文化之所以相异处，在其背后各有一道。"② 对儒家而言，这个道，不仅要讲人生所走之道，更要讲人生应走之道。钱穆说，中国文化之所以伟大，就因其能关注寻求人生大道。这就是我们后面要讲到的"从小我到大我"的人文演进之路。

二　自然与人文

自然与人文之关系，这一话题是钱穆文化学及人文演进观中最富特色的部分。我们仍要从其"草昧"与"文明"谈起。

实际上，钱穆在总体上是反对将自然与人文分开作为对立观念的，我们甚至可以说他是持"自然人文同体观"的文化论者。《双溪独语》开篇即谓："近代人常以自然与人文作为相互对立的两观念。但此两者间，实难有一明晰之划分。中国古人分言草昧文明。照理，草昧时代应更多接近自然，而文明社会则应人文方面更多。但不能说文明社会即违反了自然，而且草昧时代，更有许多反而不自然的。又且草昧与文明之间，也没有一

---

① 钱穆：《中国文化十二讲》，九州出版社 2011 年版，第 7—8 页。
② 同上书，第 148 页。

条可以明确划分的界线。”① 很明显，钱穆是为了论理上的方便，才将自然与人文分立而言的。此中的辩证意味则在说草昧时代也有反自然的现象，而文明时代却应顺从自然。在钱穆看来，将自然与人文对立起来，则是不应该的。但人类社会毕竟是从草昧时代走向了文明社会，故从客观真理上总结回顾仍是有必要的。这种总结，钱穆终其一生都在作，1948 年，他写成《中国文化史导论》，继此书后，1950 年又一次对文化学进行系统探讨，写成《文化学大义》；其后，分别于 1967 年与 1971 年出版《中华文化十二讲》及《中国文化精神》，这是两次演讲的成书。其他还有《民族与文化》、《中国文化丛谈》、《世界局势与中国文化》等谈文化的专书；而散在于各书的研讨文化之论，则多有所见。其中涉猎最广且极有深度的话题，即是将“自然”与“人文”作为一对文化学范畴所作的探究。如《文化学大义》的其中一章即为“文化中的自然与世俗”，开篇即言：“‘文化中的自然与世俗’，这两面，我们每天接触到，一是天地大自然，一是我们人群自身，就是这世俗。此两大部分，乃是人类文化中两大要素，也可说是人类文化中两基层，两础石。人类文化就产生建立在这‘自然’与‘世俗’上。但也可说，世俗也即是自然。人在自然中生，在自然中死，整个的人生大群，都只是自然中的一部分。没有自然，就没有人类。但我们还是可以分开来讲，也可说人不完全是自然，人类文化，也不完全是自然。文化慢慢演进，文化越高，好像它脱离了自然越远。但如《西游记》上的孙行者，翻一觔斗十万八千里，而翻不出佛的手掌。人类文化纵再进步，也逃不出自然范围，还是不能违背自然。我们定要明白这一点。”② 这一视角是告知人们，人类及人类文化，皆从自然中来，完全超越自然范畴的文化是不可能的；说“翻不出佛的手掌”即是说超越不了自然。钱穆的另一视角是从“人”本身来谈文化，如说：“人有两种，一种是‘自然人’，如我们都由父母生下，便是一自然人。另一种人是要经过加工的。不单是纯粹的自然人，而更加工精制，才可以叫做‘文化人’。每一人生下，都有他自己的本质，那是自然的。人有了自然的本质，才可在此本质上再加工夫。如进学校，由小学到中学大学，乃至研究

---

① 钱穆：《双溪独语》，台湾学生书局 1981 年版，第 1 页。
② 钱穆：《中国文化精神》，九州出版社 2011 年版，第 155 页。

院等，将来他便不仅是一个纯粹的自然人，而经受了文化培养，成为一文化人。学校是培养文化人的场所，所以学校本身便要有一番理想。此项理想，则必然便是文化的理想。其实也不仅学校如此，整个社会，整个民族，都有他们的理想。有了理想，乃始可以加工。"① 这是从人可锻造培养之视角，将自然人与文化人区别开来。钱穆之论演进，喜欢以"慢慢由文化进步而来"、"慢慢……传下"、"慢慢演进"等说法，旨在凸显文化是一个漫长之变化演进过程。

文化既是一个过程，当从"自然人"怎样变化成"文化人"起始。钱穆从衣食住行谈起："先言衣，中国人每以衣冠文物连言。在儒家看来，衣代表着人文极重要的一项。孔子说：微管仲，吾其被发左衽矣。易大传说：黄帝垂衣裳而天下治。要治天下，便该有衣裳冠服之制。小戴礼说：正其衣冠，尊其瞻视。瞻视属于身，衣冠乃身外之物，但不能衣冠不正而专求尊瞻视。正衣冠正是尊瞻视一项必然连带的条件。瞻视属于自然，但必要尊瞻视，便是把人文来加在自然上。所以说：礼者天理之节文。若谓自然即是天理，也得要加以节文，但有了节文还是天理。可见由儒家言之，自然人文并不能也不该划然分界，更贵能相通合一。"② 这里所言自然人文，有分有合，既分又合。在钱穆心目中，草昧时代当然不需衣冠文物，而文明社会的标志之一，却正在这衣冠文物，且"衣"代表了人文中极重要的一项。"正衣冠正是尊瞻视一项必然连带的条件"一语说得极到位，因人的瞻视是上天赋予人的自然而有之功能，而要人为地"尊"其瞻视之自然功能，就有必要加进"正衣冠"这一前提条件；但问题来了，这一人为的"正衣冠"符不符天理自然呢？人为之"尊"的正衣冠行为，也就是人为的"加以节文"；这完全有可能不符天理自然，但钱穆深信儒家是懂得天理自然规律的，懂得人为加进的"节文"必须符合天理自然之"节文"，这才叫做"有了节文还是天理"。所以儒家贵其人文自然能"相通合一"，这也正是钱穆得出"自然人文并不能也不该划然分界"结论的根本理由所在——人为之节文符合天理之自然。

---

① 钱穆：《中国文化丛谈》，九州出版社 2011 年版，第 251 页。
② 钱穆：《双溪独语》，台湾学生书局 1981 年版，第 1—2 页。

再说饮食，人不能不饮食。钱穆却从中悟到了草昧与文明之别。他竟然就此作出了这样一个命题：“饮食是自然与人文之接筍（榫）处。”①钱穆的文化学多处用到这一“接榫”说，我们将在下一节作一专论。两物结合成一物，结点处正好是个接榫处。用此譬喻，分明看到了自然与人文中间还是有个节点。

衣、食如此，住、行亦当此理，都有个自然、人文的界线问题，然而，草昧时代毕竟要走向文明社会。人为的“节文”如何符合自然的天理，也就越来越成为文明社会中的深刻问题。宋代新儒家就讨论过这类问题，朱子谈人之饮食，意谓正常饮食属自然，但要求过度则非天理自然。钱穆能以其文化演进观来透视衣食住行问题，这是他的高明之处：

> 衣食住行四项，即在原始时代人，便已缺一不可。由原始人演进到文化人，主要还是在此四项中演进。中国儒家，对此人类文化演进四大路径向极重视。……凡属衣食住行四项之演进，易传作者皆以归之于圣人之创作。则圣人何尝要违离自然，圣人又何尝轻视了物质人生。②

显然，这里所说的“原始人”演进到“文化人”，亦即钱氏所指的“草昧”与“文明”之别。圣人之“创作”显属文明之列，但这一创作不会停止，但却更不会“违离自然”。钱穆多次举出《孟子》所说葬礼是慢慢由文化演进而来之例。如人见野外有一尸体被狗拖着咬，回家说给人听，人想到将来自己父母尸体亦如此，于是拿了锄头畚箕，把那尸体埋起，这正是人类葬礼的开始。后来，葬礼时人们难免哭一番，再后又和乐声配合起来，于是有了一套音乐；礼乐之作就开始了。所以，钱穆就此说道：“开始时，人类性情还是粗的，慢慢儿细了；开始时人类性情还是硬的，慢慢儿软了。这便是‘文化人’与‘野蛮人’之别。”③ 这里，我们再一次看到钱穆又用了另一种对举——“文化人”与“野蛮人”，而实质上，仍可视之为“草昧”与“文明”之别。

---

① 钱穆：《双溪独语》，台湾学生书局 1981 年版，第 3 页。
② 同上书，第 10 页。
③ 钱穆：《中国文化精神》，九州出版社 2011 年版，第 127 页。

野蛮人是在文化演进的熏陶中慢慢发生变化的，草昧时代终将进入文明社会，但如何在文明社会而不违离自然才是"接榫"到位。圣人是深通自然、人文同体之理的，故其"创制"与"接榫"不会违离自然。现在，我们来看看钱穆的自然、人文同体观是如何确立的。

自然人文同体观

"人文演进"观之所以能成为钱穆人文思想的核心理念，固然有其系统人文思想的维系，然而最为重要的是，它有着一种极为关键的基础性观念即人文自然同体观的支撑。凡关注钱穆一生思想发展线索的人都知道，钱氏这种人文自然同体观，最终导致他晚年对"天人合一"的彻悟，而这一彻悟又使他将天人合一这一理念视为中国文化对全世界所作出的最大贡献。我们先来看看他将自然人文视为一体的最直接说法："我们中国古人所讲的天人合一，或者也可说上帝同人类是一体的，也可说自然和人文是一体的。所谓一体，则只是合而为一之意。"① 但问题在，这个"合而为一"是人为地将其"合一"，还是本来就"合而为一"呢？通观钱穆文献，这两种含意，他都兼有之，而更多的是侧重以人文来合于自然："这就是那人文参加进自然里面而演化成为一体了。"② "人文求能与自然合一。"③ 他深以为这种人求能与自然合一的价值取向，才是中国人文主义的根本特征。

首先，在钱穆看来，人文与自然之所以是同体的，在根本上是因为人文只是"自然之一态"，而人文又是由自然而衍生出来的。事实上，这种深刻的洞见确然成为他整体人文观的最具思想力量的逻辑前阶："人类文化即由自然演生，文化亦即自然之一态。"④ 此中所谓"文化"，对钱穆而言，乃涵括着自然与人文的双重内容，诚如其所言："继自然而言人文，又合自然与人文而言文化，其实此皆中国旧观念。近代中国人乃用'人文化成'一古语来翻译西方语。"⑤ 文化本身当然离不开"人为"，因而

① 钱穆：《中国文化丛谈》，九州出版社 2011 年版，第 110 页。
② 钱穆：《中华文化十二讲》，九州出版社 2011 年版，第 106 页。
③ 同上书，第 16 页。
④ 钱穆：《中国思想史》，台湾学生书局 1985 年版，第 249 页。
⑤ 钱穆：《晚学盲言》（上），广西师范大学出版社 2004 年版，第 56 页。

我们通常视其为一种人文文化，然而钱穆从未脱离"自然"来言人文文化。他极具眼光地作出了两个有概括力的命题："人文本身即是一自然。""人文演进即是一自然演进。"① 这两个命题的设定，正好接应了前面所言文化由自然演生，文化亦即自然之一态的说法。文化即自然之一态是钱穆中年时期在《中国思想史》中的论断，而最终作出人文演进即是一自然演进的命题，则是在晚年所著的《双溪独语》中出现的，可见其晚年仍以极大的思维努力，继续建构着他的人文演进观的系统学说。无须赘述，如果有"人文本身即是一自然"这样一个大前提，当然会导致他极力反对现代人那种将人文与自然对立起来的二分观点："今人以人文与自然对立作分别，但人文中不能排除自然。"② 这是事实，也就是说，作为已被实践证明的真理："人文中不能排除自然"，与理念中建构的"人文本身即是一自然"命题是没有本质区别的。因为人类世界的任何东西，无不属之于自然；所有的人造物，并不能和自然造物对立起来；人不能成为独立于自然之外的一种支配自然的力量。在钱穆眼中，西方人硬将自然人文强作区别从而处处要"征服自然"，那就必然要成为人类悲剧。

钱穆的高明远不只在作出了"人文本身即是一自然"的人文自然同体观（也是一种自然人文互涵说）的思想命题，他还发现了人文演进作为自然演进所内含的一种"自然趋势"，如其所说：

> 人文兴建，依然是一种自然趋势，由自然中演出人文，而人文则仍还在自然中，不能摆脱自然，更不能违反自然而独立存在。水有源，木有本，儒家讲人文，主要在不忘本。故儒家重人文，亦重自然，更重在人文与自然之汇归一致。③

作为现代新儒家的代表人物，高度认同传统儒家思想中人文自然汇归一致的理念，其实是有着深刻的合理性基础的。既然以"不违自然"为前提的"人文兴建"，理所当然地是一种自然趋势，那么钱穆断言"人文

---

① 钱穆：《双溪独语》，台湾学生书局1981年版，第13、235页。
② 钱穆：《晚学盲言》（上），广西师范大学出版社2004年版，第58页。
③ 钱穆：《双溪独语》，台湾学生书局1981年版，第7页。

演进，亦可说即是一自然演进"① 就若合乎节；其深意乃在：人文之进化，未能脱离自然之大化。他如此说道："由物质界演出生命，由生命界演出人类，由人类演出文化，似乎逐步展演，永无止境，其实一切展演，到底还是要回归于自然。"② 必须指出的是，多少接受了现代西方进化论思想的钱穆，当然也看到了，"但生命有一进程，物质生命之后，继以精神生命，则亦确有能自作主张自出安排处"③。钱穆承认进化论的合理与有效性（他曾多次提到过达尔文），并认为它是西方惊天动地的大事业。

重要的是，钱氏的"人文演进"观实质上有双重含义：一方面人文演进观确然受到了进化思想的影响，但另一方面，人文演进观的最终形成，确为钱穆一生学问基础所在的儒家思想源头之"人文化成"理念所致。双重观念的交叉浸染，导致钱穆成为一个地道的一生持守其本人所创发的"人文演进"观的文化进化论者。从其早期著作《中国近三百年学术史》对船山的论述中，我们就可获悉这一信息："船山论学，始终不脱人文进化之观点，遂以综会乎性天修为以为说，其旨断可见矣。曰'养其生理自然之文，而修饰之以成乎用'，可谓船山论学主旨。……其用意之广，不仅仅于社会人事，而广推之于自然之大化。"④ 可见，"进化"一语，早在钱穆文献中就已出现。问题在人文进化离不开生命，尤其是"文化生命"，这是我们的后续话题。

更为重要的是，当我们深入钱穆人文演进观的内在理路时，我们发现能够从中抽绎并圆成一逻辑系统，而且这一系统多个层面的建构保证了它的合理性：一是将"自然中本涵蕴有人文"⑤，"人文本身即是一自然"⑥，"文化亦即自然之一态"⑦ 作为人文演进观的前提条件。必须指出的是，这三个命题用现今的解释学语言，即可表述为自然人文互含说或自然人文

---

① 钱穆：《双溪独语》，台湾学生书局 1981 年版，第 235 页。
② 钱穆：《湖上闲思录》，生活·读书·新知三联书店 2000 年版，第 17 页。
③ 钱穆：《晚学盲言》（下），广西师范大学出版社 2004 年版，第 588 页。
④ 钱穆：《中国近三百年学术史》，商务印书馆 1997 年版，第 127—128 页。
⑤ 钱穆：《双溪独语》，台湾学生书局 1981 年版，第 257 页。
⑥ 同上书，第 13 页。
⑦ 钱穆：《中国思想史》，台湾学生书局 1985 年版，第 249 页。

同体观。二是"人文演进即是一自然演进"①，"人文亦必由自然中演出"②，这一说法则显然将前一层面的人文自然同体观引入一种必然的动态演进观中了。三是钱穆所揭示的人文演进自身拥有的一种自然趋势："人文兴建，依然是一种自然趋势。"③ 以今日之眼光看，这可视为是一种人文生态观，所谓人文生态观，是指人文世界中种种活动与建构必有一种自然趋势在无形中起规律支配作用。钱穆虽未使用"人文生态"一词，但却寓有此意，此乃其高妙之处。四是"人文中不能排除自然"④。这是高于第一层面的人文自然同体观的一种人工境界的人文自然合一化，这种高层次的合一化，早已充分证明人文进化仍无可避免地融在大自然圈中，其思想启示及价值当在强调"征服自然"将给人类带来悲剧性的灾难。五是他极为强调的人文中的心灵世界是自然展演所达到的最高可能之境界，亦是演进观的"真意义与其可贵之真价值所在"⑤。总括起来，这五个层面恰好构成一个内在理路非常严谨的逻辑序列，然而这一逻辑的序列内容从大量散见文献中抉发而出时，我们已然发现，其所同时演绎出的人文价值取向与意义也就透显于其中。这对钱穆人文思想的探询者来说当然是颇感欣慰的。

　　基于这五个层面，钱穆又以中国人喜讲的"变化"之道来诠释自然与人文之关系，他说："中国人讲变，必以'渐'，慢慢儿的积化而成变，要变得天衣无缝，使人不觉，这叫做'自然'。"⑥ 积化成变才叫自然，那么怎样才是"化"呢？"化"当然有一过程，就像人吃了东西需要慢慢消化那样；不消化固然是病，消化得过于剧烈同样是病（其实是没等消化）。所以他又以此而尖锐地指出："我们这一百年来的文化病，叫做'知变而不知化'。今天我们只讲变，不讲化，越变越紧张，越变越剧烈，不晓得有等待。"⑦ 等待什么，当然是等待"消化"，没有消化就要"变"到位，那才叫做不自然。说到这里，我们当能理解钱穆何以能历史学家的

① 钱穆：《双溪独语》，台湾学生书局 1981 年版，第 235 页。
② 钱穆：《双溪独语》，台湾学生书局 1981 年版，第 257 页。
③ 同上书，第 7 页。
④ 钱穆：《晚学盲言》（上），广西师范大学出版社 2004 年版，第 58 页。
⑤ 钱穆：《双溪独语》，台湾学生书局 1981 年版，第 214 页。
⑥ 钱穆：《中国文化精神》，九州出版社 2011 年版，第 38 页。
⑦ 同上书，第 39 页。

特有眼光，洞穿中国历史文化演进中之大本大源之所在。如其所言："孟子曰：'尧舜性之。汤武反之。'尧舜乃自自然中演出人文，故曰性之。汤武乃由尧舜而反之己心，则汤武乃由人文中演出，但不失其为，仍亦于自然中演出，仍不失其大本大源之所在。中国文化乃本于各人一己之心。"① 尧舜能从自然中演出人文，当然是深通变化之道，此实属自然，故曰"性之"，也就是顺从自然规律。自然规律的发明虽本于个体之一心，而文化又实源于此，然大本大源则是"自然"这一大范畴。所以，钱穆要说：自然中演出人文，人文仍是自然。实质上，从"演进"过程中可观出其"同体"之特质；换句话说，自然人文又可"同体"观之。此"观"，当然是在总体的"自然"范畴下的一种审视。

人文最高演进，即是自然之最高可能

作为一个文化学大师，钱穆的人文演进观几乎无处不关联着中国文化的特质，而这一探讨他又最喜用这样一个概括："中国文化特质，可以'一天人，合内外'六字尽之。"② 而何谓一天人呢？钱穆说："天指的是自然，人指的是人文。人生在大自然中，其本身即是一自然。脱离了自然，又哪里有人生。则一切人文，亦可谓尽是自然。自然人文会通和合，融为一体，故称一天人。"③ 可见，其谓"一天人"的根基，就在"自然人文会通和合融为一体"。在这样一个基础上再来看何谓合内外，就有前阶了。钱穆举例说："何谓合内外，人生寄在身，身则必赖外物而生存。如食如衣如住如行，皆赖外物。若谓行只赖两足，但必穿鞋，鞋亦即身外之物。使无身外之物，又何以有此一身，故称一内外。"④ 钱穆以为，一般人只是将天看作天，人看作人，内看作是内，外看作是外，于是将一天人，合内外视作一种思想理论，虚而无实。然而就中国传统文化而言，此两语决非空言，中国传统文化的演进已对此两语竭尽其实践之可能。而正因为有了实践的演进过程，"人文"会发展至一种很高的程度；而这一高

---

① 钱穆：《中国文化特质》，见胡道静主编《国学大师》上，东方出版中心 1998 年版，第 156 页。

② 同上书，第 130 页。

③ 同上。

④ 同上。

程度的人文演进，也可能就是自然发展的"最高可能"之一种限度。钱穆如此说道：

> 儒家则谓人类文化虽似违离自然而展出，但实质上则是由人文逆转而还归于天，始是人类文化展出之最高点。①

这个人文的"最高点"，是"还归于天"的天人合一之最高点；而"还归于天"的"天"即"大自然"，当然不是那个原始素朴蛮荒的大自然，而是经历了"人文逆转"即人工改造之大自然。但若人工造作能顺从大自然规律，"虽似违离"而实不违离造化之规律，就有可能达至大自然本身能容纳的最高限度。唯其如此，在钱穆看来，不但"人类文化即由自然演生"②，而且"人文最高演进，即是自然之最高可能"③。其实这种"可能"性空间在唯物史观中应是无穷的，故本不拟用"最高"二字。此外，钱穆并未明言，对自然界而言，其演进实有两层内容，一是自然界（无须人）本身之演进；另一层，则是在人为作用下的演进。但此处却明确将"人文最高演进"与"自然之最高可能"等而同之，其深意显然是要将二者统一起来。然"演进"却在延续：你"人文"的作为能达到何种高度，我"自然"也将呈现出何种高度的可能性空间。所以，钱穆喜讲"顺动"二字："主动间仍不违背了顺动之大法。在创进文化大道上，要依然不远离了自然规律。若荀子所谓的勘天主义，实非儒家精神。"④究极而言，违离自然的人文作为，大自然就绝不可能腾出无限空间（可能性）让你来折腾。也就是说，违离自然将遭受惩罚（报复）。恩格斯在《自然辩证法》中也深刻地阐述过这一原理。

在此，我们有必要先来考察一下钱穆对人类产生的发生学意义所持的观点。诚如他所说："人类断非上帝所创造，实由人猿一类的动物演化而来，这是无可怀疑的。"⑤ 这一观念与唯物史观并无二致，且在这一问题

---

① 钱穆：《世界局势与中国文化》，九州出版社 2011 年版，第 81 页。
② 钱穆：《中国思想史》，台湾学生书局 1985 年版，第 249 页。
③ 钱穆：《双溪独语》，台湾学生书局 1981 年版，第 30 页。
④ 钱穆：《湖上闲思录》，生活·读书·新知三联书店 2000 年版，第 18 页。
⑤ 钱穆：《历史与文化论丛》，台湾学生书局 1985 年版，第 28 页。

上钱穆确实是持达尔文的科学进化论观点的。然而不同于达尔文的是他同时又以文化的眼光看待此问题。"随着达尔文的发现，却不免疏忽了另一绝大的漏洞。当知五十万年以前的原人，固然确由类人猿演化而来，但今天的人类，则已与五十万年以前的原人不同，其间已有绝大差别，这一个差别，乃由人类自身所创造的文化所致。"① 正是文化的不断演进造成了质的差别。

那么，人类文化又是怎样创造出来的呢？对此，钱穆从文字及文字引发出观念这一角度进行了解释，并将此视为人类文化产生的最重要特征。他认为：由口与手之合作而产生了语言文字，由语言文字产生了观念，从而使人类能保留有"旧记忆"，而这一旧记忆则成为人类内心生活的根本特点。产生新观念，保留旧记忆，遂使人类起了绝大之变化。钱穆将其看作"人类文化演进所由与其他动物不同的一个最大凭藉。由此而人类遂由现实的有限的肉体人生，而走进了理想的无限的精神人生"②。正因为精神人生能使人类创出一套真善美合一之理想人类文化，所以钱穆坚信宇宙生机、天地大德之生生化化，其最后演化出的果实则为人，而最后仁则为人之心，故唯人心乃可反映天心，而且承续天心，以开创新生机，展出新宇宙。可见，宇宙演化的最高成果为人之心灵。在此，我们要稍稍介绍一下钱穆的宇宙人生圈理论：最外围的宇宙圈，又可称为天地圈，在这个圈内，包有一小圈，称为万物圈，万物圈内又有一小圈，为生命圈。生命圈内又有一小圈为心灵圈，心灵圈内更有一小圈则为人心圈。人之灵，就灵在其有心。故人在宇宙天地圈中，既属万物圈内的生命圈，又在生命圈内自成其为一个心灵圈。然而人有心，其他生物也有心，最要者乃在演变到人心才最灵。心灵圈又显现为心与物交与心与心交圈。所以，这一人心圈，虽属最小却有莫大妙用，可以各自的己心通他心，又可以心通物，以心通天。而且这一小圈可以回归到最高最外一大圈而同其广大，同其精微，同其神妙。这一人类文化之终极理想，在钱穆眼中即为人类文化与自然的合一。其途径当然是以人心去弥纶宇宙，融彻万物。如此说来，宇宙自然展演的最高成果是人心。其最成熟而最富代表性者是人心。所以钱穆

① 钱穆：《历史与文化论丛》，台湾学生书局1985年版，第28—29页。
② 同上书，第29页。

说："人之灵，最易见处在其心。故人在宇宙圈内，一面当属于万物圈内之生命圈，又一面则有生命圈内自成一心灵圈。"① 钱穆认为最内圈的心之展演，寓有人文演进之最高无穷妙义。

人心既有如此重要的位置，它的基本特征又是什么呢？钱穆不仅以理性更以情感这一核心作为人心的根本特征。"人与人间之心灵生活，则已融成一大生命。尤其是乐生怀生之情感方面，乃更远超于其他生命之上而到达一新境界。于是人类生命，乃以乐生怀生之情感为主，而以营生谋生之理智为副。"② 从道德情感方面，他还指出：中国的人伦道德，均属情感方面，孔子总称此种情感曰仁，仁必包智，但智不必包仁。钱穆又进而论之："人类情感，确亦有与其他禽兽动物相异处。此在中国儒家所谓人之与禽兽相异者几希，唯此一说法，最为平允的当。因人与禽兽固是同一系列，大体相似，而仍有其几希之相异。中国儒家举出仁义忠恕敬爱诸德，此皆属情感方面，而与其他禽兽动物之相异几希处。此亦千真万确，无可否认。"③ 在某种程度上我们可以说，钱穆的人文主义思想，又正是以情感为本体的。而其所以视人文为自然展演之最高点，又确是以人心之情感方面为起点因素的。"故人文社会之演进，决然起于情而不出于欲。"④ 对情感本体的强调，在钱穆的诸多著作中体现得十分透彻，限于篇幅，此不赘述。不过我们在此要强调的是，钱穆所说："人文皆从宇宙自然中演出，而人文之在自然界，仍有其分殊之独立存在，而不害其与整个宇宙自然之同于大通。"⑤ 则正是有了人文界中的心灵圈，才得以与宇宙自然"同于大通"的。钱穆虽反复强调人文由自然展演而出，但到底其着重点仍在人类精神主体上，而这一精神主体又落实于情感本体的人心上。不过，需要稍加分辨的是，钱穆一直说人文界不可独立于自然而存在，此处如何又说"仍有其分殊之独立存在"呢？其实二者并不矛盾，前者的重点是指人文不可脱离自然的前提性，后者则是特指有了人心之灵，人文界的分殊独立存在的终极意义，即在与整个宇宙自然之"同于

---

①　钱穆：《世界局势与中国文化》，九州出版社 2011 年版，第 73 页。
②　钱穆：《双溪独语》，台湾学生书局 1981 年版，第 285 页。
③　钱穆：《历史与文化论丛》，台湾学生书局 1985 年版，第 176 页。
④　钱穆：《双溪独语》，台湾学生书局 1981 年版，第 217 页。
⑤　同上书，第 27 页。

大通"。可见，此中的辩证眼光，正是其深刻之处。这一辩证又导致钱穆另一论断的作出：

> 自然律并不能完全限制人文律。个人生命不能无限展延，但民族生命则已远超过自然生命，不能也说它定有一时间性的限度。即谓在理论上必有此一限度，但此一限度亦可无限展长，像中国便是一好例。①

看到人文不可脱离自然，又看到人文对自然限度之突破，这当为一种深刻的辩证。正因有此一辩证，所以钱穆才最终得出了前述"人文最高演进，即是自然之最高可能"的结论。当然这一结论的关键之处就在人文界中的心灵。这一切中肯綮的结论又使他逻辑地关联着其"接榫"说。

三　自然与人文的"接榫"

有了"心"，始真正有了自然与人文的结合点。钱穆在不同场合下有不同的"接榫"说。前述"饮食是自然与人文之接笋（榫）处"②。其实，这只是钱穆在谈到衣食住行时的一个特别说法。若要真正从文化学本身来探讨人文与自然之关系，钱穆显然用了更为典型而到位的说法："自然心与人文心之接榫"③，他是在论及"仁心之本"的孝悌之心时用到这一说法的。而从演进观看，更为直接而到位的说法是自然与人文的接榫：

> 仁是人类原始本心，此心上通于天，可谓是自然与人文之接笋（榫）处。④

所谓"接榫"，乃中国古代木匠的特殊用语，意谓两个构件中的榫头——凸处，与榫眼——凹处的结合，简单说，接榫就是把榫头和榫眼相

---

① 钱穆：《文化学大义》，九州出版社 2011 年版，第 70 页。
② 钱穆：《双溪独语》，台湾学生书局 1981 年版，第 3 页。
③ 钱穆：《现代中国学术论衡》，台湾东大图书公司 1984 年版，第 70 页。
④ 钱穆：《双溪独语》，台湾学生书局 1981 年版，第 85—86 页。

接起来。显然,这里要接起来的是"自然"与"人文";须知,钱穆的"人文演进"观,其价值取向即在让这二者完美"合一"。"人文演进"作为钱穆文献中出现频率极高的一个词语,之所以能形成其文化思想中的一大"观"——人文演进观,究其实,乃依于其历史文化论中的一系列范畴与命题,而"人心是人文与自然的接榫处"即其中最为基础的一个命题。钱穆在多处以多种方式谈及"接榫"一说,深究其里,乃可分为几个层次言之。一是最为根本的"心源"层面,人文与自然的接榫非此不可,因为"一切人文演进,皆由这个心发源"①。而且"这一个精神界的心,因其是超个体的,同时也是非物质的。……人类的心,则是非生理的,属于精神方面的,在其本质上早就是共通公有的,不能强分你我了"。这才是最为究极的深层缘由,因人类共通的精神之"心",才能接通自然与人文。须知,从自然到人文之演进,乃因人心本身充当了"接榫处",而事实上没有这一接榫处,也就谈不上"人文演进"了。这是钱穆人文思想中极为精微的地方,不可轻易漏过。因为钱穆以为,归根到底,由生命界演化出心灵界,唯演变到人心才最灵,才到达顶点。当然这不是说万物无灵,唯人有灵,而是说万物各有灵,人则为万物中之最灵。更为重要的是,钱穆以其一生心力、学力蕴积而成的天人观向我们传达出:天人合一,即合在此灵之上。

接榫之说,我们还可通过钱穆另一关于"交点"说法,理解得更为透彻些,钱穆深信只有"心"才能作为"人文和自然之交点"②,钱穆更用"绾合"说,使人文与自然的接榫理念更为凸显:

> 如你能把自己的心层层洗剥,节节切断,到得一个空无所有,块然独立的阶段,便是你对人生科学化做了一个最费工夫而又最基本的实验。科学人生与艺术人生,在此会通,在此绾合了。
>
> 上述的这一个艺术人生和科学人生的会通点,即自然和人文的交叉点。③

---

① 钱穆:《湖上闲思录》,生活·读书·新知三联书店 2000 年版,第 6 页。
② 同上书,第 22 页。
③ 同上书,第 22—23 页。

　　这里所说的艺术人生是对应于"自然",而科学人生则对应于"人文"。钱穆在极富创意的小书《湖上闲思录》中,将人文与自然的理念发挥尽致。他自称在抗日战争期间,于云南宜良写成《国史大纲》后,兴趣便从历史逐渐转向文化问题了。此中所谓"闲思",实则是由太湖近边闲云野鹤之自然风光激发而出的酝思。1980年,这位八十有六的老人,重新为这本小书作"再跋",表明此后30年中,他从未停止过对文化问题的探究。

　　接榫须讲规矩,得顺从规律。故还有另一层次即"规矩"之论。

　　钱穆的接榫说"乃主以人文配合自然"①,这种"配合",当以规矩;所以人须以"后天而奉天时,这又是我们人类最高绝大的规范"②。这里所谓"奉天时",当然是对天道的一种"顺动"。钱氏以规矩属之以"自然"范畴,初看,似有费解之处,但细审之,则深感其妙悟之通达:

　　　　今亦可谓规矩乃属于天地大自然,惟天地大自然有此规矩,而并不拒绝人之各自有其巧。更进一层言之,亦可谓在天地大自然之中,实亦并不见有如人类之所想像,有此真方真圆之规矩之存在。规矩方圆,其实已属在人文界中所形成。③

　　至此,我们可以总结说,钱穆那种从草昧时代到文明社会的"人文演进"观,全然基于其对人与自然的深刻理解。他已然透悟出:人虽本于自然,却有着几乎是无穷的可塑性,可以不断地完善化。人自有其精神本体之"性灵"及情感本体之"心"(钱穆的"情"本论是极为丰富的),而作为可接榫于自然与人文的"人心能互通,生命能互融,这就表现出一个大生命。这个大生命,我们名之曰文化的生命,历史的生命"④。人文演进到一定地步,生活由于"心"的历练与运使,心的功能也不断进步,同时对"心"生活的重视也超过了"身"生活。钱穆明确指出:"人类自有了文化生活,自有了政治社会组织,自有了农工商技术生活逐

① 钱穆:《晚学盲言》(上),广西师范大学出版社2004年版,第51页。
② 钱穆:《中国思想通俗讲话》,生活·读书·新知三联书店2002年版,第23页。
③ 钱穆:《中国学术通义》,台湾学生书局1984年版,第224页。
④ 钱穆:《人生十论》,广西师范大学出版社2004年版,第31页。

渐不断发明以后，它早已逃离了这些危险与顾虑。我们此刻所遭遇的问题，急待解决的问题，十之九早不是关于身生活的问题，而是关于心生活的问题了。……显言之，这是一思想问题，一理论或信仰问题，一感情爱好问题，这是一人类文化问题。"① 思想理论当然属"智"的范畴，而感情爱好则显属"情"的范畴，当然在钱穆的思想世界中，情不等于"欲"；因而钱穆丝毫没有回避"情"在人文演进中的意义，而且直接提出："人文社会之演进，决然起于情而不出于欲。"② 显然不同的是，西方社会哲学理论则多强调"欲"作为社会发展的推动力的。但站在儒家人本位立场的钱穆更愿将同情与互感，看作是社会人生所不可缺者，用钱穆的话来说，同情互感是"协调动进"的基础，这当然有儒家和谐理念的思想根基。其实即便今日之西方思想中极为盛行的博弈论，也逐步深入"协调博弈"（和谐互利）的话题当中了。

　　问题在我们前面所指出过的钱穆曾将人文演进本身亦视作自然演进，这就需要一个更为根本的逻辑前提的保证，即人类理智与情感等心灵活动之扩大，亦属自然。钱穆已然意识到这一问题的严重性——如何能界定心灵活动的扩大是自然的呢？的确，钱穆曾断言：天地万物与我一体亦由于人的心灵活动之扩大。这不过是钱穆一贯肯认的人类文化与自然的合一之终极理想。然其途径则须以人心去弥纶宇宙，融彻万物。这里的心物问题，最终是人文与自然的关系问题。钱穆的杰出之处，不仅在总体上指出了人文之进化，未脱离"自然之大化"；还以辩证眼光洞察并以中国文化的特有方式指出了人化自然（"人文化之自然"，见于《现代中国学术论衡·略论中国社会学》）与自然人化（"自然之人文化"，见于《现代中国学术论衡·略论中国社会学》），"自然又须在人文中发展而完成"（见于《双溪独语》）的逻辑关系。如《双溪独语·篇二十二》即指出："今日凡与人类切身相关之自然界，多已经人类心灵创造，而成为人文化的自然，也可谓乃是符合于人类理想之自然。……原始自然，并不曾限制人类心灵之自有其理想，而使自然日益接近于人文化。"这段极为重要的论述中已经出现了"人文化的自然"与"自然近于人文化"的命题，可见钱

①　钱穆：《人生十论》，广西师范大学出版社 2004 年版，第 59 页。
②　钱穆：《双溪独语》，台湾学生书局 1981 年版，第 217 页。

穆是立于一个坚实的思想基础上倡言其人文自然互含说的。如其所说："由自然人生演进到社会人生，而在社会人生内依然涵有自然人生。……精神人生……涵蕴有物质人生。"① 正是这种互含说，合理地解决了何以在有了人类社会历史以来，人们所面对的自然也就含有人文因素了；而人文领域虽不断演进，也仍有自然基因之作用。所以人类心灵活动之扩大，既是天地万物与我一体的自然展演结果，也是天地万物与我同为一体（人化自然）的终极原因。《易传》"人文化成"的基本精神，仍在这里发挥了极大作用。

"人文化的自然"作为钱穆人文演进观中的一个重要命题，还见于他的一篇重要论文《文化三阶层》中："几十万年代的人类精神之不断贯注，不断经营，不断改造，不断要求，而始形成此刻之所谓自然。这早已是人文化的自然，而非未经人文洗练以前之真自然。一切物世界里面，早有人类心世界之融入。"② 晚年的钱穆，似越来越感到需要对什么是"人文化的自然"作一诠释，这促使他在 20 世纪 70 年代以讲学而成册的《中国文化精神》一书中，开始以"世俗"这一概念来诠释人文与自然二者之间的内在关联："人类文化，就从这些原始人，或自然人中间，慢慢开化进步而来。因此我们说，自然中间有人，人之相聚而居的生活，造成了一种世俗，这个世俗则只能说它是自然，不能说它是文化。文化不能违背自然，也不能脱离世俗。若果违背脱离了自然与世俗，此一文化也无可立足。'文化'是从这'自然'与'世俗'两基层中建造起来。若使文化坠落，或是说此文化降低了或后退了，那即变成为回归世俗，与回归自然。"③ 这里我们看到了钱穆对纯粹的回归自然与回归世俗，都是持反对态度的。"世俗"当然是由人之相聚而造成的，但在钱穆看来，"世俗"既然被包围在大自然中间从而面对着自然，它就仍属于"自然"这一范畴内的；然世俗的延续，必有其生存需要之各种"发明"，如人类从使用石器到铜器铁器，从茹毛饮血到烹饪熟食，从穴居洞穴到建筑房屋，从双脚步行到舟楫车辆的使用，这都

---

① 钱穆：《历史与文化论丛》，台湾东大图书公司 1979 年版，第 13 页。
② 同上书，第 7 页。
③ 同上书，第 156 页。

是世俗基本生存需要所致。但"世俗"绝不等同于"文化",钱穆坚持二者之间的界线。他说:"文化不即是世俗。大群人生,三千五千年,三万五万年,也可说它只是一世俗,并不即可称它是文化。"① 他举例说原始人类及现在世界上落后地区,只可谓其有世俗而无文化;至多说他们有的是原始文化。他眼中的"文化",至少是有其道德、艺术等内涵的,如早期中国文化即是如此。因而,"文化"一定是在自然与世俗二者之上建造起来的,这是钱氏论断。但有了"世俗"这一概念,倒是加强了我们对"人文化的自然"这一命题的理解,因世俗的基本生存需要之逐层演进,必然要从历史中演化出"大群人生"的艺术、科学、道德文化等,经此人类精神之不断贯注,不断经营,其"自然",早已是人文化的自然了。故此"世俗"概念,实有助于我们充分理解其"人文化的自然"。

另须提及的是,钱穆又正是在"人文化的自然"命题基础上作出其文化三层次之划分的,它早在 20 世纪 80 年代就被海内外有眼光的人文学者所借鉴,这毋庸赘述。此处我们仍要强调的是,文化历史之演进,一方面本有自本自根的民族文化之基因发生作用;另一方面,也有脱离自然(规律)轨道之可能。钱穆极为担忧那种人文社会历史愈发展,距离自然愈远的状况。他深心告诫说:"文化远离了自然,则此文化必渐趋枯萎。"② 因而,现代人必须懂得人类"从自然中产出文化来……然而文化终必亲依自然"③。钱穆还相当敏锐地觉察到,自然可以不要文化,但文化却万万不能不要自然。这就是文明社会中历史演进的规律所在。在不断演进的社会历史中,人们必须保持一种健康心态:"只有上述的一个心态,那是人文和自然之交点。人类开始从这点上游离自然而走上文化的路。我们要文化常健旺,少病痛,要使个人人生常感到自在舒适,少受捆缚,只有时时回复到这一心态上再来吸取外面大自然的精英。"④ 这种别有意味的"交点心态"说,无非是要让人们更为深刻地理解并丝毫不能懈怠地提醒自己:远离草昧时代的文明社会,其演进

---

① 钱穆:《中国文化精神》,九州出版社 2011 年版,第 156 页。
② 钱穆:《湖上闲思录》,生活·读书·新知三联书店 2000 年版,第 75 页。
③ 同上书,第 77 页。
④ 同上书,第 22 页。

的源头究竟何在。

　　概言之，我们在这一章中看到了钱穆的人文演进观的总体概貌。下面我们要涉入的是各具体范畴的演进观。

第十一章　从"农业人生"到"可大可久"的 农业文明之和平演进

钱穆《国史大纲》开篇之"引论"即指出：中国是世界上历史最为完备的国家，其特点有三：一者悠久；二者无间断；三者详密。前二者显然与中国几千年极为深远的农业文明相关。钱穆自豪地说："若一民族文化之评价，与其历史之悠久博大成正比，则我华夏文化，于并世固当首屈一指。"① 钱穆是从五千年中国文化演进之视角而作出此"民族文化之评价"的，当然又是以其悠久而无间断之历史演进而得出"首屈一指"结论的。他根据新石器时代遗址之发现，断定中国的农业文明，此期已开始："此时期之文化，锄耕农业已甚进步。"② 显然，钱穆此处是将最早期的农耕生活，置于这一时期的"文化"范畴内的；同时又是以一种演进视野来看待其"锄耕农业已甚进步"的。

据此，本章所论农业文明，并非指"静定"而无法"演进"之一种文明形态，钱穆确实指出过中国的农业文明的静定特质。但这一客观的定位，丝毫不妨碍其价值指向：此即"可大可久"的中国农业文明，走的是最为和平的演进之路。钱穆在《中国文化精神》一书中坚认："'可大可久'，可称为是中国文化'特性'，此是中国的文化种同别的文化种不同。"③ 其实，我们随时可看到，钱穆论文化常推出他的"种"概念。此外，"和平"这一中国文化发展价值取向，也是钱穆常常提及的。他以为，对中国历史文化而言，和平的农业文明形态，不仅代表了过去几千年来的世界文化形态中仅存的一种，而且她可向人们昭示未来文化发展的必

---

① 钱穆:《国史大纲》，商务印书馆1996年修订版，引论第1页。
② 同上书，第3页。
③ 钱穆:《中国文化精神》，九州出版社2011年版，第9页。

然演进方向：天人合一。

农业文明之作为一种演进的文化，其深层的根据，在钱穆看来就在农事是一种"生与生相接"而不违背天道规律的耕作文明。钱穆说："今再从浅近处言。中国以农立国，及丁成年，公家授田百亩，年老退回，则农人实无私财。但五口之家之生活，则赖此百亩之地而无忧矣。如此则可免于间接人生，手段人生，功利人生之种种想法，而径自走上直接人生，目的人生，道义人生之路程上去。春耕夏耘，勤劳备至，但其顺天命，遵地宜，依乎五谷百蔬之性，所生之育之，长之养之，乃不啻如父母之于子女，亦可谓之仁，谓之礼，谓之道，谓之义。及其秋收冬藏，则勤劳有成。亦可谓即如生者对死者之有葬祭，一始一终，融成一体。故农事亦可谓一种生与生相接，无背于天道，无背于人道，即此而吾心亦可以得其所乐。故中国之井田制，亦即古人制礼一要端。"①　其言"生与生相接"，无疑是在农事中体现中国哲学思想中的"生生"理念，"生生"就是天道本有即大自然万物生长之规律；顺天命而遵地宜，即顺天道而即人道，故有"得其所乐"之境界，而有此一境界，文化之演进乃成必然之趋势。故中国古代农业人生中的种种制度，亦即中国古人"制礼"之文化基础。此诚如钱穆的肺腑之言："农业文化之生命，乃益悠久而安定。古希腊、罗马以及近代西方商业文化，既达饱和沸点，即感惴惴不可终日，而中国文化绵历五千年，所以深根宁极，日扩而益大，每转而益进者，皆在此。"②千万不要漏过最后一句"每转而益进者"，此非文化演进之理念乎？更重要者，钱穆将"和平"发展寄托在这一文明类型上，所谓"可大可久"，是其借《易传》而表征的一种价值取向。此其一。其二，钱穆并不认为"静定"为"死寂"，不然，中国文化早就完蛋了。他倒是认为，在中国农业文明史上，同样出现过繁荣的商业；相反，如埃及、巴比伦那样的小农业国，其内外环境因素造成其文化生命之夭折，而必须转到商业文化型的路子上去。中国这样的大型农业文明国，则有强力的自然环境因素支撑，其以静定和平为本的演进之路，亦为必然。像中国这样的大农业国，

---

①　钱穆：《中国文化特质》，见胡道静主编《国学大师》上，东方出版中心1998年版，第141页。

②　钱穆：《政学私言》，九州出版社2010年版，第135页。

根本就无妨工商社会在其中成长，城市在其中发展。钱穆甚至断言："中国历史上，自战国以下，即已转入了工商社会，但从不产生资本主义。因中国人历来自有一套经济思想及其经济政策，配合其整套文化。简言之，乃由政治来运用经济，不由经济来领导政治；乃由人生运用经济，不由经济来领导人生。经济繁荣，不必即是商人得势，这是两回事。民生目标不在做生意发财，为著做生意发财而妨碍民生的多得是。"① 他相信中国人那套经济走向，始终在配合着文化，是大文化生命中的一部分，其演进的方向是可大可久的和平文明。钱穆的这些说法虽独特，但并非无客观理据，且他对中国农业文明特质的考察与认知都达到了极高水准，我们无法不深入其里地作一阐述，否则，我们很难理解其"演进"之观。还是让钱先生自己来申述其农业文明演进而配合工商业的理念吧：

> 人类文化也永远应该不脱离农业文化的境界，只有在农业文化的根本上再加绵延展扩而附上一个工业，更加绵延展扩而又附上一个商业。但文化还是一线相承，他的根本却依然是一个农业。②
>
> 中国社会决不能常靠古老的农村经济作中心，而且古老的农村经济也早已在此一百年来，给外来的资本主义荡溃无存了。但中国究竟是一个大农国，将来的发展也决不会脱离农业的基础。而且世界趋势，也正在从海洋岛国工商配合经济的殖民帝国时代，转换到大陆农国工农配合经济的新霸权时代。中国社会之必将工业化，走上以新科学工业配合农业，先复兴本国社会经济，然后再配合上国际贸易，来在整个世界经济圈中占一席位。这一趋势，人人能言，断无疑义。③

在钱穆眼中，工商业对以农业为本的文化之绵延演进，是自然而客观存在的；而事实上在中国历史上也早已出现过。

说到这里，我们倒是更想衬托出梁漱溟那种更为直接而尖锐的观念，梁漱溟在其《往都市去还是到乡村来——中国工业化问题》一文中如此

---

① 钱穆：《世界局势与中国文化》，九州出版社 2010 年版，第 52 页。
② 钱穆：《中国文化史导论》，商务印书馆 2011 年版，第 15 页
③ 钱穆：《国史新论》，生活·读书·新知三联书店 2001 年版，第 34—35 页。

说道："中国根干在乡村；乡村起来，都市自然繁荣。可是如走近代都市文明资本主义营利的路，片面地发达工商业，农业定规要被摧残，因为农业不发财的好道，在资本主义之下，农业天然要受抑压而工业畸形发达（这亦是我们中国不能走资本主义路的缘故）。我们不能像日本已经撞过这一关，工商业起来，可以回头来救济农村，而是不容再破坏农村，再抑压农业。所以此刻我们唯有到乡村来。救济乡村，亦即救济都市；如往都市去，不但于乡村无好处，于都市亦无好处。——路线恰好如此！"① 我们惊讶地看到，梁先生竟也发现日本已经撞过这一关；不过，他却是深深地告诫说我们"不容再破坏农村"，这话是 1935 年在广西南宁普及国民基础教育研究院的一次演讲中说的，如果放到近 80 年后的今天，倒似乎更合时宜——也就是说现代化的演进不要破坏农业乡村之根。但这谈何容易！梁漱溟倒十分自信其有一套办法，甚至对中国农业的演进发展也颇有见地："从经济上着眼来看，欲解决中国问题，必先发达产业，而中国产业之发达，又非从农业入手不可，那末，我们现在就要讲到促兴农业的办法了。所谓促兴农业，此话怎讲？我们要什么样的一个农业？促兴农业的办法又是怎样？我们可以用两句话回答：第一句话，即是要讲农业上多量的采用人类最进步的知识、技术、器具。换言之，即尽量地利用科学，而利用科学，亦就是在农业上采用工业的方法；不特在技术上，即经营形态，管理方法上，也要采用；将世界上已有的好的办法尽量的采用过来，则农业自可渐进于发展矣。"② 此论可属高见了，尤其是将农业置于现代化演进的进程中来促进其发展，总之是要借世界上最先进的手段来发展演进我们的农业文明，而且梁氏自有其从经济着眼的演进逻辑：先发展产业以解决中国问题，而发展产业必先从农业入手。实际这仍是以农业与乡村为根的文化观。不过，梁漱溟并未像钱穆那样深入中国农业文明之历史中去看看这个文化之"根"的客观属性。所以，我们还是回到钱穆。

---

① 梁漱溟：《往都市去还是到乡村来——中国工业化问题》，见《梁漱溟全集》第五卷，山东人民出版社 2005 年版，第 642 页。

② 梁漱溟：《促兴农业的办法》，见《梁漱溟全集》第五卷，山东人民出版社 2005 年版，第 643 页。

一　以农立国的时空条件及环境气候因素

以钱穆学术之广博，他不仅涉猎了中国历史地理，更深探过中国文化的地理背景；其《中国文化史导论》第一章即为"中国文化之地理背景"，中国农业文明的源起就在其中透显。实际上，钱穆其思想矿藏中的农学及其对中国农业文明的基本认识，很少为人所探知。学界熟知的钱穆思想中的天人观，就是基于其对中国农业文明的基本认识之上的。然而作为一个思想起点，钱穆在他著作等身的文献中，始终将他对农业文明的认识贯穿于他对中国文化与中国历史的论述中。全面考察钱穆的农业文明观，不仅可以从中发现中国文化精神中最具始源性的农业基因，而且可获知这一基因对中国历史、文明及其成长所本具的重要功能与价值。

农业文明之源起当依赖于基本的环境条件，钱穆对此认识十分透彻，他是从时空两者来展开其视野的：

> 古代中国文化环境，实与埃及、巴比仑、印度诸邦绝然不同。埃及、巴比仑\印度诸邦，有的只藉一个河流，和一个水系，如埃及的尼罗河。有的是两条小水合成一流，如巴比仑之底格里斯与阿付腊底河，但其实仍只好算一个水系，而且又都是很小的。只有印度算有印度河与恒河两流域，但两河均不算甚大，其水系亦甚简单，没有许多支流。只有中国，同时有许多河流与许多水系，而且都是极大和极复杂的。那些水系，可照大小分成许多等级。如黄河、长江为第一级，汉水、淮水、济水、辽河等可为第二级，渭水、泾水、洛水、汾水、漳水等则为第三级，此下还有第四级第五级等诸水系，如汾水相近有涑水，漳水相近有淇水、濮水，入洛水者有伊水，入渭水者有灃水、滻水等。此等小水，在中国古代史上皆极著名。中国古代的农业文化，似乎先在此诸小水系上开始发展，渐渐扩大蔓延，弥漫及于整个大水系。我们只要把埃及、巴比仑、印度及中国的地图仔细对看，便知其间的不同。埃及和巴比仑的地形，是单一性的一个水系与单一性的一个平原。印度地形较复杂，但其最早发展，亦只在印度北部的印度河流域与恒河流域，他的地形仍是比较单纯。只有中国文化，开始

便在一个复杂而广大的地面上展开。有复杂的大水系,到处有堪作农耕凭藉的灌溉区域,诸区域相互间都可隔离独立,使在这一个区域里面的居民,一面密集到理想适合的浓度,再一面双得四围的天然屏障而满足其安全要求。如此则极适合于古代社会文化之酝酿与成长。但一到其小区域内的文化发展到相当限度,又可藉著小水系进到大水系,而相互间有亲密频繁的接触。①

这是中国农业文明源起的空间条件,此中尤其提到中国比埃及、印度、巴比仑更为优越的水系条件,即"有复杂的大水系,到处有堪作农耕凭藉的灌溉区域"。钱穆对中国何以成为一个世界史上最为稳定的"大型农国",有相当独特的历史前提下的时空视角。他极称中国是个"大型农区",和那些仅有"小型农区"的国家比起来,有得天独厚之优越条件。对仅有"小型农区"的国家来说:"第一是发展易达饱和点,农耕区域达到饱和点,即失却其前进之机会。埃及、巴比仑,都是小型农区,达到饱和点后,其文化精神即难继续上升。于是便积渐腐溃。第二是小型农区力量薄弱,不够抵御四邻外围游牧民族之武装侵略。巴比仑、埃及,都在此上夭折了。……只有中国,是一个'大型农区':它何啻包括好几十条尼罗河与底格里斯、幼发拉底河,何啻包括好几十个埃及与巴比仑。而且它地处北温带,气候比较寒冷,生产比较艰难。若论产生文化的自然条件,较之埃及、巴比仑、印度,可谓得天独厚。然正因此故,中国文化之果实,却结得最坚实,最满足。中国文化,至少经历了两千年的长期演进,直到春秋、战国时代,渐臻成熟。那时传成一大民族与大国家的文化条件,才开始完备。但那时埃及、巴比仑早已夭亡。"② 钱穆又接着指出,中国到了秦汉时期,全部文化体系的大方案、大图样、大间架,都已确立;且历经沧桑,依然保存。此与其"大型农区"关系甚密。"大型农区"所造就的文化特征,则是"内倾型"的,而内倾型之于文化的"绵延"式演进,自有其长处,"其持续性最强最大"③。所以钱穆始终看重中

① 钱穆:《中国文化史导论》,商务印书馆 2011 年版,第 4—5 页。
② 钱穆:《文化学大义》,九州出版社 2011 年版,第 72 页。
③ 同上书,第 71 页。

国作为农业文明大国而能长久演进之优点。

此外，钱穆又对中国人所用"时"字之于农业文明的关系，作过不同层次的系统考察。他特别提醒人们：中国古人用此"时"字，其实相容并包含了"常"与"变"之两义，因而《易传》称"时之为义大矣哉"。他就此而揭示了原始儒家思想与中国农业文明极为密切的内在关联："孟子言尽心知性知天，亦可谓农业人生恰符合于此道。孟子又说：鸡豚狗彘之畜，无失其时，百亩之田，勿夺其时。时之为义大矣哉。孔子乃是圣之时者。孔子亦如一般农民，懂得一切人事无失时、勿夺时而已。欲求顺物性，顺天性，则必求适时。"① 勿夺其时，是此中的核心观念；顺天适时，是农业之本。钱穆坚信中国古圣贤一切大道理皆从农业与农民的实际生活中体会发挥而来。据此，钱穆对中国以农立国的时空条件作了一番考索："中国以农立国，书（尚书）称：'钦若敬授'，易序：'治历明时'。敬授民时，即是敬授民事。春耕夏耘，秋收冬藏。中国地处北温带，春夏秋冬，四季明晰，并分配均匀。四季又各分孟仲季，一年十二月，气候各有分别，并与农事紧密相关。故中国古人之时间观，并与生命观相联系。时间中涵有生命，生命即寄托于时间。时间属于天，生命主要属于人。中国古人所抱天人相通天人合一之观念，即本农事来。人中即寓有天，贵能以人事合天时，故曰：'人文化成。'此化字即包有天有时间，人文即包生命，于自然中演出人文，即于人文中完成自然，故中国古人于同一事中即包有天时、地利、人和三观念。……就农业民族之观念，气候固极重要，但必兼土壤。气候土壤固极重要，但又必兼人事。苟不务耕耘，则天时地利同于落空。而耕耘则贵群合作。……稻麦之生长成熟，更见与天时地利人事一体相和。其事则必经历有时间之变，而变中必有常，可以资人信赖。故曰：'但问耕耘，莫问收获。'人事既尽，而天心亦即已在人事中。不尽人力，则天意亦不可恃。故中庸曰：人可以赞天地之化育，与天地参。苟非有地，则天亦落空，故中国人必兼言天地。但苟非有人，人不能和，则五谷不生长，既无人文之化成，则兽蹄鸟迹，草木茂盛，只为洪荒之世。故中国人言天地，又必兼言人，而合之曰三才。此种

---

① 钱穆：《双溪独语》，台湾学生书局1981年版，第271页。

观念，其实乃是一农业人之观念而已。"① 钱穆在这里不仅传达出农业立国的三个基本条件，即除时（天时）空（地利）这两个最为基本的外在性的前提条件外，还必须有人（人和）。这是中国古文献中常出现的基本观念，而实质上它是建基于农业文明基础上的，用钱穆的话来说，乃是一农业人之观念而已。

在钱穆看来，农业文明产生于河流灌溉之农耕区域；农耕可以自给，无事外求，并可继之一地而反复不舍。正是较为适中的温带气候，为中国的农业文明提供了良好的生产条件。他在考察中国文化的起源时，又将农业文明形成的气候环境纳入自己的视野："旷观此世，人类所生，不仅在温带，亦有在寒带热带生长者。寒带人仅能以游牧为生，逐水草而迁徙。不能安居，斯不能乐业。……人类最适生长在温带……古埃及人、古巴比伦人，虽亦以农业产生文化，但尼罗河下流之泛滥，与巴比伦双河之灌溉，其占地面积，较之中国河、济、淮、江四大流域之广袤宽宏，差别太巨。故唯中国之农业文化，乃独出迥异于世界古今其它诸民族之上，而自有其非常特殊之成就。"② "农业文化"这一概念，已在这段话中出现。安居而乐业作为农业文化的最主要的人文特征，钱穆是反复强调的，他还总结了四个字：安、足、静、定。但钱穆同时也认为：和游牧、商业文化比较，农业文化偏向于保守，但却注重"顺"与"和"前提下的物我一体。

重要的是，钱穆不仅指出了温带地理气候条件之于中国农业文明的独特性，他还比较了中国与其他文明古国的环境条件，从而得出了令中国人骄傲的结论：中国农业文化所取得的特殊成就，远在世界古今其他民族之上。

钱穆对四时气节亦不乏考索兴趣，并显示出浓厚文献学与思想史气味，仅举一例："冬，有终意。万物闭藏，贵于安宁以养。尔雅：'春为发生，夏为长赢，秋为收成，冬为安宁。'冬日之安宁较之秋日之收敛，又不同。……四季十二月节令变化，此即天地之诚。人类生命，即安住长息于其中，宜当自明此理。"③ 此中所指天地之"诚"，乃出《中庸》，其

---

① 钱穆：《晚学盲言》（上），广西师范大学出版社 2004 年版，第 33 页。
② 同上书，第 33—34 页。
③ 同上书，第 38—39 页。

中所含哲理，在钱穆看来，亦为四季自然运行的内在规律。而《尔雅》对一年四季之界定，则显然具有一定的合理性，当然，钱穆以为这完全是从农业生产生活出发的。所以他又深入极为具体的农时中作细致的考察："中国人极重冬至，即重阳历也。禾一熟为一年，中国人重农事，故改从阴历。除夕方尽，元旦随起。除旧布新，天运循环。阴历二十四节，取名曰立春、雨水、惊蛰、春分、清明、谷雨。立夏、小满、芒种，夏至、小暑、大暑。立秋、处暑、白露、秋分、寒露、霜降。立冬、小雪、大雪，冬至、小寒、大寒。凡所取名，皆与农事及日常人生有关。上述二十四番花信风，即从小寒起。是中国从汉武帝时，虽决然一依阴历夏时，而阳历中之重要点，亦复保留。"① 本来，以钱穆的宏观史学视野，难得对农事与农时的关系作如此细致的论述，然而钱穆不但做到了，而且准确地考察了汉武帝在其中的作用；这显然需要学问上的"大通"境界。通观的整体眼光，使钱穆在重视"时"在农事中特殊价值外，还注意到"人文地理"。他曾带有总结性地说过："最后及于天文地理两门，中国重农，授民以时，厝心历法。……又在中国，地理学之发展，更远胜过天文学。天较远，地较近，故在双方（中西）进展先后又不同。又西方多注意自然地理，而中国则更注重人文地理。远自禹贡及汉书地理志以下，中国人研究地理，皆重人文一面，而成绩斐然。"② 但"人文地理"和农业究有何直接关系呢？其实，这里有一个最重要的逻辑前提即为："中国文化建基于农业；农则必外通天地以为业。……故中国人生，必纳入自然中，贵能顺应自然。"③ 外通天地以为业是农业文明的最基本条件，然人生纳入其中，则必以中国思想的"赞天地之化育"为本，人文由此而出，"人文地理"亦由此而出。当然，钱穆对自然地理之于农业的关系，也是极其重视的，他曾非常具体地分析过黄河流域与农业的关系："黄河的大隈曲，两岸流着泾、伊、洛、汾、涑几条支流，每一条支流的两岸，及其流进黄河的三角桠杈地带里面，都合宜于古代农业之发展。"④ 钱穆极称那种两水相交而形成的三角地带即"水桠杈"对古代黄河流域农业发展的重要

---

① 钱穆：《晚学盲言》（上），广西师范大学出版社 2004 年版，第 40 页。
② 钱穆：《晚学盲言》（下），广西师范大学出版社 2004 年版，第 481 页。
③ 钱穆：《晚学盲言》（上），广西师范大学出版社 2004 年版，第 35 页。
④ 钱穆：《中国文化史导论》，商务印书馆 1994 年版，第 2 页。

作用，他说那才是"古代中国文化之摇篮"。实际上钱穆已清楚地认识到中国文化的产生与发展所依凭的首先是黄河的各条支流。这里我们还要指出的是，钱穆对有关农事的生态方面，也有过自然与人文合一的论述，而且他以为这一方面极值探讨。

二　农耕文明造就的"农业人生"

"农业人生"在钱穆的文献中是经常出现的一个重要概念，而且它是伴随着"中国历史的演进"而出现的。诚如其所说："中国社会当春秋战国之际，商业随农业而继起。此下的社会经济并不是纯农的，而其文化传统则实建基于农业人生上，儒家立论最可见。"① 文化传统建基于农业人生，这对钱穆来说，乃是其历史文化学中的一个重要命题。然而，农业人生毕竟又是由长期的农业劳作过程中形成的农耕文明所造就而成，钱穆曾将人类文化分为三型即：游牧文化，农耕文化，商业文化，而这三型文化又是由三种自然环境所决定的三种生活方式孕育而最终成形的。因而中国的农业人生之于农耕文明及其在中国历史文化中的独特作用，不光是传统道德、风俗等的形成，更为直接的是生活方式特别是思维方式的建构。所以钱穆称农村永远为中国文化的发酵地。从钱穆的文献中也可看出，他一直在宣称："中国文化是一种农业人生之文化。"②

以独特文化视角来透视中国农耕文明，钱穆便充分意识到："中国文化，建基于农业。既富自然性，亦富生命性。"他特以四季节气举例言之："姑再从一年十二月春夏秋冬四季各项节日言之，亦大可见其涵义之平实而深邃。春者蠢也。一切生命，皆由是蠢动。而农务工作，亦始于春。中国人言，一日之计在于晨，一年之计在于春。春耕夏耘，秋收冬藏。周而复始，只此一事。有常有变，而又有信。人之在天地大自然中，乃得融成为一体。"③ 所以建基于农业的中国文化之自然性与生命性，还相当突出地显现在："然言春必及耕，不忘劳作，劳作亦自然。而人之所

---

① 钱穆：《双溪独语》，台湾学生书局1981年版，第220页。
② 钱穆：《中国文化丛谈》，九州出版社2011年版，第110页。
③ 钱穆：《晚学盲言》（上），广西师范大学出版社2004年版，第36页。

以能赞天地之化育，与天地参者，则亦在此矣。"① 其实，正是在自然的劳作中，生命性与自然性融合为一。

但绝非仅此而已。钱穆的深刻之处还在他洞见了农业人生与艺术人生的融通。他指出："农业人生，其实内涵有一种极高深的艺术人生，其主要关键，即在能把时间拖长。所谓德性的人生，则是一种最长时间、最高艺术的人生。中国画家，最好画山水，山中草木，水上波澜，时刻新，时刻变，但山水还是此山水。中国社会绵延了四五千年，何尝不时变日新，但仍还是此中国社会。此所谓天不变，道亦不变。"② 但艺术人生毕竟又是由农耕基础上形成的思维方式来建构的。问题在农业人生，本极辛苦，如何能化为艺术呢？钱穆确实已涉及这一关键问题："故农业人生，本极辛劳勤苦。但中国人能加之以艺术化，使其可久可大，可以乐此而不疲。又自艺术转入文学。如读范成大之四时田园杂兴，赵孟𫖯之题耕织图，欧阳修之渔家傲词，亦各十二月分咏。随时随事，无不可乐，人生可以入诗入画，复又可求。"③ 在钱穆看来，人生当求快乐，这无可讥评。但农业人生的最大乐事，终究为乐天知命基础上的自安自足，天人合一。达到这一境界并非一蹴而就，历史是一个漫长的过程，但历史与逻辑的统一，才能为我们所提出的农业人生何乐的问题提供答案，钱穆不愧是深具睿智的大师，他如此分析道："原始人类，以渔猎为生，辛苦营求，非为可乐。待其有获，返其穴居休息，始为可乐。或在穴洞上偶有刻划，或月夜出穴洞门，老幼歌舞，洵属乐事。待其由渔猎进入畜牧，乃为人生快乐迈进了一大步。既常群居聚处，橐驼牛羊，又属可爱。有感情，可安逸，较之渔猎时代显已大异。然逐水草而迁徙，居穹庐中，斯亦可憾。转入耕稼，乃又为人生快乐迈进了一步。一分耕耘，一分收获，手段目的融为一体。且畜牧为生，日宰所爱以图饱腹，心有不忍。稼穑则收割已成熟之稻谷，非有杀生之憾。百亩之田，五口之家，既得安居，又可传之百世，生长老死，不离此土，可乐益甚。所谓安居乐业，唯耕稼始有之。"④ 最后一句"安居乐业，唯耕稼始有之"，是点睛之笔的结论；然结论亦从历史而来，

---

① 钱穆：《晚学盲言》（上），广西师范大学出版社2004年版，第37页。
② 钱穆：《双溪独语》，台湾学生书局1981年版，第224页。
③ 钱穆：《晚学盲言》（上），广西师范大学出版社2004年版，第35页。
④ 钱穆：《晚学盲言》（下），广西师范大学出版社2004年版，第439页。

且服从于自然与人文演进的内在逻辑。质言之，这种农业文明的发展亦体现在农业人生能不断自得其乐：子子孙孙，世袭其业，世传其乐。此即中国文化真精神所在。

　　总之，农业人生只有落实在安居乐业之基础上，才能转入"艺术人生"之演进中，才能进至最终的天人合一之境界。对中国历史本身的年代分析亦复如此："中国古有庖牺时，显然还在畜牧时代。下及神农时，则已转进到耕稼时代，五口之家，百亩之田，只要大家和平相处，宜可各自安居乐业。"① 可见，所突出者，仍为安居乐业。其实，从逻辑上看，没有安居，何能静定专一；而不能静定专一，又何从有艺术人生。因而，钱穆非常肯定地认为：唯农村人能有此境界。他说："就内在人生言，都市不如农村，其心比较易于静定专一。……故惟农村人生活，乃为得其中道；体力劳动，无害其心神之宁定，身心动静，兼顾并到。……无欲故静，因无欲则其心向内，可有一静止之坐标。一切皆从此出发。……如此般的人生，乃当于艺术的人生。人生能有艺术，便可安顿停止，而自得一种乐趣。惟有农村人生，乃可轻易转入此种艺术的人生。因其是艺术的，便可是道义的，而且有当于人生之正。都市工商业人生，则只是一种功利的，必待计较与竞争，把自己胜利放在别人的失败上，人生大目标不应如此。昧失了农村人生，则终亦不能了解中国人的那一套文化传统与人生理想之所在。中国社会，工商业早已发展，全国都市林立，已不是一农业社会，但中国文化演进，则大本仍在农村人生上。"② 钱穆曾多次提到，农业人生虽备极辛劳，然其心自静，不像都市人不安不静。然而唯能静能止，乃得向前。这是很简单的道理，一足止，乃可一足进；人生亦如此，不能有进无止，有动无静；尽日奔波，总得歇脚小憩。所以钱穆反复从其人文思想中的核心理念——人文演进观提示人们关注"止"的观念，关注如何能寻觅得一可停脚之"安乐土"，正如他所说："试再就人文演进言。原始洞居人，以渔猎为生。此一阶段，不得停止。若停止了，与其他禽兽何别。由渔猎转进到游牧，生事稍舒，但终年流转，逐水草迁徙，不能安土定居，此阶段亦不得停留。停留在此阶段，种种人文，不易有进

---

① 钱穆：《晚学盲言》（下），广西师范大学出版社2004年版，第490页。
② 钱穆：《双溪独语》，台湾学生书局1981年版，第230页。

展。耕稼社会，以农为生，此乃人类惟一可停止之阶段。继此有工商业演进，但工商业，仍须奠基于农业人生之上。不得有了工商业，便不要有农业。……何处能觅得一可停脚之安乐土，此是今天工商资本社会之大苦痛所在。"① 须知，正是由于安土定居的阶段及其进展，才有了钱穆所讲的"农业社会"。此亦钱穆农业文明论的系统范畴之一。钱穆当然也注意到农业社会中存藏在己，每不贪多，三年耕有一年之蓄的特征。所以中国人生事已足，则不过求拓展，安分守己，斯为上策。

　　须知，钱穆的人文观，又从来没有脱离过其农业文明的思想根基，他曾称农耕文化之最内感曰"天人相应"。据此，他确认："中国文化理想之最高境界曰天人合一，其实农民生活早已符合此道，亦可谓中国古圣贤一切大道理皆从农民的实际生活体会发挥而来。今人称中国文化曰农业文化，其语实深有理致。"② 我们知道，几千年中国农业文明酿成的"天命"观，是天人合一思想的重要因素。钱穆从天命观高度来揭示儒家的人文与自然合一的天人观："天命，即指人之无奈何之处。人人各得对外面他人作贡献，人人各得对内面自己求完成。此是天命，亦即是人性。中国儒家务求人文大道与自然大道之合一，此即所谓天人合一。儒家指导积极人生一番大道理在此。此番道理，通天人，合内外，这是每一人之性命。"③ 但这毕竟是理想与理念中的天人合一，要落实在具体的农耕文明及其劳作之基础上，还得要结合农业中的"天命观"来进行具体之解说："农事亦有荒歉，三年耕，常有一年之水旱。农人则诿之曰天命。然天命正反面。但问耕耘，莫问收获，收获乃其正面，荒歉则其反面。乐天知命，外面大自然与内部人生亦融成一体。天人合一，自安自足，是为农业人生最大乐事。"④ 显然，这种真正的天人合一观来自农业文化的基本精神——乐天知命。只有乐天知命，才能使外在的自然与内在的人生真正地融为一体。然而我们要问：这种自然与人生之合一又"合"在何"点"之上呢？当然，在钱穆那里，心性合一，内外合一，天地合一，时空合一等往往是"自然人生合一"说法的不同表述或前提性基础。这点我们要等到专门的

---

①　钱穆：《双溪独语》，台湾学生书局 1981 年版，第 278 页。

②　同上书，第 271 页。

③　钱穆：《晚学盲言》（下），广西师范大学出版社 2004 年版，第 561 页。

④　同上书，第 439 页。

章节再作展开。

　　我们还是看看钱穆如何以农业人生来作解释:"其实农村人之所谓天,主要亦只是此时间观。亦可谓农村人之时间观,其实亦即是一天。天指悠久,地指广大,但农村人心中,常感天地合一,以时间观包括了空间观,故曰天长地久。农村人认为只要有此天地常在,一切便可作长久打算。时间在农村人观念中,并非一去即逝;春耕之后有夏耘,当其夏耘时,春耕之时间效用仍存在。接着是秋收冬藏,当其秋收冬藏时,春夏耕耘之时间效用亦仍存在。"① 前面我们提到过,中国农业文明中极为重视一个"时"字,故在其天人观中,亦有一种极为特殊的以时间包容空间的思想内涵。更为重要的是,这一时间观特别看重时间的绵延;在绵延中,"前一年耕此田之时间效用亦仍存在。甚至父传子,子传孙,此一片土地与其历代辛劳,此一切时间效用,亦仍一并存在。此时间与此天地与吾人在此天地时间中所付出之一切工作辛劳,则融凝合一,不可分离。由天地言之,此之谓天地之化育。农业只是在替天地化育。农村人之自身生命,与其自身辛劳,乃把来与天地之化育合成一体,亦具有同一精神"②。生命之辛劳与天地之化育合而为一,这也就是自然人生合一中的内外合一。

　　钱穆对中国农业文明的关注与探讨,既包容广大,又极深入细致。他曾特具慧眼地注意到耕稼劳作中一"养"字的特殊功能,乃是极为特殊的农业文明中的天人观所造就。所以只有"农村人好言一养字,耕稼工作之本身便是一养,因此农村人看人生,一切需赖养。农村人所重视的工夫,亦可说只是一养字工夫。如曰培养,曰滋养,曰涵养,曰保养,曰容养,曰调养,曰绥养,曰抚养,对一切物,如植物动物,乃至对人对己,尤其是对人心内在之德性,无不求能养。孟子曰:苟得其养,无物不长。苟失其养,无物不消。荀子亦曰:万物各得其和以生,各得其养以成。孟子又曰:存其心,养其性,所以事天。南宋诗人陆放翁诗有云:致一工夫在存养。亦可说中国的人生哲学乃至文化精神,主要精义,亦尽在此养字上。但都市工商人则不懂得一养字,他们的主要精神在能造。养乃养其所

---

① 钱穆:《双溪独语》,台湾学生书局 1981 年版,第 224 页。
② 同上书,第 224—225 页。

本有,造则造其所本无。养必顺应其所养者本有之自然,造则必改变或损毁基物本有之自然。养之主要对象是生命,造的主要对象则是器物。此两者间大有区别"①。"养"的始源性基础当然在天,而"养"的终极境界亦在"合天",然其途径以农耕文明来说则要通过不同的"培"、"育"、"滋"等所养,方能各得其养以成;又因其所养对象为生命,所以更需懂得顺其自然。钱穆以为这种天人观为基石的耕稼"养育"观,和西方文化的创造观有根本不同的特征。

此外,我们必须提及的是,钱穆坚信,只有真正的农业文明才能体现出"人文化的自然"与"自然的人文化"之统一。也就是说,农业文明的正常进展,能最好地表征"人文演进,亦可说即是一自然演进"这一钱穆始终持守的人文主义理念。

三 中国农业文明的和平特征

钱穆以为中国文化中最为重要的"和谐"特性,首先可从中国农业文明的和平特征中透视出,其根本缘由就在中国极广大地域中的"自由农村",从来就不是像西方文化那样"向外征服"的,而是"向心凝结"的。对此,他首先以中西对比的视角来展开其论述:"何以汉代衰亡,而中国没有走上像西方史上罗马覆灭时的景象?这因汉代建国本与罗马不同。罗马建国,凭靠少数罗马人为中心。罗马以外区域虽大,到底只是罗马的征服地,并不是罗马的本干与基础。汉代立国,则并非向外征服,而是向心凝结。他是四方平匀建筑在全中国广大地域的自由农村上面的。他的本干大,基础广,因此一时虽有病害,损伤不到他的全部。罗马衰亡,如一个泉源干涸了,而另外发现了一个新泉源。"② 钱穆是极其重视文化的地理物候基础的,他尤其看重中国地大物博这一带有"本干大,基础广"的特征,然而,这一特征能本然地带来和谐文明吗?如果说地理条件只是其中必备的前提条件之一而已,如其所说,"一个泉源干涸了,而另外发现了一个新泉源",那么,应该说钱穆真正揭示的重点则在"向心

① 钱穆:《双溪独语》,台湾学生书局1981年版,第226页。
② 钱穆:《中国文化史导论》,商务印书馆1994年版,第132页。

凝结"这一文化上的精神特征。钱穆又举出另一例说，即便像中国北方这样的地理环境，限于气候土壤等各种条件，使其农村文化受到障碍，于是环踞着许多游牧社会而与中国大部农村生活隔成两截。但如匈奴、鲜卑、羌族等少数民族，"只要他们一接触到中国文化，便受到一种感染，情愿攀附华夏祖先，自居于同宗之列，而中国人也乐得加以承认"①。这就是"向心凝结"的典型范例，这种和平文化之取向，绝不限于汉族内部。为此，钱穆祈愿："广土众民，永保其绵延广大统一之景运，而亦永不走上帝国主义资本主义之道路，始终有一种传统的文化精神为之主宰。"② 须知，钱穆多言"绵延"，亦即其文化演进之另一表征而已，而此一表征，更重在"向心凝结"前提下的永久绵延。下面，我们则要看看钱穆又是如何探寻这一"向心凝结"精神特征之来源的。

固然，钱穆极称中国为举世唯一的农耕和平文化最优秀之代表，独得绵延五千年之久。他早在《中国文化史导论》的弁言中就对农耕文化的"和平"特性之来源，有一基本界定："农耕文化之最内感曰'天人相应'、'物我一体'，曰'顺'曰'和'。其自勉则曰'安分'而'守己'。故此种文化之特性常见为'和平的'。"③ 这一界定非常重要，它还牵涉到我们前面所讲的中国农业文明的安居乐业之基本特征与天人合一之最高境界。晚年钱穆在其《双溪独语》中又以纯然的演进观得出一必然性命题："故农业群，则必然是一和平大群"④。从精神源头到演进过程之充分展现，才会真正出现此一农业文明中的"和平大群"。

和平特征何以最能体现在中国的农业文明中，钱穆首先对此作了一番思想史考论，东汉郑玄在解说《论语》时，就用"仁者，相人偶"来界定仁这一范畴。而相人耦最初则显然是在农业的耕稼劳作时所发生的两人合作而又需相通的一种状况，后来人们更多的是使用"相人偶"来解说仁，其意则更重在两人的心相通上。在儒家看来，中国文化就是一种仁的文化或建基于仁的人生哲学上的文化，二千多年来一以贯之。所以钱穆在深入考察了农业耕稼的"养育"之系统含义后，作了一结论，其意为中

---

① 钱穆：《中国文化史导论》，商务印书馆 1994 年版，第 133—134 页。

② 钱穆：《国史新论》，生活·读书·新知三联书店 2011 年版，第 45 页。

③ 钱穆：《中国文化史导论》，商务印书馆 1994 年版，弁言第 3 页。

④ 钱穆：《双溪独语》，台湾学生书局 1981 年版，第 288 页。

国农业文明以"养"为主，西方工业则以"造"为主。"养出于爱好心仁慈心，以所养为主，而养之者若退处于贡献与牺牲之地位；造则出于功利心自私心，以所造为满足造此者之另一期图。若人类对于此种功利自私心日滋月长，充塞人间，则所造全为争器，不仅争财，抑且争生命。今天的世界，乃至变成一人相食乃至人相杀之世界，乃全赖此等器物之造出，而核子武器成为今日人类创造不安定因素顶点。一面说是巧夺天工，另一面说，夺了天功，则弄巧反成拙。……其实和平只在人类一心，决不在原子弹头上。"① 和平只在人类一心，而此"一心"主要又是靠情感来充实丰富，在钱穆的思想范畴中，情非欲，"冲淡物质欲望，睿深心灵情感，此惟中国建基农村之传统文化有此精神"。更重要的是："心灵人生始有让。强于欲则争，丰于情则让。注重物质人生，必感内不足，引起多欲，自多争。注重心灵人生，乃感内有余，引起多情，乃多让。争而得，欲愈增，愈感不足，继之者仍是争。让而意惬，情愈深，愈感有余，必更让。"② 可见总体上的和平，并非轻易可得，更非强力意志争斗社会中可得；要之，农业文明注重心灵情感生活，崇尚礼让，才是和平的根本基础。须知，对钱穆而言，情本论是其整体思想中的一个重要范畴，情乃"和乐"之本，而情本论的根基则在农业文明的延续发展中逐步建立起来的。这点至为重要。对钱穆的农业和平观尤其是一个逻辑前提。所以钱穆认为："中国以农立国，百亩之田，生事已足。五口之家，和乐且耽，乃更所重视。治国平天下之大道，亦推此和乐之心以为解决。"③ 和乐且耽，还生成了典型的农业文明的好生、乐生之情。在钱穆看来，以仁为基础的农业文明中的情感生活，必然要发展出一种"在同太平之大群主义"，这是像中国这样的大农国的终极和平境界，是钱穆眼中的农业文明发展之旨归。

可惜的是，"不幸当前人类大群，多以利合，少以亲成。抹煞个人以为群，斯各个人亦将不惜毁灭其群以求各自之占有与表现。换言之，此群体乃是从外面势力合成，非由人生内部和会而来。惟有农村社会乃最合人类成群之大原则。因农业为人类共同基本所需，农村人各于此所需上作贡

① 钱穆：《双溪独语》，台湾学生书局1981年版，第227页。
② 同上书，第287—288、287页。
③ 钱穆：《晚学盲言》（下），广西师范大学出版社2004年版，第396页。

献。五亩之宅，百亩之田，乃其所占有。春耕夏耘，秋收冬藏，长年辛劳，乃其所表现。农村人虽分散离居，只鸡鸣犬吠之声相闻，而不害其能成一大群。天下一家，中国一家，乃是农村人想法。固不闻农村人在其群中争自由，争独立，争平等。实际上，农村人早已在此大群中各自自由独立平等了。故农业群，则必然是一和平大群"①。而且，钱穆确认中国的农业文明中，自有其绝好的"多情寡欲"的教育场所，这对造就中国唯主多情，但求少欲的文化传统，是得天独厚的。"情有爱有敬……敬亦人心自然。农村人多知敬，天地山川，一草一木皆所敬。乡村曰桑梓，一桑一梓，植自父祖，与我并生并长。任意斩伐，心有不忍，并亦敬之若神。今日国人则讥之曰迷信，又称之曰多神教，不知此亦农民心中一番敬意之自然流露。既敬天，乃敬及草木。"② 真正的"敬"当为人情之自然流露，故曰"敬亦人心自然"。这对农业文明演进中的和平境界，是至为重要的。

由此，钱穆主张："人类文化亦终必以和平为本。故古代人类真诚的文化产生，即在河流灌溉之农耕区域。而将来文化大趋，亦仍必以各自给足的和平为目的。"③ 但愿中国农业文明给人们启迪的是和平为本。此亦钱穆一生之大心愿。

在钱穆的心目中，传统中国的农业文明及农业人生直接对应了"道德人生"。

故中国文化传统的内核即儒家道德观。所以我们自然从农业文明这章转入下面的道德人生一章。

①　钱穆：《双溪独语》，台湾学生书局 1981 年版，第 289 页。
②　钱穆：《晚学盲言》（下），广西师范大学出版社 2004 年版，第 397 页。
③　钱穆：《中国文化史导论》，商务印书馆 1994 年版，弁言第 4 页。

第十二章　从"小我"到"大我"的道德演进

　　道德演进，在钱穆人文思想体系中，乃置于中国文化传统的核心位置；在某种程度上，他视中国文化为一种道德文化，当然是儒家思想为首的道德文化。

　　在新儒家人物中，言"人文道德"者，以钱穆、唐君毅为最。然梁漱溟亦有极为著名的道德代宗教之说在其前，而熊十力所倡言"孝与慈乃一切道德之根芽"①亦可互资参考并作一对比。然直以"人文道德"作一重要范畴，实以钱、唐二人为主。在这个范畴中，"小我"到"大我"的道德演进，充当了极为重要的命题。钱穆在《文化学大义》中，就十分明确地提出了"人生递进三阶层"说，他指出："人生有递进的三阶层。第一阶层是'小我人生'，只求把外面物质来保全自己生命之存在与延续。第二阶层是'大群人生'，这一阶层的目的，已在各得保全自我生命之上，要求相互间的安乐，来过一种集体的人生。第三阶层是'历史人生'，此一阶层之目的，在求把握人类内心更深更大的共同要求，使你心我心，千万年前的心，与千万年后的心心心相印，融成一片。不仅有集体的广大性，而且有历史的悠久性，这是一种更崇高的内心安乐，无与伦比的。"②这三阶层之所以是递进的，根本缘由当在时空融凝度的扩大上。保全生命个体的"小我人生"，止在其个体生命延续的一个点上；而演进到"大群人生"的文化，则有更大时空融凝度的展演；而"历史人生"则扩展至具"千万年"历史悠久性之"心心相印"的无穷时空融凝。应该看到，钱穆完全是立于其"人文演进"视角来提出"人生三阶层"说

---

　　①　熊十力：《读经示要》，中国人民大学出版社2006年版，第354页。
　　②　钱穆：《文化学大义》，九州出版社2011年版，第21页。

的。此如他自己所说:"文化演进,正在人生目的之逐步提高。必待到达文化第三阶层之目的完成,才始是人类文化之完成。"① 须知,这一人类文化之完成,"小我"到"大我"之演进,充当了不可替代的作用。

无须赘言,钱穆的"小我",是指个体;而"大我",显然则多指群体。他虽用过不少概念来表征"大我",如"大群人生"、"群体"、"文化生命"等,但有时也直接使用"大我"概念。在其 1982 年出版的探讨人生哲学的《人生十论》中,他就以演进观来表征作为一个整体的大生命的"大我",诚如其所言:"我们若明白了这一番生命演进的大道理,就会明白整个世界中,有一大我,就是有一个大生命在表现。而也就更易了解我们的生命之广大与悠久,以及生命意义之广大与悠久,与生命活动之广大与悠久。"② 钱穆意谓:人类中的个体,若不能从其"小我"的自然个体,而演进为"大我"的生命整体,就不成其为演进为广大而悠久的人类社会。所以,从"人生"视角解读文化,钱穆较为概括的说法是:"文化是我们大群集体的人生。这一大群集体人生各方面结合累积,种种变化,我们称之曰'文化'。"③ 由大群集体人生在生活过程中的各种积累与变化,各种"花样"就出来了,其为人文文化,就成为必然。

然而重要的是,有了大群集体人生,就必然衍生出伦理道德。"道德"是这一人文演进中"人文化成"之重头文章。钱穆说:"中国古人讲文化,主要在讲一个'道'字,道即人生应走的路。文化不同,即道不同;社会扩大,因其道之可大;历史悠久,因其道之可久。"④ 在儒家,这一"人生应走的路"无疑是道德理想之路。得道于己,谓之道德。所以说:"中国人认为人生一切道,都应由其内在之'德性'发出,也应都通到人生之内在德性为归宿。《中庸》上说:'天命之谓性,率性之谓道。'中国文化之最重要中心观念即是'性道合一'。性由天来,道由性起。中国人讲天,也可说是一自然,也可说是自然中一种最高真理。中国人主张天人合一,即是性道合一。性禀自天而蕴于内,道行于人而形之外。天人合一、性道合一,也即是内外合一、心物合一。天人相通,内外

---

① 钱穆:《文化学大义》,九州出版社 2011 年版,第 22 页。
② 钱穆:《人生十论》,广西师范大学出版社 2004 年版,第 32 页。
③ 钱穆:《中国文化精神》,九州出版社 2011 年版,第 156 页。
④ 钱穆:《中华文化十二讲》,九州出版社 2011 年版,第 148 页。

相通，此始是大道，亦可称为'达道'。道行而成，形于外，回到人心，则谓之德。德是行道而有得于己之谓，故可合称'道德'。"① 此中"性道合一"是钱穆的命题，其根据就在《中庸》开篇那两句话；而其言"性由天来，道由性起"，也就是对《中庸》"天命之谓性，率性之谓道"的阐释。须知，他的阐释足以为其"人文演进"观作注脚——道德乃人文中展演出。故钱穆强调说："道德非即自然，若专就自然言，亦可谓自然无道德。道德乃人文中展衍出。中国道家太看重了自然，故不喜言人文衍进后之道德。儒家主张人文本位，故极重道德。但儒家言道德，仍必推本于自然。"② 推本于自然，实质上就是从自然的个体人生演进而达至人文道德范畴的"群体人生"。

钱穆极力强调对"大我"作为"集体大生命"与"文化生命"的自觉，实则是一种道德自觉与醒悟。他立于人文演进的高度论说道：

> 人类生活在文化中，与禽兽生活在自然中不同。人既生活于大的文化生命中，则更贵我们自己有自觉，由自己来负起这文化大生命的责任，来做文化生活中之一分子、一单位。我们放开眼界看世界各民族……我们并不是说人的生活可以不要衣、食、住、行，不要物质条件与个人生活。在个人生命上，还有一个集体的大生命。③

显然，这里强调的"自觉"是觉悟在两点上：一是在自然生活外还有文化生活，二是在个体生命之外还有集体大生命。

不过，我们同时需要从另外一面来理解他的个体群体观。钱穆并非一味守旧式地持守传统道德观，这是我们首先要着重说明的。钱穆虽断言中国的"五伦之道，亦即是处大群之道"④，然而他同时亦重视个体的自由及其功能的发挥：

> 换言之，人生处群，并非即以个人投身社会，而每一个人乃各有

---

① 钱穆：《中华文化十二讲》，九州出版社 2011 年版，第 148—149 页。
② 钱穆：《双溪独语》，台湾学生书局 1981 年版，第 263 页。
③ 钱穆：《世界局势与中国文化》，九州出版社 2011 年版，第 60 页。
④ 钱穆：《双溪独语》，台湾学生书局 1981 年版，第 117 页。

一小天地，小范围，使个人心情有培育，有护养，有发展之途向，有
回翔之余地；使每一个人，各得增强其对社会贡献之功能，又使社会
对各个人可以减少其压迫与限制。此为中国人于人生处群特重五伦之
意义所在。①

足见钱穆决非轻视个人，他看重的是各得其所，每一个体都能在情趣
得到护养的前提下充分发挥其潜力，实现其功能，从而对社会作出贡献，
此论与马克思个体全面而自由发展的论说亦有暗合之处。这当然有一种现
代意识使然，从其强调的要减少社会对个人的压迫与限制尤可见出他的这
一意识。

质言之，钱穆的"人文道德"理念建基于其创发的"人文演进"观，
"德性性命"是其重要内核。人文道德的协调功能及"群道"的和谐价值
取向，是仁——"相人偶"的逻辑演绎。作为人文演进过程中的"自然
心与人文心的接榫"，其关键就在人文修养与道德教育。

"人文道德"是钱穆人文思想中一个重要范畴，其建构基于钱穆对儒
家人文主义道德精神的认知。在钱穆看来，中国文化的最基本精神即为道
德精神；而这一道德精神的基本内涵是性善论与不朽论（中国古代的三
不朽为立德立功立言，德为其首，亦可谓立功立言必本于立德），性善论
最深厚的基础当然是儒家的"仁"；钱穆坚信只有仁心可作为"自然与人
文的接榫处"从而成为儒家伦理道德论内核。故此，它有着巨大的协调
功能与和谐之价值取向。可以说，在整个钱穆的人文思想系统中，"人文
道德"理念作为一个人文演进观的次一级概念范畴，也俨然独成系统。
然而由于它大量地散见于钱穆的各类文献中，从而给我们的"探矿"带
来一定难度，但任何时候真正的学术探究无不是先作一种发掘，而发掘工
作则既需持久的工夫，更需一种内在兴趣之助力与学术眼光的照察。

一　不朽论与性善论的配合

将立德立功立言的"三不朽"论与原始儒家的"性善论"结合起来

---

① 钱穆：《双溪独语》，台湾学生书局 1981 年版，第 116 页。

探讨，是钱穆的高明之处："中国观念中之立德立功立言，德为首，功言次之。"① 在他看来，不朽绝非身体之不朽；性善更要从道德个体扩成道德整体。先看其关于"不朽"之论："人生终极向往，是一个生命之'永生'，生命之'不朽'。但自然生命断无永生不朽之理。上帝天国，灵魂出世，早经科学否认了。只有历史生命、道德生命，真可永生不朽。建筑师之肉体生命，断无不朽，而其所建筑，在文化生命艺术生命中，却可有不朽。"② 这是一种对"不朽"生命的基本界定：其所谓"不朽"，俨然属之于文化生命、历史生命与道德生命范畴。所以钱穆再三肯定地说："中国人所谓立德、立功、立言之三不朽，是在历史文化生命中之一种道德精神之不朽。"③ 可见，最终凸显的仍是"道德精神之不朽"。对此，钱穆又以其"人文演进"观与"人文宗教"观加以深论，以让人们真正理解什么是中国文化中的"不朽"观：

> 人类的自然生命，只有几十年，最多百年上下，死了便完了。在这种人文宗教的精神之下，人类可从几十年的自然生命，转进为绵历千万年的历史生命，和文化生命。这几十年的自然生命，仅如一只船，应该好好利用，使它达到这"渡"的功能。不朽的生命，不单是大圣大贤可以获得，人人都可得。孟子所谓："人皆可以为尧舜。"最高的人生，谁都可得。④

此中凸显了一个"渡"字，是从自然生命"渡"到不朽生命；且人人都可进入这一"渡"的过程，达于这一"渡"的目标。钱穆经中西思想比较而得出结论说："只有中国观念，认为人生仍可以不朽，可以永远活在别人的心里。"⑤ 活在别人心里的"不朽"，当属一种人文之"不朽"，与西方纯粹宗教之灵魂不朽是两回事。当然，"耶稣那一段真实人生，尤其是他最后十字架上的一段生命，却十足象征了中国观念中所谓道

---

① 钱穆：《中国历史精神》，台湾东大图书公司 1984 年版，第 126 页。
② 钱穆：《文化学大义》，九州出版社 2011 年版，第 83 页。
③ 同上。
④ 钱穆：《中国历史精神》，台湾东大图书公司 1984 年版，第 122 页。
⑤ 同上书，第 120 页。

德精神之表现。所以在道德精神里，可以欣赏以宗教精神，也可以包容有宗教精神"①。到底是中国文化本位论者，以中国文化的道德精神来包容并欣赏西方的宗教精神。所以他坚称："道德精神之长存千古。""中国的历史文化精神，是一种道德的精神。"② 以逻辑义理的内在关联：长存千古之"不朽"，就在道德之精神。无怪其始终坚持，道德精神，"这应是我们的宗教"③。因为"道德精神，才是真生命"④。中国文化中虽未产生西方那种人格神宗教，但却不能说没有宗教精神。所以我们在钱氏文献中常能见到如此论调："中国文化中虽不创生宗教，却有一种最高的宗教精神，我无以名之，姑名之曰人文教，这是人类信仰人类自己天性的宗教。"⑤ 中国"人文教"的核心就在"道德精神"这四字上，这点，钱穆从来就坚守着。所以他才能从中国文化的道德精神去欣赏西方文化中的宗教精神，从而来界定"不朽"并使不朽观与性善论内在地关联起来："中国人传统的两个很重要的道德观念和道德理论，一、人无论对自己，对别人，都该信仰人的天性总是向善的。二、人生不朽，只有在现实世界里不朽，没有超越了人世间的另一种不朽。换言之人类只有凭藉此肉体所表现的生命，而没有在肉体生命之外的另一种的灵魂生命。人类只有在此现实世界里的一切行为和道德精神，才是他真实的生命。西方人认为肉体和灵魂是两种不同的生命，存在于两个世界里，而且又认为人类的天性，根本是罪恶，这两点，恰和中国人观念正相反。"⑥ 中西对"不朽"之认识不同，就在究为灵魂之不朽还是道德精神之"长存"不朽。中国人的不朽，首先是要活在别人心里，是在相通的精神世界里"长存"下去，所以是一种文化生命、历史生命。钱穆再三地将这种能够在他人精神世界里的不朽生命，与人类"向善"天性而终成道德精神配合起来："我们只有向善的行为，才能把握到人类天性之共同趋向，而可以长久地存在。我们也只有这一种生命，决不会白浪费，白牺牲，将会在别人的生命里永远共鸣，

---

① 钱穆：《中国历史精神》，台湾东大图书公司 1984 年版，第 120 页。
② 同上书，第 127 页。
③ 同上书，第 128 页。
④ 同上书，第 124 页。
⑤ 同上书，第 122 页。
⑥ 同上书，第 117 页。

永远复活。身体不是我们的生命，身体只是拿来表现我们生命的一项工具。身体仅是一件东西，生命则是一些行为，行为一定要有目的，有对象。我们凭藉了身体这项工具，来表现行为，完成我们的生命。"① 此中又添加了"工具"说、"行为"乃至"共鸣"说，宗旨仍在论述符合人类天性之"向善"道德精神之不朽——在他人生命中"共鸣"、"复活"乃至"长久地存在"。诚然如此，"向善既是人类的天性，你的善，便一定可以得到别人心里的共鸣"②。有此"共鸣"与"复活"在他人心灵世界之可能，所以钱穆如此希冀："我们的生命，一定要超出此生命所凭藉之工具——身体，而到达另一心灵的世界。"③ 钱穆正是以自己一生之理念与实践，而终达此一活在他人心灵世界之目标；而他又以其对中国历史文化之深探与仰望而向世人宣告："中国历史乃依此种道德精神而演进。……我称此种道德精神为中国的历史精神，即是没有了此种道德精神，也将不会有此种的历史。"④

深论之，"向善"的道德精神之不朽，则涵括了个体之"性善"到"人类"之性善，亦即从"小我"到"大我"的道德演进。这个"演进"十分重要，无此演进，则难有个体到整体的之"成熟"，钱穆是如此看待此"成熟"之必要性的："中国文化，可称是一善良的文化。此种善良之德，出自天赋，乃属与生俱来，中国人则称之曰性。人类一切善良美德，其本原皆属天赋，皆出人类内心真实所求所好，但亦经历了人生长时期之演进而始透露成熟，由于共同之天性，而形成为各人独特之品德。"⑤ 从个人到"各人"，这就是从小我到大我了。然其"长时期之演进而始透露成熟"，则显然是指一文化演进过程而言。这一演进过程，钱穆又视之为从天赋善德而推开的"可继续"、"可进步"、"可推广扩大"的人文演进过程。所以他将其置入"可久可大"的不朽人生来透视："中国人认为善则必可继续，换言之，是可进步的。再换言之，是可推广扩大的。所以，只有善良的人生，始是可久可大的人生。此种人生，始是与天合一，

① 钱穆：《中国历史精神》，台湾东大图书公司 1984 年版，第 116 页。
② 同上书，第 115—116 页。
③ 同上书，第 116 页。
④ 同上书，第 114 页。
⑤ 钱穆：《历史与文化论丛》，台湾东大图书公司 1985 年版，第 111 页。

即是文化人生与自然人生之合一。"① 此论乃十分坚实地将不朽与性善论配合为一整体，是钱氏的精致之论。基于此，钱穆十分明确而直接地指出："不朽论和性善论，此两论题互相配合，才能发挥出中国道德精神之最高的涵义，这实在是中国思想对整个人类社会的最大贡献。我们必从此两理论出发，乃能把握到中国道德精神最深沉的渊泉。道德并非由外面给我们的束缚，而是人类自己的内心要求。我们的天性，自要向那里发展，这是最高自由。"② 此中不仅强调了儒家思想中不朽论与性善论配合的宗旨及贡献，亦可透见钱穆所说的儒家的最高自由，即在道德自由；这当然是作为主体的"为仁由己"之道德自由。然"为仁由己"毕竟是性善论的一个起点。况且，道德性善论也是中国人的最高信仰之一："'性本善'三字，即是中国人的最高信仰。人性本来都是善的，即是万物之性也未尝不善。……中国古人说，人性禀赋自天，人人可以善，人人愿向善的路上跑。'人皆可以为舜尧'，此不是作为政治上领袖，而是说每一人的人格德性都可做和一理想至高的善人。人人做一善人，才是世界大同，才是天下太平。"③ 性本善，意味着"向善"的天性与潜能；之所以儒家大讲"人皆可以为舜尧"，其源在有此天性与潜能的种子在（当然种子也未必就能发芽成长）。所以钱穆十分强调"人类内心有此向'善'之天性"④，在他看来，整个人类文化的未来趋向必将建基于此，因为"从空间说，文化贵能'扩大'；从时间说，文化贵能'悠久'"⑤。而中国历史文化的价值性与先进性，就在不仅使人生的"不朽"成为可能，更将这一可能性置于"立德"这一前提下；"小我"扩成"大我"就基于此"立德"之前提。钱穆的演进观，就是一种既有文化空间之扩大，也有文明时间之悠久的人文演进观；而此中的核心就在不朽论与性善论配合。而此处笔者尤要指出的是，钱穆之所以要将不朽论与性善论结合起来，实乃洞见二者内在的逻辑匹配关系——无德（无性善）就不可能长久，更何谈"不朽"。

① 钱穆：《历史与文化论丛》，台湾东大图书公司1985年版，第111页。
② 钱穆：《中国历史精神》，台湾东大图书公司1984年版，第120—121页。
③ 钱穆：《中华文化十二讲》，九州出版社2011年版，第115页。
④ 钱穆：《中国历史精神》，台湾东大图书公司1984年版，第121页。
⑤ 钱穆：《中华文化十二讲》，九州出版社2011年版，第147页。

因而，立于"人文演进"观立场，钱穆的"小我"扩成"大我"之道德演进之逻辑理路，就必从个体到家庭、家族，才有"不朽"之可能。钱穆十分到位地指出："中国人又说积德传家，积善日昌。这个'传'与'积'，却是我们的文化精华。"① 那么，我们要问：怎样传？怎样积？钱穆如此作答：中国的家庭"都有一个家统，中国人称之曰'家谱'"②。由这个家统及家谱之千百年记载，达于"不朽"境界始有可能。钱穆又强调，中国文化始于家庭的"人伦道义"，使其积德传家、积善日昌之"传"与"积"，形成一定的相传之"统"。他让我们看到："中国的家庭，有家训，有家教，有家风，不止是一个血统相传。"③ 今天我们已然看到"家风"之重要，然此实始于中国文化传统中关于积德传家、积善日昌之理念；而这一理念的根基，就在儒家思想的性善论与不朽论的匹配上。

然而，毕竟这一切，又建立于钱穆所言"人类内心有此向'善'之天性"基础上，也就是说，这一切毕竟要落实在每个个体向善之天性或潜能上。这点，我们可从其言"德性性命"中能充分看出其思维理路。毕竟，性善论要从每一个体的德性说起。每个个体的"德性性命"，是整体的"文化大生命"的基础。钱穆对此，首先是从中国文化特质来透视的："中国人乃以文化大生命寄托于每一人之小生命，故其绝大责任，乃可由各自之一小己负之。中国文化之能具有绝大力量，其要端即在此。"④ 从"小我"过渡到"大我"，德性的文化内涵已在其中，文化的演进才成为可能；中国文化的演进，尤因这一特质而有了演进之"绝大力量"。因而，到底要握钱穆的人文演进观，才是正确理解其"人文道德"这一范畴的前提条件。我们先从"一切善，皆从人文演进来"⑤ 这一命题切入。在钱穆的人文思想体系中，人文演进是无法脱离自然之"大化"的；人文演进属之于自然演进的范畴，是自然演进之一态。所以人文道德观确立

---

①　钱穆：《中国文化精神》，九州出版社 2011 年版，第 195 页。

②　同上。

③　同上书，第 196 页。

④　钱穆：《中国文化特质》，见胡道静主编《国学大师》上，东方出版中心 1998 年版，第 156 页。

⑤　钱穆：《双溪独语》，台湾学生书局 1981 年版，第 264 页。

的逻辑起点仍在人文演进中的始源点——"自然心"、"自然天性"。自然心是"赤子之心",这点对钱穆是至为重要的。他说:"有自然心,即赤子心,有人文心,即成人之心,以至大人心。孟子曰:'大人者,不失其赤子之心者也。'赤子自然心之成为大人人文心则待养而成。"① 所谓待养而成,正是从自然到人文的演进之路。所以他坚持人文道德必然来自人类自然天性的基本观点,并进而指出:"中国传统的道德教育,乃一本于人类之自然天性,直诉之人心,而在实际具体的日常人生中使之自然透露。中国人认为,人文道德即是一大自然,即在自然之中,自然中可以流露出人文道德,此是一番极具神秘性的可贵真理,非具大智慧人不易窥见。具此大智慧,发现此真理,而使在人文社会中能成为具体事实者,中国人即尊之曰圣。"② 初看钱穆所言"人文道德即是一大自然",确实难以透解,然而从这样一个逻辑中介:即由自然"天性中成长出人性",我们就不难得知:"易大传有言,继之者善,成之者性。……由天性中成长出人性,而更由人性来成长此天性。中庸说赞天地之化育,其实事实例即在此。善便是一莫大的道德标准,要能继续便是善。天地自然最大功能,便是能继续。所以也可说:天地大自然乃是一至善。人能赞天地之化育,辅助自然来尽其能继续之大功能,此是人文道德一最高标准。"③ 钱穆已然从《易传》与《中庸》里透见了作为继续天地化育的大功能即名之为"善",而人文道德的最高标准亦即此善;天地最大的功能即"生生",人文道德若以此为标准,则涉及更为复杂的人与自然、人与人、人与社会的各种关系,但无论怎样复杂,都应以天地生生之大德为理想境界。以上举出的两段话中都已出现"人文道德"之概念,显然,它的逻辑起点仍在自然—人文之演进;而从学理层次看,它亦属于人文演进观范畴。必须看到的是,钱穆总是从中国文化精神来考量并建构其人文道德观的。

"有人问中国的文化精神是什么呢?我认为中国文化精神,应称为道德的精神。中国历史乃由道德精神所形成,中国文化亦然。这一种道德精神乃是中国人所内心追求的一种做人的理想标准。乃是中国人所向前积极

---

① 钱穆:《晚学盲言》(上),广西师范大学出版社 2004 年版,第 104 页。
② 钱穆:《双溪独语》,台湾学生书局 1981 年版,第 267 页。
③ 同上书,第 264—265 页。

争取蕲向到达的一种理想人格。因此中国历史上，社会上，多方面各色各类的人物，都由这种道德精神而形成。换言之，中国文化乃以此种道德精神为中心。中国历史乃依此种道德精神而演进"①。这实际上是钱穆中晚年所得出的结论，而在此后，钱穆似更坚信自己的结论，并断言：

中国的文化精神，要言之，则只是一种人文主义的道德精神。

一切有关人道之学，则全该发源于道德，全该建基于道德。也仍该终极于道德。

此是中国传统文化中一最高理论，亦可说是一最大信仰。②

以 "要言之"、"发源"、"建基"、"终极" 与 "最高"、"信仰" 等非常肯定的字眼来断言中国文化的精神即一种人文主义的道德精神，此中已能见出他内心充满着一种深厚的历史文化感。然钱穆又是极其注重其内在学理与逻辑合理性的。他不仅对孔、孟儒家的原始义理有非常深刻的理解，而且据他自称，他一生都在中西文化比较的难题中打滚，以求得对中国文化与思想的真正理解。须知，这种理解是有着一以贯之的逻辑来贯通的。他曾谓："在西方必求之上帝，求之科学，求之哲学。在中国则人人求之各自之良心，人人良知之所明觉，此即人人当体即是之真理。此若至有限而实至无限，至无限而又至有限。"③ 至此，我们可知贯通钱穆谓之的 "人文道德" 的最基本要素是人天性中本有的 "良心"、"良知"，钱穆更经常用的是孔子的仁概念，因为 "仁" 是对人性的界定。其实良心这一用语，早在孟子那里已出现，孟子亦正是以此来强调人须 "先立乎其大" 的。对钱穆而言，这种建基于良心、正义基础上的先立乎其大，正是所谓 "人文大本"④。有此人文大本，必然会发展出中国的文化最基本之精神——人文主义道德精神。用最通俗的话来说，这一精神就是教人 "做一好人"。钱穆如此深切地论述道："故中国文化，最简切扼要言之，乃以教人做一好人，即做天地间一完人，为其文化之基本精神者。此所谓

① 钱穆：《中国历史精神》，台湾东大图书公司 1976 年版，第 114 页。
② 钱穆：《历史与文化论丛》，台湾东大图书公司 1985 年版，第 132 页。
③ 钱穆：《人生十论》，广西师范大学出版社 2004 年版，第 41 页。
④ 同上。

好人之好，即孟子之所谓善，中庸之所谓中庸，亦即孔子之所谓仁。而此种精神，今人则称之曰道德精神。换言之，即是一种伦理精神。"① 这里我们应注意到的是钱穆所说的"文化之基本精神"一语，这至少表明钱穆已然从中国历史文化之视角洞察到，只有从整体的中国文化精神才能透见并建构起他的人文道德观。此外，又须抓住最有逻辑说服力的观点才能支撑其人文道德观，譬如孟子的不忍之心，就是一无可替代的道德精神原则，钱穆将其上升到人生道德以及创发于人生道德基础上的"人文大道"之高度。诚如其所言"人文大道，种种兴起，亦可谓都由此不忍之心来"②。钱穆以为由不忍之心可展演出最为纯洁的人类之爱，相反，若失去这一纯洁性，就不能将其视之为仁爱，更不能据以为人文大道建立的深厚而广大之道德基础。可见孟子的不忍之心，实为钱穆眼中具有始源性的纯洁天性之最佳表征，它之所以能作为人文道德乃至人文大道的最基本要素，乃因一切人文的展演就从这一最基本要素开始。实质上，仅从这里我们就可以看出，钱穆的人文道德观确有其建构的逻辑理路与价值导向。下面，我们要看看钱穆是如何将"德性性命"这一概念来作为人文道德观的核心基础的。

"德性性命"是钱穆的独特用语，从其内涵看，它关联着"人文人生"③或德性人生，是钱穆人文道德观的核心部分，其依据即儒家传统的道德心性论，其境界则是"人生与道德合一"。

我们先来看钱穆是如何认识道德产生于日常人生而人生最终又必以道德为归宿的："惟中国古人之道德观，则既不信奉上帝之启示，亦不依赖于哲学专家之思维与逻辑所创出之一番空洞玄虚之理想。中国古人之道德观，乃一本于日常人生之具体实际需要，渊源于自然，而发现于人心。凡属农工商各业，无不从道德中产生，亦必以道德为依归。"④ 这里需要注意的是，钱穆极为重视从日常人生实际需要中产生的道德观，并视其为中国文化的特点；但他也丝毫没有否认过道德的先验形上之理，如其一贯强

① 钱穆：《人生十论》，广西师范大学出版社 2004 年版，第 40 页。
② 钱穆：《双溪独语》，台湾学生书局 1981 年版，第 42 页。
③ 钱穆：《晚学盲言》（下），广西师范大学出版社 2004 年版，第 420 页。
④ 钱穆：《双溪独语》，台湾学生书局 1981 年版，第 274 页。

调的:"中国文化精神最重在人,而人又重在其性。"① 须提及的是,钱穆论人生道德一最大特征即从不脱离个体与整体、有限与无限的关系。他曾深刻地论述道:"儒家并不在人类自心之外去另找一个神,儒家只认人类自心本身内部自有它的一种无限性,那即是儒家之所谓性。人心是个别的,因而也是各偏的,不完全而有生灭的,相对而有限的。但人心亦有其共通的部分。这些共通部分,既不是个别的,又不是各偏的,而是完全惟一的,无起灭而绝对永存的。儒家之所谓性,即指此言。因此儒家在自心之内求性的至善,正犹如一切宗教家在自心之外求神的至善一般。……人性至善,已然是一种无限了。宋儒转换理理,理则普遍于宇宙万物与人类,更属无限了。"② 至善之性也即是一种道德形上之理,宋儒言天理,而朱子更说天即理也。然而这无限而形上之理又通于人心,用钱穆的话来说就是:性之至善即在我心。儒家人文道德的真髓即在:只有真正地得此至善之性于我心,方可谓之道德;德者,得之于己、得于己心也。所以钱穆又常结合形上之理而提"德性"二字,并在他人文道德观中展演出"德性人生"、"德性性命"概念:

> 我们中国人又常言德性。什么叫德呢?韩愈说:"足于己,无待于外,之谓德。"可见德就是性。在我们自己内部的本就充足,不必讲外面的条件,只要能把来表现就行。……性就是德,德就是性。也可以说是上帝给我们的,所以我们古人亦谓之性命。我们要能圆满发展它。……人的生命归宿就在此。所以我们做人第一要讲生活,这是物质文明。第二要讲行为与事业,修身齐家治国平天下,是人文精神。第三最高的人生哲学要讲德性性命。德性性命是个人的,而同时亦是古今人类大群共同的。人生一切应归宿在此。③

这段重要的论述不但揭示了"德性"的内涵,还提出了"德性性命"概念。我们应注意的是,他还从人文精神视角,提出了"物质文明"一

---

① 钱穆:《晚学盲言》(下),广西师范大学出版社 2004 年版,第 459 页。
② 钱穆:《湖上闲思录》,生活·读书·新知三联书店 2000 年版,第 99—100 页。
③ 钱穆:《人生十论》,广西师范大学出版社 2004 年版,第 88—89 页。

说，然而他极主人生的最终归宿是德性性命，因为它是最高的人生哲学。
当然最高的人生哲学也没有回避人生所需的物质文明条件。这就是钱穆的
人文演进观最为显著的特征之所在，他能毫不玄虚地从日常人生之实际需
要出发，来突出人文道德观的实际产生与价值旨归。问题在于从日常人生
实际需求出发，必然涉及道德与功利的关系，钱穆丝毫没有避开这一古今
以来争论不休的论域，而是以他早已建树并一贯坚持的人文思想之核心逻
辑范畴——性情，来支撑其合理性，诚如其所指出的："在道德中寓功
利，内面牵涉到人生各自之内心，此即在道德中寓性情。道德与人生合
一，斯即性情与功利合一，亦即是中国理想所谓天人之合一。"① 须知，
这是立足于性即德、德即性这一理路上的，而所谓人生应归宿于德性性命
亦即归宿于上述天人合一之最高人生境界，当然，能真正达于这一境界，
便自然而然地涵括了性情与功利的合一了。其实钱穆早已洞识此层关系，
因而从儒家心性论这一基础，得出了"德性性命"的核心范畴，并由德
性性命这一范畴的逻辑展开，触及天人境界并由此而深入到道德自由——
人类最高的自由问题，

　　要之，钱穆坚信只有一种道德生活即人格内在德性的真实生活，才是
最高的自由生活。他极富睿智地看到："由自然情况中来建立社会关系，
再由社会关系中来发扬道德精神。而人类此种道德精神，则必然由于人类
心性之自由生长而光大之。……唯种种社会关系之建立，则应建立在人类
之自心自性上，即须建立在人生最高情状之道德精神上。不能专为着保身
安身而蔑弃了心性自由之发扬。当由人类心性之自由发扬中来认取道德精
神……而若人类能一眼直瞥见了此心我，一下直接接触到了此精神我，一
下悟到我心我性之最高自由的道德，人类可以当下现前，无入而不自得，
即是在种种现实情况下而无条件地获得了他所需的最高自由了。"② 这里
所阐述的道德自由，与他对儒家人文道德观价值取向的肯认有极大的内在
关联，他以为儒家是最早关注并直接向往人之"精神我"与"道德我"
的人类最高自由的。而且若以更为宽阔的视野看："则儒家种种心性论道
德论，正与近代西方思想之重视自由寻求自由的精神，可说一致而百虑，

---

① 钱穆：《双溪独语》，台湾学生书局1981年版，第274—275页。
② 钱穆：《人生十论》，广西师范大学出版社2004年版，第72—73页。

异途而同归。"① 钱穆曾自谓其一辈子都在中西思想文化探寻与比较中打
转，关于道德自由作为最高自由的理念，虽是针对儒家而发，但肯定受到
西方思想的影响。事实上钱穆的学术视野是相当开阔的，以其国学功底与
大师眼光，吸取西方思想中的精华，得出此种儒家心性道德论之最高自由
境界与西方自由精神殊途同归的结论，是不足为怪的。须注意的是，钱穆
在儒家心性论基础上又颇有自己的创发，仅此一段中便有能直接表征其人
文道德观的"心我"、"精神我"、"道德我"等核心概念，它们都是建立
道德最高自由范畴的不可缺失的基本层位之概念。

二 "相人偶"：人文道德的协调功能及"群道"的提出

以钱穆的思维理路，从"小我"扩成"大我"，本有一"相人偶"
的道德协调功能在其中。而钱穆对道德协调功能深刻的认知，最早乃着
眼于他对人心互通功能的认识。他曾谓："孟子论心，本只就心之作用
功能言，并不涉及所谓本体。孟子谓孩提之童无不知爱其亲，及其长无
不知敬其兄，此种'无不'知，便是人心之同然。"② 人心之同然的前
提在人心之互通。重要的是，钱穆不但在理论上发现了孟子对心的论
述，只关乎作用与功能，他更深刻地洞察到孟子那种人心之同然，乃是
一种原始的自然之同然。他由此而进一步指出，孟子"特举孩言之，
则指出此同然之心之发端，此心之原始同然处。此种人心之原始同然，
只要推扩光大，则如火之始然，泉之始达，直到尧舜圣人，便得了人心
之终极同然"③。钱穆的洞识与眼光就体现在他对"终极之同然"的表
述上，人心要达到这一终极同然，当然是推扩光大如火之始然、泉之始
达的最优功能所致。钱穆所极度强调者正在于此。而且原始与终极的
"同然"，将依心之作用与功能而一以贯之。所以在钱穆看来，孟子言
人性善，只说人皆可以为尧舜，不曾说人人皆即是尧舜。就是因为这中

---

① 钱穆：《人生十论》，广西师范大学出版社 2004 年版，第 74 页。
② 钱穆：《灵魂与心》，广西师范大学出版社 2004 年版，第 12 页。
③ 同上。

间的许多曲折层次、遥远路程还有待心之功能的极大发挥。比如儒家喜言的"觉"与"明",按钱穆所说:"乃自属于东方思想下之一种人生境界,亦即东方人所体会而得之一种人心功能。故西方科学哲学之分道而驰,宗教与科学之极端冲突,在东方人观之,殊为奇事。"① 钱穆极主"良心一元论",也就建基于儒家人格理论中人心之互通从而能够互相映发、互相协调照应的"通"与"协"的功能上。钱穆常宣称的人文大道、人文大本,也都以此为根基。

钱穆有个著名的宇宙人生圈的图像与理论解说,其根本的原理就在最内圈的人心可通于最外圈的宇宙。最外围的宇宙圈,又可称为天地圈,在这个圈内,包有一小圈,称为万物圈,万物圈内又有一小圈,为生命圈;生命圈内又有一小圈为心灵圈,心灵圈内更有一小圈则为人心圈。人之灵,就灵在其有心;心与心可通,内与外可通,心与天可相通,天人终可合一。故心灵圈又显现为心与物交与心与心交圈。然人有心,其他生物亦有心,不过在自然与人文的演进过程中,乃在演变到人心才最灵。他坚信宇宙自然展演的最高成果是人心。所以钱穆极称:此一人心圈应属最小而有莫大妙用,"妙用"即心之最大功能。故最小的心圈可扩充并回归到宇宙最外一大圈而同其广大,同其精微,同其神妙。其途径当然是靠人心的弥纶宇宙、融彻万物之功能。从道德原理上说:"人与人间之心灵生活,则已融成一大生命。"② 从个体之小生命而融通为群体之大生命,钱穆常称其为"小我"变为"大我",个体心变为"文化心",故又有"文化生命"、"道德生命"之称。圣人也是人,但却从小写的人变为大写的"人"。他在德性品格上完成了这一大写之"我":

　　　　人亦必做成一圣人,乃始可说一句"我亦人也"。乃始可说在人中完成了一我。这一悬义将会随着人类文化之演进而日见其真确与普遍。

　　　　如何完成一我,系在德性的完成上品格的完成上说。③

---

① 钱穆:《灵魂与心》,广西师范大学出版社 2004 年版,第 15 页。
② 钱穆:《双溪独语》,台湾学生书局 1981 年版,第 285 页。
③ 钱穆:《人生十论》,广西师范大学出版社 2004 年版,第 48 页。

最关键的问题仍在道德心功能之发挥，才谈得上德性与人格之完成。儒家"日新又新"的说法，正是从人文演进观的理念证实了"日进其德"的重要意义，钱穆对此的认知仍有孟子理论的强力支撑。他说："孟子曰：'有诸己之谓信，充实之谓美，充实而有光辉之谓大，大而化之之谓圣，圣而不可知之之谓神。'是人之日新其德，可以上跻于天，而使人同于神。其上跻于天而为神者，则为人之德。"① 由此他更主张道德人生乃为人生之最高艺术："中国人日进其德，而圣而神，此乃人生之最高艺术。"② 日新其德也好，日进其德也好，都须以孟子所言的充实而光大的心之功能的发挥为前提。对钱穆理论稍有兴趣的人都知道，钱穆是极重道德"人品"观的，实质上，他的品格观亦建立在上述德性与人格完成的日进其德的内在理路上，无须赘言，我们此处只须举出他的"德不成，品不立"③ 的命题与结论即可。这仍属之于道德功能达至某种品格境界的理论范畴。

钱穆的创新之处还在他对"公德"与"私德"关系的论述上。我们知道，公德观念来自西方，钱穆对此特作了一个比较："近代国人以西方人用社会一词，又用法律一词，乃称西方人有公德心。不知由中国观念言，可谓有公道，无公德。道必属于公，德则属于私，公私则相通。由各人之私德，发而为大群之公道。故论语言：'志于道，据于德。'非各人之私德，即无以成大群之公道。今国人则以西方人之守法谓公德。不知德必内属心，无公可言。法则外于心，而强心以必从，乃无德可言。西方人本无德之一观念。德者，得也。西方人所得，皆属外在具体物质方面者。中国人所得，乃有在心体之抽象方面者，而名之曰德。此皆不得不加之以明辨。"④ 有此一明辨，钱穆更对中国文化大增信心："故中国古代社会，能使人重其私德不重其私业。凡业皆为公，而凡德则见之行。孝悌忠信皆本私德，而会为大群之公道，此实中国文化精义之所在。"⑤ 要之，钱穆对此的认知乃立于其坚信私德可有扩充而融会为社会公德的基本功能，这

---

① 钱穆：《晚学盲言》（下），广西师范大学出版社2004年版，第472页。
② 同上书，第473页。
③ 钱穆：《双溪独语》，台湾学生书局1981年版，第151页。
④ 钱穆：《晚学盲言》（下），广西师范大学出版社2004年版，第622页。
⑤ 同上书，第423页。

确为他的深心所在，亦确为其一生深研中国思想文化的结晶。公德私德之论，于今日之哲学伦理学范畴内，当然至为明白；但在古代中国思想世界中，虽无"公德"之论，却有替代而能相应的范畴——公道论，公道论的特殊内涵，钱穆倒是极其关注，他将"大群之公道"作为中国文化的精义之所在，其实是既有义理上的合理性也有价值上的合理性的。其实，钱穆的义利之辨，亦可为其公道论作一支撑。在梁漱溟的专章中，笔者已透露钱穆是如何以义利说呼应梁氏文化"早熟"、理性"早启"说的："世俗只懂讲利，文化到了高处才懂讲'义'。中国古人说'义者利之和'。两利、群利，利与利得以相调和，不冲突，便是义。"① 显然，这里的重点乃在利与利之间的调和，调和之前提在"义"。

协调功能正是建立在心心相通、心物相通基础上的，因为道德的协调功能至少有这样三个层面，一是人与人的协调，二是人与自然（天）的协调，三是人与社会的协调。钱穆既一贯持守人文演进观，就必然从发生论视角而关注协调功能，这里我们有必要以钱穆在其不同文献中反复多次举的郑玄所言"仁者相人偶"一例来作阐述，须知，钱穆对郑玄此语的认知，颇费心思亦广涉孔孟儒家之相关论述。所谓"相人偶"，从始源性的发生学角度看，就是一种典型的协作，而这种典型的协作在原始的中国农业文明中就发生在农耕之中，故偶又称"耦"，古人作田"即成双成对而耕。亦曰耦耕"②。据此，钱穆常常深有感叹地作一番议论："其实人生处处皆须与人合作，不仅耕田为然。有如夫妇成家，生男生女，人道由是开始。左传称嘉耦曰妃，妃即配合义。配合好称嘉耦，配合不好称怨耦。晋荀息告献公曰：送往事居，耦俱无猜；则君臣合作亦称耦。又如射耦，古人射必有耦，左传称射者三耦。又如耦坐耦语。史记作偶，汉书作耦。庄子称南郭子綦荅焉似丧其耦。说者谓身与神为耦。今亦可说身与心为耦。可见人生无处不有耦。此之谓相人偶。许氏说文，仁，亲也。其字从人从二。人心必有二人相亲，始以为乐。亦必二人相处，始见有仁。"③ 这种发生学的追溯确让我们看到了中国古代道德的始源性功能的协调作用

---

① 钱穆：《中国文化精神》，九州出版社 2010 年版，第 163 页。
② 钱穆：《双溪独语》，台湾学生书局 1981 年版，第 33 页。
③ 同上。

与意义，最初的合作与协调就从这种单纯的农业文明中开始而扩及于"人生处处皆须合作"。所以钱穆认为道德精神是人文演进过程中最具始源性与持久性的动力。在某种程度上，钱穆已超越于人与人、人与"大群"社会而进至人与宇宙自然的道德协调论阈，故在其晚年甚至倡导了一种生态文明观，这是至为难得的。我们再来看看钱穆是如何通过其人文道德观来认知并透视这一功能的："这一种融通协调，是整个宇宙与长期人生之协调，再从此与整个宇宙相协调之长期人生来领导个人现实生活之趋向，而指示其规律。这是东方文化精神，这是东方人的宗教信仰，这是东方人的人生观，这是东方人的人文科学精神。这是在另几种核心观念，另几个思想系列中，经过长期演进而形成的东方中国之特有文化。"[①] 注意，这里所谓"长期人生"既指"大群"人生——社会人生，亦指历史文化人生，而其与整个宇宙的协调显然是一种最广义的协调。这种人文道德功能，乃为中国儒家人文道德观的最高境。钱穆极力倡言：人道由群道来，群道由仁道来，仁道由人与人之相会通和谐、配搭结合来。

钱穆又从"仁者寿智者乐"的命题来阐发中国文化中的群道观。他以为食色之乐，只是乐在人欲粗处，似可乐而实非可乐；中国人能做到贫亦有乐："贫者何乐？乐在人心深处，即人与人相处之一番真情义上，此即乐在其'能群'。如孝、悌、忠、信，凡所能群，皆即中国人乐处……西方人乐在彼我相比较，中国人乐在彼我之相偶聚，相侪伍，而相群。"[②] 此中最为核心的理念即在"能群"、"相群"上。基于这种群道观，晚年他在《双溪独语》又反复伸张中国文化的"信心"：

中国文化，正可谓是一种极富信心之文化，信人文，信圣教，信人心之同然与天人合一。若使人类社会能获得此一种共信，则人文界自可到达一种真善美的圆满的理想境界。[③]

"信人心之同然"，才有"群道"的出现，才能与前述"大群之公

① 钱穆：《历史与文化论丛》，台湾东大图书公司1985年版，第36页。
② 钱穆：《素书楼余潘》，九州出版社2011年版，第489页。
③ 钱穆：《双溪独语》，台湾学生书局1981年版，第107页。

道"逻辑地关联起来；由人与人会通协作而有仁道，由仁道而有群道，由群道而有人道。此为钱穆成体系的道德"协"论中的系列话题，其根本目标当然在人与世界的大和谐；当然，对人类自身的道德缺乏信心，就必将失去和谐的前提。所以钱穆一贯强调要作文化的反省工夫："因此摆在现代世界人类面前最重要的大问题，是在如何各自作文化反省工夫，如何相互作文化了解工夫，如何合力作文化协调与文化新生工夫。"① 钱穆此论早该引起我们的重视。

三　人文修养：中国传统"文化人生"的重要支撑

"人文修养"，在钱穆的人文演进观中占一极重要位置。他对人文修养的基本看法是："什么是修养？如修剪花朵枝叶，培养泥土等。一颗花种，生出花苗后，须要慢慢培养修剪，才能长出一朵合意的花来，做人亦如此。天地生人，单独的人没有意义，没有价值。……人一定要进入社会才成人，因此必要在人群中做人，若脱离了社会便不成为人了。……中国人讲做人道理，最基本的是要人参加进社会，在人文中修养他自己，成为一人文化成的人。"② 这其中强调的重点即"在人文中修养他自己"一句。看看他下面这段带有高度概括性的话，我们当能明了他的用心所在："人文修养即是讲究做人的道理和方法，懂得如何做人才是最高的知识，学如何做人才是最大的学问。学做人是人最切身的问题，任何一个社会，一个民族，都有其教人做人的道理，生长在这社会里的人，都得接受这社会教我们做人的道理。"③ 一个"最高"、一个"最大"、一个"最切身"，其透露出钱穆如何看重"人文修养"之于中国文化中的道德人生，就不言而喻了。钱穆又继而论道："所以要做人，便须做社会上的人，进而做历史上的人。天地所生之人只是一'自然人'，入了社会以后做的人，才是社会的人，历史的人，才是文化人，即是人文修养之人。"④ 不进入"相人耦"之群道的社会人、历史人、文化人层面，且无善德之前提，就不

① 钱穆：《历史与文化论丛》，台湾东大图书公司1985年版，第37页。
② 同上书，第376页。
③ 同上书，第373页。
④ 同上书，第377页。

是一个"人文修养之人"。至此，笔者将此一节置于本章的性善论与不朽论、"相人耦"的群道二节之后，读者当亦能理解此中的逻辑走向，此实亦顺钱穆人文演进观之理路而来。

须知，钱穆的人文演进观，反复强调"文化人生"的价值，他以为这是中国文化中的一种"道德理想"取向，他是如此般强调："我们要注意，中国人此种理想，并不在只求经济生活之平等，而在由此有限度的平等的经济生活之上，再来建造更高的文化人生。因此中国人一面看不起专以求财富为目的的商人，一面又极推尊以提高文化人生为目的的读书人。把握此种理想而想法子来实现的这一责任，便在这辈读书人身上。"① 但此中问题在，没有"经济生活平等"之实现，"文化人生"的高境界能达到吗？也许对儒者可以，但对常人呢？所以，钱穆自己也曾说中国的道义人生是一开始就立于"高处"的。然而中国文化一旦走上了这立于高处的道德文化之路，就必有其取径。因而，中国儒家思想中以"人文修养"为前提的人文道德观，就应运而生了。必须看到的是，这一人文修养观，也即是钱穆所倡言的中国传统"文化人生"的重要支撑。钱穆一言中的："此是中国人传统之所谓'礼治'。因此经商为富的人，虽富而不荣；耕读传家的，虽贫而尊。"② 这纯然是一种人文道德传统，因而我们必须深刻理解中国历史文化中，为什么会出现这一人文道德观。

而此处再度提到的钱穆人文道德观，实当以理解钱穆倡导的"人文修养"理念为前阶。事实上，说钱穆对"人文修养"说的重视程度在新儒家中无人可比，丝毫不过分；此又实缘于他在根本上觉悟到中国文化就建基于人文道德中的"人生修养"。他曾在《中国人之宇宙信仰及其人生修养》一文中指出："中国文化建基于人生修养，而其人生修养则根源于其对于人类所生存的此一宇宙以及此宇宙与人生间之关系之一番认识与信仰。"③ 此中所言人生修养，偏于言人类"生存"前提下的宇宙与人生关系；虽与人文修养这一范畴无质性差别，但可置于"人文修养"这一更大范畴之下。故"人文修养"作为一文化范畴的拈出，对钱穆来说是极

---

① 钱穆：《中国文化史导论》，商务印书馆 1994 年版，第 124 页。
② 同上书，第 125 页。
③ 钱穆：《世界局势与中国文化》，九州出版社 2011 年版，第 69 页。

富人文意味尤其是"传统文化"深意的：

> 中国传统文化中的人文修养，此乃中国文化一最要支撑点，所谓
> 人文中心与道德精神，都得由此做起。①

　　在钱穆那里，道德修养当然是"人文修养"中最基本的一项工夫，
然而从钱穆特有的人文演进视角看，它仍始于道德教育："人之初生，婴
孩心实即自然心，而人文心即植根于此。必善加养护，俟其成长，乃得人
文心之日趋于稳定而舒展。……中国的希贤希圣希天之学，则即指此而
言。"② 儒家典型的希贤希圣之学，当然是指道德教育的目标；钱穆在此
段论述中所言的"自然心"、"人文心"其实是别有意味的，因为从前者
到后者，就是一种人文演进的过程，而"人文修养"亦即在此过程中实
现的，这点是我们必须把握的，否则我们将很难理解钱穆为何要强调
"自然与人文之接榫处"③。须知"接榫"的关键就在通过人文修养而成
的仁心之真正实现，故钱穆十分强调道德教育其意即在："人当婴孩，以
至于为幼童，必在家中为子弟。使于此时即教以孝悌，他年成长，此孝悌
之心，即仁心之本。孝悌之心，亦可谓乃自然心与人文心之接榫处。及其
长成，乃为仁心，即见仁道，即大群心相通，而始可跻一世于大同。"④
在钱穆看来仁心、仁道以至通向大群之公道，其实都始于孝悌之心。钱穆
概括说："孝中有爱，爱中有仁，故'孝弟为仁本'，此是中国文化大道
生命所寄。"⑤ 既是文化精神生命之所在，必会从中形成中国文化特点的
"仁教"，钱穆常称儒家"仁教"为"人文教"，因中国人施教，自其居
家为子弟始，无不以孝为人文道德教育之核心：

> 孔子认为培养良心最直接的方法，莫过于教人孝悌。故有子曰：
> "孝悌也者，其为仁之本与。"再由孝悌扩充，由我之心而通人类之

---

① 钱穆：《历史与文化论丛》，台湾东大图书公司 1985 年版，第 135 页。
② 钱穆：《现代中国学术论衡》，台湾东大图书公司 1984 年版，第 69 页。
③ 同上书，第 70 页。
④ 同上。
⑤ 钱穆：《中国文化精神》，九州出版社 2011 年版，第 71 页。

大群心，去其隔膜封蔽，而达于至公大通之谓圣。心之相通，必自孝始。孝是人与人两心相通之第一步。中国人的宗教，只限于人与人之间，并不再牵涉到人以外的上帝。因此中国宗教亦可说是一种人文教或称文化教，并亦可称之孝的宗教。孝之外貌有礼，其内心则为仁，由此推扩则为整个的人心与世道。因此既有孔子，中国便可不再有西方般的宗教。①

由"孝"为"仁之本"而上升到"人文教"，这也是钱穆匠心独具的"人文演进"内在理路之一种表征。照钱穆的说法，儒家虽不是宗教，但却不能说其无宗教精神。他认为孔子虽超越宗教，但他仍特设一个家庭为训练人心的场所；而且孔子的道德教诲，实已把握了人生的基本大原则，并在历史文化演进中形成古今沟通的一种"文化心"、"公心"。重要的是，它全由教养、陶冶而成。钱穆这样开示我们："中国人称此种心为道心，以示别于人心。现在我们可以称此种心为文化心。所谓文化心者，因此种境界实由人类文化演进陶冶而成。亦可说人类文化，亦全由人类获有此种心而得发展演进。"② 道心或文化心，都针对一种原始的"自然心"而言，即如孔子的弟子，"颜子则要把此原始自然心经过最高陶冶与修养，成为高度进步之人文心，来适宜运使于人文理想中。……孔子以下的中国人，更把教育事业看重过政治事业。而周濂溪之所谓士之希贤希圣，则更看重在少数人之自我教育上"③。可见，陶冶与修养的重要意义已凸显在高度进步的"人文心"上。必须指出的是，儒家一直是将教育看得重于政治，或政教合一；道统犹高出于政统。孔子就被视为至圣先师，地位甚至高于帝王。而且正如钱穆所指出的，孔门四科德行为首，四科即德行、言语、政事、文学。所谓天地君亲师，师代表着道，重道必尊师，对儒家而言，此义极为深远。须知，人皆可以为圣人的人文道德观，正是中国传统道德观中的精髓。因而钱穆经常强调："中国教育则在教人学为人。天生人，乃一自然人。人类自有理想，乃教人求为一文化人、理想

---

① 钱穆：《灵魂与心》，广西师范大学出版社 2004 年版，第 20 页。

② 同上书，第 19 页。

③ 钱穆：《双溪独语》，台湾学生书局 1981 年版，第 236 页。

人。……中国之知识教育必以德性教育为基本，亦以德性教育为归宿。"①教育的起点与归宿都是德性，钱穆在其道德人格教育思想中，实已建构起"德性教育"这一范畴。此外，这里须特别提示的是，钱穆的眼光还放在了少数杰出人士的"自我教育"上，这也是与其人文理想一致的教育理念所在。在钱穆的人文演进之历史中，多数人总是由少数杰出人物来引导的。

钱穆常言及修养之功夫论，从先秦儒家到宋明理学家的功夫论，他几乎都有涉及，此处不及详论。仅举一较有典型的论孟子养心、养气之例："《孟子》书中提及人生修养之至高人格，则曰大丈夫，亦曰大人，以与小人小丈夫对。……而所以得跻此境界，言其工夫，要之不外两端。一曰'养心'，一曰'养气'。心指其内在者言，气指其外发者言。二者交相养，而中国儒家所理想之修养工夫，大体具是矣。""欲明养气，当知养勇。勇即气之征也。而养勇之至，亦即可以不动心。故知善养吾浩然之气之与不动心，特所由言之内外异其端，而同归于一诣，非截然为两事也。"②宋明理学、心学中的修养工夫论，源头在此。

钱穆强调："每一人之自修其身，即为社会深厚培植其根柢。"而"中国社会根柢首要在士。"③故其有意拈出"士君子"教育一例，并以此倡言人格教育："孔子和儒家，是最看重道德教育，人格教育，和文化教育的。他们创造了中国社会里'士君子'的教育。士指受教育者而言，君子则指从教育陶冶中所完成的理想的道德人格而言。"④钱穆的深刻之处在不仅指出了"君子"的称谓即意味着一种理想的道德人格，更看到了作为"陶冶"的教育是何其重要。中国古代社会里这种士君子式的陶冶教育，其实正是人文修养的一种体现。这点我们将在教育思想之演进一章中再作详论。

笔者何以要将人文修养观放在这一节中讨论，此亦出于钱穆的深心所愿：少数圣贤若要引导大众前进并及于人类之治平大道，"必有其德性，

---

① 钱穆：《现代中国学术论衡》，台湾东大图书公司1984年版，第156页。
② 钱穆：《庄老通辨》，生活·读书·新知三联书店2002年版，第238页。
③ 钱穆：《晚学盲言》（上），广西师范大学出版社2004年版，第284、285页。
④ 钱穆：《中国历史精神》，台湾东大图书公司1976年版，第86页。

乃能导人以德性"①。这与儒家的道德教育与修养之观点是完全一致的。钱穆指出："凡求人类向上，则必求以少数为榜样，资鞭策。凡论做人大道，亦必求以少数为准绳，作依归。"② 人类向上、人生向上，均为钱穆人文道德观中的重要理念。这里，我们所想强调的是，钱穆一直意识到：不论是群体的人类或个体的"人生向上"，都极为不易，因而任何时候都要着眼于道德修养与道德进步。它是人类进步永恒而不竭的动力之源。

　　照钱穆看来，在农业文明熏陶下，讲"道德的人生"也将是讲"艺术的人生"，善与美是内在而密切关联的；此为中国成了一个讲艺术、懂欣赏国度的根本理由所在。而正是基于这点，中国早已造就了她独有的文字，并走上了独有的从文字到学术的知识演进之路。当知，知识演进之路，关乎"真理"的人文演进之取向，在钱穆看来，中国文化亦当有此一取向。果如此，中国传统文化就成了真善美高度统一的文化了。下面我们就要翻开这一页。

---

① 钱穆：《晚学盲言》（下），广西师范大学出版社 2004 年版，第 548 页。
② 钱穆：《双溪独语》，台湾学生书局 1981 年版，第 304 页。

第十三章 从文字到学术的知识演进

钱穆视文字发明为人类文化史上的划时代标志。他说："人类又经嘴和手的配合并用，用手助嘴来创造出文字，作为各种声音之符号。人类有了文字以后，人的心灵更扩大了，情感思维理智种种心能无不突跃地前进。这真是人类文化史上一个划时代的大标记。譬如说，人类有语言，是人类文化跃进一大阶程。人类有文字，又跃进一阶程。"① 从语言到文字、从文字到学术，是在几千年的知识演进历程中实现的。钱穆诚然极重视这一文化演进过程本身的"划时代大标记"价值，然其首先是从"艺术"之视角来看待这一演进，并对其"艺术之成功"极表赞扬："中国文字实在是具备著'简易'和'稳定'的两个条件的，这一点不能不说是中国人文化史上一种大成功，一种代表中国特征的艺术性的成功，即以'简单的驾驭繁复'，以'空灵的象征具体'的艺术之成功。"② 成功来自何处？说其"简单的驾驭繁复，空灵的象征具体"，只是两个抽象的原则而已。若具体地深入下去，则要了解中国人的文化趣味，了解中国人艺术品位之特征，这才能揭示出中国人最能"利用曲线"来创制文字。钱穆如是说：

> 中国文字亦可说是由中国人独特创造，而又别具风格的一种代表中国性的艺术品。我们只有把看艺术作品的眼光来看中国文字，才能了解其趣味。中国文字至少有两个特征。
>
> 第一：他的最先，虽是一种"象形"的，而很快便走上"象意"与"象事"的范围里去。中国文字并不喜具体描绘一个物象，而常

---

① 钱穆：《人生十论》，广西师范大学出版社 2004 年版，第 29 页。
② 钱穆：《中国文化史导论》，商务印书馆 1994 年版，第 91 页。

抽象地描绘一个意象或事象。这是和上文所说《易经》八卦要简单空灵的几个符号来包括天地间复杂的万事万物一样的心境。只是《易》卦太呆板了，只能有六十四种变化，自然不能如中国文字般活泼生动。

　　第二：则中国文字能利用曲线，描绘一轮廓，较之巴比仑之楔形文字以及埃及的实体象形文，都便利得多。①

　　这并非是简单地"利用曲线"，若只是简单地利用曲线，那至多只能创制一种象形字而已；而事实上中国文字早有"六书"之说。这就是说，在最先有了利用曲线而创制出"象形"字以后，中国人能很快地"走上'象意'与'象事'的范围里去"，何以能走上这一文化层面？在钱穆看来，这决定性的下一步就在中国人"并不喜具体描绘一个物象，而常抽象地描绘一个意象或事象"。在笔者看来，这俨然是一种"具象的抽象化"了。然须知，无此"具象的抽象"，如何在文化演进中走向文字到学术的演进呢？质言之，没有"具象的抽象"，还将缺失从文字到学术的中介层面——观念的产生。所以，以钱穆的文化史、思想史眼光，他到底拈出了《易经》为例，从而道出了《易经》是如何以几个简单符号来笼括天地间万事万物之复杂关系的；"复杂关系"当然是由事物本身而呈示出的观念性关系。钱穆此说，可与梁漱溟的中国文字"径取图像符号为主"说作一比观："中文却径取图像符号为主，文字孳衍乃在形体。语言文字浸浸分别并行，初不以文字依附语言，而语言转可收摄于文字。二者恒得维系不甚相远，今古之间即不甚难通。"② 在梁漱溟看来，语言若单纯地寄于声音之中，则声音旋灭，使其不能达于异时异地；而正因有寄于图像符号的中国文字之产生，从而能济其穷而广其用。此说就同于钱穆的文化演进观视角了。

　　孔子在中国文化史上，就呈示并推出过诸多新观念。故在我们已知的中国两千多年的文字—学术演进历程中，钱穆深感第一个要大力表彰的人物是孔子。他如此说道："孔子是开始把古代贵族宗庙里的知识来变换成

---

① 钱穆：《中国文化史导论》，商务印书馆 1994 年版，第 87 页。
② 梁漱溟：《中国文化要义》，上海人民出版社 2005 年版，第 263 页。

人类社会共有共享的学术事业之第一个。"① 钱穆如此以孔子鲜明彰显出
"学术事业"这一范畴，此诚为"知识演进"的视角。对此，我们在本章
最后一节中还要作专门展开。可以想见，钱穆本人亦是以孔子为榜样而将
"学术"作为自己终身"志业"的；这正如德国著名社会学家、思想家马
克斯·韦伯②（1864—1920）所言"学术作为一种志业"，是需要诸多条
件的。事实上，钱穆在写完《国史大纲》后，就已然开始了其漫长的学
术史、思想史的探讨与写作生涯。

　　在现代新儒家人物中，钱穆恐怕是最为看重文字之于人类学术文化演
进关系的一位，他不仅深入文字本身中，更对学术史源起及其功能也作了
极为独到而深入的探讨。梁漱溟对学术的产生也谈到过自己的看法，他认
为学术是社会人生问题的产物，"当社会发展前进到了不同阶段，那时人
生问题从而有所不同，便自有其不同学术出现"③。梁漱溟此话可谓一语
中的，中国的学术一直与现实层面的问题关联紧密，这实际上也构成了中
国哲学思想的一大特点；梁漱溟在学术起源问题上就将视角对准了社会人
生之现实问题，这不能不说是他的高明之处。而熊十力则更是从三代之
"政教"直探学术源头："唐虞三代之政教化理，深入于中国社会，使人
人沦肌浃髓，转相传续，而成为中国人之特殊精神者，盖已久矣。至孔子
本此精神而演为学术，其广大渊深微妙之蕴首在于《易》，次则《春秋》，
又次则《诗》《书》《礼》《乐》诸经。"④ 熊十力同钱穆一样透见了孔子
对中国古代学术演进起到的巨大作用，熊十力还从《易经》入手，推究
中国文字的创制之源："自昔相传庖牺氏画八卦。此当为文字之始，亦为
算数之始，亦为哲学思想之始。每卦之数，始于一而成于三。明有一则有
二，有二则有三，对待以成其变化。一切事物，由是起也。"⑤ 将八卦不

---

　　① 钱穆：《国史大纲》，商务印书馆 1996 年版，第 100 页。
　　② 马克斯·韦伯：德国的思想家、社会学家和政治经济学家，被视为与马克思、涂尔干齐
名的世界三大社会学家之一，并被公认为现代社会学和公共行政学最重要的创始人之一。韦伯最
初在柏林大学开始其教职生涯，后陆续于维也纳大学、慕尼黑大学等大学任教。作为国际著名的
学术大师，其学术思想对国际学术界影响极大，不少著作备受学界推崇，如其代表作《新教伦理
与资本主义精神》；他对中国儒、道二家思想亦颇有研究。韦伯还曾参与魏玛共和国宪法的起草
设计。
　　③ 梁漱溟：《人心与人生》，学林出版社 2006 年版，第 143 页。
　　④ 熊十力：《论六经·中国历史讲话》，中国人民大学出版社 2009 年版，第 11 页。
　　⑤ 同上书，第 160 页。

仅视为文字之始，亦为中国学术之始，这对熊十力本人基于《周易》而建构的哲学体系是有极重要意义的。

一 对中国语言文字的基本认识

此处，我们当首先考虑作为一个历史学家的钱穆，是如何从历史演进之角度来考论中国文字的："若论中国文字究竟起始于何时，则现在尚无法考定。就殷墟文字的形制上及数量上说，那时文字演进已甚久，距离初创文字的时代必已甚远。民国十九年山东济南附近城子崖的发掘，在那里也发现了文字。据考古学家推定，城子崖应是在西元前二千年以上的遗迹，约当夏朝时代。从此以下，直到战国末年，在此两千年间，中国文字正永远在不断的改造与演进中。"① 此中已几次用上了"演进"二字。钱穆在生时，文字方面的考古发掘已有不少，特别是河南安阳殷墟甲骨文字的考古发现，钱穆当然不光关注到此，又特提及了山东济南城子崖的发现，而这一发现的重大意义是其年限当定在公元前 2000 年以前；这当然让钱穆甚感欣慰；然到底缺乏大量证据而使其断言"现在尚无法考定"。故其更多聚焦在安阳殷墟的发掘上："安阳殷墟出土的兽骨和龟甲上刻的贞卜文字而论，在约莫十万片的甲骨上，其字体经近人大略整理，至少亦已超过了四千个。那是商代的情形，直到周代以后，新文字还是继续产生。各地的人只要援用此种'象物、象事、象意、象声'的四项规则，大家一样可以造字。只要造出的字能自然恰当，各地人也一样很快接受，很快推行，成为一公认的新字。因此文字数量逐步增多，而文字使用的区域也逐步推广了。同时也有许多旧的不自然不恰当的字，也就因文字创造之逐渐进步，而逐渐的淘汰不用了。"② 仅在此殷墟出土的四千个甲骨文字上，中国人就能依照"象物、象事、象意、象声的四项规则"来进行造字，故文字大量增添，以致形成了中国历史的文字艺术乃至文化。

然钱穆又到底是受了达尔文进化论影响之人，喜欢从发生学角度探究问题。对文字与人类观念的起源他也颇愿作一番始于生物学讨论："今若

---

① 钱穆：《中国文化史导论》，商务印书馆 1994 年版，第 89 页。
② 同上书，第 88—89 页。

论人类之所以异于其他动物者，即就生物学讲，不仅在它有了两只手，而且也因它有了一张嘴。手能制造工具，嘴则能说话。由有能制造器具的两只手，而一切外面的自然物可转为我用；因有能讲话的一张嘴，而人类彼我间的一切情感，一切思想，一切记忆，可以畅快交换，互相传达。又因有口与手之合作而产生文字，由文字而产生新观念，保留旧记忆，在人类内心方面，从此起着绝大的变化。这是人类文化演进所由与其他动物不同的一个最大凭藉。由此而人类遂由现实的有限的肉体人生，而走进了理想的无限的精神人生。但也因为人类有了文字，有了精神文化，而始产生出宗教与上帝观念。"① 钱穆关注到了这张能说话的"嘴"，其实这对文字产生也是个决定性的前提之一。因从语言文字的演进过程看，毕竟是先有言语，后有文字；原始人作为群体的生存，最先就是通过声音来进行相互交流的。可惜钱穆并未能深入到早期中国文化中，对各地方言之于文字的影响进程作一探讨；这或许是他更倾向于文字的重要性，或许是未有更多材料充当证据。当然，他也看到了后来"形声字"发明后，中国文字与语言那种若即若离的深层关系。故此他说道："中国文字本来是一种描绘姿态与形象的，并不代表语言，换言之，中国文字本来只是标意而不标音。但自形声字发明以后，中国文字里面声的部门亦占著重要地位，而由此遂使'文字'和'语言'常保著若即若离的关系。"② 其实，正是这一若即若离的内在关系，使中国文字的发明上了一个台阶，并推进了学术的进展。而梁漱溟、钱穆等新儒家似更看重其对民族文化统一的价值，梁氏说："中国文字为其文化统一之一大助力。"③ 而钱穆则提请大家关注："在中国史上，文字和语言的统一性，大有裨于民族和文化之统一，这已是尽人共晓，而仍应该特别注意的一件事。"④ 事实上，声音对符号产生的作用乃至对文字的催生，在文明演进史上的方方面面作用是巨大的。西方文字主要就是基于声音系列而产生的，梁漱溟对此亦看得十分准确，其言："顾西洋文字仍不外代表声音，即是以文字附于语言而行。"⑤ 就是在

---

① 钱穆：《历史与文化论丛》，台湾东大图书公司 1979 年版，第 29 页。
② 钱穆：《中国文化史导论》，商务印书馆 1994 年版，第 89 页。
③ 梁漱溟：《中国文化要义》，上海人民出版社 2005 年版，第 262 页。
④ 钱穆：《中国文化史导论》，商务印书馆 1994 年版，第 89—90 页。
⑤ 梁漱溟：《中国文化要义》，上海人民出版社 2005 年版，第 263 页。

中西语言文字对比基础上作出的结论。

众所周知，恩格斯就曾对劳动过程中的口手合作及其对语言的发生，作过深入的探讨。而著名人类学家、文化学家莱斯莉·A. 怀特，作为一个"新进化论"的代表人物，也极力倡导过"发音"、"说话"对文化产生的重要性的，他说："当人作为一个能说话的，使用符号的灵长类出现时，文化便产生了。由于符号的特性——它在发音清晰的说话中有着最重要的表现——文化极易从一个人类机体转达到另一人类机体。由于文化内容易于传达，故而文化成为一个持续体。它从一代传到另一代，从一个人传到另一个人。文化过程也是积累过程；新的文化因素不时注入文化之河，总量上逐步扩大。文化朝着人对自然力的更大控制和人获取更大的生命保障方向运动，在这个意义上说，文化过程是进步的。简言之，文化是符号的、持续的、积累的、进步的过程。"① 怀特尤其看到了"发音清晰的说话"对文字符号甚至文化之重要性。他还认为语言具有超机体的、非生物学的、非心理学的性质；它从外部输入到每个个体。无独有偶，比怀特早一千年的中国北宋初年的王安石，作为一位著名思想家与文学家，他曾写有极其珍贵的《字说》。王安石在其《进字说表》中，极富洞见地阐发了"声"与"字"二者的关系："盖闻物生而有情，情发而为声，声以类合，皆足相知。人声为言，述以为字，字虽人之所制，本实出于自然。"② 这一精到论述，显然是在发掘一种语言文字出于"自然"的基本哲学观。可惜，王安石的《字说》、《诗经新义》、《书经新义》等文献，在政治上失败而被顽固党禁止后，都已失传；不然，我们当能看到他更多的对中国语言文字的精彩之论。

作为一个文史哲兼通的国学大师，钱穆文献中就有一部《中国文学论丛》，而起首的两篇论文即《中国民族之文字与文学》、《文化中之语言与文字》，文中钱穆深论要把握一个民族的文化真源，"必先考文字"；而"中国文字由于中国民族独特之创造，自成一系，举世不见有相似可比拟者。而中国文学之发展，即本于此独特创造之文字，亦复自成一系，有其

---

① ［美］莱斯莉·A. 怀特：《文化科学——人和文明的研究》，曹锦清译，浙江人民出版社1988年版，第133—134页。

② 王安石：《进字说表》，载《临川集》卷56。

特殊之精神与面貌。即论其语文运用所波及之地域，及其所绵历之时间，亦可谓举世无匹"①。钱穆尤其欣赏中国文字的这种自成一系的独创性，并认为其构造实有特殊优点："其先若以象形始，而继之以象事（即指事），又以单字相组合或颠倒减省而有象意（即会意）。复以形声相错综而有象声（即形声，或又称谐声）。合是四者而中国文字之大体略备。形可象则象形，事可象则象事，无形事可象则会意，无意可会则谐声。"②这一对中国文字发生学的考察与认识，十分精确到位，后四句尤体现出钱穆的把握得度。他以为中国文字最为杰出的地方就在虽本于象形，而不为形所拘；虽终极于谐声，而亦不为声所限。故中国文字能与语言相辅相成，相引而长；所以他断言那种视中国文字与语言相隔绝的看法，是一种浅见。

重要的是，钱穆的"演进"视角，使他亦能以此而切入文字形体的演变："大抵文字形体，不能历时而无变。而字体之剧变，则因使用之骤盛而起。古者学术统于王官，文字之用，及于民间者殊少。战国以来，王官失统，家学并起。文字之使用既繁，字体之迁改自速。故古今文字之异体，实由于当时社会贵族平民升降一大关键而起。今推而论之，六国新文，流用民间，其对古文体之改易必多。惟《诗》《书》为古代官书，犹行于邹鲁，相传为儒业。师师相授，简策相移，传统不绝，为变较少。盖犹多《春秋》旧文。而六国文字，虽称各自异形，然其时交通频繁，文学游士，或朝秦而暮楚，或传食于诸侯。如稷下先生，平原宾客，皆广罗异材，不止一地。"③文字形体，历时而变；只是在不同条件下变化程度不同而已。且就中国文字特性而言，常常是有渐变而无骤易。诚如其所言："良以文字有渐变，无骤易。即《诗》《书》传写，虽曰存《春秋》以前之旧统，亦不能无染于战国以下之新风。其不能古今相别，截然各成一格，盖亦可知。惟大体言之，则可谓春秋古文与战国现行文字为殊体耳。此在秦时而文字已有今古之别也。"④历史文化的"旧统"与"新风"，亦能对文字的演变产生影响；但对中国文字而言，这样一个变易过

---

① 钱穆：《中国文学论丛》，生活·读书·新知三联书店 2002 年版，第 1 页。
② 同上书，第 2 页。
③ 钱穆：《秦汉史》，生活·读书·新知三联书店 2004 年版，第 33 页。
④ 同上书，第 34 页。

程，钱穆深以为是"有渐变，无骤易"。

我们应该看到的是，对钱穆而言，他更愿从"人文演进"观来发掘中国文字的优点："中国文字又有一独特之优点，即能以甚少之被除数而包举甚多之意义。其民族文化绵历愈久，溶凝愈广，而其文字能为之调洽殊方，沟贯异代，而数量不至于日增，使其人民无不胜负荷之感，此诚中国文字一大优点。"① 故中国文字有旧语称新名的功能，能够语字不增而意蕴日富。而这正是学术缘起的重要条件之一。所以比较起埃及、巴比伦文字来，中国文字不仅便利得多，也更为灵活超脱而相胜甚远；而从文化史角度看，钱穆认为这也正是埃及、巴比伦文字难以演进的关键所在。

在《中国文化史导论》中，钱穆甚至专辟一章谈"古代学术与古代文字"，其中尤其关注了中国文字对曲线的利用，以至有描绘一轮廓的功能，他甚至触及了中国文字的抽象性，实质上，这才是从文字走向学术的关键一步。诚如其所言："他的最先，虽是一种'象形'的，而很快便走上'意象'与'象事'的范围里去。中国文字并不喜具体描绘一个物象，而常抽象地描绘一个意象或事象。这是和上文所说《易经》八卦要把简单空灵的几个符号来包括天地复杂的万事万物一样的心境。"② 至此，我们可知钱穆何以要将中国文字的演进与中国学术挂搭在一起的缘由所在了；无抽象之功能，绝无学术思想及其观念的出现。然而我们不要忘了钱穆的另一重要观点，即中国文化是重"情"的文化，"情本论"是其思想系统中一个坚实的基础。无怪钱穆于86岁后双目已盲，还在其口述而由夫人代笔的《晚学盲言》中，不忘赞扬中国文字传达"情性"之卓越功能：

　　　　中国文字，更属功能卓越，流传广久。古诗三百首，已历三千年，辞简义丰，至今犹人人能读。三千年前人之精神笑貌，心胸情怀，依然如在目前。使三千年后人，仍可投入三千年前之人生境界中，同样感受，同样孕育。③

---

① 钱穆：《中国文学论丛》，生活·读书·新知三联书店2002年版，第4页。
② 钱穆：《中国文化史导论》，商务印书馆1994年版，第87页。
③ 钱穆：《晚学盲言》（上），广西师范大学出版社2004年版，第91页。

　　钱穆纯然是立于文化传承的角度，深心赏识中国文字的那种辞简义丰之描摹形象、传达情性的卓越功能。而从知识传播的另一角度，钱穆更颇具意味地得出了有趣的"文化脑"演进观。

　　谈中国文字，我们当然无法忽略它的文化凝聚及传播功能，更不能忽略它对中国古代"大一统"历史的政治功能。这里笔者特列举一段当代考古学家、古文字学家李零的有关论述。李零与钱穆同样，不仅关注到了中国文字的政治功能，更重要的是，他也与钱穆一样对秦汉这段历史中的文字演进，给予了特有的重视。钱穆曾于20世纪30年代初为北京大学史学系开设讲座时，就写下了《秦汉史》一书；其开篇第一章内容中就触及了"同书文字之制"，对文字之于历史文化的作用有深度认识。而李零也同样透见了："文字在中国古代文明中，地位很突出。古人认为，华夏是以文字别于蛮夷，就像人类之以衣冠别于禽兽（参看《千字文》开头的话）。它对华夏文化的凝聚和传播作用很大，是中国古代'大一统'不可缺少的一条。西方文字也有这个功能，但欧洲的特点是没有政治'大一统'，只有宗教'大一统'，他们的'文字'，如希腊文和拉丁文，在很长时间里，一直是为宗教服务，为神学服务，和中国的传统不一样。中国的传统，文字的功能，首先是为衙门服务，为写奏章和抄档案服务，秦汉以来，一直是如此。它在中国主要是政治的工具。九州之大，言语异声，自古如此，但甭管走到哪儿，用的都是汉字。……这要感谢秦始皇。"①这显然是在称道秦始皇统一文字的功劳。而钱穆也早作如是观："秦始皇也并不是用他的武力能来统一中国的，在先秦时，各家思想都抱的是天下观。'士'的活动，并不限于一家、一国，那时的天下早趋向于'大一统'的方向。如是方有秦之顺利统一。"②没有文字，思想当然无法充分地体现出来；秦始皇的统一文字，实在是为此后政治上的大一统方向奠定了基础。可见，中国文字对中国古代文明的演进，贡献巨大。所以"我们中国人特别看重文字，传统看法是，有没有文字，这是区别文明、野蛮的标志，就像衣冠是区别人类、禽兽的标志（《千字文》是把'始制文字'与'乃服衣裳'并举）。中国的古代文字学是在汉晋古文字之学和宋

---

① 李零：《简帛古书与学术源流》，生活·读书·新知三联书店2004年版，第255页。
② 钱穆：《讲堂遗录》（一），九州出版社2011年版，第116页。

代金石学的基础上发展起来，解读线索是连续的（无需双语对读），学术传统也是连续的，这是它的优点"①。在李零看来，中国古代有学问的人，早期是"史"，后来是"士"，所以演变到春秋战国时的"士文化"，已是一种新文化了。其实，班固在其《汉书·艺文志》中对此已早有结论："古之王者，世有史官，君举必书，所以慎言行，昭法式也。左史记言，右史记事，事为《春秋》，言为《尚书》，帝王靡不同之。"② 据此，从文字文化到学术文化的演进，已是必然。固然，文字对文明的巨大作用及其功能的发挥，须待文字在向学术文化的渐变演进过程中，才能真正凸显出来。从另一视角看，我们亦不妨将其视为一种知识的演进；事实上，钱穆本人也曾作如是观。

二 从个体"自然脑"到"文化脑"的演进

从知识演进的历史看，人类早期的口述，其传授由于个体对个体的方式极为有限，故随着一代一代的传授而相继地丢失一些信息，而且随着时间的距离越长，也变得越来越不准确。然而，正如当今最具影响力的著名社会思想家托夫勒告诉我们的："35000 年前，记录方式出现了一次重大的突破。有一位我们不记得的天才在一块石头上或者在某个洞穴的墙壁上写下了第一个象形文字或者表意文字，以此来纪念一个事件，一个人或者一件东西。这样，人类就开始了在大脑以外储存非口述的记忆。在发明了各种书写的形式之后又出现了一次伟大的跃进。接着，又过了数千年，又连续地出现了几次大跃进，发明了图书馆、索引和印刷。所有这些都加快了知识从一代人传到另一代人的速度。"③ 托夫勒提到的大脑以外的储存，这也正是钱穆所谓"文化脑"，钱穆旨在凸显从个体"自然脑"到"文化脑"④ 的演进。

---

① 李零：《简帛古书与学术源流》，生活·读书·新知三联书店 2004 年版，第 39 页。

② 班固：《汉书·艺文志》，见冯友兰《中国哲学史史料学》，江苏教育出版社 2006 年版，第 167 页。

③ ［美］阿尔文·托夫勒：《财富的革命》，吴文中、刘微译，中信出版社 2006 年版，第 105 页。

④ 钱穆：《人生十论》，广西师范大学出版社 2004 年版，第 30 页。

　　钱穆建基于文字与学术的知识观是别有意味的,它不但彰显了一个真正的学术大师的敏锐与智慧,也充分体现了一个人文主义思想家所具的超前意识的现代性。重要的是,这一知识观在其人文思想的内在理路中是必备而不可或缺的一环,因为在钱穆看来,没有对知识的把握,人类理性(真)就是不充分的,人格德性(善)也是不完美的。

　　个体的"自然脑"、"私脑"变为"千万人之公脑"或"文化脑"①,当然是由于有了语言文字甚至印刷的功能:"人类一切的内心活动,均赖语言为传达。所谓传达者,即是跳出了我此躯体,而钻入别个人的心里去,让别人也知道。……人类又经嘴和手的配合并用,用手助嘴来创造出文字,作为各种声音之符号。人类有了文字以后,人的心灵更扩大了,情感思维理智种种心能无不突跃地前进。这真是人类文化史上一个划时代的大标记。譬如说,人类有语言,是人类文化跃进一大阶程。人类有文字,又跃进一阶程。人类有印刷术,又跃进一阶程。"② 须注意的是,钱穆的这种知识观,实质上和波普的客观知识论有极大的相似之处,波普极其关注知识的公共性及其传承性,也有其独特的工具说。而钱穆也从文化的角度关注到人类种种"私"工具是如何变为"公"的工具的:"私的工具变成了公的工具,一人独有的工具,变成了大家共有的工具,所以说是工具之融和。当知……这便是所谓人类的文化。"③ 关键的是,钱穆的侧重点并不仅放在语言文字的产生及工具如何被利用上,更从人类心灵的视角,透视到"文化脑"是如何扩大"人类的心量"的。从钱穆的这一视角看,我们当能理解他为什么会说:"印刷术对人类文化传播与演进之贡献,应该远胜于近代新发明之原子弹。"④ 从知识的"公"性(其实在深层次上就是一种客观性)出发,钱穆极力主张私立学校的"公"性特质。晚年访美后,他感叹甚多,如说:"我们看美国的耶鲁哈佛,看英国的牛津剑桥,它都是为公的。大家信仰它,这所学校就可维持下去,而且会日益扩大。都不靠政府的力量。"⑤ 此实为平心之论。

①　钱穆:《人生十论》,广西师范大学出版社 2004 年版,第 30 页。
②　同上书,第 29 页。
③　同上书,第 28 页。
④　钱穆:《中国历代政治得失》,生活·读书·新知三联书店 2001 年版,第 33 页。
⑤　钱穆:《晚学盲言》(下),广西师范大学出版社 2004 年版,第 585 页。

　　无论如何，没有知识的"共通公有"，便没有人类心量的扩大。然而这一切的发源点是此"心"。可见，个体心—通—公—人文心，这一模式就是钱穆所要强调的重点之所在。钱穆指出："因有语言与文字，人类的知觉始相互间沟通成一大库藏。人类狭小的短促的心变成广大悠久，人类的心能，已跳出了他们的头脑，而寄放在超肉体的外面。……这一个心是广大而悠久的，超个体而外在的，一切人文演进，皆由这个心发源。因此我们目此为精神界。"① 精神界的"人文心"当然是超个体的，因其本质上是"共通公有"的。钱穆极其关注这精神性的通与公："人类的心，则是非生理的，属于精神方面的，在其本质上早就是共通公有的……只要你通习了你的社会人群里所公用的那种语言文字，你便能接受你的社会人群里的种种记忆和思想。那些博览典籍，精治历史和哲学的学者们，此处且不论，即就一个不识字的人言，只要他能讲话，他便接受了无可计量的他的那个社会人群里的种种记忆和思想，充满到他脑子里，而形成了他的心。"② 钱穆已然注意到语言文字的共通公有造就人类记忆的强大功能，然其落脚点仍在此"心"——作为一个"文化脑"的心。

　　不能不指出的是，钱穆在其知识论中所使用的"社会人群"、"精神界"、"超小我的客观存在"等概念，其价值旨归即在"人类之心灵界"。所以他再三强调："人类之有文字，乃贮藏人类心灵之宝库。……文字乃如人类一大脑海，大智慧藏，其广无涯，其深莫测。乃使人人皆可取之而无尽，用之而不竭。"③ 只有成为"人类心灵之宝库"，才能成为公有之物而让人人皆能随时取用。这就是文化脑——"人类大脑海"的价值及其意义之所在。他曾异常激动地赞扬过中国文字："只有中国文字，乃能超过语言限制，而比较获得其独立性。故中国文字，能全国统一，又使今天的中国人，能阅读中国三千年前人古书，俨若与三千年前人晤对一室，耳提面命，亲受陶淑，因此益以增进中国人内心之广大性与悠久性。既无空间时间隔阂，使中国人之文字化生命得以日扩日大，日延日久。中国文字之为功，良不可没。"④ 这只有对中国文字与文化有极深体认的人才能发

----

① 钱穆：《湖上闲思录》，生活·读书·新知三联书店2000年版，第6页。
② 同上书，第7页。
③ 钱穆：《双溪独语》，台湾学生书局1981年版，第254页。
④ 钱穆：《中国学术通义》，台湾学生书局1984年版，第180页。

出如此这般的价值性评价。钱穆对中国文字的种种论述，几乎随处可见。

　　不过，钱穆从文字到学术的演进之理路，似缺少中间的逻辑过渡。他只是语焉未详地点到了艺术与文学两个层面："自艺术人生转进到文学人生，又是一变。艺术对象主要在物，文学之主要对象则在人。原始洞居人，方其夜间无事，群聚听长老演述神话故事。其主要内容，则属人与事。是否世间真有此人与事，可不论。要之为人心所乐闻。于是父传子，子传孙，此一神话故事，乃可绵历数十百年，传递勿辍。"① 当然，艺术的出现既可以在文字之前又可以在文字之后；然文学的出现则必然在文字之后，而探讨艺术、文学、科学的学术思想则肯定更在其后了，因学术要将艺术、文学、科学等作为知识形态作一探讨。如钱穆的《中国文学论丛》一书，就显然是立于文字演进基础上的探讨，故其开篇即为《中国民族之文字与文学》《文化中之语言与文字》二文。当然，对科学知识范畴，钱穆亦能凭其敏感的学术意识来把捉最新动态，甚至关注最前沿的人物如爱因斯坦等。不过有切身体验的仍为传统的医术之类，如其所言："医事初起，亦属一种自然聪明，但至现代，则转成传统聪明。"② 此中仍以演进眼光贯穿之。如此看来，钱穆虽未明言，仍可寻绎出文字到学术的中间形态，这就是艺术、文学、科学的知识形态。钱穆又从中医学术的入径看到了中西双方求知路径的不同："西医主分别，重其外。中医则主通体合治，重其内。此亦可为中西医双方对求知兴趣路径之不同作证。"③ 虽是概略地点到为止，但终归是一种知识演进的思路。

　　然而有意思的是，钱穆在论述科学知识时又一次巧合于波普、惠勒（物理学家）等人。钱穆凭其人文主义整体观直觉到：

　　　　近代科学，所知愈深，所不知者亦随而益增。④

　　惠勒对此曾有一大辩证，其意为：随着"所知"的增多，其"未知"

---

① 钱穆：《双溪独语》，台湾学生书局1981年版，第320页。
② 同上书，第254页。
③ 钱穆：《晚学盲言》（下），广西师范大学出版社2004年版，第480页。
④ 钱穆：《双溪独语》，台湾学生书局1981年版，第77页。

的地平线亦随之扩大。其实梁漱溟也凭其睿智而指出过："人类之所以可贵，就在他极容易错误，而不甘心于错误。"① 不甘心才会去重作改进，从而扩大了知识演进之路。而钱穆此论虽一方面是奠基于庄子的生有涯而知无涯之说上的；然而另一方面，他的现代意识也使其强调新科学知识与观念的进步意义，譬如他对爱因斯坦等科学家投入的关注，就超乎一般人的想象："爱因斯坦发明四度空间论，在西方科学上，乃一新观念。"② 钱穆一向是立于人文演进的文化进化论角度上来看待有"公"性（客观性）新观念的。因此他赞扬爱因斯坦说："爱因斯坦的脑子，实在是把几千年来人的脑子，关于此一问题之思维所得，统通装进他脑子里，变成了他的大脑子，这脑子自然要更灵敏，胜过宇宙天赋我们的自然脑。"③ 看来人文与自然的关联，在钱氏这一"自然脑"的说法里，也得到了印证。

实际上，知识在现代科技条件下的传播及其演进，越来越让人们关注其本身形态及其特性；人们甚至将现代社会形态中的经济称为"知识经济"。托夫勒就总结了知识的诸多特点：知识就其性质而言并不是对抗性的，知识是无形的，知识不是线性的，知识是相关的，知识可与其他知识嫁接，知识比任何其他的产品都更便于携带，知识可以被压缩成符号或者抽象物，知识可以被储存在越来越小的空间里，知识可以是明确的或者不明确的、可以是表达了的或者是未表达的、可以是分享的或者是默认的。④ 显然，这些也都符合钱穆人文演进观中的知识演进。

三　中国学术的基本特点及未来科学的演进之路

学术来自思想观念，而观念产生的前提仍在语言文字。钱穆对从语言文字到学术思想的演进，始终持其明确的文化演进之说："今若论究人类之所以异于其他动物者，即就生物学讲，不仅在它有了两只'手'，而且

① 梁漱溟：《理性与理智之分别》，见《梁漱溟全集》第六卷，山东人民出版社 2005 年版，第 369 页。
② 钱穆：《晚学盲言》（下），广西师范大学出版社 2004 年版，第 425 页。
③ 钱穆：《人生十论》，广西师范大学出版社 2004 年版，第 30 页。
④ ［美］阿尔文·托夫勒：《财富的革命》，吴文中、刘微译，中信出版社 2006 年版，第 98—99 页。

也因它有了一张'嘴'。手能制造工具，嘴则能说话。由有能制造器具的两只手，而一切外面的自然物可转为我用；因有能讲话的一张嘴，而人类彼我间的一切情感、思想、记忆，可以畅快交换，互相传达。又因有口与手之合作，而产生'文字'，由文字产生自己心上的新观念，保留旧记忆，在人类内心方面，从此起着绝大的变化。这是人类文化演进所由与其他动物不同的一个最大凭借。"① 由交换传达之需要、由口与手之合作，终而产生了文字，而文字是让人类记忆得以保留的最大凭借。然而这一切都是在漫长的人类文化演进过程中逐步产生的。而有了学术文化，人类思想的传播交流，就更得以深化并普化。

　　以钱穆的学术史眼光，他确认："中国民族的'学术路径'与'思想态度'，也大体在先秦时代奠定，尤要的自然要算孔子与儒家了。"② 学术路径的奠定，当然也就决定此下的演进之路。而奠定这一路径的文献是什么？他举其最要者，是《尚书》、《诗经》与《易经》三种。对《尚书》，他的学术概括是："这是中国政治上的最古风范。影响后世十分深切。"③ 那么，钱穆又是如何以学术史眼光来看待《诗经》这一文学总集呢？钱穆以哲学"伦理"观来透进文学领域："我们可以说，《诗经》是中国一部伦理的歌咏集。中国古代人对于人生伦理的观念，自然而然地由他们最恳挚最和平的一种内部心情上歌咏出来了。我们要懂中国古代人对于世界、国家、社会、家庭种种方面的态度与观点，最好的资料，无过于此《诗经》三百首。在这里我们见到文学与伦理之凝合一致，不仅为将来中国全部文学史的渊泉，即将来完成中国伦理教训最大系统的儒家思想，亦大体由此演生。"④ 显而易见，此中反复强调了"观念"、"观点"的价值所在，从而凸显出其学术思想之"演生"；而将《诗经》推到这一高度，即"将来完成中国伦理教训最大系统的儒家思想，亦大体由此演生"，这就着实让我们叹服钱穆的人文演进之眼光了。对《易经》的学术透视，钱穆是以其为中国文化史上最为后代尊重而作其界定的。他说："《周易》本文，则不失为孔子以前的一部古书。这本来是当时占卜人事吉凶用的书，但中国后代的人生哲学，却

---

① 钱穆：《文化学大义》，九州出版社 2011 年版，第 101 页。
② 钱穆：《中国文化史导论》，商务印书馆 1994 年版，第 65 页。
③ 同上书，第 66 页。
④ 同上书，第 67 页。

由此有所渊源。……《易经》的卦象，却用几个极简单极空灵的符号，来代表著天地间自然界乃至人事界种种的复杂情形，而且就在这几个极简单极空灵的符号上面，中国的古人想要即此把握到宇宙人生之内秘的中心，而用来指示人类种种方面避凶趋吉的条理。"① 指示某某方面的"条理"，当然会成为一种学术，《周易》由此而成为中国文化史、思想史上的一大学术经典；中国古人尤其用它来"避凶趋吉"。

由上可见，钱穆实可作为思想史家，其对中国古代学术思想之认识极深，又全然是以其人文演进观为基础的。此下，钱穆以为中国古代学术的演进，就开始要有经史子集四部之分了。故此，钱穆以为刘向父子的学术工作十分重要，离此便无以言中国古代学术之分类。而依此，则钱穆以其独特的思想史视野而坚认有两个人物尤须凸显：孔子是集前古之大成，这我们在前面已提到过；而朱子的集后古之大成，依然有学术史演进之重要性。然而，更为重要的是，必须看到前者是后者的演进之因，后者是前者的演进之果。当然，晚年的钱穆亦强调孔子对周公的承续，故言："孔子所向慕之古人，厥为周公。故欲讲中国古代文化，当特别注意周公。讲古代学术，《诗》、《书》、《礼》、《乐》，亦多出自周公。中国古代学术，亦可说乃由周公所创之'王官学'，流变而为孔子所创之'百家言'。今人专重孔子，不上推周公，终不得中国古代文化渊源所自。"② 可见，从周公的"王官学"演变到孔子的"百家言"，便是中国古代学术的演进之路。"实则孔子之道即上承周公之道，而汉、唐时代各种政治制度，则可谓乃接续周、孔精神而来。"③ 钱穆所言，实乃体现其历史学家的一种"演进"视野。故其在强调孔子之地位与价值时，尤强调历史之承续与演变："历史不能脱离演进，一切非凭空突然而来。我们只可说孔子较周公或更进步，但孔子的学说思想也有一源头，其源乃来自周公。犹如释迦之前有婆罗门教，《新约》之前有《旧约》，在科学上每一项新发明之前也都先有发明。讲历史不能把来横面切断，对前面全不理会。"④ 这里，我们再一次看到了钱氏对学术演进的高度重视。

---

① 钱穆：《中国文化史导论》，商务印书馆1994年版，第68页。
② 钱穆：《讲堂遗录》（一），九州出版社2011年版，第139页。
③ 同上书，第140页。
④ 同上书，第141页。

　　然而，在此我们更要强调的是，钱穆几乎是以其一生的非凡学力而揭举出："在中国历史上，前古有孔子，近古有朱子，此两人，皆在中国学术思想史及中国文化史上发出莫大声光，留下莫大影响。旷观全史，恐无第三人堪与伦比。孔子集前古学术思想之大成，开创儒学，成为中国文化传统中一主要骨干。北宋理学兴起，乃儒学之重光。朱子崛起南宋，不仅能集北宋以来理学之大成，并亦可谓其乃集孔子以下学术思想之大成。此两人，先后矗立，皆能汇纳群流，归之一趋。"① 钱穆一生花费大气力发掘孔子、朱子的文化思想内涵并为其文献作注解，实有深刻的学术史缘由及其人文演进观之支撑。笔者在通读钱穆所有文献后深以为，钱穆对孔子、朱子的欣赏，实可从其用力最深的《论语新解》及一生中最后出版的《素书楼余瀋》中透见。《论语新解》极赞："孔子博学深思，好古敏求，据所见闻，以会通之于历史演变之全进程。上溯尧、舜，下穷周代。举一反三，推一合十，验之于当前之人事，证之以心理之同然。从变得通，从通知变。此乃孔子所独有的一套历史文化哲学。"② 此固然为钱穆人文演进得出之结论：孔子"博古通今"的一套历史文化哲学可"会通"整个历史演变。《素书楼余瀋》亦有一段重要话语赞赏朱子："窃谓能兼缩道学、儒林于一身而各达其至高标准者，惟朱子一人为然。此后欲求发扬中国新儒学，亦惟有循此一途。……惟朱子论学能于每一项智识每一门学问分别承认其各自独立之价值，而又能悬一更高目标为之会通，而成一大体系，此所谓'格物致知穷理一贯'，朱子此等见解，鄙见实已超出二程之上，非二程所能范围。而象山、阳明有时转若更近于二程，盖二程与陆王其实皆是《道学传》中人物，而朱子则兼跨儒林与道学，而更有其磅礴轶出者。惟其指示学者从入之途，却又平实简易，人人可以各就其才性所近而自成一家，以自有其贡献。"③ 这里，钱穆不仅从整体上作出一比较，更重要者，是他对兼缩儒、道这一中国学术高远目标之厘定；这当然是一种学术史眼光。

　　钱穆以其一生学力而结晶出的一个重要学术观点即：中国学术思想是

① 钱穆：《朱子新学案》上册，巴蜀书社 1986 年版，代序第 1 页。
② 钱穆：《论语新解》，生活·读书·新知三联书店 2002 年版，第 61—62 页。
③ 钱穆：《素书楼余瀋》，九州出版社 2011 年版，第 189—190 页。

"唯道论"的。如其所坚称："中国学术思想不妨称为唯道论。"① 在其重要著作《中国学术通义》中，他亦总结了中国学术的几个特性："中国学术之独特性所在，乃在其重人尤过于重学，重内尤过于重外，重道尤过于重艺。能由此思之，亦不难窥见中国传统学术之甚深独特性所在矣。"② 此实为其一生为学之洞见。据此，他相当犀利地指出："中国经史子集之分类，乃就其成书体裁言，不指其为学途径言。若言为学途径，则唯有一道。"③ 这造成了中西思想相异的演进之路：

　　　　中国人做学问，不重分门别类，更重会通和合。非为求知，乃为求道。所谓道，主要为人道，为人与人相处之道。④

　　即便文学，也是以文载道，故"唐韩愈以文学名家，但愈之自言曰：'好古之文，好古之道也。'文以载道，乃亦近代国人所诟病。其实中国传统，文学自诗骚以下，无不各归于道。绝不许违道以为文。凡称文，必通道"⑤。其实，好古之道，并非导致"不重分门别类"的必然前提；但学术思想上的不依仗外在条理，而只求内部贯通，也就是说，不注重形式的逻辑完整，而只求内容上的绵延顺达，却似乎成了中国学术不追求系统方法的缘由。但钱穆以为这只是表面看来如此；实际上他却一直深信，只要能成为一种思想，必有其自身之内在理路与进展变化，读其《中国思想史》自序，我们当能理解这点。总之，他以为对任何一种学术而言，必须从其自身的内容来把握其条理系统，用一种外在的形式去套是很难对路的；中国学术、思想自有其不依外在形式之理路。对此，钱穆看得很清楚："论及中国学术思想，近代国人又必讥其无组织无系统。孔子曰：'吾道一以贯之。'不仗外面组织，而能内部相贯通，中国社会如是，学术思想亦如是。"⑥ 所以，从另一面看，中国学术极重道通为一，又何尝

① 钱穆：《湖上闲思录》，生活·读书·新知三联书店2000年版，第35页。
② 钱穆：《中国学术通义》，台湾学生书局1984年版，序第7页。
③ 钱穆：《晚学盲言》（下），广西师范大学出版社2004年版，第531页。
④ 同上书，第530页。
⑤ 同上。
⑥ 同上书，第574页。

不是一优点，至少从"演进"的角度看是如此，诚如其所言："西方人求知重分别，乃尚空间扩张。中国人求知重和合，乃尚时间绵延。倏与忽，即指时间之无绵延而言。唯浑沌全体无分别，乃能绵延。"①浑沌全体无分别，倒成了演进绵延的条件了；这也许是其"演进观"的内在逻辑吧。钱穆对此颇具法眼：

> 就学术演变言，儒与儒相通，道与儒亦相通，释与儒道亦相通。又且学与政相通，朝与野相通，古与今相通。所以中国民族能不赖外面力量组织，而成为一广土众民之大一统，历四五千年至今，岂一种外力组织之所能至。②

这完全是从学术演进的角度来谈各派思想之间之相通的。然无论如何，中国学术的不重分门别类与道通为一之"通"的理念有着密切的内在关联。而且，道通为一之"通"，果如钱穆所说，在某种程度上成就了政治上的大一统，那么，政教合一，就确实是中国文化的一大特点；由此亦可见，唯道论与道通论作为中国文化的一种基因式的作用是怎么估计也不过分的。不过，钱穆早期的成名作《刘向歆父子年谱》，却不像是在"唯道论"的"大通"信仰中作出的。其本证的细密考据方法在中国学术史上具有不可忽视之地位，此作直接针对康有为《新学伪经考》，推究康说是否与史实相符、在逻辑上能否通得过。最后，钱穆得出了比较令人信服的结论：刘歆没有必要，也不可能为王莽篡汉制造"符命"。钱穆此一重视方法的学术考证推翻了康氏的结论。

　　本章开头我们已然看到梁漱溟、熊十力、钱穆三位大家，分别从不同角度概括中国学术的特点，然对中国学术的历史演进，则钱穆显然投入了更多的关注，尤其对宋明理学（钱穆认为宋明儒学是中国学术史上的一座高峰，宋明儒重圣贤更胜于重经典，重义理更胜于重考据。此需专论，这里无法展开）。在总体上，钱穆以为学术的演进，是随时代为转移的；一个新时代的到来，常有一种新学术思潮起着推进或引领作用。承平之

---

①　钱穆：《晚学盲言》（下），广西师范大学出版社 2004 年版，第 527 页。

②　同上书，第 574 页。

际，学尚因袭；变乱之际，学尚创辟。但无论如何，即便是新学术，亦定然是温故知新而从旧有中孕育而出。正是基于此种看法，钱穆曾于抗战期间撰写一文《新时代与新学术》，其中非常重要的一段透露他对北宋之前中国学术演进的总体看法：

> 春秋晚期以迄先秦，如北朝周隋之际以迄初唐，如北宋庆历熙宁以下迄于南宋之高孝，如明清之交嬗，莫不有此一番景象。他们一面追寻到古代旧传统，而另一方面则远搜及于外邦异域。孔子自称好古敏求，同时跨出鲁国曲阜的小圈子，遍历诸邦，一代名贤耆硕，无不奉手请业。其他先秦诸子，大率皆然。魏晋大动乱以后，名流胜业，络绎渡江。其留滞在北者，困厄之余，抱残守缺，转从古经典得新精神。彼辈游离于长安，奔进于五凉，转徙于大同，仍于蓟辽齐赵诸儒汇合，又自大同南下而至洛阳。魏孝文时，北方已有一种新发酵，盎然勃然，不可掩抑。其时别有高僧达德，远行求法，拓及于天竺锡兰。而南方学者亦有返北。错综酝酿，磅礴郁塞，直到周隋初唐，终开中古之盛运。而南朝摩登名流，始终跳不出魏晋老庄之樊笼，宜其不竞。此际一段北学精神，拟诸北宋晚明，实无逊色。纵观西史，情亦略似。一曰大学校，一曰十字军。大学校于典籍研索中发现历史世界，使欧洲人士再得游神于古希腊罗马之伟大。十字军远征，使欧洲人开眼觇对新东方。即哥伦布探获新大陆，西方史家亦以谓不啻十字军之最后一幕。此种旧历史与世界之呈露，最足开豁心胸，使人不禁生高瞻远瞩，豪呼狂啸之情。于是复兴革命之机缘成熟，而近代欧洲随之呱呱堕地。①

这一历史透视，概括的是时代演进与学术演进之关系，历史与地球、时间与空间全然凝聚此中，同时又转换视角、比较中西；虽未及展开，但简括之语，点到即止。其论"北学精神"一段，尤为精辟到位。钱穆希企透过历史学术之演进而呼唤新时代学术的产生："今日我人之新时代，

---

① 钱穆：《新时代与新学术》，见《文化与教育》，广西师范大学出版社 2004 年版，第37—38 页。

诚已呼之欲出。而我人之新学术,则仅如电光石火,闪烁不定。尚未到灿烂通明之侯。然火种已着,风狂则火烈,不患不有烧天之势。若放眼从源头上观,乾嘉经学,早已到枯腐烂熟之境。道咸以下,则新机运已开。一面渐渐以史学代经学,一面又渐渐注意于欧美人之新世界。此两途,正合上述新学术创始之端兆。"① 积郁之久而昂扬欲发之情,跃然纸上。问今日吾辈学人,有此深沉而昂扬之情怀乎?无怪其时钱穆大声疾呼:"以真血性融入真问题,自创自辟,乃能为新时代新学术之真酵素与真火种。……然酵素与火种,并不绝于此百年之内,而到底火不燃,酵不发,则尚犹有故。"② 所以他慨叹中国自本自根的新学术,急切间实不易演变而出,然时代则已急转直下而无待于人。故他殷切冀望那种不为时俗所耽搁的大志远识者出现。

而钱穆对未来学术演进之瞻望,亦促使他作出了如下"三级递升形态"之分类,而所谓"递升"实乃"演进"之义。请看钱氏的学科分类:

> 此后之新科学,应分为三级递升之形态:
>
> 一、物质科学,包括天文学、地质学、物理学、数学之类。
>
> 二、生命科学,包括生物学、心理学之类。
>
> 三、心灵科学,包括道德学、艺术学、历史文化学之类。③

熟悉钱穆文化学的人大概会知道,钱穆尤其瞻望于心灵科学的成立与发展,此恐非仅止于他对于中国文化根基在"道德与艺术"之理念,更关乎他对真善美之于心灵学科的更高要求:"此种人类心灵内在要求之逐渐进化,而到达期向于善与美之领域,仍可建基于此两百年来之新科学之已有方法与成绩之继续扩大与改进,而获得其证明。"④ 无论如何,未来心灵科学仍将在中国文化发达的两个领域开始,即"将从道德心理与艺术心理开始"⑤。至此,我们应知晓,钱穆无论怎样沟通中西,无论怎样

① 钱穆:《新时代与新学术》,见《文化与教育》,广西师范大学出版社 2004 年版,第 38 页。
② 同上书,第 39 页。
③ 钱穆:《文化学大义》,九州出版社 2011 年版,第 123 页。
④ 同上书,第 122 页。
⑤ 同上书,第 117 页。

打通历史、现代与未来，其根基仍是深扎在中国历史文化之中的。因而，他极为向往的是中国历史文化的土壤中能生长出一门新心理学："我所想像的新心理学，所谓人文心理学者，将以示别于以往两百年来之旧心理学，而姑称之为'超心理学'。须求其超越动物心理，与原人心理，而着眼在人文演进以后之'历史心理'与'文化心理'。要将对此种心灵功能之探索，亦成为一种实证的科学，应该使此种心灵现象，在历史与文化之真实演进中指出其客观化、普遍化之具体事状与真实意义。"① 这就把创立一门学科的条件、功能都一并说出来；尤其值得一提的是他竟然立于现代科学基础上而希企心灵功能与事象纳入实证科学范畴内。当然，他仍寄望并着眼在"人文演进以后之'历史心理'与'文化心理'"上。

此外，我们要言及的是，钱穆甚至祈望以学术的思路来救治"文化病"，如其所说："文化病大都出在整个文化体系中，各部门配搭之不妥当、不健全，失却平衡协调。只要把此各部门重加调整，即可获得文化体系之再度完整、再度新生。"② 将"文化病"置于"整个文化体系中"来透视，并欲据此而"重加调整"，这当然是一种学术思路。而此中所言及"再度新生"，实际上就是他的中国梦——中国文化的复兴，此乃钱穆一生之大愿。

1980 年，年届 86 岁的钱穆在其台北外双溪的素书楼，以极其庄重之心态为其《中国学术通义》写下了"三版弁言"。其中历历可见其对中国传统文化的无比自信："乃就现代学风崇洋蔑己者进一言，求能无乖于大道。则所谓西方新学，亦固可有大裨益于我故有传统之演进也。"③ 这就大有以西学为我所用之意态了，大抵对钱穆这一代的新儒家而言，中体西用观念即便从未挑明，而实质骨子里仍在。不过，对钱穆来说，人文演进观在此中仍是其文化信念之支柱。

---

① 钱穆：《文化学大义》，九州出版社 2011 年版，第 120 页。
② 同上书，第 71 页。
③ 钱穆：《中国学术通义》，台湾学生书局 1984 年版，三版弁言第 1 页。

第十四章　从官学到私学的教育演进

学术与教育不可分离，中国的学术尤与人文教育关联紧密，故现代新儒家们仍多从文化演进角度来探求中国教育之演进，因关乎"演进"话题，此中仍以钱穆为主。也正因为钱穆的"人文演进"观，致使其所持教育观在根本上是一种超乎学校教育的大教育观。钱穆如此说道："教育不专限在学校，应有家庭教育社会教育相辅而行。"① 钱穆的教育观，堪称典型的中国人文主义教育观。这种教育观远非狭隘的"专业教育"可比，因其根本宗旨在培育人性、发展人道。

梁漱溟也曾从文化演进的视角谈到"教育之在社会，其功用为绵续文化而求其进步"②。钱穆更是认为，中国五千年的历史，就是靠教育所陶养出来的，他常念叨中国人喜讲"百年树人"，实重在一个"养"字；钱穆认为熏陶默化式的人文教育，是中国文化中的一个最具人文道德价值的理念，中国传统文化最伟大之处就在极度重视这一教育功能。

一　中国教育史之演进

钱穆认为：中国历史上春秋时代以前封建社会的教育是一种贵族教育。《国史大纲》第六章中专辟一节讲"春秋时代之贵族学"，其中说道："上古学术，其详难言。据春秋而论，学术尚为贵族阶级所特有。贵族封建，立基于宗法。国家即是家族之扩大。宗庙里祭祀辈分之亲疏，规定贵族间地位之高下。宗庙里的谱牒，即是政治上之名分。"③ 家、国一体，

---

① 钱穆：《中华文化十二讲》，九州出版社 2011 年版，第 32 页。
② 梁漱溟：《社会本位的教育系统草案》，见《梁漱溟全集》第五卷，山东人民出版社 2005 年版，第 397 页。
③ 钱穆：《国史大纲》，商务印书馆 1996 年修订版，第 93 页。

教育显见是一种贵族之教育；而其内容，大致是"礼"。钱穆说："大抵古代学术，只有一个'礼'。古代学者，只有一个'史'。史官随着周天子之封建与王室之衰微，而逐渐分布流于列国，即为古代王家学术逐渐广布之第一事。"① 作为"王官"的贵族之学，于春秋战国之际，随着儒、墨两家的兴起，而逐渐走向了"百家"的民间学；所以《说文》中将儒作为"术士"。在《国史新论》中，钱穆在时间定位与概念定位上都更为明确地指出："西周以下之教育，乃是一种官立教育，同时亦是一种贵族教育。从孔子以下，虽无教育制度，但有教育精神，其时乃是社会私家教育时代，亦可称为乃一种纯粹的社会教育或平民教育。"② 两个时间定位点，一是西周；另一是孔子时代。而其教育自孔子始，则开启了"私家教育时代"的历史演进。而钱穆显然又是以一种文化眼光而将这"私家教育"概念，等同于"社会教育"与"平民教育"。总之，与"贵族教育"概念的界限是划得很清楚了。

由此可见，孔子是中国历史上第一个私学教育家。"但孔子当时传教，实没有一学校，后人称之为开门授徒私家讲学，其像样的创始，实始于孔子。"③ 然孔子的伟大就伟大在他是第一人。钱穆说："孔子是开始传播贵族学到民间来的第一个。孔子是开始把古代贵族宗庙里的知识来变换成人类社会共有共享的学术事业之第一个。"④ 在创新教育形式上，孔子诚为第一人；而在倡导教育理念的内容上呢？孔子倡导"有教无类"，从而有了理念与实践、形式与内容的统一。这让孔子终成一个完美的教育家。因而在钱穆眼中，孔子实开创了中国史上"第一期之社会自由教育"⑤。钱穆立于历史演进的高度作出了这一评价：

> 自孔子唱教，儒墨竟起，百家争鸣，先秦诸子学派之繁兴，可谓极一时之盛矣。然绝未有自为教主而创一宗教者，亦绝少专为狭义的国家权力张目者。其纯粹代表贵族统治阶级之思想者惟一韩非。更少

---

① 钱穆：《国史大纲》，商务印书馆 1996 年版，第 94 页。
② 钱穆：《国史新论》，生活·读书·新知三联书店 2001 年版，第 214 页。
③ 同上书，第 210 页。
④ 钱穆：《国史大纲》，商务印书馆 1996 年版，第 100 页。
⑤ 钱穆：《政学私言》，九州出版社 2010 年版，第 158 页。

专为个人现世享乐立说者，求其近似，惟一杨朱，而其立论之详，已不为今人所知。其间儒、墨、道三家，最于当时称显学。墨家陈义虽高，大体皆已为儒学所包孕。其所树异于儒家者，则皆抹杀人类个性之论，因此墨学不传于后世。道家主解消大群以为放任，盖有见于人性之一偏，无见于人性之全体，其病与墨家相反而相合，故独惟孔子之教遂与中国民族传统文化相融洽相凝结而为二千年来中国人文教育之宗师。就此时期之教育精神言，其超出乎政治势力之上而求有以领导支配夫政治者则一，故此时期之教育，实可谓中国史上第一期之社会自由教育。①

将孔子的历史地位定格在"二千年来中国人文教育的宗师"，更将其界定为"社会自由教育"，这在钱穆看来，并非高抬孔子，而是客观实情如此。"自由教育"为后来中国历史的私学传统奠基，则怎么评价也不算为高。为深入探究孔子其人，他还专门撰写了基于考溯孔子家世与孔子时代的《孔子传》，并确立了自孔子出而"师道更尊于君道"的说法："文化日演日进，孔子出，集千年之大成，乃使师道更尊于君道，传统乃转移在下。……中国此一传统文化意识，建立于春秋战国之儒道两家。下逮两汉，民族日恢宏，邦国日展扩，世运日昌隆，岂无故而然哉。"② 在钱穆眼中，师道尊严亦是文化"日演日进"之果实。孔子之功至伟。

然而我们万万不可忽略的是，钱穆相当深刻地认识到，中国古代的教育必须置于更早期的传统来看待，他的看法是：中国古代传统文化之主要精神曾有一重大转折点，这个转折点就是由政治转向教育。如其所言："事实上，中国古人有其理想来领导政治，再以政治来领导社会。诸位或将疑及，以政治来领导社会，便不民主。实则政治确当领导此社会，而此种政治必应有一理想作领导，而非以权力为基础。中国传统最讲政治理想，其最后、最有成绩者，应是周公。周公是中国古代最后一位大政治家，他定出了一套具有甚高人文理想的政治制度。后来至孔子，出而领导教育，即以周公为最高之楷模。所以周公到孔子，乃中国古代传统文化之

---

① 钱穆：《政学私言》，九州出版社 2010 年版，第 158 页。
② 钱穆：《晚学盲言》（下），广西师范大学出版社 2004 年版，第 488 页。

主要精神由政治转向教育之最大关折所在。"① 可见钱穆把这个转折点看得何其重要。所以他确信，秦、汉天下统一，贵族阶级消灭，而后平民政府出现，于是一般读书人开始获得任用；这是政治转向教育从而政教一体的结果。从文化演进的角度，钱穆当然更重视可"传诸久远"的"教"；尽管中国传统文化的特点是政教主体，然而在钱穆眼中是"教"必在"政"上。就此，他比较了周公与孔子在中国历史中的地位与作用，并如此说道："中国在古代出一周公，此诚为一伟大史实。自周公下开孔子，即是周公对中国文化历史之无上影响。中国文化中之道德精神，亦可谓自周公制礼作乐始具体创立。我们研究中国上古史，上自《诗》、《书》，下及《左传》，皆应注意周公个人之人格影响，始可得一条贯。周公在上，为一大政治家。孔子在下，为一大教育家。孔子有众多弟子，较之周公有众多诸侯，对历史上影响尤为伟大。此可使中国人深知何者可以传诸久远，深知'教'必在'政'之上。而今日孔子之地位，亦远在周公之上了。"② 这纯然是一种人文演进的视角，无论如何，只有教育才是真正能传诸久远的，因其有一代一代弟子的接续而形成一种文化的传统。

钱穆又从"书籍"的角度，来确立两个时代的不同："大体在孔子以前，那时的书籍，后世称之为'经书'，那时的学术，全操在贵族阶级手里，我们可以称之为'贵族学时代'。在孔子以后的书籍，后世称之为'子书'，那时的学术，则转移到平民阶级手里，我们可以称之为'平民学时代'。平民学者全体反对贵族阶级之特权，不承认社会上有贵贱阶级之存在，因而也不主张列国分裂。因为主张狭义的国家主张的，其后面到底不免要以狭义的阶级权利为立场。正因春秋、战国时代，平民学盛行，因此秦、汉以下，始能造成一个平等社会与统一国家。但我们要知道，纵使在孔子以前贵族时代的经书里面，也并未涵有极狭义的阶级主义，孔子以前的一辈贵族，早已抱有开明广大的平等精神与人道主义了。孔子的新精神与新学说，仍不过从古代经书里再加一阐发与深入而已。因此孔子同时是平民学的开创者，又是贵族学的承继人。在中国学术上，贵族学时代

---

① 钱穆：《讲堂遗录》（一），九州出版社 2011 年版，第 150 页。
② 同上书，第 146 页。

与平民学时代，一脉相传，只见是一种演进，却不见有所剧变与反革。"①
这段十分重要的话中传达出几层意思：一是划分了"贵族学时代"与
"平民学时代"，二是明确了孔子时代是这一划分的时段节点，三是从
"演进"而不是剧变的角度界定孔子既是贵族学承继人，同时又是平民学
开创人。

　　然而，历史的"演进"从来就不是直线式演进，而是"波浪式"的，
钱穆一直持此理念，有进亦有退，波浪式前进，这实际上是一种辩证发展
的史观。钱穆文献中虽多见对唯物史观的不理解、不融入，但在实际的论
述中，又多有相合处。如对中国教育史演进的持论中，他就以为远非是直
线式的从官学到私学的演进。钱穆对此可谓深入其里，他察见了中国传统
的学术教育机关，历代演变纷杂，然春秋战国之际自由学者的兴起，贵族
政治的解体而代以士人政治，无论如何是个最重要的转折点。而此一转折
点中孔子张举的学而优则仕，逐渐形成传统，使秦汉以下仕途多为学人所
占，这实在又是中国历史最值得关注的一大特点。他寻绎披讨这一历史逻
辑，认为其中虽多变革，仍有条贯可寻："略而陈之，在先盖有'史官'
与'博士官'之两途。古者政教不分，学术掌于宗庙，天文、历法、音
乐、农事、医药、方技诸端，皆隶焉，总其任者则史官。此为封建时代之
学职。《汉书·艺文志》所谓'王官之学'，大率属之。战国以下，百家
风起，其势上撼政府，各国皆争养士，有授以大权，责之重任者，亦有养
以厚禄，奉以敬礼，而不烦以事，仅备顾问，不治而议论者。而齐之稷下
先生为尤著，演变而为秦、汉之博士。此乃代表社会下层平民学者新兴势
力，与传统史官遥遥相对，《汉志》所谓'诸子百家言'率属之。故秦、
汉政府中学职流别，以史官与博士官为两大类，史官上承官学，而博士官
多属家言，然二者同属于太常，此仍古者学术统于宗教之遗意。"② 最后
得出的这一结论极为重要：史官上承官学，博士官则多属家言。"家言"
显属私学范畴。钱穆尤其关注了齐国的"稷下先生"，这当然是个从官学
演变到私学过程中极具代表性的学派。

　　演进到秦代，钱穆以为在教育上秦代不足法。但汉代开始，有其特

---

① 钱穆：《中国文化史导论》，商务印书馆 1994 年版，第 85—86 页。
② 钱穆：《政学私言》，九州出版社 2010 年版，第 63—64 页。

殊性，西汉虽在武帝手中恢复了官立教育旧传统，但已不是"贵族教育"的概念了。钱穆指出："武帝又建立太学，五经博士在太学中正式任教，太学生又称博士弟子，如是乃恢复了西周官立教育之旧传统，但已非贵族教育，仍是平民教育，只由政府特立学校来推行。"① 政府来推行平民教育，则是接上了孔子私家教育之演进路径。而西汉教育也自有其特点与重要价值，这就是："西汉教育制度之重要性，乃以育才与选贤双轨并进。换言之，乃是教育制度与选举制度之配合行使。"② 这又是一大特色，然仍是在儒家思想基础上的演进。其特点之新又体现在："此一制度，形成了此下汉代政府较之以前历史上所有之旧政府，展现了一独特之新面相。凡属政府成员，皆须太学出身，或是由太学生服务地方政府为吏之双重资格为出身。此等人，皆经政府之教育与选择。每一成员，既通经术，亦称文学，又擅吏事，汉人谓之'能经致用'。纵位极丞相，亦不例外，必备此资历。故汉代自武帝以下之政府，乃备受后世之崇重。后代政府，亦莫能自外于汉代之规模，而别创一新格。总之是受教育的始能任官职，教育地位，乃显在政治之上了。"③ 这种育才与选贤的特色已是极为明显了，但若说教育地位在政治之上，则仍有商讨之余地。接下来的东汉这一"政治解体"之教育演进，钱穆则分述之："东汉以下是，政治解体，急切不能再统一，在此一时期之教育制度，当分两项叙述，一曰门第教育，又一曰寺院教育。"④ 钱穆概括了"门第"教育的特色在家法、家范、家教与家风，一切法范风教，均以"家"为中心。而寺院教育亦有一不成制度之制度，门第教育与寺院教育二者对后来书院教育之风气都有影响。钱穆说："唐末有书院教育，此事乃门第教育之残波余影。门第没落，子弟向学，无共学之人。乃于宅旁建书院，藏书其中，延纳后秀之来者，可为子弟作师友。又为避世乱，常择名山胜地建书院，则受寺院影响。而书院之盛，则待宋代。"⑤ 钱穆以历史学家的洞识，已然看到，宋代的教育演进，

---

① 钱穆：《国史新论》，生活·读书·新知三联书店 2001 年版，第 216 页。
② 同上。
③ 同上。
④ 同上书，第 220 页。
⑤ 同上书，第 225 页。

是如何地矫正唐代弊病,于公私教育皆倡导。而"其先则自社会私家教育开始。如范仲淹、胡瑗、孙复,皆先在寺庙中成学,再复从事于社会下层之私家讲学事业"①。可见其注重者,仍落在私家教育之演进。故钱氏于宋明"书院教育"之论述颇富,尤在朱子学、阳明学的论述中。因本章只涉猎教育之演进线路,故对此不再赘述。不过钱穆倒是提醒大家重视从孔子直至宋代的教育演进中,有几件特重儒术的极有意义之事件:"贾谊力主太子教育之当郑重,实为汉代崇奖儒学启其机运。因重教育,则必重儒术。景帝武帝皆有师,而武帝师王臧,乃儒生。武帝尊儒,乃受其幼学影响。贾谊、董仲舒皆为王子师。而东汉明、章二帝在宫中为太子时之尊师向学,尤传为历史嘉话。但宋代则帝王亦从师,乃有经筵讲官之设置。经筵一名,亦始佛门,但宋代则有侍讲侍读诸臣为天子讲学之称。"② 众所周知的大儒程颐为帝王师,就是此教育演进中尊儒之极佳一例。

如果说,秦、汉时期,博士官是个显职,但其显非直线式历史演进。这却让魏、晋时代的博士议政之事不再如前,此期职掌教育的是政府专设的国子监;不过博士不隶属于"太常",则也使学术与教育开始脱离宗教。但到唐代以下,"国子监仅一冷署,博士徒素餐"③。这种非直线式的教育演进,使钱穆深感须作出更为清晰到位的概述:

　　　　若论教育,孔门七十二弟子,墨徒三百,其他诸子亦皆有徒属,则皆私统,皆统于下而不统于上者。自刘歆、扬雄迄于马融、郑玄,皆私言,皆下统也。古者所谓"政教"不分,乃宗教,非教育。汉武《五经》博士掌教弟子,则已非宗教,异于古昔,然政教合一终不可久,教育之权终亦下移。教育重家言,不重官学,循下统,不循上统,此正中国传统文化一绝大特点,而政府亦具洪度雅量,不轻肆压制包揽。故唐代博士,几等于告朔之饩羊,宋、明以下,私家书院特甚,政府官学尽虚文耳。独元、清两代,书院多出官立,私学郁而

---

① 钱穆:《国史新论》,生活·读书·新知三联书店 2001 年版,第 225 页。
② 同上书,第 227 页。
③ 钱穆:《政学私言》,九州出版社 2010 年版,第 64 页。

不宣，然此非中国之正统。故知中国传统政制，虽称政学紧密相融洽，政府于文化事业虽保护宣扬，不遗余力，然于教育大权，则让之社会私家之手。史官以多涉政事，又非私家财力所能胜，故历代皆由政府主持，然仍不失私家自由精神。此观于秦、汉史官、博士官两职，先后承袭演变之迹，而犹可借以推论其精神之底里者也。①

　　这里我们分明可见私学虽属"下统"，但在中国的教育演进中已然处于中国文化的"正统"之中，并成为中国文化的一大特点了。在钱穆宋明理学的研究中，尤其发掘了宋明书院教育在中国教育史的绝大作用与意义，此当另加专论。钱穆从历史演进的角度传达出：自汉以下，虽历代皆有国立太学；而每一地方行政单位，亦各设学校。但更要看到的是中国的乡村亦到处有私塾小学。社会人群更为重视的是私家讲学。因而自战国先秦时起，诸子百家就已竞起；而在两汉时，只要在野有一名师，闻者就会不远千里来登门求学，更有为此而各立精庐求学者。在中国古代，不断有人遍历各地求访名师，到了宋、元、明时期，书院讲学成风，就更是如此了。钱穆谓北宋虽仍在形式上沿袭唐代的科举制而未加废止，但显然有意识地加以矫正其弊；如胡瑗、孙复、范仲淹等人都在书院讲学。甚至中央太学亦开始模仿胡瑗的苏湖讲学制度，并提升胡瑗为太学之长，钱穆以为这是上层政治取法下层社会的十分生动而具体的明证。接下来如周敦颐、张载、程颢、程颐的书院讲学，则大开元明两代六七百年的理学新风气；这实质上都是胡瑗书院讲学的演进变化。而"有如明清两代之进士与翰林院制度，其实亦即是民间讲学之变相流传，尤值阐申者"②。据此，钱穆断言："在中国传统教育上，更主要者，乃是一种私门教育、自由教育。其对象，则为一种社会教育与成人教育。"③ 将私门教育属之于"自由教育"范畴，可见钱穆是何等重视这一教育方式的演进。

　　钱穆深信，中国教育史从官学到私学的演进与中国文化中的教育精神深切相关，上述引言中，可看到钱穆已明言教育"精神之底里"。继此思

① 钱穆：《政学私言》，九州出版社 2010 年版，第 65—66 页。
② 钱穆：《晚学盲言》（上），广西师范大学出版社 2004 年版，第 179 页。
③ 钱穆：《国史新论》，生活·读书·新知三联书店 2001 年版，第 200 页。

路，我们接着要论及中国文化传统的教育精神。

二 中国文化的"士"之精神与教育传统

钱穆首先是从复兴中国文化的角度来倡导"士"之精神的。他立意极深地指出："今天我们要来讲复兴中国文化，我认为首先要复兴我们所谓'士'的精神。我们要开出此下中国的新文化，该要开出中国的'新士'，也可说士的'新精神'，也可说是'新士的精神'。我们中国人爱讲此'士'字，有男士、有女士。男的固然是个士，女的也该是个士，都要在此文化之完整性里做一人。每一人能符合此文化完整性的观念理想而有此抱负。才始是一士。"① 而要符合文化理想，这一个士的精神，就该先天下之忧而忧，后天下之乐而乐；天下兴亡，匹夫有责。而站在中国文化的教育传统看："任何一项职业，都该是一士。士则有同一理想，与同一抱负。孔子所谓'志于道'，孟子所谓'士尚志'，首先第一点该看重他的'志'与'道'。"② 显然，孔子的"志于道"与孟子的"士尚志"，就是中国文化中教育传统中的根本理念。如此，士之精神与教育传统在中国文化中是无可分离的。教育若没有培育出"士"之精神而仅是一专业知识的教育，则这一教育是失败的。因在任何职业中，"都该是一士"；士在中国文化中，就该是个有"大器识"的人物。而"人物之成，既需教育修养，而大人物则更需有大学问大修养。中国古人言，十年树木，百年树人。大人物之兴起，乃需历史性，经长时期之栽培。如何使用人，职在政治。如何栽培人，职在教育。故政治与教育之主脑人，皆须大器……中国传统文化为人文本位，其主要精义，更在作育君师"③。教育之精义乃在如何"树人"，而树立起有器识之大人物，则须经长时期之培育过程。而中国古代文化的教育取向即在此：所谓小器易造，大器难成。故"唐初裴行俭'士先器识'四字，实乃远承先秦，渊源儒道，如深根老干之上，萌出嫩芽新葩，其为具有深厚的生命意义文化意义，稍思即知"④。

① 钱穆：《中国文化精神》，九州出版社 2011 年版，第 88 页。
② 同上书，第 89 页。
③ 钱穆：《晚学盲言》（下），广西师范大学出版社 2004 年版，第 488 页。
④ 同上书，第 489 页。

此亦为中国文化中的"士道"及师道教育演进之结果。

然而我们要问，仅高高在上地大讲士之精神，诚然是高明之论；但终究要有一种职业训练，精神方可出得来。此精神仍要从"事"上磨炼出来，钱穆从文字学与思想史对此作一追究："《说文》上又说：'士，事也。'一个士就有一份事。我们谁不担任着一份事？既担任着一份事，就该成一士，就看他的志和道。士贵能推十合一，将全人类、全民族、全国家此一完整大道为我之志，为我之道，放在我的身上，放在我的心里，修身、齐家、治国、平天下，一以贯之。大家同是一人，正贵能加上一种共同的文化陶冶，加上一种士的教育之修养。照中国人说法，尧也是个士，舜也是个士，文王也是个士，周公也是个士，孔子、孟子都是士。士可以为圣贤、为君相，圣贤君相却不能不成为一士。不识字的人，也可以为一士。陆象山说：'使我不识一字，也将堂堂地做个人。'这人也便即是士。"① 这里若从"担任着一份事"，落实到从事上、制度上训练，就有了制度培训出精神的一途径。可惜钱穆在此轻轻滑过，又讲到极高的精神境界上去了。其言"文化陶冶"也罢，"教育之修养"也罢，都是在道德境界上立论的。

在钱穆看来，在中国传统文化中，政治所代表的是法统，教育则代表了道统。但须知，中国传统文化的核心精神却是道统在法统之上。钱穆说："中国文化大体，道统必寄存于社会，政治法统则必尊道统。"② 明白了这一根本理念，我们就很容易理解，以人文价值为取向的中国传统教育，特别是儒家教育的理想之所在。钱穆揭示了"士君子"教育的精神旨归：

> 孔子和儒家，是最看重道德教育，人格教育，和文化教育的。他们创造了中国社会里"士君子"的教育。士指受教育者而言，君子则指从教育陶冶中所完成的理想的道德人格而言。③

针对这一"士君子"人格，钱穆极主"人格之锻炼，品性之陶冶，

---

① 钱穆：《中国历史精神》，台湾东大图书公司1984年版，第89页。
② 钱穆：《晚学盲言》（上），广西师范大学出版社2004年版，第179页。
③ 钱穆：《中国历史精神》，台湾东大图书公司1984年版，第86页。

此亦学业进行中应有之一项目"①。此外，钱穆还认为这一教育精神涵括了一种宗教精神，是人皆可为尧舜的人文教；也是中国儒家传统教育精神中的最高理想，中国历史上无不以这种作"圣贤"君子为价值取向，从而对中国文化中的每个人以莫大的鼓励。从皇帝到百姓，都崇拜圣人，崇拜道德，这造就了中国文化中的"人格崇拜"。这点我们将在道德演进一章中再作展开，此处特须阐述的是，中国文化体系中虽未创出自身的宗教，但钱穆认为："在中国文化体系中，教育即负起其他民族所有宗教的责任。儒家教义，主要在教人如何为人。亦可说儒教乃是人道教，或说是一种人文教，只要是一人，都该受此教。"② 当然，中国的这一套传统教育，在钱穆看来，可替代宗教的功能，却丝毫不妨碍、不反对外来宗教的传入；相反，它涵容外来宗教，兼收并包。

为什么要说是"士君子"人格呢？这显然与中国文化中人品观有关，钱穆对此多有反反复复的论说，甚至将"平等观"置入此中："中国人的人品观中，主要有君子与小人之别。君者，群也。人须在大群中做人，不专顾一己之私，并兼顾大群之公，此等人乃曰'君子'。若其人，心胸小，眼光狭，专为小己个人之私图谋，不计及大群公众利益，此等人则曰'小人'。在班固《汉书》的《古今人表》里，把从来历史人物分成九等。先分上、中、下三等，又在每等中各分上、中、下，于是有上上至下下共九等。历史上做皇帝，大富大贵，而列入下等中，乃至列入下下等的尽不少。上上等是圣人，上中等是仁人，上下等是智人。中国古人以仁智兼尽为圣人，故此三等，实是一等。最下下等是愚人。可见中国人观念，人品分别，乃由其智愚来。若使其知识开明，能知人道所贵，自能做成一上品人。因其知识闭塞，不知人道所贵，专为己私，乃成一下品人。故曰'先知觉后知，先觉觉后觉'，此则须待有教育。苟能受教育，实践人道所贵，则人皆可以为尧舜。人类的理想，乃使人人同为上等人，人人同为圣人，此是中国人的平等观。"③ 这就是儒家教义中的人品观，其将人生的意义与价值来做根本的评判标准，以此划分品第之高下。然此中尤值一

① 钱穆：《文化与教育》，广西师范大学出版社 2004 年版，第 49 页。
② 钱穆：《国史新论》，生活·读书·新知三联书店 2001 年版，第 193 页。
③ 同上书，第 194 页。

提的是钱氏所讲的"平等观",平等在哪里,人人均可以一己之力争取做圣人,这在钱氏看来,岂不平等?不过,这里我们要说的是,这只能算作是道德自由理念下的平等观。中国人的自由观则主要是一种道德自由。

教育之重"道统",又必落实在重"师道"上,钱穆坚认中国传统教育理想,最重师道。根本缘由在哪里呢?此则不仅要从人品观、人才观的培育上看,钱穆还另有解释:"师道也有另一解法。孔子说:'三人行,必有吾师。'子贡亦说:'夫子焉不学,而亦何常师之有。'可见人人可以为人师,而且亦可为圣人师。中国人之重师道,其实同时即是重人道。孟子说:'圣人,百世之师也,伯夷、柳下惠是也。'伯夷、柳下惠并不从事教育工作,但百世之下闻其风而兴起,故说为百世师。"[1] 这段话实际上可提升出中国人文教育思想之一命题:重师道即是重人道。

笔者以为钱穆对中国传统教育理念发掘最深者,是其对"育"的认识,"化"而后有"育",教育之果,最后必落在各个个体生命的"各自成长"上。对此,钱穆确有高明之见:

> 教育重在教人,但尤重在教其人之能自得师。最高的教育理想,不专在教其人之所不知不能,更要乃在教其人之本所知本所能。外面别人所教,乃是我自己内部心情德性上所本有本能。如是则教者固可贵,而受教者亦同等可贵。教者与受教者,自始即在人生同一水平上,同一境界中。此是中国教育思想上最主要纲领。此种所谓教,则只是一种指点,又称点化。孟子曰:"如时雨化之"。一经时雨之降,那泥土中本所自有之肥料养分,便自化了。朱公掞见明道于汝州,归谓人曰:"某在春风中坐了一月"。花草万木,本各有生,经春风吹拂,生意便蓬勃。此番生意,则只在花草万木之本身。在春风中坐,只是说在己心中不断有生机生意。中国人称教育,常曰"春风化雨",所要讲究者,亦即春风化雨中之此身。
>
> 故《中庸》乃特地提出一"育"字,曰"万物育焉",又曰:"万物并育而不相害,道并行而不相悖。"又提出一"化"字曰:"小德川流,大德敦化"。一切人事皆须有外面之教,而人生之内在则必

---

① 钱穆:《国史新论》,生活·读书·新知三联书店 2001 年版,第 201—202 页。

须有育。故《易》曰："果行育德"。天地功能则曰"化育"。化则由外向内，育则由内向外。育即是一种内在生命之各自成长。只在外面加以一启发，加以一方便。故又曰"十年树木，百年树人"。培育人类内在生命之成长，乃用百年长时期作一单位来计算，不如树木之短期十年可冀。中国教育大理想在此，文化大精神亦在此。①

外力只是一种借助之力，更重要者是在内在之"育"而"生长"之。所以中国的"道德"二字，其解释为德者"得也"，实须从己心而"得"。中国私家教育特别是后来的书院教育中，常有学人说"如坐春风"，即真有自身体验之得也。钱穆最终指谓的是中国教育中的文化精神；无此精神，精神之演进无从谈起。

此外，我们这里还要指出的是，钱穆极为强调中国文化中的"孝道"教育，他认为："中国传统，教孝胜过教慈。"② 何以如此？此中不仅有人性之根据，亦有文化演进之历史依据，所以他又说："慈属先天自然之先起，孝则后天人文之持续。……慈属天生，而中国人特别注重人文陶冶，乃提倡孝道。"③ 人类德性由此教育而得以建立："故中国人提倡孝道，乃是根据人类心性而设施的一项特殊教育，其主要目标，注重在为人子女者之心性，并不是专对父母而有孝。故曰：'孝，德之本，教之所由生。'人类教育由此开始，人类德性由此建立。故曰：'老吾老以及人之老，幼吾幼以及人之幼。'人类如何善处其前一代与后一代，如何使人类能超越其年代间隔，而绳绳继继，在其心情上能脱去小我躯体之自私束缚，而投入大群人生中，不为功利计较，而一归于性情要求。父子一伦，教慈教孝，是此种教育之最先开始与最后归宿。并不在养成人类对家庭之自私，而实为养成人类群体大公无我之美德。"④ 钱穆视"孝道"教育为孔门教育的最先一项，亦为孔门教育的宗旨与核心之所在。而从中国历史文化长河的演进中透视，它逐渐形成了中国人文教育中的一项"慈孝相辅"的"特殊教育"，其目标则在"养成人类群体大公无我之美德"。事实上，其功能之实现已然导致了中

①　钱穆：《国史新论》，生活·读书·新知三联书店 2001 年版，第 238—239 页。
②　钱穆：《双溪独语》，台湾学生书局 1981 年版，第 119 页。
③　同上。
④　钱穆：《晚学盲言》（上），广西师范大学出版社 2004 年版，第 208 页。

国文化"绵延悠久"之演进方式，钱穆将此与西方文化阶段性有"强力表现"比较后，感触极深："中国文化虽若不似欧西文化之有强力表现，然生气充盈，如水长流，绵延悠久。又济之以佛教东来，慈孝相辅，人生大道，首尾兼尽。……此亦儒家思想一种赞化育之深义，而中国文化之和平圆满，各方兼顾，融成一体之至意，亦于此可见。"① 西方文化虽多有强力表现，然亦多有中断；而中国文化在"慈孝相辅"的人文教育中却"如水长流，绵延悠久"。二者虽各有所长，然而钱穆的价值取向极为鲜明地指向了能够长久而持续演进的中国传统文化。当然他并未全然陶醉于此而忘忽了中国的人文教育仍要通向人类精神世界。

三　通向人类精神世界的人文教育之演进

钱穆的教育观，又可称为一种"人文教育观"，而且他的教育史有很深的传统根基，根基越深，越能通向人类精神世界。钱穆说："只有中国的文化传统，其看重人文教育之功能，更胜于其看重宗教教育。而其人文教育之传统理想，一向希望能把个人与国家民族，此两观点，调和融化在天下观点之下，而期求以全世界全人类之共通理想为其教育理想之对象。"② 对此，笔者想要强调的是，钱穆不仅注重中国文化传统中极富个性色彩的"人文教育之功能"，更在期求通向"全世界全人类之共通理想"。所以，钱穆更深论之："不仅中国文化有其悠久的传统，有其深厚的个性，在将来多彩多姿的世界人类一个共通的新理想新文化之产生与完成上，一定有其伟大之贡献，尤要者，在于中国的文化传统及其教育理想，自始即深蕴有一种共通的世界性之存在。"③ 可想而知，钱穆在传统教育精神这一层面的理念上极主张教育是人性的培育，是有深厚思想文化根基的。钱穆的智慧更体现在方法论上，他又极主有儒家特色的后天熏陶："诸位千万不要认为性就是指天赋，此话固是不错，人性是天生的，天给我们的。然而我们的人性，还要经过后天陶冶，就是'文化'与

---

① 钱穆：《双溪独语》，台湾学生书局1981年版，第40页。
② 钱穆：《历史与文化论丛》，台湾东大图书公司1985年版，第339页。
③ 同上书，第337—338页。

'教育'。有学校的教育，有社会的教育，有宗教法律种种的陶冶。孔子
说：'性相近，习相远。''习'是后天。其实孔子还是讲这性。兄弟两
人，乃至于同胞所生，他们应该差不多，然而后天环境不同，教育不同，
种种经过不同，可以变成绝不相同的两个人。我们中国人，特别关于这一
点上，最用功夫来观察，最用功夫来发挥。"[1] 陶冶，作为中国古代教育
中的一种最为基本的人性培育方法，就是要最大限度地将人的善性及其
潜能调动、发挥出来。说到底，钱穆的教育观，实质上也就是一种陶冶
式人格教育观。他以为真正的教育"正贵能加上一种共同的文化陶冶，
加上一种士的教育之修养"[2]。陶冶二字前又有"文化"二字，可见是
一种十足的人文教育观。然钱穆到底是在"人文演进"视野下来观其
"陶冶"的，故其说："一个民族，决不能无文化陶冶，文化陶冶则非
一日间事，必由长期历史所演出。"[3] 一个民族要走向世界，当然需要
有长期的文化陶冶之功，这种观念对中国的人文教育而言，乃必备之理
念。

　　人文教育重在人格，而人格教育又可称为道德人格教育。钱穆说：
"道德就是我们的生命，就是我们的人格。这是人生真性情的流露，它有
一个最高意志的要求，再加上方法技巧，便可以完成最高的理想。"[4] 可
见钱穆作为人生自然"真性情流露"基础之上的道德人格，而所谓加上
"方法技巧"，无疑是要通过一种人格教育之过程；但无论如何，这里侧
重的是内在真性情之于道德人格的自然而然。所以钱穆又深论道："中国
传统的道德教育，乃一本于人类之自然天性，直诉之人心，而在实际具体
的日常人生中使之自然透露。中国人认为，人文道德即是一大自然，即在
自然之中，自然中可以流露出人文道德，此是一番极具神秘性的可贵真
理，非具大智慧人不易窥见。具此大智慧，发现此真理，而使在人文社会
中能成为具体事实者，中国人即尊之曰圣。"[5] 发现人文道德乃是从自然
性情中流出，是需要大智慧的但并非至此就一切了事，仍须后天教育中以

　　① 钱穆：《中国文化精神》，九州出版社 2011 年版，第 124 页。
　　② 同上书，第 89 页。
　　③ 钱穆：《中国文化丛谈》，九州出版社 2011 年版，第 68 页。
　　④ 钱穆：《中国历史精神》，台湾东大图书公司 1984 年版，第 123 页。
　　⑤ 钱穆：《双溪独语》，台湾学生书局 1985 年版，第 267 页。

"方法技巧"，而这一所谓方法技巧，质言之，仍是要在将自然发露的道德萌芽，在成长过程中辅之以正，而不是强行的教条式灌输或拔苗助长。所以钱穆独具慧眼地指出："中国的文化传统，则常把道德与知识相提并论，而且更重视了道德。尤其在传统教育精神上，可以极显明的看出。中国人传统的道德教育，并不在灌输一番哲学思想，或说微言大义，或用逻辑辩证法，或仗宗教信仰；此等皆与中国人观念中之道德无关，或可说都是隔了一层膜。"① 之所以会隔了"一层膜"，实因没有把握到"自然流露真性情"这一深刻的道理所在。所以人格教育的理念，乃是十分重要的文化要项。须知古今中外，教育的最基本之理念无非是：什么样的教育可作为好的教育，教育如何使人具备完善人格。此理念用康德的话来说："这是一种导向人格性的教育。"② 在康德看来，一种良好的教育，当然意味着它能使人的天性越来越好地得到发展，要达至如此境界，也就是要让"善"的所有禀赋实现出来。故康德又立于道德教化之高度强调指出："人们必须注意道德教化。人应该不仅有达到各种各样目的的技能，而且还应获得这样的信念，即他只会选择真正好的目的。好的目的就是那些必然为每个人所认同的目的，那些能够同时成为每个人的目的的目的。"③ 必须看到，具有普遍性的人格教育，也是古今以来教育中的最基本教育，就连一切技艺专业性的教育，亦应以此为旨归。钱穆也颇具辩证眼光地看到了这点："当知专门知识，愈专门愈有价值，而普通知识，则愈普通愈有价值。做人做到普通的，是最伟大的。"④ 近代社会由于科学发展呈迅猛之态势，专业知识的分科亦愈来愈专门化；在这种情况下，专业教育的深化当然是有价值的。但若因此而忽略了普遍性的人格之教育，则社会无道德人格之建树。普通而伟大，当然是针对人格而言的。所以钱穆强调职业知识固然需要专门训练，而"做人"也该有"共通训练"。他说："当职业有各项职业之专门知识与专门训练。也该有当做人的一项共通知识与共通训练。"⑤ 中国传统文化特别是儒家教化中，这种训练从孩童就

---

① 钱穆：《双溪独语》，台湾学生书局 1985 年版，第 267 页。
② 康德：《论教育学》，赵鹏、何兆武译，上海世纪出版集团 2005 年版，第 15 页。
③ 同上书，第 10 页。
④ 钱穆：《历史与文化论丛》，台湾东大图书公司 1985 年版，第 353 页。
⑤ 同上书，第 352 页。

开始了。

事实上，当人们问什么样的教育是最好的教育时，首先是在问，教育是如何在价值取向及其功能上实现完善人格的。康德也如此感叹过："能够对人提出的最大，最难的问题就是教育。"① 其实，教育中的人格教育，又是其中最难的难点。如果说，教育的基本理念是：好的教育理念是什么？那么可以说，"轴心期"② 以来的中西思想家、教育家所苦苦探求的、无论是在起点上还是在终点上，都是人格完善：

> 好的教育正是这样的：从中全部的"善"能够在世界中产生出来。被放进人之内的那些萌芽，必须得到更大的发展。……在人之内只有向善的萌芽。③

在理念上，康德此论与中国儒家教育理念如出一辙；儒家以为没有德性的人格，就是没有魅力的人格。的确，人格教育在根本上，就是以道德教育为基础而又使人达于真善美的一种完善性教育。所以《大学》即以"止于至善"为终极的价值取向，而古希腊人的理念在"身心既善且美"，欧洲文艺复兴时代拉伯雷追求"全能的人"，乃至欧洲近代卢梭指向的"既能行动又能思想的人"。显然都是将其教育的人文价值取向终极地指向了完善人格。

然而人格教育之理念本身，毕竟是人文演进过程中的一个必要项目，且须在演进中随着人类精神发展形态而更有演变发展。德国著名语言学家、教育家洪堡特就曾从人类语言演进的角度考察出："人类精神力量以不同的程度和不断更新的形态逐渐发展。"④ 事实上，演进发展的程度越

---

① 康德：《论教育学》，赵鹏、何兆武译，上海世纪出版集团 2005 年版，第 7 页。
② "轴心期"：是德国哲学家雅斯贝尔斯提出的重要概念，他认为在公元前数百年的时候，人类至今赖以自我意识的世界几大文化模式（印度、中国、西方），大致在这一时期同时确立起来。从此，人类在理念上一直依靠轴心时期所产生的极富创造力的思考而生存，且在文化上每一次产生新飞跃时都会回顾这一时期，并会被它重燃智慧火焰。轴心期潜力的苏醒及对轴心期潜力的回归，或说复兴，总是在人类文化史上不断提供出新的精神动力。而这一精神现象本身，也不断被人们重提。
③ ［德］康德：《论教育学》，赵鹏、何兆武译，上海世纪出版集团 2005 年版，第 9 页。
④ ［德］威廉·冯·洪堡特：《论人类语言结构的差异及其对人类精神发展的影响》，姚小平译，商务印书馆 1999 年版，第 17 页。

高，越可见出人类精神的共通性。对此，教育特别是人文学科的教育作何策应？晚年的钱穆在访欧、访美后，感触颇深，曾写下《对西方文化及其大学教育之观感》一文，文中十分客观地谈道："我们在讨论文化问题时，应具有两种心理上的条件：一是平等；一是客观。我们对一切文化皆应有平等观与如实观。我们应知世界上各种存在着之文化必各有其价值，不然如何得以存在？我们第一步应懂得承认它应有的价值，第二步是来认识它，其价值何在？究竟是一些什么价值？此方为我们应有之态度。"①在钱穆看来，事实上存在的任何一种文化必然是既有长处，亦有短处，从而成其为一种特有文化形态的。对此，历史教育、人文教育要发挥其应有的功能，而这一功能就在让人通晓洞达世事，有知人论世的修养，从而不会与世界、与时代潮流相隔绝。因而他着意撰写了《一所理想的中文大学》一文，他告诫说：一所理想的大学，同时该具备两项性质，一是其共通性，另一是其特殊性。他所指的共通性，是世界性；而他所指的特殊性，主要是指地域性。人文教育对此必须发挥其重大教育功能：

> 世界已然是一个不可分割的同一的世界了，人类在其本源上，及其性质上，也本是同一的人类。人与人之间，有其共通性，将来的世界，正该在此共通性上努力发展。一所理想的大学，在此方面，正负有其更重大的意义与使命，正该在人文科学方面，大量发挥此项重大的教育功能，使全世界各民族，各文化传统，能日趋调和合一，民族与民族间不再有隔阂，文化与文化间不再有冲突。一所理想的大学，正贵由其特殊性的人文教育，而到达一种共通性的世界精神与世界理想，这毋宁是今天的大学教育所应负起的一个更伟大更重要的责任。②

这是特殊与共通、个体与整体的辩证统一；每个民族都有其特殊的文化与人文教育，但如何从其特殊的人文教育而达至共同的"世界精神"则不仅是个方法论问题，更是一种价值取向，所以钱穆提示说这毋宁是今

---

① 钱穆：《历史与文化论丛》，台湾东大图书公司 1985 年版，第 325 页。
② 同上书，第 336 页。

天的大学教育所应负起的一个更伟大更重要的责任。继之他还深论道："在人文教育的立场上，我们再不应该只顾到各自的民族性和地域性，来加深各民族之隔阂，和各地区之分离，而该朝向一个世界之共通性上去发展，此种需要与趋势，谁也不该否认。但就教育功能言，必然将注重其特殊性，才能到达一种共通性。换言之，只有在个别的教育上，才能到达一种共通的理想。若我们抹杀了此一特殊性之重要，单独举出某一种尺度和规范来施教，来求此项共通要求之到达，则在人文教育方面必然会失败。"① 看不到共通性，只顾特殊性，在教育上必然遭受失败；人文教育不仅要有理想的价值取向，同时也要注重方法论，这就是以共通性来引导，"朝向一个世界之共通性上去发展"；另一方面，则是"注重其特殊性，才能到达一种共通性"。所以钱穆刻意强调："教育便该在发展个性上立主意，起作用。……如此汇合、交流，始可形成将来世界的新文化。"② 这一方法论上的辩证，使钱穆十分注重人文教育的取向，他举例说，中国文化就是一个有其深厚个性与悠久传统的文化，在将来多姿多彩的世界人类共通精神世界中，定能发挥其优势。为什么？因为"中国的文化传统及其教育理想，自始即深蕴有一种共通的世界性之存在"。有深厚涵养的一种个性文化，其根性中自然蕴有含藏共同世界精神的可能性；这正是我们今日常讲的：越是地方的，越是世界的。就怕你没有地域性，没有特殊性，没有个性，那当然也无法走向世界。千人一面，世界需要你吗？

从个体走向整体，从地域走向世界，从特殊走向共通，这需要人文教育随着世界的发展而发展，随着人类的演进而演进。这就是钱穆对教育的深刻洞见——人文教育之演进必须通向人类精神世界。钱穆对中国的文化传统与人文教育功能充满了信心，他如此说道："只有中国的文化传统，其看重人文教育之功能，更胜于其看重宗教教育。而其人文教育之传统理想，一向希望能把个人与国家民族，此两观点，调和融化在天下观点之下，而期求以全世界全人类之共通理想为其教育理想之对象。"③ 的确，

---

① 钱穆：《历史与文化论丛》，台湾东大图书公司1985年版，第336—337页。
② 钱穆：《世界局势与中国文化》，九州出版社2011年版，第64页。
③ 钱穆：《历史与文化论丛》，台湾东大图书公司1985年版，第338页。

中国文化中一向有"天下"观念，从地域通往"天下"，国家民族融合在"天下"之中，其中介就是人文教育。当一种文化其人文教育能将每一个个体的"个性"调动出来并发挥尽致时，也将是真正的世界和平时代来临之日。反之，没有独特性，没有个性，你也就缺失走向世界的资格了。其实钱穆更为注重的仍是文化个性与文化的根，无此则无演进之动力。

第十五章　从封建制到"士人政府"
的中国政制演进

这里的"政制"当然是指钱穆所言的政治制度，只因钱穆极喜言"政制"二字，且十分看重这一范畴的内容并将此作为自己的研究重头，我们才将中国政制的历史演进作为单独一章。还是看看钱穆自己怎么说：

> 中国传统政制，乃是贯通于中国全部历史进程中，而占有极重要分量之地位者。①
>
> 中国人言治平之道，重在制度。杜佑通典，马端临文献通考诸书，皆详言中国上各项政治制度之演变。②

从其"全部历史进程"与"各项政治制度之演变"之说法，可见出钱穆仍是从人文演进观来探求中国政制问题的。此处我们要推出的，则是他在其文化演进中特为关注的中国传统政治中的三大重要因素。钱穆概括地说："理想、人物、制度，乃中国传统政治最重视之三要项。"③ 对钱穆来说，此中"人物"当然是最重要的，此乃有儒家"人能弘道"理念的强力支撑，所以他一直坚认制度为人所创制，而理想则更要归于人文演进中的"人"这一主体之道德价值取向。"故选贤与能，乃中国政治一大事。"④

正是基于"选贤与能"的中国政制文化，钱穆又特别重视其中的宰相制度与考试制度，他深信这是中国政制中最值得深入探究的两个话题：

---

① 钱穆：《中国历史研究法》，生活·读书·新知三联书店 2001 年版，第 32 页。
② 钱穆：《宋代理学三书随杂》，台湾东大图书公司 1983 年版，第 150 页。
③ 钱穆：《晚学盲言》（上），广西师范大学出版社 2004 年版，第 149 页。
④ 同上。

"中国传统政制，除宰相制度外，值得提及者又有考试制度。"① 此外，他将政治置入整个社会人生事业系统中来审视，并自称对此有甚深之信念，故言："窃谓政治乃社会人生事业之一支，断不能脱离全部社会人生而孤立，故任何一国之政治，必与其国家自己传统文化民族哲学相祈合，始可达于深根宁极长治久安之境地。"② 作为一种价值取向的"深根宁极长治久安"，当然是通过国家民族的文化演进来达到的。重要的是，钱穆自信看准了中国两千多年来的政制，自有其内在的演进路途与趋向，他强调此乃中国文化个性所致。在其《文化学大义》中，他作了一个这样的界定："西方近代民主政治称'法治'，中国传统则当称'礼治'。"③ 从中西对比入手，似成为钱穆文化学的一个方法论。借此，他告诫说：一种好的政制，一定是自适国情的；抹杀国情，一味效颦他国之例，就根本不足为好政制。

钱穆断言："中国政制，自有其演进之路途与趋向，并不随一姓一家之起覆为存亡。而中国在此演进中，在因国家体制不适于多数选举之故，而传统理论，亦遂尚贤不尚众。"④ 对中国文化的温情，终导致钱穆未对这一传统体制取批判之视角，相反，他明确的立场是为之辩护："唯其贤，乃能深获众人之公意公心而发皇条达之。而匹夫匹妇，数量之多寡，有所不论。则尚贤不啻即尚众也。若双方贤的分数相对等，乃始再依多数为从违。若双方贤的分数不相等，则中国传统理论，先尚贤，不尚众。良以贤人之公而一，有胜于群众之私而多。"⑤ 其心目中到底是贤人胜于群众。不过钱穆倒是一直呼吁中国应扩大士的道义精神、责任精神，而渐普及于全民。从中仍可透见其人文演进观中的"渐进"之思维取向。

一　封建制的创始及其后政治制度的演进

钱穆对"封建"二字，自有一套看法。他以为中国社会是不是一封

①　钱穆：《中国历史研究法》，生活·读书·新知三联书店2001年版，第27页。
②　钱穆：《政学私言》，九州出版社2010年版，第3页。
③　钱穆：《文化学大义》，九州出版社2011年版，第169页。
④　钱穆：《文化与教育》，广西师范大学出版社2004年版，第83页。
⑤　同上书，第84—85页。

建社会，应该根据历史事实来做解答："中国史上秦以前的所谓封建，乃属一种政治制度，与秦以后的郡县制度相针对。在西洋历史中古时期有一段所谓 FEUDALISM 的时期，FEUDALISM 则并不是一种制度，而是他们的一种社会形态。现在把中国史上'封建'二字来翻译西洋史上之 FEU-DALISM，便犯了名词纠缠之病。"① 钱穆此论，旨在将"政治制度"与"社会形态"明确区分开来；不作界定，就无法深论政治制度及其演进。从中我们还可看到，钱穆对西方封建社会形态也是有所研究的。因而，对钱穆来说，是必从历史演进与中西对比之视角，来进行"封建"二字诠释的："中国历史所谓封建，究竟始于何时，已难详考。据传说，远从夏、商时已有。古史渺茫，此当由专门古代史家经过严格考据来认定。但我们不妨说，正式的封建制度则始自西周。西周封建乃由武王、周公两次东征，消灭了殷王室的统治权，逐步把自己的大批宗室亲戚，分封各地，以便统制。先由天子分封诸侯，再由诸侯分封卿大夫，逐步扩张。这种演进是由上而下的。西方封建由统一政府之崩溃而起，东方封建则是加强政府统一的一种强有力的新制度。"② 说是"难考"，实则从演进角度已作一简明考论。其中对"封建"之作为一种制度，可谓阐述极明了。这是作于 1951 年而又于 1988 年再版的《国史新论》中的结论。其中对夏商两代之有否封建制，持不置可否之态度。

而此前在作于 1948 年的《中国文化史导论》中，钱穆也曾十分明确地指出："西周时代最重要的事件，厥为'封建制度'之创始。但我们根据殷墟甲文材料，封建制度，早在商代已有。我们若把许多诸侯公认一王朝为共主，认为是封建制度之主要象征，则理论上，远在夏朝成立，那时便应有封建制度存在了。所以中国古史上多说封建起于夏代，实非无因。但一到西周初年的封建，则实在另以一种新姿态而出现，所以我们也不妨说，封建制度由西周正式创始。"③ 此论则明于在理论上持夏朝封建制之存在。不过，钱穆就此还作一解释说：周代封建与夏、殷两朝的不同，就在夏、殷两朝多由诸侯承认天子；而周代则是天子封立诸侯。这种转变，导致一时力量的大增。而周朝的疆域也较夏、商时更为扩大了。钱穆以历史演进的长焦距来透视：自唐、虞时代诸部族互推共主开始，演进至夏、商王朝的世袭制，再演进至周代的封建制度。他认为，从政治形态的发展看，应视为中国古代国家民族逐步融和与逐步统一下的前半期的三个阶段。正因为有了这样三个政治形态及阶段，古代中国奠立了一个国家民族和文化的单一体的根本基础。接下来，东周以下春秋、战国时代，若从政治形态的演进看，则是从"霸诸侯"到"王天下"的时代。据此，钱穆的看法是："春秋二百四十年是霸诸侯的活动时期，战国二百三十年则为王天下的活动时期，用现代术语来说，霸诸侯是'完成国际联盟'的时期，王天下是'创建世界政府'的时期。"① 钱穆还有个概括性的说法：秦以前的中国，只可说是一种封建的统一；一直到秦汉时期，才有个真正像样的统一政府。而从政府治政方式来看待秦汉后的历史，钱穆下述看法是他一直坚持的：

> 秦、汉政府，虽经王朝更易；其实是一气相承的。西周时代已可说有统一政府，只是"封建制的统一"。秦始皇帝代表著中国史上第一个"郡县制的统一政府"之开始。汉高祖代表著中国史上第一个"平民为天子的统一政府"之开始。汉武帝代表著中国史上第一个"文治的统一政府"即"士治"或"贤治"的统一政府之开始。这是当时中国人开始建设世界政府以后之三步大进程。②

这纯然是一种长时段历史演进的透视，是古代中国治政制度及其方式的完整透视。钱穆早年即写有《秦汉史》一书，其关于"秦代在历史进展中，只是一过渡。以下才是正式的平民政府，实即是一士政府"③ 的看法，始终未变。而在历史文化的深层逻辑中，他更看到"士阶层"的意义所在："中国古代社会，分有贵族、平民，截然两阶级，这固可说是一封建社会，在封建社会里，贵族世袭，诸侯各自为国，成一分裂局面。但

---

① 钱穆：《中国文化史导论》，商务印书馆 1994 年版，第 33 页。
② 同上书，第 94 页。
③ 钱穆：《讲堂遗录》（一），九州出版社 2011 年版，第 166 页。

贵族诸侯与平民之间，尚有一'士'阶层，此诚中华民族文化演进中一特有之现象。而且乃具甚深意义之一特殊现象。此一现象，乃为世界上其他民族所未有，而惟我中华民族所特有。故中华民族乃可称为一'士中心'之民族，而中国社会亦可称为一'士中心'的社会。此事自古已然。下至战国，贵族社会渐趋消灭，只剩下一个平民社会，而士则为之中心。当时士阶层许多学者即都由平民社会来。"① 钱穆特称中华民族为一"士中心"之民族，显然首先是基于其特有的"文化演进"视野，其次是他特别看重这一演进过程中价值取向之进步；他深以为此乃历史之必然趋势。

从秦至汉，钱穆已然透见到汉武帝时所实现的那个政治制度上的转变，一辈平民中有知识有修养的贤人，即士人，当时称为"五经博士"的士人顶替了汉初的军人政府，从此"到达了真符理想的'平民政治'的境界"②。所以，钱穆极其反对人们笼统说中国几千年的封建社会。他坚持说，秦汉以后，封建制度早已被推翻掉了。要说世袭，那也仅仅是皇室一家有世袭，除却皇帝可以将其皇帝位置传给其子外，整个政府中没有第二个职位可以如此来承袭。郡太守不可如此，县令也不可如此。钱穆认为这在古代中国显然已是政治制度上的绝大进步。

若从政治制度上看皇帝与宰相的关系，钱穆认为：皇帝作为国家的元首，其实只是国家统一的一种象征；而宰相才是真正政府的领袖，要负起政治上的一切实际的责任。政治制度上的皇权与相权之划分，在中国政治史上是个有十分深远意义的大课题。钱穆认为，常人所说的秦汉以来中国都是封建政治、皇帝专制，这与历史事实不符："我们纵要说它是专制，也不能不认为还是一种比较合理的开明的专制。它也自有制度，自有法律，并不全由皇帝一人的意志来决定一切的。"③ 为什么温情到如此地步，即便是"专制"，也要用"开明"做其前置词来界定它。钱穆倒是举了汉代皇权与相权划分的实例：其时的皇帝与宰相是各有其"秘书处"的。汉代皇帝有"六尚"，"尚"为"掌管"之意。此六尚为尚衣、尚食、尚

① 钱穆：《讲堂遗录》（一），九州出版社2011年版，第165页。
② 钱穆：《中国文化史导论》，商务印书馆1994年版，第100页。
③ 钱穆：《中国历代政治得失》，生活·读书·新知三联书店2000年版，第43页。

冠、尚席、尚浴、尚书。这其中只有尚书是管文书的秘书处。而宰相的秘书处则有十三个部门，其时叫十三曹，一个曹相当于现在一个司，其组织之庞大由此可见，而职权之大，你只要想见当时全国政务都要汇集到宰相这里就可知了。钱穆说这相府十三曹可要比皇室尚书的范围大得多了。权位之重，演进到后来的专部大臣。而汉代中央政府组织中还有所谓三公、九卿之类的最高官。丞相太尉御史大夫称为三公，丞相管行政，为文官首长；太尉管军事，是武官首长；御史大夫掌监察，辅助丞相监察一切政治设施，实际就是副丞相。这其中另有一种不成文之规定，即必须有做御史大夫的经历，才有作丞相的资格。钱穆对御史谏官制有相当深刻的认识，这点我们放到后面一节详细论述。

钱穆又从封建时代家、国不分的特性作了阐述："本来封建时代的宰相，就是皇帝的管家，但到了郡县时代，化家为国，宰相管的，已经是国家，不是私家了，所以他成了政府正式的首长。从前私家家庭中的各部门，也就变成公家政府的各部门。封建时代，以家为国，周天子是一个家，齐国是一个家，鲁国又是一个家，这样的贵族家庭很多，天下为此许多家庭所分割。那时在大体上说，则只有家务，没有政务。现在中国已经只剩了一家，就是当时的皇室。这一家为天下共同所戴，于是家务转变成政务了。这个大家庭也转变成了政府。原先宰相是这个家庭的管家，现在则是这个政府的领袖。"① 秦汉以后，中国就不是个封建国了，钱穆始终坚持此说。而且他还推崇两汉吏治，推崇汉代的监察责任制，也推崇中国历史秦汉之前即已有的"谏议制"，这点我们要在后面详谈。

本章开篇，我们曾举钱穆所言中国政治为"礼治"，这"礼"对皇帝意味着什么呢？钱穆两面观之，既释之为礼尊，又释之为"约束"。如其所言："故中国天子虽受在下位者至高之尊敬，而实亦同在礼之下，同受礼之约束，得不得轻肆其一己之私欲。……尊为一国之君，不得轻出都城一步。乃有巡狩封禅诸礼，登高山，临大河，而以不扰民为主。为君者不仅不出都门，抑又不出宫门。今人巡览北京清故宫，观其建筑之壮丽伟大，认为惟帝王专制，乃得有此。不知中国乃广土众民之一统大国，帝王之尊，亦宜可有此宫殿。而为帝王者，乃不啻幽禁此宫中。礼以显其尊，

---

① 钱穆：《中国历代政治得失》，生活·读书·新知三联书店 2000 年版，第 9—10 页。

亦以严其防。"① 最后一句作结之语可谓妙极——既显其尊，亦严其防。不要以为皇帝好当。不过钱穆似乎不大看到皇帝一言九鼎的时候，其非专制而何？故新儒家中就有不少人反对钱穆的"非专制说"，如徐复观、牟宗三等。

二 "士人政府"的出现

在钱穆的文献中，"士人政府"这一概念常与"士人政治"、"贤能政治"等概念关联在一起。钱穆认为中国传统政治就是一种"士人政治"，同时亦可谓其为"贤能政治"，"因士人即比较属于民众中之贤能者"②。这一历史视角，当为"中国特色"之视角。在钱穆眼中，他甚至将中国"士人政治"称为"中国式的民主"，在他自己看来这并不夸张；他花费相当大的精力与时间，去发掘历史材料，来证实这一说法的可靠性与合理性。

从政治历史演进的视角，钱穆向人们展示：从汉代起，中国历史上的政府机构，就既不是什么贵族政府，也不是什么军人政府，而且也不是商人政府，而是一个崇尚文治的政府，即士人政府。钱穆在《中国文化史导论》中就提及过："秦、汉政府，虽经王朝更易，其实是一气相承的。西周时代已可说有统一政府，只是'封建制的统一'。秦始皇帝代表著中国史上第一个'郡县制的统一政府'之开始。汉高祖代表著中国史上第一个'平民为天子的统一政府'之开始。汉武帝代表著中国史上第一个'文治的统一政府'即'士治'或'贤治'的统一政府之开始。"③ 虽已有了一个"士治"的开始，但这个开始开得并不容易，因其亦有一"转化"的演进过程："因此汉代的统一政府，开始虽为一种素朴的农民政府，而到后终必转化成一种文治的贤人政府。只要了解那时中国文化大流之趋向，便可知是一种势所必至的自然形态。"④ 这俨然是在强调一种历史规律的作用了，钱穆当然看到了历史演进中"势所必至"的必然性规律。当然，钱穆又是以"制度演进"的观点来透入此历史规律的，这使

---

① 钱穆：《现代中国学术论衡》，台湾东大图书公司1984年版，第191页。
② 钱穆：《世界局势与中国文化》，九州出版社2011年版，第208页。
③ 钱穆：《中国文化史导论》，商务印书馆1994年版，第94页。
④ 同上书，第95页。

他更将中国史政治制度的发展分成了三个阶段：

> 中国史政治制度上的演进，由鄙意看之，约略可分为三阶段：
> 一、由封建到统一。
> 二、由军人政府到士人政府。
> 三、由士族门第到科举竞选。
> 秦汉统一，是中国史上第一大进步。自此以下，直至今兹，统一是中国史的常态，分裂和割据是中国史的变态。近人常好说中国至今还未脱封建社会的性质，此种理论和看法，只好说是西洋史学家的理论和看法，中国史学家向来只认秦汉以前为封建时代，统一政府的产生，便是诸侯封建之消灭。自政治组织上看，实是中国史上一极大转变，亦可说是中国史上一绝大进步。①

将秦汉统一视为中国历史上第一大进步，并以"常态"、"变态"的历史观来标志国家的统一与分裂；且尤其反对将西方模式强加于中国历史。这确实体现出钱穆一以贯之的学术立场。而上段引语中特别提到了"科举竞选"，则是钱穆最为欣赏者。事实上，封建世袭制推翻后，哪些人来主政就即刻成了问题。钱穆以为在这方面的制度，实际上是到汉武帝以后才渐趋于定型的。由于那时政府中有个"太学"，也就如今天的国立大学，当然那时是仅有的一个；但这里面却施行了考试制度，且考试毕业分成两个等级，其时被称作"科"。甲科出身的为"郎"，乙科出身的为"吏"。钱穆说："当时定制，太学毕业考试甲等的就得为郎，如是则郎官里面，便羼进了许多知识分子，知识分子却不就是贵族子弟。至考乙等的，回到其本乡地方政府充当吏职。吏是地方长官的掾属。汉代官吏任用，有一限制，地方长官定要由中央派，太守如是，县令也如是。但郡县掾属，必得本地人充当。"② 钱穆还极为详细地阐述了汉代的选举制度，这里就不一一列述了。总之，他认为汉初尚未实现的平民政府或"文治政府"，一直到了汉武帝时起用董仲舒、公孙弘等人并设立五经博士后，

---

① 钱穆：《历史与文化论丛》，台湾东大图书公司 1985 年版，第 282 页。
② 钱穆：《中国历代政治得失》，生活·读书·新知三联书店 2000 年版，第 13 页。

又为博士置弟子员，每年考课而得补郎吏，又定地方守相逐年察举属吏之制度，继之公孙弘以士人为丞相封侯，这才是真正从历史格局上打破了汉代以前非封侯不拜相非立军功不封侯之惯例。他极称此为汉代制度上的一大历史转变。从此，军人政府渐演变为士人政府。而此下的演进，中国政府的组成，就开始了以士人为主的常态，而以军人政府为变态，而若以宗族血缘组织的政府如西周封建制度那样的政府，就再也难得出现了。钱穆极表赞扬之情，他坚认：若秦汉统一为中国史演进之第一大进步，那么，第二大进步则在汉代这一士人政府的出现。

钱穆从人文演进观对此得出的结论是：

今明白言之，中国传统政治，实乃一种"士人政治"。换言之，亦可谓之"贤能政治"，因士人即比较属于民众中之贤能者。有帝王，乃表示其国家之统一；而政府则由士人组成，此即表示政府之民主；因政府既非贵族政权，又非军人政权与富人政权，更非帝王一人所专制，则此种政治，自必名之为民主政治矣。若必谓其与西方民主政治不同，则姑谓之"东方式的民主"，或"中国式的民主"，亦无不可。①

如果说"士人政治"、"文治政府"尚能从学理上说得过去，但将它与"民主政治"完全对等起来，则多少是一种赞誉了。这或许是其立于儒家"道义"立场上得出的结论吧。钱穆又明言："中国传统政治之主要关键，则首在选拔贤能。若使政府之所拔用者，果为社会之贤能，则贤能自能代表道义；代表道义者自能相互和协，而完成政府之目标与职责。否则政府非贤能，其所代表者亦将不尽为道义，其相互间自亦不尽能和协，而政府之职责自亦不能完成。"② 钱穆倒是常从儒家治道的"职责"范畴看待问题的实质所在；在新儒家人物中，他大概是谈士人"责任"谈得最多的一位。而此论照例在其"演进"的历史功能视野中。

钱穆又结合政制与社会"演进"的总体来把握几个历史时期，这就

---

① 钱穆：《世界局势与中国文化》，九州出版社 2011 年版，第 208 页。
② 同上书，第 214 页。

是：游士时期（春秋末）、郎吏时期（两汉察举制度）、九品中正时期（魏晋门第社会）、科举时期（唐代科举制度）、进士时期（宋代白衣举子）。① 实际上，他不仅从中国政制及社会演进透视到："中国自汉代之'地方察举'，经历魏、晋以下之'九品中正'，以至隋唐以下之'科举竞选'，中国因有此一制度，故能不断自社会民众中选拔贤才使之从政。且不仅许此等人物以从政，并亦政府全由此等人物而组成。"② 而且他也注意到其间发生的流弊。如其所说："唐代以后，因为这制度发生了流弊，因此采取自由报考公开竞选制。社会上任何人都可以报名参加政府的考试，经过政府一种客观的标准而录取后，就可以参加政府任职做官。反过来说，不经过这种手续的，就不能参加政府任职做官。这是自唐至清，一千多年来的考试制度。所以我们说，中国历史上由汉迄清两千年的政府，都是由民众组成的。"③ 这种"演进"的透视，诚让我们一瞥而两千年。但钱穆的结论是：由汉迄清两千年的政府都由民众组成，这至少是不完全正确的，皇帝仍是世袭的。但无论如何，钱穆以为中国历史能自适国情地创造出一套选贤与能的察举制度，从而形成自身的文化特性，这在他看来仍是十分了不起的。钱穆还关注了与考试制度相应的"铨叙制"，他以为礼部的"科举"与吏部的"铨叙"，可算得上是一种制度之两翼，可相辅并进。考试而选举人才，此为其开从政之路；而因"铨叙制"而可有吏途之进退迁转，均需凭客观公开的资历，不以一人一时的好恶、私见来升黜。无怪钱穆会认为科举匹配以铨叙制，就是完整的两翼了。

　　钱穆的考察，不仅细致而深入，且极富文化史与思想史眼光，有时确让人叫绝。诚如其所说："中国传统政治，乃由全国各区域平均选拔贤能组织政府，却不许于政府之下再分彼我。故中国传统政治，其各区域之地方升官，例须他区域人为之；至其下之僚属，则在两汉时代，例用本地人，隋唐以下亦须用外区人。此一法制之用意，乃在只许以中国人治中国，而不许以各地方人治各地方。此一制度，对于中国之文化一统与政治一统，亦有莫大之功效。"④ 这就深入具体到地方用人的制度，

①　钱穆：《中国历史研究法》，生活·读书·新知三联书店 2001 年版，第 44—46 页。
②　钱穆：《政学私言》，九州出版社 2011 年版，第 8 页。
③　钱穆：《中国历史精神》，台湾东大图书公司 1984 年版，第 28 页。
④　钱穆：《世界局势与中国文化》，九州出版社 2011 年版，第 216 页。

对大一统所发生之莫大功效；然其之所以能发生效用，必有其合理之处。由此，他生发了种种感慨，认为在制度问题上，不要空谈思想与主义，而最好将政治制度与政治思想结合起来研究，因为思想与主义只有真正全融化进制度，这种制度才能确实推行，而且推行起来往往几百年甚至一千年以上。如《唐六典》，是唐代一部最精详最圆密的制度，杜佑《通典》是一部最精详最完密的唐代以前的制度史；但我们并没有看见唐代那种就此而高谈阔论者。其实梁漱溟也提出过类似的想法，如他在 20 世纪 30 年代谈到农业社会化合作经济话题时，就指出过"合作"作为救济农民的方策"发挥起来亦正是一种主义；本此主义建设，正可成一种制度"①。梁氏之意，"主义"要切合中国实际以发挥其能量，才能更好地推行为一种制度。

钱穆还深为感慨中国历史上那几次基于《周礼》的改革变法，如王莽、苏绰、王安石等，他以为王莽与王安石徒留下许多思想主义，但却未注重在制度上如何确立与推行；而苏绰较少政治主义，却注意了具体如何推行制度与运作制度，从而奠定了隋唐两代统一之盛运。钱穆对制度诚可谓作了深度考察与系统之面面观，故其语重心长地推出了他的时代问题意识："只要你能看重制度，你自能想到一个制度必得人人愿遵守，人人能奉行。你自会顾到此制度之实际性。你自能注意到国情民情。你注意到国情民情，自将注意到历史。任何一种制度，必有它的历史性。任何一种制度，必面对著它那时的许多实际问题。那许多实际问题，是由它本身以往历史传统继续变来的。是由它的地域性与国民性以及种种自然环境而与人不同的。试问我们的问题既和别人不同，我们的制度如何能与人一律？政治制度之真革新，是就自己问题求新解决，谋新途径；决不是不管自己问题何在、困难何在，只一意抄袭别人家现成制度来冒昧推行。那是一种假革新。别人家此刻的现成制度，也由别人家自有问题，自经历史演进，生长完成。"② 此段引语涉及内容较富，但读到最后，我们可释然，钱穆到底是从"历史演进"中的文化"生长完成"来探究制度的。

---

① 梁漱溟：《冯著"从合作主义以创造中国新经济制度"题序》，见《梁漱溟全集》第五卷，山东人民出版社 2005 年版，第 123 页。

② 钱穆：《世界局势与中国文化》，九州出版社 2011 年版，第 221 页。

三　监察、谏官制度的演进及其
儒家"直道"理念之支撑

钱穆不仅看重"士人政府"之出现及其演进，对中国政治史的巨大作用，尤其看重中国历史上监察制度、谏官制度之于文化演进的价值所在。中国历史上的御史制度，亦即监察制度。钱穆说："监察权亦中国政府自古有之，自秦以下，御史大夫为副丞相，即负监察之权。上自宫廷，下至全社会，皆受监察。后世又分立谏院，主要以谏天子为职。官位卑，而责任重。"① 这里把中国古代的监察制与谏议制都点到了，是从古代"责任"制视角出发的。而作为一个持文化演进观的历史学家，钱穆又以其独特眼光关注到这两种制度的"机能之递演"：

> 中国传统政制，尚有与御史制度相足互成之一制度，则为谏议与审驳，此亦犹如铨叙之与考试，必两机能相配合，而后其用意功能乃益显。谏议封驳，在汉已有之。下迄唐、宋，发展益著。在唐为门下省，在宋为谏垣，在明为尚书六部分科给事中，皆此一机能之递演。所谓台谏分行，政令之推行有缺失，则台官弹劾之；其政令自身有不当，则谏官驳正之。故依中国传统政制之惯例，王帝诏敕，必由宰相副署，始得行下。而宰相政令，得由门下省或谏垣驳议纠正。谏官认为不可，可以抑而不下，或封还改定之。此"监察"与"谏诤"之两职，盖即在政府内部，而对其政权施以一种适当之节制与裁抑者。②

注意，此中不仅将谏议与审驳作为与御史制度相应的一种制度，更将其置于"此一机能之递演"的制度演进观视野中考察，所以，汉唐宋明，各有其分。而这种具体的考察，使其能对各个朝代的监察制度有不同的结

---

① 钱穆：《晚学盲言》（上），广西师范大学出版社 2004 年版，第 167 页。
② 钱穆：《政学私言》，九州出版社 2011 年版，第 9 页。

论,如其对宋代的看法"宋代的监察制度远不如唐代"①,就是在唐宋对比之下作出的。在钱穆看来,唐代的监察制,有台谏之分;台官是御史台,专负监察百官之责。而谏官呢,则专对天子实施谏诤的,这在现代人会觉得不可思议,然唐代确如此。而且谏官乃宰相之属僚,御史台则属于另一机构,不属宰相直辖。钱穆甚至深入到具体的细节之中:宰相谒见皇帝而讨论政事,常随带谏官同往。若遇着皇帝有不是处,谏官直言规正,这同时也可以避免皇帝与宰相之间的那种直接冲突,在钱穆眼中,这实际成了一道缓冲。谏官诚然是个小职位,且是以"谏言"为职业的,故直言极谏是一种"尽职",一般不视其为"得罪",钱穆深心以为这些都是中国传统政治中的运用技巧的苦心处。②

要之,钱穆坚信在这一制度的背后,有着儒家文化与思想的支撑。不然,这千年以上的制度演进是不可能的。故我们在以下论述中,稍花笔墨以作展开,凸显这一制度的精神所在。中国儒家的"直道"理念,源远流长。《周易》坤卦的"直方大",《诗经·小雅·大东》的"周道如砥,其直如矢",《尚书·洪范》的"王道正直",直至《论语·卫灵公》明确标示的"直道而行",其内涵都有着强烈的修身与治政之道的实践指向,并充分显示了儒家在修德、行仁(实行仁治)即修、齐、治、平的理想目标中,将"直道"理念一以贯之的事实。我们从汉语中"直内方外"、"直节劲气"、"直言正谏"、"直言谠议"等成语的出现,也可理解修身与政道之"直"的内在关联。

然而对"直"的原始义理的阐释,我们恐怕要追溯到1973年出土文献《长沙马王堆帛书五行》,这一文献被庞朴称为儒家思孟学派"'孟氏之儒'或'乐正氏之儒'的作品"③,并称其"给解开两千多年未得其解的思孟五行说之谜,带来了一把钥匙"④。《长沙马王堆帛书五行》在第十五章《经》部与《说》部分别两次出现"中心辩焉,而正行之,直

---

① 钱穆:《中国历史精神》,台湾东大图书公司1984年版,第32页。
② 同上。
③ 庞朴:《帛书五行篇研究》,见《当代学者自选文库:庞朴卷》,安徽教育出版社1999年版,第566页。
④ 同上书,第555页。

也"①。《说》部还有深度解释："正行之，直也。直而遂之，逆也，逆者，遂直者也。"② 日本学者池田知久分别对《经》、《说》部作了译释："以心的内在方面判断事物，并且正确地去实行它，就是抱有正直的心。"③ "所谓'以正直的心为本，并且达到最终的阶段而完成它，就是心胸变得舒畅'，所谓'心胸舒畅'，就是达到最终的阶段而完成正直的心。"④ 这一对"直"的释义之所以可作重要参考，关键在从中可察见出由内心而"辨"（判断）是非的伦理感。思孟学派之后，荀子对"直"有过很好的解释："是谓是、非谓非曰直。"⑤ 荀子的弟子韩非子尽管不是儒家，但其解释却符合儒家伦理范畴："所谓直者，义必公正，公心不偏党也。"⑥ 由此可见，荀子、韩非子训"直"也都涉及伦理的根本问题。所以许慎《说文》以"正见"训"直"，而段玉裁注为："《左传》曰'正直为正，正曲为直'。其引申之义也。见之审则必能矫其枉，故曰'正曲为直'。"⑦ 显然，这里"正直为正，正曲为直"二语中的第一个"正"字为动词（"正直"意即将直者放正，此"正"字近于"端正"之义；"正曲"意使曲者变直，此"正"字与"直"则有相同内涵。二"正"字文相同而义各别）。而此中亦可透见"正直"一词在《左传》中出现的意义所在。由此，我们亦能很好理解何以最早版本的《辞源》对"直"的第一条解释为："正也。《书》'王道正直'。"⑧ 而《广雅释诂》释"直"为"义也"⑨，亦是渊源有自。联系到"德"与德的异体字"悳"的古义，更可看出其从直、从心的造字初旨。重要的是，我们应当从中透见儒家"直道"伦理的逻辑线索及其对整个中国文化贯穿渗透之

---

① ［日］池田知久：《马王堆汉墓帛书五行研究》，中国社会科学出版社 2005 年版，第 276、281 页。

② 同上书，第 281 页。

③ 同上书，第 276 页。

④ 同上书，第 282 页。

⑤ 《荀子·修身》，见缩印浙江书局汇刻本《二十二子》，上海古籍出版社 1986 年版，第 289 页。

⑥ 《韩非子·解老》，见缩印浙江书局汇刻本《二十二子》，上海古籍出版社 1986 年版，第 1137 页。

⑦ 许慎撰，段玉裁注：《说文解字注》，浙江古籍出版社 2006 年版，第 634 页。

⑧ 方毅等编校：《辞源》（下），商务印书馆 1915 年版，午集第 126 页。

⑨ 《中华大字典》（上），中华书局 1978 年版，午集目部第 248 页。

路数的清晰性。

现代新儒家不少人物也充分关注过"德"与"直"的本义及其关系。被人们称为现代醇儒的马一浮①，就从义理角度提起过"直"字与"德"字的内在关联，并认同"德"是后起字。他在《复性书院讲录》中指出："正直皆具大义也。悳，从直、心。会意。（德是后起字，本训升。）即表正直是心之本相。既无偏曲，自无时不中。故正直兼中义。"② 可见，"德"作为后起字与"直"的关联就在其源于"直"，乃"直"加"心"及"彳"而有。然而值得注意的是，此中"正直是心之本相"，实可作一哲学命题。事实上，马一浮在相关论述中多次用了这一命题："《论语》：'人之生也直。'此直字，全表性德。……敬以直内，义以方外，都不费安排，非涵养用敬之久，亦不能体会到心相本直。"③

修身之"直道"

如果从上述马一浮"正直是心之本相"的命题来上溯《周易·坤卦》六二爻辞云："直、方、大，不习无不利。"就能很好理解六二爻辞为什么要说"不习无不利"一语。在马氏看来，人之生也直，自然而然、不费安排，所以才是"心相本直"。但不要忘了马氏后两句话更重要，"非涵养用敬之久，亦不能体会到心相本直"。所以从这两句话来上溯《坤·文言》所曰："直其正也，方其义也。君子敬以直内，义以方外。敬义立而德不孤。'直、方、大，不习无不利。'则不疑其所行也。"也就能更好理解"敬义立而德不孤"了。其实，借助于程颐的《周易程氏传》，我们也许更能入其堂奥，程颐在解释"不习无不利"一语时说的是"不习谓其自然"④，而不像朱子释"不习"为"不待学习"⑤。程颐如此解说：

---

① 本书之所以未设"马一浮"专章，实因其文献涉猎"文化演进"范畴太少，不能成篇。马一浮（1883—1967），名浮，字一浮，浙江会稽（绍兴）人。为我国现代著名国学大师，与梁漱溟、熊十力合称为"现代三圣"，是现代新儒家的早期代表人物之一。于儒学、佛学，无不造诣精深，又精于文学与书法。

② 马一浮：《复性书院讲录》，江苏教育出版社 2005 年版，第 243 页。

③ 同上书，第 246 页。

④ 程颢、程颐：《二程集》，中华书局 1981 年版，第 708 页。

⑤ 黎靖德编：《朱子语类》卷第六十九，中华书局 1986 年版，第 1738 页。

由直、方、大，故不习而无所不利。不习谓其自然，在坤道则莫之为而为也，在圣人则从容中道也。孟子所谓至大至刚以直也。……于坤，则先直方，由直方而大也。①

这个"习"，在程颐眼中大致是"人为"之意，因为就坤道而言，其"自然"就体现在"莫之为而为也"。然而紧要的是"直、方、大"为"不习而无所不利"的前提。所以程颐对上引《坤·文言》那段话解说道：

直言其正也，方言其义也。君子主敬以直其内，守义以方其外。敬立而内直，义形而外方。义形于外，非在外也。敬义既立，其德盛矣，不期大而大矣，德不孤也。无所用而不周，无所施而不利，孰为疑乎？②

马一浮的"非涵养用敬之久，亦不能体会到心相本直"恰好应和了程颐"敬义既立，其德盛矣，不期大而大矣"这一解说。在程颐看来："直"是说品性纯正，"方"是指应事合理义。君子以恭敬的态度使内心正直，以合理义的行为随时处事。只要能做到内有恭敬之态度，外可适当地处事，便自然广布美德，不致孤立。所以正直、端方、宏大者，自然不会常处不利局面，其立身行事也就不必过于多疑。所以，"敬以直内，义以方外"这句话中的"直"为动词，意在保持内心正直，即以敬来直内；而"义"亦作动词，意在义以行事，将这个"义"来方正外面。朱子说得好："敬立而内自直，义形而外自方。若欲以敬要去直内，以义要去方外，即非矣。"③朱子的深意仍在涵养纯熟，自然而然，从容中道。所以他倡导涵养主敬之工夫，要于人"未发之际"，要在未应事接物时便存养主敬。因而洒扫对进退等所谓小学之功，实质上已被朱子视为大学格物、致知、正心、诚意之本。所以儒家讲德，若不能得之以内，得之以心，而是每遇事都要作意强充，便不得要领，正如朱子所言"即非矣"。

---

① 程颢、程颐：《二程集》，中华书局 1981 年版，第 708 页。
② 同上书，第 712 页。
③ 黎靖德编：《朱子语类》卷第六十九，中华书局 1986 年版，第 1739 页。

这也正是马一浮所说"非涵养用敬之久,亦不能体会到心相本直"的旨意。现代新儒家大多人物都接续并肯认宋儒的"涵养久之,则天理自然明"① 一说。钱穆甚至推出一"聪明正直之谓神"的命题,实质仍是从《中庸》率性而行的意涵作引申:"聪明正直之谓神。这并不是说,宇宙间,在人类之外另有神的存在,这乃是即人而为神,即人之聪明而成为神。人只须率性而行,尽其性,极视听之能事,达于聪明之极,无邪无枉,正正直直地向这条路发展前进,便即是尽了人的可能,而人即成为神。"② 率性尽性、正直前行,则即人而神,达于聪明之极了。这与涵养之久而天理自明的宋儒之说,有内在相通之逻辑。

值得强调的是:直、方、大——直是基础。没有直,也就没有方;而没有直、方,更无"大"可言了。所以程颐指出:"先直方,由直方而大也。"朱子更进一步地说:"惟直方故能大。"③ 程、朱都已然洞见由直发展到方、由方继而为大的过程与特点。朱子还特别强调了直与方的特点所在:"'敬以直内,义以方外。'直,是直上直下,胸中无纤毫委曲;方,是割截方整之意。"④ 所谓"直上直下,胸中无纤毫委曲",当然是简易的修身之道。程颐就视敬以直内为:"此道最是简,最是易,又省工夫。"⑤"居敬则自然行简。"⑥ 所以牟宗三说:"简易才能'直、方、大',不简不易,弯弯曲曲,出小花样,做小手脚,这种人没有什么意思,这种生命没有意思的。"⑦ 牟宗三认为全部儒家的道德修养都在《坤·文言》所讲的"直、方、大"、"敬以直内,义以方外"这几句话上,这是了解中国哲学最核心的地方。所以这也正是二程、朱陆等极有人格的大儒,都喜欢讲直、方、大的本旨所在,程明道的修身诀就是"敬以直内,义以方外"八个字。朱熹在《四书章句集注》中有两个概括性的说法:"直内而修

① 程颢、程颐:《二程集》,中华书局1981年版,第150页。
② 钱穆:《中国思想通俗讲话》,生活·读书·新知三联书店2005年版,第25页。
③ 黎靖德编:《朱子语类》卷第六十九,中华书局1986年版,第1738页。
④ 同上书,第1739页。
⑤ 程颢、程颐:《二程集》,中华书局1981年版,第149页。
⑥ 同上书,第157页。
⑦ 牟宗三:《周易哲学讲演录》,华东师范大学出版社2004年版,第33页。

身。"① "立心以直也。"② 所以，对儒家而言，中正方大君子人格的根本性基础就是一个直——修身之直道。因而儒家的"修道"观，首修其"直"；《中庸》"率性之谓道"，即循本性善之道而行，可谓"直"在其中。据此，无直道亦无公道与正道可言。这一实践指向的逻辑通路值得高度关注，这点我们后面还要加以论述。

钱穆又从人类"忠信"之禀赋言直道：

> 言忠信，即言人类禀赋于天之一种本质，即犹言性。孔子纵不言尽人皆同，要之大体相近。忠者由中而出，人类由其本心直道而行皆必忠。③

质言之，忠信作为人类禀赋于天的本质所在，亦即是人格成长中最为重要的"正直"要素。《大戴礼记》中就倡导"君子直言直行"④ 与"信而好直"⑤ 的忠直人格，这种人生直道是保证人立于社会中而能够"置方（周书作直方）而不毁，廉洁而不戾，立强而无私，曰经正者也"⑥ 的前提。高明注译的《大戴礼记》解"不毁"为"不瓦合，即不随便阿附他人"。解"立强"为"直道而行"⑦。可见，这个"直"，与"正"是直接关联的。《论语》中的"直"论，多有正直之意。从最具始源意义的"人之生也直，罔之生也幸而免"⑧（杨伯峻解为："人的生存由于正直，不正直的人也可以生存，那是他侥幸地免于祸害。"⑨），到人格早期成长过程意义指向的"友直"⑩（同正直的人交友，则能知己之过）、"质直而好

① 朱熹：《四书章句集注》，中华书局 1983 年版，第 8 页。
② 同上书，第 82 页。
③ 钱穆：《双溪独语》，台湾学生书局 1981 年版，第 102 页。
④ 高明译注：《大戴礼记今注今译》，台湾商务印书馆 1975 年版，第 197 页。
⑤ 同上书，第 231 页。
⑥ 同上书，第 372 页。
⑦ 同上。
⑧ 《论语·雍也》，见《四书五经》，线装书局 2008 年版，第 12 页。
⑨ 杨伯峻译注：《论语译注》，中华书局 1980 年版，第 61 页。
⑩ 《论语·季氏》，见《四书五经》，线装书局 2008 年版，第 23 页。

义"①（品质正直，遇事讲理），到人群相处中的"以直报怨"②（拿公平正直来回答怨恨），陈荣捷解为："无论如何，儒者所说的直，是指绝对的不偏不倚，它是从义理之当然，而不是从个人之嗜好着眼。""所谓直者，绝非如西方人之所解释为报复之义，或为《圣经》旧约'以眼还眼，以牙还牙'之义。夫不念旧恶，为孔门明教。此所谓直者乃'人生也直'之直，即合乎道德正义之意，不外谓报怨应以道义为主，不应以感情用事耳。"③"直道而事人"④（正直地处事处人），再到社会政治运行的"三代之所以直道而行"⑤的说法，都极其充分地证明了"直"与"正"的内在关联，终而导致孔子"政者，正也"⑥命题的出现。

然而，极为重要的关键之点就在"人之生也直"，并不能保证人格成长过程始终处于直道之中，始直与终直的境界是不同的（正如黑格尔说的小孩与老人的境界，后者需要终身持敬涵养）。所以就有了孟子的"直养而无害"⑦之养气说。实际上，从始而陶养正气到终而铸成正义人格，也正是《易经》所表征的直而方大之深意。孟子意在养"浩然之气"，认为养成德性的过程皆需要靠后天不断的努力才能有所成就：

> 其为气也，至大至刚；以直养而无害，则塞于天地之间。其为气也，配义与道。无是，馁也。是集义所生者，非义袭而取之也。行有不慊于心，则馁矣。⑧

"至大至刚"、"直养无害"、"配义与道"、"集义所生"，是这段话中重要的旨意所在。至大至刚之气，是要用正义正理去不断加以培养的，而且一点不能伤害，它才会充塞天地。可见它作为刚大之正气，是要匹配于正义并积累道义才会产生的，偶然的自外窃取一二正义之行为不足以获得

---

① 《论语·颜渊》，见《四书五经》，线装书局 2008 年版，第 18 页。
② 《论语·宪问》，见《四书五经》，线装书局 2008 年版，第 21 页。
③ ［美］陈荣捷编著：《中国哲学文献选编》，江苏教育出版社 2006 年版，第 57 页。
④ 《论语·微子》，见《四书五经》，线装书局 2008 年版，第 25 页。
⑤ 《论语·卫灵公》，见《四书五经》，线装书局 2008 年版，第 22 页。
⑥ 《论语·颜渊》，见《四书五经》，线装书局 2008 年版，第 18 页。
⑦ 《孟子·公孙丑上》，见《四书五经》，线装书局 2008 年版，第 36 页。
⑧ 同上。

这刚大之正气。然而重要的是，只要做了一件不道义而有愧于心的事，这种刚大之正气便会疲软了。这其中深刻的意蕴即在于：生命之气当直循天地的正理而鼓荡，集义而鼓荡才能至大至刚；发动之端在我，在天地的直理中行，积累之久便自然浩然充塞、流行无碍。要言之，生命之气与道义的匹配，也即是心、气交养的合一。钱穆说得好："孟子说：'我善养吾浩然之气。'那浩然之气如何养的呢？孟子说：'此乃集义所生。'何谓集义？只要遇到事，便该问一个义不义，义便做，不义便不做。故说：'勿以善小而弗为，勿以恶小而为之。'起先，行一义与行一不义，似乎无大区别，但到后便不同。孟子又说：'以直养而无害。'平常所谓理直气壮，也只在某一时，遇某一事，自问理直，便觉气壮些。但若养得好，积得久，无一时不直，无一事不直，那就无一时无一事不气壮。如是积到某阶段，自觉仰不愧于天，俯不怍于人，这如火候到了，生米全煮成熟饭，气候转了，春天忽变为夏天。内心修养的功候到了，至那时，真像有一股浩然之气，至大至刚，塞乎天地，莫之能御。那一股浩然之气，也不是一旦忽然而生的。《中庸》说：'所过者化，所存者神。'浩然之气近乎是神了，但也只是过去集义所生。因在过去时，以直养而无害，积义与直，积得久而深，一件事一件事地过去，好像都化了，不再存在了，却突然觉如有一股浩然之气存积在胸中，那岂不神奇吗？"① 汉语成语中的"理直气壮"，在钱穆的释义中淋漓尽致。其实，我们从孟子的"直养无害"说切入到他的"不直，则道不见"② 的命题上，更可理解从修身之直道过渡到治政之直道的必然性。

这里还需稍加指出的是，人生直道的过程并非完全不出现偏离的情况，这就是"枉"的状态。汉语成语中"矫枉过正"亦称"矫枉过直"，虽指纠偏过头，但其中都含有一个"举直错诸枉"③ 的必然举措与过程在内。孔子的深意在以德化人，即谓人君能举直而置之枉之上，如把正直之人选拔出来置于邪曲的人之上，那百姓就服；反之，百姓就不服。这就涉及我们下面要说的治政之直道了。

---

① 钱穆：《中国思想通俗讲话》，生活·读书·新知三联书店 2002 年版，第 67 页。
② 《孟子·滕文公上》，见《四书五经》，线装书局 2008 年版，第 42 页。
③ 《论语·为政》，见《四书五经》，线装书局 2008 年版，第 8 页。

治政之直道

人类社会的演进，有群体的存在，必有治理之道的出现。在儒家看来，国家治政之直道与个人修身之直道，是相通的。如上举"举直错诸枉"一例，即通于修身与治政之直道。钱穆解释说："喜直恶枉，乃人心共有之美德。人君能具此德，人自服而化之。然则私人道德之与政治事业，岂不如影随身，如响随声？此亦古今通义，非迂阔之言。"① 周敦颐《通书》"动直则公，公则溥"一说，则是通于修身与治政之直道的逻辑基点："圣可学乎？曰：可。有要乎？曰：有。请问焉。曰：一为要。一者，无欲也。无欲，则静虚动直。静虚则明，明则通。动直则公，公则溥。明通公溥，庶几乎！"② 没有自私自利的考虑，没有患得患失的杂念，人做起事来就会一往直前，这就叫"动直"。而且无私心杂念，看事情便无偏见，此为"静虚则明"。"明"则于是非一清二楚，这就是"明则通"。在无私心杂念、对是非一清二楚的前提下，人就能够一往直前地向前走，便能做到"动直则公"。既然是公，其行为必定于群体社会有利，这就叫"公则溥"。显然，由"静虚动直"而达至"公则溥"，亦是由修身之直道而进于治政之直道，故其逻辑通路的基点可以"动直则公，公则溥"一语概之。

要之，修身、齐家、治国、平天下，其起点为"修身"之道，没有这一起点就达不到"平天下"的治政目标终点。这是儒家的根本理念。这里，我们再次回到本节视角的原点，即最初使用材料中的马王堆汉墓出土文献《长沙马王堆帛书五行》。这里我们将从王夫之对"五行"的释义切入，王夫之在其《尚书引义·洪范》中指出：

> 五行者何？行之为言也，用也。天之化，行乎人以阴骘下民，人资其用于天，而王者以行其政者也。
>
> 五行之为范也，率人以奉天之化，溥天之化，以阴骘下民而协其居，其用诚洪矣！

---

① 钱穆：《论语新解》，生活·读书·新知三联书店 2002 年版，第 44 页。
② 《周敦颐全书》，江西教育出版社 1993 年版，第 137 页。

　　　　夫王者敬用五行，慎修五事，外溥大政，内谨独修。①

　　船山以"用"释五行之"行"，显然是一种哲学义理的解释，更以此而涉入君王"内谨独修"（修身）与"外溥大政"（治政）之通道，并最终进入"溥天之化"的治政境界。这个"溥"与前述周敦颐《通书》"动直则公，公则溥"是完全一致的。可见，船山所释"五行"，不仅是对前述"公则溥"这一逻辑通路的正确解释，也是本节论述修身之直道而进于治政之直道的最佳材料。

　　其实，池田知久在解释《长沙马王堆帛书五行》第十一章"说"部时，也洞察并关注到"直"的扩充路径："从作为人类先天地自然地被赋予的'义气'的'直'出发，通过扩充如以下顺次的'直—𬤇—果—简—行—义'的重叠阶段的内容，最终达到实现作为目的的'义'的这种扩充说。……这和孟子的扩充说基本上是相同的。"② 池田知久坚信：直—𬤇—果—简—行—义，这一扩充模式是出现于孟子之后而较孟子更为成熟的思想。（这其中"𬤇"指心胸畅达，"简"与"行"的关系则可从《大戴礼记·小辨》的"道小不通，通道必简"、"夫道不简则不行，不行则不乐"③ 揭示出。）实质上，这一扩充模式也正是本节所要论证的从个人修身之直道而进入为政之直道的途径。因为这一模式中最后的"义"的阶段，依然可从"宜也"释之，它终究要落实在社会治理的一切行为模式及制度构架中。这使我们更易理解孟子所表述的"不直，则道不见"④ 之理念，显然，它是将修身之直道进于为政之直道的最佳表述。所以它被后儒特别是宋明儒王阳明等人广泛引述。其实孟子紧接着后面还有一句话："我且直之。"⑤ 意谓不坚持真理，真理（道）就无法表现出来。我就是要为坚持真理而说话（朱子释为"直，尽言以相正也"⑥），这正是孟子在其一生政治活动中表现出来的极为难能可贵的主体性行为。"我

　　① 王夫之：《尚书引义》，中华书局1962年版，第96、98页。

　　② ［日］池田知久：《马王堆汉墓帛书五行研究》，王启发译，中国社会科学出版社2005年版，第237页。

　　③ 高明译注：《大戴礼记今注今译》，台湾商务印书馆1975年版，第389页。

　　④ 《孟子·滕文公上》，见《四书五经》，线装书局2008年版，第42页。

　　⑤ 同上。

　　⑥ 朱熹：《四书章句集注》，中华书局1983年版，第262页。

且直之"的精神，显然接续了"直哉史鱼！邦有道，如矢；邦无道，如矢"①的那种持守直道的精义。孔子赞叹史鱼，邦国有道，他像挺直地飞样前进的一支箭；邦国无道，他仍像挺直地向前飞的一支箭。这是一种典型的直道精神。韩非子描述"漆雕氏之儒"亦如是："漆雕之议，不色挠，不目逃。行曲则违于臧获，行直则怒于诸侯。"②这是说漆雕氏的直道主张：色不屈于人，目不避其敌。自己做错了，即使对于奴婢也不敢犯；自己做得对，即使对诸侯也敢怒而犯之。

现在，我们当能理解中国古代史官秉笔直言，原来有着强大的始源性的直道精神作支撑。传说中创制了文字的仓颉，据汉代普遍的说法，即是黄帝时期的史官。史官制度在周朝开始完善，《周礼·春官》之"宗伯"属下即有大史、小史、内史、外史、御史等史官。史官的主要职责是记载君王言行、官府军政大事，以及代拟命令和公文等，同时亦成为朝廷中专门收录、编纂前朝和本朝史实的官。在中国历史中，史官向为秉笔执简之人。《左传》、《国语》中就时见有关太史、内史行使职能，回答天子提问的记载。必须指出的是，正是直道精神在中国历史文化中的源起、持存、延续，促使了史官秉笔直言信念的诞生。《左传》有言："祝史正辞，信也。今民馁而君逞欲，祝史矫举以祭，臣不知其可也。"（《左传·桓公六年》）杜预《集解》说："正辞，不虚称君美。矫举，诈称功德以欺鬼神。"正辞而不矫举，如实而不诈称，这就是"信"，即诚实之意。在天、神的观念逐渐淡薄的历史过程中，"信"这一观念势所必然地被应用到国家关系、人与人的关系中。③唐朝刘知几著《史通》，对古代史官建置的起源与演变，有详细记述。他认为，史之为用，是记功司过、彰善瘅恶、得失一朝、荣辱千载的大事。没有史官，就会造成善恶不分，是非不辨，功过不清的结果。《大戴礼记》载有史䲡多次直谏不果而最终以尸谏魏灵公的忠烈故事。尽人熟知的魏征直谏之例，即为中国历史治政直道精神的最佳体现。而从学于司马光的北宋谏官刘安世，亦为扶持公道，尽行直道之典范。他面折廷诤，正色王朝，知无不言，言无不尽，被目为遍历言路

---

① 《论语·卫灵公》，见《四书五经》，线装书局 2008 年版，第 22 页。
② 《韩非子·显学》，见缩印浙江书局汇刻本《二十二子》，上海古籍出版社 1986 年版，第 1186 页。
③ 高明译注：《大戴礼记今注今译》，台湾商务印书馆 1975 年版，第 134 页。

"殿上威"。而在思想家层面中，更是不乏这种深具思想基础的直道典范，如唐代韩愈、柳宗元等文豪兼思想家，就对直道极富卓见。韩愈提倡宗孔子，贵王道，曾因直谏贬潮州刺史。唐宪宗元和年间任史馆修撰，主持修《顺宗实录》，他接续了从《春秋》、《左传》到《史记》的史传传统，即直书实录的直道精神，其所推崇的《春秋》"褒贬之法"，即其史品之最佳体现。据此，才有了柳宗元在《与韩愈论史官书》中对直道精神的定位与高度评价："凡居其位思直其道。道苟直，虽死不可回也。""宜守中道不忘其直。""不直不得中道。"① 这是史官直道在韩、柳二人思想中的巨大回响，更是直道精神在中国思想史观念层次中的延续。"直道之行，四方向德；逸人是举，天下归心"②，这更是柳宗元对直道境界的追怀与歌颂了。由此亦可见直道与中道的内在关联。

　　这里我们要举出的另一例则是文天祥。文天祥不仅一生奋斗、终行直道，而且对"直道"有极其中肯而深刻的认识；作为宋代历史上最后一个丞相，文天祥实为言行一致、持守直道的难能可贵之例。他几次因直言而被贬，但仍以孔子为榜样，知其不可为而为之。文天祥《正气歌》列述正气12例，开篇第一例便是："在齐太史简，在晋董狐笔。"③ 董狐是晋国太史，以直笔写史而名传后世。文天祥在其大魁天下而获状元的《御试策》长文中，"始以'不息'二字为陛下勉，终以'公道'、'直道'为陛下献"④。因而整个后半部分，堪称一篇"直道"、"公道"的气贯长虹之政论。兹略举其要：

　　　　一曰重宰相以开公道之门。臣闻公道在天地间，不可一日壅阏，所以昭苏而涤决之者，宰相责也。然扶公道者，宰相之责；而主公道者，天子之事。天子而侵宰相之权，则公道已矣。……盖宰相之权尊，则公道始有所依而立也。

　　　　二曰收君子以寿直道之脉。臣闻直道在天地间，不可一日颓靡，所以光明而张主之者，君子责也。然扶直道者，君子之责；而主直道

---

①　《柳河东集》，中华书局1960年版，第499页。

②　同上书，第606页。

③　《文天祥全集》，江西人民出版社1987年版，第601页。

④　同上书，第84页。

者，人君之事。人君而至于沮君子之气，则直道已矣。夫不直，则道不见。君子者，直道之倡也。直道一倡于君子，昔人谓之凤鸣朝阳，以为清朝贺。……盖君子之气伸，则直道始有所附而行也。今陛下之所以为直道计者，非不至矣。月有供课，是以直道望谏官也；日有轮札，是以直道望廷臣也；有转对，有请对，有非时召对，是以直道望公卿百执事也。……仁祖之所以主直道者如此。……臣愿陛下壮正人之气，养公论之锋，凡以直言去者，悉召之霜台乌府中，如先朝故事，则天下幸甚！宗社幸甚！盖"大道之行，天下为公"。"周道如砥，其直如矢。"……公道不在中书，直道不在台谏，是以陛下行道，用力处虽劳，而未遽食道之报耳。果使中书得以公道总政要，台谏得以直道纠官邪，则陛下虽端冕凝于穆清之上，所谓功化证效，可以立见。①

　　文天祥的"直道"、"公道"论在当时已引发世人之关注。要之，其直道与公道为二者并行，实行公道须以直道为前提。文天祥呼吁听取公论，奖励直言。他深感："维今言路之不通，最为天下之大弊。缙绅以开口为讳事。"② 因而，直道治政就是为了通言路、从众谋。"惟从众谋，可以合天心，惟广忠益，可以布公道。"③ 这里实际上可提炼出一个惟直而公的命题。文天祥坚信国多直臣才能廷多直言。所以要"收君子"而去"狐鼠辈"，方能实行直道之政。文天祥极力主张曾因直言而被贬者应召回复职。总之，要千方百计地任用正直的士大夫来管理国家。如公道不在中书，直道不在台谏，君王治政就不能以直道纠官邪，何谈立见功效？文天祥秉持无直道则无公道的基本原则，终而道出了直道公道的内在关联，其史识也广，其论述也深，算得上儒家政治思想中的一株奇葩。而考之其论，则亦渊源有自。文天祥浸染在宋代这个大讲道义天理的时代，其思想极受程、朱理学之影响；且其一生都以追慕乡贤为职志，故终得就义成仁。从其绝笔《自赞》看，简直就是一篇大气磅礴、自行直道的心声直抒："孔曰成仁，孟曰取义，惟其义尽，所以仁至。读圣贤书，所

---

① 《文天祥全集》，江西人民出版社1987年版，第82—84页。
② 同上书，第249页。
③ 同上书，第250页。

学何事？而今而后，庶几无愧！"① 无愧于天理"直道"矣！

　　文天祥的直道论，乃其时理学之反响。故此处有必要提及陆象山在儒学史上为"直道"范畴所作的贡献，象山第一次将"公平正直"组合为一个通伦理与政治的政教合一之概念：

　　　　天之所以予我者，至大、至刚、至直、至平、至公。如此私小做甚底人？须是放教此心，公平正直。无偏无党，王道荡荡；无党无偏，王道平平；无反无侧，王道正直。②

　　象山从"人之生也本直"连接到"至公至正，至广大，至平直"③的治政之道。而其直承孟子的"立天下之正位"一说，则可视为"直道"论的宗旨；无论如何，象山直道论的最终目的就在"立天下之正位"。此位一立，人人可安居乐业，因为此"位"是"至大"、"至公"、"至直"、"至平"之道的基础。象山视"道者，天下万世之公理"④。这种将"道"置于最尊地位的理念直接导致象山在政治上发出了"格君心之非，引君当道"⑤的振聋发聩之论。注意，象山"引君当道"之"道"，即为"公平正直"之正道。象山此论最为深层的理由恐在其对"君"的定位，诚如其所言："君者，所以为民也。"⑥ 由此，象山在总体上将先秦儒家的直道论转化为自己独特的"正道"论，象山文献中几乎无处不见其"正"论。关乎正道即有：正道、正志、正路、正位、正术、正行甚至曲直之辨等范畴。象山极力倡导要让所有人最终能"广居正路"⑦。至此，我们完全可以理解象山何以要如此告诫人们"惟正是守"⑧。象山似乎相信，如果人们真能"惟正是守"，从而"一正则百正"⑨，则整个社会的"成孝

---

① 《文天祥全集》，江西人民出版社 1987 年版，第 394 页。
② 《陆九渊集》，中华书局 1980 年版，第 441 页。
③ 同上书，第 183 页。
④ 同上书，第 263 页。
⑤ 同上书，第 219 页。
⑥ 同上书，第 274 页。
⑦ 同上书，第 101 页。
⑧ 同上书，第 440 页。
⑨ 同上书，第 451 页。

敬,厚人伦,美教化,移风俗"① 的纯然之正道境界并非不可能。要之,对象山而言,直道亦即正义,即"公平正直"之道。这里我们尤须把握的是:象山"公平正直"的尺度是建立在人同此心、心同此理的正义感之上的。

以上所论,已可略见支撑中国谏官制的儒家直道论的逻辑理路。

---

① 《陆九渊集》,中华书局 1980 年版,第 449 页。

第十六章　从民族、国家到"天下"的演进

钱穆谈民族观念时，从未脱离过历史文化来讲："窃谓民族之形成，胥赖其有历史与文化之两项。"① 因此他在涉猎民族、国家之历史时，更是持文化演进观透视之。依他之见："一国家一民族各方面各种样的生活，加进绵延不断的时间演进，历史演进，便成所谓文化。因此文化也就是此国家民族的生命。如果一个国家民族没有了文化，那就等于没有了生命。因此凡所谓文化，必定有一段时间上的绵延精神。"② 关键是这一民族国家历史之"绵延精神"，以儒家的逻辑，又必是一种从民族到国家再到"天下"的人文演进："在中国人的观念中，国家和天下是两个相距不太远的观念，由国家观念稍稍向前展扩，便是天下观念。而且中国人还相信，天下不平，斯国亦不治不安。中国人之所以能长久维持此一广土众民之大国之存在，亦可谓即基于其传统的人文教育。"③ 国家再往前跨一步，就是"天下"的概念了；然根基仍在民族，国家由民族"凝成"。其所言："国家凝成亦正为民族融和。"④ 即是将国家之形成，基于"民族融和"之上；质言之，"民族融和"已成钱氏一特色范畴，故钱穆文献中多所见者，是"国家民族"合成一词。此又根于他的基本认识："'民族'与'国家'，在中国史上，是早已'融凝为一'的。"⑤ 在其《中国文化史导论》中，钱穆专设一章为"国家凝成与民族融和"，即专门解说中华民族这一大范畴中的国家与民族关系。然此中给人印象最深的，仍是钱穆不离其人文演进观的解说，如此章开

---

① 钱穆：《历史与文化论丛》，台湾东大图书公司1985年版，序第1页。
② 钱穆：《国史新论》，生活·读收·新知三联书店2001年版，第307页。
③ 钱穆：《历史与文化论丛》，台湾东大图书公司1985年版，第339页。
④ 钱穆：《中国文化史导论》，商务印书馆1994年版，第23页。
⑤ 同上书，第21页。

篇即言："正因中国文化乃由一民族或一国家所独创，故其'文化演进'，四五千年来，常见为'一线相承'，'传统不辍'。"① 中华民族的文化，就在此五千年演进的"一线相承"中形成了自己特有的传统。钱穆又论述道："民族文化生命则属于人文界。人文世界固亦从自然世界演出，不能脱离自然界而存在，但它已超越了自然界，不能把文化生命与自然生命一概比论。"② 此中强调的所在，则是"民族文化生命"的人文价值。据此，钱穆多次充满自信地宣称：我们国家民族的生命，已经有了五千年的历史演进。他同时也指出：人们往往误会中华民族的文化为单纯，又往往误会中华民族是一保守的民族，但他从来就没有放弃过这样的想法："其实中国文化，一样有他丰富的内容与动进的步伐。"③ 所谓"动进的步伐"，就是文化的演进，无"动进"之内力，就无"演进"之发展。钱穆坚信这是从民族到国家到天下之保障。

上章所论政治及其制度，若用钱穆的人文演进观贯通其内在逻辑，亦必如钱穆所称："中国政治不专为治国，亦求平天下。"④ 那么，我们要问，中国文化中的身、家、国、天下是如何贯通的呢？钱穆如此说道：

> 中国人称身家国天下。人生各有身，又有家。家之上乃有国，有天下。人生不能离此四者以为生。身家国各有别，天下则尽人所同，故更无驾天下之上者。⑤

此中核心之语为"天下则尽人所同"。要之，在钱穆观念中，身、家、国又与民族生命不可分，钱穆极重民族的文化历史，其人文演进观从未脱离"民族生命"与"民族文化"两个大范畴。他在《国史大纲》中高度评价中国的民族文化："若一民族文化之评价，与其历史之悠久博大成正比，则我华夏文化，于并世固当首屈一指。"⑥ 在新儒家人物中，在

① 钱穆：《中国文化史导论》，商务印书馆 1994 年版，第 21 页。
② 钱穆：《文化学大义》，九州出版社 2011 年版，第 70 页。
③ 钱穆：《中国文化史导论》，商务印书馆 1994 年版，第 21 页。
④ 钱穆：《中国现代学术论衡》，台湾东大图书公司 1984 年版，第 194 页。
⑤ 同上书，第 195 页。
⑥ 钱穆：《国史大纲》上册，商务印书馆 1996 年版，引论第 1 页。

民族理念上最能赞同此评价的是熊十力。熊十力曾情怀激越地说："广大的国家，广大的民族，高深的文化，在今后的世界，而有此三，真是优点。"① 两个"广大"，一个"高深"，都已然在中国历史、地理、文化中融为一体了。

一　民族观与文化观的内在关联

"文化是民族之灵魂，民族是文化之骨骼。"② 这两句话，可视为钱穆民族文化观之名言。须知，钱穆对"民族"问题的根本观念，即在将民族与文化内在地关联起来，并以其演进观来探讨其未来命运；这实际上就是一种文化观包容下的民族观。钱穆以为："我们欲研究一个国家或一个民族的命运及前途如何？应著眼于其文化问题的关键加以探讨；换言之：研究我国民族的出路如何？亦应视我国之文化有无出路以为断。"③ 事实上，在民族与文化二者的关系上，钱穆一直是以二者互摄互融、互为主体之关系来看待的。他以孔子等思想家为例："民族创造文化，文化也可以创造民族，可以陶冶个人。世界上最伟大的思想家、宗教家，如孔子、释迦、耶稣、穆罕默德，他们生在不同的环境和不同的历史文化里面，形成了他们不同的思想与信仰。而他们的思想与信仰，又影响了他们各自的民族文化。倘使孔子不生在中国而生在印度，就不会是今天的孔子。孔子是中国北方的天时、地理、物产、交通种种自然环境乃及历史文化、社会风俗积累的大传统之下所产生。"④ 你中有我，我中有你；你创造我，我亦创造你。在哲学上，这种互摄互融的渗透性关系，其中含有主体主动之功能，可视作是互为主体的关系。

据此，钱穆坚认文化必有一主体来承当的，这个主体就是"民族"。而反过来看，文化创造民族，则是在长期的历史演进中陶冶、浸染而成的。钱穆所自创的"民族创造文化，民族亦由文化而融成"命题，又以中国文化与中国民族来作解释的：

①　熊十力：《论六经·中国历史讲话》，中国人民大学出版社 2009 年版，第 233 页。
②　钱穆：《历史与文化论丛》，台湾东大图书公司 1985 年版，第 388 页。
③　钱穆：《中国文化丛谈》，九州出版社 2011 年版，第 215 页。
④　钱穆：《中华文化十二讲》，九州出版社 2011 年版，第 65 页。

　　民族创造了文化，但民族亦由文化而融成。①

　　中国文化不仅由中国民族所创造，而中国文化乃能创造中国民族，成为有史以来世界上独一无二的大民族，那还不见中国文化之价值，那还不值得我们来阐扬其甚深意义之所在吗?②

　　钱穆认为，世界上曾有过许多优秀民族，也创出过各自的优秀文化；但有的民族不幸而中途夭折。而中华民族，则在适合产生文化的自然条件下，创生了自己一套伟大的文化；中华民族亦正由这一文化而融成。

　　然而钱穆以为，中国文化中虽有"民族"观念，但却没有很深的"民族界线"，缘由何在呢? 钱穆解释说："在中国人观念里，本没有很深的民族界线，他们看重文化，远过于看重血统。只有文化高低，没有血统异同。中国史上之所谓异民族，即无异于指著一种生活方式与文化意味不同的人民集团而言。"③ 这种解释根本上就是以中国儒家文化中的"道统"观为基础的。在钱穆的观念中，民族乃中国所谓之"血统"，而文化才是中华民族之"道统"。1955 年，钱穆曾应台北之邀专讲"民族与文化"课程，演讲后汇集为《民族与文化》一书。须知，钱穆谈民族，从未脱离历史范畴，他从根柢上认识道："中国民族本为一历史的民族，中国古史早已历经古人不断努力，有一番卓越谨严而合理的编订。"④ 故其大力张扬孔子《春秋》、司马迁《史记》为中华民族历史所作出的巨大贡献。究源溯本，他以为："各民族最先历史无不从追记而来，故其中断难脱离'传说'与带有'神话'之部分。"⑤ 然而，即便是各民族的传说与神话，民族作为中国之血统，自有其演进的历史。但钱穆也分明看到了："在中国古史上，并无民族之称，亦少民族相互间斗争之记载。'民族'一语，乃是近代译自西方。此徵中国古人本无鲜明的民族观。"⑥ 古代中国人没

① 钱穆：《民族与文化》，九州出版社 2011 年版，第 1 页。
② 钱穆：《中华文化十二讲》，九州出版社 2011 年版，第 60 页。
③ 钱穆：《中国文化史导论》，商务印书馆 1994 年版，第 133 页。
④ 钱穆：《国史大纲》上册，商务印书馆 1996 年版，第 7 页。
⑤ 同上书，第 8 页。
⑥ 钱穆：《民族与文化》，九州出版社 2011 年版，第 2 页。

有鲜明的民族观，不等于没有"氏"与"姓"之别，而正是这一区别，"血统"氏族观念被凸显出来了。钱穆考论的结果是："在中国古史上，只记有'氏''姓'之别。氏主男性，指地缘言，或指职业言。姓主女性，指血统言。"① 这又把血统氏族观推到历史的"前台"。在《中国文化演进之三大阶程及其未来之演进》一文中，他还干脆宣称："今再综合言之，中国社会乃一氏族社会。"②

　　深论之，钱穆以为中国文化中的民族观实源于古代"氏姓"之分。他上溯古史之演变："中国古代有'氏姓'之分。男人称氏，指其居地言；女人称姓，指其血统言。若把我们古史上所见的姓氏仔细加以条理，可见某一同血统底氏族分布在那几处地区，或亦可指出其最先从那一地区随后又转移迁徙到那一地区去。如此说来，在中国古代，未尝不是有许多异血统的部落同时存在。……下至西周时代，列国分封，绝大多数是姬姓，然不能说那时的中国已由姬姓民族来征服统治了其他各民族。在古史上其他帝王的后代也都有封国。到东周春秋时，诸侯列国同称诸夏，当时他们都称是夏王朝之后，都是历史上一个传统流衍而来。"③ 由一个传统"流衍"而来，也就是一种文化的演进。那么，什么时候中国开始有鲜明的民族观呢？钱穆考察到："中国自玄古下到春秋，其时似乎确然已有一种鲜明的民族观念存在。因此当时人，遂有华夏与蛮、夷、戎、狄的分别。"④ 钱穆言之有据：华夏被称为"中国"，蛮、夷、戎、狄则被称为"四裔"。当然他同时亦深刻地认识到："但此等分别，实不从'血统'分，而只从'文化'分别来。文化深演，则目为诸华与诸夏，即所谓之中国人。文化浅演，则称为蛮夷与戎狄，即所谓之四裔。"⑤ 钱穆举出商、周同其血统之例，并从中透见："当时中国人分别蛮夷戎狄，并非指其血统之相异，乃指其文化之差别。故直至唐代韩愈，尚谓：'诸夏而夷狄则夷狄之，夷狄而诸夏则诸夏之。'可徵中国与夷狄之分别，乃在文化上，

---

① 钱穆：《民族与文化》，九州出版社 2011 年版，第 2 页。
② 钱穆：《文化学大义》，九州出版社 2011 年版，第 142 页。
③ 钱穆：《中华文化十二讲》，九州出版社 2011 年版，第 59 页。
④ 钱穆：《民族与文化》，九州出版社 2011 年版，第 3 页。
⑤ 同上书，第 3—4 页。

不在血统上。具此文化则为诸夏中国，缺此文化则为四裔夷狄。"① 这实在是从一种纯然的文化观来看待"民族"了。而事实上，钱穆的从民族、国家到天下之文化演进观，正由此开始。他又以孔子为例，指出孔子之去鲁适卫，在外周游，即是孔子重视文化整体尤过于其重视"君臣"的一个明证。钱氏由此得出结论：中国人一向对于民族观念实不如其对于文化观念之重视。因而，钱穆在谈民族观时，总是以"民族文化"这一大范畴论述之，此亦即前述钱穆自创的那个命题"民族亦由文化而融成"在其中起关键作用。故其深信：历史文化传统，即民族大生命之所在。一个地域的大群人要在长期的生活演化中形成一个民族，当然靠的是文化凝聚力；没有文化凝聚力就不会有民族，故文化之兴衰决定了民族之兴衰。钱穆对此可谓深有见地："民族之抟成，国家之创建，胥皆文化演进中之一阶程也。故民族与国家者，皆人类文化之产物也。举世民族、国家之形形色色，皆代表其背后文化之形形色色，如影随形，莫能违者。人类苟负有某一种文化演进之使命，则必抟成一民族焉，创建一国家焉，夫而后其背后之文化，始得有所凭依而发扬光大。"② 此论可视为钱穆对民族与文化关系所作结论之一，显然，人文演进观作为其理论支撑，已是不可或缺。

此外，民族与民族之间的文化是有很大差别的，有的民族就很难与别的民族组成一个国家，从而不能实现民族—国家的文化演进。钱穆举例说："从家庭讲到国家。我们拿一个很简单的例子，来看西洋史同中国史的分别。西洋史从希腊开始。有希腊人，就有希腊的社会、希腊的民族，亦可以说有希腊的文化。然而始终没有一个希腊国。希腊的半岛很小，然而他们有一两个城市。他们不能组合成一个国家。不是不能，我想他们或许不喜欢组合成一个国家。我们只能这样说。其实雅典人并不希望同斯巴达组成一个国家，斯巴达人对雅典人亦一样，其他各城市人亦都一样。那么我们只能说是希腊人的天性如此。他们并非不和合，他们有很多和合的地方，然而不能不承认他们的分别性超过了和合性。从分数上比较，他们

---

① 钱穆：《民族与文化》，九州出版社 2011 年版，第 4 页。
② 钱穆：《国史大纲》上册，商务印书馆 1996 年版，引论第 31—32 页。

的分别性可到百分之六十，和合性只有百分之四十。"① 钱穆反复提及的，是中国文化中的和合性，这一和合性是中华民族从民族融合到构成一个伟大国家之精神所在。所以钱穆进一步深论说："西方人好分，是近他的性之所欲。中国人好合，亦是近他的性之所欲。……全世界的中国人，亦都喜欢合。这不是一个理论，说国家一定要合。那么荷兰同比利时为什么不能合？ 如果照荷兰、比利时的例，我是江苏人，江南、江北应可分成为两个国。至于两个国好呢，还是一个好呢？ 这不是好坏的问题，是喜欢不喜欢的问题。怎么知道我不喜欢呢？ 我拿中国四千年的历史来看，中国的国民性他们喜欢合。我拿西洋历史来看，他们的民族性喜欢分。他们有拉丁、条顿、斯拉夫等几个民族。而我们中国人在从前的中国历史上，亦时见有异民族加入，到今天都同化了，只成为一中国人。直到中华民国成立后，我们所谓汉、满、蒙、回、藏'五族共和'，依然有五个民族，但仍要合，不要分，同认为是中国人。"② 从历史演进的视角看，中华民族的同化力是非常强的，各民族之间的凝聚融合度亦十分高；这根本还是由理念所导致的，而这理念就是"中国文化理想"之所在，请看钱穆是如何发掘这一文化理想的："依中国人想法，天时、地理、血统不同，民族性不同，均不碍事。只要有一番教化，在此教化之下，有一番政治，'教化'与'政治'便可形成一个文化而发出大力量来，自然可以道并行而不相悖，万物并育而不相害；自然可以尽己之性而尽人尽物之性；自然可以会诸异于大同，而天下自达于太平之境。试问此是中国文化理想中所含蕴的何等见识，何等抱负？ 宜乎在此文化大理想之下，可以形成一伟大无比的大民族，而直传至今依然坚强不衰，刚毅不屈。在将来，它依然会发生大作用。"③ 此文化理想乃源于儒家经典文献《中庸》所言：道并行而不相悖，万物并育而不相害，然此一观念对"民族融和"观而言，仍须有一重要前提，即钱穆所言的教化与政治，由教化与政治的力量，自然可形成一个巨大的文化场能量，而由此文化场能量而造就出民族融和的境界来。可见，所谓"民族融和"实由"文化融和"而来。这正是我们下面

① 钱穆：《从中国历史来看中国民族性及中国文化》，九州出版社 2011 年版，第 24 页。
② 同上书，第 27 页。
③ 钱穆：《中华文化十二讲》，九州出版社 2011 年版，第 61 页。

要触碰的话题。

二 "民族融和"及其历史演进

在钱穆看来，中国民族与文化的"进向"，其形态是与西方国家大为不同的；西方国家是向外征服的，中国国家与民族是"向心凝结"①。这话是钱穆反复述说的。他是讲历史证据的，而且常举出中西对比之例证："我们读西洋史，最易引起注意的，是他们很看重民族区分。如巴比伦、埃及、希腊，只环绕在地中海一角的小地面上，但民族相异，而又永不相融和。尤其是同在一地，最先由一个民族居住，后来由另一民族侵入，最后又有另一民族进来，记载得清清楚楚。即如现代欧洲，地面也不算大，然而民族分歧，也永不得相融和。英伦三岛，最先是某一民族居住，最后又是某一民族侵入，直至目前，英格兰人、爱尔兰人、苏格兰人，还是有分别。难道中国大陆上一生下来的便都是中国人，其间更没分别吗？难道上古三皇、五帝、伏羲、神农、黄帝、尧、舜，直传下来，便只是一个中国民族吗？我们读了西洋史，回头来读中国史，只觉得中国史上很少讲到民族问题，使人不易看清楚中国民族究从那里来，又如何般生长形成。我们只能粗略地说，正因我们中国人向来不看重民族区分，因而很易成为一个大民族；西方人正因太看重了民族区分，因而民族和民族间遂致不易相融和。"② 这是作一个鲜明的对比，西方重"民族区分"，而中国重"民族融和"。当然，钱穆也并非没有看到中国历史上的民族斗争，但他坚认，即便有这种斗争，也会在文化演进中泯灭其民族界线从而消融矛盾斗争而成一大民族。如其所说："在中国古代，未尝不是有许多异血统的部落同时存在。如炎、黄相争，亦未尝不是中国古史上一种民族斗争，但后来我们则自称为'炎黄子孙'，至少此一民族界线早已泯灭了。"③ 显然，"炎黄子孙"一称，是中国文化演进的产物；然其毕竟是历史文化到观念文化的提升。于是，钱穆由重视历史史实中的民族融和到反复阐述而确立

---

① 钱穆：《中国文化史导论》，商务印书馆 1994 年版，第 177 页。
② 钱穆：《中华文化十二讲》，九州出版社 2011 年版，第 58 页。
③ 同上书，第 59 页。

"民族融和"这一范畴：

> 我们可以说，近千年来的中国人，在国内进行着"民族融和"，在国外则进行着"文化移植"。只要在地理环境和交通条件允许之下，文化移植便可很快转换成民族融和的，中国人天下太平世界大同之理想。在此一千年内并未衰歇，依然步步进行着，这是中国文化史在此千年值得大书特书的又一事。①

那种民族国家—天下太平—世界大同的演进理念真可谓跃然纸上。他肯认中国儒家思想的"天下观"。诚如其所说："中国儒家思想，本来寓有极浓重的宗教精神的。他们抱著天下太平世界大同的观念，本想要融和全世界一切人类，来共同到达这一种理想的和平生活的境界的。他们对人类个别的教导，便是人类相互间的孝、悌、忠、恕、爱、敬，他们对人类社会共通间架之建立，便有他们修身、齐家、治国、平天下的大抱负。由人人的孝、悌、忠、恕、爱、敬，到达家齐、国治、天下平的时运，便是天下太平世界大同。"② 达到世界大同的终极目标，起点仍是儒家的修身齐家。

作为一个历史学家，钱穆的民族融和观还有着相当明确的"地理环境"观与"版图"、"疆域"概念。此仅举其所言宋代一例："自宋以下的中国，不断有异文化的外族入侵，中国人在武力抵抗失败之余，却还是抱著此种教化主义之勇气与热忱，依然沿袭中国文化传统精神，来继续完成民族融和之大理想。其间最主要的，如契丹，如女真，如蒙古，如满洲，其先全是在中国边疆上尚未十分薰染透中国文化的小部族。他们凭藉武力，又乘中国内乱，或割据中国疆土之一部分，或全部侵入了中国，但最多耐不到三百年的时期，或则全部为中国文化所同化，或则亦部分的消融在中国民族的大罅里，不再有他特殊的存在。其他如回族、藏族、苗族，也都或先或后的在朝向著民族融和的方向走去。"③

---

① 钱穆：《中国文化史导论》，商务印书馆 1994 年版，第 187 页。
② 同上书，第 184—185 页。
③ 同上书，第 185 页。

可见，中国文化的"民族融和"力量有多么巨大，钱穆甚至将其比作一个电气炉子，虽然你看不到什么鲜红热烈的火焰，但只要你挨近他便要被他所融化。

那么，民族融和之历史演进的"进向"又如何呢？钱穆将其分为四个历史时期，一是先秦时期，这是国家凝成与民族融和同步演进之时期。先是各族互推共主的唐虞时代与各族共认王朝夏商时代，接着是诸侯由王朝分封的西周封建时代，然后是诸侯互推霸主的春秋时代，再接下来是仅有一个王朝而实行郡县制度的秦朝。钱穆认为这是中国历史上民族融和与国家凝成的五个时期。先秦完成了这一民族融和与国家凝成的形态。钱穆的历史演进观，再次使他用上了"版图"、"疆境"概念："秦汉版图，大体已奠定了此后中国之疆境。但疆境所至，只代表了政府之权力；惟有在其疆境以内之人群，始是代表民族与文化。"[1]

第二个时期是汉唐时期，第三个时期是宋元明清时期，第四个时期是我们面临着的最近将来的时期。钱穆立于"民族融和"的高度，透见了各个时期中统治政权与少数民族的关系，如其所说："少数民族，在中国一统政权疆境之内，始终不绝其存在。然其逐步融化归一之趋势，则虽缓而有常。"[2] 钱穆还进一步透视历史："就中国全史过程言，似乎不断有异族政权在中国疆境内出现。但此等仅是上层政治波动，若论其底层之社会传统，则终始如一，不摇不变。而且此等异族，不久即为中国社会所同化，全消失于全部中华民族史之扩展过程中而不见其踪影。"[3] 这话虽有点夸大，但毕竟洞见了"民族融和"的深层文化力量，并就此而又深掘出一"文化融和"范畴，此诚为其高卓之历史见识，钱穆以中国与韩国、越南等国的历史渊源为例："中国人又有一理想，认为地域太远，行政上教化上有许多不方便，则只求其能文化融和，不必定要合成一国。如韩国，远在周初殷人箕子早已到了那里，他们早与中国文化有关系。又如越南，周初也曾和中国有来往，秦代早列为中国之一郡，此后

① 钱穆：《民族与文化》，九州出版社 2011 年版，第 17 页。
② 同上。
③ 同上书，第 19 页。

不断有中国人前去，但中国人只求对韩、越两地有文化传播，不想有政治统制。明、清两代此一关系最属明显。在明、清两代，还有不断的海外移民，他们随带著自己的一套文化前去，传宗接代，拳拳勿失，但对其所居地之异民族异文化也能和洽相处，既不抱蔑视心，也不抱敌视心，处处没有一种狭义的民族观念之存在与作梗，此是中国文化伟大、民族伟大之一证。"① 这个民族伟大就伟大在有"文化融和"的理念上，有此理念，加之中国文化得天独厚的环境因素，所以中国文化的民族性是最"平正中和"的，而中国文化的"同化力"亦在此基础上生发出来。钱穆指出：

中国文化得天独厚，其民族性最为平正中和，最为可久可大，此则称之为中华文化之"同化力"。此一种同化力：

第一、是先同化了此一地区内之各民族而成为一民族。

第二、是文化向外，把四裔异民族尽化为同一文化，如韩国、越南与日本。

第三、是异民族入侵而同化为中国民族，如汉后之五胡，如宋后之辽、金、蒙古、满洲。

第四、是异文化传入而同化为中国文化之一部分，如印度之佛教。②

这些分类列出的"同化"史实，实基于文化融和理念所造就的同化力。而钱穆又将此文化融和理念所造就出的"同化力"，视为中国文化中始终如一的坚实传统；但这并非是不经磨难而可轻易得到的。所以钱穆坚信：中国文化绵延五千年，在全世界各民族中拥有最为悠久的历史，其所历经的艰难困苦，远非其他民族可比。"由此养成了中国民族特有的克难精神，常能把它从惊险艰难的环境中救出。"③ 为此，钱穆专门写了一篇《中国民族之克难精神》的论文，发表在1951年的《自

① 钱穆：《中华文化十二讲》，九州出版社2011年版，第63—64页。
② 同上书，第64页。
③ 钱穆：《中国文化丛谈》，九州出版社2011年版，第173页。

由中国》四卷一期上。钱穆在《中国文化史导论》中还总结了千年来中国文化演进中的"民族融和"趋势:"因此我们可以说,近千年来的中国人,在国内进行着'民族融和',在国外则进行著'文化移殖'。只要在地理环境和交通条件允许之下,文化移殖便可很快转换成民族融和的,中国人天下太平世界大同之理想。在此一千年内并未衰歇,依然步步进行著,这是中国文化史在此千年内值得大书特书的又一事。"①果如此,那当然是很长中国人志气的事。今日我们讲中国梦,总还得先温习一遍历史吧。钱穆就总是让人们去透视中华民族的历史内涵:"中华文化所拥有社会最广大,所占历史最悠久,因此中华文化,其所涵之意义与价值亦必最高贵,最值得研求。"② 其所说"广大"与"悠久",质言之,是就文化的空间与时间展演来说的。其实钱穆不仅重历史史实,也是十分注重文化学的学理的,在他看来,一种文化若无广大与悠久这两个条件,其价值意义就要大打折扣,因其无法深远展演。正是基于历史史实与学理基础,他才如此地自信,他坚信中国文化之演进,千回百转,理想终究要实现,只是每个人都不要丢掉自信心,且要从民族文化自信与历史文化自信上来确立我们的信心:

> 让我们确立信心!
> 只有凭仗中国民族,才能解决中国问题。
> 只有凭仗中国历史,才能解决中国问题。
> 只有凭仗中国文化,才能解决中国问题。③

所以,他以为须是明白得以上三义,才能说得上依靠中国人来解决中国问题,而此中尤须懂得我们是"中国民族里的一个中国人",是有"四五千年以上的历史文化"④ 的中国人。据此,钱穆十分强调个体之"人"到民族、到国家、再到天下的人文演进理想之实现。我们下面就此而展开这一话题的讨论。

---

① 钱穆:《中国文化史导论》,商务印书馆 1994 年版,第 187 页。
② 钱穆:《中华文化十二讲》,九州出版社 2011 年版,第 147 页。
③ 钱穆:《中国文化丛谈》,九州出版社 2011 年版,第 69—70 页。
④ 同上。

三　"人"为起点的民族、国家、天下之演进

中国人最喜言"天下"二字，"天下"一家，不仅是中国人的价值取向，也是人文演进的"和平并存"之目标。然这个"天下"是始于"个人"的，钱穆如是宣称："由个人而至于天下，此乃中国文化理想之极致。"① 显然，由个人为起点而最终达于"天下"的演进，是始于家庭伦理的夫妇之道的："故中国人之伦理，由'夫妇'乃有父母子女，又得有兄弟姊妹。由'个人'而成家成群。我之子女，又与人之子女配为婚姻，成为夫妇。于是而中国之家乃有内外之分。'家'之扩大为'氏族'，再由氏族扩大而为'邦国'。故古之国，皆以氏族成，如陶唐氏、有虞氏、夏后氏皆是。再由诸国推尊一天子，于是而成为'天下'。"② 在本章第一节中，笔者已述及钱穆关于民族观念乃基于"氏族"之说。所谓氏族扩大为"邦国"，亦即前所言民族之于国家的关系。

钱穆一生系念于由个人而至于天下的中国文化理想，生前最后的遗稿《中国文化对人类未来可有的贡献》仍在深心切念："中国人最喜言'天下'。'天下'二字，包容广大，其含义即有使全世界人类文化融合为一，各民族和平并存，人文自然相互调适之义。"③ 这个"天下"观内容就比前述"天下"之含义显然更为充实了，一是人类文化合一，二是民族和平并存，三是人文自然调适。然而这个"天下"观仍是要由民族、国家以其历史文化之演进而达至其"天下"目标的。钱穆对此极富宏观史家的洞察力。他在《中国史学发微》一书中就曾发问道："为什么各民族历史不同？有的有了历史，重复退出。有的根本没有跑进历史。只有中国，跑进有文字记载的历史已有三千年。无文字记载以前，尚有传说追记，自三皇伏牺，神农，黄帝，尧，舜一路下来远在四五千年以上。正为是人生不同，才产生出历史不同。人是历史的创造者，又是历史的表现者，同时亦是历史的主宰者。因于人的不同，而所创造、所表现、所主宰的历史也

---

① 钱穆：《文化学大义》，九州出版社 2011 年版，第 172 页。
② 同上。
③ 钱穆：《世界局势与中国文化》，九州出版社 2011 年版，第 363 页。

不同。"① 可见，在历史文化的演进中，人才是最为重要的根本因素，一切"演进"，实乃从"人"开始："我今天提出'人'和'家'和'国'这三点，当然希望诸位都要从第一点'人'讲起，而后讲到家……一切都由人，由我这一人而到家、到国、到天下。中国文化便是这么般简单而伟大，此层切盼诸位先自记取。"② 文化演进的最初起点，就是从"我这一人"开始的，这其中就大有一种儒家"人能弘道"的责任意识了。钱穆说中国文化这般"简单而伟大"，其简单就简单在从每一个"人"开始，而复杂，则是其演进路径中从家到民族到国家天下，会形成一种文化传统。如其所说："讲中国文化，试问何从讲起？可知中国人到那里，那中国文化传统也就跟着到那里。"③ 一种"文化传统"的形成，当然是在历史演进中形成的。但反过来说，讲传统，仍重在当下的切实，故要强调一个具体切实的可演进之传统："我们此刻要复兴中国文化，难道是仅读几本《论语》《孟子》，讲几句仁义和平，便了事呢？我们要有一个具体切实的传统，这是我们的'人'和'家'和'国'。"④ 看来，这里钱穆想让我们看清的仍是"人"的起点。必须看到的是，在此基础上，钱穆的确是反复以中国文化复兴担当者之心态而强调："《中庸》上说：'道不远人'。这一番道理，就在我们各人自己身上，而且'人能弘道，非道弘人'，我们每一人该能来复兴发扬文化，文化却不能来发扬复兴我们。"⑤ 钱穆真可谓时刻谨记中国文化的复兴，他甚至提升出了"精神共业"这一独特的钱氏范畴，来提振民族的"文化精神"。此言甚佳，特录如下：

　　　　我说文化乃是一民族大群集体人生之一种精神共业，此一大群集体中多数人的文化意识淡薄，文化精神消失，则此一文化必然会下降与后退。中国古人则称之为道不明，道不行。⑥

---

① 钱穆：《中国史学发微》，生活·读书·新知三联书店 2009 年版，第 77 页。
② 钱穆：《中国文化精神》，九州出版社 2011 年版，第 31 页。
③ 同上书，第 30 页。
④ 同上。
⑤ 同上。
⑥ 钱穆：《中华文化十二讲》，九州出版社 2011 年版，第 74 页。

须知，所谓"精神共业"，必须存在概率上的绝对多数才能形成，否则何有"共业"之谈！所以钱穆感慨"多数人的文化意识淡薄，文化精神消失"，其结果，必然是这一民族文化的衰败。因而，"精神共业"之说，旨在以大群人生之共识来提振民族精神、复兴中国文化。因而此中让我们透见的，仍然是"人"，是大写的"人"，是大群的"人"；无此大写与概率上的大群之"人"，复兴之道，就无从谈起。钱穆说得好："若我们能对'民族自尊''文化自信'有一觉悟，有一转机，我总认为不仅对自己国家民族，乃至对世界人类前途，我们的复兴文化运动该有其贡献。"① 将"民族自尊"与"文化自信"一并推出，觉悟及此，则复兴中国文化有望。

在钱穆看来，民族历史的不同，与其历史演进观大有关系。如前所述，钱穆认为中国的"天下"观，乃由家与国之逐步融和演进而成。用其人文演进观术语即为："群体日扩，人文日进，全人类相融，即化成为天下。故中国人之'天下'观念，乃由其'家'与'国'融和会通而成。"② 此中所谓群体日扩，人文日进，显然是钱穆欲张扬凸显以"人"为核心的人文演进观；民族、国家、天下之演进，正以中国人在看重和合的基础上而不断有所创造，才得以实现。当然，正因中国看重和合，所以中国人的家庭又在社会中地位极其重要。如其所说："中国人比较最看重人与人的关系。这关系是两个，一个是先天的分别，一个是后天的和合。从和合再生出分别来，则是后天的分别了。中国人看重后天人文，所以说中国人比较更多看重和合，因而家庭占了社会重要的第一位。"③ 重要的是，家庭之重要，又是中国文化中民族—国家—天下演进的极重要前提。家庭由每一个个体组成，无怪钱穆特别重视将这一演进模式，以"人"这一观念贯通演绎之：

中国人之人文观，乃由"人"之一观念，直演进到"天下"之一观念，而一以贯之。

----

① 钱穆：《中华文化十二讲》，九州出版社 2011 年版，第 96 页。
② 钱穆：《民族与文化》，九州出版社 2011 年版，第 5 页。
③ 钱穆：《从中国历史来看中国民族性及中国文化》，九州出版社 2011 年版，第 23 页。

在此一连串的扩大演进中，有国家，有民族。在中国人观念中，此等亦仅是人文演进应有之一步骤，一形相，而非其终极。①

如此看来，若无"人"，则不成其为演进中的历史，这既是一种以人为本的历史文化观，同时亦是一种以人为本的民族文化观；而民族与历史正是在"人"这一价值取向中实现其演进历程的。所以钱穆强调："中国古人，自始即不以民族界线、国家疆域为人文演进之终极理想。"② 由此，他还追溯到战国时代的大同理想："战国时代人，常称'大同''太平'，又说'天下一家，中国一人'，可见当时人已抱有此等观念与理想。"③ 钱穆以其民族创出文化、文化又融凝民族的命题推论出，中国古人正因为能具有如此般的传统，所以其民族在历史演进中遂能更融凝、更扩大，从而成为一更新更大的民族。他十分乐观地说道："所谓'民族融凝'，正是文化陶铸之功，也即所谓'化成天下'。"④ 他以为这足证中华民族的伟大。当然，钱穆从来也没有自大到要将中国民族文化消灭外来文化的地步，所谓"太平"、"大同"都是从世界史观来看演进发展的，都是其"和平文化"范畴中的应有之题。汪荣祖在评价钱穆民族文化意识时说："世人多知，钱宾四颇具民族主义意识，并见诸其史学，然其民族主义也未脱传统的华夷之辨与汉文化意识，以及崇宋尊朱的基本心态。"⑤ 显然，说钱穆"崇宋尊朱"，毫无问题；而说其民族主义意识"未脱传统的华夷之辨与汉文化意识"，则可商榷之。钱氏即有此论，也是在民族、国家、天下之演进视野下其中一项内容而已；不能以此而取消他的民族文化整体观。

钱穆在预言第四个时期的"最近将来"之文化前景时说："最近将来之人类新文化，我一向认为当由中西双方之文化交流中产出。"⑥ 可见，他既对中国传统文化极富信心，又对中西文化交流抱有希望；当然，这种

---

① 钱穆：《民族与文化》，九州出版社 2011 年版，第 5 页。
② 同上书，第 6 页。
③ 同上书，第 7 页。
④ 同上。
⑤ 汪荣祖：《钱穆论清学史述评》，见汪荣祖《史学九章》，生活·读书·新知三联书店 2006 年版，第 165 页。
⑥ 钱穆：《文化学大义》，九州出版社 2011 年版，第 125 页。

希望丝毫不妨其坚守的文化个性论。所以，他的"人"为起点的民族、国家、天下之演进观，亦可说从发展每一个体的"各自个性"开始的。钱穆的文化个性、民族个性论本身亦极富"个性"色彩："我们当知，我们每一个人的生命，就可以代表著全体的大生命，而增添其意义与价值。主要则在发展个性上，并应在文化大生命中来发展我们各自的个性。"① 这仍是立于文化生命观来谈个性论的。那么，每个个体的个性对于"民族个性"又如何呢？对走向"天下"的世界文化又如何呢？钱穆对此亦有其思考：

> 最要问题，在能发展个性。教育便该在发展个性上立主意，起作用。推广言之，一个民族也有一个民族之个性。今天如要来创造世界新文化，西方人的心胸应放大些，要懂得尊重其他民族的文化。不论是中国、印度、以色列人、阿拉伯人，乃至非洲民族，难道他们的文化乃无一处及得西方吗？而且文化也不能单凭某一点论其优劣。文化各有个性，正如个人之各有个性，皆当受尊重。如此汇合、交流，始可形成将来世界的新文化。②

钱穆深以为，一个民族必须有其个性，而这一个性若不从每个人的个性开始，也就无从谈起；他坚信"真价值"就在个性特质上："我们讲中华文化的特质，也可说即是中华民族的特质。每个人都有其与众不同的个性与特质，父母、兄弟各不相同，一个人的真价值正在此。若除掉他的一些个性和特质，便如没有了他这个人。"③ 所以，他一生持守的论调是："倘使一民族本身无文化，专待学别人，其前途必有限，其希望亦黯淡。我们是自己有文化，而且这一套文化又发展得很深厚，很博大，很精密，深入人心，牢不可拔，一旦要全部丢掉去学他人，其事更难。"④ 无视民族文化的个性，也即是将民族的文化传统全然丢弃；而事实上传统不是说甩开就能甩开的，因为任何一个国家民族，之所以能绵延、演进乃至繁

---

① 钱穆：《世界局势与中国文化》，九州出版社 2011 年版，第 67 页。

② 同上书，第 64 页。

③ 同上书，第 65 页。

④ 钱穆：《中华文化十二讲》，九州出版社 2011 年版，第 2 页。

衍，必有一套自身的文化传统来维系。所以他是反复强调："我们国家在近几十年来遭受到种种困厄灾祸，其最大原因，正为国人失却自信，不自尊重，把自己文化传统看得太轻了，甚至对自己文化产生一种轻蔑而排斥的心理，这是一切原因中最大主要的原因。"① 钱穆对文化自信的强调，亦基于其民族个性论上。他极力倡言民族个性，乃至用上了"民族解放"一概念来伸张其民族个性论："我们若要自由，就必须看重个性。个性并不是物质的，也与个人生活不同。人类平等，亦在个性上著眼。个人有个性，民族也有个性。最先应从'民族解放'开始，使各国文化系统获得平等重视，始是将来世界之真自由与平等。"② 这话钱穆原是极有针对性的，是针对美国与欧洲人说的。他以为今天已到了民族解放的时代，人类的文化前途，绝不是清一色的，保持民族特色才能"将来在一个共同大理想之下会合交流，取精用宏，乃始有世界人类新文化之展出"③。越有民族个性，就越能与天下交流而全世界和平演进。此实亦钱穆心愿所在。

如果说，钱穆喜用"文化生命"范畴来表征其人文演进观；那么，这里讨论的民族话题，其必然的逻辑是要用"民族文化生命"。很简单，一个民族若无文化生命，就不可能有演进之路向；而没有持续而和平之文化演进，就必然要走向衰亡。因而钱穆反反复复地将中华民族与其他民族对比，尤其深入地讨论了我们这个民族之所以长久的文化个性。这是钱穆的深刻之处，他洞察到民族性就是历史文化的个性或特殊性形成的最为根本而内在的因素。因而，没有个性便没有历史文化。而一个民族的个性，显然是其历史文化演进的前提条件。他透辟地指出："世上各民族文化传统尽自有其相同处，然而仍必有其相异处，因此乃有各种文化体系可说。当知每一文化体系，则必有其特殊点所在，有其特殊点，乃能自成为一文化体系而存在。不能谓天下老鸦一般黑，一切文化则必以同于西欧为终极。"④ 这里强调了作为文化体系的特殊性所在。在钱穆看来，实际上这就是造就其"文化生命"的本质所在；因

---

① 钱穆：《中华文化十二讲》，九州出版社 2011 年版，第 2 页。
② 钱穆：《世界局势与中国文化》，九州出版社 2011 年版，第 64—65 页。
③ 同上书，第 66 页。
④ 钱穆：《中国历史研究法》，生活·读书·新知三联书店 2001 年版，第 135 页。

而任何一种文化系统有长处也必有其短处，"而且我认为一种文化之真短处，则正该从其长处方面求"。这完全是一种辩证的观念，长处恰成短处，是因为在特定条件特定时段它表现为长处，但在另一条件另一情况下就成了短处了。钱穆甚至用了"七巧板"的比喻，其中一块变动，其他各块都得随之变动。文化也是如此，你要把别人的长处来换了你的短处，那可能"使整个文化体系改头换面。当知别人长处与自己长处，骤然间未必便能配合上。所怕是引进别人长处，先把自己长处损害了"①。今天，我们已然见到这种为了学别人而伤了自己的种种方面。但问题是，我们总不能故步自封地永远不学别人。所以钱穆强调即使是文化交流也须先自有主宰，文化革新也须先定有步骤。文化毕竟是一个整全的生命；生命的表现就是如此，你很难要求它每一时刻都优越无比。所以，透过文化生命的特殊性，我们才能透见历史的特殊性、变异性与传统性。深言之："历史有其特殊性、变异性与传统性。研究历史首先要注意的便是其特殊性。我们以往的传统，与其他民族有变有异，有自己的特殊性。没有特殊性，就不成为历史。如果世界上一切国家民族，都没有其相互间的个别特殊性，只是混同一色，那就只需要，亦只可能，有一部人类史或世界史便概括尽了。更不须，也不能，再有各国国别史之分。"② 因而他强调指出：那种认为中国文化与西方文化只有发展阶段的差异的观点是一种"文化抹杀论"。事实上，撇开民族性而抽象来讲历史文化，毫无意义。据此，他对孙中山在民族文化传统基础上的系列主张，深为赞扬："孙中山先生根据中国自己文化传统，乃有'权在民，而能在政'之间辨。民众有权要求政府用人，选贤与能。政府不贤能，决不能久安于位，此即'民权'。然选贤与能，则非多数民众之所能。其事仍当由政府少数'贤能'者任之。""中山先生乃于五权宪法中特设一考试权，不仅被选举人当经考试，即选举人亦当先经考试，此始有符中国传统文化之深义。"③ 中山先生中西融通，乃有此深契中国民族文化传统之新理念。至此，我们将钱穆的历史观视为一种民

---

① 钱穆：《中国历史研究法》，生活·读书·新知三联书店2001年版，第142页。
② 同上书，第2页。
③ 钱穆：《文化学大义》，九州出版社2011年版，第132页。

族文化生命史观，是丝毫不过分的。故本章我们愿以钱穆的一句经典话语作结：

我们认为民族精神是以文化而完成的。①

须知，民族精神的显现是以民族个性为根基的。

---

① 钱穆：《民族与文化》，九州出版社 2011 年版，第 103 页。

第十七章 "人文演进"观的终极指向——天人合一

　　钱穆在近80年的学术生涯中，从未离开过对中国文化与思想的核心理念——"天人合一"观的探究。此处笔者首先想说的仍然是，钱穆天人合一观实乃坚实地依于其一生持守之"人文演进"观；尽管越到晚年，他似乎越偏向于"道之大原出于天"① 这一论域。诚如其"问道"之语："今再问道由何来？当然中国人一样信有天，道是人本位的，人文的，但道之大原出于天。中国人看重人文，但求人文与自然合一，此是中国人天人合一的理想。不过道总表现在人身。"② 正如大家所知悉的，在钱穆人生最后一刻的大彻大悟中，也仍然止于以"道"的传统观念来诠释"天人合一"这一理念。钱穆对此之彻悟传达出老人的最后心声是：天人合一观，将是中国思想中能对世界文化作出最大贡献的理念。

　　而钱穆对"天人合一"的各种不同术语的指谓、表征，各种不同视角的引申、阐述则随处可见，然正因其多视角指谓与阐释，使我们在整体上把握他的天人合一观，十分不易。好在钱穆生前提供的最后一篇文章《中国文化对人类未来可有的贡献》，呈现出他对天人合一理念的最终认识，他认为中国文化对"天""人"关系的研究，是其对整个世界人类的最大贡献，并称自己对中国文化中的天人合一观，是"惟到最近始彻悟此一观念实是整个中国传统文化思想之归宿处"③。钱穆的这一"彻悟"，得到了季羡林、费孝通、张世英等学者的积极响应，给予了极高的评价。据我们所知，大多对钱穆天人合一观有兴趣的学者，多通过其《中国文

---

① 钱穆：《中国历史精神》，台湾东大图书公司1984年版，第164页。
② 同上。
③ 钱穆：《世界局势与中国文化》，九州出版社2011年版，第359页。

化对人类未来可有的贡献》一文来了解此一"彻悟"何来；但实际上，钱穆夫人对该文所附的一篇"后记"，亦十分重要，这一后记让我们更为原本地看到了，钱穆是如何看待自己以前所讲的天人合一与 95 岁的最后"彻悟"。他对夫人慨叹说："学术是不能乡愿的。我从前所讲，和现在所想讲，大不相同。我从前虽讲到'天人合一观'的重要性，我现在才彻悟到这是中国文化思想的总根源，我认为一切中国文化思想都可归宿到这一个观念上。两者怎能相提并论。"① 钱穆夫人的后记，着实让我们瞧见了钱穆在这一观念发明后那种极为难得的雀跃般兴奋状态。

钱穆前期的天人合一观的基本特色是建基于自然人文同体观，落实于人生真理与宇宙真理的合一观上；而"最后的彻悟"则如上所述。由于其涉及面之广与理解力之深，更由于他阐说的独特性与创发性，我们不得不从更宽阔的视角来切入。

一　从"道"的自然、必然性看天人合一

中国思想中的天人观，是钱穆一生都予以关注的观念。在其 1955 年出版的《中国思想通俗讲话》中他十分明确地提出了："天与人的问题，是中国思想史上一绝大的问题。我们值得时时注意到。"② 那么，对这一绝大问题，钱穆首先是以什么样的方式来切入呢？钱穆是从"人性禀赋于天"、"天赋此性于人"这样两个层面来切入：

> 一、人性既是禀赋于天，因此在人之中即具有天。
> 二、天既赋此性与人，则在天之外又别有了人。③

钱穆深论道：人虽从某个方面可代表天，但须知天仍在人之上；而人之所以能在某个方面代表天，则在人之性。而"天"之所以高出于人之上者，则在天之命。因而要真正透悟得人类生命之本质及其意义与价值，

---

① 钱穆：《世界局势与中国文化》，九州出版社 2011 年版，第 365—366 页。
② 钱穆：《中国思想通俗讲话》，生活·读书·新知三联书店 2002 年版，第 21 页。
③ 同上。

就应该从"性命"二字中探究。钱穆说得好："中国思想中所谓'天人相应','天人合一',其主要把柄,即在此一性字上。故《中庸》又说:'率性之谓道。'这是说:率循此性而行者便是道。""率性之道,即是天人在此合一了。"① 人何故能自率其性而径直行去呢?钱穆说根本缘由就在"性"乃天之所赋。所以天人合一,其关键就在此一"性"上,天与人,合一在此率性之道上,那是因为人可做到像《易经》上所说的那样:先天而天弗违,后天而奉天时。道不离人,人同此性;所以"先天而天弗违"者。率性行道,既遵循规律,又获得绝大自由,所以"后天而奉天时"。在这一天人关系的逻辑框架中,第一个紧要的概念是"性";无疑,"性"之更上一层面的概念当为率性行道的"道"了。此"道"既是天之道,又是人之道。钱穆说:"由性展演,乃是自然天道。由心展演,乃有文化人道。"② 而文化人道是要与自然天道融凝为一的,合一在这个"道"上。至此,我们多少可理解钱穆何以反复强调中国文化特质就在性道合一上了。要之,"中国人向所重视的'性'的问题。物各有性,中国古人说:'天命之谓性',在此性字上,便见是一个天人合一"。这就是在性道合一基础上的天人合一观,这点我们稍后还要展开。钱穆坚认这个"性"字后面,实乃有一"生命展演之道",故中国文化会有"万物一体"说、"一视同仁"说。钱穆此说又有其深刻的"农业人生"说作奠基:"我们又说万物一体,一视同仁,这个一体,主要亦指生物言。……我们中国古人之所谓万物一体,其实际内容乃是从一应农作物,乃至农村家畜马、牛、鸡、犬、豕等等著想。我们的生命,乃和它们的生命像是合而为一。一应农作物之生长成熟,当然要靠我们人力,而我们人的生命,也同样要赖藉农作物作为食品,而又要靠马、牛、鸡、犬、豕等从旁协助。这个万物一体之想像,乃由我们农业人生中之真实经验来,所以才能接着说一视同仁的话。一个农人对他的田野五谷亲切有加,那岂不是一视同仁吗?五谷的生命,就如等于是我的生命。所以又说:'民吾同胞,物吾与也。'人与人等如一家同胞,那些物呢?就如我的搭档,我的朋友。这个'物'字,当然是指有生命之物而言。所以中国文化,首先

---

① 钱穆:《中国思想通俗讲话》,生活·读书·新知三联书店2002年版,第22页。
② 钱穆:《世界局势与中国文化》,九州出版社2011年版,第83页。

极看重自然，而又在自然中特别看重到生命。中国古人所谓一视同仁的仁字，便是中国文化精义所在。此一'仁'字，正是指的生命与生命间一种呼吸相通、痛痒相关的极深微的情感，此一种情感，正该在农业人生中体会与培养。"① 这完完全全、地地道道是从农业人生之经验而寻出"生命之道"的必然性展演，从而得出万物一体、一视同仁的源出之道。须知，钱穆天人合一观的根基就在此万物一体的生命之道。为此，钱穆又深论道："现在再讲，生命存在，则必有'时间性'，生命传播，则必有'空间性'。因此一个农人，定要懂得时间，定要有一副忍耐。《孟子》书里有所谓'揠苗助长'之故事，便是告诉我们在生命成长中时间性之重要。一粒谷种下地，须懂得慢慢等，谷亦有性，不能勉强急要它成长。所以中国人讲德性，特别看重'忍耐'，要耐得一个久。生命又必要散播，一颗谷，明年可变成十颗，百颗，所以中国人又很看重'扩散'，看重'推广'，一切要留有余地。一颗种，可以散布到全宇宙。"② 这全然是在天人合一观中探究生命的生长之道了。

当知钱穆的天人合一观又有极深的辩证。其一，是辩证在"有机"生命观上，钱穆说："中国人之生命观，大之为通天人，近之为合内外，故其宇宙观亦为有机的。"③ 此诚然受到进化论影响，然其毕竟是中国文化"气论"生命观基础上的辩证。如其言："气即有生命性。其言宇宙亦然。天地万物全体中一气运行，即属有机的，即具生命性。西方人则无此观念。"④ 气论生命观为中国文化的独特贡献，故其谓西方人无此观念。其二，钱穆之辩证还辩证在将"期求"的合一与"自然"的合一统一起来；又将"莫之为而为者谓之天"的"最高不可知境界"，与"一切现实可知之主宰"统一起来。这在哲学上就是将可能性与性能性统一起来。此诚如钱穆的慧眼洞识：

中国思想极重天人合一。因人类处于大自然中，人类一切行动事为，不能不顾及大自然，亦不能不与大自然期求一和会合一之道。此

① 钱穆：《中国文化丛谈》，九州出版社 2011 年版，第 111—112 页。
② 同上书，第 113 页。
③ 钱穆：《晚学盲言》（上），广西师范大学出版社 2004 年版，第 278 页。
④ 同上书，第 279 页。

即中国人之所谓"天人合一"。但中国人之所谓"天",每主即于人以见天,即于人之身与即于人之心而见天。因人自天来,故天即在人身上表现。除人外,尚有物。物亦自天来,故中国人又主即于物以见天。因万物莫非由天来,故天亦即在物上见。如此说来,除却人与物,是否更另有存在呢?孟子说:"莫之为而为者谓之天。"此语最道出了中国人心中"天"字之真体段与真意义。中国人心中之天,乃是一最高不可知境界,而实隐隐作为此一切现实可知界之最后主宰。换言之,一切现实界种种事象,或由人道起,或由物理生,此皆可知;而除此以外,尚有不为人类知识所能知者,中国人乃谓此为"天意"或"天命"。而在西方之宗教与哲学,则或由信仰,或由纯理智之推衍,而确言天为如何如何之存在。此乃双方一绝大不同点。①

天下万物之道,由"不可知",才有了种种人未能确知、未能划界的"可能性"出现;这也就是种种"偶然性"的出现,中国人常称其为"天意"。但毕竟在现实界,各种人事物理现象,皆是可知的。不能将不可知来掩盖可知,而造成一种全然的"不可知论"。所以就有了人之"期求"与天"和会合一之道"。此中完全可透见钱穆是如何以道之必然性与可能性的统一,来达至其天人合一之最终境界的。当然,中国文化的非主流思想中,也有较彻底的不可知论;中西方文化对此可谓有同有异,很难说是"绝大不同点"。

然钱穆颇具眼光的地方,还体现在他对原初浑沌的天人合一与人文演进中逐步深化而达到的天人合一境界,以其"唯道论"作一"必然"性规律之深述。照他的看法:中国思想不妨称为唯道论,而"道既是自然的,常然的。同时也是当然的,必然的"。② 在原始意义上,道就是自然之道;而所谓当然、必然,则只要是人文演进中合于此自然、常然的道,那就无疑会成为当然、必然之道了。但原初意义上,"那些道,各照各道,互不相碍……如大马路上车水马龙,各走各路,所以说,海阔从鱼

① 钱穆:《世界局势与中国文化》,九州出版社2011年版,第249页。
② 钱穆:《湖上闲思录》,生活·读书·新知三联书店2000年版,第35页。

跃，天空任鸟飞。鸢飞鱼跃，是形容那活泼泼的大自然之全部的自由"①。
所谓"大自然之全部的自由"，当然是原初自然之道意义所显现的自由。
然而只有洞明人文意义上的自然乃至必然之道，才能有"无入而不自得"
的自由与合规律性。如钱穆《双溪独语》中对"儒家制礼，斟情酌理，
合乎自然"之合规律性，就体现出相当深刻的理解。人生有人生规律，
社会有社会规律，各有其道；若各违其道，所谓"背道而驰"，天下就不
会太平了。所以钱穆又从人生规范与人生自由的统一来解释天人合一：
"因此天人合一，同时也即是人生规范与人生自由之合一。"② 钱穆此说其
实是有相当深度的，其深刻性就体现在：人生自由的前提是人生事业要合
于人的"性情"所在；而人生事业合于"性情"亦即顺从人性的内在规
律，合乎"人生大道"。钱穆总能从其"道"论来审视天人与人生大道：
"今天要使人生的事业适合性情，使人人心里感到满足，则此世界自会平
安。人生大道的重要点也就在此。而今天的时风众势，则正在背道而
趋。"③ 人做的事情合于他的性情，他当然会安足，因其人生规范与人生
自由获得了自由，这才叫安身立命。个体的安足，会带来世界的太平。他
晚年尤强调天人合一，实乃洞见天人相背且愈背愈远之大弊。

　　因而，钱穆以为全部人文演进之目标就在"人文大道与自然大道之
合一"④的天人合一境界上。这是自然到必然的演进之路。而且，晚年的
他还在《双溪独语》和《晚学盲言》中反复述说过这样一种理念：人文
最高演进，即是自然之最高可能，此曰天人合一。

　　然而，钱穆天人合一观的终极取向是"还归于天"的天人合一境界。
人文演进，无论达到何种高度，最后仍应"还归于天"。人类的价值取向
要同于自然的演进路向，所以他才提出"还归于天"的天人合一之终极
理想；须知，这也代表了钱穆人文演进观的终极价值取向。当然，他的
"还归于天"既非道家那种直接要求的返璞归真，更非西方那种人为的征
服自然。而是要通过几个层面的展演：

---

① 钱穆：《湖上闲思录》，生活·读书·新知三联书店 2000 年版，第 34 页。
② 钱穆：《中国思想通俗讲话》，生活·读书·新知三联书店 2002 年版，第 23 页。
③ 钱穆：《中国文化丛谈》，九州出版社 2011 年版，第 268 页。
④ 钱穆：《晚学盲言》（下），广西师范大学出版社 2004 年版，第 561 页。

儒家则谓人类文化虽似违离自然而展出，但实质上则是由人文逆转而还归于天，始是人类文化自然展出之最高点。而使文化与自然合一，人道与天道合一，则须赖有人之修养。故孟子曰："尽心可以知性，尽性可以知天。"《中庸》又曰："尽己之性可以尽人之性，尽人之性可以尽物之性，而后可以参天地，赞天地之化育。"天地化育，此乃自然大德，人心则可以逆转，而直上达天德。故中国古人又以天地人"三才"。此"才"字，即指能创造世界、完成宇宙之才。天地在那里不断工作，不断化育，而人亦能之。上述人类以心交物而创造出物世界，以心交心而创造出心世界。①

由人文逆转（仍是人文演进）而"还归于天"的天人合一之境界，是人类文化能达到的最高点，也即是人文演进的终极目标。那么，我们能否在这其中寻绎出几个内在的逻辑层面呢？首先，一个前提性的层面，是人须作为"三才"之一而具备创造功能；其次，人若无"修养"则不具备"三才"之一的条件；再次，赖此修养，人方可尽心知性、尽性知天；然后，尽心知性、尽性知天才能使文化与自然合一，人道与天道合一；最后，人文所展演出最高点的同时，也就是天人合一的"还归于天"终极境界。

既然我们知道"还归于天"是人文展演出的最高点，那么，我们要问，人文何以能展演至最高点？这是钱穆要回答的关键问题。前段引语中最后两句已点出"以心交物而创造出物世界，以心交心而创造出心世界"。因而这里，我们又须暂回到与生俱来出于自然的"人心"上，钱穆谓"心世界由大宇宙展演而来"②，他还曾以其完美的圆圈图像与理论阐发的结合，表征了人心是人文与自然的"接榫处"。在《民族与文化》一书中，钱穆传达出的理念是：人心与生俱来，其大原出自天，故人文修养之终极造诣，则可达于天人合一。所谓大原出自天，当然是出自自然，然而与生俱来的而又出自自然的"人心"，并不妨碍其通过人文修养之终极造诣而与天合一。这是儒家最高明的地方。以人文精神为核心的儒家传

① 钱穆：《世界局势与中国文化》，九州出版社2011年版，第81页。
② 同上书，第80页。

统，在长达两千五百多年的历史中一直将天人合一作为其终极理想，这是有着极其深厚的农业文明之思想基础的。钱穆对此多有论述，此不赘言。这里仍须强调的是钱穆之所以要视"文化史是一部人心演进史"[①]，正因为人心在自然到人文之演进过程中，本身正是"人文与自然的接榫处"，而事实上没有这一接榫处，也就谈不上"人文演进"了。这是钱穆人文思想中极为精微的地方，不可轻易漏过。因为钱穆以为，归根到底，由生命界演化出心灵界，唯演变到人心才最灵，才到达顶点。当然这不是说万物无灵，唯人有灵，而是说万物各有灵，人则为万物中之最灵。最为重要的是："天人合一，即合在此灵之上。"至此，我们当知钱穆在根本上是要以天人的"一"，由人心之灵来"合"成，这显然和原初浑沌的合一是完全不同的境界，原因当然是有了"人文演进"的进化过程。天人物我内外的融和合一，枢纽竟在一心之灵！钱穆描画的圆圈图像，其最后最内一圈之圆心，即为最成熟而最富代表性的人心。因而它是可弥纶宇宙、融彻万物并且能以最精微的方式上通最广大的最先、最外一圈（天）。"上通"才能合一，然而"通"则有赖人之修养："人人皆可为圣人，即是人人皆可凭其道德修养而上达于天人合一之境界。"[②] 这也就是钱穆反复论述的成就理想人格，才可上达天德。可见在人文演进过程中，真正的天人合一境界还要靠人格来成就的。

正因"人格"因素在天人合一境界中有如此重要之作用，故钱穆又常以"道德"二字来解说天人合一范畴，并最终落实在"自然与人文合一"的人文演进观上。下面这段阐述就既有总论性质，其丰富内涵又极具代表意义："中国文化之最重要中心观念即是'性道合一'。性由天来，道由性起。中国人讲天，也可说是一自然，也可说是自然中一种最高真理。中国人主张天人合一，即是性道合一。性禀自天而蕴于内，道行于人而形之外。天人合一、性道合一，也即是内外合一、心物合一。天人相通，内外相通，此始是大道，亦可称为'达道'。道行而成，形于外，回到人心，则谓之德。德是行道而有得于己之谓，故可合称'道德'。天赋称性，由性发为行，由行而有得于己谓之德。故可合

---

① 钱穆：《历史与文化论丛》，台湾东大图书公司 1979 年版，第 305 页。
② 同上书，第 134 页。

称'德性'。此一'德'字，即是性道合一。此是行为与德性合一，亦即自然与人文合一。"① 可见，此中谈天人合一，有多层面内涵，以多种不同的"合一"视角来透视并指称"天人合一"，但总体上是以人生"德性"、"道德"核心概念来辐射，并以"性道合一"这一命题来整合的。这一命题对钱氏来说是如此重要，实因其可直接置换为天人合一这一命题："性即是一自然，一切道从性而生，那就是自然人文合一。换句话说，即是'天人合一'。其主要合一之点则在'人之心'。故也可说中国文化是性情的，是道德的，道德发于性情，还是一个'性道合一'。"② 钱穆甚至认为中国文化的一套大理想、一个大结构，就在这其中。因而，我们下面需要以一节之内容来作展开，以更好地理解并真正透入其天人合一观。

二 天人合一的多重内涵：人生融入大自然

钱穆的天人合一有多种不同说法作为其支撑，何以如此？在钱穆看来，实因中国传统文化中，一方面有农业文化天人合一的甚深根基，另一方面则因中国人在几千年的文化演进中已然将天人合一作为一种人生信仰了；既是信仰，当然会竭尽实践之种种可能。看看钱穆对此是如何持论的："我们今天简单来讲中国人的最高信仰，乃是天、地、人三者之合一。借用耶教术语来说，便是天、地、人之'三位一体'。在中国，天地可合称为天，人与天地合一，便是所谓'天人合一'。《中庸》上说：'唯天下至诚，为能尽其性。能尽其性，则能尽人之性。能尽人之性，则能尽物之性。能尽物之性，则可以赞天地之化育。可以赞天地之化育，则可以与天地参。'这说明了中国人最高信仰之所在。"③ 有了这个天人合一的最高信仰，当有其实践之路而达于这一最高信仰；而这个实践之路，仍须有一理念来作为其方法论，即人是可以参赞帮助天地的"化育"过程而促进其功能的。所以钱穆必定要说："天地有一项工作，就是化育万物。人

① 钱穆：《中华文化十二讲》，九州出版社2011年版，第148—149页。
② 同上书，第16页。
③ 同上书，第98页。

类便是万物中之一。但中国人认为人不只是被化育，也该能帮助天地来化育。"① 这毋宁是说，人不仅是大自然中被动的"被化"之物，更可作为天地大自然中的可主动的主体，从而帮助天地大自然来化育万物。但要真正做到帮助天地大自然化育万物，谈何容易！故钱穆特强调主体主动地"尽己之性"，非此无可参赞化育。他说："所以我们要说由尽己之性来尽人之性，由尽人之性再来尽物之性，如此以赞天地之化育。如栽一花，种一草，花草都有它的性，我们要懂得如何来尽它之性，那不是我们人便在赞助天地之化育吗？花草犹然，对于人类自身，自不必说。再讲'化育'二字，'化'是变化，此层易讲，自然科学讲物理，便是要研求其一切可能之变化。但化字下又育字，'育'是养育，是教育，在育字的涵义中，便显见有生命。我们人类该能帮助天地来化来育。"② 这仍是倡言要人们努力顺从大自然的规律而参加到化育过程中去，其生态价值取向已十分明显。故其又强调"率性"而"奉天时"的天人合一："我今率性而行，这是我在后天而奉天时，这又是我们人类最高绝大的规范。人人不该违犯此规范，同时也即是人人获得了最高绝大的自由。因此天人合一，同时也即是人生规范与人生自由之合一。"③ 这就是一种哲学的辩证，率性与奉守的辩证，规范与自由的辩证。而这一归趋于天人合一观之辩证，其思维取向则极为鲜明地指向了未来生态文明之归趋。

　　然而须知，尽己之性须在充分理解大自然的生、化过程与规律之上，才可能去努力地"尽己之性"。故钱穆极力主张要人们首先去认真体会并认知天地生生之德，用钱穆的独特话语即"观其化"与"观其生"。他说："中国人于天地观念中，重要在观其'化'，又进而观其'生'。故又曰：'天地之大德曰生。'在万物中有生命，也只是天地之一化。而生命本身则是天地大德所表见。"④ 观"生"、观"化"，到参天地化育的实践，再到天人合一最高信仰的形成，又回到帮助天地大自然化育万物，这形成了一个系列的人文演进过程，从而使天人合一观有了丰富的多重内涵。更为重要的是，观"生"、观"化"，必使我们的生命融入其中，并

　　① 钱穆：《中华文化十二讲》，九州出版社 2011 年版，第 99 页。
　　② 钱穆：《中国文化丛谈》，九州出版社 2011 年版，第 113 页。
　　③ 钱穆：《中国思想通俗讲话》，生活·读书·新知三联书店 2002 年版，第 23 页。
　　④ 钱穆：《世界局势与中国文化》，九州出版社 2011 年版，第 73 页。

真正悟出其中规律。这我们在前面一节已有所涉猎。

钱穆的天人合一观的多重内涵，可从其揭举出的不同层面之概念充分看出，如"性道合一"、"内外合一"、"德性合一"、"人生与天命合一"、"文化人生与自然人生合一"、"政教合一"（通过政教合一达于天人合一）等。当然，它都涵括在"人生融入大自然"的范畴中，也就是说，是以"人生融入大自然"的人文演进基调为主。如"性道合一"——性由天生，道由人成，这即是性道合一同于天人合一的内在缘由。同理，"德性合一"——德是后天的，性是先天的，德性合一亦即天人合一。那么，"内外合一"又如何讲呢？内是心，外是天，内外合一也就理所当然地成为天人合一的一种表征了。钱穆就"合内外"而特加举例说："何谓合内外？人生寄在身，身则必赖外物而生存。……使无身外之物，又何以有此一身，故称一内外。"[①] 事实上，如果就钱穆对中国文化特质所作的"一天人，合内外"[②] 六字看，仍是太玄虚，连钱穆自己都说："具体之人，实在太渺小，太短暂了。天地自然太广大，太悠久。那短暂渺小的具体一人，较之天地，哪比得九牛身上一根毛。有此一人不为多，无此一人不为少。虽说是实有，论其意义价值，却等如是虚无。"[③] 然而，实有的个体之"人"，融入那"太广大，太悠久"的大自然中，并非全然无道可入；不然，此"一天人，合内外"就纯是空言，而无以表征"天人合一"之道了。我们先看钱穆如何从中国的农业人生来透入其天人合一观念的："农业第一特征是一半赖自然，一半靠人力。从事农业定要外在条件，如天时、气候、温度、阳光、雨量、风，以及土壤、养分、河流、灌溉等。所谓天时、地利、物产，又必有许多动植物能和农业配合。这些条件都是外在的，中国人总称之曰'天'，天给与了我们这些条件，但还得我们人的力量迎上去。农业是一项勤劳的工作，所谓粒粒皆辛苦，来处不易。我们中国古人所谓'天人相应'，'天人合一'，正是十足道地的一个农村观念，一种乡下人想法，但实有它纯真不可颠覆的道理。中国古圣先哲则不

---

① 钱穆：《中国文化特质》，见胡道静主编《国学大师》（上），东方出版中心 1998 年版，第 130 页。

② 同上。

③ 同上。

过将此农村乡里人观念中的那一番真理，拿出来加以指点与发挥。"① 既
要有外在条件，即依赖自然的那"一半"；又要有自身内在条件，即可施
之以"人力"那另"一半"。合起来才是"天人相应"，相应而为"一
体"，则就是"天人合一"了；农业人生正符此"合一"之道。所以钱穆
多从农业人生来阐述其天人合一理念："中国文化理想之最高境界曰天人
合一，其实农民生活早已符合此道，亦可谓中国古圣贤一切大道理皆众农
民的实际生活体会发挥而来。"②

依于文化演进之理念，钱穆特强调通过"绵延不绝"的人生，让
"短生命融入长生命"从而达到"人生融入大自然"之天人合一境界，但
这种"融入"不能只走自然科学一条路，否则会愈来愈偏离生态文明之
指向。钱穆说：

> 目前西方人推求真理，只走自然科学一条路。其推求所得，尽说
> 有理，仍是无情。自然科学之成就，只能刺激人生欲望，不能滋润人
> 生情感。无论如何，无情感的人生，总是不安不乐，总是要不得。目
> 前美国人已能送人类上月球，但上月球的人，反而生了异样感触，回
> 头来笃信耶稣教。可见人类生命中确已发展出了一分人心情感，极难
> 置之不闻不问。不能以纯理智来领导人生。③

无情人生，不安不乐，如何与天合一？西方那种以纯理智来领导人生
的文化，在钱穆看来迟早是会将人类引入天人二分之歧路的；继续走下去
就是一条死胡同。而钱穆一直持守这一观点：人生而合情理、合规律地融
入大自然，才是中国人所谓"天人合一"。然而这种融入，又是要通过
"人生绵延不绝"来达到的，而绵延不绝则更要以"欲日淡"而"情日
深"④的"人文演进"来达到。

可见，在钱穆眼中，由情感人生而达至的天人合一观确实是中国文化
演进的一个最主要基石，钱穆甚至这样看待："中国人有理智，其最大功

---

① 钱穆：《中国文化丛谈》，九州出版社 2011 年版，第 109 页。
② 钱穆：《双溪独语》，台湾学生书局 1981 年版，第 271 页。
③ 同上书，第 173 页。
④ 同上书，第 172 页。

用，在其能认识到情感在人生方面之真意义与真价值。……有了情，生命本体转深转大，并不即以个别的躯体生存为生命。生命体日大日深，而于是有大群体之共通生命，与夫历史绵延之精神生命。"① 注意，这里实际上已推出了钱穆的情感本体论。而就天人合一观之于情感本体论的内在关系而言，钱穆又以中国的家族观之"永恒联属"阐说之："中国的家族观念，更有一个特征，是'父子观'之重要性更超过了'夫妇观'。夫妇结合，本于双方之爱情，可合亦可离。父母子女，则是自然生命之绵延。由人生融入了大自然，中国人所谓'天人合一'，正要在父母子女之一线绵延上认识。因此中国人看夫妇缔结之家庭，尚非终极。家庭缔结之终极目标应该是父母子女之永恒联属，使人生绵延不绝。短生命融入于长生命，家族传袭，几乎是中国人的宗教安慰。……父子相传便是后世之所谓'孝'，兄弟相及便是后世之所谓'弟'。孝是时间性的'人道之直通'，弟是空间性的'人道之横通'。孝弟之心便是人道之'核心'，可以从此推扩直通百世，横通万物。中国人这种内心精神，早已由夏、商时代萌育胚胎了。"② 钱穆视这种"内心精神"为情感本体，其绵延传袭之文化意义是显而易见的。故钱穆在这里直接指出：由人生融入大自然，就是中国人所谓"天人合一"；然而这种融入，是要通过"人生绵延不绝"来达到的，而绵延不绝则又要以"人道之直通"的"家族传袭"来达到。可见，在钱穆眼中，家族观确实是中国文化的一个最主要基石，钱穆甚至这样看待："我们几乎可以说，中国文化，全部都从家族观念上筑起，先有家族观念乃有人道观念，先有人道观念乃有其他的一切。"③ 实际上，就天人合一观之于家族观而言，此中最切紧的当然是上述"绵延"这一概念了，而"绵延"本身之特性，则早纳入钱氏"人文演进"之视野当中了。故其言："一部中国史，乃人文演进史。……西方自然物变之演进，不仅违反了人文，亦又违反了自然。中国人文化成之演进，则不仅化成了人文，亦又化成此天地，使与人文薪向同其归趋，此之谓一天人，合见外。"④

---

① 钱穆：《双溪独语》，台湾学生书局1981年版，第172页。
② 钱穆：《中国文化史导论》，商务印书馆1994年版，第51页。
③ 同上书，第50页。
④ 钱穆：《中国文化特质》，见胡道静主编《国学大师》（上），东方出版中心1998年版，第148页。

至此，我们当可认识其何以要以"绵延"、"演进"来表征"一天人，合见外"的天人合一观了。惟中国的历史文化之"演进"，特重一"化"字，钱穆视人文本身"乃一大化"，故"好之守之而自化，乃成中国五千年历史之悠久，亦即中国文化特质之所在矣"①。须知，"化"本身亦一过程。

尽管钱穆持天人合一观而最终主张人必回归自然，并申说："实则天地大自然，亦不能长日由人来创造。"② 但必须指出的是，钱穆对道家那种要人回到"原始"自然、归真返璞的"原初性"天人观就持反对态度，根本原因当然也在他所谨持的儒家人文演进观，终是他所坚认的唯一积极而合理的理念，以此演绎儒家的天人观，当富理想性："儒家则确守人本位，儒家之所谓天人合一，并不重要在由天来指导人，乃重要在由人来配合天。消极方面，尽我人事，至少不违背天。积极方面，还要运用人事来辅助天。孔子曰知天命，此俱有消极积极两面意义。中庸曰：赞天地之化育，则只言其积极方面。至少人类历史人文界之一切进展，实非天能为，而完全由人为之。即如生老病死是天，但儒家不本此来推出人生一切皆虚，儒家只求在生老病死中善尽吾生，此是人本位，此是知天命，此是赞天地之化育，此是天人合一。"③ 这段话传达出儒家人本位基础上的配合天、辅助天的重要观念。钱穆在表达其一生最后彻悟的那篇文章《中国文化对人类未来可有的贡献》中，深切地把捉到了"人生"与"天命"合一的天人观核心：人生异于万物，就在其能独近于天命，能与天命最相合一。这仍然是以人文演进观得出的天人合一。其所谓"人生"，实指大群人生，从小我到大我的自觉，是"自然"人跃进到"人文"人的重要一关；因而只有"大群人生"才能在自然界创出人文界，而人文演进对于大群人生如何在自然界创出人文界，则是十分关键而重要的。这里，钱穆再次显现了他的"协调动进"理念在天人观中的独特价值：也就是说，人文演进在实质上，必须

---

① 钱穆：《中国文化特质》，见胡道静主编《国学大师》（上），东方出版中心 1998 年版，第 148、149 页。

② 同上书，第 149 页。

③ 钱穆：《双溪独语》，台湾学生书局 1981 年版，第 170 页。

是"天人合一的长期人生与整个宇宙的协调动进"①，才能达至那种钱穆式的人文核心的"人生与天命合一"的最高的天人合一境界。显然，钱穆在这里给我们的启发是：自然问题也即是人生问题，认识了自然，才能认识自己，人类世界的任何东西，无不属于自然；人只有参与、同化、顺从并最终合一于自然，才是最终正确的道路：自然的"必然性"是绝对的，人生所有行为、造作都必须接受并同化在自然的必然性当中。钱穆决不认可西方那种视人与自然为两极的学说。

三 天人合一——"中国文化对
人类未来可有的贡献"

钱穆在其一生最后时刻的彻悟后写出的《中国文化对人类未来可有的贡献》一文中，对此后世界文化如何发展，感触极深。他指出："近百年来，世界人类文化所宗，可说全在欧洲。最近五十年，欧洲文化近于衰落，此下不能再为世界人类文化向往之宗主。所以可说，最近乃是人类文化之衰落期。此下世界文化又将何所归往？这是今天我们人类最值得重视的现实问题。"② 显然，在他看来，人类文化的演进趋向，再不能走西方天人二分的路子了：

> 西方人喜欢把"天"与"人"离开分别来讲。换句话说，他们是离开了人来讲天。这一观念的发展，在今天，科学愈发达，愈易显出它对人类生存的不良影响。③

钱穆对西方思想中这种天人二分观一直持批判态度，因为他在根本上认为人生也就是自然，强分天人，必然导致一种征服自然之趋向，而征服自然也就是征服人生，所以他是十分鲜明地主张："人生也就是自然，把物质建设来征服自然，同时不免就征服了人生。使人透不过气，回不转身

---

① 钱穆：《历史与文化论丛》，台湾东大图书公司1979年版，第38页。
② 钱穆：《世界局势与中国文化》，九州出版社2011年版，第363页。
③ 同上书，第360页。

来。我上面已说过，天趣已灭，生意已绝，那一种的文化，就快要堕落。"① 注意！立于天人合一的境界，钱穆才会将那种二分文化视为"天趣已灭，生意已绝"之文化，钱穆的批判视角，已使他深深感觉到天人二分的文化或许会把人类带入灭绝之死路。而中国文化可救治此"二分"之弊病，所以钱穆反复告诫我们，要认真而深入地研求中国古代天人合一思想。

钱穆以为："如果我们今天亦要效法西方人，强要把'天文'与'人生'分别来看，那就无从去了解中国古代人的思想了。"② 而中国文化之所以能屡仆屡起，从而绵延数千年不断，当然在根柢上是因有天人合一的理念，这一理念形成了中国传统文化的内在精神，使中国人自古以来就能注意到如何才能不违背天，不违背自然，且又能与天命自然融合为一体。所以钱穆强调："我以为此下世界文化之归趋，恐必将以中国传统文化为宗主。"③ 这是因为他确信："最近乃是人类文化之衰落期。此下世界文化又将何所归往？这是今天我们了值得重视的现实问题。"④ 因之，钱穆深信要以中国文化"尚德不尚力"的大原则，来救治西方动辄"征服自然"之弊。此实为钱穆之洞见。我们来看看钱穆是如何以"尚德不尚力"之中国思想来对治西方"征服自然"观的："今谓征服自然，战胜自然，乃有人生之前途。则人生本出自然，亦即自然。战胜征服自然，人生岂不亦将被征服而败下阵来。当知个人小生命，终不得与大群乃至宇宙之大生命争。故生命终由生发而来，非由组织而成。尚德不尚力，此诚为人生最主要一大原则。"⑤ 此中意涵极为深刻，人生本从自然而来，征服自然而打败自然最终不过是打败人自身而毁灭人类；拉长宇宙历史镜头，就可看到个人小生命，其"征服"自然之斗争，实是不自量力地与宇宙大生命斗争，岂可胜？又岂能胜？胜则是败，是毁地球毁人类。而"尚德不尚力"的中国文化中之人生大原则，其思维取向与价值目标就在人与自然的统一，是符合规律的长久之道。钱穆以此为人文演进的重要原则，从而特举

① 钱穆：《中国文化精神》，九州出版社 2011 年版，第 199 页。
② 钱穆：《世界局势与中国文化》，九州出版社 2011 年版，第 361 页。
③ 同上书，第 363 页。
④ 同上。
⑤ 钱穆：《晚学盲言》（上），广西师范大学出版社 2004 年版，第 333 页。

庄子批判人类"机心"自败之例来说："庄周道家乃谓其具机心，将有害于自然与生命。此一层，讨论人类文化演进，不当不深辨。机心起于功利观。自然酝酿出生命，生命依顺乎自然，非由功利观主使。中国人不言功利，而言道义，乃一本之自然与生命，而功利亦不能外于道义而自立。此为中国人文演进一重要原则。"① 钱穆说机心起于功利，无可辩驳；而言"功利亦不能外于道义而自立"，则纯属儒家道德价值理念，是更深一层次的理解与诠释，且有道义大于功利之取向。须知，功利与道义之争，古今中外从来不乏其例；因功利与道义毕竟是两个独立的范畴，近现代自然科学又恰好是在"功利"观的促使中产生的，因而西方伦理学派中亦有功利伦理一派之地位。但钱穆的逻辑并不在此，而是落在"自然与生命"的演进上；有害于自然与生命的"机心"是不能强行发展的，其与中国传统的天人合一观根本相违。而契合于"道义"的"功利"，则在道义范畴之内；以此为"人文演进一重要原则"，就是符合天人合一观的"人文演进"。在钱穆看来，这正是中国文化对世界的一大贡献。

这一逻辑使钱穆从不反对科学，他认为：科学发明，就在使人类能在物质上，给人种种方法、技术、利用。他坦承科学在世俗人生方面可以有大作为。但他反对人类文化中的"唯科学"的态度，因其可能造成对科学的滥加利用，从而导致一种"戡天为尚"的自恋狂为。因而他告诫人们："人生亦自然之一化耳。苟必以戡天为尚，则戡天之极，无异自戡。何者？人不能超天以自存。且征服再征服，疆境有限，征服之极限，即此文化发展之终点，未有能为无限之征服者。又且征服由于内不足，内不足故向外征服，是即征服其所依存。虫生于木，还食其木，木尽，虫亦不活，故征服文化之终极，必陷于自己征服而止。"② 所谓"戡天之极，无异自戡"之说，全受庄子影响。如前所述，庄子意谓人若无止境地使用机心玩弄技艺，必死于自己的机心之下；而儒家更有"奇巧淫技"之说。钱穆深知：征服者终必自陷于征服工具。其谓"征服文化必重工具，乃自陷于为工具之依存"③，即已潜藏工具异化之思想。然几百年来的科学

---

①　钱穆：《晚学盲言》（上），广西师范大学出版社 2004 年版，第 276 页。

②　钱穆：《政学私言》，九州出版社 2011 年版，第 207 页。

③　同上。

技术自身之发展历程，似并不理会这套想法；故钱穆晚年更为担忧人类前景，极主天人合一乃中国文化能为世界作大贡献之思想理念。

据此，钱穆甚至提出一个极富理想性的主张：融科学与宗教为一，在这点上，他与唐君毅的思想主张基本相同。这一思想主张仍是建基于天地人三才的天人合一观之上："中国人以天、地、人为三才，天地是一自然，同时亦可谓是一神。人在世俗中，但同时亦可谓是一神。人要能'赞天地之化育'，达到中国文化中之最高理想，即所谓'天人合一'。但绝不是要反抗自然，战胜自然。亦不是要取消世俗，蔑弃世俗。我们所要，乃是要了解自然，发展自然，利用自然，而使世俗亦在自然中走上一条恰好的道路。为此，正贵能融宗教与科学而为一。"① 可见，他的自然观还有三个层面的逻辑关联：了解自然—发展自然—利用自然；这当然源于中国古代思想中的正德、利用、厚生的观念。正德之"德"，在钱穆看来，还要上达天德，归本天德。正是这种天人合一观导致钱穆极主融宗教与科学为一。可想，晚年的钱穆，为什么会强调要符合世界自然科学突飞猛进的新趋势，使自然与人文相得益彰，从而为人类开示天人合一之终极大理想？这也许是钱先生作为现代通儒的通达之处吧。他为后人树立了通古通今的学术大师之榜样。确实，钱先生不但为我们抉发了深厚历史文化底蕴与人生智慧，更为我们昭示了科学、道德、艺术三位一体的人文主义理想。他深心祈愿：人类文化凭此道德、科学、艺术三位一体而不断前进，而还归自然，而上合于天。这毋宁是说，道德、科学、艺术都是天人合一这个终极目标的演进过程与内容，这三者终究是要还归自然而上合于天的。这对于"人文演进"之路向而言，当然是一种乐观的进向，至少钱穆如是观。

因而笔者在此还想表达的是：钱穆在其极为丰富的人文思想中特创的"人文演进"观，最终传达出他自己的心声："我是一个文化乐观论者。"② 前提是，只要人类在其持续发展过程中，不断地协调、合一于自然。笔者通过一系列考察所得出的结论亦为：钱穆是一个真正的文化进化论者；由钱穆创发的三大范畴"人文演进"、"文化生命"、"协调动进"，已然构

① 钱穆：《世界局势与中国文化》，九州出版社 2011 年版，第 261 页。
② 钱穆：《历史与文化论丛》，台湾东大图书公司 1979 年版，第 226 页。

成一完整的有进化意义与价值的历史文化观。在现代新儒学中，它向人们昭示只有动态的、协调的并且以合于自然为原则的人文社会历史演进，才具有文明持续不断的"常道"之价值。人文演进观还展显出钱穆作为文化进化论者所已具有的超越的"世界史"眼光，这使他欣然认同科学进步是历史大势。余英时就曾指出过："他（引者注，钱穆）对于所谓科学精神，是虚怀承受的"，"他早年为三民主义的设计所吸引，晚年甚至对'中国社会主义'的提法也发生过兴趣，都是因为他希望看到某些传统的价值能够通过现代化而落实在政治社会制度之中"。① 余英时还认为"钱穆是开放型的现代学人"，"钱先生的系统是开放的，而不是封闭的"。而且《国史大纲》即已显示了钱穆"绝大的见识"与"现代眼光"②。晚年访美期间，钱穆更是坦承要"接受世界潮流"，并说："弟在此期间，亦深感到美国社会之种种缺点，以及美国前途之可虑，及西方文化之困难处。然以较之中国社会，无论如何，高出甚远。"③ 当然，需要看到的是，钱穆一方面确承认文化进化的价值，一方面仍是从传统的角度来肯认"人文化成天下"的，尽管它是在文明大势中的人文演进过程中实现的。

其实，那些将钱穆视为纯然的文化保守主义者的老套论调，只是似是而非地从表面看到钱穆曾对古代中国政制所作的一些辩护言辞，并没有深入他的思想内涵中去求取精髓。实际上，即便是钱穆对中国传统政制的看法，亦始终以"变"与"新"为进取格调："中国传统政制，虽为今日国人所诟詈，然要为中国之传统政制，有其在全部文化中之地位……倘能于旧机构中发现新生命，再浇沃以当前世界之新潮流，注射以当前世界之新精神，使之焕然一新，岂非当前中国政治一出路。"④ 能如此强调发现"新生命"，如此看重浇沃"新潮流"，如此激情注射"新精神"，全然不似出自保守论者之口。而其天人合一观，看似多来自传统哲学思想，而其实内中有创新之内涵不少。如当今时代的生态文明之视角，也在钱穆那里

---

① 余英时：《现代危机与思想人物》，生活·读书·新知三联书店 2005 年版，第 509—510、523—524 页。

② 余英时：《现代危机与思想人物》，生活·读书·新知三联书店 2005 年版，第 499—500 页。

③ 钱穆：《新亚遗铎》，生活·读书·新知三联书店 2004 年版，第 230 页。

④ 钱穆：《政学私言》，九州出版社 2010 年版，第 11 页。

可以见到。如果论者愿意观照钱穆的全部文献，特别是对钱穆晚年带有结论性的思想总结作一整体透视，相信他们多少会被钱穆旧中出新、旧中取精这一历史文化精神与眼光所折服。

所以本章最后，笔者仍要指出的是，钱穆愈至晚年，愈深刻地感觉到人类破坏大自然的可能性在不断逼近。故其在 92 岁双目已盲"不能见字"之时，仍思索抒写，"稿成，则由内人诵读，余从旁听，逐字逐句加以增修。如是乃获定稿。费日费时"①。此段时日的写作，明显有对人而毁天有深担忧，故大声疾呼地强调：物质享受可废，而德性道义不可废。且此格调音声几乎贯穿其《晚学盲言》之中。如说："人文进步，须得还是此自然。由人来完其天，不当由人毁了天。"② 人而毁天，此仍可称其为"人文进步"、"人文演进"乎？故最终还得回到此自然中来。故其又警告："人文中不能排除自然。"人类仍要"受命于自然。"③ 他更反复劝告人们要向大自然学习，理解大自然的"身教"。此可谓得中国文化精神真髓之言："故中国文化乃常与天地大自然融凝一体。中国人言，言教不如身教，而气象大自然之教，则更深厚，更不可测。"④ 大自然本是深不可测，中国文化在价值取向上常愿与天地大自然融为一体，"一天人"而使人文、自然二者无间，方为天人合一。而所谓"一天人"，最终要达到"人文自然乃合一而无间。否则人文终亦是自然中一变，无逃于世界之末日"⑤。以其天人合一观而终警示人类以"世界末日"四字，此是何等语重心长！

至此，我们完全可理解，90 多岁的钱穆，其心志何以聚焦于要将中国文化的天人合一观奉献于世界。

---

① 钱穆：《晚学盲言》（上），广西师范大学出版社 2004 年版，序第 1 页。

② 钱穆：《自然与人文》，见钱穆《晚学盲言》（上），广西师范大学出版社 2004 年版，第 46 页。

③ 钱穆：《物世界与心世界》，见钱穆《晚学盲言》（上），广西师范大学出版社 2004 年版，第 58 页。

④ 同上书，第 94 页。

⑤ 同上书，第 96 页。

第十八章　人文演进视野下的儒家道德个体与西方契约个体

在对待个体与整体的关系问题上，现代新儒家们有鲜明的价值取向：这就是整体大于个体。这正是中国传统文化尤其是儒家思想的特色所在。梁漱溟就坦言："应当承认社会大于个人。但个人对社会，社会对个人，相互起作用又相互受影响，随着社会发展先后阶段不同而有变化，不总是一模一样的。"① 显然，梁漱溟此说是基于其中国文化"理性早启"理念的，且是据此而从社会发展阶段来谈个体与社会关系的。笔者以为，这一话题很有作一中西思想比较的必要。正如钱穆所深叹：文化有其个性之大不同，作优劣胜负之比，诚难言哉！但正因其难言而须深言之。故笔者将中西思想中的个体观平铺于此，观者亦可自作评判。

钱穆曾以其鲜明的价值观向世人坦言：

> 中国人讲道德，乃自个人开始，再遍及于全社会、全天下。②

始自个体的道德，这是儒家价值观的出发点；从个体而及于全体，则是儒家道德理想主义的目标所在；从一种文化个性来说，这诚然是儒家的思维取向。这点，钱穆说得再清楚不过了："个人独立，贵能合成一大群。人类生命实质如此。其意义价值亦在此。故身之上有家国天下，身是小生命，家国天下乃其大生命。"③

---

① 梁漱溟：《中国——理性之国》，见《梁漱溟全集》第四卷，山东人民出版社2005年版，第297—298页。

② 钱穆：《讲堂遗录》（一），九州出版社2011年版，第147页。

③ 钱穆：《质世界与能世界》，见钱穆《晚学盲言》（上），广西师范大学出版社2004年版，第96页。

中西思想如何看待"个体",是讨论"儒家与自由主义"话题的一个有意义的切入点;儒家思想中的个体是关系式"道德个体",而西方自由主义思想中的个体则可概之为原子式"契约个体"。儒家道德关系所建构的个体,其功能的发挥,必须置于关系构架的互动中才有可能。源于古希腊的原子主义传统的个体,则如单个的原子那样是一个完全独立的单位,能够发挥其独立自主的功能。儒家关系式道德个体立基于性善理念的正面价值,其所对应的个体进路及方法为"修身",其目标取向则为整体和谐。西方原子式契约个体则立基于人性的负面价值,其所对应的是路径为"契约"方式,其目标取向则为个体的独立自由、正义平等。马克思自由观既立基于个体的出发点,又将价值取向置于集体主义的、整体境界的终极目标,这和中国儒家的理念及思路有相合之处。

近年来,"儒家与自由主义"这一话题,不断被人们提起,2001 年三联书店出版的《儒家与自由主义》一书,似为这一讨论的起始;而事实上此前一些西方汉学家及研究中国思想的学者们,已在 20 世纪后期便已涉入这一话题,如狄百瑞《儒家与自由主义传统》,赫大维、安乐哲的《先贤的民主:杜威、孔子与中国的民主之希望》等便是其代表之作。近年,江苏人民出版社于近年连续出版的"海外中国研究丛书",以及北京大学出版社 2009 年版的"海外中国哲学丛书"等,显示了海内外学者的共同积极姿态。

显然,当我们把"儒家与自由主义"当作一个学术话题时,我们首先要问的是,这一讨论源于什么问题?这一话题的学术意义何在?笔者的结论是:首先,这一话题的引出不仅与现代性问题密切相关,更与当今国际学界"社群主义"思潮兴起及其与西方学界对新自由主义的种种反思关系密切;其次,这一话题更与当代全球发展的未来前景,及其儒家学说是否对此存有真正的价值密切相关。故这一话题的论域之广,跨度之深,学术意义之重大,已远非现实而平面地对中西思想作一比较即可了事,必须深入中西传统思想中深掘其理念基础及思维取向,才能真正透视其深层内涵。这里学理的探究比价值的展望更为重要,原因是弄清楚了前者而入其堂奥,我们才有价值取向上的依据。基于上述理由,笔者以为,与其大而无当地在泛泛层面上讨论这一话题,不如将其引入更为基本而切近的范畴,此即深入中西传统思想中去比较二者是如何思考"个体"并置定个体的；这是一个有意义的切入点。

钱穆曾立于文化学的高度，对个体整体之关系有一个基本的思考："我们再回头来看东方中国文化。它既不是宗教的，又不是自然科学的，亦不是个人主义之肉体的现实生活的。成为现代领导世界文化之三柱石，在中国旧文化里一样也没有。然而这不是中国人没有文化。中国文化则正是侧重在历史的、群体的、文化的、人类生活本身之'内在经验的'。西欧现代文化，要求把个人的无限追求打进有限的自然界和现实人生，这必然要成为悲剧的归趋。中国文化则把历史文化认作无限。只求在有限的个人生活中来表现那无限。穆勒说，'个人自由应以不侵犯别人自由为限界'，若用中国观念来纠正，应该说：'个人只有在投入历史文化群体的长期人生之动进的大道中，而始获得其自由。离却群体长期人生之大道的动进，别无个人自由可言。'因此智识只在获得真理，而不在获得权利。只有'真理始是权力'。而此真理，不在上帝，也不在自然物质界，只在此群体长期人生之动进大道中。但这一个群体长期人生之动进大道中的人生自身，还是一个自然。因此只有在不违背整个自然界之真理中，求获得人类自身之真理。只有在不违背整个自然界动进之大道中，来获得人类自身之大道。如此则历史文化观念，可与物质自然观念相融通、相协调。这一种融通协调，是整个宇宙与群体长期人生之协调，再从此与整个宇宙相协调之群体长期人生中，来领导人现实生活之趋向，而指示其规律。"①足见其完全是从"人文演进"观来看待整体与个体关系的，关键是钱穆坚认此一不违自然大道的演进，个体是投入并协调于整体之中才能谈得上自由的，而且个体是必须置于群体的演进之中，才能获得对自身的确认；当然，此中"协调"二字是核心规律。

这里必须强调的是，由于儒家"关系式个体"立基于性善理念的正面价值，其所对应的是个体进路及方法为"修身"，其目标取向则为整体和谐。西方"原子式个体"则立基于人性的负面价值，故其所对应的是路径为"契约"方式（这一方式有着人与人之间的最低相容度的内涵）；其目标取向则为个体的独立自由、正义平等。基于此，我们将前者可概之为"道德个体"，后者可概之为"契约个体"。

---

①　钱穆：《文化学大义》，九州出版社 2011 年版，第109—110页。

一　起点:"关系中"个体与"原子式"个体

在儒家的理念中,个体在根本上是由关系构成的,也可说个体是被群体关系所规定的。钱穆是紧扣中国文化传统来切入这一话题的:"此是中国传统思想一普通大规范,个人人格必先在普通人格中规定其范畴。……经此认定,而肯把自己个人没入在大群中,为大群而完成其个人。"① 能够为大群人而定格自己,这是圣人人格,所以钱穆又界定"圣人人格即是最富共通性的人格"②。这种界定,当然是依据中国传统文化中的人文主义价值:"首先要谈一谈中国文化传统。中国文化,若依照现代语来讲,可说是一种以'人文主义'为中心的。但此人文主义,仍和西方人所谓人文主义略有别。中国人所谓人文主义,主要在看重政治与教化,其中心所重乃在此一人群,略如今所谓之社会。此一社会如何相处、相安?"③ 可见,中国人文主义的文化传统,其核心就落实在"此一人群"上,实即今日学界所言之"社会群体"这一道德目标上。因而,个体功能的发挥,必须置于"人群"关系构架之中才有可能。早期儒家确立的"礼",即维系这一身份关系构架以使其实现有效性的制度。所以,个体与家、国是内在地以关系逻辑联结起来的。孟旦通过多年对儒家伦理学说的深探,清楚地意识到了这点,他指出:

> 儒学中的三条教诲是任何关心伦理学的人都应该学习的。第一,个人所承担的角色关系,例如,夫—妻,父—子,兄—弟等,乃是他的身份的一部分。我们的某些道德责任涉及这些关系。所以,伦理学不但要处理个体,而且要处理居于其紧密联系者之关系中的个体。第二,情感紧紧地联系着我们的认知和动机。任何忽视情感(包括家庭情感)的伦理学都将被看作是不切实际的、自我异化的。第三,

---

① 钱穆:《中国知识分子》,见钱穆《国史新论》,生活·读书·新知三联书店 2001 年版,第 125 页。
② 同上。
③ 钱穆:《讲堂遗录》(一),九州出版社 2011 年版,第 149 页。

仁爱，或利他主义缘起于家庭，它必须在家庭中得到培育。①

　　这里，孟旦十分到位地将儒家个人所承担的角色关系，定义为个体"身份的一部分"。显然，这一思维所用的逻辑是关系逻辑，而非原子逻辑。不过需要着重说明的是，儒家的这种关系逻辑首先是源于家庭的；孟旦尤其关注到在这一关系逻辑中"情感紧紧地联系着我们的认知和动机"。尽管孟旦在此没有说到"朋友"一伦，但他着重提示出：对儒家而言，个体角色在家庭中的关系是多么的重要。事实上，一个不能"修身""齐家"者，无论如何是没有"治国"的品格资质的，这点我们要放在下节的"路径"及方法层面讲。研究儒家的著名西方学者芬格莱特在解读《论语》这一儒家经典时，洞察到："在《论语》中，有关个体的概念，既不意味着人性的终极单位，也不是人的价值和尊严的终极依据。……而且，孔子在这一章中每次使用所强调的，都不是具有终极或一般化意义的'己'，而是应当修（己）以培养某些具体特质的观念，也即尊重他人（敬）、关心他人的安乐（安人）等等。"② 芬格莱特已然看到这里的"己"，并非西方意义上的那种意味人性终极单位的自由个体，但它也非一般独立意义上的个体，而是要以某种透过"他人"的道德关系方式才能显现出来。诚如赫大维、安乐哲所言："不同角色和关系的展现使得人给予别人一份尊重，同时自己也得到一份尊重。"③ 在礼的外在形式中贯注"仁"的实质性内容，对他人持一种出自内心的敬重，这就是孔子对人与人之间的角色及关系能最大限度地保持和谐的深层理解。

　　这正如梁漱溟一直坚持的观点："周孔教化的影响作用所贻留给中国人的，要言之不外两面：启发一个人的理性自觉，从而远于宗教迷信和独断是其一面；另一面则培厚一家人彼此间的感情（父慈、子孝、兄友、

---

　　① 哈佛燕京学社、三联书店主编：《儒家与自由主义》，生活·读书·新知三联书店 2001 年版，第 225—226 页。

　　② ［美］赫伯特·芬格莱特：《孔子：即凡而圣》，彭国翔译，江苏人民出版社 2002 年版，第 90—91 页。

　　③ ［美］赫大维、安乐哲：《先贤的民主：杜威、孔子与中国民主之希望》，何刚强译，江苏人民出版社 2004 年版，第 91 页。

弟荣等等），并由近以及远，类推之于家庭外的各种关系方面。"① 梁漱溟不仅关注到由近及远的"各种关系"，还强调了基于人情关系的"情理"及由此而导出的"礼乐制度等的具体创制上"②。注意，这就是"关系—情理—文化"的逻辑理路。这对我们此处讨论的个体与整体之构架，价值极大。至少我们可以说：对儒家而言，个体角色定位（"己"）及其与整体关系的定格（"礼"），是两个十分重要的范畴。

而关于这一个体与整体关系的定格，冯友兰有一个概括："封建社会的国，是家的放大。人们对于国家的道德是忠。忠是孝的放大，是以孝为基础的。"③ 儒家这一逻辑原点的发展，必然要趋于将个体融入集体（整体）之中，这点，要透过其路径（方法）与目标（价值取向），直至本章的最后才能结论式地看透——儒家最终的理论旨归是集体胜于个体的。中国文字中的"同"字，十分恰切地显现出个体须如何"同"于群体，方能有其功能：同宗、同事、同乡、同志、同胞、同道、同好；而一个"统"字，就更将个体融入了集体之中了：统合、统一、统共、统治、统率、统摄、统辖、统筹。总之，在中国，个体并非能独立地去发挥其内在功能，而是要在整体中成为一个角色；在各个层次的关系纽结，与复杂的交互连锁中，在"同"或"统"的整体运作中，去呈现个体。当然，从积极意义的正面价值视角看，更能说明个体与个体之间关系的，当为"仁"字，它阐明了一种极为典型的关系逻辑，它仍源于中国的农业文明中，儒学可代之以仁学称呼之；而这一"仁"字就与耕作文明的"耦耕"方式关联极深，虽然"仁"发展出的更深一层的意旨是指群体之德。汉代大儒郑玄就曾指出仁的原意就在"相人偶"，钱穆解释说：

> 汉儒郑康成说，仁者相人偶。此相人偶三字，骤不易晓。其实郑氏此语，自当远有来历。今试粗为阐释，便知其前与孟子，后与朱子，义实一贯，仍无异致。两人合成为一对称偶。字亦作耦。古人耕

---

① 梁漱溟：《中国——理性之国》，见《梁漱溟全集》第四卷，山东人民出版社 2005 年版，第 336 页。

② 同上书，第 334 页。

③ 冯友兰：《中国哲学史新编》第三册，人民出版社 1985 年版，第 103 页。

田必用耜，耜广五寸。一亩之间，广尺深尺曰畎。畎是田间通水道。
古人必两人偶耕，即成双成对而耕。亦曰耦耕。

可见人生无处不有耦。此之谓相人偶。许氏说文，仁，亲也。其
字从人从二。人心必有二人相亲，始以为乐。亦必二人相处，始见有
仁。郑玄相人偶之解，正与许慎说文解字意相合。可知东汉儒生，亦
均知此仁字真解。又说文，古仁字作忈，千心相通相合为仁，其实仁
是人心之同然。何论千心，即亿兆人之心，亿兆年人之心，亦可相通
相合。此是孔子提出仁字为人生大道之大义所在。①

仁，本为一种"二人"关系的最佳表征。而这种关系逻辑起源于农
耕文明而作为一种思维起点，就与"独立原子"的逻辑思维形成了文化
上的中西思想的根本不同特征。

关于西方的原子个体，我们且先从韦伯的一个根本理念说起，在韦伯
看来，现代性给出的真正礼物为自由；其实这一思路正是接续了西方原子
个体基础上的契约个体原则的现代自由理念，与中国儒家理想式的道德个
体理念相对（对儒家的个体而言，自由实质是指理想境界中的一种"道
德自由"）。因而，从根本上说，西方的独立自由与中国儒家的道德自由
本非同一层面范畴。故把儒家道德与西方自由主义放在同一个层面上谈，
本身是不够逻辑化的；与其如此，当然不如从原点——双方如何看待
"个体"谈起。

总体上说，西方的自由主义思想有两个来源，一是古希腊的原子主义
传统，它所传达的基本观念是：任何一个个体都是独立的、自主的，就像
单个的原子那样是一个完全独立的单位，能够发挥其独立功能，个体在终
极意义上有其内在价值。西方近现代的霍布斯、洛克、休谟、斯密直至哈
耶克这一思想线索中的"自然权利"（天赋人权）与市场经济的契约原
则，即导源于这一传统。另一来源即古希腊柏拉图的灵魂概念，灵魂当然
也是一个完全独立的单位，但其发挥的功能则是理性的，柏拉图关注理性
思维的本质，强调心灵的完整，每一独立完整的心灵亦是一个独立完整的
"理性自我"。这一来源不仅被基督教神学作了延伸，也在斯宾诺莎、康

---

① 钱穆：《双溪独语》，台湾学生书局1981年版，第33页。

德、黑格尔这样一批古典主义思想家中得到了发展。总之，两种自由主义思想的来源无疑都具备了一种独立的理性"自我"视野。

其实，梁漱溟也早已审视过这一西方个体本位的自由理性，他说："西欧在十八世纪不有理性时代之称乎？诚如恩格斯《反杜林论》中所指出，其时理性抬头，所有从古沿袭下来的宗教封建种种权威都要列站在理性审判台前来受批判，看通得过通不过。其拒绝迷信盲从而转归自信的精神，与我们当然有共同处。但他们是集团中的个人在集团权威下起来反抗的一种自我觉醒，发乎此身仍归落乎身，所以历史上就出现了个人本位自我中心的近代资本主义社会。而古中国人却非如此，只不过在身心关系的发展上，心显露的稍早就是了。在他们西方人，身为其本而心则为身所用；在我们是心显其用，不重为身所掩盖。彼此同而不同者，即在此。"① 把"身"与"心"分判得如此分明，我们不禁要问，难道个体之"身"的自由，不是"心"的自由之条件吗？难道"身"的自由和"心"的自由不是同等重要吗？进言之，"心"的自由能替代"身"的自由吗？然梁漱溟此处所作的中西对比，倒是颇有意义。其对古代中国"心"的自觉过早，而"其结果便出现了老中国的伦理本位社会。其贵乎理性自觉者，觉识此情理；其重在彼此关联照顾者，顾及此情理"②，从而造就出一种整体大于个体的重关系之文化类型，是确有创意的说法。梁漱溟当然也看到了古代中国理性早启而有的道德文化，其结果并非都是好的，它亦有偏颇与失败之处。例如："老中国社会每个人对于其四面八方的伦理关系各负有其相当义务，同时，其四面八方与他有伦理关系之人亦各对他负有义务。全社会之人，不期而辗转互相联锁起来，无形中成为一种组织，弥天漫地的义务关系笼罩人身，大有无所逃于天地之间之间之概。"③ 这样的个体被"关系笼罩"而牢牢地"互相联锁"住了，如何能有自我选择之自由而使人格发展至完善境地。所以梁漱溟在《中国文化要义》第十二章中相当尖锐地批判了中国文化漠视个体的偏失：

---

① 梁漱溟：《中国——理性之国》，见《梁漱溟全集》第四卷，山东人民出版社 2005 年版，第 337 页。

② 同上书，第 337—338 页。

③ 同上书，第 340 页。

中国文化最大之偏失，就在个人永不被发现这一点上。一个人简直没有站在自己立场说话机会，多少感情要求被压抑，被抹杀。①

有意思的是，这段尖锐之词，在后来的梁氏著述中，反复被提及。这里笔者愿将这一在通读梁氏文献中的发现奉献给大家，一是提醒读者梁漱溟虽为复兴中国文化的儒者，但其批判却也异常辛辣；二是让读者亦作一思考，何以梁氏多次要提及他的这一判断。首先，是在同一著作即《中国文化要义》第十三章中又一次说中国文化"无西洋近世个人自由之确然奠立。不惟自由不曾确立而已，如我在上章所论，个人且将永不被发见"。② 后来，于《今天我们应当如何评价孔子》一文中，再一次提到："旧著《中国文化要义》曾指出说：中国文化最大之偏失就在个人永不被发现这一点上。一个人简直没有站在自己立场说话机会，多少感情要求被抑压，被抹杀。"③ 最后，在其晚年所著《人心与人生》第十八章中的一个注脚④中，又再度详细复述出整段话。须知，如此反复强调同一观点，梁漱溟当然是在告知大家自己对此早有定见，并希企获得更广泛的理解。

现在，我们来看看西方文化中确有发达的原子式个体主义传统，它作为西方自由主义观念的源头，深深扎根于以权利为基础的自由主义思想传统中。说到这里，我们也要举出梁启超在其《先秦政治思想史》中早已作出的一个断言：权利观念可谓欧美政治思想之唯一的原素。说"唯一"，似有过头之处，然看准了"权利"观念在欧美政治中的重要意义，却是十分到位的。其实梁漱溟在《中国文化要义》中说得更具体明白："西洋近代社会之所以为个人本位者，即因其财产为个人私有。恩如父子而异财；亲如夫妇而异财；偶尔通融，仍出以借贷方式。……'财产自由'是受国家法律社会观念所严格保障的。"⑤ 从财产谈及其权利，这当然抓住了"自由"的核心问题。梁漱溟进而又作了这一方面的中西对比，

---

① 梁漱溟：《中国文化要义》，上海人民出版社 2005 年版，第 221 页。
② 同上书，第 251 页。
③ 梁漱溟：《今天我们应当如何评价孔子》，《梁漱溟全集》第七卷，山东人民出版社 2005 年版，第 314 页。
④ 梁漱溟：《人心与人生》，学林出版社 1984 年版，第 226 页注脚。
⑤ 梁漱溟：《中国文化要义》，上海人民出版社 2005 年版，第 73 页。

从而得出结论说："在中国弥天漫地是义务观念者，在西洋世界上却活跃着权利的观念了。在中国几乎看不见有自己，在西洋是自己本位，或自我中心。——这是很好的一种对应。"① 一个重义务，一个重权利；显然是道德个体与契约个体的鲜明比较。梁漱溟甚至以颇尖锐的口吻说过："在中国，义务观念很发达，个人权利观念很不发达。"② 一句话中，竟用了两个"很"字。

赫大维与安乐哲合著的《先贤的民主：杜威、孔子与中国民主之希望》一书，则从思想起源上对"权利"为基础的自由主义作了相当精彩的分析，他们指出："自由主义所假定的分离的个人概念的一个来源，可以在物质原子说中找到。这种解说植根于古代希腊和罗马哲学，并在现代世界由像托马斯·霍布斯、大卫·休谟和亚当·斯密这样的思想家进行了表述。"③ 可"分离"的个体，亦即独立的个体；溯源到古希腊原子论无疑是寻找其原始的深层基础。但更为重要的是，原子式个体，作为西方社会文明发展的一个开端性起点，其巨大作用是发展出了契约基础上的法律文明及其制度。然而，这一原子论起点同时也很容易造成见木不见林的世界观限制，人们只看到自己的同类作为各别个人，甚至造成只论权利、不论义务的结果。如伊壁鸠鲁的出发点即个体的快乐，倡导原子论式的人生意义；从而使那个时代的人们又一次成为原子式的松散个体，彼此独立而很难秉承统一的理性法则。伊壁鸠鲁越过苏格拉底、柏拉图、亚里士多德注重人生统一性的理论，直接继承德谟克利特的原子论，当然他有一定程度的改进，即认为原子运动也会偶然发生偏斜并据此来解释人生的无常和多种多样的人生选择问题。此外，必须看到的是，西方的个人主义作为近代思想的产物，多少还与马丁·路德的新教改革有关。在历史的演化中，西方自由主义范畴内的个人主义还发展出了个体决定整体的斯宾塞式的社会有机体论、康德式的意志自主的理性个体。但总括地说，几乎所有西方自由主义理路，都有着原子式个体主义的影子。

---

① 梁漱溟：《中国文化要义》，上海人民出版社 2005 年版，第 82 页。
② 梁漱溟：《与丹麦两教授的谈话》，见《梁漱溟全集》第五卷，山东人民出版社 2005 年版，第 571 页。
③ ［美］赫大维、安乐哲：《先贤的民主：杜威、孔子与中国民主之希望》，何刚强译，江苏人民出版社 2004 年版，第 42 页。

孟旦就颇有眼力地注意到："边沁、穆勒和辛格也都接受一个原则：在计算行为的失与得时，'每个人只能算作是一个（单元），而且没有哪个个人可以多于一个（单元）。'这造成了一种权利的平等。在其中年，边沁最终将其对于民主代议制的支持建立在这些平等原则的基础之上。"①的确，作为古典自由主义者的边沁坚持认为，个人的利益才是真实的，社会利益不过是个人利益的总和；由于这在某种程度上实质性地否定了群体利益的存在，因而有人称其为原子主义的个体主义，然而西方在个体自由问题上绝非铁板一块。与边沁把个人同社会割裂，完全否认社会利益的存在不同，格林就论证了社会公共利益的存在，并力图把个人利益与社会利益统一起来。他认为，人是道德的存在物，人所追求的道德上的善，本质上是社会成员共同享有的善、共同的善。任何个人的道德发展都必须与其他社会成员的道德发展相一致。个人与他人是相互依存的，离开他人和社会，个人不可能有幸福。在追求共同的善的过程中，每个人之间都应该相互帮助。格林对自由做了新的解释，认为对于个人来说，自由并不仅仅意味着不受拘束，不仅仅意味着喜欢干什么就干什么，而是"积极的力量或能力"。这就是要积极主动地发挥自由的能力，为共同的善。格林是古典自由主义过渡到新自由主义的论者。他是 19 世纪末著名的英国政治思想家，牛津大学教授，主要著作有《伦理学绪论》和《政治义务原理讲演录》。他的主要贡献是论证了共同利益的存在，论证了"积极国家和积极自由"。而原子论的人权论着眼的主要是个人的权利主体性。

二　路径：修、齐、治、平与竞争、契约

在自由与道德范畴内谈"路径"问题，钱穆坚持认为中国儒家思想中早有对此问题的合理解决，此即群体人生的"大道"之路。他指出："穆勒说，'个人自由应以不侵犯别人自由为限界'，若用中国观念来纠正，应该说：'个人只有在投入历史文化群体的长期人生之动进的大道中，而始获得其自由。离却群体长期人生之大道的动进，别无个人自由可

---

①　哈佛燕京学社、三联书店主编：《儒家与自由主义》，生活·读书·新知三联书店 2001 年版，第 204 页。

言。'因此智识只在获得真理，而不在获得权力。"① 说在群体中获得自由，实质上说的是道德自由——为仁由己的自由。而这一道德自由的路径则是早期儒家就强调的心性修养，并在其持续的人文演进中形成了修身的传统；这是在儒家"仁"为核心的关系思维起点上形成的精神传统。

我们首先要看到的是，儒家对个体在精神境界上能提升自我、改进自我，是有着极强的信念的。孔子的"为仁由己"即充满了对道德个体的极强信念。而如果说孟子的性善论是一种先验论，倒不如说孟子对人具有这种善之潜能持坚定信心。孟旦就极具洞察力地指出："当孟子讲'性善'时，他指的是人出生（'性'这一概念强调'生'的意义）时的潜能，而不是每个成年人的普遍特征。'善'指的是在适宜的环境下，人将会合乎预期地或者合乎习惯准则地去行事。"② 潜能需要后天的适宜环境，这其实是一种条件论前提，然而一旦符合这一条件，人们就自然会以习惯准则行事，善的潜能便成为一明显的善的普遍特征。这是孟子对人的善性的信念，就是这一信念持续地影响了中国人的思维方式。安乐哲颇有见地地指出：孔子"所要强调的是通过一个人的自我修养，他就有机会从一个不成熟的人变成一个'大人'、'善人'。这种个人修养的事业是通过在家庭和社会的日常角色发展各种各样的联系来追求和实现的。这种成长是由近及远的。"③ 另一位资深著名汉学家史华慈似乎感触更深，他如此说道：

　　　　从一个深切关心近代西方问题的西方人底观点来看，儒家思想的历史中有两个主题，对我而言，最有兴味。第一个主题是：儒家对于每个人（至少是一些人——那些出于"创造的少数人"）均具有道德上与精神上自我改进之内在能力的信念。④

正是儒家这种对人能"变化气质"（宋明理学对此有极其深刻而系统

---

① 钱穆：《文化学大义》，九州出版社 2011 年版，第 109 页。

② ［美］孟旦：《早期中国"人"的观念》，丁栋译，北京大学出版社 2009 年版，第 200 页注。

③ ［美］安乐哲：《和而不同：中西哲学的会通》，温海明等译，北京大学出版社 2009 年版，第 138 页。

④ 周阳山主编：《中国文化的危机与展望——文化传统的重建》，台湾时报文化出版事业有限公司 1982 年版，第 420 页。

的论述）从而提升自我品质的信念，造就了中国的圣贤文化。作为海外中西比较哲学的领军人物，安乐哲也十分清楚地意识到这一点，他指出了孔子"所要强调的是通过一个人的自我修养，他就有机会从一个不成熟的人变成一个'大人'、'善人'。这种个人修养的事业是通过在家庭和社会的日常角色中发展各种各样的联系来追求和实现的"①。安乐哲洞见了"个人修养事业"，与"家庭和社会的日常角色中发展各种各样的联系"这样一种儒家的关系式个体之成长，而这种关系式道德个体正是本章所要强调的核心所在。

即便是自身的"反省"式内在修养，也仍要基于某些道德关系，如孟旦就深刻地揭示了"内察基于'恕'"②这一内外关联的道德关系。孟旦还特别注意到反省性内在修养中的"诚意"，是如何的重要；他对儒家"诚意"首在避免"自欺"的理解十分到位："在儒家思想中，反省性的自察有三个目的。第一，它使个体避免自欺，实现'诚意'——它可使人们避免错误地认为他的外在行为（可能只是假象）和他的真实感觉之间的矛盾。美好生活的其中一个特点是精神平和，而自察就是达到平和的一个步骤。'内省不疚，夫何忧何惧？'第二，自察可以帮助一个人'了解他的真正本性'（'知性'）。其三，所有人会对同一情境——如食物匮乏或缺乏完成家庭责任的机会——做出相同的反应，在这一方面，人是平等的；同样，人也会因对待别人的某些方式——如欺骗、尊敬、诚实等——产生相同的反应。那么，为了知道如何对待他人，一个人必须内省，尽力理解他自己在类似情境中的感受。他能够从自己对他人的反应中做出概括，并依此而行。"③一个真正做到诚意而不自欺的人，才能明辨是非。所以孟旦总结说：修身的目的是激发心灵的先天能力以辨明是非，并发展出一种将正当性置于考虑首位的态度；孔子倡导的道德修养正是为了实现这一发展。当知，这一发展的目标则在社会的整体和谐，这是我们后面要论述到的。无论如何，内在反省与外在楷模效法，都只是道德个体的过程中的方式与路径——实现整体和谐的个体路径。毕竟，对儒家而言，整体

①　［美］安乐哲：《和而不同：中西哲学的会通》，北京大学出版社2009年版，第138页。
②　［美］孟旦：《早期中国"人"的观念》，北京大学出版社2009年版，第96页。
③　同上书，第102—103页。

才是目标所在。

从方式与路径上，我们再来看看西方的契约。正如儒家的"修身"本身并不是目标，而只是治国、平天下的一个逻辑起点；西方原子式个体基础上的"契约"也是其自由主义体系中的起点方式而不是目标。

对此，钱穆倒是相当尖锐地指出了：

> 西方国家之所谓自由，此实来自法律，人人当在法律之下有其自由。而西方法律精神大体来自经济，所谓权利、义务，皆从经济著眼。①

钱穆看到了西方基于法律的自由，更为深层的精神内核是着眼于经济基础的权利与义务。而罗尔斯则从这一西方文明中权利、义务的核心，推论出所谓原初契约的目标即公平正义。而现代新儒家第三代的代表人物杜维明，则在与陈名的"儒家与自由主义"对话中，极富洞察力地指出："自由主义限制是来自它的逻辑起点，这个起点就是契约论。"② 而当代伦理学家何怀宏，则通过对卢梭的深入研究给出了自己的确定答案，他认为人类从自然状态向社会状态的过渡，就意味着一种个体主义的出发点："卢梭在阐述这种社会契约的订立时仍然是以个体主义为原则的，他认为约定之所以成为义务，只是因为它们是相互的，即在进行这些约定时，人们在为别人效劳时也在为自己效劳，他在为全体投票时想到只是他自己，这就证明了权利平等，义务平等及其所产生的正义概念，乃是出于每个人对自己的偏私，因而也就是出于人的天性。正义是出自偏私，公平是源于自利。正是因为人们都坚持自己的利益要求，才有必要提出正义和公平的问题，这正是正义和公平区别于仁爱和自我牺牲之德性的特色。"③ 何怀宏似乎提示了中西思想的区别：中国儒家的个体正是以仁爱和自我融于集体的德性为特征的。

杜维明则以为仍有必要看看韦伯是如何从"现代性"入手而揭示西

---

① 钱穆：《讲堂遗录》（一），九州出版社 2011 年版，第 146 页。
② 哈佛燕京学社、三联书店主编：《儒家与自由主义》，生活·读书·新知三联书店 2001年版，第 68 页。
③ 何怀宏：《契约伦理与社会正义》，中国人民大学出版社 1993 年版，第 77 页。

方现代社会各种自由理念的，他认为正是韦伯发现了形式主义的法律体系、竞争机制为主的自由市场经济、可计量化的社会民主政治体系，乃至以个人、法权为基础的公民社会。这从总体上，可概之为竞争基础上的契约原则。这也正是哈耶克自由理念的核心之处。而无论如何，洛克则是对西方契约理论有更大贡献的人物，洛克是用自然法理论来支持原初契约的（康德则用的是纯粹理性的正当原则），极为重要的是："洛克把财产权、同意、契约和有限政府的起源与约束等各种观念，整合为一个吸引人的综合性哲学。"①

溯源而上，柏拉图和亚里士多德都提到过古希腊诡辩家曾阐述过社会契约理论；又如伯里克利也赞扬古希腊城邦将其公民平等地置于一部法律之下，从而赋予他们以自由；哈耶克则极称西塞罗为古典自由主义的主要先驱者，因为他捍卫自然法，象征罗马传统中的个人主义阶段；伊壁鸠鲁谈到过正义是由契约、约定而来，人们之所以订立契约都是为了相互的利益和互不伤害；荷兰人格劳秀斯也以自然法辩护者的面目出现。但此类理念要待近代洛克等人的出现，才谈得上系统的自由个体思想。

钱穆则推出了颇具文化传统特色的两个范畴：一是信托式的，二是契约式的，他仍是从中西对比入手的："西方近代一面有宗教超然于政治之外，其社会意识，又常抱一种不信任政府时时欲加以监督之意态，此可谓之契约性的政权。中国则自来并无与政治对立之宗教，社会对政府又常抱一种尊崇心理，圣君贤相，常为中国社会上一种普遍希望，因此中国政权，乃是信托式的，而非契约式的。"② 须知，"信托式"正是建立在道德诚信基础之上的——无诚信则无任何"信托"形式的出现；这恰恰是中国文化的特色所在，其深层是"道德个体"之儒家文化。"父母官"的民众仰望，不正是这一文化造成的吗？而西方的"契约式"政治文化，则是钱穆曾直接言中过的。

钱穆已然洞见自由主义的契约个体理论，正适应了近代自由资本主义时期资产阶级的要求经济自由、竞争自由和契约自由的需要。事实上，西

① ［美］拉齐恩等：《哈耶克与古典自由主义》，秋风译，贵州人民出版社2003年版，第85页。

② 钱穆：《国史新论》，生活·读书·新知三联书店2001年版，第256页。

方近代出台的古典自由主义思想的核心，就是要维护和发展早期资本主义时期的个人自由和权利。在理论上，洛克等人的此类思想，当然也构成了古典自由主义的精髓。

三　目标:整体和谐与独立平等

中国几千年的农业文明，孕育出了儒家对天时地利人和，即人天、人地、人际关系的整体协调的直觉，并在长久追求协调的行为模式中形成了自己的整体和谐之价值取向。对此，钱穆实深有觉悟:"中国的知识对象与理想生活，很早便集中到人文整体之共同目标上。一切知识，成为甲级一知识之分支。一切发展，成为此一发展之阶梯。一切追求，成为此一追求之工具。成一诗人，一音乐家，只是自己个性伸展，那只是整体之一角落。只有向社会全体服务，才是人生最高天职，于是形成中国知识界之上倾性而热心政治。热心政治未必是中国知识界之堕落与羞耻。"[①] 十分明显的是，钱穆的思维取向已聚焦于"人文整体之共同目标"上，个体服务于整体在中国文化中是"天职"，以儒家的价值观，这一天职是不能替代的，于是就出现了大家拥向政治仕途的文化价值取向。当然，钱穆以为这也并非坏事。此中"阶梯"说、"工具"说，都已出现，明确得很，个体是为整体目标服务的，是整体的环节。然以钱穆一以贯之地对中国文化的深爱，他则是过于理想地看到了中国传统文化中个体与整体的统一:"余曾论中国民族重群居，但绝不妨碍其个人特立独行之抒展。又论中国民族重视人生之普通面，但亦绝不妨碍有其个体超卓之表现。"[②] 中国文化若达到如此高境界的个体与整体之和谐统一，当无任何遗憾而亦无须调整之。其实，一种历史文化在不同之阶段对个体整体的偏轻偏重，亦属自然;其在中国传统文化中，亦有所体现。如魏晋时期及晚明思想界对个体的那种张扬，就是一种鲜明的反向的思潮。但在整体目标上，中国传统文化仍是以儒家文化为主导的。

显然，本节所指"目标"，当然是指价值取向。对儒家而言，其治政

---

① 钱穆:《国史新论》，生活·读书·新知三联书店 2001 年版，第 134—135 页。

② 钱穆:《晚学盲言》(上)，广西师范大学出版社 2004 年版，第 337 页。

目标为天下太平，而从哲学理念上说就是整体和谐，而用社会学术语说，就是社会协调。孟旦说："早期儒家对于自我与他者的统一有许多不同的论述，而这个问题涉及人如何用固有的评价之心来指导其固有的社会本性。"① 显然，这里所说的"评价之心来指导"，就是一种目标性的价值取向，而这一取向正是儒家的"社会本性"而非什么个体的独立自主之类。安乐哲就十分具体地指明了儒家之礼既是个人的，又是公共的：

> 礼是个人完善的过程，这种完善表现为一种养成的性情、一种态度、一种姿势、一种特征、一种身份。礼涵衍了一组同词根的概念：合适、适当、得体、"成为自己的"，因而它必定是个人化的行为，显示了某人对于自己和他的社群的价值。礼既是个人的、又是公共的话语，一个人通过它从品质上将他自己确立起来，显示为一个独特的个体，一个完整的人。重要的是，这里没有休止……礼由个人精致地实行的，是由学习而产生的各种样式的敬。它们是表现价值的生活方式，这些方式吸引人们去仿效，鼓舞人们作出具有宗教性的奉献，从而培养产生繁荣昌盛的社群所必需的认同感。②

安乐哲极欲表达其对儒家能将个体、整体高度统一起来的一种诉求，因而在他眼中，儒家不仅能培养出完善的个体，而且同时还能张扬这一个体对社群的价值。

孟旦则通过对早期儒家圣贤文化的深入考察而得出了中国固有的"效法楷模"之模式，他深刻地认识到："中国的学习理论预设了一个前提：人生而有学习榜样的能力。这种学习可以在无意识状态下，通过对身边的人的无心效仿而发生；因此，选择一个好邻居至关重要。这种学习也可以在有意识的状态下，通过刻意效法老师、士大夫及先祖的态度和行为而发生。……对儒家而言，对楷模的效法并不仅仅是学习方法的一种：它更是迄今最有效的一种，他可以通过树立正面榜样，向百姓灌输任何道德

---

① ［美］孟旦：《早期中国"人"的观念》，丁栋译，北京大学出版社 2009 年版，第175 页。

② ［美］安乐哲：《和而不同：中西哲学的会通》，温海明等译，北京大学出版社 2009 年版，第182—183 页。

行为。早期中国的政治论著背后总有这么一条假设。……楷模理论的最后一个要素是这样一个信仰：人的行为目的不应该是为了获得物质财富，而应该是成为表率，即，他先天的评价之心和社会倾向得以实现。'君子'和'圣人'是这些楷模的两个称呼：他们应该被授以官职，并成为万民表率。"① 孟旦甚至考察了墨家的"尚贤"理念，他对中国思想中的楷模效法模式的揭示，传达出了中国思想中整体和谐的根本目标。当然在中国思想的话语系统中，他所谓的这一"效法"模式，早有中国传统的"熏陶"理念可对应并替代之，此不赘言。

　　有意思的是芬格莱特用了韦伯熟悉而喜用的"奇里斯玛"这一具有宗教意味的概念，来论述孔子所言的君子品质。韦伯的定义是："个体人格的某种品质，这种品质把他和普通人分开，被认为赋有超自然的、超人类的，或至少具有超乎寻常的力量。"② 将其与孔子的人格概念比较，芬格莱特说道："韦伯强调说，奇里斯玛的独特魅力是在正式的规则、法律或逻辑的原则、官僚系统的或传统的权威之外发挥作用……然而，对孔子来说，君子之德的整个关键，其基础、意义和合法性，均起源于这样的事实：对于人类社群的各种传统的合法形式来说，君子最完善地塑造了他的性格、举止和品行。君子不是一个凌驾于大众之上和大众对立的孤独个体。当他的生命与一个社群有机地融为一体时，他的完善才能够存在。"③ 可见，芬格莱特也是将儒家的个体与整体（社群）勾连在一起来考量儒家的，这与西方原子式"孤独个体"是有着显著差别的，芬格莱特着意强调了君子必须"与一个社群有机地融为一体时，他的完善才能够存在"。前述安乐哲的思路，也曾说到他坚信儒家之礼作为个人完善的过程，必须显示为个体对他的社群的价值。让人深感兴味的是安乐哲甚至深入到近年中国考古发掘的郭店楚简与长沙马王堆帛书《五行篇》等文献中，并极有眼光地指出："郭店文献提倡的正是这种作为协同创造的繁衍性和谐。在《五行篇》中社群个体之修'德'作为体现于'行'的内

---

　　① ［美］孟旦：《早期中国"人"的观念》，丁栋译，北京大学出版社 2009 年版，第 103—104 页。

　　② ［美］赫伯特·芬格莱特：《孔子：即凡而圣》，彭国翔译，江苏人民出版社 2002 年版，第 157 页。

　　③ 同上书，第 157—158 页。

（心）的鉴赏习惯被描述为'和'。"①"《五行篇》的主要贡献就在于把合适的行为理解为群体中个人的成长。"② 这再一次重申了儒家的道德个体是如何联结于群体。须知，"社群"已然成为国际学界的一个热门话题，一些有造诣于儒学的汉学家尤其热衷于此，此不赘言。不过，西方近年兴起的"社群主义"思潮对我们探讨儒家思想无疑是一个颇有启发的切入口，话语系统并不能阻碍富有启示意义的思路之对接。况且中西思想是可以也有必要加以比较的。

钱穆与梁漱溟分别以"个人主义"、"个人本位"来分辨中西文化之目标取向。钱穆以为中西双方之个体都可称为"个人主义"，因个人实乃群体之本；使无个人，何得有群？但他极称："中国与西方之个人主义乃大有分别。西方偏重物质方面，故其所谓个人，乃以'身体'为本。中国偏重精神方面，故其所谓个人，乃以'心性'为本。此乃其大别所在。"③ 然而这一说法中我们仍未能看出中国文化中个体目标取向所在。故钱穆又言："故中国人不称个人，而称为'己'。乃谓一切道义责任全在'己'。故'为己之道'、'为己之学'，实即中国之个人主义。"④ 这就是最为典型的中国文化的"道德个体"，而道德个体的目标取向理所当然地是"道义责任"；儒家的"为己之学"，实质上就其目标取向看则在整体和谐。钱穆以此来纠正穆勒的自由观，他以批评的口吻说："穆勒说'个人自由应以不侵犯别人自由为限界'，若用中国观念来纠正，应该说：'个人只有在投入历史文化群体的长期人生之动进的大道中，而始获得其自由。离却群体长期人生之大道的动进，别无个人自由可言'。"⑤ 此话虽有人文演进观的逻辑进路，却纯然是一种将个体置于群体之中的道德和谐之价值取向。钱穆深信中国文化的价值取向及其功能就在整体的"融和与协调"，这种历史文化的演进是仁性道德文化之演进；相比而言，西方文化的演进就成为"强力"而"刚性"的演进了。钱穆如此说道："西方

---

① ［美］安乐哲：《和而不同：中西哲学的会通》，温海明等译，北京大学出版社2009年版，第32页。

② 同上书，第85页。

③ 钱穆：《文化学大义》，九州出版社2011年版，第171页。

④ 同上。

⑤ 同上书，第109页。

民主政治的基本理论，一向重在个人之自由与平等，不重在群性之融和与协调；也仍可说是一种刚性的，强力的。"而"刚性的历史演进，显白言之，只是一种强力争取的程度逐步趋向于激烈"。① 钱穆当然反对这样一种趋于激烈矛盾斗争的"刚性"演进，所以他会说："就中西文化大体作一比较，似乎在西方文化中，'冲突性'更大。在中国文化中，则'调和力'更强。"② 梁漱溟也认为："近世以讫于今的资本主义社会，正是以个人为本位的社会；凡事人自为谋，各顾其私。"③ 然"各顾其私"则须有约束，否则社会的正常运行成为不可能。所以，恰恰是这个约束使西方的个体成为契约个体。西方的契约个体，其契约作为个体的社会生存方式，本然地要求独立与平等，此固然亦有某种道德关系深存其内，这正如徐向东所言："像许多自由主义的道德一样，契约主义主要是按照一种负面的方式来设想道德。"④ 笔者以为所谓负面即指个体与个体之间的最低相容度而言。但重要的是，契约式个体，契约诚然只是一种达到目标的取径（处人处事的根本方法）而已，其最终的价值取向——目标还在公平正义，对现代自由主义者罗尔斯尤其如此。徐向东近年的研究对此有较到位的论述，他指出："确切地说，罗尔斯希望利用社会契约作为一种假设的理论设施来'推出'他的正义原则，并进一步利用那个社会正义的观念作为评价基本的社会结构在分配上的标准。不过，罗尔斯的领先的思想路线仍然沿袭了康德的传统，不仅因为在方法论上他与康德有诸多相似之处，也不仅因为他的理念的一个本质部分是一种很纯粹的平等主义的自由主义，而且也因为他自己认为他的理论体现了康德伦理学的基本原则。……对罗尔斯来说，社会必须被设想为人与人之间的一种合作体制。他的正义理论的目的就是要寻求一个正义的概念来充当一种指南，告诉我们为了实现自由和平等的价值，我们应该如何组织和安排社会的基本机构。社会正义问题的出现，是因为社会成员对社会合作所产生的利益持有竞争的主张。凡是在没有利益冲突的地方，也就没有社会正义的问题可

---

① 钱穆：《世界局势与中国文化》，九州出版社 2011 年版，第 4 页。
② 钱穆：《中国文化精神》，九州出版社 2011 年版，第 65 页。
③ 梁漱溟：《中国——理性之国》，见《梁漱溟全集》第四卷，山东人民出版社 2005 年版，第 296 页。
④ 徐向东：《自由主义、社会契约与政治辩护》，北京大学出版社 2005 年版，第 230 页。

言。罗尔斯之所以被激发起来使用契约论的设施来探究社会正义问题，就像在前面的讨论中我们已经看到的那样，是因为设定社会契约的目的就是要对冲突的要求达到一个合理的解决。"① 这里说得再明白不过了，契约方式（"设施"）的目的只是为了人与人合作体制下的公平与正义，方式与目标（取向）是决然分明的。

　　其实，连自由主义保守阵营的哈耶克也认为，契约方式这一问题十分重要，但原子论式的个人主义很难成立。他试图从一种新的文明成长之角度来论证问题，他认为在过去，使文明能够成长壮大的正是人们对市场的非人为力量的服从，没有这种服从，文明就不可能得到发展；正是通过这种服从，我们才能够每天协力铸造某种比我们当中的任何人所能充分了解的还要伟大的东西。哈耶克对社会与个人的关系的认识是非常复杂的，构成了其思想的深刻基础。不可单向而论其得失利弊。一方面，他认为，习惯、习俗和服从是人类社会与文明的真正起源，这正是对保守主义的重传统、重习惯特征的新阐发；另一方面，又认为人类不能完全地认识社会的奥秘与规则，这就断定了社会发展包括经济发展是自我运行的，是不可能按照人们确定的经济计划来运行的，这就在更深的层次上支持了古典自由主义关于市场有一只看不见的手的契约理论。这是对古典自由主义的新论证和新发展。作为个人来说，要遵守社会运行的规则；但在规则内，又须不断地探索，去自由地探索，从而寻找实现个体目标的机会。文明由此而持续地进展。由此可见哈耶克自由主义特点之一斑。

---

① 徐向东：《自由主义、社会契约与政治辩护》，北京大学出版社 2005 年版，第 75 页。

第十九章　结语:若干问题的反思

本书至此,笔者已努力让读者顺理路地见到现代新儒家们面对现代化潮流,所作出的种种反思与复兴中华民族之思想方案。这一反思,可用钱穆的话来做代表:

> 中国处在一百年来世界潮流之大翻大滚之下,自己历史,自难免也要迈进新路程……昧失了自己传统的历史观,不再看重人心天理,与夫人文本位之一切道义,而只在别人家的势利上着眼。①

这里所言"势利"二字,乃钱穆的独特用意所在。因在他的观念深处从未放弃过这一看法:"中国文化精神偏尚理,西方文化精神偏尚势。"② 尚理者,看重"人心天理",而"理是人文之理,心是人文之心"③。实际上,在钱穆看来,"尚势"的西方文化只是在这百多年来占了上风,而要从长久看,则未必。这到底是一种以《周易》"可大可久"为基础的历史眼光,当然,也是钱氏认为中国传统文化以价值取向的人文演进观所致。必须指出的是,此种观念在新儒家中极具代表性;因此新儒家们的目标十分明确,就是要复兴以儒家为代表的中国文化。

一　如何看待新儒家的复兴中国文化

如何看待现代新儒家们民族复兴之梦想?梁漱溟说得很简洁:"要知

---

① 钱穆:《历史与文化论丛》,台湾东大图书公司1985年版,第62页。
② 同上书,第59页。
③ 同上书,第61页。

道，一个民族的复兴，没有旁的法子，只有竭力发挥他固有的长处，否则
非自趋灭亡不可。"① 认识长处，发挥长处，由认识到位，到发挥出来，
这是民族复兴的前提条件。可是并不能不知短处而避其短处，而是要在发
挥长处时自然弥补短处。这是梁氏的辩证。他一直强调中国的问题要靠中
国特色来解决，要真正调动出自己的内劲："中国民族的复兴，诚然是要
发挥他固有的长处，而固有的长处在那里？千真万确地要从孔子那里找，
没有法子急，没有法子快！同时再告诉大家一句话：中国人就得起中国
劲，中国人不能起外国劲；中国人不会起外国劲；有些中国人想要起外国
劲，是起不来的。"② 此话既恳切，又极富号召力。但实际是有深刻的逻
辑基础的，这个逻辑基础就在他面对复兴而一生都在追寻的"问题"意
识上。梁漱溟将最重要的问题归结为"文化上极严重的失调"，他斩钉截
铁地说："我们的问题在那里？我们的问题就在文化上极严重的失调。我
愿明告国人：若没有对整个文化问题先有其根本见解，则政治问题的主张
是无根的。……要对整个文化问题有全盘打算，又必须把中国固有的那一
套和眼前世界上两大派文化相比较，深明其异同之故，而妙得其融通之
道。"③ 通过比较而得融通、而有对文化问题的根本见解，从而解决严重
失调的文化问题。这是民族复兴之道，也就是说民族复兴，还得借助于中
国的早熟文化，梁氏多次宣称："东方早熟学术，其将复兴有必然矣。"④
这一复兴之必然，逻辑地连接着他的人类文化分期之说："当今世界正是
近代西方创造的科学学术及其物质文明发皇极盛，临于末路转变之前夕，
人生第一问题行且过去，转入人生第二问题，从而向着人类第二期文化前
进。"⑤ 人生第一问题即物质问题，它对应着人类第一期文化。梁氏坚认
这一期文化已走到末路，而行将进入人类文化的第二期；这第二期，他虽
始终没有给出一个明确的日子，但他坚信这就是中国民族的崛起之日、中

---

① 梁漱溟：《我们当前的民族问题》，见《梁漱溟全集》第五卷，山东人民出版社 2005 年
版，第 877 页。
② 同上。
③ 梁漱溟：《政治的根本在文化》，见《梁漱溟全集》第六卷，山东人民出版社 2005 年版，
第 705 页。
④ 梁漱溟：《东方学术概观》，见《梁漱溟全集》第七卷，山东人民出版社 2005 年版，第
364 页。
⑤ 同上。

华文化的复兴之日。他曾感触极深地发问道:中华民族"乃在近百年挫辱之后,卒有今天的复兴,不是吗?"① 然而,他的反思却仍是落在了他一以贯之的"早熟"说上:"理性早启的中国人头脑焉得不聪明耶? 一旦用其聪明于这一方面(引者按:指物质生产),那便很快地出色当行。"②意下中国当下即可跨入其所谓人类文化第二期。诚然如此。今天,改革开放30多年的中国,其巨大成就已证梁氏所言中国人会"很快地出色当行",并为全世界所瞩目。然而笔者以为,此中仍须有一通过"制度训练"而达至的制度文明构建期。梁漱溟当年未及反思制度文明建设对于中国未来文明进程之重要性,倘属自然。因其无法预见其后的生态资源与道德资源的演变状况,然这两块资源的状况,着实关系着中国未来文明演进的前景与命运。故今天,我们的反思必落实于此,才谈得上是真正之反思;笔者在本章的最后部分明确拈出"制度训练"一题,意在此处。

　　其实,面对百年来中国的现况,大多新儒家们确可说是十分坦然;此即承认科学、民主方面的短缺落后,但同时又肯认中国传统文化自有长处。如钱穆就说:"说百年来东方文化是比较落后的,我们承认,如果说中国文化根本要不得,那我们不敢苟同。"③ 钱穆的此种认识,就与其演进观并非"直线演进"有内在逻辑关联。请看他是如何将文化演进的进步视为"波浪式"前进的:

　　　　要知道文化是国家的民族的社会生活的总汇,同时也具有累积的历史的生命,可以说是立体的生活,也不妨说文化问题就是历史问题。至于文化的演进,不是直线,而是波浪形的,瞬息在变的,有继续性的。今日必比昨日进步,这种说法是极浅薄的进化论。如西方文化,在希腊、罗马文艺复兴时代曾达到波浪形的高峰,至马其顿、日耳曼族大迁移便降到波浪形的低点;中国文化在春秋、战国、汉、唐等朝代为文化最盛时期,尤以唐代文化之盛为世界之佼佼者,洎乎五

　　① 梁漱溟:《今天我们应当如何评价孔子》,见《梁漱溟全集》第七卷,山东人民出版社2005年版,第301页。
　　② 同上书,第364页。
　　③ 钱穆:《中国文化丛谈》,九州出版社2011年版,第218页。

代、南北朝、清末则渐趋于没落，直至今日是勃兴的开始。①

注意，此中钱穆有两个重要观点出台：一是批驳了浅薄的以"今日必比昨日进步"的直线进化观，二是认定今日是中国文化"勃兴的开始"。无怪钱穆常说自己是个乐观的文化论者，我们可说此乐观，一是建基于其人文演进观的逻辑上，二是建基于对中国文化复兴的必然性认识上。对钱穆来说，救治西方文化弊病给人类带来的生存危机，尤须复兴中国文化。这点我们在前面已有所论述，此不赘述。尤须提及的是，钱穆对中国文化虽乐观待之，但显然有一种急迫感，此急迫感来自对整个世界文化"激荡状态"及其前景下中国文化面临的"严重考验"，他如此看重这一考验："时至今日，世界各国均进入激荡状态之下，世界文化的出路，也面临著严重的考验。"② 但他一直坚信中华民族是有"克难精神"的优秀民族，能克服艰险，经受种种惊涛骇浪。这种自信越到晚年越坚定："在全世界各民族中，拥有最悠久的历史，因此其所经艰难困苦，亦特丰富，远非其他短演民族可比。由此养成了中国民族特有的克难精神，常能把它从惊险艰难的环境中救出。"③ 故此他将复兴中国文化作为自己之职志。

然乐观并不代表钱穆没有对自身文化的痛感与深层反思，且这一痛感不仅是在科学的落后上，更在"道德"这一中国古代曾几千年领先世界的人文精神上。故钱穆晚年在《中国的人文精神》一文中如此深重感叹："我今天讲中国的人文精神，重点就在'道德'二字，恐怕有人要说，现在中国一般人的道德并不见得比外国人高，我也颇以为然，这是由于中国文化衰落的原因。……今天的中国文化，已经衰落到极点，在世界上是没有地位，不足道的。我认为凡是我们中国人，都应当深自惕励才对。"④ 承认衰落，才要励志。但坦言"道德"的衰落，对钱穆而言实为不易。但要复兴中国文化，就必须胸怀坦荡。钱穆甚至以批判的眼光，说我们中国目前是处在一种"真空之中"。他说："事实上，今天西洋人的科学比

---

① 钱穆：《中国文化丛谈》，九州出版社 2011 年版，第 218 页。
② 同上书，第 215 页。
③ 同上书，第 173 页。
④ 同上书，第 298 页。

我们进步。我们今天可说是处在真空之中，如果不甘堕落，就要努力复兴中国文化，要复兴中国文化，就要讲人文精神，要重道德，将心比心，把别人当人看，要承认自己是个中国人。"①　其志仍在复兴中国文化，既如此，何必要怕目前这一"真空"地带的落后呢？科学甚至道德的落后，激励我们重新开始建树我们中国曾有的优秀传统中的"人文精神"。钱穆不仅志在于此，他又极富理想的看到，我们中国在未来的不久，仍要领先世界。

　　可见，新儒家们谈复兴中国文化，常是立于"世界人类的前途"而作出的，在钱穆的文献中，多有《中国文化与世界人类的前途》之类的文章出现。钱穆认为："这两百年来的西方文化向外伸展，并不是在领导世界朝那一方向走，它是在'压迫'整个世界其他民族，使得没有路好走。其他民族则都是被动，由他们驱逼，正如赶一群牛一群羊相似。或可说，这也说得并不过分吧。要之，西方文化用意更严重的是要吞并消灭这世界，让这世界只剩下白种人，只剩下西方文化。"②　如此评价，使得他得出非常严重之结论："二百年来西方文化演进，造成了今天的局面。今天的西方文化，显然已走近了末路。"③　钱穆将其病根归结为"唯物"与"斗争"；相比之下，中国文化是讲和谐绵延的，故可大可久。在这样格局之下，强调复兴中国文化乃十分自然之事。然而，"不幸中国此一百年来，经不起西方文化强有力的冲击，把自己的民族自尊心、文化自信心扫荡一空。……自己文化传统，弃之唯恐不速不尽"④。所以钱穆极度强调中华民族的伟大复兴，其前提首先就在"对'民族自尊''文化自信'有一觉悟"⑤。这对我们今天讲中国梦与中华民族伟大复兴当有启示意义。当然，文化自信首先是建立在对自身文化有深度的了解从而达成共识的基础上的，共识乃有"共业"。所以钱穆一直有"文化共业"的诉求，他以为这是中国文化复兴的重要支撑："文化是一个共业，大家来共同合作。……但今天我们的中国文化，已经到了一个支离破碎将次崩溃的时

---

① 钱穆：《中国文化丛谈》，九州出版社 2011 年版，第 301 页。
② 钱穆：《中华文化十二讲》，九州出版社 2011 年版，第 85—86 页。
③ 同上书，第 89 页。
④ 同上书，第 95 页。
⑤ 同上书，第 96 页。

候，大家反对它，看不起它，至少怀疑它，在这时候来谈复兴，我们首先能不能集中到一个大方向，虽不能有一个共同的信仰，也该有一个共同的了解。"① 深度了解自己的文化，是复兴文化的最基本前提条件。

这里，我们尤其要提示读者关注钱穆是如何为复兴中国文化而张扬孙中山三民主义的："今乃有复兴文化之号召，则以创建民国之孙中山先生之三民主义为张本。……中山先生亦曾言，民生主义即共产主义。……中山先生所倡之五权宪法，如考试权，立法权，监察权等，皆属政统，不属党统，又可知。"② 何以三民主义可救治中国？我们更给出钱穆从中国传统政制角度对孙中山作的一段极为重要的评价："近代只有孙中山先生，他懂得把中国传统政制来和西方现代政治参酌配合。他主张把中国政治上原有之考试、监察两制度，增入西方之行政、立法、司法三权，而糅合为五权宪法之理想。我们且不论此项理想是否尽善尽美，然孙中山实具有超旷之识见，融会中西，斟酌中西彼我之长，来适合国情，创制立法。在孙先生同时，乃至目前，一般人只知有西方，而抹杀了中国自己。总认为只要抄袭西方一套政制，便可尽治国平天下之大任。把中国自己固有优良传统制度全抛弃了。两两相比，自见中山先生慧眼卓识，其见解已可绵历百代，跨越辈流，不愧为这一时代之伟大人物了。"③ 这里最根本的见解在孙中山能"适合国情，创制立法"，当然还有一前提是"融会中西，斟酌中西彼我之长"。此评价可代表钱穆落后乎？先进乎？可见学术评断不可轻下。笔者以为钱氏对孙中山这一评价，今后仍可能影响学界。为什么？此中根本缘由不仅在钱穆坚认孙中山能融会中西而慧眼卓识，更在钱穆猜测孙中山亟欲确立一"新道统"来替代原来的"新法统"；钱穆反对当时国人欲以林肯倡导的民有、民治、民享口号来替代孙中山的民族、民权、民生。他极其坚定地说："或尊美、或尊苏，多主以西方传统来替代中国之旧，似已成为中国社会近代一潮流。独中山先生一人，可谓有意承接中国五千年来之旧传统。运用其自由独立之新思想，来求中西双方文化之平等。……今日国人所群相推奉者，曰科学，曰民主，亦皆承袭于西方。民

---

① 钱穆：《中国文化丛谈》，九州出版社 2011 年版，第 193—194 页。
② 钱穆：《国史新论》，生活·读书·新知三联出版社 2001 年版，第 176 页。
③ 钱穆：《中国历史研究法》，生活·读书·新知三联书店 2001 年版，第 26—27 页。

主乃法统,非道统。科学仅为手段,非目的。若谓西方道统在宗教,则又在天上,不在人间。若果谓法统之外仍该有道统,则中国之一尊西方,果将尊其政治为道统,抑将尊其宗教为道统,则岂不仍待我国人之自加论定。"① 其实在钱穆的深层意识中,中西文化若能平等观之,则旧传统不必拒新理念,道统不必拒法统;然必须坚守的原则是,道统必在法统之上,而西方的民主、科学都属法统、手段层面。

当然,必须看到的是,孙中山所言"自由",则与西方自然法学派的自由观有质的不同。孙中山明确说过:"个人不可太多自由,国家要得完全自由。"② 此乃孙先生基于其所见近代中国人已成一盘散沙,不是自由太少,而是自由太多之故。钱穆常言及于此,故其所言自由,在根本上是一种儒家观念中的道德自由。深言之,孙中山具有中国特色的五权宪法与西方的三权宪法理论也有很大不同,中山先生贯通中西、取精用宏,故能对中国近代的法治作一全新探索。诚如其所言:"余之谋中国革命,其所持主义,有因袭吾国固有之思想者,有规抚欧洲之学说事迹者,有吾所独见而所创获者。"③ 可以说,孙中山建构的一整套理论,正是在中国传统文化基础上,汲取西方宪政法治思想精华的果实。因而钱穆深感在这一特定时代条件下,孙中山的思想是极富特色的,他亟欲推介孙中山理论,正是基于其文化价值的思考。

晚年钱穆对孙中山的推崇备至,表现更甚。如 1982 年美国汉学家狄百瑞于港、台作学术交流期间,曾亲自造访钱穆,此事钱穆在给金耀基的一封信中谈到,信中他极表对狄百瑞的赞赏,其理由主要为:狄氏谓中国人亦重个人自由,唯与西方人讲自由有不同而已。对此,钱穆深以为:"近百年来之中国人惟孙中山先生一人见及此。尝谓中国人自由太多非太少,他人则全不解此意。"④ 不过,在我们看来,中国人的自由主要为一种伦理范畴的"道德自由",是"为仁由己"之自由;其实钱穆自己亦据此而言:"西方人言'自由',中国人言'由己'。"⑤ 这

---

① 钱穆:《晚学盲言》(上),广西师范大学出版社 2004 年版,第 187 页。
② 《孙中山选集》(下),人民出版社 1956 年版,第 690 页。
③ 《孙中山全集》第 7 卷,中华书局 1985 年版,第 60 页。
④ 钱穆:《素书楼余渖》,九州出版社 2011 年版,第 264 页。
⑤ 同上书,第 493 页。

已是一种清晰而透彻的对比了。深言之则更如钱穆所说："中国人之教忠教孝，即其提倡自由之最好标准矣。"① 这当然不是西方学理意义上的权利自由。

此亦正是我们要在下面将中西思想比较中的个体与整体之辩证，及将马克思自由观呈现给读者的理由之一。读者若能认真阅读，当知我们最终立场，是立足于马克思的个体整体辩证自由观的。再则，之所以有必要将"儒家的道德个体与西方契约个体"，放在下面作一深入反思，也是笔者希望借此在下一节中进行一次中、西、马思想稍微深入一些的比较。

二　"人文演进观"若干问题的辩证审察

现代新儒家们的文化观，尤其是"人文演进观"，仍存在若干问题值得我们反思。以下我们首先要特别关照的，是对个体整体关系的反思。

个体与整体的辩证及马克思自由观的重要启示

依梁漱溟对自由的界定："自由是什么？自由是国家（团体）与个人之间的界限。个人不得越出此界以妨碍团体（国家），团体不得侵入此界以妨碍个人。"② 按此界定，显然有整体、个体得其适中而两不偏废的辩证意味。果不其然，梁漱溟的这一辩证来自其对历史各阶段个体、集体观之认识："集体与个人不可偏废是很明白的。在人类历史上的各阶段正不外集体与个人更番轮转地逐渐深入地得到其应有价值之觉醒认识之一种先后层次，亦是已经证明的事。今天世界上个人主义和集体主义均未得其圆满发展。"③ 辩证仍未到位，个体整体仍未得其适中，梁漱溟对历史与当时现实的这一考察，均深觉不满。他自己倒是有个简洁而明了的三部曲提法："注意到个体生命之发抒是第一步，进而就要注意到群体生命了。在

---

① 钱穆：《素书楼余瀋》，九州出版社 2011 年版，第 523 页。

② 梁漱溟：《宪政建筑在什么上面?》，见《梁漱溟全集》第六卷，山东人民出版社 2005 年版，第 483 页。

③ 梁漱溟：《思索领悟辑录》，见《梁漱溟全集》第八卷，山东人民出版社 2005 年版，第 44 页。

注意群体时仍须顾及个体。"① 无论如何，梁漱溟关注到了这第一步的重大意义，因为没有个体生命发抒的这第一步，进入到群体生命这第二步则可能成为虚设而无法坐实；而没有前面这两步，在群体中顾及个体，更是无从下手。有了这种辩证，梁漱溟倒是很愿深入中西文化中个体与整体之自由观中一辨双方长短："团体中的个人自由，本是西洋人很大的长处，也可以说这是西洋近代替人类开出来的一个很大的道理；同时就中国社会来说，中国过去对于自由没有认识，是一种短缺。……不过现在西洋人的那种精神已有亦变化，这个变化可分两面，也可说是有两种变化：一种是对于自由的看法或解释的变化，把自由看成是团体给个人的，团体所许给个人的，而无复天赋人权的说法。一种是不像从前一样把自由看成是神圣不可商量的。"② 从"团体中的个人自由"到"团体所许给个人的"自由，当然是说整体与个体自由的辩证统一。以他的眼光，既看到了西方之长与中国之短；又极其敏感地觉察到了西方现代自由观的细微变化。据此，未来的新社会的生活，当是一种"协作共营"的生活，因而对个体整体要作进一步的辩证统一；而这个辩证统一点就落实在"互以对方为重"上。可以说，梁漱溟此处乃显露出了极高的洞察力："个人本位的权利思想，集体本位的权力思想，均属旧文化，已成过去之事。在协作共营的新社会生活中，凡相关之两方彼此都要互以对方为重，自觉者觉此，自律者律此。"③ 这里强调的是"协作共营"，有这一前提，必互以对方为重；在哲学理念上，可说是互为主体。个体与整体是辩证关联的。集体亦须让个体有尊严，以个体为主体。而显然，儒家对整体的重视及自由主义个体的重视，在梁氏看来，都将成为过去的文化特征了。而今日之"世界文化"，对此要有既"两不偏废"又"协作共营"的更到位之辩证、更圆满之发展。

　　其实，"儒家与自由主义"的讨论如果置换成"儒家道德个体与西方

　　① 梁漱溟：《思索领悟辑录》，见《梁漱溟全集》第八卷，山东人民出版社 2005 年版，第63 页。

　　② 梁漱溟：《乡村建设理论》，见《梁漱溟全集》第二卷，山东人民出版社 2005 年版，第297 页。

　　③ 梁漱溟：《中国——理性之国》，见《梁漱溟全集》第四卷，山东人民出版社 2005 年版，第 473 页。

自由主义契约个体"的探讨，显然不仅是更为具体，而且也更为对应以至逻辑化了。然而此中仍有一值得大家重视的问题是，儒家的个体视角为何不时成为被批判者，直至它被一些西方学者所逐渐理解而接受而重视后，我们才回过头来重新审视？笔者以为这其中一个重要原因当为人们确实深信儒家的个体是被置定的，而自由主义视阈中的个体则是自然形成的；从某种程度上说，前者是被理想主义道德价值取向所置定的，而后者的自然形成则在其本身为个体内在而自然的指向所形成。如果真是如此，这一差异所形成的两种不同文化的路子，就确实无法达成任何价值共识了。然而事实上，如果不立于极端立场的话，我们也许能看到双方都希望见到的个体与整体的场景与远景。当然，这里要求之于科学史的加入，考之于远古洪荒时代并与最现代的人类学与生理学结合起来。也许孟旦的思路与考察是个不小的启发：他一方面求之于古典遗产，一方面求之于现代科学；他对遗传学、生物学、心理学乃至博弈论的考察，强烈地支持了他的"互惠利他主义"① 的极有创意的论述。而他对孟子性善论的肯认，丝毫也未导致其对西方自由主义功利论的否定或替代。他如此说道："由于我所关注的是生物学理论的伦理学含义，所以我的观点突出了两种我认为与伦理学关系最为密切的思考、行动、感觉和需要的模式。一个的前现代祖先是杰洛米·边沁和约翰·斯图亚特·穆勒的功利主义；另一个的前现代祖先是孟子派的儒家。因此，我的观点显然不完全等同于那些生物学家的观点。"② 这或许确实是一种较为适中的不偏废个体整体两端的思路。就连张扬英雄主义的英国著名历史学家卡尔，也在其《历史是什么?》一书中也将其天平置于不偏废两端的中点上："社会的发展与个人的发展是齐头并进互为条件的。实际上在我们所理解的复杂社会或高级社会中，个人之间的相互依赖关系已呈现出高级的复杂的形式。"③ 尽管他也从历史演进之视角看到了："法国革命所宣称的人权和市民权是个人的权利。个人主义是 19 世纪伟大的功利主义哲学之基础。……伴随近代世界兴起而

---

① 哈佛燕京学社、三联书店主编：《儒家与自由主义》，生活·读书·新知三联书店 2001年版，第 201—211 页。

② 同上书，第 203 页。

③ ［英］E. H. 卡尔：《历史是什么?》，陈恒译，商务印书馆 2007 年版，第 120 页。

成长的个人化现象是不断进步的文明的正常进程。"① 但他毕竟以文明社会演进将出现"高级的复杂形式",而主张个人与社会发展的统一。而其指谓的高级的复杂形式,则又与前述孟旦的遗传学、生物学、心理学乃至博弈论的考察极相符合。

另一两不偏废的例子是现代新儒家中的唐君毅与美国哲学家、教育学家杜威。唐君毅坚信中国文化中包含有民主萌芽,而杜威则极力建构"社群中的个人"②。事实上,狄百瑞、安乐哲、孟旦等西方学者,都肯认唐氏与杜威的卓识。这里笔者尤其要提示读者,唐君毅对个体的理念,可谓精彩而深到:"人自身是一目的,而非通常所谓之个人主义,因人之心原是虚灵不昧,慧照及于万物,不容自限、自陷而物化;心之性又为仁,故个人原能情通万物,及于家,及于国,及于天下,及于自然世界,及于上下千古之历史文化世界。个人精神依此即能涵摄社会而有成物之志,亦可自动依其不忍之心,以成仁取义。然此成仁取义,亦并非以自己为社会之一细胞一工具,而是成物即以成就其自己。故自外而观,社会固包括个人。自内而观,个人亦涵摄社会。因而以个人自外于社会,固是罪恶。而以社会凌驾个人,亦绝不如理。何况以社会凌驾个人者,恒皆归于个人之极权专制乎!"③ 此论不仅为个体、整体两不偏废之论,亦有独特视角,即从"人自身是一目的"的康德命题出发,肯认人性为仁而情通万物,故人为目的绝非个人主义,"个人亦涵摄社会"可直接作为一唐氏命题;唐君毅更从深刻批判之视角,指斥了凌驾个人、压迫个人之极权专制主义。唐君毅同时还论及了人各有其尊严而应相敬,绝不能将人视为手段工具之类。此中,同情的理解与深入的批判,似熔于一炉。而钱穆以中国文化的价值取向对个体之独立自由平等的理解,其前提则是将个体置于整体之中:"中国人认为人应该在'人群'中做一人。从事实看,没有人不是在人群中做人的,每一人都不能脱离社会。此一事实,似乎是无可怀疑,无可争论。但如我们今天都要讲独立,试问怎么独立呢?还是脱离人群而独立,抑还是在人群中独立呢?那就有问题了。又如何讲自由,是在人群里自由,抑是脱离

① [英] E. H. 卡尔:《历史是什么?》,陈恒译,商务印书馆 2007 年版,第 121 页。
② [美] 安乐哲:《和而不同:中西哲学的会通》,温海明等译,北京大学出版社 2009 年版,第 99—127 页。
③ 唐君毅:《中华人文与当今世界补编》(二),广西师范大学出版社 2005 年版,第 647 页。

人群来讲自由呢？又如要讲平等，也是一样。抑是在人群中争取平等？还是怎样般的平等呢？西方自法国大革命以后，提出了'独立'、'自由'、'平等'这几个口号，人人要争取，好像成为人类最高理想，谁也不能否认。但那些实际上都是要在人群中来争取。"① 事实上，在人群中做人，这本不成为问题。西方文化中所讲独立自由平等，逻辑上当然是立于人群概念上的，思维取向则偏于个体人格，是从个体人格要得到尊重这一角度上讲"独立"之价值的。而自由，显然从来就没有绝对自由；相对自由则有人群中的人我之分。说平等，则更是要在社会群体中才有显出平等的可能性，对孤岛上的鲁滨逊就无所谓平等了。但须知，钱穆显然是立于中国文化群体大于个体这一价值取向上立论的。而西方文化对个体的倚重，也已有过之，以致在 20 世纪已达到一种极端状态，从而西方思想界有纠偏之"社群主义"思潮的出现。

真正欲客观地把握个体与整体两端，我们确有必要深入马克思、恩格斯的自由观。这一自由观在既顾及个体的出发点，又顾及整体的理想境界上，与儒家多少有些相似之处。大家知道，马克思、恩格斯能够在科学社会主义学说问世的宣言书《共产党宣言》中提出："每个人全面而自由的发展是一切人全面而自由发展的条件。"这无疑标志着马克思主义关于人的全面发展思想的初步确立。细加分析，这里有一个重要的前提条件，即"一切人全面而自由的发展"，这一最终目标的前提条件是"每个人全面而自由的发展"。显然，这里的逻辑是：没有个体就没有全体，个体是基础。足见马克思对这一问题的思维起点充分体现了古希腊原子主义传统的深刻影响。在马克思看来，自由是人的本质的复归；争取自由的过程，就是争取人的本质的复归过程，也是人的解放的过程。而共产主义的目标就是全体人类的解放，实现人类的自由。可见马克思的价值取向是集体主义的、整体主义的；这和中国儒家的价值取向是相符合的，马克思主义传入中国能很快被中国人所接受，与中国主流文化的儒家价值取向是不可分的。其实恩格斯也曾明确说社会主义制度将"给所有的人提供真正的充分的自由"，这种将最终目标指向"所有人"、"一切人"，显然是一种价值取向——是将个体自由而全面（完善人格）的发展作为一种集体目标加以促进的价值取向。

---

① 钱穆：《中国文化十二讲》，九州出版社 2011 年版，第 20 页。

其中的逻辑是：没有整体，则个体既无意义，也不可能最终实现。例如单个的棋子是没有意义的，必须把它放在棋盘中，与其他棋子发生关系，它才有自己的角色、功能与价值。在一些西方人文学者看来，马克思关于人的全面发展的实现，尤其具有深刻的古典传统渊源。

马克思的确重视活生生的个人，但同时又极其关注人生活与劳作其中的社会关系，因为任何一个个体都处于社会网络的某一个节点上，他不可能是孤立绝缘的个体。世界上不存在这样的个体。人从一生下来，直到年老，一起是处于一个具体的复杂社会环境中互动与发展的。因而马克思哲学自由观的启示还在于强调了社会对个人所能达到的强大功能——社会最高的善同时亦即个体最大限度的自我实现，以及随之而来的生活中的多样性和充实性，自我实现是人类独有的潜能实现之标志，它能使某些力量和能力得以充分地展现与发达。同时，必须指出的是：当马克思说人们自己创造自己的历史时，其内在逻辑必然地要指向人类生命活动的"自由"与"自觉"。显然，只有在人的具有自由性质的生命活动中，人才能创造自己的历史。对自由的活动而言，这里不仅牵涉到如上所述的主体性与客体性问题，也牵涉到个体性与"类特性"的问题，马克思深刻体察并高度概括说：一个种的全部特性、种的类特性就在于生命活动的性质，而人的类特性恰恰就是自由的自觉的活动。他还解释说：有意识的生命活动直接把人同动物的生命活动区别开来，正是仅仅由于这一点，人才是类的存在物。或者说，正因为人是类的存在物，人才是有意识的存在物，也就是说，他自己的生活对他来说才是对象。仅仅由于这个缘故，他的活动才是自由的活动。"有意识"构成了人的基本特性，人由此而成为类的存在物，并通过其"主体的"可对应于自然界的"丰富性"而开始其"自由的"、"自觉的"创造活动。至此，我们多少可理解马克思何以强调个体的自由与全面发展是一切人自由而全面发展的前提了。在历史唯物主义视域中，人的自由而全面的发展是社会历史发展的必然趋势，是共产主义的本质特征。然而，我们怎样才能从马克思的历史观中，看到个体与自由二者的内在关联呢？这里最为关键的是，马克思在"人们自己创造自己的历史"这一命题中，所涵括的另一内容即：人为自己所创造的一切，原是为着成全人的。但人在其生产活动中遭受了"自我异化"的过程而不得其真正的自由，人作为主体的自由本质被破坏了。从而人作为社会发展的主体之内在依据也不复存在了。

　　对马克思哲学自由观的辨析，还可从马克思关于人的自由权利是由法律规定的这一说法去把握。马克思就曾指出：法典就是人民自由的圣经。自由只能在法律范围内实现，处于现实社会中的人，其自由始终是与法律联系在一起的自由。任何一个社会角色，都要承担其角色的职责。每一角色能力范围内的自由行为并不意味着随心所欲地各行其是。对前古典自由主义思想家来说，"自由选择"给选择者带来的责任之一，是维护他人自由选择的权利。这是比自由选择本身更加重要的立场，实质上这也是自由的一大特征。许多人只知要自由，却茫然不知"责任"二字的内涵；究其实，更不知"自由"二字的内涵。法国思想家萨特有个很独特的视角：人不得不自由，不得不由他自己选择自己的人生，即使不选择也是一种选择：你选择了不选择。所以与其逃避，不如勇敢地承担起自己的命运。这是"自由意味着责任"的另一种表征。萨特还有另一存在主义视角：存在，就是不断地选择；存在，就是不断地超越现存。这也提示了我们，自由而有创造力的生命，会不断地否定（超越）自己的过去。为什么著名管理学家德鲁克要说 21 世纪是一个选择的世纪？不就因为他不仅看到了发达国家，而且包括中国在内的发展中国家的人民，都在享受各种改革成果之同时，也获得了更多的个体自由选择的空间。

　　在此，我们当有必要再度反省儒家关系式个体在历史过程中的某些负面影响。儒家学说本建构于以农为本的传统文化基础上，它造就了中国几千年的伦理社会与文化，其中有许多精华，如五常——仁、义、礼、智、信就开创了几千年灿烂的中华文明。但历史也常呈现其两面性，中国历史中就不乏将道德作为教条（如"三纲"）而强调到极端的现象；如此，必然导致压抑人性等一系列弊病的再现。君不见中国历史上曾有过多少"伪君子"现象的出现，实因一种过头的集体主义教条与口号，在压制着个体人格自由。连新儒家梁漱溟都呼吁道："自由平等，民主，并非全由外铄，而是人心本有之要求。……我所谓内力，或自力或精神力量，即指此。假若没有这一面，宪政亦岂可能！"[1] 而以此观之历史上的泛道德主

---

　　① 梁漱溟：《宪政建筑在什么上面？》，见《梁漱溟全集》第六卷，山东人民出版社 2005 年版，第 482 页。

义及道德浪漫主义，均把道德教条强调到无以复加的地步，从而抹杀了人的基本自由，泯灭了人的灵性与自由创造之本能，就几乎等同于道德蒙昧主义了。此如"大跃进"时期的一大二公，非但没有成为增加财富的聚宝盆，反酿成大饥荒，并造成了那一时期生产力的急剧萎缩。又如"文革"期间极为张扬的"狠斗私字一闪念"，连思维的自由也要连根拔除。这如何可能？又如何去做？然这种荒谬的说法，竟被人视为有宋明理学中"慎独"修身的影子。可见，一种正当的理论被夸张到极端的程度时，也将是荒诞无稽的。事实上，恐怕自有人类社会以来，没有人能够完全不思考个体自身利益问题的。首先保护自身的生存，就需要一种善于自我保护的个体"自爱"精神。（斯密正是在探究自爱的基础上探究人的"同情心"的。他一生两部重要著作，一是讲"看不见的手"的《国富论》，另一即为讲道德同情心的《道德情操论》。）佛教文献中亦有"自利利他"一语，"自利利他"亦是人性深处的一种道德原动力。而泛道德主义一方面将道德凌驾于其他社会各类规范之上，统率甚至代替其他社会规范，要求一切以此来衡量，造成实质上的对法制的极大漠视；另一方面又在统治者身上安置了无限的道德责任，视统治者为道德的化身。人治大于法治，关系大于制度，与此不无关系。然此种荒谬性竟然在历史上一再重演，这只能说明制度的重要性往往被人为地掩盖掉了。中国历史上"父母官"一说，即广大百姓将道德理想及责任寄予官吏身上的一种体现；但，历史走过的每一步都已然告知我们，与其如此，还不如让相应的法律制度来约束官吏。两权相较，后者为胜。这也证明法制社会在"常道"的人文演进中有其必然性。官员，是人民公仆；公仆的角色是为人民服务。此当为今日制度文明建设的一种指向。

为什么新自由主义会首先遭到来自西方自身的批判，这首先是因为它导致了一种个人主义的极度膨胀。必须看到，正是不受任何限制地疯狂追求个人利益，加剧了个人主义与犯罪之间的内在关联性。因而，20世纪90年代后大行其道的新自由主义，在欢呼资本主义赢得了"全球胜利"之同时，就立即遭到了来自方方面面的质疑与批判。英国的理查德·贝拉米写下了《重新思考自由主义》一书，就以具有道德内涵的自由"社群主义"思想，批判了欧洲及北美自由主义传统。近年来，"社群"、"社群社会"、"社群主义"等概念越来越频繁地出现在西方学者的理论中，美国的郝大维、安乐哲在其《先贤的民主》中就指出，以自然权利为基础的自由主义所设定的个人唯意志论概念，本质上是 18 世纪与 19 世纪经济学中"经济人"的概念；其要害在脱离社群及其社会关系来抽象地界定个人，使自我利益凌驾于人类同情心之上。他还指出了罗尔斯的自由主义理论，是将"权利"摆在"善"之上。而倡导"共同体"的思想家麦金太尔，主张回归亚里士多德的美德伦理传统，他也发起了对后罗尔斯主义新右派的自由意志论的批判。布隆克更是以"个人主义与社会死亡"为题，全面分析了个人主义如何破坏道德秩序而带来严重的社会危害。多诺休则直接提出要重建理想与道德系统，并指出只有在社会中，才能实现个人自由。文明社会的进步，越来越证明只有通过社群的联系，个人自由才是有意义的。荣格就说过："我"需要"我们"，才成其为"我"。其实在中国儒家观念中，个人"权利"都是由社会给予的，当然，中国人对个人权利的"社群主义"式的理解，旨在促进社会利益而不是个人的权利。有意思的是，亿万富翁索罗斯在《大西洋月刊》上撰文激烈批判资本主义体系，甚至在《开放社会——改革全球资本主义》一书中，对弗里德曼"市场原教旨主义"的新自由主义展开了深入的批判。近年来学界多有关于个体对社群关系的公平正义价值论述，西方学界将其置于政治哲学与伦理学交叉领域。其实，人们对政治自由主义自身也存有诸多质疑，此质疑似乎也有一个理论上的前提，如正义能否与善的考量分离开来。而这一前提中隐含的另一问题即在，权利能不能以一种不以任何特殊善观念为先决条件之方式，得到人们的认同与正当合理性证明。由此看来，这一领域中人们的争论，不仅是个体要求与社群共同体要求孰轻孰重，而更为根本的是权利与善之间的关系问题。

此中尤值一提的是桑德尔的名著《自由主义与正义的局限》，其对自由主义发起的挑战，被称为 20 世纪 90 年代的"自由主义——共同体主义"之争。看看他是如何"驳斥权利对善的优先性"的：

> 80 年代末，许多政治哲学家都从这样一个问题开始研究：这就是，正义能否与善的考量分离开来？在阿拉斯戴尔·麦金太尔、查尔斯·泰勒、迈克·沃兹尔和我自己的著作中，对当代权利取向的自由主义提出了挑战，这种挑战有时被描述为"共同体主义"对自由主

义的批判。……问题不在于权利应不应得到尊重，而在于权利能不能以一种不以任何特殊善观念为先决前提的方式，而得到人们的认同和正当合理性证明。在关于罗尔斯式自由主义的第三种争论浪潮中，人们的争论不是个体要求与共同体要求孰轻孰重，而是权利与善之间的关系问题。①

此中最后一语向我们透露的是：关于权利与善二者的关系问题，而不是个体、整体孰轻孰重的问题，其争论远未结束；就如儒家的道德个体与西方自由主义契约个体孰优孰劣之辨也不会在短期内结束一样。我们指望于远古的考溯与前沿学科对此的介入（西方当代"利他主义"结论的得出，就得益于生物学与考古学）。同时，我们要提请人们关注儒家 21 世纪的发展路向，毕竟儒家揭示了人与人之间真诚德性关系的永恒性。果如梁漱溟所说，中国的道德理性，成熟太早；而在 21 世纪的今天，它还早吗？梁、熊、钱、唐们的研究已然作答：是时候了。当然，它仍须当今中国制度文明建设的强力支撑。这正是我们稍后要展开的制度之"辨"。

中国传统文化能否产生"现代科学"之辨

中国文化能否自然生长出现代科学来，这是百年来诸多学者经常讨论到的问题，其见地、眼光及其结论之不同，可谓仁者见仁、智者见智。梁漱溟曾在其《中国文化要义》中直接而透辟地指出过，中国传统文化中"缺乏科学，其关键皆在道德之代宗教而起太早"②。而"西洋一路正是产生科学之路，中国之路恰是科学不得成就之路"③。梁氏后来在总结其《东西文化及其哲学》中对此所作的概述："大意为中国走艺术的路，玄学的路，而缺乏科学。"④ 他肯认："科学非他，就是人的精确而有系统的知识。"⑤ 故在他看来："近代以至现代之西洋学术，步步向着征服自然利

---

① [美] 桑德尔：《自由主义与正义的局限》，万俊人等译，译林出版社 2001 年版，第 225—226 页。

② 梁漱溟：《中国文化要义》，上海人民出版社 2005 年版，第 258 页。

③ 同上书，第 239 页。

④ 梁漱溟：《理性与理智之分别》，见《梁漱溟全集》第六卷，山东人民出版社 2005 年版，第 430 页。

⑤ 梁漱溟：《中国文化要义》，上海人民出版社 2005 年版，第 236 页。

用自然前进，其成果之伟异可无待言。"而可作对比的是："在中国为其人事之优胜。"① 熊十力则谓："余不承认中国古代无科学思想，但以之与希腊比较，则中国古代科学知识，或仅为少数天才之事而非一般人所共尚。"② 不过熊十力是将中国传统中的格物及开物成务这一套均纳入了科学范畴，而不像梁漱溟明确地将科学界定为"精确而有系统的知识"。依此，梁氏甚至将社会科学看成"只算得是'准科学'"③，他更以文化演进的眼光发问："中国为什么没有近代科学？从社会发展、文化演进来讲，我们开发之早，既为世界所不多见，而民族文化几千年一直绵续下来不断，尤为他方所不及……而近代的科学亦正是与资本主义的工业发达分不开的科学。所以这个问题亦就是为什么我们总淹留在封建社会而不得进于资本社会的问题。"④ 其所指"开发早"，即谓传统中国"道德代宗教"的理性早启、文化早熟；而一旦早熟，则盘旋不进，未进入"资本社会"这一阶段的历史演进，而恰恰近现代科学是对应于资本工业社会这一阶段的产物。梁氏关乎此的论述，实可清晰见出其逻辑思路。稍加深入，我们甚至能发现梁漱溟已十分细致地涉入具体的学科，来探讨科学何以没有在中国的文化土壤中发展出来。如其在《东方学术概观》中就相当明确地指出："西洋科学家有冷静地专于求知之精神，而中国人夙缺乏之。譬如《墨子》书中存有极难懂的文字四篇，渐渐发现是有关逻辑学、力学、光学等学术的，从而可见科学在古中国的萌苗而后来丧失不传。唐代输入了印度因明学，千余年来为人所冷遇。其后西洋的《辩学启蒙》译过来，数百年亦不见反应。几何学为有关形体的知识，不那样抽象，还引起一些反应，有如杜知耕《几何论约》、李子金《几何易简集》、方中通《几何约》等等著作。最可注意者即在其并不能向着抽象思路发展去，却从实用立场加以删繁撮要。"⑤ 如此深细，可见其眼界已非同寻常。此段话的

---

① 梁漱溟：《理性与理智之分别》，见《梁漱溟全集》第六卷，山东人民出版社 2005 年版，第 431 页。

② 熊十力：《十力语要初续》，上海书店出版社 2007 年版，第 51 页。

③ 梁漱溟：《中国文化要义》，上海人民出版社 2005 年版，第 237 页。

④ 梁漱溟：《读熊著各书后》，见《梁漱溟全集》第七卷，山东人民出版社 2005 年版，第 738 页。

⑤ 梁漱溟：《东方学术概观》，见《梁漱溟全集》第七卷，山东人民出版社 2005 年版，第 324 页注脚。

最后一句关乎抽象思维的总结之语，已然洞穿思维方式的痛处，并十分到位地点出中国文化中的"实用立场"；这当然要归结为综合因素造成的文化土壤问题。

钱穆也参与到这一讨论中来了，他甚至专门写下了《中国文化与科学》一文。他十分自信地认为，中国人并非没有科学之智慧，而且中国人在科学领域取得的卓越成就，也决不逊于其他民族。尤其让他自信的是："中国古人早已好像在为现代科学讲了好多的话。如开物成务、利用厚生、赞天地化育等，都不失为现代科学上最完满最崇高的宗旨。"[①] 然而"宗旨"是一种价值取向、是目的，而不是科学本身。开物成务、利用厚生等都只是为科学的产生预设了可能性而已，并不直接就是近现代意义上的科学本身。若在一文化体系中，其价值指向中有"为真理而真理"的宗旨，当更有科学发生之可能性空间。如此看来，更为重要的其实是文化土壤的适应性问题，是文化土壤能否让"科学"这株苗生长出来的问题。钱穆亦然感到了这一问题的存在，故说："中国传统文化体系中最短缺者，为近代西方之科学，但非近代西方科学与中国传统文化根本精神不相融。因此在中国传统文化之大体系里面，加进西方近代科学，只有更充实，断无大矛盾。"[②] 然而，科学文化与人文文化两者之间完全没有矛盾是不可能的，因其在思维方式上就有质的不同。钱穆对此似有感觉，但仍强调："中国文化亦非反科学，有使科学决不能在中国文化里生长之内涵性质。"[③] 此中实际上传达出的毋宁是中国文化的土壤同样内含着科学的性质。而"现代科学之正式产生，却是崭新的一事件。因此，现代科学之开始产生于西欧，此乃一种历史机运，并不当涉及文化本质问题。至于西方科学传入中国，亦已经三百年之长时间，而科学在中国，仍不生根，仍不能急起直追，突飞猛进，此亦属于历史机运，当从中国近代史求解答"[④]。看来，钱穆尚能坦承近现代科学在三百年长时间内未在中国生根，但他仍坚持科学之产生在西欧只是一种历史机运而已，与文化本质无关。言下之意，中国文化若有此"机运"，同样能产生现代科学。因此他将能

① 钱穆：《中国文化精神》，九州出版社2011年版，第163页。
② 钱穆：《文化学大义》，九州出版社2011年版，第84页。
③ 钱穆：《世界局势与中国文化》，九州出版社2011年版，第245页。
④ 同上。

否"产生"的问题，化为"新机运"问题。如其所说：

因此，此一问题，应变为下二问题：

一、如何依照中国传统文化，在科学发达，新的工商业骤兴之下，来调整中国社会。

二、中国社会应如何调整，始可使新科学有突飞猛进，新的工商业有发皇畅达之新机运。此问题主要属政治，亦可说仍是一历史机运问题，非文化本质问题。[①]

然而事实并非如此简单，笔者以为此中实有一"文化土壤"问题存在。其实钱穆本人也一直认为中国文化在特质上属一种人文取向的道德文化、艺术文化。这当然是中国文化土壤，更适宜生长出"人文"而不是"科学"这一特质的根苗。

20世纪的80年代，国内学界曾展开过一场这一问题的大讨论。不少学者倾向于认为：中国毕竟未能像西方那样，从思辨的自然哲学走向了实验、分析基础上的体系化自然科学。这其中尽管有相当复杂的各类因素，如文化土壤中的整体思维特性、对工具理性的轻视、政教合一等，从而导致中国未出现西方意义上的近代科学。而李约瑟所论古代中国科学，实乃为古代中国文化中的"技术"层面，而非有体系的理论自然科学。在这一讨论中，人们侧重于对传统的思维方式进行透析，作出了不少颇有学术价值的界说：如指出中国人思维近于综合、直观的整体方式，恰与西方注重分析的思维成一对比。其实梁漱溟早在其《中国文化要义》中一针见血地指出："中国学术史，恒以浑沦代分明。"[②] 而20世纪的80年代的这场讨论中，尤令人注目的，是金春峰先生提出的中国文化中的"月令"图式对中国古代思维方式的影响，致使中国近代自然科学不能顺利产生。他的结论是：从思维方式而言，存在"非不为也，是不能也"的问题[③]；这就将问题深入文化土壤层面了。而从哲学对科学的影响而言，金春峰则

---

①　钱穆：《世界局势与中国文化》，九州出版社2011年版，第247页。

②　梁漱溟：《中国文化要义》，上海人民出版社2005年版，第242页。

③　金春峰：《"月令"图式与中国古代思维方式的特点及其对科学、哲学的影响》，见深圳大学国学研究所编《中国文化与中国哲学》，东方出版社1986年版，第158页。

认为也存在"又不为也"的问题。① 应该说，金春峰的结论已逼近真正的答案。笔者认为，从文化土壤适宜与否的角度盾，的确存在着思维方式上更深层的原因，这就是古代中国人从根本上认为万事万物皆自然而然，人唯一该做的就是"顺其自然"，不必勉强；这种理念当然源于"天道自然"观文化基因，其所导致的"无须人为"观念的产生，在一定程度上阻碍了近现代科学的产生。从天道自然到人的顺其自然，尽管从天人合一的哲学高度上讲，有极高的智慧；但从人对自然界自身的深度探索及无穷分解上看，却无疑存在"是不能也，又不为也"的束缚。当然，中国历史上具有某种程度的科学精神者也不乏人在，但这丝毫不等于具有实质性的现代科学内涵也能产生。中国文化的特长在向人精神内部的探索达到了一定的深度，而向外的开发却不相称。所以，当西方人在穷究造化之所以然的时候，中国近现代学人就不该仅仅接续"自然如此"的思路了，连钱穆也反复强调天道自然，仍须人文逆转，从而达到真正的天人合一境界。永远停留在"自然如此"层面上，无须人文演进，当然就没有无穷分解的精神了。当然，对儒、道二家共有的自然观特别是对天人观而言，"自然而然"这一取向的思维方式在整体、有机、生态方面，又的确有其深刻的优越之处，对今日之生态文明来说，这更是自不待言的。李约瑟称理学为"有机自然主义"，不是没有理由的。

　　然而重要的是，没有经历真正深入的"解析"过程之"整体思维"，是否仅是一种原生态的自然主义的思维方式呢？正如我们所知道的，这种原生态的古老素朴自然主义思维方式，其根本特性就在"自然而成化"，无须勉强、无须干涉这样一种古素质朴的观念上。而自然科学的产生，不仅有人的"干预"，而且是具有无穷分解精神的进路与深入，故西方有些学者认为，现代科学是在"实验室"中产生的，而且是在不断试错的"试验"与理论"猜想—反驳"过程中产生的。而中国文化在"天道自然"的整体思维取向下，有时即便知晓实验、证明的意义，也难有紧追不舍的"穷追"精神，反而是强调其"不可急求"。如钱穆所言："即在自然科学中，亦时有不能遽获证明之发见。……当知学问上有此一境界，

―――――――――

① 金春峰：《"月令"图式与中国古代思维方式的特点及其对科学、哲学的影响》，见深圳大学国学研究所编《中国文化与中国哲学》，东方出版社1986年版，第158页。

惟不可急求而至。"① 显然，中国文化土壤中缺乏那种紧追不舍的连续试验与无穷分解的追究到底之精神。

质言之，现代科学的产生，乃有一系列的条件，客观的求真精神、理论的体系化、实验的精确化、解疑的实证化、逻辑的合理化、微观的解析化等等。此中，"无穷分解"实乃一种科学精神与科学方法的统一。在这一精神与方法的统一中，有体系的理论自然科学才有结成果实的可能性。故中国古代较为发达的其实应属之于技术系列，而非现代意义上的科学系列。而"技术"又实与中国文化传统中"艺术"的发达有关。钱穆对此颇具法眼地说过："中国医学亦偏艺术性。"② 其实不止医学，中国文化中的诸多门类，都极富艺术境界与精神。笔者在唐君毅与徐复观的专章中，已提到过唐氏与徐氏分别撰写的名著《中国文化的精神价值》、《中国艺术精神》二书，均见二氏深悟于此，而亟欲揭示出其内在精神。新儒家们对此多有所见。而钱穆旨在既要学习西方科学，又须保持自身传统中的艺术化，可谓两全其美。他以为："能这样，中国数千年文化演进的大目的，大理想，仍然可以继续求前进求实现。"但科学与艺术毕竟是两个不同的范畴，而"求真"与"求美"就更不是一回事。在科学发现的过程中，为追求真理而舍弃华美是常有的事。当然两者最终果实上的统一，则是有可能的。同样，求真与求善也须看成"事实"与"价值"两个不同的范畴。惜钱穆常以其价值取向替代或"大于"其事实取向，即使在他已然发现事实真相时亦依然故我。如其说："中国人对于自然科学的只向外面宇宙探究的一切工夫与方法，虽不是没有注意到，但毕竟可说是比较地忽略了。至少是不认为这些是应该最先著手的一件事。而对于用名言逻辑纯思辨的演绎与推究，中国人也不认为这是寻求知识、探究真理的一种最可凭依的正路。毋宁是看重对于人类心性之修养与实践，其发明真理到达真理之可靠性，会更重于名言思辨之探索。"③ 此中已然把中国文化在思维取向上重心性修养超过对真理的探究与方法上的逻辑推演，看得一清二楚。但几乎在他的所有相关论述中，却依然将此科学上的短处视作完全

① 钱穆：《论语新解》，生活·读书·新知三联书店 2001 年版，第 62 页。
② 钱穆：《国史新论》，生活·读书·新知三联书店 2001 年版，第 329 页。
③ 钱穆：《世界局势与中国文化》，九州出版社 2011 年版，第 120 页。

不是一回事的价值上的长处。

　　当然，钱穆亦凭其深厚学养而感悟出："当知科学便是一种精神事件，我们决不当从纯物质方面来看科学。"① 这是从科学发生论观点来看科学的。但他把问题的实质所在完全放到发生学的"机运"上看待，就有些不贴切了。当知，中国传统中的开物成务、格物致知，与西方现代科学的分解精神与试验方法，仍有质的区别。开物成务、利用厚生，落实于中国文化的民生层面；而《大学》中的"格物致知"，则主要仍是在道德层面的。王阳明干脆将格物之"格"，义解为正德之"正"。此中透露的是一种思维方式的不同，表征的则是中国文化道德文化的发达。不过钱穆到底还是看到了："我们亦得谓西方现代科学，其胜场属于自然界，其建基在数学。中国传统文化，依照上面所讲，亦当目之为是一种科学，至少乃甚接近科学，其胜场则属人文界，其建基则在'心学'。"② 然"心学"属之于人文学科，除非将其纳入"大科学"范畴，即包容自然、人文、社会科学的大科学范畴；否则，很难将中国古代哲学中的"心学"，与现代自然科学去等列。

　　钱穆早已将文化类型分为"内倾"与"外倾"型："内倾，则成为中国型，偏重政治、道德、人文一面。由此外倾，则为西欧型，偏重科学、宗教自然一面。"③ 道德人文，乃中国文化的核心所在；然这种内倾性文化土壤，到底更适应人文系列的种子之生长、发芽、结果，而并不是包罗万象地什么都能适应。如此，将我们内倾型的文化土壤，不断纳进一些新的元素，让其逐步有倾向现代自然科学生长之种种条件，就是对土壤的一种改良。这有何不当？省悟及此，相应地提高土壤中元素与养分，让适宜自然科学体系理论的精神与方法手段，两者都得到茁壮成长；那么，科学在中国文化中将有别开生面的前景。但毕竟文化土壤的问题，涉及整个社会人群的概率的意识与行为；只有当每个个体都具备充分的科学意识，并能行之有效地在文化演进、制度演进中配合前行，才会有"社会化"的文化土壤出现。实际上钱穆也见及于此，他说："中国的社会，只要西方

　　① 钱穆：《世界局势与中国文化》，九州出版社 2011 年版，第 246 页。
　　② 同上书，第 251 页。
　　③ 钱穆：《文化学大义》，九州出版社 2011 年版，第 53 页。

科学加进来，一切自会变。但问题在如何不推翻中国固有的传统。……中
国人想学西方人的新科学，历时已将超百年外，为什么总是学不上，这究
竟是什么原因呢？还是中国文化已经老了，不再有上进的希望？还是中国
文化不宜于加进西方的科学？就逼得它非全部推翻旧传统不可吗？"① 钱
穆常提类似问题，他当然是站在保护传统的立场上的。然从逻辑上，这本
身并非成一问题；因传统的延续是无声的，好的东西总在传衍着。你即使
很不喜欢传统，而你可能在日常生活中所使用的思维方式及行为方式都仍
是传统的。当然，钱穆对中国学科学"总是学不上"，归因于当时政治社
会的腐败，而完全没有言及"文化土壤"问题。但他反反复复讲的一个
话题则是中国文化是道德性的、艺术性的文化，而西方则是科学性的文
化；这已然接近问题的根本所在——即文化土壤的"性之所近"，会自然
而然地有所趋向地生什么根、发什么芽、结什么果。若认识到这一层，则
我们学科学更有入手之处。其实钱穆有时也几乎是直接触及文化土壤问题
了，如其说，文化"好像花盆里的花，要从根生起。不像花瓶里的花，
可以随便插进就得。我们的文化前途，要用我们自己内部的力量来补救。
西方新科学固然要学，可不要妨害了我们自己原有的生机。不要折损了我
们自己原有的活力"② 原来钱穆深为担忧的，还是在学别人之时而妨害
了自己原有的生机。可是，经改造后的优质土壤，当更能萌发生机，当会
让根、叶、果之生长更有活力呀！事实上，文化土壤问题是更为根本的问
题。然钱穆对中国文化之"同情的理解"，偏让他说中国文化中早有科学
传统，从而错失了探及文化土壤问题的可能性。

　　说到这里，就要逼出到底什么是"文化土壤"的问题了。就像自然
界土壤一样，既是土壤，就需要有各种元素条件来构成。而文化土壤首先
是由"人文化成"的，它既然不是宇宙自然界的既成物，则需要"人为"
因素的积成。其次，它也不是个别精英就能成功造就的，需要大概率的社
会整体力量才有构成之可能性；因"文化土壤"本身是整体性的。（其实
钱穆早已注意到中西社会文化特质的区别所在，其谓西方社会是一个以科
学、宗教特质为主的社会，而"若论我们中国的社会，我则谓只可称之

---

① 钱穆：《国史新论》，生活·读书·新知三联书店 2001 年版，第 328 页。
② 同上书，第 330 页。

曰'人文社会'"①。钱穆实在是看准了中国文化中最紧要的两个字"人文",而他反复张扬的中国文化传统"人文"价值取向,更是已逼近这一问题的核心所在。)再次,这一社会整体——国民的思维方式及思维倾向,实际上就是一种文化的精神内核,是构成"文化土壤"的最为基本之要素。也就是说,文化内核是通过国民群体的行为习性、思维方式、思想观念,自然而然地造就其文化土壤的。钱穆明明已看到:"中国思想乃多属于实际生活内心体验之一种如实报道,而且多一鳞片爪,故乃尽真尽实。"② 然尽真尽实,未必尽详尽微从而达至微观层次;而科学的一大要素,即在能入微而达到微观层次,且能无穷分解。而中国文化之能事,则在整体辩证,中医一项足可证此。中国文化人喜言"浑然一体"、"全体大用"、"变动不居",从而保留了其对宇宙整体之不分解态度与思维倾向。钱穆早已从中医学术中洞见此中关键:"西医主分别,重其外。中医则主通体合治,重其内。"③ 正是据于这一整体感,中国人的思维又多依赖观照性直觉,这点,唐君毅曾十分精到地指出过:"中国之科学技术之发明,亦多赖观照性的直觉,而较少计划性的实验为之证明。"④ 钱穆诚然亦见及于此:"在中国传统思想中亦无专一讨究宇宙论之圆密著作。但中国人对宇宙,实有一共同信仰,即信仰此宇宙乃一整全全。所谓整全体者,乃指其浑然不可分割言。"⑤ 既无微观层次的无穷分解,又无宏观层次的"圆密"体系,当然就在一定程度上缺失了科学所需的两大基本要素。

而中国文化视浑然一体的"整全"体为不可分割,还有思维上的另一依据,这就是对"天"亦即对宇宙的不可知论。钱穆说得很到位:"道家思想亦常保留此一不可知。庄子只在'化'上求知,老子只在'象'上求知,象是化之有轨迹可寻者。庄老亦似并不认天为可知。""《中庸》、《易传》同样保留此一不可知。"⑥ 这就确实证明了笔者前述"是不能也"

① 钱穆:《中国文化精神》,九州出版社 2011 年版,第 198 页。
② 钱穆:《世界局势与中国文化》,九州出版社 2011 年版,第 92 页。
③ 钱穆:《晚学盲言》(下),广西师范大学出版社 2004 年版,第 480 页。
④ 唐君毅:《生命存在与心灵境界》,见刘梦溪主编"中国现代学术经典"《唐君毅卷》,河北教育出版社 1996 年版,第 906 页。
⑤ 钱穆:《世界局势与中国文化》,九州出版社 2011 年版,第 91 页。
⑥ 同上。

与"又不为也"的二者合并因素。其"是不能也"，是由于思维方式信仰宇宙本体浑然一体而不可分；而"又不为也"，是由于有了这一信仰而不去作无穷分解的具体之"为"了。此又如钱穆所言："中国传统思想，既信宇宙乃属浑然一体，故不喜再作现象与本体之分别。"[①]这，终于导致传统中国文化没有酿造出近现代科学的土壤。综言之，这一土壤问题，涉猎面极广，而我们这里则主要针对从科学求真之客观精神到科学分解思维之于体系建构，再到方法手段之于不断设问与不断试验的问题。钱穆诚然也看到："只有科学精神，较与其文化整体更有深密之关系，为其他文化体系急切所不易获得。"[②]这里不仅触及了"文化整体"与科学精神的内在关系，实际上也就是文化土壤问题；更谈到了科学精神并不是急切间可为其他文化体系能获得的问题，这同样是土壤问题。但在钱穆更为根本的文化理念中，这一科学精神"不易获得"的想法却被冲淡了。他的这一根本理念，就是始终将中国文化传统置于"至正"之路，从而始终置于一种高度的人价值取向上来褒扬："中国文化传统，则走了一条大中至正之路。"[③]有了这样一条大中至正之路，中国文化当然会始终立于不败之地，何谈容纳科学之类的事。在钱穆看来，西方的科学文化不过是一种"工具文化"、"手段文化"而已，在"大中至正"的中国文化面前，它们至多是被容纳者，我们的大中至正的价值取向完全可容纳这种工具文化，钱穆言之凿凿："今人则重视科学，科学既非自然，亦非人生。实乃人生中一工具，一手段。故余称西方文化为'工具文化'，'手段文化'。"[④]钱穆此说，从另一视角看，则为人大于真理之说；因科学真理只是服务于人的一工具手段而已。然西方科学文化中，真理本身亦为目的，故有"为真理而真理"的求真精神出现，而决不仅仅是工具手段而已；甚或和人大于真理的思维取向相反——真理大于人。而在钱穆的价值替代或"大于"事实取向的思维中，显然是将西方那种工具手段式科学文化纳入我们的文化价值系统中，来为我所用。所以看得出其"中体西用"的思维模式之影响。钱穆倒是很自然地据此得出如下结论："我想西方人

---

① 钱穆：《世界局势与中国文化》，九州出版社 2011 年版，第 92 页。
② 钱穆：《中国文化精神》，九州出版社 2011 年版，第 97 页。
③ 同上书，第 148 页。
④ 钱穆：《世界局势与中国文化》，九州出版社 2011 年版，第 328 页。

的科学，只有得到中国文化来运用，才能无毛病。"① 然我们此处倒是可用钱穆的天人合一观，来反观百年来我们有过多少对科学运用的不合理现象以及社会发展的不可持续现象的发生，再来参照钱氏的"科学只有得到中国文化来运用才能无毛病"一说，就可知其全然是个人的价值断语，而非历史事实之评判。故笔者在此则以为，既要学西方人的科学，就要认真学习西方文化中的追求客观真理之精神与无穷分解的方法手段及持续"猜想与反驳"的证伪进路。钱穆以历史学家的眼光每每已触及问题核心所在，然其思路都在其中国文化"大中至上"的价值取向中悄悄溜去。这至为可惜，然而却值得我们进一步认真反思。

晚年的钱穆甚至写过一篇题为《中国文化与科学》的专文，旨在讨论中国文化与现代科学的关系，其每每感到不少新问题的出现，听其感叹，笔者亦然感叹。此处仍举一钱氏之感言："在此仍有新问题出现。即中国文化中本来纵是有科学，却并不即是指的西方现代科学。则试再问：设若西方现代新科学传进中国，究竟将在中国文化中起怎样的作用？现代新科学又当如何在中国文化旧传统中作贡献？"② 此中所言新问题，就是不少学者提出的：中国传统文化中的科学并非现代意义上的科学问题，但钱穆的解决思路，仍是基于传统文化正德、利用、厚生的"科学运用"之思维路数，尤其是以中国儒家价值思维取向中的"正德"一维为基准。钱穆明言："中国文化的最高精神，是'内倾的道德精神'。"③ 笔者以为，我们对此的反思，就是在如何保持这一最高精神的前提下，通过文化土壤元素的改良，经充分的培育、训练而孕育展演出科学的精神、进路、方法与境界。成为一真正的科学大国。其实钱穆自己也常常感念："我们此刻，正该把西方人的宗教科学精神，来重新提撕自己的文化大本道德精神，来重新调整、重新充实自己文化的整个体系。"④ 这种重新调整、重新充实的工作，完全可视作"文化土壤"的改造事业。

钱学森95岁逝世前有过一段遗言，提出了中国大学里为什么不能出现真正创造性人才的问题，为我们这里的所辨作了一个实际上的有力佐

---

① 钱穆：《中国文化精神》，九州出版社2011年版，第149页。
② 钱穆：《世界局势与中国文化》，九州出版社2011年版，第258页。
③ 钱穆：《文化学大义》，九州出版社2011年版，第52页。
④ 同上书，第82页。

证。钱老觉得中国还没有一所大学能够真正按照培养科学技术发明创造人才的模式去办学，没有自己独特的创新东西，他说这是中国当前的一个大问题。此前钱学森就提出过"大成智慧"学，旨在打破行业界限，实行学科交叉与融合，进行跨学科研究。他认为学科跨度越大，其创造性成果会越大。而创新之点，往往发生在学科交叉点上。钱老的遗言与他的创新理念极富启示意义。看来，我们的教育本身诚然存在问题，但若真正追究到文化行为、追究到思维方式、追究到整体的科学素质，甚至追究到官本位意识等，那就是追究到实质性的"文化土壤"问题了。此问题在获取共识后，而主动地加进所需的各样元素，不仅不会妨碍我们自己的生机，当会大大增进活力。活力之来，当有外在激发因素；而因缘齐备，条件凑合，当能出现钱穆所言：中国数千年文化演进的大目的，大理想，仍然可以继续求前进求实现。

保持世界第一农业大国必要性之辨

此辨之重要，对钱穆而言首在农业文明的不可替代性；钱穆尤其对西方一些文化学者的文化类型替代说嗤之以鼻，所谓替代说，即谓工业文明可取代农业文明而成为更为高级的文化形态，从而低级形态一去而不复返。而钱穆一直坚认："'农业'是人类最基本、最主要、最正常的生业，以前如此，以后仍将如此。""因此，'农业文化'，亦将是人类文化中最基本、最主要、最正常的文化。"① 其肯定之语气是何等有定力，"以前如此，以后仍将如此"；而其基本逻辑就在"生业"二字上，民以食为天，即当以农为本。此中又继可透见钱穆是从"人类文化"的视角，来凸显农业文化何以有"最基本、最主要、最正常"的伟大而悠久之价值的。故此辨不仅是要让人们看到农业在今后中国发展中的地位，更在让人们充分理解保持世界第一农业大国从而保持其文明价值之必要性。

作为世界四大文明古国之一，中国又是世界第一大农业国与世界第一大粮食总产量国；在未来的文明演进中，保持这一地位，对中国现代化进程及其作为全球文明大国之地位，都极为重要。新儒家代表人物尤其是钱穆其人，对中国作为世界第一大农业之国，认识极为深刻而富于远见。诚

---

① 钱穆：《文化学大义》，九州出版社 2011 年版，第 74 页。

然，他是立于其人文演进的"绵延滋长"观来认识这一"农国"性质的；此中最为重要者，不仅在他坚认中国社会以农为本，更在他一贯所持理念——和谐文化之演进，只有中国这样的大农国才能做到。钱穆说："中国社会以农为本，中国的人文精神，发源植根在农村。……中国文化主要精义，实乃从此滋长。"① 既在此"发皇"，更要在此"滋长"，这当为和谐文化演进历程之标志；因而钱穆一直视中国农业文明是和平为本的文明，它"能使人文圈与自然圈相得益彰，融成一体"②。我们在上述各章中，已多次列举钱穆关乎农业文明的四大文明古国之比较研究，其结论不言而喻。

　　然这里仍有必要先从钱穆的"天人合一"终极境界再作一深辨："天人合一，自安自足，是为农业人生最大快乐事。"③ 而所谓"自安自足"实亦"安居乐业"之根本保障，这一见地让钱穆的界定落在"所谓安居乐业，唯耕稼始有之"④ 的结论上。何以故？这一结论从表面看其直接根据就在"以农为本"的农业文明，其生命寄托，在内不在外。反之，"生命之寄托，在外不在内，在人不在己，则何得有此生命之常存"⑤。可见，生命之常存，需要内在生命精神的延续演进。此中钱穆的甚深义理根据是"生命新接"的文化绵延之深义，他认为，只有"农业民族，生生世世，永有生命新接中乃知生命之深义。……中国传统文化，好依此形象而前进。五千年来一部广土众民之大历史，又谁与伦比"⑥。因而，钱穆多所言及的中国自古以大农立国，在农业文明的演进过程中，陶冶出了一种大同太平的群体主义价值取向，这一取向使中国传统文化深具乐天知命而又安分守己的天人合一、内外融通的哲学精神。但须知，这同时又被部分学者视为中国传统文化为一种保守文化的根据所在。尽管钱穆自己并不这样认为，钱穆一直视西方文化为一空间文化，而中国文化则为时间文化；空间文化诚然为一种权力的文化、扩张的文化，而时间文化作为可绵延的生

① 钱穆：《双溪独语》，台湾学生书局1981年版，第9页。
② 同上。
③ 钱穆：《晚学盲言》（下），广西师范大学出版社2004年版，第439页。
④ 同上。
⑤ 钱穆：《晚学盲言》（上），广西师范大学出版社2004年版，第334页。
⑥ 同上。

命文化类型，未见得就是保守之文化。事实上，其绵延演进的可持续性，更使其为一种有价值的文化。故其将"自安自足的大农国"之价值取向，早置于"和谐"二字上了。钱穆唯一肯认的文化，就是这种可持续的和谐演进之文化。此文化唯中国有之。但关键的问题就在，现代化的演进中，此文化取向及目标，能否继续绵延、演进而存在。故须为此能长久"和谐"演进的文化寻求一范型。钱穆坚信只有中国这一大型农国可作为未来农业文明之示范："惟中国为最理想之一大型农国，故其文化继续绵延，且有新生。亦由团结力强，不易为外围侵略文化所征服。故论标准的农业文化，则必举中国为示范。"[1] 之所以能作示范标准，核心在其凝聚力、"团结力强"，能持续绵延而不断有新生，当然亦可在现代化面前获得新生。对此，钱穆以为历史已有先例，加以理论内证，中国这一大型农国的新生不衰，在不久的将来就可见到："故在昔日，惟大型农国可以存全，其在将来，则惟大型农国之与新工业相配合者始可存全，而中国则得天独厚，故能独自兀立一人类文化史之全程，而常见其生新不衰老。"[2] 显然，要在将来真正常保此新生而不衰老之境界，其先决条件，则"惟大型农国之与新工业相配合者始可存全"。故以中国文化为未来人类文化标准，就是要保持其农业在不同条件下能够"存全"之特性。

不过，我们到底要看到，钱穆极力倡举未来人类文化标准之说，其最为坚实的理由，仍在人类与自然协调的天人合一之终极境界上。这一说法，是最富钱氏特色且一以贯之的说法：

> 故人类标准文化，必自农业文化而发轫，亦必向农业文化为归趋。何以故？农业文化，使人各自安足，不相争夺，此为人生理想之最先步骤。农业文化使"天人合一"，人生与大自然相协调，此为人生理想之最后境界，故曰"惟农业文化乃为人类可能之标准文化"。全世界五大文化发源地，如埃及、巴比仑、印度、中国、墨西哥，莫非为农业文化，可以证吾说。[3]

---

① 钱穆：《政学私言》，九州出版社 2011 年版，第 209 页。
② 同上。
③ 同上书，第 208 页。

　　这个逻辑十分清晰,什么是人类文化的标准型?此标准型要能与大自然协调而有演进之持续;故自"发轫"直至"归趋"本身即为一演进,演进要安足和谐而天人合一,这当然只有农业文明才可作为其标准范型。不过,未来要充当农业大国的恐不止这五大文化发源地;西方人也早已悟透天人合一是人类可持续发展的真谛。

　　钱穆预言:"中国是一个农业国,因此中国文化亦是一种农业文化,将来民生主义完成,中国将为一新的农业国,中国文化亦将为一新的农业文化。"[①] 可想,新的农业文化与传统农业文化的不同之点,就在工业高科技与农业之相配合。这一演进方向,让他对自己"新农业文化"之说充满信心:"顾工业不能无所依附,彼将与农业相配合……若工业与农业相配合,则以大陆为根据,对内自给自足,对外和平交换。今日世界新潮流,正向此途演进。"[②] 有了演进的前提与方向,那唯一要做的就是人类社会层面的"和平"、"安足",人与自然层面的天人合一。有此基础,"故农业文化乃人类万年不敝之正常文化,惟经科学之洗礼而透发一种新光彩,乃以谓之'新农业文化'云耳"[③]。钱穆此说,极富启示,不仅对步入歧途而一味以污染环境而获取利益的工业文明有纠偏意义,且点明未来人类发展方向,并对那些对农业文化嗤之以鼻者以深刻反省。联合国教科文组织于 20 世纪 80 年代提出的"可持续发展"理念,对中国古代早有的天人合一观,无疑是一个极有价值的回应。

　　于是,我们此下可以如是说,问题不在要不要继续保持中国未来农业大国之地位,而是要尽一切努力保持住中国第一农业大国之地位;并以持续的演进步伐,去迎合、去拥抱这一"经科学洗礼"之文明"归趋"。须知,这一归趋是与天人合一的未来生态文明高度统一的;传统与现代,在这里呈现出最佳的衔接方式。钱穆对此极有自信:"今后新型农业国领导世界已不成问题,在新型农业国中,尤其是中国最合乎世界人类和平的需要。"[④] 世界其他一些科学先进之国,诚然亦欲保持其农业大国地位,但只有中国文化有最具和平性的天人合一的文化观。未来的生态文明最为深

---

① 钱穆:《政学私言》,九州出版社 2011 年版,第 216 页。
② 同上书,第 219 页。
③ 同上书,第 219—220 页。
④ 钱穆:《中国文化丛谈》,九州出版社 2011 年版,第 222 页。

刻的文化基础就在天人合一观，即就此点而言，中国继续保持农业大国地
位亦是极有必要的。

"直道"理念之辨

钱穆曾强调：复兴中国文化有两条路可走，一条路是"振兴学术"，
另一条路是"改造风气"。[①] 而要以学术来振兴文化，就须对较为深细而
有理念价值的具体问题作一深辨。"直道"理念即为这种学术问题。对中
国传统文化中的直道治政理念作一反思尤有必要。儒家的"直道"理念，
是历史与人文演进中出现的一颗璀璨明珠。从源起及发展的思想路径看，
其深厚的道德人格基础，逻辑地通向了直道而公道、正道之坦途，因而一
直有着强烈的实践指向。然而现代反思不仅要有思辨内涵，亦应立于历史
与逻辑统一的原则之上。启示当从"辨"中而生。此中之"辨"，首循
"直、曲之辨"的逻辑路径，直道乃坦途，故谓三代直道而行。然治政之
途，不可能有如此坦直之途。钱穆亦言："道有曲直，曲处亦有道，非尽
在直处。"[②] 有时，曲道之教训及意义乃更为深刻。几千年的中国历史文
化反复向人们宣示的，不仅治政之道有大弯大曲，人性范畴亦同样有曲直
之道。

直、曲之辨

钱穆有"迂曲转变，循至本心亡失，乃有不忠"[③] 一说。然有直必有
曲，曲可直、直亦可曲。直、曲之辨，不仅属道德范畴之内。朱子在解说
"三代之所以直道而行"时，以"直道无私曲"[④] 释之，纯属道德范畴。
但并非所有之曲都为"私曲"。荀子即有"以义变应，知当曲直故也"[⑤]，
意即按理而行，当曲则曲，当直则直。此说亦可涵括道德范畴之外的内
容。儒家正统理念重直方大的组合亦如是。钱穆就指出："中国古人称

① 钱穆：《中国文化丛谈》，九州出版社 2011 年版，第 192—193 页。
② 钱穆：《晚学盲言》（上），广西师范大学出版社 2004 年版，第 206 页。
③ 钱穆：《双溪独语》，台湾学生书局 1981 年版，第 102 页。
④ 朱熹：《四书章句集注》，中华书局 1983 年版，第 166 页。
⑤ 《荀子·不苟》，见缩印浙江书局汇刻本《二十二子》，上海古籍出版社 1986 年版，第
291 页。

'大方之家'，今犹称'方家'。一曲一隅不成方，其曲其隅必可推而通乃成方。今称专家，则专指一隅。纵其极有技巧，倘不能推而广之，通于他家，则又何得成为方。"① 此说就已超出道德范畴。问题在有大方之家，亦有一曲之士；人有气质之偏，即便历经熏陶，岂能个个都成大方之家？在中国古代，一曲之士虽亦为士，但难得受重视。然一曲之士作为一微观个体，自有其在宏观整体中的"原子"功能，如何发挥这一个体"原子"之功能，对中国儒家而言，是无可回避的大问题。关键在，能调动出所有或大多个体发挥其功能，整体才能达到最佳或较佳状态。而事实上，这一问题并没有解决好，这至少是中国科技未能得到充分发展的缘由之一。此外，曲又有"枉曲"之义，《论语》"举直错诸枉"，即谓举直材压乎枉材之上，使枉材亦自直。但若能像《大戴礼记》所言"自设于隐栝之中，直己而不直于人"②（意谓自己置身于规矩之内而矫正自己，不必等别人来纠正），则避免了类似董仲舒那种矫枉必过正的极端做法，董氏极力主张："矫枉者不过其正弗能直。"③ 但事实上，"矫"的过程一过头，会即刻产生另一种偏失。这是任何有理性者都曾经验过的事实。而这种矫枉过正的偏失，有时会使人们花费更大的气力与时间去纠偏其走向另一极端的过失，有时会得不偿失，甚而丧失机遇。现代理性，在如何避免两个极端的问题上，必须进入更高的理性阶段，无论如何这也是当代人文社科工作者的责任所在。

直道事人与枉道事人之辨

钱穆曾从直道的"制衡"功能来标举历代儒者的直谏行为："明代东林，亦标榜清议反朝政。其朋揭贬君非君之论者，前有朱晦翁，后有黄梨洲。孔子曰：不仕无义。但后世极尊高蹈不仕一流。至于犯颜直谏，守正不阿之臣，散见史册，更难历数。此等皆能在君臣一伦中，发挥制衡作用。"④ 事实上，对"直道"的深刻反思，远非现代人所为。事实上，孔

---

① 钱穆：《中国思想通俗讲话》，生活·读书·新知三联书店 2002 年版，第 103 页。
② 高明译注：《大戴礼记今注今译》，台湾商务印书馆 1975 年版，第 233 页。
③ 董仲舒：《春秋繁露·玉杯》，见缩印浙江书局汇刻本《二十二子》，上海古籍出版社 1986 年版，第 771 页。
④ 钱穆：《双溪独语》，台湾学生书局 1981 年版，第 124 页。

子本人在倡导"直道而行"的同时，就做出过一些不同侧面的思考。如《论语》中说到柳下惠被"三黜"时，柳下惠深叹："直道而事人，焉往而不三黜？枉道而事人，何必去父母之邦？"① 的确，直道事人，到哪儿都会受到排斥而受罢免，但要是枉道事人，在哪儿都能混下去，何必背井离乡，到远方去谋职。柳下惠"直道而事人"，实质上是与人处于"和而不同"之状态，但却往往体现出不太和谐的表面状态。而事情就是这样：往往能保持表面上同一的，其实却是假的和谐。直道的悖论于是出现，坚持直道者所得结果往往适得其反。所以《大戴礼记》亦有言："夫有世，义者哉，曰仁者殆，恭者不入，愤者不见使，正直者则迩于刑，弗违则殆于罪。"② 这是说有时候守义的人反倒受灾祸，行仁的人反倒遇危难，恭敬的人不能进言，谨慎的人不被派用，而正直的人更是会近于刑罚，不赶快离去就有被罪罚的危险。可见，这种情形在任何历史时期都能见到，只是时代不同，其数量多少而已。在这点上，现代反思的基点，一言以蔽之：应以长时段的制度文明建设，透见直道治政的制衡功能，并以此来扭转那种"直道悖论"的非常态现象的出现。

直、绞之辨

生活中以率直为荣却不自知是落入直而狭的等而下之境地者，大有人在。《论语》中"恶讦以为直者"③，此中所谓"讦"者，谓揭人之隐私、肆意揭他人隐私却自认为是直率，这种人是子贡所憎恶的。"好直不好学，其蔽也绞。"④ "直而无礼则绞。"⑤ 这两句话中的"绞"均指尖刻刺人。它让我们看到了"直"的不同侧面甚至反面效果，但却提示出何以有直而狭的等而下之境地，何以直而未能朝预期的"方、大"趋向发展。直而方、大才是儒家直道而行的畅达之路。问题的难点在我们总是在述说"一般"的"绞"，但实质性的问题在其"绞"的形成具有很强的个别性，即各有各的"绞"法。显然，我们的现代反思必须建基于古人的反

---

① 《论语·微子》，见《四书五经》，线装书局 2008 年版，第 25 页。
② 高明译注：《大戴礼记今注今译》，台湾商务印书馆 1975 年版，第 201—202 页。
③ 《论语·阳货》，见《四书五经》，线装书局 2008 年版，第 25 页。
④ 同上书，第 24 页。
⑤ 《论语·泰伯》，见《四书五经》，线装书局 2008 年版，第 13 页。

思之上。儒家的直、绞之辨给我们的启发良多。同时，我们更须深究直狭人格在何种时段、何种情境中更易通过"变化气质"而获得质的升华，这其实是极难把握的，因为人的气质具有先天性，而后天变化对大多人来说是有限的。之所以有限，并非其不具备无限发展的可能性空间，而是针对个体的情境与时段本身总是有限而具体的。也就是说，针对个体的变化，是难于以一般的、抽象的、教条式的原则去提升的，而总是要对症下药的。而我们却是十分容易地去以一般把握个别。但个体是基础，没有个体就没有整体。以"一般"去对付"个别"，很容易忽视个体的个别性从而使其鲜明的主体性特征丧失殆尽。

道、势之辨

孟子的反思就立于"道"尊于"势"的根本理念。孟子虽明白宣示："不直，则道不见；我且直之。"① 但他却以辩证眼光洞见了历史上并非所有政权所行均为直道。故其主张真正的直道政治，应该是道尊于势，而非相反。《孟子·尽心上》明确提出了"乐其道而忘人之势"② 的道尊于势的观念，孟子坚认作为道之载体的知识者应挟道自重，伯夷"非其君，不事"，缘由在"是亦不屑就已"③。这是说伯夷之所以不接受，就是因为自己不屑于去接近。正是在这点上伯夷仍得到孟子的肯定，特别是肯定其为人的典范性，及其人格的社会意义。孟子的清醒当然是认识到"势"不仅有个人因素的主宰，亦有历史情境等因素的干扰。因而"势"亦必有正曲之辨。在中国历史上，明代吕坤即是"以理抗势"的突出代表，其所实践的是天理治国论。对此，现代反思应立于孟子"道""势"之辨上，看到法（道）治大于人治、制度优于个人、原则大于具体情境等带有根本性的原则，以限制不正之势的萌发。此外可稍带提及的是，现代西方学者特别是那些社群主义者，近期一直在发掘儒家思想资源中的"社群"因子，狄百瑞就在发掘中国历史上议政而不直接参政的传统，坚信其中有"公民社会"之因子。他认为这些社群因子都屈服并湮没于当时

---

① 《孟子·滕文公上》，见《四书五经》，线装书局 2008 年版，第 42 页。
② 《孟子·尽心上》，见《四书五经》，线装书局 2008 年版，第 59 页。
③ 《孟子·公孙丑上》，见《四书五经》，线装书局 2008 年版，第 37 页。

强大的国家势力中。

"秉笔直书"与"权力限制"之辨

唐君毅曾对史官直道的"秉笔直书"作出了深刻的反思。一方面，他以赞扬的口吻表达出："史官的秉笔直书，人臣对于人君死后的共同评定的谥法，都是使人君的行为有多少顾忌。这些都是对君主所施之精神上之限制。中国政治发展到后来，则有代表社会知识分子之在政府中的力量之宰相制度，谏诤君主之御史制度，及提拔中国知识分子从政之征辟制度、选举制度、科举制度等。这些制度，都可使君主在政府内部之权力，受一些道德上的限制。并使政府与社会民间，经常有沟通之桥梁。而这些制度之成立，都表示中国社会之知识分子，所代表之中国文化之力量。"① 制度使权力受到限制，唐氏将其功能置入文化力范畴，这当然是对中国历史上种种制度建立之褒奖。然而我们要提出的是，如果这些制度仍处于人的随意性的掌控中，也就是说，如果人大于制度，则这些制度是否可能等同虚设？唐氏的洞见即在此处，他清楚地表征了这一观点："只是这些制度之本身，是否为君主所尊重，仍只系于君主个人之道德。如其不加尊重，并无一为君主与人民所共认之根本大法——宪法——以限制之。于是中国知识分子，仍可被君主及其左右加以利用，或压迫、放逐、屠杀。而在此情形下，中国知识分子，则只能表现为气节之士。在此气节之士之精神中，即包涵对于君主及其左右之权力与意志之反抗。由此反抗之仍无救于政治上之昏乱，国家之败亡，即反照出：中国政治制度中，仅由政府内部之宰相御史等，对君主权力所施之限制，必须转出而成为：政府外部之人民之权力，对于政府权力作有效的政治上的限制。仅由君主加以采择与最后决定，而后施行之政治制度，必须化为由全体人民所建立之政治制度，即宪法下之政治制度。"② 对制度尊重与否，只能凭君主英明之程度——这显然是人大于法。如果是这样，再多的"秉笔直书"也无用，再多的直谏史官也枉然。唐君毅由"秉笔直书"史官文化而切入的制度权

---

① 唐君毅：《中国文化与世界》，见张祥浩编《文化意识宇宙的探索——唐君毅新儒学论著辑要》，中国广播电视出版社1992年版，第359页。

② 同上书，第359—360页。

力之辨，是一种深刻的文化反思，有着极强烈的时代气息。然而也是其对真正的制度文明一往情深之展望，在现代新儒家中极具代表性。时至今日，我们仍可体味其卓见与展望的深远意义——它不仅针对了整个中国历史，更具备现代实践指向之内涵。此外，唐氏此言，亦是其直道直言的最佳体现。

这里，我们还要说的是，直道之论作为儒家的重要思想资源之一，仍有可发掘的宝藏，它让我们知晓并理解人生之路与治政之途，原来有如此宽平坦直的大道正路可循，循此"直道而行"，才能畅达、舒泰、坦荡。因而，直道之论的最深奥秘与根本性启示还在：直道即捷径之道、最简易而坦直的捷径之道。但此捷径之道对那些未能深刻理解道德原理及内涵者，则难以见"道"。

最后，我们要强调的是，直道之论对当今"法治"社会的提示，对制度文明的建设，都是极值珍视的思想资源。

"人治""法治"偏轻偏重之辨

中西文化中常有"人治""法治"偏轻偏重之辨。钱穆在其《政学私言》中专设一章"人治与法治"，讨论颇深。总起来看，他并不同意当时学人的普遍看法，即中国尚人治，西方尚法治。他自有一套自己的概念而得出恰相反的结论："毋宁谓中国重法治，西方重人治……此如西方盛倡自由平等，而中国颇少论者，正由此乃西方所缺。"① 此等看法，与学界观点大相径庭，然钱穆确有自己的逻辑理路。在新儒家人物中，谓农业文明中的中国人自由散漫，不止钱穆一人，梁漱溟、熊十力等人亦持此看法。然钱穆谓中国重法治，还特证以历史事实，如赋税、兵役、职官、选举、考试等，但这些显然就是一套制度。据此，他发问道：中国秦汉以来的各项制度，"何一不有明确精详之规定，何一不恪遵严守至于百年之外而不变"②。他深以为，像中国这样的历史悠久又有凝聚力的大一统国家，无此法治是绝无可能的。所以他断言："于此而求定之一统，向心凝结而无解体之虞，则非法治不为功。中国之所以得长治久安于一中央统一政府

---

① 钱穆：《政学私言》，九州出版社 2010 年版，第 75 页。
② 同上书，第 76 页。

之下者，亦惟此法治之功。秦、汉以下，可以考诸史：隋、唐以下，又可以征之典籍。言政治如《唐六典》，言刑法如《唐律》，其书皆现在。自唐以下，递演递密，列代会典，其荟萃之所也。"① 不过，在笔者看来，对中国传统文化而言，以"礼治"概念似比"法治"概念更适合，礼治涵括内容甚广，完全可容纳钱穆上言赋税、兵役、职官、选举、考试等一套制度。或干脆用钱穆本人所确立的"传统政制"一概念，亦比其上言"法治"更为合适。何况钱穆自己在作中西对比时亦有概括："西方近代民主政治称'法治'，中国传统则当称'礼治'。"② 愈到晚年，钱穆所使用的"法"之观念，愈让人感觉宽泛。如其又言："中国社会尚礼，西方社会尚法。礼主利导人性，亦可谓乃有机的。法主防堵人性，属无机的。西方社会组织皆由法，极权民主皆然。工商企业，教会组织，皆凭法。"③这种腔调，居然完全是以现代口气在说话了。和前面所言"中国重法治"，显然是两回事。"法主防堵人性"，是确然到位之说；而以中国文化的有机生命观来讥评其为"属无机的"，则可讨论。其实，在思维取向上视人性为恶，从而以制度设防，同样可置入有机生命观中。事实上，西方的结构—功能主义学说中，亦同样以有机生命观奠基。须知，结构—功能主义正是西方社会学开创阶段的一种社会有机体论，社会结构如生命有机体一般，具有新陈代谢、生长发展的过程。

以历史"演进"的眼光看，钱穆自己也早在"传统政制"范畴之下来论说法治、人治问题，如其所说："中国传统政制，隋前本于秦汉，越后则一遵隋唐。大抵有法守法则治，违法无法则乱。盖法治之偏胜于人治，此乃中国历史环境使然，虽有圣智，亦莫能违矣。"④ 这使他更痛快地得出结论："中国传统政制，为一尚法之治。"⑤ 深究下去，就要涉及理想与现实的实际问题上，在钱氏看来，儒、道、法家其实都有自己的理想蓝图，但对中国的实际情况并不都能尽契合之，所以钱穆又以一种政治文化的眼光来尝试论之："政治者，乃人群最现实之活动，而儒、道、法三

---

① 钱穆：《政学私言》，九州出版社 2010 年版，第 76 页。
② 钱穆：《文化学大义》，九州出版社 2011 年版，第 169 页。
③ 钱穆：《晚学盲言》（上），广西师范大学出版社 2004 年版，第 279 页。
④ 钱穆：《政学私言》，九州出版社 2010 年版，第 76 页。
⑤ 同上书，第 78 页。

家，则皆为一种理想，皆不能完全适合于现实，故中国不仅无纯儒之政，乃亦无纯道、纯法之政。中国传统政制之为法治，此乃适于现实，而有不尽合于儒、道、法三家之理想者。然使中国现实政治不致困陷于现实而不能自拔，则亦惟此儒、道、法三家之功。儒家积极，导于先路；道家消极，清其后尘；法家则周于近卫，护翼前进。"① 能看到儒、道、法三家在现实与理想之间，对于中国传统政制所能发挥之优势，此诚然钱穆历史文化眼光所致。"文化演进"的视角，又让他看到了"法律可以治常，不可以治变"② 的弊处，而终乃拈出了"礼治"之长。钱穆此说则颇为到位："中土之圣哲，亦有懔于此之为弊者，故乃倡为'礼治'之说，曰'法以治小人，礼以治君子'，'法以制已然，礼以防未然'。"③ 至此，便更可全然看出钱穆所谓"法"，归根到底指的是"制度二字"。晚年所作《晚学盲言》对此就说得十分透彻了："中国一切制度皆称法，法即礼，与刑法之法不同。"④ 其实，钱穆早在其《政学私言·法治新诠》中，就称法治"其在中国，常称之曰'一代之典章制度'，而不尽谓之'法'。申韩卑卑，切于名实，中国谓之法家。国人之言法者每鄙视之，以其仅知以赏罚驭天下，而不知所以为赏罚之原。苟昧其原，虽赏焉罚焉，而未必能人尽才，官尽职，事尽理，而物尽用。"⑤ 这里倒是点出了"国人之言法者每鄙视之"的一种文化取向。而更重要的是，此中透露出钱穆之言法治，不仅是一代之典章制度，他更为注重的是这其中的官职选举制度与教育制度。这点，钱穆说得再明白不过了："近贤好言法治，顾法之为义，固不仅于信赏而必罚，而犹有其大者。法之大义，在求'人尽其才，官尽其职，事尽其理，物尽其用'。"⑥ 有了这样一种"法之大义"之前提，无怪钱穆会赞美："故言法治之精美，其在中国，惟儒家得其全，汉、唐、宋、明所以成一代数百年之治者皆是。……故治法之美者，在能妙得治人之选。昧于人而言法，非法之至也。"⑦ 至此，我们全然可透见

① 钱穆：《政学私言》，九州出版社 2010 年版，第 80—81 页。
② 钱穆：《政学私言》，九州出版社 2010 年版，第 86 页。
③ 同上。
④ 钱穆：《晚学盲言》（上），广西师范大学出版社 2004 年版，第 151 页。
⑤ 钱穆：《政学私言》，九州出版社 2010 年版，第 190 页。
⑥ 同上。
⑦ 同上书，第 194 页。

钱穆是如何地重人，重人大于重制度，在钱穆乃理所当然，因选贤是形式，而"妙得治人之选"才是关键；内容是要大于形式的。要之，在中国传统文化中要"昧于人而言法"，就绝非"法之至也"。据此，我们可以说，钱穆所谓"法治"，完全可以"礼治"二字替代之。钱穆自己亦极简明概要地说过："故儒家言礼即已包有所谓法。"① 法，作为制度，俨然包容于礼治之中了。而梁漱溟更言之凿凿："儒家于中国古代社会乃苦心孤诣努力一伟大工作，就是想将宗教化为礼，将法律制度化为礼，将政治（包含军事）军事化为礼，乃至人生的一切悉化为礼。"② 不过，梁漱溟也一直认为，凡中国文化所谓礼或理，皆指情义而言。

但问题是，即便是中国传统中的这个"法"，也不仅是制度之法，仍当含有法律观念与具体刑法之内容。如此看来，就更需要有一种文化观来分辨之。钱穆如此说道："苟明于中国传统法律观念在整个文化系统中之意义，则中国历来论者所以常轻视法律而又常常主用重刑严法之说，可以不烦申辩而喻其意旨之所在。""盖中国传统观念，国家与社会不严别，法律与道德亦不严别，国家之与政治与法律，其与社会之与道德与教化，二者之间，其事任功能常通流而相济。"③ 中国历史中这一既轻视法律而又主重刑之看似矛盾的现象，可在其"不严别"、"不二分"的文化中解密。而西方文化中，则有严格的二分。此到底与中国文化的整体性思维、道德价值取向、大一统观念、政教合一之文化有甚深关系。所以钱穆也强调要理解法律观念在整个传统文化系统中的意义。理解了这一意义，就能确知何以"中国人言法治非以法律治，法律特以辅礼教道德之不足"，何以"中国既重礼教道德，故对法律观念亦轻其成文而深探其内心焉"④。法律只是道德之辅助工具，德为主，法为辅；德与法、人与制度何者为重，于此可见。钱穆又说："夫法律本以辅道德之不逮，道德原于人之内心，则法律之不能不探本究极于人心，其义易睹。"⑤ 这到底是传统文化

---

① 钱穆：《政学私言》，九州出版社 2010 年版，第 183 页。

②. 梁漱溟：《在中国从前历史上有无乡村自治？》，见《梁漱溟全集》第五卷，山东人民出版社 2005 年版，第 586 页。

③ 钱穆：《政学私言》，九州出版社 2010 年版，第 182、183 页。

④ 同上书，第 183 页。

⑤ 同上书，第 184 页。

重人重道德价值的文化取向所致，这种取向，放在钱穆身上，就是极重人心；因一切美德由"心"发出，钱穆如此说："人类一切美德，皆由其内心充沛自发，非遵行法律所足当。故就法律与道德之关系论，中国人仅以法律补道德之不逮，西方则直以法律规定道德而又领导之，此其极大相异之点。"① 这种对法律与道德的偏轻偏重，当然是中西两种不同文化所致，西方文化以性恶论为基底，故底线伦理是其基调；而其注重法律制度的效率，就更有其人性观念的支撑。而中国文化特别是儒家文化的基底是性善论，梁漱溟倒是说它过早地成熟，然钱穆则十分坚定以此性善论去评判中西文化，他甚至批评柏拉图与亚里士多德说："由柏氏与亚里士多德同病，亦不了人性有向善之良能。"② 人性诚然有此一向善之良能，但在一定环境条件下，人性亦同样有"向恶"之本能。儒家看重向善的一面，而西方则看重其相反的一面。由此而得出的法律观念，当然会截然不同。但钱穆却以此来批评西方法律观念所导致的"民主政治的毛病"，他说："用法律来规定人类相互自由之限际；然而法律永远追不上实际人生不断的变化。民主政治的毛病，便出在这里。"③ 钱穆一向认为西方的民主政治是不切实际的，其之所以不切实际，是因其民主政治的"法治"归趋，是以个人自由不犯他人自由为条件的，而这点是不可能实现的。他的逻辑思路是如此展开的："要求'个人自由'是近代民主政治的精神渊泉。穆勒的《自由论》，主张'个人自由以不侵犯别人自由为限界'。这是一句不切实际的空想话。每一个人的自由，必然不能不牵连侵涉到另一个人。若真要不侵犯别人的自由，则根本将无个我自由可言。因此近代西方的民主政治，又必然以'法治'为归趋。"④ 此实因钱穆对"自由"本质之观念，认为自由是绝对的"无限无极"的"天国神界里的理想"⑤。但若将"自由"视为相对自由呢？则互不侵犯成为可能；而互不侵犯必然以底线的"法治"而不是以仁慈的道德为界限。由此而有钱穆所言中西双方人治、法治偏轻偏重之辨。事实上，以人性恶观念为基底而设立的法律制度

---

① 钱穆：《政学私言》，九州出版社 2010 年版，第 174 页。
② 同上书，第 187 页。
③ 钱穆：《文化学大义》，九州出版社 2011 年版，第 97 页。
④ 同上书，第 96—97 页。
⑤ 同上书，第 96 页。

体系，其优长之处就在，法治文化，可使人从接受"制度训练"开始，而逐渐以遵法之习惯一步步培养出人性中本有的向善美德。由下往上，此当可作为另一路径——不同于早熟的中国德性文化之方法论路径。故本章最后一节，笔者欲呈献出自己的一点心得，即拈出"制度训练"一概念，来作为一方法论路径。此不赘述。

实际上，若就现代观念的法治观去衡量传统文化中的礼治观，则当然更可看到中国文化中重"人情"的一面。而事实上，即以现代法理学的原理层面而言，亦依然须顾及于此。但法治大于人治，则是根本的原则。钱穆倒是很有思想穿透力地看到了法治当中的"人情"之另一面："善谋国者，正当常伸人情于法度之外，正当宽其宪章，简其政令，常使人情大有所游，而勿为之桎梏，而岂悄悄焉效管、商、申、韩之陈说，以必行我法为快意乎？国人模效西化而言法治，得毋类此。故曰此仍是一'人治''法治'偏轻偏重之辨也。"① 中国文化当然看重人情，但人情之于法治，基本原则是法大于人的，而钱穆则偏在不要让法"桎梏"人情。可知其重视人超于重视法。这里我们选取了一段很能透显钱氏意愿的话，读者大可自行评判：

> 人若昧了良心，缺了勇气，纵有好制度，也将无奈之何。上举孟子的话（引者按：指孟子说的"徒善不足以为政，徒法不能以自行"），即从孔子意见引伸而来。后来中国儒家，遂有有治人无治法之说。这可谓是中国人之传统意见，一向重视人胜过其重视法，即是说，制度虽重要，而人物更重要。这一项传统意见，实有长时期的历史经验作它的根据。②

今日来看，此说当有前提条件，当一个社会处于常态时，重视制度是更为重要的，这不是说人不重要，而是人可在制度的健全演进中，逐步得到制度文化精神之熏陶培育，并从此而逐级上升的德性文化的精神内涵中去。所以将文化分型为物质、制度、精神三层次是有逻辑根据的。然而，

---

① 钱穆：《政学私言》，九州出版社 2010 年版，第 86 页。
② 钱穆：《历史与文化文化论丛》，台湾东大图书公司 1985 年版，第 382 页。

钱穆的根据是儒家文化中的以人弘道之说,且他深以为有长期的历史经验
为依凭。此外,钱穆还认定现代的中国人只看到西方民主制度的优越性,
以为只要学到西方人这一套制度就可解决中国的一切问题。这一想法的流
弊所及,就是只重制度而大大忽略了制度背后的人,更忽略了作为人之支
撑的"德性",而一旦德性堕落,尽在制度上求改变,就越发偏离了儒家
之本意了。可知,钱穆自有其逻辑推演;而此人治法治偏轻偏重之辨,即
使在学理上也仍将有继续之可能。钱穆逝去已有 20 多年,或许百年内此
辨亦仍将继续。当知,中国传统文化毕竟是一种追求"道化在前,刑罚
在后"之"至治"境界的文化。如钱穆所说:"国家之职分在护导人民道
德之长进,法律则如牧人然。"① 发挥"牧人"功能的法律观,当与中国
文化在根本上是一种仁慈性道德文化极有关系,而其内在逻辑亦在此。故
知,偏轻偏重的逻辑理路及展演,又由其初始视角而来。但无论如何,就
连钱穆本人也已然洞见到西方法治中的"公平",是其法治之精义。其言
"古代西方对于道德与法律之观念,既皆以公平为之主,而公平之含义,
则显然为各个人之权利"②,此即道出了以个体权利为基础的法律之公平
正义精神。

　　而今日中国的法治,则早已涵括此精义了。须知,朝着法治的道路前
进,已成今日中国制度文明建设之大势。故下面一节,我们侧重在制度文
化中演进中的"制度训练"一概念之申述了。

三　"制度训练"的学理基础及其
在当今中国之紧迫性

　　对"制度文明"这一特有范畴而言,它的重要意义,并不在制度条
文的制定本身,更在其深层的文化基础。稍微深入一点看,我们即知,条
文制定得多,绝不代表制度文明的发达强盛。制度文明的真正发达,乃在
于其深层的土壤。简言之,有了这一深层的文化土壤,才能看到人们行事
作风中的注重制度、依于制度的精神风貌,会呈现出一种"制度精神"。

---

① 钱穆:《政学私言》,九州出版社 2010 年版,第 179 页。
② 同上书,第 176 页。

然而，至为重要的是，"制度精神"在整个国度的出现，则需要时日持久的训练，笔者谓其为"制度训练"。训练的目的当然就在制度精神，对当下中国而言，制度训练—制度精神—制度文明，是一方法论路径。钱穆诚然也看到了"制度影响人心，即证人心创造制度"① 这点，然他始终是将人放在比制度更为重要的位置上。钱穆诚然也洞见了制度背后的精神更为重要："西方人喜讲法律、制度，我们应知制度是死的，要尊重、遵守此制度，此制度方可发生效力。故在制度之背后，我们必要讲及其精神。"② 到底对西方人重制度、重法律，未肯置一赞扬之语，并言制度为"死的"；但须知，制度只有在人将其完全形式化而置于一旁时，方为"死的"，若高度重视此制度并有正常的运行机制，怎可为死？制度之活，全在对其的认识到位与否。故中国当代社会，仍有必要从"制度训练"开始，然后才会逐渐锻造出一种"制度精神"，才会有对制度的真正有高度之认识。一味高抬"精神"二字，而不去实行、维护制度，何能得其真髓？当然，少数精英，亦可能早有此制度精神，然而，我们此处讲制度精神，则须扩及于社会全体。这当然需要从最为底线的"训练"开始。梁漱溟当年的乡村实践，亦始于"底线"的基层理念。惜其种种条件不具，而无法持续之。

钱穆于80多岁高龄时出版的《世界局势与中国文化》一书，其中专门有一篇《主义与制度》，可谓越到晚年越注重对制度的学理探究。钱穆在这一文章中强调不要抄袭别人的制度，而要面对自己的问题来构建制度，"问题"与"历史"，构成了制度的特殊性，而钱穆对这一特殊性特加重视，这使他关注到制度与国情、民情的内在关系："只要你能看重制度，你自能想到一个制度必得人人愿遵守，人人能奉行。你自会顾到此制度之实际性。你自能注意到国情民情。你注意到国情民情，自将注意到历史。任何一种制度，必有它的历史性。任何一种制度，必面对著它那里的许多实际问题。那许多实际问题，是由它本身以往历史传统继续变来的。是由它的地域性与国民性以及种种自然环境而与人不同的。试问我们的问题既和别人不同，我们的制度如何能与人一律？政治制度之真革新，是就

---

① 钱穆：《晚学盲言》（上），广西师范大学出版社2004年版，第151页。
② 钱穆：《历史与文化论丛》，台湾东大图书公司1985年版，第329页。

自己问题求新解决，谋新途径；决不是不管自己的问题何在、困难何在，只一意钞袭别人家现成制度来冒昧推行。那是一种假革新。别人家此刻的现成制度，也由别人家自有问题，自经历史演进，生长完成；我如何能迎头赶上，生吞活剥，强夺他人的变成了我自己的呢？"① 这段较长的议论，宗旨仍在以自己的制度解决自己的问题。所以，他以孙中山为推行自己制度的一个成功范例："在现实制度上，他是主张新旧参酌、中西交融的。他把中国传统的考试制度与监察制度配合西方三权分立的理论，又提出权能分职的主张，来顾全实际，配合国情。他又划分军政、训政、宪政三时期，顾虑到一种新制度的如何逐步建立、逐步推行。他实可说是看重制度更胜过于主义的。"② 笔者以为孙中山倒未必是个真正的"制度主义者"或真正看重"制度胜于主义"，但他的制度视角已相当具有思想创意了。然其缺失"制度训练"这一环，要让偌大一个中国顷刻改变，谈何容易！当然，战争年代，即使孙中山关注到制度训练过程之重要性，也难在那样一个特殊时段实现。不过，钱穆这一基于制度对孙中山的高度评价，今后仍可能影响学界。然而，我们同时又不能不看到，作为在中国近代第一个喊出"振兴中华"口号的伟大民主革命先行者，孙中山所领导的辛亥革命虽然结束了统治中国达两千年之久的封建帝制，然而，它并没有达成它的参加者所期盼的"不但在我们的美丽的国家将会出现新纪元的曙光，整个人类也将得以共享更为光明的前景"这样一种美好愿景；相反，它的结果正如它的领导者所痛切指出的那样，"去一满洲之专制，转生出无数强盗之专制，其为毒之烈，较前尤甚"。显然，这一结果，与无数做着中国梦的仁人志士的预想无法吻合。

　　然而今天，处于特殊历史时段的中国，面临更为深入的改革开放。这一前景，使中国必然要将制度文明建设置于极其重要的位置。而将中国建设为一制度文明大国，就必须有上述这一方法路径，且须有一较长时段的"制度训练"之培育。

　　如笔者前所言及，新儒家代表人物中，对于中国制度史特别是"传统政制"有研究的人物，钱穆当数其中之一；他对中国政制研究之深，

---

① 钱穆：《世界局势与中国文化》，九州出版社 2011 年版，第 221 页。
② 钱穆：《世界局势与中国文化》，九州出版社 2011 年版，第 220—221 页。

可以从其专门撰写之《政学私言》、《中国历代政治得失》等书而见之一斑，且钱穆又在多种文献中涉及此一话题。钱穆对中国政制之探讨，又以考试（科举）制度及监察、谏议制度为最。我们在前面的专章中已分别详论过。本章反思，笔者以为主要应对钱穆自己反复强调的制度之"合理的演进"①、"中国史自有其和平合理的进展"② 作一探讨。钱穆之言究或合理，或其一己之见？如秦始皇实行郡县制，到了汉高祖时，则又回到封建的老路，此为合理乎？钱穆解释说："汉高祖得了天下，虽不免稍稍像要回复到封建的路上去，然而一得天下，即下令解兵归田，一面下诏求贤，愿与共天下，那种态度，空间与古代贵族亲亲的分封制不同。下诏求贤的习惯，到武帝时竟收到异样的结果。武帝听取了董仲舒的一番话，把博士官整理一番，开始从宗庙狭隘的意味里解放出来，成为一个政治上正式的咨询机关。又建设了国立大学基础，开始有官吏的考选。公孙弘以东海的牧豕老，一旦为相封侯，打破自秦以来军功封侯拜相的变相贵族擅权制，而汉代渐次走上文治的道路。这些都是在古代史上值得郑重注意的事，而在当时却极和平极自然地一步一步的演进，绝没有几许惊心动魄的斗争的阵容和血迹可以看到。"③ 这分明是在说制度演进所取得的一种效果，是在"一步一步"的平和过程中取得之效果。而此下的东汉呢，钱穆以历史学家的敏锐眼光关注到其制度的合理演进与和平演进："一到东汉，官吏仕进之途，几乎全在地方太守的察举。这较之古代的血统分封制，固为进步，即是秦汉早期的由亲贵子弟以及赀技投奔的郎卫士进用制下，变一地方官选举吏民之材德，这不能不说是一种合理的演进。然而依然是一种和平的演进。只为察举制度推行一二百年的影响，把古代遗传下来的准贵族之特权逐步削减，逐步消灭，而新兴的士族势力起而代之，这便是以下的所谓门第。门第在当时，较之古代封建贵族，尚为合理的。"④ 这每步的制度演进，几乎都让钱穆看成了合理的了；实际上多数是其中有合理性而已。以文化演进之视角，钱穆继论道："曹魏以下，察举制废，便有一个九品中正制来替代。九品中正制虽不免为当世诟病，然而到底亦

---

① 钱穆：《历史与文化论丛》，台湾东大图书公司 1985 年版，第 144 页。
② 同上书，第 143 页。
③ 同上书，第 144 页。
④ 同上。

算得是一个有客观性的用人标准，限制了帝王卿相个人的特权，南北朝几百年天下，还赖这个制度来维持。从这个制度演变出来的是普遍公开竞考的科举制，自隋唐宋明以迄清末，古代封建贵族世卿渐变而为白衣举子的天下，这里边实在有一条进展的路，这一条进展的路，到底还算得上是合理的，而其进展则是和平的。"① 可见，其"合理"竟是与"和平"如此内在地关联起来了。但无论如何，钱穆特为看重的，是一段几百年的历史"还赖这个制度来维持"。这一结论，则可为我们所讲的制度大于人、从而亟须"制度训练"一说垫下了基石。"制度训练"本身之重要价值，亦可从中透见。

　　笔者在此特张举"制度训练"概念，旨在以一种较强的时代针对性，使人们强化对当今时代制度建构之理解深度。尽管对制度而言，训练虽然只是手段，创新才是目标；然而历史证明，看轻手段方法者，达到目标是很难的。钱穆虽是个重人大于重事的儒者，但亦能深悟此方法途径之重要："人须先试为正直乃能正直，先为自制乃能自制，先为勇敢乃能勇敢，一国之立法者，欲因习惯熏染之故，使人尽为善士，理亦犹此。"② 此中所言"先试"，即有先训练依法、而后得"善士"之果的意味，而其言"使人尽为善士"，则显为从个体扩及整体之谓。善哉！笔者谓"制度训练"，旨亦在此。此处可以一"交响乐"之和谐音声为例：现代交响乐团人数在百人以上，乐器及辅助性器材，亦有近百种之多。单靠一指挥岂能发出如此美妙和谐的声音？需要每个个体都发挥出最大功能，这是一最基本的前提条件，缺失这一前提，一个优秀的交响乐团的"好的状态"是不可能的。而这一前提——每个个体都发挥出最大功能，靠的是什么？是训练，不仅是个体自身的素质性训练，更为重要的是乐团中的配合性训练。这种训练是乐团中规程、纪律、组织乃至动作一致的训练，没有这种严格的训练，效果是出不来的，和谐音声从何而来？而一个社会的制度训练，以此为喻，同样是为了文明素质不断提升而后有的可持续的和谐效果。

　　马克斯·韦伯在《以学术为业》中，有一段极具启示性的话，意谓

---

① 钱穆：《历史与文化论丛》，台湾东大图书公司 1985 年版，第 144 页。
② 钱穆：《政学私言》，九州出版社 2010 年版，第 173 页。

只有严格的训练，才能获得传之久远的成果。他虽然是针对学者的专业化训练所说，但极富社会价值。韦伯认为：只有严格的专业化，能使学者在某一时刻大概也是他一生中唯一的时刻，相信自己取得了一项真正能够传之久远的成就。他相信，任何真正明确而有价值的成就，必定也是一项专业成就。笔者亦然相信，中国社会的"制度训练"，也当如韦伯所言的专业训练那般严格，才能在未来文明演进中终获善果。

制度建设不能停留于表面，倘若没有深入到社会机体的骨髓，让每个个体自觉在制度轨道上行进，则此制度有与无差别不大。钱穆在深研中国传统政治后，亦有过一结论："故凡属政治上具有一种真实性之制度，则必从社会风气酝酿而出。否则有名无实，有此制度，无此风尚，空制度决不能与真风尚相敌。"① 此论十分明确地将制度与社会风气与精神风尚关联起来。故其又言："可见每一制度背后必有一段精神贯注，必有极深微的用心所在，哪里是随便抄袭，即能发生作用？"② 但其言："制度可以坏而复修，人物则不可坏。制度可以随时而变，人物则自有一不可变之典型。有了制度无人物，制度是空的假的。有了人物无制度，可以随时创立制度，亦可有不成制度之制度出现。"③ 此则是在人物与制度之辩证上，将人物放在重点；这在特定时代当为可行，但在一长期和平的演进中，制度的不可或缺则是更为重要的。钱穆对此倒是多少有些忽视，甚至得出结论："其实人治法治，亦各有长短，各有得失。大抵小国宜人治，大国宜法治。"④ 他十分重人在制度中的作用，但人物往往因人性的缺陷，在无制度前提下，任意犯错，权力越大犯错越大，亦更易犯错。此层在钱穆之作为一个历史学家，对操纵权力人物多有所见，却未见其对二者有深入探研，至为可惜。虽然，他也看到："每一制度，断不能十全十美，可以长久推行而无弊。每一制度，亦必与其他制度相配合，始能发挥出此制度本身之功效。九品中正制之创始，用意并不差。而其时门第势力已成，六朝以来，此制遂转成为门第势力之护符。"⑤ 此处是以史实来证明制度推行

① 钱穆：《国史新论》，生活·读书·新知三联书店 2001 年版，第 214 页。
② 同上书，第 262 页。
③ 同上书，第 219 页。
④ 同上书，第 262 页。
⑤ 同上书，第 247 页。

长久必有弊病，但诚然如此，仍要在这样的时期，重视制度之重新建构；而不是见证其弊病而回到人治之老路。

钱穆当然也看到了："从前孟子说过，徒善不足以为政，徒法不能以自行。这是说我们有了一套好的理想，倘使不能展布出一套制度来，那项理想，便不能在政治上实现。但若我们仅有了那一套制度，而没有人来主宰斡旋运用行使，制度是死的，也无法由制度本身来推进。在政治上，制度与人物互相为用的精义，远在两千几百年前，孟子早已如此般揭示过。"① 这里再一次提出"制度是死的"，而主张要有人来主宰斡旋；但若真是名副其实的正常制度，人就只是执行者了，人是不能超越制度之上来另加"主宰斡旋"的，人在这里，最大且最好的功能发挥，就是让制度运行得自然而然。当然，特殊时期如战争、灾难来临时，则是另一回事。又如钱穆针对中国法律制度所言："如唐律，汇合先秦、两汉以来，历代法律菁华，为中国法系成熟之结晶品。其法律全部之用意，重人品，重等级，重责任，论时际，论关系，去贪污，定主从，定等次，重赔偿，重自首，避操纵，从整个法律精神中间，透露出中国传统文化之甚深意义。"② 此中我们可看到钱穆还是十分客观地拈出了"重等级"、"论关系"、"重人品"等重"人"的因素。然在钱穆看来，人大于制度的观念也并非无根据，他对中国传统之"法"的看法是："'法'在中国称为水平，主要的目的是在'求平'。中国人是讲究责任而不强调自由的。'法'既然为水平，'治'乃是要达到这一水平。'平'的最后根据是'性'，再推到最后是公天下。"③ 此中言"性"，乃指人性的规律所在，顺从规律才能推到最后的"公天下"。然其核心仍是"人"，这是显而易见的。综观钱穆文献，在制度与人物二者关系上，他是偏重于人的，总体上我们可作此评价：人大于制度，是他对中国历史文化演进的一个综合性判断；但他并不认为这是一种落后的体现，因其在根本上以为人作为文化主体永远不能被动于制度。这在他那个动荡的时代，加之他对中国文化的热衷及深厚感情，我们是能够理解的（替钱穆想想，他的《国史大纲》都是在战乱年

---

① 钱穆：《历史与文化论丛》，台湾东大图书公司 1985 年版，第 381 页。
② 钱穆：《中国文化史导论》，商务印书馆 1994 年版，第 155 页。
③ 钱穆：《中国文化丛谈》，九州出版社 2011 年版，第 226 页。

间写出的)。但放在今天，这一判断，正好应该颠倒过来，即制度大于人，文化才有更好的演进之路。中国今后的文明走向，此一句"制度大于人"，作为一句日常用语也好，一个命题也罢，其重要性将会日益凸显。此当让历史本身来见证。

钱穆自称很早就想写一部制度史，后终于写出《中国历代政治得失》一书。制度如何演进是其题中本有之义，他颇有见地地指出："制度须不断生长，又定须在现实环境现实要求下生长，制度决非凭空从某一种理论而产生，而系从现实中产生者。"① 这显然凸显了制度演进的现实土壤，而非先验的理论决定。但由于钱穆与传统儒者在人与制度何者为大这点上，更倾向于人大于制度，使这一制度演进的探究未能很好深入。尽管其言之成理："我认为政治制度，必然得自根自生。纵使有些可以从国外移来，也必然先与其本国传统，有一番融和媾通，才能真实发生相当的作用。否则无生命的政治，无配合的制度，决然无法长成。换言之，制度必须与人事相配合。辛亥前后，人人言变法，人人言革命，太重视了制度，好像只要建立制度，一切人事自会随制度而转变。"② 制度之运行密切关联于"人事"，钱穆说"制度必须与人事相配合"可谓一言中的。然而，中国历史上多为重人远甚于重事与制度，这正是中国传统文化特色之所在。这点钱穆其实也说得十分到位："我常深深感到，西方人常常看重'事'更胜于看重'人'。他们似乎认为该是人生隶属于事业的，不是事业隶属于人生的。他们似乎不在想，这事业是属于我和我们的，或是属于他或他们的。他们似乎总在想，我或我们，是属于这事业的。这一想法，极重要，西方事业中有许多为东方所望尘莫及的，或许正在这一想法上。"③ 钱穆诚然洞见关乎"人"与"事"何者重要观念的价值意义，但却未能点出，这种重事业的观念，实质就来自西方文化中重"真理"的观念，古希腊即有重真理超过重老师的观念出现；无怪亚里士多德会说出"吾爱吾师，吾更爱真理"的话。此处我们须进一步指出的则是，重"事业"的观念，是必然会导致重制度这一倾向的，"事"的可持续性，需要

---

① 钱穆：《中国历代政治得失》，生活·读书·新知三联书店 2000 年版，第 53—54 页。

② 同上书，序第 1 页。

③ 钱穆：《中国文化丛谈》，九州出版社 2011 年版，第 305—306 页。

"制度"的支撑，而不是由某"人"说了算。"人"的随意性太大，人性的缺陷也会随时暴露。诚然，在"事业"与相应"制度"运行时间过长而出现弊病时，须有人的主体性加入，而予以修正。但"制度"之"常"的意义之于"人文演进"的可持续性价值，其实是远胜于"人大于制度"的。然而"在中国，其人存，则其政举；其人亡，则其政息"的观念，可谓深入人心，并渗透到文化演进中。这或许是中国文化中"官本位"气息过重的因素之一吧。但须知，对儒家而言，其"圣贤"文化，虽则重人，是需具备《中庸》所言"苟非至德，至道不凝"这一圣贤"至德"的前提条件的。然这一圣贤"至德"的出现，对概率上处于大多数的群体而言，意味着什么呢？是否真的有"人人皆为圣人"的境界出现呢？这只能让历史去回答。钱穆到底是通达的大儒，在肯定中国文化重主体价值有其"人能弘道"的义理支撑上，也能同时肯定西方重事业重制度的长处："在西方，偌大事业，不隶属在一二人之身，似乎这里面也该有一个可称之'德'存在吧！我想他们能把各自的人生事业来共同隶属于一项事业之下，那是西方人的一种至德，我们正该虚心认取的。"① 把西方的事业心称为"至德"，这话已说得十分中肯了。

今日的我们，处于一个全新的时代中，我们已然领略了制度的无比重要性。质言之，制度比人更靠得住，尽管制度在特定条件下也要作变更；但在人大于制度的前提下，偶然因素之多、人祸之来与人祸之大，都是极难预料的。历史其实不断给人们演绎过这样的场景，同时也传达出这样的信息，未来中国的前景，就要看能否有真正的制度文明。人类社会，人文演进必然伴随着制度文明的前行。从古至今的中国人文理想，总该在和谐社会的常态下演进吧。而欲获此常态社会的可持续演进，当今中国的"制度训练"乃必不可少之一环。虽不必完全将此视为一方法论，但将其作为"人文演进"之过程论，则无可替代。

---

① 钱穆：《中国文化丛谈》，九州出版社 2011 年版，第 306 页。

后　记

　　本书是在笔者国家社科基金课题结项后，加以修改而终成其稿的。课题于 2012 年结项时，虽获得优秀等级，但评委实提出不少中肯的意见，希我认真加以修改再付出版。目前这个书稿，就是在评委意见的基础上，自己又重作一思考、阅读并系统修改后再提交的。在这一过程中，自己几乎又在现代新儒家们的著作中摸爬滚打了一遍；这诚然又是一次心路历程中的精神洗礼。

　　需要稍作说明的是，2006 年，笔者申报的题目为《作为文化进化论者的钱穆——"人文演进"观绎论》，而在得到立项通知时题目已被改为：《"人文演进"观绎论》，国家社科规划办在发出课题立项通知的同时，告知江西省社联规划办：专家认为可将此题目作一定程度的扩充研究，仍可以钱穆为主，并将其他新儒家人物的相关论述也置入课题内。这立即给本课题的研究拓开了思路，尽管难度增加了，但显然内容更为丰厚了。笔者欣然受之，因为在我个人的研究历程中，本来就涉猎了多位现代新儒家人物。故获知结项鉴定为优时，笔者实是感慨良多……功夫不负苦心人，我虽然花费了更多的时间，但换来的是更为厚实的成果。

　　国家社科规划办也对我的课题给予了充分的肯定。在结项后不久，国家社科规划办即在其网站以"成果选介"的方式，向全国推出我的课题成果简介。下面我就将国家社科规划办的"成果选介"公之如下：

全国哲学社会科学规划办公室《优秀成果选介》2012 年

新儒家人文思想的核心理念

——"人文演进"观

2012 年 09 月 05 日 14:58 来源:全国哲学社会科学规划办公室

http://www.npopss-cn.gov.cn/GB/n/

2012/0905/c348771—18928134.html

  江西省社科院赖功欧研究员主持完成的国家社科基金项目"'人文演进观'绎论"(项目批准号 06BZX040),最终成果为同名专著。2012 年 6 月经同行专家鉴定,以优秀等级结项。

  现代新儒家的文化进化论是其人文思想中的富矿,此中又以"人文演进"观为最。这项研究即以揭示此"观",并呈现新儒家们如何应对现代而张举"人文"为目的;综括地说,如何展现新儒家在现代条件下以"人文演进"谋求中国文化出路,是这项研究的根本宗旨。

  在内容架构上,本课题分上下两部,前有导论,后有附录。上部讨论新儒家如何张举"人文"以应对现代的主题,此主题最能显现新儒家们既欲传承又想创新的心态。下部以钱穆的人文演进观为核心,钱穆此论虽散见于其各类文献与演讲谈话中,但深入其思想中,则发现可理出内在逻辑线索。

  成果上部展现了从梁漱溟到牟宗三等新儒家应对现代的人文进化理念及思想方案。以文化复兴中华民族,是现代新儒家们的共同心志。"现代性"的所有特征都在引发并激促他们作深层思考。新儒家的现代性思考,虽非全然由"全盘西化"语境而激起;但他们又无不从中西文化的比较思维中获得了自己的"现代"视角,他们还一直处于马克思主义中国化的历程中。因而对他们而言,用"演进"的文化视野看待世界,是十分自然的。即便被人们视为文化保守主义者、文化守成主义者的新儒家大师,也大多自视为文化进化论者。梁漱溟作为新儒家第一代人物,是其中一位最具创意的思想先驱,一直持守着以文化来实现中华民族伟大复兴的诉求。他早年即确信:人类社会发展在最近的未来,必从资本主义阶段转入社会主义阶段；西洋文化即归没落，而代之以中国文化的复兴；梁漱溟自认是一个乐观的文化论者，并坚信人类演进发展有"无限之可能"。熊十力更是极度重视"文化创造功能"，并全身心地投入到重建儒学价值系统的本体论中，他亟欲以此而张扬中国文化的主体性，表现出极强的文化自信；在总体上，他是个持"翕辟成变"的人文进化论者。而对现代史上的"玄学鬼"张君劢而言，唐君毅的评价也许让我们看到了他的另一面："中国现代思想界中，首将西方理想主义哲学，介绍至中国，而立身则志在儒行，论政则期于民主，数十年来，未尝一日失所信者，当推张君劢先生。"张君劢极度强调树立"民族自信心"与"自创文化"，同时他还深信儒家思想的复兴足以导致一种新的思想方法，这种新的思想方法将是中国现代化演进的基础。冯友兰在现代新儒家人物中，以其特殊的留学经历，具备了其同时代学者难以具备的以西学观照中学的视角，这使其面对现代化浪潮而建立起自己独有的现代观。概言之，这是一种立于"开来"、"继往"具逻辑连续性的人文变革观；冯友兰注重社会"新性"，并欲以此支撑"制度"演进；对他而言，最贴切而合乎逻辑的"演进"之例，当然是辛亥革命，他将辛亥革命视为"中国近代化所经底步骤"。方东美的"机体主义"理念，融通中西，儒道合一，作为一种思想模式，具有创生不息、绵延长存、变化通达的文化"演进"之义；方东美文化哲学的核心范畴是"创进"，他喜用一套创进、绵延的话语体系，其文化演进观亟欲建立一种以科学文化为基础、价值取向则以真善美为核心的艺术、哲学、宗教三者结合之理想文化。唐君毅在"西化"大潮下曾深刻而持续地反思中国文化，他是个大力倡导"新人文主义"的道德理想主义者，唐氏的特色在融宗教于人文；在现代科学面前，唐君毅依然举起了儒家思想大旗，他认为儒家的真精神就在不仅要重利用厚生，而且"本当涵摄科学与宗教"；只有肯定科学与宗教的客观地位，才能真显儒家文化的"人文化成"之极致，才能以人文演进的正道救治人类物化而下堕之趋势，而这也恰恰是人类文化演进之远景。牟宗三立于现代角度，倡言儒学的"第三期发展"；其文化演进论主旨即在：现代要使中国人不仅由其心性之学，以自觉其自我之为一道德实践的主体，同时当求在政治上，能自觉为一政治的主体，在自然界、知识界成为认识的主体及实用技术的活动之主体。牟宗三与钱穆是从演进角度倡言"文化生命"最力者。

　　钱穆虽被人们视为"文化保守论者",但他却一直自认是个貌似守旧
而实为维新的学者;因而,"人文演进"观在其整个思想系统中实有着极
其重要的位置。从其著作等身的文献中寻绎披讨其"人文演进"观的线
索,诚非易事,然这项成果最终还是做到了从八大内涵中发掘出其有内在
逻辑关联的主题:一是从"草昧"到"文明"的人文演进,二是从"农
业人生"到"可大可久"的农业文明之和平演进,三是从文字到学术的
知识演进,四是从官学到私学的教育演进,五是从封建制到"士人政府"
的中国政制演进,六是从民族、国家到"天下"的演进,七是从"小我"
到"大我"的道德演进,八是"人文演进"观的终极指向——天人合一。
此八大演进内涵,自可寻绎出其内在的逻辑关联。

　　以上内容涵括了这项成果的一些基本观点:

　　1. 现代新儒家多为"乐观的"(梁漱溟、钱穆语)文化进化论者,
且有着较为系统的文化整体观,"人文演进"作为一核心范畴,不仅表征
了新儒家们进步的人文思想,而且由于其相当合理地匹配以"文化生命"
观、"绵延创化"观和"协调动进"观,从而充分体现出其系统完整性。
"生命"示其文化活性与个性(梁漱溟与钱穆尤其彰显中国文化的个性)、
"绵延创化"示其延续性创新性(方东美与唐君毅极主此理念),"协调动
进"(钱穆、唐君毅对此尤为强调)则暗合于当代学术思想潮流的"协调
博弈"之互动论、和谐论。

　　2. 新儒家们的文化进化论思想,不仅与他们早年接受的进化论思想
相关,且与其对中国古代学术思想传承关系至密;熊十力对《周易》大
化流行观的膜拜、梁漱溟对礼乐调节的瞻望,都直接呈现出一种学术的承
续关系,而钱穆的人文演进观就直接源于他对船山学术的承继,《国学概
论》即可见此脉络,《中国近三百年学术史》则极称"船山论学始终不脱
人文进化之观点"。

　　3. 新儒家的杰出之处,不仅在总体上指出了人文之进化,未脱离
"自然之大化",而且还深刻地认识到人文既由自然演生而出,则人文不
能违逆自然而独立;钱穆即强调人文本身即是一自然,是自然展衍之最高
点。由此而明确提出了启人心智的"善导"说。

　　4. 新儒家的人文道德观倡言道德之善乃从人文中展衍而出,且揭举
出道德替代宗教的一大文化演进特征,梁、唐、钱等在提出这一思想命题

之基础上，洞察到人文演进应合于自然趋势而做到人与人、人与社会、人与自然的"协调动进"。在唐君毅、钱穆极有特色的人生论中，强调了人生之归宿就是善；在人文演进的人生中，道义人生为人生展演之最高点；未来世界能拯救人类的是德不是力，故熊、唐、牟、钱等新儒家都极力张扬"摄智归仁"、"以知济仁"。

5. 钱穆、唐君毅、牟宗三等不仅以辩证眼光意识到，更以中国文化的特有方式指出了人化自然（"人文化的自然"），自然人化（"自然的人文化"、"自然又须在人文中发展而完成"）的内在关系并倡言"人文自然互涵"说。

6. 在现代学术思想史上，钱穆比他人更早地提出了文化三阶层说，此说对现代诸多学者的文化分层说之启示性是显而易见的。钱穆的更深刻之处在将文化与人生结合起来，指出文化人生应是人类从自然人生解放出来的一种自由。

7. 更为具体的多层面显现人文演进观内涵的则是民族、历史、社会之进化，新儒家此论涵括极富进化意味的"历史演进"、"传统之演进"、"人文社会演进"、"民族融和及其演进"（新儒家的民族认同基本上是指文化认同，钱穆尤其指出：中华民族不断融合和谐的进程，也正是"人文化成天下"之演进过程）等论，以及建立在此基础上而强调的人类文化合规律发展，必须是"道德、科学、艺术三位一体而不断前进"的新观点；熊、钱、唐、牟于此更显突出。

8. 钱穆"天人合一"的最后"彻悟"，其实就蕴含着演进中的人文终须与自然合一之深意，这充分体现在他反复论述的自然演化出人文，人文不能违离自然的基本命题上。晚年，他尤为关注自然科学发展的新趋势，意在使自然与人文相得益彰，从而为人类开示一真善美的终极大理想。

9. 梁漱溟、钱穆、唐君毅等作为开放性现代通儒，不仅具备"通今"的客观平允之学术眼光，而且作为"博古"的人文主义思想大师，对"儒家制礼，斟情酌理，合乎自然"有相当深刻的理解。其晚年极为丰赡的文化学精义之频频阐发，偶亦触及生态平衡问题；钱穆关于宇宙人生的圆圈图像与理论，完美地表征了心心相交、心物相交及人心之灵，进而宣称"人心是人文与自然的接榫处"。须知，"接榫"说是钱穆人文演进观中极富特色且仍可深掘的理念，然均由其一生学力积淀而成的人文演进观支撑使然。

10. 现代新儒家与马克思主义的遇合，是马克思主义中国化历程中的大事；以往学界过多地强调新儒家对马克思主义的误解、不融入甚至拒斥的一面，其实，现代新儒家对马克思主义的传入也时有开放的探讨、时有平和的接纳。

（责任编辑：秦华）

笔者于 20 世纪 80 年代初即开始接触现代新儒家们的著作，常有"大开眼界"的精神提振与"豁然开悟"的怦然心动。诸多细节，至今忆起，仍激情翻滚。学术研究，贵在持续；当年我连"粗识大体"都谈不上，更不要说"尽精微"了。而今天我能将自己的一些学习心得奉献给大家，当在我从未中断过对文献的阅读。阅读，早已成为我生命的习性；若哪一天没有阅读，我会有"怅然若失"的感觉。而本书中之所以能提供出较多的"原文"，当与我对文献的熟悉相关。我深以为，在某些必要的部分，自己的诠释远不如提供"原文"来得重要；且提供出有意义而又内容对应、学理贯通的原文，同样可见出自己的用心所在及逻辑思路。书毕，故自谓虽无尽精微之功，但多少有些自己的研探心得与理路贯通。

最后，我要深深地感谢在本书完成过程中有过帮助的同仁，没有他们，本书不可能以现在的样子呈现在大家面前。此外，我此刻特别想说的是，很长时间以来，为了学术，我每每愧对父亲与家人。父亲病重的这一年多来，我作为儿子的孝顺少之又少；而父亲也总是对我说：你太忙，少回来。一直到他仙逝前的那段时间，我才感觉到我每次的"在场"，对 90 多岁的他老人家有多大安慰！故此，本书也是我对父亲的追思与纪念。我要再一次地感谢家人的宽容，感谢对本书有所助力的朋友、同事们。本书也是对他们的敬献。

赖功欧
2014 年 6 月于南昌